趋向补语通释

修订本

[美]刘月华 主编

[美]刘月华 陈贤纯 张兰欣 王颖 编著

北京大学出版社
PEKING UNIVERSITY PRESS

图书在版编目(CIP)数据

趋向补语通释 / 刘月华主编. —修订本. —北京：北京大学出版社，2024.10
ISBN 978-7-301-34585-6

Ⅰ.①趋… Ⅱ.①刘… Ⅲ.①汉语–补语–研究 Ⅳ.①H146.3

中国国家版本馆CIP数据核字(2023)第194389号

书　名	趋向补语通释（修订本）
	QUXINAG BUYU TONGSHI（XIUDING BEN）
著作责任者	［美］刘月华　主编
	［美］刘月华　陈贤纯　张兰欣　王颖　编著
责任编辑	路冬月
标准书号	ISBN 978-7-301-34585-6
出版发行	北京大学出版社
地　址	北京市海淀区成府路205号　100871
网　址	http://www.pup.cn　新浪微博：@北京大学出版社
电子邮箱	zpup@pup.cn
电　话	邮购部 010-62752015　发行部 010-62750672
	编辑部 010-62753374
印 刷 者	北京虎彩文化传播有限公司
经 销 者	新华书店
	880毫米×1230毫米　A5　23.5印张　676千字
	2024年10月第1版　2024年10月第1次印刷
定　价	138.00元

未经许可，不得以任何方式复制或抄袭本书之部分或全部内容。
版权所有，侵权必究
举报电话：010-62752024　电子邮箱：fd@pup.cn
图书如有印装质量问题，请与出版部联系，电话：010-62756370

序

　　刘月华教授主编的《趋向补语通释》是一部极有功力的著作。说它有功力,是因为自1983年起,刘月华教授就开始构思这部著作,同时开始让北京语言学院(现北京语言大学)的同事从四百万字的语言材料中搜集趋向词作补语的用例。然后对这些句子做仔细周密的观察和分析,在这个基础上从语法和语义两个方面对动趋结构进行归类,并对每个趋向词在句子中的分布情况做详细的描写。作为此书的核心部分,即第二部分"分述",在大量语言事实的支持下,弄清了每一个趋向词的含义和用法。在论述每一个趋向词之后还为该趋向词做一个用法总表,其中每项用法都列出能与之搭配的动词,并注明该动词在四百万字语料中出现的次数。这种研究是很可靠、很有说服力的。对于学汉语和教汉语的人也最有用,可以当作趋向词用法的依据。本书的第一部分"总论",是刘月华教授对动趋结构(或动趋式)做了大量的定量分析和研究之后提出的全面的概括的看法,对动趋结构的每个构成成分都做了详细的论述。对于句子中的动词、趋向词及名词之间的相互关系,特别是语义上的关系,论述得非常清楚。本书的第三部分是以动词为纲的"动词和趋向补语搭配总表",把最常用的动词能跟哪些趋向词一起用,尽量罗列无遗。这部分对研究动词的结合能力很有用处,当然同时也为学汉语、教汉语的人提供依据,供他们查用。

　　汉语的补语结构十分发达,向来是学汉语的难点之一。刘月华教授主编的这部著作把趋向补语的研究向前推进了一大步。就研究的规模及深度和广度来说是前所未有的,对汉语补语的研究是一个贡献。

　　我有幸在出版之前读到这本书,除了佩服作者所下的功夫之外,感到有一点必须提一提,就是作者的研究路子。作者不是编几个句子来研究动趋结构,也不是随机地或有选择地找些例句来做研究，而是踏踏实实地从四百万字的语料中，把所有的动趋结构都找出来，然后逐个地分析研究再做分类。结果不单指出有无某种用法，还指出这种用法的使用量，指出这种用法在整个动趋结构中的地位。这一点是凭语感自造例句，以及抽样做例句然后进行研究无法相比的。美国有些研究汉语的朋友喜欢自造例句，例句的头一个词往往是"张三"或"李四"。这样的例句固然容易造，可是这类例句的可说性或可重复性是很值得怀疑的。根据这样的语言材料找出的规律常有争议，而且对这类争议的讨论常常进行不下去。因为其中一方认为你的例句只是你自己造的或只有你自己说，我们根本不说。主张不必找很多材料的人还有一套说辞，说语言中的句子是无限的，你说你的材料多，你能把所有的句子都拿来分析吗？你分析得完吗？既然你不能把语言中所有重复无数次的句子都拿来研究，那我们拿来一小部分句子，而且是从我们自己口里来的句子做材料就够了，因为规律总是存在于一切句子当中的。这种说法貌似有道理，其实这个道理是片面的。首先，语言不全然是物理现象，也不是化学物质，而是人进行思维、认识外界、进行社会交流的工具。抽样研究不能认识语言的全貌，设计公式也不能完全演算出真实自然的句子来。因为语言中各种因素带来的变数太多，想不到的事情太多，例外太多。这种依靠抽样例句的研究除了满足对抽象理论的兴趣之外，其理论的科学性是不大可靠的，很难对语言实践有指导作用。其次，汉语的语法学还是一门年轻的学科，无法跟印欧语语法学的悠久历史相比。认真地、仔细地认识汉语的事实，按照汉语的特点找出汉语语法的脉络，让汉语语法的面貌清清楚楚地呈现在语法学家的面前，并向学习汉语的人解释清楚一系列主要的语法现象，仍是汉语语法研究的最根本的任务。要做到这一点，抽样式的抽象研究有用，但不能完全依靠这种研究。最主要的还要靠《趋向补语通释》这样的研究。这就是刘月华的研究路子。她过去曾与人合作写过一本《实用现代汉语语法》，这本书最受欢迎的特点就是对用法的描写比别的书细致。在国外教汉语的学校中，是一本常用的参考书。近些年来，刘月华教授在美国继续从事汉语语法研究和汉语教学。我们常有机会交流看法和心得。在国外的教学工作中,她对汉语的认识进一步加深了,也增强了对汉语语法研究的责任感。她有不止一项研究计划。对她这种专注的态度,我是很钦佩的。

最后借这个机会谈一谈汉语语法的一个具体问题——态。因为刘月华教授主编的这部著作揭示出来的事实,正好可以说明汉语语法的态的现象。分几点来说:

一、"结果"是汉语的一种态,形式是一个动词后边再加一个谓语成分,这个谓语成分表示因前边的动词所表示的动作(或行为)而达到的一种结果的状态。这个结果是状态,不是事物,所以不同于如"砌墙、写字"中的结果宾语"墙、字"。动结式如"吃饱、停住"中的第二个成分是结果补语,表示结果的状态。"藏起来"中的"起来",也表示结果的状态。作结果补语的词可以是形容词,也可以是普通动词,也可以是趋向动词。所谓趋向是概括的词义,趋向词放在动词之后表示"结果","结果"是更概括、更抽象的语法意义。

由此看来,传统上所说的趋向补语也是一种结果补语,是由趋向词构成的,放在动词之后表示一种结果的状态。有的时候表示趋向的结果,更多的是表示非趋向的结果,但都表示结果。趋向补语是通行的术语,为便于叙述,便于教学,应该用通行的术语。动趋结构是表示结果的语法结构,本书已经做了实质上的说明。

二、结果是通过动作行为的完成来实现的,因此结果是一种完成的状态。"喝醉了"中的"醉",是结果,也是完成。同样,"走出去"中的"出去","藏起来"中的"起来",是结果,也是完成。表示完成态的趋向动词很多。

三、"上、上来、下、下来、下去、起、起来、开"这八个趋向词放在动词后面除了可以表示结果的完成态以外,还可以表示起始态。如"他又喝上了""他们听了以后就笑开了"中的"上"和"开"。有的可以表示持续态,如"这门手艺就一代一代传下去"中的"下去"。所以"起始"和"持续"也是趋向词在动趋结构中所能表示的态。表示这种态的趋向动词为数不多,可是使用频率很高。

四、汉语重视表示事情的状态。刘月华教授的研究再一次证实了这个事实。汉语句子的时间表达不丰富。印欧语言的动词有形态变化,从动词可以看出时间来。汉语的动词少有变化,但借助加字(或加词)的办法,一个句子总能表示出事情的状态来,如加"了""是……的""呢""一"、动量成分、时量成分或用动词重叠、各种补语等,这是汉语语法的特点,也是汉语难学的一个方面。无论为了理论的目的,还是为了实践的目的,我们都应该在这方面多做工作。

　　遵月华兄之命写序,就教于作者和读者。

孟　琮

于美国马里兰

目　　录

前　言 …………………………………………………………… 1
凡　例 …………………………………………………………… 1

第一部分　总　论

壹　趋向补语的语法意义 ……………………………………… 3
　　一　趋向意义 ………………………………………………… 3
　　二　结果意义 ……………………………………………… 17
　　三　状态意义 ……………………………………………… 27
　　四　趋向补语意义的虚化反映了汉语词语意义发展的
　　　　一般规律 ……………………………………………… 32
贰　包含趋向补语的句子的结构分析 ………………………… 35
　　一　句式问题 ……………………………………………… 35
　　二　简单趋向补语与相应的复合趋向补语的使用问题 … 37
　　三　宾语的位置 …………………………………………… 42
　　四　"了"的位置 …………………………………………… 47
叁　其他 ……………………………………………………… 51
　　一　趋向补语的可能式 …………………………………… 51
　　二　特殊用法及熟语 ……………………………………… 52
　　三　教学建议 ……………………………………………… 52

第二部分　分　述

壹　来 ………………………………………………………… 57
　　一　趋向意义 ……………………………………………… 57

二　结果意义 …………………………………… 64
　　三　特殊用法 …………………………………… 65
　　四　熟语 ………………………………………… 68
贰　去 ……………………………………………………… 72
　　一　趋向意义 …………………………………… 72
　　二　结果意义 …………………………………… 78
　　三　特殊用法 …………………………………… 81
　　四　熟语 ………………………………………… 81
叁　上 ……………………………………………………… 86
　　一　趋向意义 …………………………………… 86
　　二　结果意义 …………………………………… 89
　　三　状态意义 …………………………………… 109
　　四　特殊用法 …………………………………… 110
　　五　熟语 ………………………………………… 112
肆　上来 …………………………………………………… 121
　　一　趋向意义 …………………………………… 121
　　二　结果意义 …………………………………… 126
　　三　状态意义 …………………………………… 128
　　四　熟语 ………………………………………… 129
伍　上去 …………………………………………………… 131
　　一　趋向意义 …………………………………… 131
　　二　结果意义 …………………………………… 135
　　三　熟语 ………………………………………… 137
陆　下 ……………………………………………………… 140
　　一　趋向意义 …………………………………… 140
　　二　结果意义 …………………………………… 144
　　三　状态意义 …………………………………… 156
　　四　熟语 ………………………………………… 158
柒　下来 …………………………………………………… 162
　　一　趋向意义 …………………………………… 162

  二 结果意义 …………………………………………… 168
  三 状态意义 …………………………………………… 176
  四 熟语 ………………………………………………… 182
捌 下去 ……………………………………………………… 186
  一 趋向意义 …………………………………………… 186
  二 结果意义 …………………………………………… 191
  三 状态意义 …………………………………………… 195
玖 进 ………………………………………………………… 203
  一 趋向意义 …………………………………………… 203
  二 结果意义 …………………………………………… 206
拾 进来 ……………………………………………………… 208
  趋向意义 ………………………………………………… 208
拾壹 进去 …………………………………………………… 212
  一 趋向意义 …………………………………………… 212
  二 结果意义 …………………………………………… 215
拾贰 出 ……………………………………………………… 217
  一 趋向意义 …………………………………………… 217
  二 结果意义 …………………………………………… 220
拾叁 出来 …………………………………………………… 232
  一 趋向意义 …………………………………………… 232
  二 结果意义 …………………………………………… 236
拾肆 出去 …………………………………………………… 249
  趋向意义 ………………………………………………… 249
拾伍 回 ……………………………………………………… 255
  趋向意义 ………………………………………………… 255
拾陆 回来 …………………………………………………… 258
  趋向意义 ………………………………………………… 258
拾柒 回去 …………………………………………………… 262
  趋向意义 ………………………………………………… 262

拾捌 过 …… 266
一 趋向意义 …… 266
二 结果意义 …… 269
三 特殊用法 …… 277
四 熟语 …… 278

拾玖 过来 …… 281
一 趋向意义 …… 281
二 结果意义 …… 287
三 熟语 …… 294

贰拾 过去 …… 298
一 趋向意义 …… 298
二 结果意义 …… 303
三 特殊用法 …… 309

贰拾壹 起 …… 312
一 趋向意义 …… 312
二 结果意义 …… 314
三 状态意义 …… 325
四 特殊用法 …… 327
五 熟语 …… 329

贰拾贰 起来 …… 337
一 趋向意义 …… 337
二 结果意义 …… 342
三 状态意义 …… 359
四 特殊用法 …… 366

贰拾叁 开 …… 375
一 趋向意义 …… 375
二 结果意义 …… 377
三 状态意义 …… 383
四 熟语 …… 385

贰拾肆 开来	390
一 趋向意义	390
二 结果意义	390
贰拾伍 开去	393
趋向意义	393
贰拾陆 到	395
一 趋向意义	395
二 结果意义	401
贰拾柒 到……来	408
趋向意义	408
贰拾捌 到……去	412
趋向意义	412

第三部分 动词和趋向补语搭配总表

参考文献	711
附 录 趋向补语前动词之研究	712
后 记	731

前　言

　　《趋向补语通释》是对汉语的趋向补语进行综合研究的专著，也具有工具书的性质。在修订本中，我们对原有研究内容进行了仔细审查，并对部分解释进行了更新和修正，还增加了更多具有代表性的例句。此外，该版还优化了版面设计，更易于阅读和学习。

　　我们所谓的趋向补语，是指用在动词和形容词后面的"来、去、上、上来、上去、下、下来、下去、进、进来、进去、出、出来、出去、回、回来、回去、过、过来、过去、起、起来、开、开来、开去、到、到……来、到……去"等作趋向补语的动词。这些动词在作补语时，可以表示方向（"走进来、跳起来"），也可以表示一种结果（"关上门、看出问题、连接起来"），还可以表示一种状态（"唱上了、唱起来了、唱开了"）。

　　趋向补语是外国人或外族人学习汉语的语法难点之一。其所以难，一是因为多数趋向补语意义十分复杂，特别是结果意义；二是因为一个动词可以和哪个趋向补语的哪一个意义结合是固定的、有限制的，尤其是结果意义，学习者几乎需要逐个地去记。在教学过程中，我们深感需要一部对趋向补语的意义和结构进行深入细致分析并列出可以跟哪些动词搭配的工具书。本书就是我们在这方面所做的尝试。

　　趋向补语也是汉语语法研究中的一个重要课题。对个别的趋向动词，过去进行了很多研究，发表了大量有价值的论文。不过，我们认为趋向补语是一个在意义与结构上有着严整规律的系统，进行个别的研究，不易发掘出其内在规律，而进行整体研究，把相关的和对立的趋向补语联系起来，进行比较分析，则比较容易揭示其内在规律。本书在以往研究的基础上，特别侧重语义分析。我们在本书编写的过程中，对趋向补语意义的认识是逐渐地、一步一步地加深的。趋向补语的趋向意义表示方向，是其基本意义，这种意义就像"打败、染红"这种动结式中的结果补语"败、红"一样，也表示动作的一种结果，在方向方面的结果；趋向补语的结果意义是趋向意义的引申和虚化，类似动结式"记住、忘掉、写好"中表示较为抽象的结果意义的结果补语"住、掉、好"；趋向补语的状态意义更加虚化，与动态助词"了"的作用已经十分接近了。汉语的补语和所谓动态助词是汉语语法研究中的重点和难点，因此，对趋向补语的研究将会加深我们对整个汉语语法系统的认识。

　　本书分三大部分。第一部分是"总论"。在这一部分，我们把趋向补语作为一个整体，主要从意义和结构两个方面进行分析，侧重描写其共性，"总论"也集中反映了我们对趋向补语的认识。第二部分是"分述"。在这一部分，我们逐一地描写每个趋向补语的意义以及可以结合的动词和形容词，在说明某个趋向补语的某个意义之后，还列出相关的句式，在每个趋向补语的"分述"后，按义项列出在我们所使用的语料中所出现的与该趋向补语结合的动词和形容词词表，并注明使用频率。第三部分是"动词和趋向补语搭配总表"。"词表"收录了《现代汉语词典》中差不多所有可以和趋向补语结合的动词。在每一个动词后，列出可以结合的趋向补语及其义项。

　　本书是在分析了四百万字语料的基础上编写成的。我们所选用的语料大部分是现当代作家的小说。因为从表达功能来看，趋向补语在叙述体的小说中出现的频率最高。我们之所以选现当代作家，是因为其语言具有时代特点。我们所用的文学作品主要是：

　　曹　禺　《曹禺选集》，人民文学出版社，1961年
　　老　舍　《骆驼祥子》，人民文学出版社，1959年
　　　　　　《老舍剧作选》，人民文学出版社，1978年
　　梁　斌　《红旗谱》，中国青年出版社，1958年
　　杨　沫　《青春之歌》，人民文学出版社，1958年
　　赵树理　《赵树理文集》（一）（二），工人出版社，1980年
　　谌　容　《谌容中篇小说集》，湖南人民出版社，1983年

从维熙	《从维熙中篇小说集》,中国青年出版社,1980 年
邓友梅	《邓友梅短篇小说选》,北京出版社,1981 年
高晓声	《高晓声小说选》,人民文学出版社,1983 年
蒋子龙	《蒋子龙中篇小说集》,湖南人民出版社,1982 年
苏叔阳	《婚礼集》,北京十月文艺出版社,1984 年
王安忆	《王安忆中短篇小说集》,中国青年出版社,1983 年
张　洁	《沉重的翅膀》,人民文学出版社,1981 年①

除了本人以外,参加本书工作的还有陈贤纯、张兰欣和王颖三位同志。他们参加了语料搜集及初稿的编写工作(详见"后记")。程相文同志参加过部分语料搜集工作。张恒悦和赵顺国同志在本书编写过程中也参加过一些资料整理工作。

我们要特别感谢鲁健骥同志,他对我们的工作一直给予关心和支持。我原来把此书定名为《趋向补语词典》,健骥同志认为该书名与内容不尽相符,建议改成现在的名字,我很高兴地接受了。

在这里我要特别感谢吕叔湘先生。还是在 1983 年,山西太原晋祠宾馆开语言学六五规划会议的时候,我向先生谈了编写本书的初步想法。先生很支持,记得当时先生还对怎样排列动词和补语的搭配词表提出了一些建议。后来,在中国社会科学院语言研究所一次座谈会后,我请先生为本书题签,先生欣然应允。1989 年 6 月 1 日,我临出国前去先生家辞行,又提起题签之事。想不到四五天之后先生就把题签寄来了。在那种情况下,我感激、感动之情,无以言表。

我还要感谢我的老同学孟琮先生。我在撰写本书的过程中就曾跟他讨论过一些问题,他的有些想法对我很有启发。此次校对清样,我又请他看书稿,他花了很多时间把全部书稿看了一遍,帮助我查对本书的第三部分,提出很多宝贵的修改意见,并为本书写了序。

---

① 这 15 部文学作品的名称和版本是编辑后加的,主要依据刘月华教授在 1979—2008 年发表的多篇论文和多部著作的内容。

最后我也要感谢储诚志同志,他帮助我做了很多工作。

趋向补语是一种非常复杂的语法现象。虽然这本书前前后后花了多年的时间,耗费了大量的精力,但是不当与疏漏之处在所难免。衷心地希望能得到专家和读者的批评指正。

刘月华

凡 例

一 "分述"部分

1. "分述"按趋向意义、结果意义、状态意义的顺序进行；如果某一类意义不止一种，再分小类叙述。在描写了每一个意义之后，再将可以与之结合的动词分成若干类，并说明是否有可能式（我们所以叫可能式，完全是为了方便，并不意味着我们把趋向补语与前面动词的组合看成是一个词，这个问题实际上很复杂，应该进行专门研究、具体分析）。我们把不能归入以上三类意义的用法，算作特殊用法和熟语。特殊用法可以和相当数量的动词结合；熟语则是意义和结构都很固定的短语。

2. 在论述每一个趋向动词之后，都有一个趋向补语和动词、形容词的搭配词表。

3. 搭配词表所列出的趋向补语的意义和用法，完全按照分述的内容和顺序。每个动词或形容词下方的阿拉伯数字，表示该词在我们所用语料中出现的频率。有的动词很重要，可是语料中未出现，我们也在词表中列出，不标频率。①

4. 每一类动词后都有一定数量的例句。例句照顾到动词和句子结构的类型，一般是有出处的，必要时自己编写。

5. 例句出处参见"前言"所列本书所用的文学作品。

二 "动词和趋向补语搭配总表"部分

1. 动词的顺序基本按照《现代汉语词典》，不能或一般不能和趋向补语结合的，不收。一个动词能不能和趋向补语结合，能和哪些趋向补语结合，一般来说，使用汉语的人是有共同认识的，本书力

---

① 编辑尽力对内容进行了审查和完善，但因缺少原始资料，某些数据出现不准确、无法核实的情况。敬请读者在阅读时留意，并理解本书可能存在的信息偏差。

求反映这种共同的认识。个人使用语言有时有特殊性,在一定场合趋向补语也有灵活运用的情况,这些我们不加考虑,也没有收录。

2. 由于篇幅限制,动词一般不加拼音,也不释义。必要时,用以下几种办法释义:

(1) 指出可以结合的名词,如"剔(～骨头)、提(～意见)、汇(～钱)"。
(2) 指出包含该动词的双音节词,如"闪(～耀)、散(分～)"。
(3) 用另外一个词语解释,如"杀(战斗)、困(想睡觉)"。必要时再给出可以结合的名词,如"上(登载,～报)、上(拧紧,～弦)"。

3. 多义词按义项分列。

4. 熟语及特殊用法一般不收。

5. 收了少量较常用的形容词。

6. 限于篇幅,本词表未注明是否有可能式。但少数动词与某一趋向补语的某一意义结合时只能用可能式,所以必要时需参阅"分述"有关部分。

三 本书所用的主要符号

N	名词
N$_{施事}$	名词在句子中表示动作的施事
N$_{受事}$	名词在句子中表示动作的受事
N$_{处所}$	名词在句子中表示处所
N$_{工具}$	名词在句子中表示工具
V	动词
C	补语
NuM	数量词
〔动类〕	表示可以与趋向补语(或其某一意义)结合的动词的类别

第一部分

总 论

趋向补语指在动词或形容词后作补语的趋向动词,其中有简单趋向补语"来、去、上、下、进、出、回、过、起、开、到"以及"上、下、进、出、回、过、起、开、到"与"来、去"构成的复合趋向补语"上来、上去、下来、下去、进来、进去、出来、出去、回来、回去、过来、过去、起来、开来、开去、到……来、到……去"。趋向补语共有二十八个。

趋向补语在汉语中是十分常用的,特别是在叙述体的文字和口语中。在这二十八个趋向补语中,有的趋向补语意义十分复杂,比如"上""上来""下""下来""下去""起""起来""出""出来""出去""过""过来""过去""开""到"等。包含复合趋向补语的句子结构也很复杂,趋向补语是非汉族人学习汉语语法的难点之一。

简单趋向补语	来	去	上	下	进	出	回	过	起	开	到
复合趋向补语			上来	下来	进来	出来	回来	过来	起来	开来	到……来
			上去	下去	进去	出去	回去	过去	—	开去	到……去

壹　趋向补语的语法意义

以往的语法论著,对趋向补语的语法意义进行过很多研究,也取得了很大成绩。但这些研究一般都是个别地、孤立地进行的,迄今没有人对所有的趋向补语的语法意义进行过总体研究。趋向动词是一个封闭的类。我们认为,趋向补语所表示的语法意义虽然错综复杂,但是是成系统的。本书试图揭示这个系统。

所有的趋向补语的主要语法意义可以归入三大类:趋向意义、结果意义、状态意义。全部趋向补语都具有趋向意义,大部分趋向补语有结果意义,少数趋向补语有状态意义。每一个趋向补语的结果意义、状态意义与其趋向意义有内在联系。每一个复合趋向补语与相应的简单趋向补语意义之间有内在联系。不少趋向补语之间还呈现反义关系。正是上述联系与关系使趋向补语的语法意义成为一个系统。

一　趋向意义

趋向补语的趋向意义是基本意义,也就是作为趋向补语的趋向动词本身所具有的意义。趋向意义是方向意义,表示人或物体通过动作在空间的移动方向。

(一) 语义指向问题

有些语法著作认为趋向补语表示动作的方向。如"掏出来","出来"表示"掏"的方向;"走进来","进来"表示"走"的方向。我们认为,趋向补语与结果补语一样,在语义上是与趋向补语前的动词所涉及的人或事物相联系的,即其语义指向动作所涉及的人或事物。比如"小李走进来了",表示"小李"通过"走"而"进来"了,即

"进来"在语义上指向"小李","进来"与"走"的关系是动作与结果的关系。再如,"小李抓出一把米来","抓"表示"手指聚拢,使物体固定在手中"(《现代汉语词典》),"抓"动作本身无所谓方向,"出来"表示通过"抓"这一动作,结果"一把米"由某处所的里面移到了外面。正如,"他喝醉了酒","醉"语义指向"他";"熬红了眼","红"在语义上指向"眼"一样。①

趋向补语前的动词是不及物动词时,趋向补语通常表示动作者的趋向。如:

(1) 孩子们爬上了山顶。　　　(孩子们——爬,孩子们——上山顶)
(2) 气球升起来了。　　　　　(气球——升,气球——起来)

趋向补语前的动词是及物动词时,趋向补语通常表示动作的受事的趋向。如:

(3) 爸爸买回来一些水果。　　(爸爸——买,水果——回来)
(4) 小刚从楼上扔下来一个球。(小刚——扔,球——下来)

(二) 参照点问题

趋向意义既然是指人或物体在空间位置移动的方向,就存在一个确定方向的点——参照点问题。在表示趋向意义时,参照点也可以说就是"立足点"。趋向意义的参照点有三种情况:

1. "来、去"

一般语法著作认为"来、去"的参照点是指说话者所在的位置,"来"表示朝说话人的方向移动,"去"表示朝背离说话人的方向移动。这基本上是正确的。如:

(5) 这时小李向我跑来。　　　("我"是参照点)
(6) 我看见人们向山上跑去。　("我"是参照点)

但只说说话人是参照点是不够的,因为如果用"来、去"作趋向补语,而不用第一人称,即说话者不出现时,仍然有参照点问题。

---

① 吕叔湘(1986)汉语句法的灵活性,《中国语文》第1期。

在叙述性文字中,叙述者可以把"来、去"的参照点放在叙述中的人物所处的位置上。如:

(7) 一天,老师傅把鲁班找来。("老师傅"是参照点)

(8) 欧阳海受了重伤,车上的人都向他跑来。("欧阳海"是参照点)

也可以是正在叙述中的事物、场所所在的位置。如:

(9) 会场已经坐满了人,可是还不时有人进来。("会场"是参照点)

(10) 去泰山的大路上,开来一辆卡车。("去泰山的大路"是参照点)

叙述者也可以"站"在"局外"。如:

(11) 开会的人从四面八方向会场走去。(参照点在"会场"外)

因此,在对话中,或以第一人称叙述时,说话人所在的位置是参照点;以第三人称叙述时,参照点可能是正在叙述中的人、事物及处所所在的位置(用"来"),参照点也可能在"局外"(用"去")。"来、去"的趋向意义图示如下("X"表示参照点,"□"表示某一特定处所,"○"表示移动的物体,"——→"表示移动方向):

"来$_{趋}$":

"去$_{趋}$":

2. "上、下、进、出、回、过、起、开、到"

"上、下、进、出、回、过、起、开、到"等简单趋向补语,表示的是人或物体位置的相对变化,没有确定的参照点。它们表示的移动方向如下["(X)"表示可能的参照点①]:

---

① 用"进、进来、进去、出、出来、出去、回、回来、回去、过、过来、过去、开、开来、开去、到、到……来、到……去"时,移动的物体可能在某处所的前、后、左、右、上、下……,我们的图只标出一个方向。

"上_趋(一)":由低处移到高处。如"走上楼"。

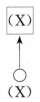

"上_趋(二)":趋近面前的目标。如"走上前"。

"下_趋(一)":由高处移到低处。如"走下楼、跳下水"。

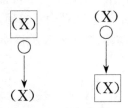

"下_趋(二)":退离面前的目标。如"退下一步"。

(X)○——▶(X)

"进_趋":由某处所的外面移到里面。如"走进屋"。

(X)◀——○(X)

"出_趋":由某处所的里面移到外面。如"走出屋"。

(X)○——▶(X)

"回_趋":由另一处所移回原处,原处指动作的原出发点以及家、家乡、祖国等。如"寄回国"。

$$\boxed{(X)} \leftarrow \bigcirc (X)$$

"过趋":移动时经过某一处所。如"汽车开过桥"。

"起趋":由低处移到高处。如"气球慢慢升起"。

$$(X)$$
$$\uparrow$$
$$\bigcirc$$
$$(X)$$

"开趋":离开运动的起点。如"离开家"。

$$\boxed{(X)}\bigcirc \longrightarrow (X)$$

"到趋":抵达某处所。如"回到家"。

$$(X)\bigcirc \longrightarrow \boxed{(X)}$$

3."上来、上去、下来、下去,进来、进去、出来、出去、回来、回去、过来、过去、起来、开来、开去、到……来、到……去"等复合趋向补语。

复合趋向补语是简单趋向补语"上、下、进、出、回、过、起、开、到"与"来、去"的复合,表示的移动方向与其第一部分,即"上、下、进、出、回、过、起、开、到"相同,参照点与"来、去"相同。图示如下:

---

① 用"过、过来、过去"时,可以有表示处所的处所词,也可以没有,我们用"(△)"表示。

"上来_(趋(一))":

"上来_(趋(二))":

"上去_(趋(一))":

"上去_(趋(二))":

"下来_(趋(一))":

表示动作的起点。　　表示动作的终点。

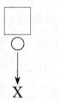

"下来_(趋(二))":

"下去趋(一)":

　　　　　　表示动作的起点。　　表示动作的终点。

"下去趋(二)":

"进来趋":

"进去趋":

"出来趋":

"出去趋":

"回来趋":

"回去_趋":

X○——→□

"过来_趋(一)":

X←——○
  (△)

"过去_趋(一)":

X○——→
   (△)

"起来_趋":

(X)
↑
○
(X)

"开来_趋":

X←——○□

"开去_趋":

□X○——→

"到……来_趋":

□X←——○

"到……去_趋":

X○——→□

(三) 移动的起点、终点与处所宾语问题

除"开来、开去"与"过"以外,所有的趋向补语在表示移动的方向时,都可以出现表起点或终点的处所词语。起点或终点可以用状语表示。状语可以表示位移的起点。如:

(12) 孩子们从山下向山上跑去。
(13) 太阳从地平线上升起来了。
(14) 他从我身边走开了。

状语也可以表示位移的终点。如:

(15) 孩子们向山上跑去。
(16) 学生们朝教室走来。
(17) 他向岸边游过来。
(18) 我把球用力地朝他抛过去。

状语表示的方向不同,用的介词也不同,起点用"从",终点用"向"。

用"过"时,处所状语表示经过的处所。如:

(19) 一列火车从桥上开过。

在趋向补语后可能出现处所宾语,处所宾语的情况比处所状语要复杂得多,可能表示动作的起点,可能表示动作的终点。有的趋向补语后不能用处所宾语。有以下几种情况:

1. "来""去","上"组①,"下"组,"进"组,"回"组,"到"组后可以加处所宾语,处所宾语表示位移的终点,我们称为指向终点的趋向补语。如:

(20) 我们慢慢走上楼。
(21) 枪声一响,她第一个跳下水。
(22) 学生们排着队走进教室去。

但不是所有的动词与上述趋向补语结合时都可以带处所宾语。比如用趋向补语"来、去"时,只有动词为"上、下、进、出、回、

---

① "上"组指"上、上去、上来","下"组指"下、下来、下去","进"组、"回"组等依此类推。

过、到"等趋向动词时,才可以带处所宾语。如:

(23) 下楼来。

(24) 进屋去。

(25) 回家去。

其他动词后不能带处所宾语。如:

(26) *他游岸边来。

(27) *学生们走教室去。

2. "出"组与"开"组后面可以加处所宾语,处所宾语表示位移的起点,我们称为指向起点的趋向补语。如:

(28) 客人们陆续走出房间。

(29) 滚出教室去。

(30) 咱们六点钟离开旅馆。

"下"组的处所宾语也可以表示动作的起点。如:

(31) 小猫敏捷地跳下树。

(32) 他把球扔下楼来。

也就是说,"下"组的处所宾语既可以表示动作的起点,也可以表示动作的终点。当处所宾语表示的处所高于地平线时,它们表示动作的起点,如"走下楼""爬下树""跳下床";当处所宾语表示的处所平于或低于地平线时,它们表示位移的终点,如"跳下地""跳下水""跳下坑"。因此"跳下床"与"跳下地"的"跳"表示的是同一动作,"床"表示"跳"的起点,"地"表示"跳"的终点。

"出"组的处所宾语多表示动作的起点,但如果处所宾语为"门外"时,"门外"表示位移的终点。如:

(33) 他一脚把球踢出门外。

3. "起"组不能带处所宾语,我们称此类为无指向趋向补语。如:

(34) 国旗升起来了。

　　　*国旗升起天空了。

(35) 他把孩子猛地举起,又轻轻地放下。

　　　*他把孩子猛地举起头顶,又轻轻地放下。

"上"组与"起"组表示的方向都是由低处到高处,其区别正在于"上"组是指向终点的趋向补语,可以带处所宾语,而"起"组是无指向的趋向补语,不能带处所宾语。

"开"与很多动词("离开"比较特殊)结合,属于无指向趋向补语,不能加处所宾语。如:

(36) 他乖乖地走开了。

　　＊他乖乖地走开我身边。

(37) 操场上的人群渐渐地散开了。

(四)各趋向补语趋向意义之间的关系

综上所述,我们可以把所有的趋向补语的趋向意义综合到以下一些图里:

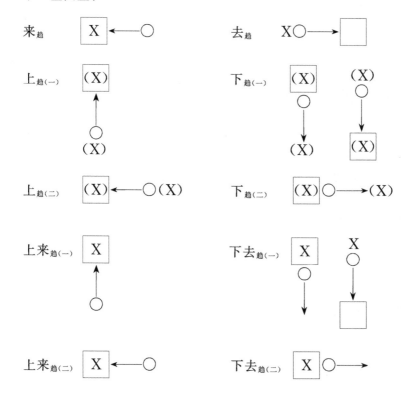

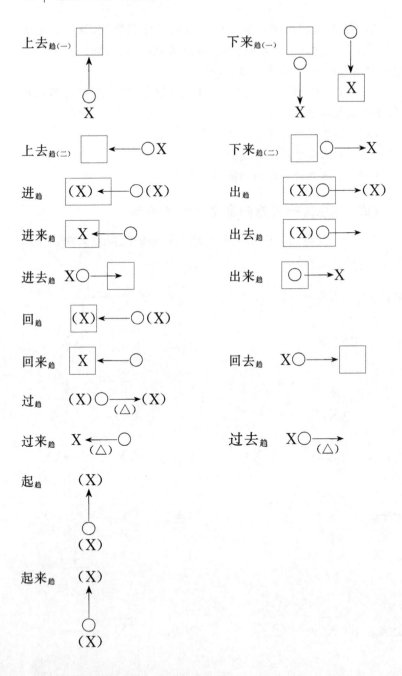

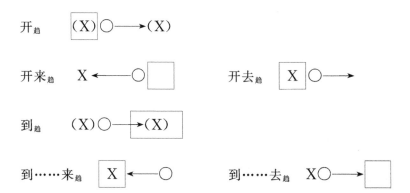

从以上各图可以看出,"上"与"下"、"进"与"出"呈反义关系,即表示相反的趋向。在参照点不变的情况下,"上来"与"下去"、"上去"与"下来"、"进来"与"出去"、"进去"与"出来"呈反义关系。"来"与"去"、"上来"与"上去"、"下来"与"下去"、"进来"与"进去"、"回来"与"回去"、"过来"与"过去"、"开来"与"开去"、"到……来"与"到……去"的区别完全在于参照点的不同。"上"组与"起"组的不同在于,"上"组总涉及移动的终点,即用"上"组表示向某一高处(终点)移动,而"起"组所涉及的移动没有终点或者不知道终点,如"他站起来了""气球升起来了",或者说话人不理会移动的终点,如"国旗升起来了"。"回来"与"来"、"回去"与"去"的区别在于,"回来""回去"所涉及的处所——参照点表示动作的原出发点以及家、家乡、祖国等——我们称为原处所。而"来、去"所涉及的处所没有这个限制。"过来、过去"有时表示移动物体经过某处所,如"汽车开过桥去",有时表示物体移近或离开参照点,如:"小李向我走过来""我走过去一看,原来是一个又小又脏的男孩"。这时,"过来、过去"的趋向意义与"来、去"接近,但句法结构有所不同(见"分述"第281、298页)。"到……来"与"到……去"表示通过动作抵达某一处所,"到"与"来、去"中间一定要出现处所宾语,与"来、去"的意义也近似,但句法结构不同(见"分述"第408、412页)。

(五) 趋向补语的比喻用法

有些趋向补语,有时不表示人或事物在空间的位置移动,而表示领属关系、占有关系等的改变。如"那座大楼叫某公司买过去了""小张叫小李拉过来了,同意给咱们办事""这些从书本上学来的知识很有用"。这种用法介于趋向意义和结果意义之间,又不同于结果意义,我们把它称为趋向意义的比喻用法。所谓比喻用法与非比喻用法离开一定的语境很难区分,在可以搭配的动词方面,二者有时也不易区分。我们在本书"分述"部分逐条列出了比喻用法。

(六) 趋向补语的形式标志

我们把趋向补语的语法意义分为趋向意义、结果意义和状态意义,这种区分在语法形式上有没有根据?也就是说,形式上有没有支持这种意义划分的标志?

一般来说,是语法意义的不同决定语法现象的形式不同,趋向补语也不例外。趋向意义的形式标志不是单一的。表示趋向意义的趋向补语,在形式上有以下几个特点:

1. 句中可以出现或可以加上表示移动起点、终点的处所状语。如:

(38) 孩子们从山下跑上山去了。
(39) 我从他手里接过皮包。
(40) 他从我身边走开了。

表示状态意义时不能加此类处所状语。

2. 句中可以出现或加上表示位移起点、终点的处所宾语。"起"组和"开"组中无指向趋向补语除外。如:

(41) 学生们走进了教室。
(42) 人们陆续退出了会场。
(43) 母亲慢慢走下楼来。

表示结果意义与状态意义时,不能加此类处所宾语。

3. 可以结合的动词有限,包括以下两类:
(1) 表示躯体动作或物体自身运动的动词。如:"跑、走、飞、升"等。
(2) 表示可以使物体改变位置的动作动词。如:"推、拉、拿、抬、运、请"等。

二　结果意义

有相当一部分趋向补语表示动作有结果或达到了目的,即具有结果意义。如"他把两根绳子接上了","上"表示"接"的结果——绳子与绳子连接在一起;"老人买上了飞机票","上"表示"达到了目的"——"买"有了结果。与趋向意义不同,结果意义和人或物体在空间的位置移动无关。如"从墙上拔下来一个钉子"中的"下来"并不表示"钉子"由高处向低处移动,而表示"钉子"与"墙"脱离;同样,"从地里拔下来一个萝卜","下来"表示也是"萝卜"和"地"分离,不但不表示"由上到下",相反是"由下到上"。所以上述"下来"表示的是结果意义,而不是趋向意义。

具有结果意义的趋向补语有:"上"组、"下"组、"出"组、"过"组、"起"组、"开""到""来""去"等。

(一) 趋向补语的结果意义是具体的、特殊的

趋向补语的结果意义是抽象的还是具体的?比如说"关上门""摘下帽子",其中的"上""下"本身具有特定的意义,还是只表示"关""摘"的结果,无自己的特定意义?我们认为每个趋向补语的结果意义是具体的,特殊的,这可以通过以下两点来证明:

1. 同一动词可以带不同的表示结果意义的趋向补语,从而表示不同的意思。如:

(44) a. 你把刚才说的话写下来。
　　 b. 你把知道的情况都写出来。
　　 c. 这个字他终于写上来了。

用"写下来"时,要写的东西一定已经存在或显露,比如"把黑板上的字写下来""把你的名字写下来"等。用"写出来"时,要写的东西是不曾出现或不曾显露的。如"把脑子里想的写出来""把知道的写出来""把答案写出来"等。用"上来"时,侧重表示一种能力。如"这个字我写不上来"。同一个"写",加上"下来""出来""上来"后意思不同,其间的不同显然是由于"下来""出来""上来"的意思不同造成的。(关于"下来""出来""上来"的结果意义,详见本书"分述"部分的有关内容)

2. 每个表示结果意义的趋向补语与前边的动词搭配时都是有选择性的。本书"分述"部分列出了每个趋向补语可以搭配的动词。比如,表示结果意义的"起来"(表示连接、结合以至固定,可以搭配的动词都表示不止一方参与的动作),可以与"连接、捆绑、封闭、隐蔽、集中、回忆、燃烧、陈列"等类意义的动词结合。动词的意义如果与此相悖,就不能与"起来"结合。再如"出来",表示由无到有,由隐蔽到显露,可以搭配的动词意义必须与此相关。如表示"显露、创作、出生、查找、思考、引、惹、说、写"等类意义的动词。这些动词或者本身表示显露意义(如"露出来、呈现出来"),或者表示可以使得事物由无到有,由隐蔽到显露的动作(如"创造出来、生出来、查出来、想出来、惹出来、说出来")。所以,动词与趋向补语搭配时,是受趋向补语的意义制约的。

3. 每个趋向补语的结果意义是由其趋向意义引申出来的(参见本节之(三),第 20—25 页)。这种引申关系正说明某一个趋向补语的结果意义是该补语所固有的。

(二) 基本结果意义与非基本结果意义

趋向补语的结果意义可以分为两大类:基本结果意义与非基本结果意义。

1. 基本结果意义

基本结果意义,一般来说是每一个具有结果意义的趋向补语所必有的。它通常表示动作的一种自然结果,与其趋向意义有内在的联系。比如"关上门""闭上眼睛","上"表示"关、闭"的自然结果——"门"与"门"或"门框"的接触,"上下眼皮"的接触;"把两根绳子接起来""把水和牛奶混起来"中的"起来"表示动作"接""混"的自然结果——"两根绳子"连接,"水和牛奶"混合。

各趋向补语的基本结果意义列举如下:

  来:无基本结果意义。

  去:表示去除、去掉。如"削去皮""擦去桌子上的灰尘"。

  上:表示接触、附着以至固定。如"捆上行李""贴上邮票""油凝上了"。

上来:同"上"。如"补上来两个人"。

上去:同"上"。如"蒙上去一块布""又加上去一些钱"。

  下:表示脱离以至固定。如"撕下一张纸""解下腰带""留下一些钱"。

下来:同"下"。如"揭下来一层""掰下来一块""剩下来一些"。

下去:同"下"。如"撕下去一张纸""把黑板上的字擦下去"。

  出:表示由无到有,由隐蔽到显露。如"脸上露出笑容""创造出奇迹"。

出来:同"出"。如"把事实真相写出来""杀人凶手调查出来了"。

  过:表示完毕。如"我吃过了""这本书你看过之后还给我"。

过来:表示恢复或转变到正常的、积极的状态。如"他醒过来了""我明白过来了"。

过去:表示失去正常状态,进入不正常的状态。如"他晕过去了""他死过去了"。

  起:表示接合以至固定。如"他眯起眼睛""我想起了往事"。

起来:同"起"。如"把这两根绳子接起来""把洞堵起来""把坏人抓起来"。

  开:表示分离、分裂。如"打开窗户""把面包掰开"。

  到:表示动作达到目的或者有结果。如"那本书我买到了""上午我看到了小李"。

2. 非基本结果意义

有相当一些趋向补语具有不止一种结果意义。基本结果意义以外的结果意义，我们称为非基本结果意义。最重要的非基本结果意义都与实现动作结果的主观条件或客观条件有关。此类结果意义常以可能式的形式出现。如"住不上大房子""当不上干部"；"他背书背不上来"；"买不起电视机""吃不起高级饭馆"；"大的数字他数不过来""活儿干不过来"；"比过他们去"；"这儿坐不下"；"这间屋子摆不开四十张桌子"等。有的只有可能式，如"起"。

此类非基本结果意义列举如下：

上：表示实现了预期目的或希望实现的目的。如"考上了大学""我去晚了，那本书没买上"。

下：表示容纳。如"房间太小，坐不下这么多人""这个瓶子盛不下两斤油"。

过：表示胜过。如"我打不过他""甲队赛不过乙队"。

过来：表示尽数地完成。如"这孩子超过十就数不过来了""事情太多，我忙不过来"。

过去：表示胜过、超过。如"把他们比过去""胳膊拧不过大腿去"。

开：表示空间能否容纳某物体或容许某一动作施展。如"这个房间摆不开两张床""床太短，伸不开腿"。

（三）结果意义是趋向意义的引申

有些趋向补语的结果意义与相应的趋向意义存在明显的引申关系。我们可以用下列的图表示：

上趋(二)　(X)←○(X)　　　上结(一)　(X)←○(X)
　　　　　走上一步　　　　　　　　补上两个人

上来趋(二)　X←○　　　　　上来结(一)　X←○
　　　　　走上前来　　　　　　　　补上两个人来

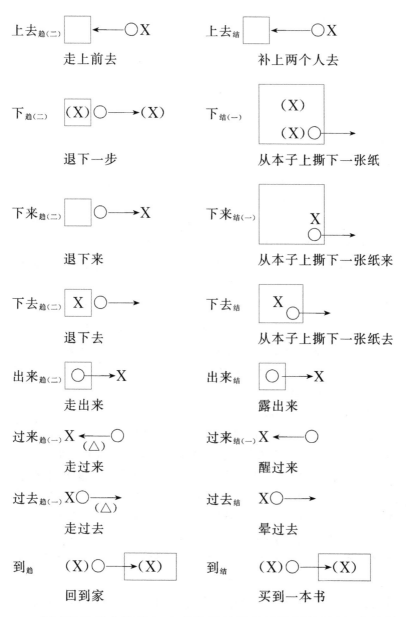

"上"组的趋向意义(二)表示移动后趋近前面的目标,也就是

说移动物向前面的目标靠拢(如"走上一步、凑上去"),其结果意义表示接触、附着以至固定。"下"组相反,趋向意义(二)表示退离面前的目标(如"退下一步"),结果意义表示脱离(如"撕下、撕下去")。"过来"的趋向意义是由某处所向参照点靠近(中间有一段距离)(如"他向我走过来"),结果意义是从一种状态恢复或进入另一种正常、积极的状态(中间有一个过程,参照点是正常的状态)(如"他醒过来了、他明白过来了"),显然正常、积极的状态似乎离说话的人更近;相反,"过去"的趋向意义是离开参照点,趋近另一处所(如"小李朝他走过去"),结果意义则表示由正常、积极的状态进入或转变到非正常、消极的状态(参照点也是正常的状态)(如"死过去了、晕过去了"),似乎远离了说话人。"出"与"出来"的趋向意义是由处所内部移到外部,结果意义是由无到有,由隐蔽到显露(如"露出来、想出来"),其间的意义联系也是很明显的。"到"的趋向意义是人或物到达某处所,结果意义是动作达到了目的,一般可能涉及另一事物(如"买到了一本书、看到了小王、借到了钱")。趋向意义和结果意义之间的联系也可以清楚地看出来。

1. 结果意义的参照点与趋向意义的参照点之间的联系:

不少趋向补语的趋向意义有参照点的差别,而其相应的结果意义往往也有参照点的差别。而且二者存在明显的一致关系。

所谓结果意义的参照点,就是指观察事物的着眼点、出发点。从"上"组与"下"组来看,结果意义总是涉及两个事物或一个事物的两个部分,其中一个事物是主要事物(或整体),另一个是次要事物(或物体的一部分)。如"下来""下去"都表示次要事物(或物体的一部分)与主要事物(或整体)脱离。"下来"的参照点是次要事物(或物体的一部分),如"他从本子上撕下一张纸来给小李留个条子",参照点是"撕下的一张纸","他"要用这张纸写条子;"下去"的参照点是主要事物(或整体),如"他又写错了,从本子上又撕下去一张纸",参照的是"本子",撕下去的纸离开了"本子"。用"下来"时,表示参照点的事物是动作者要保留的;用"下去"时,表示非参照点的事物一般是动作者所要抛弃或不予理会的。

"上"组与"下"组的趋向意义与结果意义之间的联系可以用下列各图表示(在结果意义中,"□"表示主要事物或整体,"○"表示次要物体或物体的一部分,"X"表示参照点):

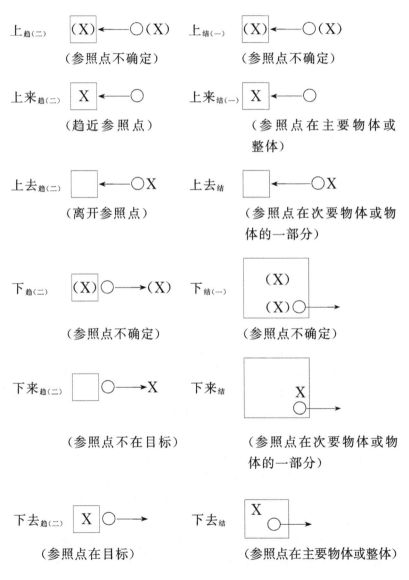

"起"组的趋向意义也表示由低处向高处移动,与"上"组不同之处在于移动不涉及终点或目标。相应地,表示结果意义时,所涉及的事物没有主要与次要、整体与部分之分,而且也不限于两个事物,没有确定的参照点,可以用下图表示:

"开"组的趋向意义与"下"组的趋向意义(二)近似,都表示离开动作的起点,但"下"组还同时表示向另一目标趋近,而"开"有时不涉及另一目标。相应地,"下"组结果意义表示次要物体或物体的一部分从主要物体或整体脱离。即"下来""下去"有确定的参照点,而"开"表示结果意义时,表示分离、分散,物体不限于分裂为两部分,也没有确定的参照点。可以用下图表示:

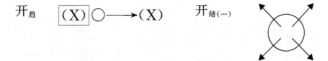

"出"及"出来"的趋向意义,表示人或物体由某种处所的里面移到外面。"出来"的参照点在外面,相应地,表示结果意义时,"出"及"出来"表示由无到有、由隐蔽到显露,即由不可见到可见,可以说参照点在物体的外面。而"出去"没有这一结果意义,显然与其趋向意义的参照点是在处所里边有关系。

"过来"表示趋向意义时,表示物体趋近参照点,"过去"相反,表示离开参照点,趋近另一目标。相应地,表示结果意义时,"过来"表示由非正常状态转变到正常状态,"过去"相反,表示由正常状态转变到非正常状态,可以说参照点是处于正常状态的人。

2. 基本结果意义之间的反义关系:
　　趋向意义呈现反义关系的趋向补语,其结果意义一般也存在反义关系。这也可以证明结果意义与趋向意义之间的联系。结果

意义的反义关系列举如下:
  　上————下　　（无确定的参照点）
  　上来————下去（参照点在主要物体或整体）
  　上去————下来（参照点在次要物体或物体的一部分）
  　出————进　　（"凸出一块""瘪进一块"）
  　出来————进去（"凸出来""瘪进去"）
  　过来————过去（参照点在正常状态）
  　起来————开①　（无确定的参照点）

（四）趋向补语的结果意义是十分概括的

　　趋向补语的结果意义是由趋向意义引申来的,是意义虚化的结果,因此又是十分概括的。我们一方面不能忽略各趋向补语的结果意义之间的区别,认为所有表示结果意义的趋向补语在意义上没有什么差别。另一方面,也不能把趋向补语前面的动词的意义加到趋向补语上。比如不能说"集中起来"中的"起来"表示由分散到集中,"藏起来"中的"起来"表示由公开到隐蔽,"陈列起来"中的"起来"表示由隐蔽到公开等。本书通过大量语料,尽可能归纳分析出每一个趋向补语的结果意义。在归纳时我们遵循以下几个原则:

　　1. 意义上有明显的、说得清楚的差别时,作为两个结果意义处理。比如"连起"与"买不起"中的"起",前者表示"接合",后者表示主观上没有（经济等方面的）承受能力。又如"裂开了一个口子"与"屋子里坐不开一百个人"中的"开",前者表示"分离",后者表示"容纳"。

　　2. 如果同一个趋向补语与同一个动词组合表示不同的意义,而这种意义上的不同又不是源自动词的不同义项时,那么这个趋向补语就具有不同的结果意义。例如"上":

---

① "起来"与"开"的趋向意义不呈现反义关系。

(45) a. 节日里,孩子们都穿上了新衣服。
b. 孩子盼了很久,今天终于穿上了新衣服。

a 句中的"上"表示"接触、附着以至固定",b 句中的"上"表示"达到了预期的或不容易达到的目的"。也就是说,表示不同结果意义的趋向补语不排斥与同一个动词组合;相反,表示同一结果意义的趋向补语只能与不同的动词组合,而不能与同一动词结合表示不同的意义。如果在一个趋向补语的某一结果意义的动趋搭配词表中重复出现了同一个动词,那就说明结果意义的归类有问题。我们在归纳结果意义时,在很大程度上考虑了动词的分布。

结果意义是十分概括的。本书是对现代汉语普通话的趋向补语进行静态的描写。我们在所占有的材料的基础上尽可能准确地概括出每一个趋向补语的结果意义。但是,有时同一个补语,在与一些动词组合时,一般来说结果意义十分清楚,比如"关上门""闭上眼睛""贴上邮票""蒙上一块布"等,"上"表示"接触、附着";而与另一些动词组合时,"接触、附着"的结果意义就不那么明显,例如"点上灯""踏上征途""加上一勺糖""爱上了你""比不上他"等,可以说在上述例子中,"上"的意义越来越虚,但我们认为与"接触、附着"仍有联系,所以仍归入一个结果意义。我们在归纳结果意义时,坚持义项可以不分的尽量不分、归纳出的结果意义的数目要尽量少的原则。我们认为这不仅便于教学,而且也符合汉语的实际,也是科学的。

(五) 结果意义的形式标志

1. 句中包含某些表示结果意义的趋向补语时,动词前可以有处所词。这一点与表示状态意义的趋向补语不同。如:

(46) 他从头上拔下来一根头发。

(47) 她脸上露出了笑容。

2. 表示结果意义的趋向补语不能与处所宾语同现。这一点与趋向意义不同。如:

(48) *他把萝卜拔下地上来。

(49) *把邮票贴上信封。

3. 有一部分可以用于"把"字句。而表示状态意义的趋向补语一般不用于"把"字句。表示趋向意义的趋向补语,出现在及物动词后时,可以用于"把"字句;出现在不及物动词后时,不能用于"把"字句。

4. 大部分可以构成可能式。表示状态意义的趋向补语一般不能构成可能式。

三 状态意义

趋向补语的状态意义是比结果意义更为虚化的意义。它表示动作或状态在时间上的展开、延伸,与空间无关。只有"上"、"上来"(少用)、"下"组、"起"组、"开"具有状态意义。

状态意义可以分为两类:一类表示进入新的状态,一类表示已进行的动作或已存在的状态继续。

(一) 表示进入新的状态

"上""上来","下""下来","起"组和"开"都可以表示进入新的状态。

1. 与动词组合:

"上"、"起"组、"开"与动词组合时,表示由静态进入动态,即表示一个动作的开始。如:

(50) 天阴了,雪又下起来了。

(王安忆)

(51) "万岁!"那伙人像疯了似地喊起来,屋里已经被搞得乌烟瘴气了。

(谌容)

(52) 空中还不时响起一阵阵沉闷的雷声……第三次洪峰被战胜了。

(谌容)

(53) 虎妞的嘴唇哆嗦上了。

(老舍甲[①])

(54) 她不等不靠,自己扛起大头干上了。

(蒋子龙)

(55) 六个人在一腿深的青草上打开了。

(赵树理二)

(56) 有的闷喝,有的猜开了拳。

(老舍甲)

相反,"下"与"下来"表示由动态进入静态,表示动作停止进行。如:

(57) 那"乒!乒!乓!乓!"的敲打声也骤然停息下来。

(张洁)

(58) 一会儿站下来用望远镜看看敌方阵地,一会儿和加固工事的战士闲谈几句。

(邓友梅)

(59) 车停下了,人们走出车厢。

2. 与形容词组合:

只有"起来""下来""下去"可以与形容词组合,表示开始出现某种状态。

在形容词中,有一些词在意义上是对立的,如"大——小,高——低,长——短,深——浅,厚——薄,贵——贱,强——弱,亮——暗,快——慢,粗——细,多——少"等。我们把"大、高"等称为正向形容词,把"小、低"等称为负向形容词。汉语的正向形容词和负向形容词在句法结构上有差异,在与表示状态意义的趋向补语结合时,也有不同的选择。

"起来"主要和正向形容词及没有方向性的形容词结合。如:

(60) 小小的公寓在黄昏的暮色中骤然热闹起来。

---

① 例句出处中,"老舍甲"代指《骆驼祥子》,"老舍乙"代指《老舍剧作选》;"赵树理一"代指《赵树理文集》(一),"赵树理二"代指《赵树理文集》(二)。

(61) 生活有了这些，就变得愉快、美好起来。

(王安忆)

(62) 脸上唰的黄起来。

(梁斌)

(63) 那书记又变得客气起来。

(高晓声)

"下来""下去"可以结合的形容词面很窄，只有负向形容词中表示光线（"黑、暗"）、声音（"低、小"）、速度（"慢"）、人的情绪（"冷静、冷、平静、松弛、松、低"）、态度（"缓和、软"）以及健康状况（"弱"）等词。如：

(64) 过了许久，沸腾的会场才安静下来。

(谌容)

(65) 天渐渐黑下来，风越刮越烈。

(蒋子龙)

(66) 车到拐弯处，老殷头勒紧笼头，让马车慢了下来。

(谌容)

(67) 她的声音小了下去。

(谌容)

"起来"也可以与表示声音、光线等意义的负向形容词结合，表示一种在说话人看来是出乎意料的、不合常规的变化。如：

(68) 中午的时候，天忽然暗起来，大片乌云飞过我们头顶。

(69) 盛怒反而使他沉稳起来。

在我们所用的语料中，"起来"与正向形容词组合出现了 358 次，与负向形容词的组合只出现 56 次。

3. 状态意义与趋向意义之间的联系：

在趋向补语中，主要是表示由低向高移动的"上""起""起来"及由高向低移动的"下""下来""下去"可以表示状态意义。从下图可以看出状态意义与趋向意义之间的明显对应：

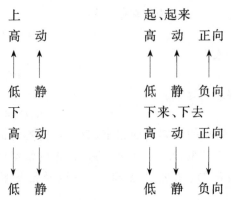

即趋向意义表示由低向高位移的,状态意义表示由静态向动态、由负向向正向的变化;相反,趋向意义为由高向低位移的,状态意义表示由动态向静态、由正向向负向的变化。状态意义与趋向意义的联系十分清楚。

"下来"与"下去"的状态意义之间的区别也显示出状态意义与趋向意义的对应:"下来"更适于表示近处、眼前的变化,而"下去"更适于表示远处或远离说话人而去的变化。试比较:

(70) a. "我知道,你会这样说的。"丽华声音低了下来。(听说的人都在屋子里)

(谌容)

b. 她爹说,"坏处是没有,不过挡不住村里人说闲话!"以后的声音又都低下去,艾艾就听不见了。(艾艾在屋子外边听)

(赵树理_)

(71) a. 屋里渐渐暗下来了,我拉开了灯。
b. 远处的火光暗了下去,熄灭了。

上述句子中的"下来"与"下去"是不能互相替换的。

4. 状态意义的形式标志:

(1) 趋向补语表示状态意义时,一般不与表示动作起点和终点的状语、宾语同现。

(2) 状态意义是一种在说话人看来是不知不觉的变化,所以通常不用于"把"字句。如：

(72) *他们又把歌唱上/起来/开了。

(73) *他腾地把脸红起来了。

同样原因，状态意义一般也不出现于祈使句。如：

(74) *说起来/上/开。

(3) 状态意义一般也不用可能式。有些动词加"起来"，既可以表示结果意义，也可以表示状态意义。前者可以用可能式，后者不能。如：

(75) a. 一班学生心齐，唱歌能唱起来，二班学生心不齐，歌老也唱不起来。

b. 什么时候她唱起来了，准有高兴事儿。

*什么时候她唱不起来了，准有愁事儿。

"起来"与形容词结合一般也不用可能式，但当表示说话人希望或认为应该出现某种状态而又不能实现时，可以用可能式。如：

(76) 听了这件事我应该高兴，可是我怎么也高兴不起来。

(77) 我想对他亲热一点儿，可亲热不起来。

(78) 他想说得慢一点儿，可是慢不下来。

表示估计时，也可以用可能式。如：

(79) 我看他一辈子也红不起来。

(80) 他们哪，我想三五年富不起来。

"上""开""下去"等表示状态意义时，不能构成可能式。

(二) 表示继续

"下去"的另一个状态意义是表示动作继续进行或状态保持不变。

1. "下去"与动词结合，表示动作继续进行，即继续保持动作的状态。如：

(81) 她……也忘记了自己，一个接一个地看下去。

(谌容)

(82) 事在人为，努力干下去，总会看到胜利。

(梁斌)

(83) 弹琴的人总也不能流畅而连贯地弹下去。

(张洁)

(84) 如果这样浪费下去，就吃亏了。

(高晓声)

应该注意，例(83)的"下去"的管辖范围是"流畅而连贯地弹"。
2. "下去"与形容词结合，表示状态不变。如：
(85) 再冷下去，就不会有了。

(高晓声)

(86) 我怕张维再这么累下去，身体会受不了。
(87) "四人帮"倒台了，农村也算穷到底了，不会再穷下去了。
这种用法经常出现于条件句或表示一种估计。
3. 表示继续意义的趋向补语的形式标志。
(1) 不与表示动作起点和终点的状语、宾语同现。
(2) 用在动词后可以构成祈使句，也可以构成可能式。与形容词结合一般不用可能式。如：
(88) *他再也富不下去了。
(89) *我寂寞不下去了。
(3) 不能用于"把"字句。

四　趋向补语意义的虚化反映了汉语词语意义发展的一般规律

趋向补语的基本意义是趋向意义；结果意义比趋向意义要虚；状态意义又比结果意义更虚。通常趋向补语的意义越虚化，可以结合的动词和形容词的面越广。比如"起来"的状态意义的结合面最宽，结果意义次之，趋向意义又次之。

本书不做趋向补语的历时研究，只进行静态描写及分析。但我们可以看出趋向补语的三种意义反映了汉语词语发展的一般规律——词的虚化意义是由词的实在意义发展、演变来的。下面我们以汉语中出现频率相当高的几个动态助词为例，来说明这一现象。

"了"(liǎo)的本义是"完毕、结束",如"这件事了了"。动态助词"了"(le)是"了"(liǎo)虚化的结果。由于语音上已不同,现在通常认为它们是不同的词。动态助词"了"的意义也不是单一的。在某些动词后,它可以表示结果,即"了"可以说有结果意义。如"把药吃了""信烧了""房子卖了"等。与趋向补语的基本结果意义一样,"了"的结果意义表示动作的自然结果,即表示进行某一动作后,通常会出现的结果。如"吃"的结果是所吃之物消失,"烧信"的结果是"信"不存在了,"卖房子"的结果是房子不再属于卖主。还可以说"这本书不错,你买了吧",这个"了"表示"买"的结果。"你把信写了再睡","了"表示"写"的结果。表示结果意义的"了"可以结合的动词范围相当广,与大部分动词结合时,其意义已经十分虚,十分抽象,可以概括为"发生",即"了"表示前面的动词所表示的动作发生。当"了"表示"发生"时,并不排斥"完毕、完成"意义。也就是说,"了"可以表示动作从发生到完成这一过程中的任何一个阶段。"了"的意义进一步虚化,就表示状态意义——通常所谓的"出现新情况"或"变化"。"了"的状态意义与"起来"等的状态意义十分接近,可以说本质上是相同的。只是"了"的状态意义没有方向性,而"上""起来""开"表示由静态、负向向动态、正向变化,"下""下来""下去"表示由动态、正向向静态、负向变化,即有方向性。

"着"(zháo)的基本意义是"附着、接触",可以作结果补语,如"小明冻着了""那本书买着了""钱找着了";它也可以作动态助词(zhe),表示状态的持续,如"孩子们跳着、唱着,十分高兴""他静静地听着""他红着脸,不说话"。

"过"(guò)的基本意义是"经过(地点、时间)",结果意义是"完毕"(读作 guò 或 guo),如"那封信我看过了""吃过饭再说吧";它也可以作动态助词(guo),表示"曾然",如"我去过上海""他从来没看过京剧"。"过"的三种意义也是逐渐虚化的。

汉语中结合面广的结果补语,其意义都经过类似的虚化过程。

如"掉""住""好"等。只是这些词没有虚化到出现状态意义的程度。

由以上的分析我们可以看出,在汉语中,像上述这些意义十分复杂、出现频率十分高的词,存在一个同一性的问题。也就是说,我们可以认为表示"结果"意义(有人概括为"失去")、"发生"意义(有人概括为"完成")、"变化"意义的"了"具有内在联系,具有同一性;"过"和"着"亦然。趋向动词作补语时也一样,可以表示趋向意义、结果意义、状态意义。对这些词,可以有两种处理方式,第一种认为一个词表示不同意义时,就是不同的词。比如"了"有"了$_1$""了$_2$""了$_3$";"过"有"过$_1$""过$_2$""过$_3$";"着"有"着$_1$""着$_2$";"起来"有"起来$_1$""起来$_2$""起来$_3$""起来$_4$"等(把"起来"的状态意义处理为两个)。第二种认为"了""着""过""起来"等虽然可以表示不同的意义,但仍然是一个词。前一种方式是目前处理"了""着""过"的方法,后一种方式是目前处理趋向补语的方法。这两种方法在理论上都站得住,在教学上也许后一种方式更可取。因为"了""着""过""起来"等,在某些情况下,判断所表示的究竟是哪一种意义都会有一定的困难,要给外国学生讲清楚就更加困难,有时模糊一些也许更可取。而且,从理论上讲,处理所谓动态助词与趋向补语的原则最好是一致的。

贰 包含趋向补语的句子的结构分析

一 句式问题

当一个句子中包含趋向补语时,趋向补语和动词的不同会对整个句子的格式有影响;句子中处于主语、宾语位置上的名词是动作的施事还是受事等也会对句子的格式有影响。包含趋向补语的句子,句式大致有以下几种("V"表示句子中的谓语动词,"趋"表示简单趋向补语或复合趋向补语,"'上'类字"表示"上、下、进、出、回、过、起、开、到"等趋向动词,"N$_{施事}$"表示动作的发出者,"N$_{受事}$"表示动作所涉及的人或事物,"N$_{处所}$"表示处所名词,"Nu"表示数词,"M"表示量词,"C"表示趋向补语以外的补语)①:

a式　N$_{施事}$＋V＋趋

b$_1$式　包含受事宾语的句子
(1) 简单趋向补语:
N$_{施事}$＋V＋趋＋(NuM＋)N$_{受事}$
N$_{施事}$＋V＋(NuM＋)N$_{受事}$＋"来/去"
N$_{施事}$＋V＋N$_{受事}$＋"来/去"
(2) 复合趋向补语:
N$_{施事}$＋V＋"上"类字＋(NuM＋)N$_{受事}$＋"来/去"
N$_{施事}$＋V＋趋(＋NuM)＋N$_{受事}$
N$_{施事}$＋V＋(NuM＋)N$_{受事}$＋趋

---

① 我们通常不考虑其他因素,只有当某种因素必须考虑时,我们才加以说明。

b_2 式　包含处所宾语的句子
(1) 简单趋向补语：
$N_{施事}$＋V＋$N_{处所}$＋"来/去"
$N_{施事}$＋V＋"上"类字＋$N_{处所}$
(2) 复合趋向补语：
$N_{施事}$＋V＋"上"类字＋$N_{处所}$＋"来/去"

c 式　包含存现宾语的句子
(1) 简单趋向补语：
$N_{处所}$＋V＋趋＋(NuM＋)$N_{施事}$
(2) 复合趋向补语：
$N_{处所}$＋V＋"上"类字＋(NuM＋)$N_{施事}$＋"来/去"
$N_{处所}$＋V＋趋＋(NuM＋)$N_{施事}$

d 式　"把"字句
(1) 简单趋向补语：
$N_{施事}$＋"把"＋$N_{受事}$＋V＋趋
(2) 复合趋向补语：
$N_{施事}$＋"把"＋$N_{受事}$＋V＋趋①
$N_{施事}$＋"把"＋$N_{受事}$＋V＋"上"类字＋$N_{处所}$＋"来/去"

e 式　受事主语句
(1) 简单趋向补语：
$N_{受事}$＋V＋趋(＋"了")②
(2) 复合趋向补语：
$N_{受事}$＋V＋趋(＋"了")③
$N_{受事}$＋V＋"上"＋$N_{处所}$＋"来/去"(＋"了")④

---

① 在包含复合趋向补语的"把"字句中，动词后也可以出现受事宾语，如"把纸撕下来一张"，在这种句式中，受事宾语的位置与 b_1 式相同，此处从略。
② 此种句式常常出现"了"。
③ 同上。
④ 同上。

f式　包含其他补语(时量、动量等)的句子
N_{施事}＋V＋趋＋C

在本书"分述"部分，在论述每一个趋向补语的每一个义项时，在说明可以结合的动词之后，都说明可以出现的句式。如相连的两类或几类动词可以出现的句式相同时，将注明同某类动词。

包含趋向补语的句子，句式不限于上述几种。但上述几种是最基本、最常用的。

二　简单趋向补语与相应的复合趋向补语的使用问题

如前所述，复合趋向补语与相应的简单趋向补语所表示的意义一般是相同的，只是前者有确定的参照点，后者没有确定的参照点。但是，在复合趋向补语与相应的简单趋向补语之间进行选择时，是否只取决于有没有确定的参照点呢？

实际上，说话人并不总是留意参照点。句法结构或音节常常对简单趋向补语和复合趋向补语的选择起着重要作用。

(一) 表示趋向意义时，简单趋向补语和相应的复合趋向补语的用法

表示趋向意义时，简单趋向补语在句法上受较大的限制，而复合趋向补语一般不受什么限制。

1. "来""去"

"来""去"作趋向补语时，如谓语动词为"上"类字，句法结构方面限制较少。特别是表示未然动作时，不受什么限制。如：

(90) 上去！
(91) 下来！
(92) 我要出去。

表示已然动作时，通常后边有后续成分(助词、短语、分句等)，或前边有状语。如：

(93) 他出去了。
(94) 我刚才出去看了看。
(95) 甲：小李呢？
　　　乙：刚出去。

上述句法结构限制与一般不带趋向补语的动词没有什么不同，所以可以说"来""去"用在"上"类字后，句法结构上不受什么限制。

"来""去"用在"走、跑"等不及物动词后时，在句法结构方面不大自由。通常要求动词前有由"朝、向、往"等介词引导的状语。如：

(96) 他朝山上走去。
(97) 马向山下跑来。
(98) 公交车往东边驶去了。

用在"端、拿"类动词后时，后边可以没有宾语。如：

(99) 端来！
(100) 拿去！

2. "上"类字作简单趋向补语时，结构上受的限制较大，通常要求后边也有宾语（多为处所宾语）。如：

(101) 孩子们高兴地跑上山坡。
(102) 下课了，学生们都涌出教室。

如没有宾语，句子将不成立。如：

(103) ＊下课了，孩子们跑出。
(104) ＊上课了，老师走进。

用相应的复合趋向补语则没有问题。如：

(103)' 下课了，孩子们跑出去了。
(104)' 上课了，老师走进来。

有几种情况例外：

(1) 动词"骑、坐"后可以只用"上"。如：

(105) 骑上！（意思是"骑上马"或"骑上自行车"）
(106) 坐上！（意思是"坐上车"）

这里的"上"也可以看作结果意义。

"下"前可以只用"坐、跪、躺、蹲、放、搁"等表示身体动作的动词。如：

(107) 坐下。

(108) 他跪下了。

(109) 放下！

(110) 搁下。

这样用时，多为祈使句，或有后续成分。用在"放、搁"后时，也可以看作结果意义。

"开"可以单独用在"走、跑、散"后。如：

(111) 走开！

(112) 散开！

也可以用在"拿、抬"等及物动词后。如：

(113) 把这些东西拿开。

(114) 抬开！

(2) 剧本中的解说词，并不是完整的句子。如：

(115) 望着朴园，泪要涌出。

(曹禺)

(116) 忽然立起。

(曹禺)

(3) 出现于"V上V下""V进V出"等结构里。如：

(117) 这一天他走进走出，一刻也没停。

(118) 你跑上跑下忙什么？

因此，在"上"类字作简单趋向补语时，一般后边应该有宾语，否则应该选用相应的复合趋向补语。也就是说，此类简单趋向补语通常不能用于句末。

关于这个问题，我们做了抽样统计。我们统计了"上""起"与"上来""上去"表示趋向意义时有无宾语的情况，结果如下表：

趋向补语	有宾	无宾
上	354 例	11 例
起	1314 例	101 例
上来	47 例	150 例
上去	19 例	299 例

表示趋向意义时,"上"后有宾语的有 354 例,无宾语的 11 例;"起"后有宾语的有 1314 例,无宾语的 101 例,其中 51 例是"立起",出现于曹禺的剧本解说词中;"上来"后有宾语的 47 例,无宾语的 150 例;"上去"后有宾语的 19 例,无宾语的 299 例。这一统计清楚地表明,此类简单趋向补语表示趋向意义时,后边一般要有宾语;而在复合趋向补语后,宾语可有可无,而且统计数字表明后边以无宾语居多,即句末更适合用复合趋向补语。

(二) 表示结果意义时,简单趋向补语与相应的复合趋向补语的用法

当表示基本结果意义时,简单趋向补语与复合趋向补语的使用情况大体上与表示趋向意义相同。即简单趋向补语后要有宾语,而复合趋向补语后可以没有宾语。如:

(119) 这里的奥妙我看出来了。
* 这里的奥妙我看出了。
(120) 你把这两条线连起来。
* 你把这两条线连起。
(121) 我把黑板上的字擦下去。
* 我把黑板上的字擦下。

但"上""开"表示结果意义时可以不带宾语。如:

(122) 把门关上。
(123) 名字签上了,他又有点儿后悔了。
(124) 炮弹炸开了。

(125) 他把馒头掰开,分给弟弟一半。

但在某些类动词(如表"走、踏"义的动词)后,仍要求有宾语(见"分述"99页)。而且应该指出的是,表示结果意义时,"上"比"上来""上去"更常用。

"开来"很少用于结果意义。

关于趋向补语表示结果意义时有无宾语的情况,我们也进行了抽样统计:

趋向补语	有宾	无宾
上	1238 例	327 例
起	1055 例	23 例
上来	9 例	11 例
上去	19 例	299 例

从上边的统计数字看,"起"有宾语和无宾语的数字相差极为悬殊,显然,用"起"时要求有宾语,无宾语的与动词(在 23 例中"讲、问、提"类动词就有 15 例)有关。"上"有宾语和无宾语的数字虽然相差 4 倍,但还不足以表明"上"要求有宾语,因为毕竟有 327 例无宾语的情况,这说明"上"后有宾语或无宾语都可以。"上来"的数字表明它很少用于结果意义,而且有宾语无宾语皆可。"上去"的数字表明更多的情况是无宾语,但也可以有宾语。

表示非基本结果意义时,每个补语的情况不同,而且简单趋向补语和相应的复合趋向补语也不一定对应。具体情况参见"分述"部分。

(三) 表示状态意义时,简单趋向补语和复合趋向补语的用法

关于"起"我们做了抽样统计,如下表:

起	有宾	195 例
	无宾	7 例

无宾的 7 例为"响起"(6 例)、"吹起"(1 例)。因此可以说"起"表示状态意义时,后边一般要求有宾语。

"起来"表示状态意义时,中间既可以插入宾语,也可以不加宾语。

"上""上来"也可以表示状态意义,虽然较少使用,我们也做了统计:

上	有宾	16 例
	无宾	11 例
上来	有宾	0 例
	无宾	7 例

也就是说,表示状态意义时,"上"后可以有宾语,也可以没有宾语;"上来"后则不能有宾语。

虽然"上"和"上来"都可以表示动作开始或进入新的状态,但在实际语言中,"起来"比"上"出现的频率要高得多。"上"具有明显的口语色彩,而且使用的词语范围也有限。

三　宾语的位置

句子中有趋向补语又有宾语时,由于充任宾语的名词性质不同,可以有不同的位置。

(一) 简单趋向补语和宾语的位置

1. 简单趋向补语表示趋向意义时,宾语的位置有以下几种情况:

(1) 趋向补语为"来""去"时,处所宾语位于"来""去"前。如:

(126) 可是,我要找党,我要下山去,老大爷不放我走。

(谌容)

(127) 叫你哥哥回家来吃饭。

(蒋子龙)

宾语是表示人或物的名词时,可以位于趋向补语后,一般表示已然的情况。如:

(128) 他给我端来一碗热气腾腾的馄饨。

(蒋子龙)

(129) 他还让几个女孩子给送去了茶和擦脸的毛巾。

(王安忆)

这种宾语也可以位于"来""去"前,既可以表示已然情况(多有"了"),也可以表示未然情况(包括祈使句)。如:

(130) 老炊事员不知从哪儿弄了一壶酒来。

(谌容)

(131) 你先坐下,我给你提点开水来。

(邓友梅)

(132) 叫他先拿二十块钱去。

(曹禺)

"来""去"与宾语的位置可以归纳出以下句式:
$N_{施事}+V+N_{处所}+$"来/去"(已然,未然)
$N_{施事/处所}+V+$"来/去"$+N_{受事/施事}$(一般为已然)
$N_{施事}+V+N_{受事}+$"来/去"(已然,未然)

(2) 其他趋向补语都位于宾语前。如:

(133) 小战士瞪了小赵一眼,转身跳下了舞台。

(邓友梅)

(134) 那女人也低下头,流下了眼泪。

(苏叔阳)

(135) 船上走下英俊的王子。

(王安忆)

2. 简单趋向补语表示结果意义时,宾语位于趋向补语后。如:

(136) 他做不来这种细小烦琐的事情,也没有那个心计。

(高晓声)

(137) 虽然这堵墙又占去了不少宝贵面积,但住户却十分感激这房屋的设计员体恤民情,积了阴德。

(蒋子龙)

(138) 这个工作,要先试点,总结经验,然后再逐步推广,最终要制定出一套办法。

(张洁)

(139) 看在孩子的份,今儿个我饶过你了。

(蒋子龙)

3. 简单趋向补语表示状态意义时,如有宾语,也放在趋向补语之后。如:

(140) 这也好,你回去可以定下心写《命运》了。

(王安忆)

(141) 你怎么干上了这个? 真不嫌丢人!

(蒋子龙)

(142) 她看我沉默不语,反而像个小大人一样安慰开我了。

(从维熙)

(143) 我不由得闭上眼睛,深情地拉起了《天鹅》。

(苏叔阳)

(二) 复合趋向补语和宾语的位置

1. 复合趋向补语表示趋向意义时,也因充任宾语的名词性质不同而有不同的位置。有以下几种情况:

(1) 宾语为处所词时,位于复合趋向补语的中间。如:

(144) 江涛看见父亲,三步两步蹦上车去。

(梁斌)

(145) 那时会有更多的敌人渡过河来参加战斗的。

(邓友梅)

(146) 她永远逃不出这大杂院去!

(老舍甲)

(2) 宾语为表示人或事物的名词时,有三种位置:

I. 宾语在复合趋向补语的中间,可以表示已然情况,也可以表示未然情况。宾语在复合趋向补语的中间是最为常见的位置。如:

(147) 老两口赶紧一齐放下碗来招待。

(赵树理二)

(148) 王晓燕拉起李槐英来。
（杨沫）

(149) 他淡淡一笑,接过杯子去。
（谌容）

(150) 上个月他给妈妈寄回五百块钱去。

(151) 不,我们不能再软弱下去! 打他们,救出江涛来!
（梁斌）

Ⅱ. 宾语在复合趋向补语后,一般表示已然的情况。如:

(152) 捡回去一堆烂树叶,光冒烟,不着火啊!
（谌容）

(153) 祥子扛起来铺盖。
（老舍 甲）

(154) 但就在我双手攀住墙头时,不小心碰下来一块瓦。
（从维熙）

Ⅲ. 宾语也可以位于复合趋向补语的前边,可以表示已然的动作,也可以表示未然的动作。如:

(155) 拿一本书出来。

(156) 他扔了一个苹果过来,我接住了。

但在实际语言中,这种用法很少见。我们甚至很难在我们的语料中找到这一类例句。下面这种句子我们虽然也归入此类,但通常是作为兼语句处理的:

(157) 请他过来坐。

(158) 拉他起来。

宾语为表示抽象事物的名词时,只能位于复合趋向补语的中间或后边。如:

(159) 门缝里透出灯光来。
（高晓声）

(160) 河那边传过一阵歌声来。

(161) 门缝里透出来一点儿灯光。

(162) 河那边传过来一阵歌声。

表示人的肢体的名词,如"头""手""身"等,多位于复合趋向补语的中间。如：

(163)"戴愉！"她心里偷偷喊了一声，很快地伸出手去。

(杨沫)

(164)祥子把笤帚扔了，直起腰来。

(老舍甲)

(3) 存现宾语可以有两种位置：

Ⅰ．可以在复合趋向补语中间。如：

(165)帘声一响，走出个人来。

(梁斌)

(166)倏的跳上一个人来。

(邓友梅)

Ⅱ．也可以在复合趋向补语后。如：

(167)刚走了几步，忽然候车室门外涌进来一批干部模样的人群。

(高晓声)

(168)宋郁彬说到这儿，从里面跑出来两个孩子。

(杨沫)

宾语和表示趋向意义的复合趋向补语的位置可以归纳如下：

N_{施事}＋V＋"上"类字＋N_{受事/处所}＋"来/去"（已然，未然）

N_{施事/处所}＋V＋趋＋N_{受事/施事}（已然）

N_{施事}＋V＋N_{受事}＋趋（少见）

N_{处所}＋V＋"上"类字＋N_{施事}＋"来/去"（已然，未然）

2．复合趋向补语表示结果意义时，宾语一般位于补语的中间。如：

(169)李德才一说，朱老星也就想过这个理儿来。

(梁斌)

(170)"不行！"护士板起面孔来。

(谌容)

(171)鉴于环境的险恶，怕生出事来。

(邓友梅)

趋向补语表示结果意义时，多用于"把"字句，谓语动词后有趋向补语,常常没有宾语。

3. 趋向补语表示状态意义时,只有"起来""下来"中间可以插入宾语。如:

(172) 小毛见是说这个,便诉起苦来。

(赵树理)

(173) 您这个从预审科科长,高升到劳改处处长的老"雷子",怎么也穿起我们犯人的衣裳来了?

(从维熙)

(174) 张嘉庆走了两步停下脚来,缩着脖儿望后看着,等他们走上来。

(梁斌)

(175) 一直等到他又沉睡过去,我才渐渐安下心来。

(苏叔阳)

"下去"构成可能式时,中间可以插入宾语,也可以把宾语放在后边。

总括起来,趋向补语和宾语的位置可以归纳为以下几种句式:

N$_{施事}$＋V＋N$_{处所/受事}$＋"来/去"(趋、结、状)

N$_{施事/处所}$＋V＋"来/去"＋N$_{受事/施事}$(趋)

N$_{施事}$＋V＋简单趋向补语＋N$_{受事}$(趋、结、状)

N$_{施事/处所}$＋V＋"上"类字＋N$_{处所/受事/施事}$＋"来/去"(趋、结、状)

N$_{施事}$＋V＋复合趋向补语＋N$_{受事}$(趋、结)

N$_{施事}$＋V＋N$_{受事}$＋复合趋向补语(趋,少见)

四 "了"的位置

在包含趋向补语的句子中,"了"既可以出现在动词后、补语前,也可以出现在补语后。如:

(176) 当说到有一个宣传队员牺牲得很英勇时,他郑重地站了起来。

(邓友梅)

(177) 任长胜说声"多谢",弯腰捡了起来。

(邓友梅)

(178) 主持会议的马腾已经站起来了。

(谌容)

(179) 为什么刚一来就叫他们监视起来了?

(杨沫)

"了"的这两种位置是不是自由的?孤立地看一个句子,这个问题很难说清楚,似乎"了"处于补语前、补语后区别不大。但在一定的语境中,"了"的位置就不那么自由了。

(一) 位于补语前的"了"

"了"位于补语前时,它管辖的是前面的动词,其功能是叙述性的,叙述某一动作正在发生。如:

(180) 宾主慢慢地喝着酒,王夫人亲手烧好的菜肴,由陈嫂一样样地端了上来。

(杨沫)

(181) 杨虹稍稍愣了一下,像团火一样扑了上去。

(从维熙)

(182) 想到这里,她的眼泪又涌了上来。

(张洁)

(183) 江坤大也吓了一跳,赶忙伸手把他拉了上来,却已沾了半身泥浆。

(高晓声)

(184) 他索性爬了起来,开了台灯,在鲁泓疲倦的鼾声中,拿起了笔。

(从维熙)

(185) 看见老师走进教室,学生都站了起来。

这样用的"了"有以下几个特点:

(1) 动词前常常有描写性的状语。

(2) 当动词表示说话(叙述)时已经实现的动作时,较少这样用。如:

(186) *他昨天就跑了回来。
应该改为:他昨天就跑回来了。
(187) *敌人已经把我们包围了起来,出不去了。
应该改为:敌人已经把我们包围起来了,出不去了。
(3) 不能出现"V+'上'类字+了+N+'来/去'"结构。如:
(188) *他慢慢地抬起了头来。
(189) *后边追上了一个人来。

(二) 位于补语后的"了"

位于补语后的"了"管辖动词和补语,其功能是表示事情的发生或状态的出现,可以是叙述一个趋向、结果、状态正在出现,也可以是叙述已经存在的或可能出现的事实。如:

(190) 她已经毫不犹豫地站起来了。

(蒋子龙)

(191) 不论是谁吧,事情既然反映上去了,就得想对策!

(赵树理)

(192) 我们人民就要站起来了!

(杨沫)

(193) 这个妇女喘着粗气,眼看着就要赶上来了。

(蒋子龙)

(194) 你听见没有,张德标这个鬼东西冲上去了呀!

(邓友梅)

(195) 老师走进教室时,看见学生已经站起来了。

上述句子的"了"都不宜移到补语前。

位于补语后的"了"有以下特点:

(1) 句中常有表示已然、肯定语气的状语,如"已经""早就""终于""自然""是"等。

(2) 只能说"V+趋补+了+没有",不能说"V+了+趋补+没有"。比较:

(196) 你想起来了没有?
　　　＊你想了起来没有?
(197) 那两条绳子接起来了没有?
　　　＊那两条绳子接了起来没有?

叁 其他

本书还涉及以下几个与趋向补语有关的问题:可能式、特殊用法及熟语。

一 趋向补语的可能式

关于"V 得/不 C"(C 代表趋向补语及结果补语)的问题,本书主编曾有专文讨论。① 我们认为虽然"V 得/不 C"中的 C 可以看作是趋向补语和结果补语,但无论从历史来源,还是从现实语言的结构看,它都不能简单地等于趋向补语或结果补语。可能补语或趋向补语、结果补语的可能式,表示主观条件或客观条件是否容许实现动作的某种趋向或结果。如"这座山太高,我爬不上去""门坏了,关不上了"等。

趋向补语的可能式可以分为两大类:一类是既有可能式又有相应的趋向补语的,可以叫作一般的可能式;另一类是只有可能式,没有相应的趋向补语的,比如有"对不起",没有"＊对起",有"(他什么时候走,)我说不上",没有"＊说上",这种可以叫作特殊的可能式。

大部分趋向补语有一般的可能式,但就某一个趋向补语来看,是否有可能式又跟趋向补语本身的意义及所搭配的动词有关。对此我们将进行尽可能详细的描写、说明。特殊的可能式不是每个趋向补语都有。特殊的可能式往往有特殊的意义,比如"对不起"的意思是"对人有愧","谈不上"的意思是"不能算作"。此类可能补语都放在"特殊用法"及"熟语"部分描写。

---

① 刘月华(1980)可能补语用法的研究,《中国语文》第 4 期。

二　特殊用法及熟语

（一）特殊用法

特殊用法是指某个趋向补语表示非趋向、非结果、非状态意义的用法，而且这种用法适用的不是个别的一个或几个动词，而是一类动词。比如"上"的特殊用法之一是"达到（一定的数目，往往是概数）"，如"每天跑上三圈，你的身体就结实了""你出国的时候带上几张中国画，送人很好"。"起来"的一个特殊用法是"从某方面说明、评论人或事物"，如"这个人看起来很聪明，做起事来很笨""比起小李来，他就成熟多了"。

（二）熟语

本书尽可能收录包含趋向补语的熟语，并逐一释义、举例。

三　教学建议

趋向补语是相当复杂的语言现象，是外国人学习汉语的难点之一。我们认为在教学中对不同意义的趋向补语可以用不同的教学方法。

趋向意义是比较容易学的，虽然开始时学生不容易搞清楚什么时候用"—来"，什么时候用"—去"（"—"代表"上"类字）。可以用画图或实地演示的方法来反复练习。宾语的位置是学习趋向意义的难点。可以先学覆盖面最广的句式，即简单趋向补语的 $N_{施事}$＋V＋$N_{受事/处所}$＋"来/去"，复合趋向补语的 $N_{施事/处所}$＋V＋"上"类字＋$N_{受事/处所/施事}$＋"来/去"。一年级学生也许只学这两个句式就可以了。这两个句式也是学生最容易出问题的（特别是宾语为处所词时）。在学了这两个句式后再学其他较常用的句式。不常用的句式不必要求初、中级的学生掌握。

结果意义是趋向补语中最难学的。第一,需要记住每一个趋向补语的结果意义是什么;第二,需要记住可以与哪些动词搭配,因为动词与表示结果意义的趋向补语之间互有选择关系,其搭配是固定的,带有一定程度的熟语性,几乎需要一个一个地学,一个一个地记。因此我们建议教结果意义时,连同前面的动词一起教,比如"写上""看出来""晕过去"等。不能期望教了一个趋向补语的某一个结果意义之后,学生会自动掌握所有包含该结果意义的动趋短语。此外,学生可以查阅有关工具书。本书正是为此目的编写的。

　　状态意义不难掌握。但"起来""下来"与表示变化的"了"很接近,在什么情况下用"起来",在什么情况下用"下来",在什么情况下用"了",与说话人所要表达的意思以及语境、上下文有关,这也不是学生在初级,甚至中级阶段所能完全掌握的。

　　总之,趋向补语虽然难学,但只要抓住关键,循序渐进,借助工具书,外国学生是能够很好地掌握的。

第二部分

分　述

ID# 壹　来

一　趋向意义

趋向意义：

表示人或物通过动作向参照点(一般为说话人)移动。

〔动类①〕

1. 趋向动词，如"上、下、进、出、回、过、起、到"等。此类动词与"来"结合的频率最高。

　　句式　a　　($N_{施事}＋)V＋"来"$
　　　　　b_2　　($N_{施事}＋)V＋N_{处所}＋"来"$
　　　　　c　　($N_{处所}＋)V＋"来"＋(NuM＋)N_{施事}(＋"了")$②
　　　　　f　　($N_{施事}＋)V＋"来"＋C$③

(1) 早安！林小姐,您起来啦？

(杨沫)

(2) 有了好办法了,说了就又过河来和大家商量。

(赵树理)

---

①　"动类"指"来"前可用的动词。
②　c式表示$(N_{处所}＋)V＋"来"＋NuM＋N_{施事}$或者$(N_{处所}＋)V＋"来"＋N_{施事}＋"了"$。
③　a式中用$a_1、a_2、a_3$……表示不同句式，c、d、e、f式同样类推；b_1式中用$b_{1-1}、b_{1-2}、b_{1-3}$……表示不同句式，b_2式同样类推。

(3) 叫你哥哥回家来吃饭。

(蒋子龙)

(4) 门开了,一前一后进来两个人。

(蒋子龙)

(5) 天湘,你出来一下,看看摆在这儿好不好?

(谌容)

(6) 你回来一趟吧!

(蒋子龙)

(7) 出来这么多天了,船上夜饭米都不够!

(高晓声)

(8) 你回来的正好。

(蒋子龙)

(9) 马越确实回来过。

(蒋子龙)

动词"到、起"无 c 式。"到"后用"来"时,中间一定要有处所词。如:

(10) 那就叫他到楼上来见我。

(曹禺)

(11) 今天我是最后一次到医院来了。

(谌容)

中间没有处所词的"到来"是一个联合结构的动词,如"这一天终于到来了"。

【可能式】

(1) 腿不行了。冬天出不来了!

(谌容)

(2) 可惜,他再也回不来了!

(梁斌)

(3) 腊月三十,她儿子到家,正赶上西坡奶奶病得起不来,腿脚都肿了。

(谌容)

"到……来/去"无可能式。

2. 表示躯体、物体自身运动的动词。

A. "走、跑"类动词,如"走、爬、冲、刮、飘"等。"V 来"一般不单独成句,要用 a_1、a_2、a_3 式。

句式 a_1 $N_{施事}+V+$"来"
          a_2 $N_{施事}+V_1+$"来"$+V_2$
          a_3 $N_{施事}+$状$+V+$"来"
          c $N_{处所}+V+$"来"$+(NuM+)N_{施事}$

(1) 凉爽的晚风吹来,又甜又凉。

(王安忆)

(2) 医生、护士都跑来抢救。

(谌容)

(3) 两只歌唱黎明的云雀,从远天飞来。

(从维熙)

(4) 这时候王阿姨悄悄地走来,把一顶粗毛线织的帽子戴在他的头上。

(苏叔阳)

(5) 这时,赵天辉陪着秦波朝内科病房走来。

(谌容)

(6) 大家忙乱了一会,正说要睡,听见外边跑来几个人,有个人问道:"村长在这里吗?"

(赵树理)

(7) 河边吹来清凉的风。

(苏叔阳)

B. "奔、赶、扑"等。此类动词后不能出现施事宾语,"V 来"一般也不单独成句。

句式 a_1 $N_{施事}+V+$"来"$(+$"了"$)$
          a_2 $N_{施事}+V_1+$"来"$+V_2$
          a_3 $N_{施事}+$状$+V+$"来"

(1) 长栓和村干部听说我们来了,纷纷赶来看望。

(谌容)

(2) 一个姑娘朝我们奔来。

(湛容)

(3) 那股说不出的疲劳又向他袭来。

(王安忆)

C. "围、聚"等。此类动词后边还有一个结果补语,如"拢、近",然后再用"来"。如"围拢来""聚拢来""坐拢来""归拢来""靠近来""走近来"等。

(1) 围观的孩子们被老殷头赶跑了,不一会又聚拢来。

(湛容)

(2) 越来越多的邻居围拢了来。

(王安忆)

(3) 黄昏空闲时,人们聚拢来聊天。

(高晓声)

D. "扎、砍、打、抛、刺"等动词,如"明晃晃的大刀砍来""他劈手打来""他举枪向我刺来"等,动词前常用介词"向、朝"。

句式　a　$N_{施事/工具}$＋"向/朝"＋$N_{对象}$＋V＋"来"
　　　　b　$N_{施事}$(＋"向/朝"＋$N_{对象}$)＋V＋"来"＋(NuM＋)$N_{工具}$

(1) 马玉麟用一桶冷水,劈头向葛翎浇来。

(从维熙)

(2) 最后一条红红的火箸真的向她的大腿吱的一下烫来时,她才大叫一声,就什么也不知道了。

(杨沫)

(3) 人们从近处、远处,从四面八方投来好奇的目光。

(王安忆)

(4) 生活——向她身上抽来的生活的皮鞭够残酷了。

(杨沫)

(5) 敌人打来了,什么儿子、家,还不是一齐完蛋!

(杨沫)

这第 2 类动词无可能式。

3. 可使物体改变位置的动作行为动词。
A. "拿、带、端、抬、送、取"等。

句式 a_1 ($N_{施事}$＋)V＋"来"
         a_2 ($N_{施事}$＋)V_1＋"来"＋V_2
         b_{1-1} ($N_{施事}$＋)V＋"来"＋(NuM＋)$N_{受事}$
         b_{1-2} ($N_{施事}$＋)V＋NuM＋$N_{受事}$＋"来"
         b_{1-3} ($N_{施事}$＋)V＋$N_{受事}$＋"来"＋"了"
         b_2 ($N_{施事}$＋)V＋$N_{处所}$＋"来"
         d   ($N_{施事}$＋)"把"＋$N_{受事}$＋V＋"来"
         e $N_{受事}$＋V＋"来"(＋"了")
         f   ($N_{受事}$＋)V＋"来"＋C

(1) 潘月亭:拿来。

(曹禺)

(2) 这是老战友从南方带来的,很不错的。

(谌容)

(3) 服务员拿了把剪子来拆开个口一看,正是烟叶。

(赵树理₂)

(4) 他给我端来一碗热气腾腾的馄饨。

(蒋子龙)

(5) 丽华替我从衣架上取来夹大衣。

(谌容)

(6) 老炊事员不知从哪儿弄了一壶酒来。

(谌容)

(7) 我给你提点开水来。

(邓友梅)

(8) 我给你把马牵来了。

(从维熙)

(9) 快把病人送医院来。

(10) 洋伞这半天还没拿来呀!

(杨沫)

【可能式】

(1) 轧机造出来快一年了,轧钢厂也急着要安装投产,可就是运不来。

(蒋子龙)

(2) 羊毛出在羊身上,下河的窟窿只能下河填,高工作员也给咱带不来一亩地!

(赵树理₂)

B. "请、派、娶、接"等类动词,所涉及的受事多为人。

句式　同3A,另有:

b_{1-4}　($N_{施事}$＋)V＋$N_{受事}$＋"来"

(1) 徐凤英喊来了秀妮。

(杨沫)

(2) 表妹让我迅速地去叫一辆出租汽车来。

(苏叔阳)

(3) 他把我们约来的,就前天,已经在这儿的公司见过他啦。

(曹禺)

(4) 能动员的人都动员来了!

(赵树理₂)

(5) 他调来很久了。

(6) 你们请他来吃饭。

在b_{1-4}式中,"来"也可以看作是谓语动词,而不是趋向补语。b_{1-4}式与d式有时可变换,如"他邀我们来的"——"他把我们邀来的"。

【可能式】

(1) 哎呦!请都请不来的呀!

(谌容)

(2) 调牲口调不来,自己烧石灰又没有青石,也是个不好办的事。

(赵树理₂)

4. 比喻用法:

有一类动词,用在趋向补语前时,既可以表示使物体移动的方式,又可以表示事物领属、占有等关系的改变。如"我买来了一盆鲜花"与"那栋楼房他买去了","我用大花盆换来了两个小花盆"与"烈士们用鲜血和生命换来了今天的和平"。"那栋楼房他买去了"中的"去"表示领属关系的转移,"换来和平"表示社会生活的变化。又如"他奔来了一个招工指标""我们跟他们算账又算来5000块钱""这些从书本上学来的知识很有用""他打听来一个新情况""调查来的材料不可靠"等。这种不表示物体位置移动方式的"来",我们称之为比喻用法。

句式　同3

(1) 老百姓没少出力,也没少花钱,才买来了这个教训。

（谌容）

(2) 哦,石清,你从哪儿得来这个消息?

（曹禺）

(3) 老魏不留她,虽然他已经为她跑来了一个名额,马上就能转正。

（王安忆）

(4) 凡平讲的故事,全是真实的,是从他爸爸那里听来的。

（王安忆）

(5) 跑什么,哪里学来的这些野相?

（曹禺）

(6) 孟祥英工作越积极,婆婆调查来的材料也越多。

（赵树理）

(7) 严志和心里想:"怪不得这些人们性子这么硬,比钢铁还硬,都是这么练来的。"

（梁斌）

此类动词与"来"常常作定语出现在"的"字结构中,如例(4)—(7)。

【可能式】

(1) 打短工,扛长活,都挣不来多少钱,人们一历一历都不行了。

（梁斌）

(2) 就说抽烟吧,没个熟人,连好烟都买不来。

（邓友梅）

(3) 话说对了是能借得来的！

(赵树理₂)

"发展、变"等动词，通常只出现在"是……V'来'的"结构中。如：
(1) 不过他这种才能仍然是从他的实干精神发展来的。

(赵树理₂)

(2) 人是猴子变来的。

此类动词与"来"不构成可能式。

二　结果意义

结果意义（一）：

表示实现"醒"的状态。可用的动词只有"醒"。

句式　a　N施事＋("一觉"＋)V＋"来"

(1) 等到他一觉醒来，天已大明。

(赵树理₂)

(2) 他常常被惊吓得从睡梦中醒来。

(从维熙)

(3) 当我醒来，我发现自己和衣躺在床上。

(苏叔阳)

"醒"与"来"不构成可能式。

结果意义（二）：

表示"融洽"。可搭配的动词只有"合、处（'相处'义）、谈、说"等。动词前可用程度副词。只有可能式。

句式　a_1　N_1＋"跟/和"＋N_2＋V＋"得/不"＋"来"
　　　a_2　N(多数)＋V＋"得/不"＋"来"

(1) 咱们找个跟他说得来的人去给他说明利害关系，至少斗起恒元来他两人能不说话。

(赵树理₂)

(2) 我跟陈掌柜的说不来,他发威,我就死顶他!

(老舍₂)

(3) 我们俩还谈得来。

(杨沫)

(4) 咱金生在刘家放牛那几年,人家小宝也在刘家打杂,两个孩子很合得来。

(赵树理₋)

"合得来"表示相处得很好,"合不来"表示不能很好地相处;"说得来""谈得来"表示彼此思想、感情比较一致,有共同语言,"说不来""谈不来"表示相反的意思。

结果意义(三):

表示"会"或"习惯"做某事,只有可能式,一般用否定式。如"南方菜我吃不来""这种事他做不来"等。

句式　b_1　$N_{施事}+V+"不"+"来"+(NuM+)N_{受事}$
　　　e　$N_{受事}+N_{施事}+V+"不"+"来"$

(1) 他做不来这种细小烦琐的事情,也没有那个心计。

(高晓声)

(2) 空话,要我跑龙套,我都跑不来。

(高晓声)

(3) 可惜,咱对这样的事干不来。

(杨沫)

三　特殊用法

特殊用法(一):

"在……V来"格式,直接引出某人的看法、想法等。可用的动词限于"想、听、看"等,如"在他看来",意思是"他认为";"在他想来",意思也是"他认为";"在他听来",意思是"他认为他听到的话……"。

即"在他看来""在他想来"与"在他听来"都表示"他认为"的意思,在"在……来"之后的词语,表示的是某人的一种看法。如:
(1) 在隋仁看来,爱情这东西本无所谓有与无,只不过是一种捉摸不定的两性之间的精神联系而已。

(苏叔阳)

(2) 任何一句话,在她听来都藏着阴谋,计算。

(曹禺)

(3) 在他想来,上海是另一个世界,是天堂,瞧,光看上海人的脸,都要白得多,细得多。

(王安忆)

"在……来"一般用于描写人物的文字中,在对话中较少出现"在我看来……",即较少用来引出说话人的想法,"认为"则常常有后一个用法。

特殊用法(二):

"V 来"引出说话人的一种看法。 与"起来"的特殊用法(二)基本相同(参见第 367 页),所用的动词很有限,主要是"看、想、说"。"看、想、说"等动词有一个作用,就是引出说话人由当时所见所闻而得出的结论。如:
(1) 特别是那双善良的眼睛,好像流露出一种委曲求全,叫人怜悯的光彩,想来不是坏人。

(高晓声)

在这个句子里,"想来"的作用是引出说话人的结论:(正在描写的人)"不是坏人"。而这个结论是由于看到"那双善良的眼睛……流露出……光彩"得出的。
(2) 看来,西坡奶奶确实是个不善于答记者问的人。

(谌容)

(3) 从进进出出的大人、孩子和那种热热闹闹的气氛看来,这院里住了不少人家。

(谌容)

也可以是由交谈中提到的某种情况而得出的一种看法。如:
(4) 如此说来,交友不必问庚齿,忘年亦可成知音!

(苏叔阳)

(5) 现在想来,这并不是我的疏忽。

(谌容)

(6) 看来,大有大的难处,小,却也有小的好处。

(王安忆)

(7) 凭着一行脚印,就能判断这早起的路人是谁,听来总不免有些玄乎。

(谌容)

特殊用法(三):

表示从某方面评论、说明。与"起来"的特殊用法(一)相同(参见第 368 页),但可结合的动词很受限制,常用的有"说来""算来"。"说来""算来",用于评议性的文字。如:
(1) 的确,说来奇怪,尽管他经常帮别人的忙,家里倒还是过得去的。

(高晓声)

这个句子是用来评议"他"的。
(2) 说来,冯振民是一位经验非常丰富的老县委书记了。

(谌容)

(3) 说来似乎容易,做到就很不简单了。
(4) 如今,李承德的儿子都三岁了,算来是七四年结的婚。

(谌容)

特殊用法(四):

"V 来 V 去"与"V_1 来 V_2 去"表示动作反复进行或交替进行。如"走来走去""跑来跑去"表示反复地"走""跑";"推来挡去""出来进去"表示"推"与"挡"、"出"与"进"交替反复进行;"讨论来讨论去"的意思是"反复讨论"。

(1) 几只翘尾巴的小麻雀在大墙上飞来飞去。

(从维熙)

(2) 只要我的爱人,是一条小鱼,在我的浪花中,快乐地游来游去。

(谌容)

(3) 不结婚吧,我和凤妮的爱情已经因为她住院而完全公开,拖来拖去拖到什么时候才是终点?!

(从维熙)

(4) 冀申坐在家里等王冠雄,脑子里翻来覆去想这个问题。

(蒋子龙)

(5) 南边中间是这个小杂院的大门,又低又窄,出来进去总得低头。

(老舍乙)

可以这样用的动词很多,如"转来转去""想来想去""折腾来折腾去""骂来骂去""讨论来讨论去""请示来请示去"等。上述动词有的没有"V来"或"V去"形式,如"折腾""骂""讨论"等,但却可以进入"V来V去"格式;有些意义相近的词也可以进入这一格式,如"思来想去""争来夺去""摇来摆去";反义词也可进入这一格式,如"出来进去""上来下去"等。这种格式具有生动化的作用。

四 熟语

"下不来台":在人前受窘

(1) 当着县委书记,周永茂觉得自己有点下不来台,气得手直抖索。

(谌容)

(2) 真要惹了他,他会让人当场下不来台。

(张洁)

※注意：

有三种"V来"形式并非动趋短语。

1. 表示已然的"来"(同"来着")。如：

(1) 不差,骂是确实骂来,该骂就得骂啦么！

（赵树理二）

(2) 晓燕,我被捕的那晚上,你是不是跟着汽车跑来？

（杨沫）

(3) 我几时提条件来？

（高晓声）

2. "来"是语气助词,不表示实在意义,可用在两个动词（短语）之间,有时起联接作用。如：

(1) 娶到的媳妇买到的马,由人骑来由人打。

（赵树理二）

(2) 以前的事已经交待清楚,再回头来接着说今年正月十五夜里的事吧。

3. "来"与前边的动词短语构成连动式。如：

(1) 现在,赵院长亲自来到病房,显然是为陆大夫看病来了。

（谌容）

(2) 我取钱来了,你给我吧。 （我—取,我—来）

(3) 妈妈让我买西瓜来,你帮我挑个好的！ （我—买,我—来）

在这种句子里,"来"前的动词是及物的,可以带宾语,但"来"却表示主语（施事者）的趋向。而在"来"作趋向补语的句子中,"来"表示的是动作受事的趋向。如：

(1) 我取钱来了,给你！ （我—取,钱—来）(趋向补语)
    我取钱来了,请给我吧。 （我—取,我—来）(连动句)

(2) 我买西瓜来了,你们吃吧！ （我—买,西瓜—来）(趋向补语)
    我买西瓜来了,给我挑一个好的。（我—买,我—来）(连动句)

"来"总表

义类	意义	可搭配的动词及频率

趋向意义	表示通过动作使人或事物向参照点移动	1. 趋向动词
		上$_{19,可3}$ 下$_{75,可4}$ 进$_{315,可4}$ 出$_{318,可11}$ 回$_{924,可11}$ 过$_{127,可1}$ 起$_{183,可8}$ 到$_2$ 上("到"义)$_{65}$
		
		2. 表示躯体、物体运动的动词
		  A. 走$_{97}$ 跑$_{60}$ 驰$_3$ 追$_7$ 跟$_3$ 冲$_3$ 逃$_{11}$ 闯$_1$ 归$_{17}$ 飞$_{15}$ 飘$_6$ 射(发~)$_2$ 照$_1$ 吹(风~)$_{15}$
		  B. 奔$_7$ 赶$_{24}$ 扑$_3$ 袭$_{12}$ 凑$_1$ 拥$_1$ 涌$_1$ 摸("行走"义)$_1$
		  C. 聚(~拢)$_1$ 围(~拢)$_2$ 坐(~拢)$_1$ 归(~拢)$_{14}$ 收(~拢)$_1$ 靠(~近)$_1$
		  D. 抽$_1$ 扎$_1$ 砸$_2$ 砍$_2$ 打$_{17}$ 伸$_1$ 压$_3$ 浇$_1$ 烫$_1$ 扔$_1$ 抛$_1$ 投$_1$
		
		3. 表示可使物体移动的动作行为动词
		  A. 端$_{28}$ 提$_3$ 拎$_1$ 搬$_{17}$ 扛$_2$ 拾$_1$ 拉$_4$ 牵$_2$ 抱$_3$ 挑$_9$ 采$_3$ 摘$_3$ 捡$_1$ 拾$_1$ 拈$_1$ 卷$_1$ 倒(~水)$_3$ 捆$_1$ 绑$_1$ 舀$_1$ 泖$_2$ 刨$_1$ 叨$_1$ 递$_3$ 泡(~茶)$_1$ 煮(~药)$_1$ 添$_1$ 装$_2$ 穿(~衣)$_1$ 划(~船)$_1$ 运$_{6,可1}$ 载$_2$ 迁$_1$ 开(~车)$_9$ 拿$_{73}$ 取$_{12}$ 带$_{95,可1}$ 捎$_{10}$ 汇$_1$ 寄$_{16}$ 送$_{80}$ 发$_3$ 交$_1$ 报$_1$ 收$_1$ 转$_2$ 捕$_1$ 打(~电话)$_9$ 抓$_6$ 押$_1$ 打(~酒)$_5$ 刮(~风)$_3$
		  B. 请$_{11,可1}$ 叫$_{23}$ 喊$_2$ 派$_7$ 打发$_1$ 约$_1$ 邀$_1$ 动员$_2$ 分配$_1$ 分$_1$ 调$_{9,可1}$ 介绍$_1$ 召$_1$ 招(~收)$_6$ 引$_4$ 招(~引)$_{12}$ 领$_2$ 迎$_1$ 盼$_1$ 等$_{1,可1}$
		
		4. 比喻用法
		买$_{50,可2}$ 贩$_1$ 购$_1$ 置("买"义)$_1$ 讨$_2$ 要$_5$ 化缘$_2$ 借$_{8,可1}$ 租$_1$ 赁$_3$ 得$_3$ 赚$_1$ 挣$_{9,可12}$

(续表)

义类	意义	可搭配的动词及频率
		换$_{19}$ 抢$_3$ 偷$_4$ 骗$_1$ 摸$_2$ 搜$_1$ 调查$_1$ 查$_1$ 雇$_{2,可1}$ 搞$_1$ 弄$_{19}$ 奔(～来两张票)$_2$ 争$_1$ 打(～赌)$_{可1}$ 算(～账)$_2$ 写$_7$ 录(～歌)$_1$ 跑(～来一套房子)$_1$ 卖(～来一千块钱)$_1$ 看(～来一个新方法)$_1$ 学$_5$ 听$_6$ 练$_1$ 发展$_2$
结果意义	(一)表示实现"醒"的状态	醒$_{51}$
	(二)表示"融洽"	合$_{11}$ 谈$_1$ 说$_2$
	(三)表示会不会或习惯不习惯做某事	做$_1$ 干$_1$ 跑$_1$ 叫
特殊用法	(一)引出某人的看法、想法	想$_1$ 看$_{23}$ 听$_3$
	(二)引出说话人的看法、想法	看$_{91}$ 听$_3$ 想$_2$ 说$_9$
	(三)表示从某方面评论、说明	说$_6$ 算$_4$
	(四)用于"V来V去""V_1来V_2去"格式	(出)进$_8$ (翻)覆$_{18}$ (思)想$_1$ (反)复$_1$ (飞)爬$_1$ (拿)夺$_1$ (推)搡$_1$ (哄)瞒$_1$ (摇)摆$_1$ (奔)跑$_1$
熟语	"下不来台"	下不来台$_6$

说明:"'来'总表"列出趋向补语"来"的全部意义、用法及所搭配的动词,频率是由本书所采用的语料得出的。频率中的"可"指可能式。当需要指明动词的某一义项时,有时采用释义的方式,如"摸('行走'义)",有时采用给出可搭配的宾语的方式,如"打(～酒)"。其他趋向补语的总表与此相同。

贰 去

一 趋向意义

趋向意义：

表示离开参照点向另一处所趋近。

〔动类〕

1. 趋向动词，如"上、下、进、出、回、过、到"。此类动词与"去"结合的频率最高。在现代汉语普通话里，"起"一般不与"去"结合。

句式　a　（N_{施事}＋）V＋"去"
　　　b_2　（N_{施事}＋）V＋N_{处所}＋"去"
　　　c　（N_{处所}＋）V＋"去"＋（NuM＋）N_{施事}（＋"了"）
　　　f　（N_{施事}＋）V＋"去"＋C

(1) 他顺着江岸往前走去，前边是外滩公园，他买了门票进去了。

（王安忆）

(2) 是吕志民上去把他从台上拽下来的。

（张洁）

(3) 我要下山去，老大爷不放我走。

（谌容）

(4) 瞧，一下子进去这么多人。

（王安忆）

(5) 润滑油果然有效，他进去得快，出来得也快。

（蒋子龙）

(6) 这老人只进去了三天,就觉着……

(赵树理二)

(7) 望北出去十几里路,下了市。

(梁斌)

(8) 晓燕,你跟我出去一下,一会儿再回来照顾小林。

(杨沫)

(9) 然而,美好的时光过去了。

(谌容)

(10) 她很可能向我提出回去的问题,这是我最不愿听的事情。

(谌容)

"到"后用"去"时,一定要在中间用处所词。如:
(11) 可是,您叫我到哪儿去?

(曹禺)

(12) 我要到工人当中去了!

(杨沫)

"上"有一个意思是"到",用法与"到"相同。如:
(13) 祥子的心还是揪揪着,不知上哪里去好。

(老舍甲)

(14) 将来有机会,一定组织大家上工地去。

(谌容)

【可能式】

(1) 你看,咱们还出得去城吗?

(老舍乙)

(2) 听完广播,他浑身乏力,腿软得连楼梯都上不去了。

(邓友梅)

(3) 我是整天泡在机关里下不去,没办法。

(谌容)

(4) 他老像是只管身子往前钻,而不管车过得去过不去。

(老舍甲)

※注意:

处所宾语要放在趋向动词后,见例(1),与一般动趋短语不同。

2. 表示躯体、物体自身运动的动词。此类动词与"去"结合,多见于文学作品,用于叙述句。

A. 一般表示躯体及物体自身运动的动词,如"跑、游、飘、流"等。

句式　a_1　$N_{施事}$＋"向/朝/往"＋$N_{处所}$＋V＋"去"

　　　　a_2　$N_{施事}$＋状＋V＋"去"

(1) 三个人一起向西面的大陈庄奔去。

(杨沫)

(2) 只让大家踩了踩麻木的脚,就又朝山顶爬去。

(苏叔阳)

(3) 老魏没说话,沙河在哗哗地唱着往前流去,流去了,不再回来了。

(王安忆)

(4) 稠密的人群立时疏散,向四面八方跑去。

(梁斌)

(5) 她几乎没经思考,便朝已走出很远的江浩追去。

(从维熙)

(6) 这时小高箭一般地追去。

(7) 我像个傻子似的跑去见了袁先生。

(曹禺)

这一类动词前常常有介词短语"朝……""向……",前面还可以有状语。

B. "赶、跟"等动词。

句式　a　$N_{施事}$＋V_1＋"去"＋V_2

(1) 临上马前嘱咐,叫杜宁赶去。

(邓友梅)

(2) 他爸爸进县城买车票,他吵着要跟去。

(王安忆)

(3) 哪管三十里、五十里,陈龙宝也要赶去搅油,吃了几天还要带点走。

(高晓声)

C. "刺、挥、看、望"等。

句式　a　$N_{施事}$＋"向/朝"＋$N_{对象/处所}$＋V＋"去"

(1) 他猛然抡圆巴掌,要向马玉麟脸上打去。

(从维熙)

(2) 老夏看见有敌人照老曹刺过去,他也从背后照敌人刺去。

(梁斌)

(3) 一坐在车上,他的大手便向脚垫下面摸去。

(老舍甲)

(4) 我尾随着她,也向马儿嘶鸣的地方看去。

(从维熙)

(5) 汽车要开动了,道静忍不住向车门外的马路上望去。

(杨沫)

(6) 一眼望去,白茫茫的一片。

这样用"去"时,句中常常不出现动作的受事。"去"在"看、望"类动词后表示目光的方向。

D. "离、逝、散"等动词。

句式　a　N施事＋状语(形/副)＋V＋"去"

(1) 大伙儿情绪不由低落下来,却又不舍得离去,仍然围着。

(王安忆)

(2) 呆了好久,他才离去,仿佛什么事也没发生,依旧分发报纸。

(苏叔阳)

(3) 到了掌灯以后,客人陆续的散去。

(老舍甲)

(4) 以致岁月如流水般逝去。但那片枫叶仍然鲜艳殷红。

(从维熙)

(5) 这一切都早已从我心中逝去了。

(谌容)

上述用法具有书面语、文学语言的色彩。

E. "走近去",这一用法在文学作品中可以发现。

(1) 我好奇地屏住气,走近去。

(王安忆)

(2) 他几次想走近去。把心里的事情谈出来,又不好意思。

(梁斌)

(3) 他下了床……走近去摸一摸,轻轻捺了捺,知道里边有弹簧,却不敢坐,怕压瘪了弹不饱。

(高晓声)

第2类动词均无可能式。

3. "转"等。"去"用在"转"后,表示躯体向背离参照点的方向转动,常有"身、头、脸"等词作宾语。

(1) 李梦雨同志背转身去,站到了窗前。

(谌容)

(2) 甚至于胡四,她的新面首,也要厌恶地掉转头去。

(曹禺)

"转"前一般有"背、掉、回"等词。

4. 表示可使物体改变位置的动作行为动词。

A. "端、送、拿、取"等。如"端去一杯茶""送去几件衣服""拿去一封信"等。

句式　a　　($N_{施事}$＋)V＋"去"(＋"了")
　　　 b_{1-1}　($N_{施事}$＋) V＋"去"＋(NuM＋)$N_{受事}$
　　　 b_{1-2}　($N_{施事}$＋) V＋(NuM＋)$N_{受事}$＋"去"
　　　 b_2　　($N_{施事}$＋)V＋$N_{处所}$＋"去"
　　　 d　　　($N_{施事}$＋)"把"＋$N_{受事}$＋V＋"去"
　　　 e　　　$N_{受事}$＋V＋"去"(＋"了")
　　　 f　　　$N_{受事}$＋V＋"去"＋C

(1) 他连写了几封信寄去,也没有回音。

(梁斌)

(2) 这儿有封信,你们拿去看吧。

(曹禺)

(3) 他还让几个女孩子给送去了茶和擦脸的毛巾。

(王安忆)

(4) 叫他先拿二十块钱去。

(曹禺)

(5) 别再吵了,别等医生来,送医院去吧。

(曹禺)

(6) 难道我把这个孩子给他们送去?

(曹禺)

(7) 这假条怎么送去呢?

(苏叔阳)

(8) 虽然被兵们拉去不多的日子,到现在一想,一切都像个恶梦。

(老舍甲)

B. "请、叫、调、派"等动词,如"他们请去了一个顾问""给他们介绍去一位新教师""小李叫老王叫去了",所涉及的宾语为表示人的名词。

句式　同4A

(1) 今天拂晓前,我们暗暗派去两挺重机枪,几门六零炮,埋伏在那里。

(邓友梅)

(2) 我给他介绍了一位有名的厨师去。
(3) 尤师傅,真要把你调去当教员,你愿意不愿意呀?

(老舍乙)

(4) 我们四个都报过名,其中有两个因为父亲是干部,被派去了,我和一个名叫陈封的同学没有被选上。

(赵树理二)

(5) 小妹你妈妈叫去了。
(6) 你们请他去吃饭吗?

例(2)和例(6)通常看作是兼语句,"去"是谓语动词,不是趋向补语。

A、B两类动词与"去"可以构成可能式,但较少用。如:

(1) 爱怎样怎样,反正这点钱是我的!谁也抢不了去!

(老舍甲)

(2) 他你们可请不去!

5. "去"位于动补短语"V+'在'+N$_{处所}$"后,意思、用法同"V+'到'+N$_{处所}$+'去'"。如:

(1) 想到这儿,他把虎妞和虎妞的话都放在一边去。

(老舍甲)

(2) 我那抽屉里的文件现在都存在保险库去了。

(曹禺)

(3) 桃娃怯生生地藏在老人身后去了。

(谌容)

(4) 您看哪,老太太站在媳妇那边去了。

(老舍乙)

有时"V+'到'+N_处所+'去'"中的"到"脱落,成为"V+N_处所+'去'"。如:

(5) 你后来调哪儿去了?

(谌容)

6. 比喻用法:

"去"与"来"一样有比喻用法(参见"来"趋向意义的比喻用法,第62—64页)。如"叫他骗去了很多钱""这回他占去了不少便宜""地让王五买去了"等。

句式　同4A

(1) 权力要叫这些人狼夺去!天下该增加多少悲剧?!

(从维熙)

(2) 要来早点来,晚了凳给别人坐去了,我也不好意思叫人让你。

(高晓声)

(3) 与其让别人把钱赚去,自己赚不好吗!

(高晓声)

二　结果意义

结果意义(一):

表示"去除"[①]

〔动类〕

1. 表示"消减"意义的动词,如"消、失、褪、减、免、除"等。如"失去了亲人""减去三个""免去他的职务"。

[①] 此义来自动词"去",参见《现代汉语词典》(第7版)第1080页。

句式　b_1　（$N_{施事}$＋）V＋"去"＋（NuM＋）$N_{受事}$
　　　d　（$N_{施事}$＋）"把"＋$N_{受事}$＋V＋"去"
　　　　（动词限于"减、免、除"）
　　　e　$N_{受事}$＋V＋"去"＋"了"（少用）

(1) 同学们研究他这段话,每个人的怒气都消去了许多。

（赵树理二）

(2) 年轻的姑娘们到现在才把鼻尖上的煤污减去一点,露出点红黄的皮肤来。

（老舍甲）

(3) 一切声音全都隐去了。

（张洁）

(4) 除去了自己一个潜在的对手。

（蒋子龙）

2. 表示使去除、脱离的动作行为动词,如"摘、拔、擦、抹"等。如"摘去帽子""洗去手上的粉笔灰""揭去商标""脱去外衣"等。

句式　b_1　（$N_{施事}$＋）V＋"去"＋（NuM＋）$N_{受事}$
　　　d　（$N_{施事}$＋）"把"＋$N_{受事}$＋V（＋"了"）＋"去"（少用）

(1) 梦里,钱孙李拿着把大剪刀给我剪去了头发,剪去了鼻子、耳朵、胳膊、腿。

（苏叔阳）

(2) 黑脸上起着一层小白的鸡皮疙瘩,像拔去毛的冻鸡。

（老舍甲）

(3) 嗖嗖两刀,把鱼切成了两半,抽去骨头,细致利索地切起鱼片来。

（王安忆）

(4) 我偷偷擦去涌出的泪水。

（谌容）

(5) （涛他娘）伸手拉住江涛的手,拽进屋里,拿笤帚扫去他身上的雪。

（梁斌）

(6) 虽然这堵墙又占去了不少宝贵面积,但住户却十分感激这房屋的设计员体恤民情,积了阴德。

(蒋子龙)

此类动词与"去"一般不构成可能式。

"去"的结果意义(一)与趋向意义比较:

(1)"去"表示趋向意义的比喻用法时,所涉及的受事有一个从甲参照点(或甲方)向乙参照点(或乙方)转移的过程。如:

(1) 春兰早把他的心摘去哩!

(梁斌)

(2) 他骗去了您交给他的十块钱?

(老舍乙)

例(1)的"去"表示"他的心"离开"他"而趋向"春兰";例(2)表示"您的钱"被骗而成为"他的"了。

(2)"去"表示结果意义(一)时,不表示这种转移,只表示受事的"去除"与"去掉"。如:

(3) 人们不仅仅为几十名"右派"摘去头上的"紧箍咒"而欢欣,而是为国家出现的喜兆而雀跃!

(从维熙)

(4) 左宅的王二,鼻子冻滴着清水,在门洞儿里跺去脚上的雪。

(老舍甲)

例(3)表示"右派"头上的"紧箍咒"去除了,例(4)表示从脚上把"雪"去掉了。

结果意义(二):

表示"死、睡"的状态成为事实。只用在动词"死、睡"后。

句式　a_1　$N_{施事}$＋状＋V＋"去"(＋"了")

a_2　$N_{施事}$＋V＋"去"（＋"了"）（限于"死"）

(1) 时过午夜,在车轮有节奏的飞转声中,车厢里的旅客多半都东倒西歪地睡去了。

(杨沫)

(2) 他在想象的母亲的温存中睡去,在梦里同妈妈游戏。

(苏叔阳)

(3) 他在桥上立了许久,世界像是已经死去,没一点声音。

(老舍甲)

(4) 他的爸爸死去了,妈妈还健在。
(5) 他妈妈死去的时候,他没哭。

(苏叔阳)

三　特殊用法

特殊用法(一):

"**看去**":表示从外表估计。

"老猴儿"实在并不老,看去只有四十岁模样。

(曹禺)

"看去"的这个用法与"看上去"(见"上去"第137—138页)表示的意思与用法相同,但没有"看上去"用得多。

特殊用法(二):

"V 来 V 去"等格式,见"来"之特殊用法(四),第 67－68 页。

四　熟语

熟语(一):"过得去"

表示"不算差",还可以。常用于生活状况,也可用于人的相

貌、工作、学习以及人与人之间的关系等。前面常有包含勉强语气的"还"。"过得去",一般位于句末。如:

(1) 他本来是个庄稼人,种着二十亩地,还过得去。

(梁斌)

(2) 我看那姑娘也没什么大难看,就是面孔稍微阔了一点,眼睛眉毛都过得去。

(王安忆)

(3) 至于何婷,原来和贺家彬的关系还是过得去的。

(张洁)

(4) 这个孩子学习还过得去,就是纪律差些。

这样用的"过得去"一般可以用"说得过去"替换。

熟语(二):"过不去1"

用于人的感情方面,常用的短语有"感情上过不去",表示感情上不能接受。如:

(1) 不过,对那几个打砸抢首要分子我们不能这么做,感情上过不去呀!

(邓友梅)

(2) 把那些罪大恶极的战争罪犯释放了,老百姓感情上过得去吗?

"心里过不去"表示由于对别人有愧或欠别人的情,而引起的心里不安,也可以说"过意不去"。如:

(1) 他在车队混了二十多年,老实巴脚,到了这关口我们一点不伸手,心里过得去吗?

(蒋子龙)

(2) 你给了这么多帮助,我不能为你做点什么,心里过不去呀!

(3) 他捏着鼻子放下,觉得叫严萍给洗这样的衣裳,挺过意不去。

(梁斌)

(4) 两次手术,都给你格外添了麻烦,真过意不去。

(谌容)

(5) 一想到她疲乏不堪地走进家门,又要手忙脚乱地做饭,总觉得过意不去。

(谌容)

熟语(三):"过不去 2"

表示"难为人、与人作对",前边常有"跟/和＋N_对象"。例如:

(1) 既不敢出去,又没事可作,他觉得天气仿佛成心跟他过不去。

(老舍_甲)

(2) 一个县里的干部,干吗跟一个支书过不去?

(谌容)

(3) 谁嘲笑我,厌恶我,可怜我,我就恨他,就跟他过不去。

(蒋子龙)

(4) 父子们没有什么过不去的!

(赵树理_二)

(5) 咱们都是同锅吃饭,有什么过不去哩?

(赵树理_二)

例(4)和例(5)表示"父子""咱们"不会互相为难、作对,有问题好解决。

熟语(四):"下得/不去手"

表示忍心/不忍心做某事。如:
(1) 干这种伤天害理的事,怎么下得去手?
(2) 用人做实验,我下不去手。

"去"总表

义类	意义	可搭配的动词及频率

趋向意义	表示人或物通过动作离开参照点向另一处所趋近	1. 趋向动词
		上$_{47,可3}$ 下$_{57,可3}$ 进$_{180,可1}$ 出$_{311,可1}$ 回$_{455,可5}$ 过$_{202,可7}$ 到$_{256}$ 上("到"义)$_{94}$
		
		2. 表示躯体、物体运动的动词
		  A. 走$_{146}$ 跑$_{203}$ 奔$_{10}$ 冲$_4$ 追$_2$ 滚$_2$ 溜$_2$ 跛$_1$ 摸("行走"义)$_1$ 蹿$_1$ 驰$_1$ 驶$_2$ 攀$_1$ 爬$_1$ 游$_1$ 退$_2$ 缩$_1$ 飞$_1$ 流$_3$ 涌$_4$
		  B. 赶$_4$ 跟$_1$
		  C. 打$_1$ 投$_2$ 挥$_2$ 刺$_1$ 摸$_1$ 搂$_1$ 伸展$_1$ 撞$_1$ 搭$_1$ 扔$_2$ 看$_{25}$ 望$_{25}$
		  D. 离$_{11}$ 逝$_9$ 散$_6$
		  E. 走近$_6$
		
		3. 转$_5$
		
		4. 表示可使物体改变位置的动作行为动词
		  A. 提$_1$ 搬$_2$ 抬$_1$ 拉$_6$ 摘$_2$ 挖$_1$ 拾$_1$ 叼$_1$ 划(~船)$_1$ 开(~车)$_5$ 夺$_2$ 抢$_{14,可1}$ 捆$_2$ 绑$_1$ 拿$_{51}$ 带$_5$ 迎$_2$ 送$_{35}$ 收$_1$ 捐$_3$ 寄$_{11}$ 捉$_5$ 抓$_{11}$ 拿("取"义)$_1$ 取$_1$ 找$_1$ 吹(~风)$_1$ 吸$_1$
		  B. 请$_1$ 叫$_6$ 派$_3$ 调$_3$ 勾(~引)$_2$ 介绍$_1$ 勾引$_1$ 传("叫"义)$_3$
		
		5. 位于"V+'在'+N$_{处所}$"后
		  放$_2$ 倒(~水)$_1$ 存$_1$ 藏$_1$ 站$_1$
		
		6. 比喻用法
		  买$_3$ 购$_1$ 赚$_{可1}$ 花(~钱)$_1$ 占$_1$ 偷$_1$ 骗$_1$ 讹诈$_1$ 搞$_1$ 照(~相)$_1$ 抄(~家)$_1$ 听$_1$ 吃$_3$ 坐$_1$ 顶$_1$ 夺$_1$

(续表)

义类	意义	可搭配的动词及频率
结果意义	(一) 表示"去除""去掉"	1. 表示"消减"意义的动词 消$_1$ 减$_4$ 免$_5$ 隐$_3$ 褪$_1$ 除$_1$ 2. 表示使去除、脱离的动词 摘$_3$ 拂$_3$ 洗$_2$ 拆$_3$ 割$_3$ 抹$_4$ 剥$_3$ 剪$_4$ 拔$_2$ 撕$_3$ 脱$_9$ 扫$_2$ 擦$_{10}$ 扒$_1$ 抽$_1$ 揭$_1$ 甩$_1$ 刷$_1$ 撤$_1$ 砍$_1$ 掸$_1$ 踩$_1$ 占(～房间)$_3$ 刮$_1$ 除$_2$
	(二) 表示实现某种状态	睡$_{14}$ 死$_{26}$
特殊用法	(一) 表示"估计"	看$_{12}$
	(二) 用于"V来V去"等格式	(出)进$_8$ (翻)覆$_{18}$ (思)想$_1$ (反)复$_1$ (飞)爬$_1$ (拿)夺$_1$ (推)搡$_1$ (哄)瞒$_1$ (摇)摆$_1$ (奔)跑$_1$
熟语	(一) "过得去"	过得去$_{10}$
	(二) "过不去1"	过不去$_{26}$ 过意不去$_{17}$
	(三) "过不去2"	过不去$_5$
	(四) "下得/不去手"	下得去手 下不去手

叁　上

一　趋向意义

趋向意义（一）：

表示由低处向高处移动。参照点可在低处，也可在高处。

〔动类〕

1. 表示躯体或物体自身运动的动词，"走、爬、飞、升"等。如"跑上山""飘上云端""浮上水面"等。

　　句式　　b₂　　N施事＋V＋"上"＋N处所
　　　　　　c　　N处所＋V＋"上"＋NuM＋N施事（较少用）

(1) 江涛走上高阶台，拉了一下门铃。

(梁斌)

(2) 他们登上胡桃峪山顶，天完全黑下来了。

(邓友梅)

(3) 白色的芦花，随风飘上天空。

(梁斌)

(4) 泪水忽地涌上了眼眶，我转过脸，眼光落在桌上的宣纸上。

(王安忆)

(5) 转身走了,心里却涌上一股说不出的感情:暖暖的,又有点酸酸的。

(王安忆)

2. 表示可使物体改变位置的动作行为动词,"搬、推、举、扔、送"等。如"抬上楼""运上山""送上汽车"。

句式　b₁　(N_{施事}＋)V＋"上"＋NuM＋N_{受事}(少用)
　　　b₂　(N_{施事}＋)V＋"上"＋N_{处所}(较少用)
　　　d　(N_{施事}＋)"把"＋N_{受事}＋V＋"上"＋N_{处所}
　　　e　N_{受事}(＋"叫/让/被"＋N_{施事})＋V＋"上"＋N_{处所}

(1) 像领着幼儿园的小孩似的,一直把她领上了楼。

(谌容)

(2) 江铁这句话还没有讲完,那几条汉子就把他推上吉普车,一股风似地开走了。

(从维熙)

(3) 于是,娇小的杜鹃被无数双手,喧嚷着抛上天空。

(从维熙)

在我们的语料里,b₁、b₂式只出现几例,绝大多数用 d 式,其次是 e 式。

可能式很少用。

3. 比喻用法:表示由下级至上级或由晚辈至长辈。
(1) 十天以后,他又交上了一份申请报告。
(2) 我们向祖国献上一片赤诚。

趋向意义(二):

表示趋近面前的目标,参照点可在面前的目标,可在移动之前的处所。

$$\boxed{(X)} \longleftarrow \bigcirc (X)$$

〔动类〕

1. 表示肢体动作的动词,"走、迎、跨、逼"等。如"走上前""迎上一步""跨上一步""逼上一步"等。
　　句式　b₁　N_施事＋V＋"上"＋NuM＋"步"
　　　　　b₂　N_施事＋V＋"上"＋"前"

(1) 小东西才一迈出来,黑三抢上前,用一件大褂蒙住了她。

(曹禺)

(2) 当火车开动的时候,他却挤上前,抓住陈信的手,跟着火车跑。

(王安忆)

(3) 周兆丽冲上一步。

(高晓声)

2. 表示躯体动作的动词,"追、赶、撵、跟"等。如"追上了他""他快要赶上了""追上了"。
　　句式　a　(N_施事＋)V＋"上"(＋"了")
　　　　　b₁　N_施事＋V＋"上"(＋"了")＋N_受事
　　　　　e　N_受事＋"叫/让/被"＋N_施事＋V＋"上"(＋"了")

(1) 眼看老驴头就要赶上。

(梁斌)

(2) 跟在两个男子的身后,道静用力追赶才能跟上。

(杨沫)

(3) 他跑了几十步,便追上了那个人。

(老舍甲)

(4) 快跑,别叫人追上!
(5) 同志,跟上队伍。

(王安忆)

【可能式】

(1) 要是赶不上队伍可怎么办?

(邓友梅)

(2) 咱们这儿的服务行业实在跟不上形势发展的需要。

(谌容)

(3) 事情变化得太快了,他的脑子已追赶不上。

(老舍甲)

3. 可使物体改变位置的动作行为动词,如"端上桌"。

句式　　b_1　$N_{施事}+V+$"上"$+(NuM+)N_{受事}$

　　　　b_2　$N_{施事}+V+$"上"$+N_{处所}$(少用)

　　　　d　$(N_{施事}+)$"把"$+N_{受事}+V+$"上"$+N_{处所}$

(1) 开完会,涛他娘又端上一条盘酒菜。

(梁斌)

"躺、坐"等也有这种用法。如:

(2) 我躺上了她的门板,可怎么也睡不着。

(邓友梅)

(3) 往往客人还没有坐上桌他就吃饱了。

(高晓声)

(4) 路威说:"你骑上我那匹马,回农场医务所!"

(从维熙)

在上述句子中,"上"不表示或主要不表示由低到高的位置移动,而表示人或物趋近某处所。"酒菜"趋近(最后放在)"桌上","我"趋近"门板","客人"趋近"桌子","你"趋近(最后位于)"马上"。[①]

此类动词一般不构成可能式。

> "上"与"起""起来"比较:
> "上"与"起""起来"的区别,基本上和"上去"相同,参见"起来"第 343 页。

二　结果意义

结果意义(一):

表示接触、附着以至固定,参照点不固定。比"上来、上去"更

[①] "上"的此类意义与其结果意义(一)接近。

常用。

"上"结果意义(一)的核心是"接触",可结合的动词很广。比如"关上门"是"门"与"门",或"门"与"门框"接触;"用棉花塞上耳朵","棉花"与"耳朵"接触;"穿上衣服","身体"与"衣服"接触;"用带子绑上腿","带子"与"腿"接触;"走上大路","脚"与"大路"接触;"油里掺上水","油"与"水"接触;"点上灯",较原始的灯是用引火物接触灯点燃的;"壶里灌上水","水"与"壶内壁"接触;"手帕绣上花儿","花儿"与"手帕"接触;"房子盖上了""录音机装上了"是物体部件之间接触;等等。

此外,"比、够"与"看、爱"等类动词也可与"上"结合,此时"上"所表示的意义离"接触"远些,但这两类动词都联系着不止一方,如"小李技术比不上小刘""小张够不上先进工作者""她爱上了那个小伙子""教练看上了这个小男孩"等。"上"在这里表示的不是具体物体的接触,而是抽象事物在某一点上的交会。

用"上"时,参照点可在主要物体或整体,也可在次要物体或物体的一部分。"上"表示的结果意义如下图:

$$\boxed{(X)} \longleftarrow \bigcirc (X)$$

〔动类〕

1. 表示"闭合"意义及可使闭合的动作行为动词。如"关上门""闭上眼""拉上窗帘""推上门""踢上门"等。

句式　　a　　($N_{施事}$＋)V＋"上"
　　　　b_1　($N_{施事}$＋)V＋"上"＋$N_{受事}$
　　　　d　　($N_{施事}$＋)"把"＋$N_{受事}$＋V＋"上"
　　　　e　　$N_{受事}$＋V＋"上"＋"了"

(1) 他闭上眼睛不说了。

(杨沫)

(2) 妈妈一听,掩上怀襟走出来。

(梁斌)

(3) 对方不容分说,把电话挂上了。

(谌容)

(4) 眼前一片暗淡,大幕拉上了,挡住了雪亮的面灯。

(王安忆)

(5) 然后"砰"的一声摔上了自己的房门。

(张洁)

【可能式】

(1) 一直到半夜,他还合不上眼。

(老舍甲)

(2) 眼睛干巴巴地闭不上,他呆呆地看着那些有些雨漏痕迹的顶棚。

(张洁)

(3) 老爷爷一听说我考上了,准乐得并不上嘴。

(老舍乙)

表示使闭合意义的动词,没有可能式。如不能说"*踢不上门""*门摔不上"。

> "上"与"起来""起"比较:
> 见"起来"第351页。

2. 表示"填充、封闭、覆盖、捆绑"意义的动词。

A. "填充"义动词,如"在表里填上数字""被子里再絮上些棉花""塞上纸"等。此类动词联系两方:被填充物,我们用 $N_{受事1}$ 表示;填充物,我们用 $N_{受事2}$ 表示。如"坑($N_{受事1}$)里填上土($N_{受事2}$)"。

句式　　a　　($N_{施事}$＋)V＋"上"

b_{1-1}　($N_{施事}$＋)V＋"上"＋$N_{受事1}$

b_{1-2}　($N_{施事}$＋)V＋"上"＋$N_{受事2}$

b_{1-3}　($N_{施事}$＋"在"＋)$N_{受事1}$＋"里/上"＋V＋"上"＋$N_{受事2}$

b_{1-4}　($N_{施事}$＋)"用"＋$N_{受事2}$＋V＋"上"＋$N_{受事1}$

d_1　　($N_{施事}$＋)"把"＋$N_{受事1}$＋V＋"上"

d_2　（$N_{施事}$＋）"把"＋$N_{受事2}$＋V＋"上"
d_3　（$N_{施事}$＋）"用"＋$N_{受事2}$＋"把"＋$N_{受事1}$＋V＋"上"
e_1　$N_{受事1}$＋V＋"上"（＋"了"）
e_2　$N_{受事2}$＋V＋"上"（＋"了"）（少用）

(1) 他先在表格的第一栏和第二栏上填上了地块名称和亩数。

(赵树理₁)

(2) 书斋的窗纸有些破了补上,补上又破了的。

(曹禺)

(3) 严知孝紧插上一句。

(梁斌)

(4) 别看他嘴巴子笨,说起话来挺成理,别人想说句话也插不上嘴。

(梁斌)

B."封闭"义动词,如"封上门""锁上门""闩上窗户""堵上洞"。此类动词联系着两方:被封闭之物($N_{受事1}$)与用以封闭之物($N_{受事2}$)。如"房子($N_{受事1}$)四周围上了铁丝网($N_{受事2}$)""毛巾($N_{受事2}$)堵上了他的嘴($N_{受事1}$)"等。

句式　同2A

a、b_{1-1}—b_{1-4}、d_1、e_1式使用比较自由;d_2、d_3、e_2式要求$N_{受事2}$是已知的,在上文或语境中已出现。

(1) 我披上大衣,锁上门,走到了街上。

(邓友梅)

(2) 不愿惊动老程,他蜷着腿,用被子堵上嘴咳嗽,还不敢起来。

(老舍₁)

(3) 整个脑袋被缠得死紧,好像箍上了好几道铁箍。

(蒋子龙)

(4) 祥子来到,此处已经围上一圈圈的人,里边打着锣鼓。

(老舍₁)

(5) 大家都急了,围上我。

(苏叔阳)

(6) 说完,她一转身把门倒锁上。

(老舍甲)

(7) 一切的路都封上了。

(老舍甲)

C. "覆盖"义动词,如"蒙上头""盖上被子""罩上一块布""埋上一层土""垫上一床被"。此类动词也联系着两方:被覆盖之物(N受事1)与用来覆盖之物(N受事2)。如"纱巾(N受事2)包上头(N受事1)""电视机(N受事1)上蒙着一块布(N受事2)"等。

句式　同2A

(1) 他狠狠的闭着眼,蒙上了头,睡不着。

(老舍甲)

(2) 张嘉庆盖上草,压上土,又呲开牙笑着。

(梁斌)

(3) 她用被子盖上道静的上身。

(杨沫)

(4) 从这天起,鲁小帆心里笼罩上一层阴影。

(从维熙)

(5) 运涛看这鸟儿气性大,拿起江涛的小褂把笼子捂上。

(梁斌)

(6) 像一群野马突然被套上了笼头,拴上了缰绳。

(蒋子龙)

D. "捆绑"义动词,如"捆上行李""捆上一根绳子""缠上绷带""打上背包"等。此类动词也涉及两方:被捆绑之物(N受事1)与用来捆绑之物(N受事2)。如"行李(N受事1)上绑上了一根布条(N受事2)""头(N受事1)上缠上了绷带(N受事2)"等。

句式　同2A

(1) 她亲手在窗棂上拴上块红布儿,在小杨树上绑条绳儿,晾上运涛的红兜兜、绿褂褂。

(梁斌)

(2) (春兰)用绳子绑上,绑上后腿,又绑上前腿。

(梁斌)

(3) 休息时他把背包解开打上,打上又解开,把手巾捂上眼反复地练习打绑腿。

(邓友梅)

(4) 王小曼,听话呀! 谁都要捆上手的。

(谌容)

> "上"与"起来""起"比较：
> 见"起来"第349页。

【可能式】(A、B、C、D类动词)
(1) 砖太少,门砌不上了。
(2) 紧急集合,背包打不上了。

(邓友梅)

3. 表示"连接、黏合"意义的动词,如"信封贴上一块邮票""把两根绳接上""沾上边儿"等。此类动词也可以涉及两方,主要一方($N_{受事1}$)与次要一方($N_{受事2}$)。如"墙($N_{受事1}$)上贴着一张画儿($N_{受事2}$)""铁丝($N_{受事1}$)接上一根绳子($N_{受事2}$)"。有时涉及的两方不分主次,如"两张脸挨上了"。

句式　　a　　($N_{施事}$＋)V＋"上"(粘上!)
　　　　b_{1-1}　($N_{施事}$＋)V＋"上"＋$N_{受事2}$(贴上一张邮票)
　　　　b_{1-2}　$N_{受事1}$＋V＋"上"＋$N_{受事2}$(信封贴上一张邮票)
　　　　d　　($N_{施事}$＋)"把"＋$N_{受事2}$＋V＋"上"(把邮票贴上)
　　　　e　　$N_{受事2}$＋V＋"上"＋"了"(邮票贴上了)

(1) 他还没有说完二姨就接上话。

(赵树理)

(2) 我就是爱吃这个玩艺儿,蘸上点花椒盐儿一吃,又香又脆。

(梁斌)

(3) 她的脸快挨上我的脸了。

(蒋子龙)

(4) 你倒是把鞋带系上啊!

(张洁)

(5) 校徽别上了。

【可能式】

(1) 这次学习就为这事引起的,他连积极分子的边儿也挨不上呀!

(谌容)

(2) 他又弯下腰系鞋带,两只小手七绕八绕,总是系不上。

(张洁)

(3) 我走吧? 万一是你的亲戚朋友来了,我搭不上话,怪僵得慌!

(老舍乙)

(4) 可他不愿调到管机器的部门去工作,老觉着钢铁的器具与鲜花沾不上边。

(苏叔阳)

"上"与"起来"比较:
见"起来"第347—348页。

---

4. 表示"添加"意义的动词

A. "加、掺"义动词。此类动词也涉及两方,如"三个(基本的、主要的)加上两个(附加的、次要的)""牛奶(主要的)里掺上水(次要的)",前者用 N$_{受事1}$ 表示,后者用 N$_{受事2}$ 表示。

句式　a　　(N$_{施事}$＋)V＋"上"
　　　b$_{1-1}$　(N$_{施事}$＋)V＋"上"＋N$_{受事2}$
　　　b$_{1-2}$　N$_{受事1}$＋V＋"上"＋N$_{受事2}$
　　　d　　(N$_{施事}$＋)"把"＋N$_{受事2}$＋V＋"上"
　　　e　　N$_{受事2}$＋V＋"上"＋"了"

(1) 我知道,她们愚昧的忠诚加上天才的长舌,会把每一个不大熟识的路人盘问个晕头昏脑。

(苏叔阳)

(2) 铁锁本来不想把自己的行李给民伕加上。

(赵树理)

(3) 鲁泓怕叫老人为了孙子的事,额上再添上几道皱纹。

(从维熙)

(4) 我要是有这二三小斗粮食,再掺上点糠糠菜菜,一家子能活一冬天。

(梁斌)

此类动词较少用可能式。

> "上"与"起来"比较:
> 见"起来"第 345—346 页。

B. "附加"义动词,如"再饶上一个""白搭上一条命""每月要给儿子贴上几十块钱""拼上命""舍上命"等。

句式　b₁　N施事＋V＋"上"＋N受事
　　　d　N施事＋"把"＋N受事＋V＋"上"
　　　e　N受事＋V＋"上"(＋"了")

(1) 这不是你的事,何必再饶上一个!

(蒋子龙)

(2) 种花儿不易呀!您得搭上全部的财力,全部的精气神儿。

(苏叔阳)

(3) 只要能打倒他,我情愿再贴上几亩地!

(赵树理₋)

(4) 自己的命即使不值钱,可以拼上;人家的命呢?

(老舍甲)

此类动词一般不构成可能式。

C. "配、合"义动词,如"给这首诗配上曲子""你唱的合不上拍子"。

句式　"配"同 4A。
　　　"合"同 4A 之 b₁₋₁、b₁₋₂、e,有可能式。

(1) 这身装束再配上她那匀称的身材,晶亮的秀眼,的确够帅气了。

(蒋子龙)

(2) 给这寂寂的雪山配上了清脆的乐曲。

(谌容)

(3) 你们俩唱歌老合不上拍。

5. 表示"穿、戴"意义的动词,如"穿上衣服""戴上手套""披上外衣""趿拉上鞋",以及可表示"穿、戴"义的"换上帽子"。

句式　a　（N_{施事}＋）V＋"上"
　　　b_1　（N_{施事}＋）V＋"上"＋N_{受事}
　　　d　（N_{施事}＋）"把"＋N_{受事}＋V＋"上"
　　　e　N_{受事}＋V＋"上"（＋"了"）

(1) 余木穿上志芳给做的新衣。

(老舍乙)

(2) 有时候,学得很认真,还戴上眼镜记点笔记。

(谌容)

(3) 我才偷偷地起来,把妈妈的衣服穿上。

(曹禺)

(4) 那件衣服他穿上又脱下来,脱下又穿上。

(5) 她脱去工作服,换上时装,仍然显得年青而富有魅力。

(蒋子龙)

此类动词一般不与"上"构成可能式。

6. 表示"逢、遇"意义的动词,如"遇上了李老师""赶上了好时候"。

句式　a_1　N_{施事}（多数）＋V＋"上"（＋"了"）
　　　　　（他们在半路遇上了）
　　　a_2　N_1＋"跟/和"＋N_2＋V＋"上"（＋"了"）
　　　　　（老张跟老李半路遇上了）
　　　b_1　N_{施事}＋V＋"上"＋N_{受事}
　　　　　（老张遇上了老李）

(1) 后来他和我在李老师那里遇上了。

(赵树理_二)

(2) 去年,我出差到重庆,正赶上八月十五。

(谌容)

(3) 别,别呀,好汉子不吃眼前亏,那么一来,你就交上歹运了。

(梁斌)

(4) 你这家伙,碰上你,我就倒霉。

(高晓声)

(5) 看看现在这种令人难堪的冷场,正应上了"酒逢知己千杯少,话不投机半句多"这句老话。

(谌容)

宾语也可以是谓词性的。如:
(6) 晴天还好,赶上下雨,够多么麻烦。

(老舍乙)

(7) 他搬去的时候正碰上这些匠人们吃饭。

【可能式】

(1) 咱们到村北杏树底下去,谁也碰不上谁。

(2) 即使遇不上大兵,他自己那身破军衣,脸上的泥,与那一脑袋的长头发,能使人相信他是个拉骆驼的吗?

(老舍甲)

(3) 求周天霞替他去问询,周天霞说一来刚回过家不便请假,二来去了也碰不上她在家。

(赵树理二)

"上"与"见"比较:

1. "上"与"见"可搭配的动词有区别。"上"可用在"赶、逢"后,"见"不能。比较:

(1) 他回来时,正赶上吃饭。

＊他回来时,正赶见吃饭。

"见"可用在"看、听、闻"等表示感官动作的动词后,"上"不能。比较:

(2) 他看见了小李。

他看上了小李。[意思不是结果意义(一),而是(二)]

> 2. 在非感官动作动词"碰、遇"后,"V+见"的宾语一般是表示人的名词,"V+上"后的宾语可以是表示人的名词,也可以是表示事物的名词或谓词性词语。比较:
> (1) 刚才我们碰见了王老师。
> 　　刚才我们碰上了王老师。
> (2) 他这次旅行总碰上下雨。
> 　　＊他这次旅行总碰见下雨。
> 3. "碰、遇"与"上"可构成可能式,与"见"一般不构成可能式。
>
> **"上"与"到"比较:**
> 1. 可搭配的动词不同。表示结果意义的"到"可搭配的动词很广,"上"则较窄;但"到"不能与"赶、逢"结合。比较:
> (1) 在火车上我遇到了大刘。
> 　　在火车上我遇上了大刘。
> (2) 我闻到一股奇怪的香味。
> 　　＊我闻上了一股奇怪的香味。
> (3) 我到北京正赶上庙会。
> 　　＊我到北京正赶到庙会。
> 2. "上"比"到"更加口语化。

7. 表示"行走、踩踏"意义的动词,如"走上光明的道路""踏上征途""迈上异国的土地",以及"引、拉、带、推"等动词(具有使令义),如"把他引上了正路""把他推上了邪路"等,宾语一般为"道、路、土地"等。

　　句式　b_2　$N_{施事}+V+$"上"$+N_{处所}$

　　　　　d　$N_{施事}+$"把"$+N_{受事}+V+$"上"$+N_{处所}$("引、带"类动词)

　　　　　e　$N_{受事}+$"叫/让/被"$+N_{施事}+V+$"上"$+N_{处所}$("引、带"类动词)

(1) 朱老忠一踏上家乡的土地，就像投进母亲的怀抱，说不出身上的舒贴劲儿。

(梁斌)

(2) 但他现在走上了一条自己梦寐以求的道路。

(高晓声)

(3) 冀申赶紧把谈话拉上正题。

(蒋子龙)

(4) 你把我引上革命的道路，我就依靠你。

(梁斌)

【可能式】

(1) 他这个人一辈子也走不上正道。

(2) 到村头急转弯时，车子开得太快，弯不上正道，朝路边一棵大树上撞去。

(高晓声)

可能式不常用。

8. 表示"点燃"意义的动词，如"点上灯""焚上香""开(生)上火"，宾语限于"灯(汽油灯)、香烟、火、香、炉子"等。

句式　a　$N_{施事}+V+$"上"
　　　b_1　$(N_{施事}+)V+$"上"$+(NuM+)N_{受事}$
　　　d　$(N_{施事}+)$"把"$+N_{受事}+V+$"上"
　　　e　$N_{受事}+V+$"上"$(+$"了"$)$

(1) (陈白露)自己很熟练地燃上香烟，悠悠然吐出淡蓝色的氤氲。

(曹禺)

(2) 说着，她就划着一根火柴替道静点上了灯。

(杨沫)

(3) 懒得去点灯，直到沿路的巡警催了他四五次，才把它们点上。

(老舍 甲)

较少构成可能式。

> **"上"与"着"(zháo,"燃烧"义)比较：**
> 1. "上"只有与"点燃"义动词组合时,才与"燃烧"义有关,表示"点燃"有了结果;"着(zháo)"本身具有"燃烧"义,因此非"点燃"义动词与其组合时,仍有"燃烧"义。如"划着一根火柴""引着了导火索""大火烧着了褥衣物家具",这些"着"都不能用"上"替换。正因为如此,"着"描摹燃烧的作用比较明显,"上"只表示一种结果。
> 2. "V+'着'"常用可能式,"V+'上'"一般不构成可能式。比较：
> 　　纸湿了,点不着。
> 　　*纸湿了,点不上。

9. 表示可以使物体附着、存在于某处的动作行为动词。

A. 一般肢体动作动词,如"放上一些盐""瓶里插上一束花""盛上一碗饭""栽上两棵树""溅上一些墨点"等。

　　句式　　a　　($N_{施事}$+)V+"上"
　　　　　　b_{1-1}　($N_{施事}$+)V+"上"+(NuM+)$N_{受事}$
　　　　　　b_{1-2}　$N_{处所}$+V+"上"+(NuM+)$N_{受事}$
　　　　　　d_1　　($N_{施事}$+)"把"+$N_{受事}$+V+"上"
　　　　　　d_2　　($N_{施事}$+)"把"+$N_{处所}$+V+"上"
　　　　　　e_1　　$N_{受事}$+V+"上"+"了"
　　　　　　e_2　　$N_{处所}$+V+"上"+"了"

d_2、e_2式只适用于部分动词;"溅、漏、吸、沾、弄"等动词一般只用 b_{1-2}式。

(1) 当天夜里不少街坊都在自己的花瓶里插上了老爷子送来的花,摆在先总理的遗像下。

(苏叔阳)

(2) 这堤上现在种上了树,盖起了鱼馆,修起了游船小码头。

(王安忆)

(3) 康孝纯听了,心里咕冬一声,压上块铅饼,脸色也就暗下来了。

(邓友梅)

(4) 四凤,你怎么不把那一两四块八的龙井沏上,尽叫爸爸生气。

(曹禺)

(5) 酒斟上了。

个别动词可用 b_2 式:$N_{施事}+V+$"上"$+N_{处所}$。如:

(6) 小明,水开了,灌上暖壶!

"凝、冻、结"等表示"凝结"义的动词用 b_{1-2}、d_1、e_1 式。如:

(7) 棉袍子冻上一层冰,像穿上冰凌铠甲,一弯腰,身上就咯咯吱吱地响。

(老舍甲)

(8) 油凝上了。

在例(8)中,"上"有明显的"固定"义。

B. "写、画"义动词,加上"上"以后,表示某处出现了某种图案印记。

句式　同9A之 a、b_{1-1}、b_{1-2}、d_1、d_2、e_1

(1) 不管怎么说,我的谱纸上已写上了音符,而他的,则是空白。

(王安忆)

(2) 他毫不犹豫地签上了自己的名字,说:"我同意,我原来也想取笑他们一下。"

(蒋子龙)

(3) 原来缎子般光滑的前额已刻上了皱纹。

(谌容)

(4) 一根已经用绿油漆打上了合格的标记。

(蒋子龙)

(5) 您可别把我写上,嘻嘻嘻。

(苏叔阳)

(6) 这个账你得记上。

此类动词可以与"上"构成可能式,如:

(7) 这种纸太光,写不上字。

但可能式较少用。

10. 表示"制作、组装"意义的动词,如"房子盖上了""衣服做上了""机器安装上了"。

句式　d　（N$_{施事}$＋）"把"＋N$_{受事}$＋V＋"上"

　　　　e　N$_{受事}$＋V＋"上"（＋"了"）

(1) 新衣服做上了,非常合体。

(2) 毛衣织上了,你试试。

(3) 他把收音机拆了,费了九牛二虎之力才装上。

【可能式】

(1) 三天时间,这件毛衣织不上。

(2) 材料不全,房子盖不上了。

11. "比、够"类动词,如"比不上他""他算得上是模范丈夫""他丈夫配不上她"等。此类动词一般用可能式,或前边用"能""可以"。

句式　a_1　　N$_1$＋V＋"得/不"＋"上"

　　　a_2　　N$_1$＋"能/可以"＋V＋"上"（少用）

　　　b_{1-1}　N$_1$＋V＋"得/不"＋"上"＋N$_2$

　　　b_{1-2}　N$_1$＋"能/可以"＋V＋"上"＋N$_2$

动词"比"联系的两个名词是所比的同类事物;其余的动词一般为系词性的,起判断作用。

(1) 奶油色的顶和壁,乳白的灯泡像宝石花一样嵌在顶上,在这个三级城市里可称上上流的剧场了。

（王安忆）

(2) 总而言之,从罪名上看,已经够上一个立即送上断头台问斩的女囚了。

（从维熙）

(3) 她比小福子美多了,而且香粉香水的沤着,绫罗绸缎的包着,更不是小福子所能比上的。

（老舍$_甲$）

【可能式】

(1) 如今虽说老了，一般青年小伙子还有点比不上他。

（赵树理二）

(2) 因此，她甘愿把一生中最美好的时代——称得上是青春中的青春，留给她哥哥的事业。

（高晓声）

(3) 输了，算不得狗熊；赢了，也算不上英雄。

（王安忆）

(4) 叫他的大号知之者甚少，而他的雅号却够得上遐迩闻名。

（苏叔阳）

(5) 他风流倜傥，有什么配不上万群的地方呢？

（张洁）

12. "看、迷"类动词。

A. "看、爱"类动词，如"他看上了一件衣服""小李爱上了小张""小明迷上了动漫"。

句式　a　N$_{施事}$＋V＋"上"＋"了"
　　　b$_1$　N$_{施事}$＋V＋"上"＋N$_{受事}$

(1) 这一次的重逢使我更深刻地了解了她，我逐渐地爱上了她。

（苏叔阳）

(2) （他）爱上了电焊这一行。

（蒋子龙）

(3) 她偏偏看上了傻树春。

（苏叔阳）

(4) 她对他简直是一个谜，从那天起他也就真的迷上她了。

（蒋子龙）

(5) 但时隔不久，有两件事使鲁泓喜欢上这个"冰冷"的年轻人。

（从维熙）

【可能式】

只有"看、瞧"有可能式，包含"喜欢"或"不喜欢"的意思。

(1) 刘四爷也有点看不上祥子。

(老舍甲)

(2) 竟还没有人看得上眼,真是伤心。

(高晓声)

(3) 在机关里,谁也瞧不上他,他和大家几乎没有什么往来。

(谌容)

B. "挑选"义动词,如"他们挑上了小刚""麻烦事找上了他""他评上了先进工作者"。

句式　b_1　$N_{施事}+V+$"上"$+N_{受事}$
　　　d　$N_{施事}+$"把"$+N_{受事}+V+$"上"$+$"了"
　　　e　$N_{受事}+V+$"上"$+$"了"

(1) 我最后挑上了迟华。

(蒋子龙)

(2) 可爱情找上了他,而且那份儿固执,那份儿至诚,那份儿热烈,让傻子那心也烧起了火苗儿。

(苏叔阳)

(3) 我和一个名叫陈封的同学没有被选上。

(赵树理₂)

【可能式】

(1) 这次评先进工作者,他准评不上。

(2) 他在运动会上从来取不上名次。

结果意义(二):

表示实现了预期目的或希望实现的目的。如(1)"我早就想见见他,今天可见上了。"(2)"他盼了多少年才买上了一套房子。"(3)"借的钱还上了。"动作所涉及的事物也是动作者所希望得到的,不过有时因条件所限,可能不尽如愿。如(4)"商店里新到了一种毛衣,样式很好,我想买一件红色的。可是排了半天队,只买上了一件黄的。"在这个句子中,所"买"之物毕竟还是说话人希望买的。用这类"上"时,希望实现的动作都是不容易实现的,而所以能实现,一种情况是主观努力的结果,如例(3),另一种情况是因为有难得的机会,如例(1),多数情况是二者兼而有之。

〔动类〕

可以与"上"结果意义(二)结合的动词是一个开放的类,我们按意思大致分为三类。

1. "吃、穿"等表示具体动作行为的动词,如"吃、喝、穿、住、看、用"等。

句式　b_1　$N_{施事}+V+$"上"$+(NuM+)N_{受事}$
　　　　e　$N_{受事}+V+$"上"$+$"了"

(1) 多少次我想着……我要按时下班回家,让你吃上一顿现成的晚饭。

(谌容)

(2) 等我们胜利了,就在这儿修个水库,让每个人都能喝上水,让每块地都能浇上水。

(谌容)

(3) 大爷! 真想不到还能见上你。

(赵树理二)

(4) 她来到人间才六个年头,她对生活的希望,不过是扎上两个小辫儿。

(谌容)

2. "买、取、交、还"等不表示一个单独的、具体的动作的动词,如"买、取、交、还、挣、交(朋友)、找(对象)"等。

句式　同1

(1) 到那时候,给你娶上一房媳妇,我早想抱上个大胖孙子呢!

(梁斌)

(2) 哎,玉兰搞上对象没有?

(蒋子龙)

(3) 不错,他确是咬了牙,但是到了一年半他并没有还上那个愿。

(老舍甲)

(4) 吃亏沾光,不在一朝一夕,能够真心实意交上一个长远的朋友,大家都有好处。

(高晓声)

(5) 转了半小时,什么也没买上。

(蒋子龙)

(6) 她要看着两个弟弟都挣上钱,再死也就放心了。

(老舍甲)

(7) 你们吃馆子的经验这回不就用上了。

(张洁)

3. "考、选、当、熬"类动词。
句式　同1
(1) 要知道,考上了上海中学,就等于一只半脚跨进了大学,更何况高才生!

(王安忆)

(2) 她喜欢得什么儿似的,好容易才当上奶奶了。

(梁斌)

(3) 拼一拼,念下去,混上吃商品粮才是长远大计。

(王安忆)

【可能式】

可能式(1、2、3类动词)很常用。
(1) 从我爹死了我娘当家时候,就穷得连饭也吃不上了。

(赵树理₂)

(2) 你风吹日晒,辛苦一年,连个痛快年也过不上。

(梁斌)

(3) 考上更好,考不上拉倒。

(蒋子龙)

(4) 要先找出问题,才谈得上解决。

(梁斌)

※ **注意**:

1. "上"结果意义(二)是一种口语用法。
2. 不能和较难与"上"结合的动词有:

（1）非动作动词、表示思维活动的动词。如"是、成为、有、存在；希望、喜欢、感动、觉悟；懂、放心、丰富、端正；考虑、思考、想（'思考'义）"等。

（2）较为抽象的动词，此类动词很多。如"建议、奖励、交流、培养、加强、决定、解释、判断、增产"等。

（3）其他双音节动词与书面语动词较难与"上"结果意义（二）结合，如"寻找、观看、驾驭"等。

3. 因为"上"表示实现了愿望，实现了动作，所以与包含处理、影响意思的"把"一般不同现，即通常不用于"把"字句。比较：

（1）那本书我买上了。

＊我把那本书买上了。

（2）他们今年住上了新楼房。

＊他们今年把新楼房住上了。

（3）他当上了博士。

他把博士当上了。（"他把博士当上了，就把我们忘了"似可以）

（4）我考上了大学。

我把大学考上了。（"现在你把大学考上了，我放心了"似可以）

但"还（债）""交（房租）"等可用于"把"字句。如"我把债还上了""先把房租交上"。

4. 用"上"的结果意义（二）时，所涉及的动作及受事，既然是所希望的，因此一般是具有积极意义的事、好事。

结果意义（三）：

表示成功地完成。与"上来"结果意义（二）相同，没有"上来"常用。可结合的动词限于"说、答、叫（名字）"，多用可能式。

句式　a　$N_{施事}$＋V＋"上"＋"了"

　　　b_1　$N_{施事}$＋V＋"上"＋"了"＋$N_{受事}$

　　　e　$N_{受事}$＋V＋"上"＋"了"

(1) 说不上为什么,我对他也格外留心了。

(蒋子龙)

(2) 我傻愣愣地站那儿,一句话都答不上。

(谌容)

(3) 你就说不上你上哪儿去了。

(曹禺)

(4) 花儿挺多,都叫不上名儿。

(苏叔阳)

三 状态意义

状态意义：

"上"用在动词后表示进入一种新的状态,即表示新动作或状态的开始。

↑动态
|静态

句式　a　$N_{施事}+V+$"上"$+$"了"
　　　b_1　$N_{施事}+V+$"上"$+N_{受事}+$"了"

(1) 虎妞的嘴唇哆嗦上了。

(老舍 甲)

(2) 这个老二,准是没有看着锅,又练上拳了!

(老舍 乙)

(3) 拉着铺盖刚一出街门,他听见院里破口骂上了。

(老舍 甲)

(4) 你怎么干上了这个？真不嫌丢人!

(蒋子龙)

(5) 要不然凤兆丽一脚把咱们金头儿给蹬了,这么快就和姓王的那小子好上了!

(蒋子龙)

(6) 这鬼天气,又热上了!

> **"上"与"起来"比较:**
> "上"与"起来"都可以表示状态意义,而且都表示进入新的状态——一般为由静态进入动态。二者的区别是:
> 1. "上"有较明显的感情色彩,表达说话人对新出现的动作或状态不以为然,即认为该动作或状态是不值得肯定或不受欢迎的,见上面各例。"起来"是中性的,不带明显的感情色彩。例如:
> (1) 想到这里,看看手里捏着的馒头,一种青春美好的热情冲击着她,她又低低地唱了起来。
> (杨沫)
> (2) 三仙姑愁住了,睡了半天,晚饭以后,说是神上了身,打了两个呵欠就唱起来。
> (赵树理)
> 例(1)的"起来"表示说话人对"唱"这一动作是肯定的、赞赏的,例(2)则相反。例(1)中"起来"不能用"上"替换;例(2)则可以。
> 2. "上"可以结合的动词和形容词比"起来"少。出现的频率也低得多。
> 3. "上"比"起来"的口语色彩要浓,因此书面色彩浓的词不能与"上"结合,如"懊悔、(觉得)惭愧、内疚、焦急"等。

四 特殊用法

特殊用法(一):

表示达到(一定的数目,往往是概数),是一种口语用法。不用"上"也不会改变句子的意思。

句式　b₁　N_施事＋V＋"上"＋NuM（＋N_受事）

(1) 回去叫你爹花上几石米吧！

(赵树理₋)

(2) 照这样下去,干上二年,至多二年,他就又可以买辆车,一辆,两辆……他也可以开车厂子了！

(老舍甲)

(3) 帘子那边开着电视,他本想去看上两眼,又提不起兴致,心里总觉得有什么事放不下。

(谌容)

(4) 有时,田守诚也时不时地给郑子云吊上几个小球。

(张洁)

(5) 如果此时此地能喝上两杯,不就可以比较自然地同他们进入谈话吗？

(谌容)

(6) 我正巴不得和凤妮见上一面呢。

(从维熙)

(7) 我什么也不想干,只想痛痛快快地睡上几天。

(王安忆)

这样用"上"时,说话人语意的焦点在动词上,即侧重表示进行某种动作,数量词及其后的名词的意思有时比较虚。比如例(1)的重点是"花(米)",例(3)是"看",例(5)是"喝(酒)",例(6)是"见(面)",例(7)是"睡(觉)"。

【可能式】

(1) 我这是一个星期里第三个来回了。一夜睡不上三小时。

(苏叔阳)

(2) 直到如今,父女们说不上三句就要顶起来。

(赵树理₋)

特殊用法(二)：

"上"用在一个表示伴随动作的动词后。出现在复句的第一分句或紧缩句、连动句的第一部分,句中另一动词表示主要动作。谈话人这样用"上"时,有一定的紧迫感。"上"后一定有受事宾语,而且一般在句中出现。"上"前的动词多为表示人体动作的"带、领、捎、搬、背"等动词。表示未然动作时,此类"上"可以不用,即删去"上"并不影响句子的基本意思。表示已然动作时,可用动态助词"着、了"替换。这是一种北方话的口语用法。

句式　b_1　$N_{施事}+V_1+$"上"$+N_{受事}+V_2$

(1) 领上孩子出去逃个活命吧!不要在村里住了!

(赵树理_)

(2) 他回家取上钥匙,又去把得贵叫来。

(赵树理_)

(3) 运涛拿上"冯富贵"的名片,走到学堂里。

(梁斌)

(4) 两个人推上自行车,并排着出了厂门口。

(蒋子龙)

(5) 可是,他们去搞武斗,拉上我干什么?

(谌容)

在一定的语言环境中,表示第二动作(主要动作)的动词也可以不出现。如一个人要走,另一个对他说"你把这些钱带上!",意思是"你带上这些钱走!"。

五　熟语

熟语(一):"顾(得/不)上"

"顾上"表示"照顾到、注意到"的意思,多用否定式,宾语可以是体词,但更常用的是谓词。

句式　b_1　$N_{施事}+$副$+$"顾上"$+N_{受事}/VP$
　　　e　$N_{受事}+N_{施事}+$"没"$+$"顾上"$+V$

(1) 这几天忙得也没顾上去看你!

(赵树理_)

(2) 我出来的时候，也没顾上跟家里打个招呼，说不定他们还等我吃饭呢！

(谌容)

(3) 原来他在这里撑船的时候，每天只顾上渡人，连饭也顾不上做。

(赵树理)

"没顾上"（以及"顾不上"）一般由于时间、精力或经济以及其他条件的限制，而不能做某事或照顾某人的情况。

【可能式】

(1) 他没日没夜地找人谈话，布置和反动学生斗争，常常顾不上吃饭，身体当然受不了。

(杨沫)

(2) "文化大革命"以来，肚子吃不饱，顾不上穿戴，虽说年纪到把，也怕脑后风了。

(高晓声)

(3) 今天，我顾不上这些了，为了不叫她为我再加深额前的皱纹，我把邮箱塞到床角下看不见的地方。

(从维熙)

熟语（二）："说得/不上、谈得/不上"

表示"可以称作""可以算作""可以说是"的意思，后面一般有宾语，宾语是谓词性的。

句式　b_1　$N_{当事}$＋V＋"得/不上"＋VP

(1) 何况这件事本来就是厂子里该做的工作，谈不上什么帮助不帮助。

(张洁)

(2) 一阵鼓掌，说不上热烈，也说不上不热烈，算是把宴会的正戏演过了。

(杨沫)

(3) 这虽然不值得提倡，也确实说不上是什么错误。

(谌容)

(4) 一个钱没有,眼前固然没有快乐可言,以后也说不上有什么希望。

(曹禺)

例(1)—(3)中的"谈不上""说不上"的意思是"不能算""不能说是"的意思;例(4)"说不上"的意思是"不能说"的意思,"眼前固然没有快乐可言,以后也不能说有什么希望"。

※ 注意:

"说不上"有三个意思:

1. 表示因为了解不够,认识不清而不能具体地说出来的意思,即"说不上来"的意思,"上"一般重读。如:

(1) 他们家有多少地,那我可说不上。

(谌容)

(2) 我同酸枣村只有一面之缘,当然说不上它有什么变化。

(谌容)

(3) 说不上为什么,我对他也格外留神了。

(蒋子龙)

2. 表示说出的话没达到某一数量,"上"一般读轻声。如:

(1) 而曾霆和他的妻就一直是形同路人,十天半月说不上一句话。

(曹禺)

(2) 他这个人沉默寡言,一天说不上三句话。

3. 表示"可以称作""可以算作""可以说是"的意思,"上"一般轻读。

第1个我们归入结果意义(三),第2个归入特殊用法(一),第3个归入熟语(二)。

熟语(三):"犯得/不上"

表示"值得不值得"的意思。如:

(1) 我跟他没冤没仇,他也没把我们家孩子扔井里,我犯不上跟他结这个仇。

（谌容）

（2）何婷犯不上生气。

（张洁）

（3）为这么点小事,你犯得上生这么大气吗?

熟语(四):"豁上"
表示不顾一切,甚至不惜以生命为代价。如:
(1) 这样的一条命,要它干吗呢?豁上就豁上吧!

（老舍甲）

(2) 把人逼得没路可走了,我豁上了。
例(2)的"豁上"也可以说"豁出来"。
与"豁上"类似的还有"拼上(命)""舍上命"。

熟语(五):"吸上瘾"一类的结构
由"上"构成的动补短语,结构一般是"VC/O",如"买上/房子""接上/线"。但也有像"V/C(VO)"这样的结构,如"玩/上瘾"。在这种结构中,补语本身是一个动宾结构。如:
(1) 烟卷可是已吸上了瘾。

（老舍甲）

(2) 您就挂上了劲儿?

（老舍乙）

与此相同的还有"跑步跑上劲儿"等。在这种结构中宾语是不可少的,而谓语动词与补语中的"上"在结构与语义上都不存在直接关系。"上＋N"在语义上才与前面的动词有直接关系。因此此类"上"不属于本书所说的趋向补语。

"上"总表

义类	意义	所搭配的动词及频率
趋向意义	(一)表示通过动作使人或物体由低处移向高处,参照点可在高处,也可在低处	1. 表示躯体或物体运动的动词 走$_{35}$ 跑$_7$ 跳$_{26}$ 蹦$_1$ 跃$_1$ 爬$_{27,可2}$ 坐$_{25}$ 登$_{36}$ 蹿$_3$ 迈$_{6,可1}$ 跨$_{14}$ 骑$_{19}$ 拥$_1$ 翻$_3$ 飞$_1$ 浮$_9$ 升$_3$ 飘$_1$ 袭$_1$ 涌$_{19}$ 滚$_1$ 漂$_1$ 窜$_1$ 冲$_8$
		2. 表示可使物体改变位置的动作行为动词 搬$_3$ 抗$_5$ 抬$_3$ 背$_{15}$ 挑$_2$ 抱$_1$ 拉$_1$ 推$_5$ 揪$_2$ 挟$_1$ 扶$_2$ 架$_5$ 带$_1$ 领$_1$ 送$_5$ 押$_4$ 逼$_1$ 打$_1$ 抛$_1$ 驮$_1$ 炸$_1$ 烧$_1$
		3. 比喻用法 交$_3$ 递$_3$ 献$_4$ 奉$_3$ 奉献$_1$ 送$_2$
	(二)表示通过动作使人或物体趋近面前的目标,参照点可在目标,可不在目标	1. 表示肢体动作的动词 走$_7$ 跑$_3$ 坐$_{28}$ 躺$_1$ 跪$_2$ 踏$_5$ 迈$_3$ 跨$_2$ 挤$_6$ 冲$_1$ 抢$_1$ 迎$_1$ 逼$_3$ 赶$_1$ 滑$_1$ 骑$_3$
		2. 表示躯体动作的动词 追$_{24}$ 赶/追赶$_{23,可8}$ 跟$_{10,可18}$ 撵$_1$
		3. 表示可使物体改变位置的动作行为动词 端(~桌)$_{10}$ 搬$_1$ 递(~水)$_3$ 送(~船)$_1$
结果意义	(一)表示接触、附着以至固定,参照点可在物体的一部分(或次要物体),也可在整体(主要物体)	1. 表示"闭合"意义及使闭合的动作行为动词 关$_{94,可1}$ 闭$_{63,可5}$ 并$_{可1}$ 合$_{37,可5}$ 合拢$_{1,可1}$ 挂$_8$ 眯缝$_1$ 拉(~窗帘)$_{6,可1}$ 掩(~门)$_5$ 带(~门)$_6$ 扣$_5$ 卷(~画)$_1$ 攥(~拳头)$_2$ 碰$_1$ 拴(~门)$_1$ 提(~鞋)$_{2,可1}$ 踢(~门)$_1$ 咬(~牙)$_8$

		2. 表示"填充、封闭、覆盖、捆绑"意义的动词
		A. "填充"类
		    填$_4$ 补$_{10,可1}$ 塞$_2$ 插(~话)$_{6,可11}$
		    夹(~纸)$_3$ 絮(~棉花)$_1$ 抹(mò,~墙)$_1$
		B. "封闭"类
		    堵$_{10}$ 砌$_2$ 封$_2$ 围$_8$ 插(~门)$_5$ 锁$_{26}$
		    闩(~门)$_2$ 铐$_1$ 箍$_3$

(续表)

义类	意义	所搭配的动词及频率
		C. "覆盖"类 　　蒙$_{15}$　盖$_{26}$　挡$_{15}$　捂$_{15}$　铺$_2$　垫$_3$　糊(～纸)$_2$ 　　泡(～衣服)$_1$　埋$_6$　笼罩$_1$ D. "捆绑"类 　　捆$_5$　绑$_7$　包$_3$　缠$_3$　拴$_4$　打(～包)$_{3,可1}$ 　　穿(～针)$_1$　纫(～针)$_1$
		3. 表示"连接"及"黏合"意义的动词 　　接$_{11,可4}$　联$_1$　联系$_1$　顶$_1$　挨$_{10,可3}$　依$_1$　结$_1$ 　　跟(～话)$_3$　勾搭$_1$　勾引$_1$　结扎$_1$　扎$_1$　缝$_5$ 　　扯$_{2,可1}$　拉扯$_2$　咬扯$_1$　捎("连累"义)$_1$　挂$_{5,可1}$ 　　搭$_{4,可5}$　答(～腔)$_1$　钉$_3$　别(～卡子)$_2$　坠$_1$ 　　敲(～钉子)$_1$　长(～口)$_1$　黏$_{4,可1}$　贴$_6$　蘸$_1$ 　　系$_1$
		4. 表示"添加"意义的动词 　　A. "加、掺"类 　　　　加$_{61}$　添$_9$　附$_1$　算$_2$　续(～水)$_2$　掺$_2$ 　　　　混合$_1$ 　　B. "附加"类 　　　　饶("加"义)$_2$　贴(～二十块钱)$_3$ 　　　　搭(～一条命)$_8$　拼(～命)$_1$　赔$_3$ 　　C. "配、合"类 　　　　配$_{11,可1}$　和$_1$
		5. 表示"穿、戴"意义的动词 　　穿$_{95}$　戴$_{70}$　围(～围中)$_4$　披$_{28}$　披挂$_1$　踢拉$_1$ 　　登(～鞋)$_4$　套(～外衣)$_7$　束(～腰带)$_1$ 　　换(～衣服)$_{28}$
		6. 表示"逢、遇"意义的动词 　　遇$_{61,可1}$　碰$_{121,可3}$　赶("遇"义)$_{51}$　跟("随"义)$_7$ 　　逢$_2$　摊(～事)$_6$　挨("遭遇"义)$_3$　等$_{可4}$ 　　交(～朋友)$_1$　应("应验"义)$_1$　轮$_{14,可8}$

(续表)

义类	意义	所搭配的动词及频率
		7. 表示"行走、踩踏"意义的动词 奔$_2$ 跑$_3$ 走$_{39}$ 开(～车)$_1$ 驰$_1$ 拐$_3$ 弯$_1$ 踏$_{12}$ 送(～路)$_3$ 投("投奔"义)$_1$ 拉$_1$ 引(～正路)$_2$ 找(～门)$_2$ 逼$_1$
		8. 表示"点燃"意义的动词 点$_{40}$ 燃$_1$ 烧(～香)$_1$ 焚(～香)$_1$ 生(～炉子)$_2$ 掌(～灯)$_1$
		9. 表示可以使物体附着、存在于某处的动作行为动词 A. 一般肢体动作动词 安$_{12}$ 放$_8$ 摆$_8$ 搁$_7$ 架(～炮)$_{10}$ 插$_3$ 种$_1$ 镶$_1$ 修(～墙)$_3$ 凿(～眼儿)$_1$ 打(～井)$_1$ 钉(～钉子)$_3$ 压(～石头)$_4$ 坐(～锅)$_1$ 馏(～馒头)$_1$ 烧(～水)$_1$ 烫(～酒)$_1$ 煎$_1$ 烤$_1$ 蒸$_2$ 挂$_7$ 晾(～衣服)$_2$ 拉(～绳子)$_2$ 满("斟"义)$_3$ 盛(chéng,～饭)$_4$ 沏(～茶)$_5$ 泡(～茶)$_2$ 注(～水)$_1$ 冲(～水)$_1$ 撒$_1$ 筛(～酒)$_1$ 抹(mò)$_2$ 洒$_1$ 溅$_1$ 泼$_1$ 漏$_1$ 蹭(～灰)$_1$ 蘸$_1$ 沾$_9$ 弄$_1$ 冻(～冰)$_3$ 吸$_1$ 结(～冰)$_1$ 凝(～油)$_1$ 带(～色彩)$_1$ 换$_{10}$ 派(～人)$_3$ 叼(～烟)$_1$ 背(～包袱)$_5$ 染(～病)$_9$ 传(～病)$_1$ 招(～病)$_1$ 支(～车棚)$_2$ 存(～钱)$_1$ B. "写、画"类 写$_{24}$ 落("写"义)$_1$ 签(～名)$_4$ 画$_8$ 印$_9$ 记$_3$ 刻$_1$ 烙$_1$ 刷$_1$ 涂$_1$ 勾(～线)$_2$ 绣$_2$ 打(～印)$_6$ 漆$_1$ 录(～音)$_1$ 按(～手印)$_1$
		10. 表示"制作、组装"意义的动词 盖(～房子)$_4$ 搭(～棚子)$_3$ 装$_{13}$
		11. "比、够"类动词 比$_{16,可15}$ 赶("比"义)$_{1,可1}$ 称(chēng)$_{6,可7}$ 够$_{10,可8}$ 算$_{7,可7}$ 数$_{2,可2}$ 配$_{6,可6}$

(续表)

义类	意义	所搭配的动词及频率
		12. "看、选"类动词 看$_{43,可19}$ 瞧$_{4,可4}$ 爱$_{37}$ 迷$_3$ 喜欢$_1$ 挑$_2$ 选$_2$ 找$_1$ 取("录取"义)$_3$ 录取$_1$
	(二)实现了预期目的或希望实现的目的	1. "吃、穿"类 吃$_{34,可15}$ 抽(～烟)$_2$ 喝$_{2,可1}$ 穿$_{8,可8}$ 住$_{4,可1}$ 过(～日子)$_{1,可1}$ 骑$_1$ 乘(～车)$_1$ 坐(～车)$_1$ 搭(～车)$_{5,可1}$ 看$_{2,可1}$ 见$_{2,可1}$ 摆(～摊子)$_{可1}$ 种(～地)$_{1,可1}$ 浇$_1$ 杀(～猪)$_{1,可1}$ 挤$_{3,可3}$ 划(～船)$_1$ 抬$_{23,可2}$ 打$_{3,可1}$ 2. "买、取、交、还"类 使$_{8,可4}$ 用$_{9,可3}$ 安(～家)$_1$ 盖(～房子)$_3$ 嘀咕(～工作)$_1$ 做$_1$ 怀(～孩子)$_1$ 抱(～儿子)$_3$ 找$_{9,可4}$ 寻$_{4,可1}$ 捞$_2$ 弄$_{3,可1}$ 挣$_{4,可2}$ 升$_1$ 交(～朋友)$_{1,可1}$ 搞(～对象)$_{4,可1}$ 拴(～车)$_1$ 报(～名)$_1$ 挂$_{5,可1}$ 提(～工资)$_1$ 攀$_{3,可1}$ 逮$_1$ 高攀$_{1,可1}$ 巴结$_{3,可2}$ 凑(～钱)$_1$ 靠$_{1,可1}$ 给$_1$ 开(～店)$_1$ 沾(～光)$_{1,可1}$ 买$_{47,可4}$ 拿$_{2,可2}$ 抢$_{4,可3}$ 娶$_{13,可5}$ 帮$_{9,可5}$ 供$_1$ 还$_{7,可1}$ 交$_{8,可5}$ 卖$_1$ 轮$_{14,可8}$ 挨(～号)$_1$ 3. "考、当"类 评$_{1,可1}$ 考$_{53,可11}$ 当$_{31,可1}$ 做(～官)$_1$ 熬$_1$ 混$_1$ 谈$_1$
	(三)表示成功地完成	答$_{可1}$ 叫$_{可1}$ 说$_{14,可19}$
状态意义	表示由静态进入动态	说$_1$ 吵$_1$ 骂$_1$ 哆嗦$_1$ 注意$_1$ 盯$_3$ 闪$_1$ 喝$_1$ 抽(～烟)$_1$ 吸(～烟)$_1$ 打(～架)$_1$ 干$_3$ 勾搭$_1$ 革(～命)$_1$ 开(～车)$_1$ 皱(～眉头)$_1$ 交(～朋友)$_1$ 拍(～马屁)$_1$ 练(～功)$_1$ 烤$_1$ 交(～运)$_1$ 端(～架子)$_1$ 准备$_1$ 闹$_1$ 好$_1$

(续表)

义类	意义	所搭配的动词及频率
特殊用法	(一)表示达到(一定的数目)	吃$_2$ 抽(～烟)$_1$ 喝$_3$ 看(～眼)$_5$ 见(～面)$_1$ 瞧(～眼)$_1$ 说(～句)$_{15}$ 来(～句)$_1$ 干(～年)$_1$ 提(～问题)$_1$ 背(～句)$_1$ 扯(～句)$_1$ 吵(～次)$_1$ 讲(～钟头)$_1$ 哭(～场)$_2$ 睡(～天)$_{6,可1}$ 躺(～天)$_1$ 站(～天)$_1$ 走(～圈)$_1$ 跑(～步)$_{1,可1}$ 绊(～脚)$_1$ 跺(～脚)$_1$ 踢(～脚)$_1$ 撞$_1$ 打(～架)$_2$ 缝(～针)$_1$ 画(～幅)$_1$ 露(～手)$_1$ 喂(～口)$_1$ 舀(～勺)$_1$ 种(～亩)$_1$ 拿(～个)$_3$ 拾(～个)$_1$ 抹(～抹子)$_1$ 漆(～道)$_3$ 扔(～气)$_1$ 捎(～个)$_1$ 摊(～个)$_1$ 吊(～个球)$_1$ 定$_1$ 长(～级)$_1$ 窄(～半)$_1$ 有(～个)$_1$ 住(～年)$_3$ 忙(～天)$_1$ 搞(～天)$_1$ 装(～月病)$_1$ 过(～年)$_2$ 等(～年)$_1$ 圈(juàn,～个月)$_1$ 倒退(～年)$_1$ 背(～年)$_1$ 误(～个工)$_2$ 买(～斤)$_1$ 卖(～斤)$_1$ 分(～斤)$_2$ 凑(～个)$_2$ 出(～钱)$_2$ 进(～钱)$_1$ 花(～钱)$_5$ 使(～钱)$_1$ 收(～钱)$_1$ 赔(～钱)$_2$ 值(～钱)$_1$ 挣(～钱)$_{1,可1}$
	(二)用在表示伴随动作的动词后	带$_{16}$ 端$_5$ 提$_7$ 拿$_{16}$ 接$_1$ 揣$_1$ 捎$_2$ 挑$_2$ 叫(～某人)$_4$ 搬$_1$ 领$_5$ 拉$_7$ 牵$_1$ 推$_1$ 拾掇$_1$ 驾$_1$ 挂$_5$ 披$_1$ 抄$_1$ 跟$_1$ 拥$_1$ 赶(～车)$_3$ 取$_4$ 要$_1$ 找$_1$ 起$_1$ 勾引$_1$
熟语	(一)"顾(得/不)上"	顾$_{41,可27}$
	(二)"说得/不上、谈得/不上"	说得/不上$_8$ 谈得/不上$_{15}$
	(三)"犯得/不上"	犯得/不上$_2$
	(四)"豁上"	豁$_2$ 拼$_1$ 舍$_1$
	(五)"吸上瘾"一类的结构	吸上瘾$_1$ 挂上劲$_1$

肆　上来

一　趋向意义

趋向意义(一)：
表示由低处向高处移动,参照点在高处。

〔动类〕
1. 表示躯体、物体自身运动的动词。
A. "爬上来""跳上来""升上来""飞上来"等。
句式　a　（N$_{施事}$＋）V＋"上来"
　　　b$_2$　（N$_{施事}$＋）V＋"上"＋N$_{处所}$＋"来"
　　　c$_1$　N$_{处所}$＋V＋"上"＋NuM＋N$_{施事}$＋"来"
　　　c$_2$　N$_{处所}$＋V＋"上来"＋NuM＋N$_{施事}$
　　　f　（N$_{施事}$＋）V＋"上来"＋C

(1) 有一个人影从墙外爬上来。

（梁斌）

(2) 忽然我看见一个女同志跳上台来。

（谌容）

(3) 严萍看见伙计一条胳膊上摞着十几碟包子,通、通、通,跑上楼来。

（梁斌）

(4) 倏的跳上一个人来。

(邓友梅)

(5) 从渠底蹿上来一个赤臂露胸的汉子。

(从维熙)

【可能式】

(1) 冯大狗还在河里挣扎,挣扎了半天也爬不上来。

(梁斌)

(2) 处处都是陷阱,一不小心就掉进去爬不上来。

(谌容)

B. "迈、踏、跨"等。

句式　a　$N_{施事}$＋V＋"上来"

　　　b_2　$N_{施事}$＋V＋"上"＋$N_{处所}$＋"来"

(1) 他几步跨上楼来。

(2) 他大步迈上楼来。

此类动词较少与"上来"组合,也不构成可能式。

2. 可使物体改变位置的动作行为动词。如"搬上来""把饭送上来""押上一个犯人来"等。

句式　a　　($N_{施事}$＋)V＋"上来"

　　　b_{1-1}　($N_{施事}$＋)V＋"上"＋(NuM＋)$N_{受事}$＋"来"

　　　b_{1-2}　($N_{施事}$＋)V＋"上来"＋(NuM＋)$N_{受事}$

　　　b_{1-3}　($N_{施事}$＋)V＋(NuM＋)$N_{受事}$＋"上来"

　　　b_2　　($N_{施事}$＋)V＋"上"＋$N_{处所}$＋"来"

　　　d　　($N_{施事}$＋)"把"＋$N_{受事}$＋V＋"上来"

　　　e　　$N_{受事}$＋V＋"上来"(＋"了")

　　　f　　($N_{施事}$＋)V＋"上来"＋C

(1) 现在要搬上来,场里抽不出人,你们那些人呢?

(高晓声)

(2) 三个人把小车拉了上来。

(蒋子龙)

(3) 他们把那条沉船拖上岸来,拆了一半做棺材埋了死人。

(4) 快到晌午,坝加好了,水也抽上来了。

(赵树理)

(5) 江涛解下腰带,想拉他上来。

(梁斌)

(6) 他们从河里拉上一个人来。
(7) 他们从河里拽上来一个人。

【可能式】

(1) 打不上鱼来吃不上饭。

(杨沫)

(2) 他在错误的泥坑里越陷越深,拉不上来了。

3. 比喻用法。用于晚辈对长辈、下级对上级的动词后,如"呈、报、调、提、反映、推荐"等。如"呈上来一封信""反映上来很多意见""叫下面推荐一些人上来"。

句式 同 2,b_2 少用

(1) 好吧,废话不说了,你们赶紧拿个处理意见报上来。

(蒋子龙)

(2) 你们这次能帮他调上来,就好了。

(王安忆)

(3) 这件事从工作团来到这里,小宝就反映上来了,我们好久不追究,为的是自己反省。

(赵树理)

【可能式】

(1) 我们做了最大的努力,他还是调不上来。
(2) 要是这笔钱收不上来,可不打了蛋?

(梁斌)

趋向意义(二):

表示向参照点(说话的人或正在叙述的人,或者事物)移动。

〔动类〕

1. "围、挤、逼、走、闯、奔、跑、骑、迎、凑"等躯体运动动词。

句式　a　N_施事＋V＋"上来"
　　　b_1　N_施事＋V＋"上来"＋NuM＋"步"/"点儿"
　　　b_2　N_施事＋V＋"上"＋"前"＋"来"
　　　c　N_处所＋V＋"上来"＋NuM＋N_施事

(1) 独醒可是算前面的呀,但她的心里还是不安起来。并且感到背上有一股汹涌的力量挤压上来。(参照点是说话人)

(王安忆)

(2) 行人呼啦一下拥上来,把他们围了个密不透风。(参照点是"他们")

(王安忆)

(3) 他凑上前来跟我说话,好像是打听我从哪儿来的,又好像早就知道我似的。(参照点是"我")

(谌容)

(4) 胡书记已经迎上前来,亲自把车门打开。(参照点是说话人)

(谌容)

(5) 一辆自行车从老魏身后骑上来,回头叫了声:"回家吗?老魏!"(参照点是"老魏")

(王安忆)

(6) 他还没回过神来,四周就呼啦围上来一大帮人,手里捏着钞票,简直要把他撕了。(参照点是"他")

(王安忆)

(7) 他又逼上来一步。(参照点是说话人)

此类动词跟"上来"一般不构成可能式。

"围上来"与"围上"比较:

"围上"的意思是"四周拦挡起来,使里外不通",属于结果意义。(参见"上"结果意义,第92页)

(1) 祥子来到,此处已经围上一圈圈的人,里边打着锣鼓。

(老舍甲)

> (2) 大家都急了,围上我。
>
> （苏叔阳）
>
> "围上来"的意思是从四周向目标趋近,属于趋向意义。如:
>
> (3) 南京市党部的人和成群的新闻记者,不断地围上前来向示威团"打听消息"。
>
> （杨沫）
>
> (4) 一群孩子在门口玩儿,看见来了一辆小轿车都围了上来,大概这里是很少停小轿车的。
>
> （谌容）

2. "追、赶、撵、跟"等。

句式　a　$N_{施事}+V+$"上来"

　　　c_1　$N_{处所}+V+$"上"$+NuM+N_{施事}+$"来"

　　　c_2　$N_{处所}+V+$"上来"$+NuM+N_{施事}$

(1) 车停了,弟弟气喘吁吁地追上来了。

（王安忆）

(2) 游过了五个生产队,有四个小伙子从背后赶上来了。

（高晓声）

(3) 不知从什么时候开始,我们车的背后跟上来一辆朱红色的丰田王冠小轿车。

（邓友梅）

3. 可使物体改变位置的动作行为动词,如"端、递、摆、绑"等。

句式　a　$(N_{施事}+)V+$"上来"

　　　b_{1-1}　$(N_{施事}+)V+$"上"$+(NuM+)N_{受事}+$"来"

　　　b_{1-2}　$(N_{施事}+)V+$"上来"$+(NuM+)N_{受事}$

　　　b_{1-3}　$(N_{施事}+)V+(NuM+)N_{受事}+$"上来"

　　　b_2　$(N_{施事}+)V+$"上"$+N_{处所}+$"来"

　　　d　$(N_{施事}+)$"把"$+N_{受事}+V+$"上来"

e　　N_{受事}＋V＋"上来"(＋"了")
　　　f　　N_{施事/受事}＋V＋"上来"＋C

(1) 用户找上门来怎么能拒绝!

(蒋子龙)

(2) 等到招待员端上饭菜来,才都就座。

(赵树理_乙)

(3) 每到一个床位,孙主任总是接过从背后递上来的病历。

(谌容)

(4) 绑上夜猫子来!

(老舍_乙)

(5) 温素玉又添了一盘花生米上来。

(谌容)

此类动词与"上来"一般不构成可能式。

二　结果意义

结果意义(一):

表示接触、附着以至固定。(参见"上"结果意义,第 89—90 页)与此类意义的"上来"结合时,动词总是联系着两个方面:整体或主要物体和部分或次要物体。参照点在整体或主要物体。此类意义的"上来"很少用,本书所用语料中只发现一个动词"接"。"上来"的结果意义可用下图表示("□"表示整体或主要物体;"○"表示部分或次要物体;"X"表示参照点):

$$\boxed{X} \leftarrow \bigcirc$$

句式　　a　　(N_{施事}＋)V＋"上来"
　　　　b_{1-1}　(N_{施事}＋)V＋"上"＋N_{受事}＋"来"
　　　　b_{1-2}　N_{施事}＋V＋"上来"＋NuM＋N_{受事}

(1) 但是没有人接上来。

(张洁)

(2) 莫征立刻在厨房里用法文接了上来:"红菜汤、腊肠和面包。"

(张洁)

(3) 录取名单又补上来三个人。

【可能式】

(1) 几个妇女笑得接不上气来、倒在地上。

(赵树理₂)

(2) 人够了,加不上来了。

可与"上"结果意义(一)结合的动词很多(见"上"第116—119页),但只有"接""补""加"等个别动词可与"上来"的结果意义(一)结合。

结果意义(二):

表示成功地、正确地完成。表示的是一种能力,可能式用得较多。可以结合的动词主要有"说、念(书)、唱(歌)、答(问题)、回答(问题)、背(书)、写(字)、画、学、做(活儿)、叫(名字)"等,几乎都与学习、模仿有关。如"这次考试你有几道题没答上来?""这课书的生词你都能写上来吗?""动作这么复杂,我可作不上来。"

句式　a　$N_{施事}$＋V(＋"得/不")＋"上来"

　　　b_1　$N_{施事}$＋V＋"得/不"＋"上来"＋$N_{受事}$(少用)

　　　e　$N_{受事}$(＋$N_{施事}$)＋V(＋"得/不")＋"上来"

(1) 别人说,他懂得,他自己说不上来。

(老舍甲)

(2) 这问题复杂,我答不上来,只好似笑非笑地冲他点头。

(苏叔阳)

(3) 她可口口声声说找西工棚十七号的女瓦工,问她找的人叫什么名字的,她又叫不上来,先说是你们约她来的。

(邓友梅)

(4) 道静抿着嘴来回摆弄着一条白手绢,半天还是回答不上来。

(杨沫)

"喘"后也可用"上来"。如:

(5)(严萍)心里发急,两脚却落在江涛后头,累得喘不上气来。

(梁斌)

(6) 一看,天响晴响晴的,又在脸上一抹,觉得有一股臊气哄哄的味道,呛得喘不上气来,也不敢张嘴。

(蒋子龙)

以上两句中的"上来",一般多用"过来",但用"上来"也较常见。有的作家有如下用法:

(1) 跑回来,她已喘得说不上来话。

(老舍甲)

(2) 他坐在炕沿上,喘着气,说不上话来。

(梁斌)

(3) 她起先还怕招得人来看笑话,憋住气不想哭,后来实在支不住了,只顾喘气,想哭也哭不上来。

(赵树理₂)

以上各句中的"上来",一般人用"出来"。

三 状态意义

状态意义:

"上来"用在形容词后,表示进入新的状态。可结合的形容词限于"热、凉、黑"等少数几个与天气、天色有关的。

(1) 中秋节后十多天了,天气慢慢凉上来。

(老舍甲)

(2) 天边黑上来了。

四 熟语

熟语:"跑上瘾来"一类的结构与"吸上了瘾"一样。(参见"上"第115页)。如:
(1) 他每天早上跑步,跑上瘾来的时候,一次就跑一万米。
(2) 这些兵杀人杀上劲来了,忘了自己在做什么。

"上来"总表

义类	意义	所搭配的动词及频率
趋向意义	(一)表示通过动作使人或物体由低处向高处移动,参照点在高处	1. 表示躯体、物体运动的动词 A. 走$_4$ 跑$_2$ 跳$_5$ 蹿$_4$ 爬$_{7,可2}$ 坐$_2$ 冲$_1$ 升$_2$ 长$_1$ 涌$_{10}$ 冒$_1$ 卷$_1$ 翻$_1$ B. 迈 跨 踏
		2. 可使物体改变位置的动作行为动词 搬$_3$ 抬$_1$ 拉$_5$ 拖$_1$ 拽$_1$ 拾$_1$ 送$_4$ 押$_4$ 抽("吸"义)$_1$ 吸$_1$ 打$_可$$_1$
		3. 比喻用法 报$_5$ 报告$_2$ 送$_{15,可1}$ 调$_3$ 提$_1$ 反映$_1$ 收$_{2,可1}$ 推荐$_1$ 抽("调"义)$_1$
	(二)表示通过动作使人或物体趋近面前的目标,参照点在目标	1. 表示躯体、物体运动的动词 走$_{20}$ 跑$_6$ 挤$_1$ 凑$_1$ 挤压$_1$ 拥$_3$ 抢$_1$ 冲$_2$ 蹿$_2$ 迎$_8$ 杀$_1$ 逼$_3$ 围$_3$ 包围$_2$ 围拢$_1$ 扑$_5$ 盯$_1$ 找$_5$ 奔$_1$ 骑$_1$ 闯$_1$ 锄$_1$ 搒$_1$
		2. "追、赶"类动词 追$_{15}$ 赶$_{17,可15}$ 跟$_{12,可1}$ 撵$_1$
		3. 可使物体改变位置的动作行为动词 端$_{12}$ 摆$_1$ 拎$_1$ 递$_2$ 添$_1$ 敬$_1$ 倒(~水)$_1$ 冲(~茶)$_1$ 抽("打"义)$_1$ 刺$_1$ 绑$_1$ 找$_1$

(续表)

义类	意义	所搭配的动词及频率
结果意义	(一)表示接触、附着以至固定,着眼点在整体(或主要物体)	接$_3$,可$_3$
	(二)表示成功地完成	答$_{可8}$ 回答$_{可3}$ 叫$_1$ 说$_{28,可2}$ 喘$_{可5}$ 哭$_{可1}$ 答复$_{可1}$ 接(～气)$_{7,可2}$
状态意义	表示进入新的状态	凉$_1$
熟语	"跑上瘾来"一类的结构	看(～瘾)$_1$ 跑(～瘾)$_1$ 杀(～劲)$_1$

伍　上去

一　趋向意义

趋向意义（一）：

表示由低处向高处移动，参照点在低处。

〔动类〕

1. 表示躯体、物体自身运动的动词，如"走上楼去""爬上去""飞上去""飘上树去"。

　　句式　a　　（N施事＋）V＋"上去"
　　　　　b_2　　（N施事＋）V＋"上"＋N处所＋"去"
　　　　　c　　N处所＋V＋"上去"＋NuM＋N施事

(1) 山妮这时也跑到树下了，毫不犹豫，"噌噌"地就爬了上去。

(谌容)

(2) （他）合了一会眼，才慢慢走上楼去，睡在铺板上。

(梁斌)

(3) 江涛看见父亲，三步两步蹦上车去。

(梁斌)

(4) （我）想弓身跳上墙去。

(从维熙)

(5) 只见从楼下蹿上去一个人。

【可能式】

(1) 可是大墙陡立,是任何人也爬不上去的。

(从维熙)

(2) 它翅膀剪了,飞不上树去。

2. 表示可使物体改变位置的动作行为动词,如"搬、送、扔"等。

句式　　a　　($N_{施事}$＋)V＋"上去"
　　　　b_{1-1}　($N_{施事}$＋)V＋"上"＋NuM＋$N_{受事}$＋"去"
　　　　b_{1-2}　($N_{施事}$＋) V＋"上去"＋NuM＋$N_{受事}$
　　　　b_{1-3}　($N_{施事}$＋)V＋NuM＋$N_{受事}$＋"上去"
　　　　b_2　　($N_{施事}$＋)V＋"上"＋$N_{处所}$＋"去"
　　　　d　　($N_{施事}$＋)"把"＋$N_{受事}$＋V＋"上去"
　　　　e　　$N_{受事}$＋V＋"上去"(＋"了")

(1) 可以一根接一根地给他递上去。

(蒋子龙)

(2) 她自己总可以慢慢地搬上楼去,用不着求谁。

(张洁)

(3) 他吃力地扛上去一箱书。

(4) 来!把这盆花搬上去!

(从维熙)

(5) 花搬上去了。

(从维熙)

(6) 硬是把罗海涛提了上去。

(张洁)

【可能式】

(1) 箱子太重,我一个人搬不上去。

(2) 牛乱跑,我想把他们赶上山,但赶不上去。

3. "请、叫"等动词。

句式　　同2,另有:
　　　　b_{1-4}　$N_{施事}$＋V＋$N_{受事}$＋"上去"

(1) 老师叫你上去。
(2) 你请老张上去。
(3) 公司的经理把他请上楼去了。
例(1)和例(2)一般看作兼语式。
4. 比喻用法：
A. 用于晚辈对长辈、下级对上级的动作，如"呈、递、报、反映、交、递、提拔"等。
句式　同 2，b_{1-1}—b_{1-3} 除外
(1) 求爷爷，告奶奶，也要把这张状子递上去。

(谌容)

(2) 腊梅走后，我就下决心把报告送上去了。

(谌容)

(3) 图纸交上去不久，批回来了。

(邓友梅)

(4) 不论是谁吧，事情既然反映上去了，就得想对策！

(赵树理₂)

【可能式】
(1) 今年的新生还没有备案，名额也不足，还报得上去！

(赵树理₂)

(2) 大家的意见、要求反映不上去，他很着急。

B. 用来表示质量、产量的提高，成绩上升。常用的动词有"搞、抓、促、提"等。

句式　同 3A
(1) 省委决心把农业搞上去，我的干劲也很足。

(谌容)

(2) 目前恐怕首先要把生产抓上去。

(蒋子龙)

(3) 他的学习成绩最近追上去了。

【可能式】
(1) 他们车间产品的质量老也搞不上去。
(2) 他自己不努力，你想促也促不上去。

趋向意义(二)：

表示趋近面前的目标，参照点不在目标。

〔动类〕

1. "走、跑、冲、逼、奔、凑、扑、围、迎"等。

句式　a　N施事＋V＋"上去"
　　　b₁₋₁　N施事＋V＋"上去"＋NuM＋"步"/"点儿"
　　　b₁₋₂　N施事＋V＋"上"＋"前"＋"去"

(1) 有一天，她带来一个人，我一看就扑上去哭了。
　　　　　　　　　　　　　　　　　　　　　　　　(谌容)

(2) 江浩走上去，把军大衣披在爸爸肩上。
　　　　　　　　　　　　　　　　　　　　　　　　(从维熙)

(3) 她跳上去紧捏住晓燕的手连声说："真好！真好！"
　　　　　　　　　　　　　　　　　　　　　　　　(杨沫)

(4) 陈荣金冲上去，好像要打人。
　　　　　　　　　　　　　　　　　　　　　　　　(高晓声)

(5) 老魏又意外又高兴，他迎上去，叫道："老宋！"
　　　　　　　　　　　　　　　　　　　　　　　　(王安忆)

2. "追、赶、撵、跟"等。

句式　a　N施事＋V＋"上去"
　　　b₁　N施事＋V＋"上去"＋NuM＋"步"

(1) （严萍）刚跑到南门底下，江涛赶上去，一把抓回她来。
　　　　　　　　　　　　　　　　　　　　　　　　(梁斌)

(2) 我和老夏也跟了上去。
　　　　　　　　　　　　　　　　　　　　　　　　(谌容)

(3) 路咸几步追上去，飞身上了马背。
　　　　　　　　　　　　　　　　　　　　　　　　(从维熙)

(4) 我追上去几步，又停下了。

3. 表示可使物体改变位置的动作行为动词，如"端、摆、捧"以及"坐、躺"等。

句式　a　　(N施事＋)V＋"上去"
　　　b₁₋₁　(N施事＋)V＋"上"＋(NuM＋)N受事＋"去"
　　　b₁₋₂　(N施事＋)V＋"上去"＋NuM＋N受事
　　　b₂　　(N施事＋)V＋"上"＋N处所＋"去"
　　　d　　(N施事＋)"把"＋N受事＋V＋"上去"
　　　e　　N受事＋V＋"上去"(＋"了")
　　　f　　N施事/受事＋V＋"上去"＋C

(1) 医生指着床说："躺上去！"
(2) 这黑天白天拧辘轳，一担菜送上集去，卖不回半块钱。
　　　　　　　　　　　　　　　　　　　　　　(梁斌)
(3) (他)一直顶(dīng)到最后端上汤去，才算腾开了手。
　　　　　　　　　　　　　　　　　　　　　　(赵树理₂)
(4) 正说着，掌柜把炒蒸馍端上去，几个人便不吵了，吃起饭来。
　　　　　　　　　　　　　　　　　　　　　　(赵树理₂)

二　结果意义

表示通过动作使物体的一部分(或次要物体)与整体(或主要物体)接触、附着以至固定，参照点在次要物体或物体的一部分。(参见"上"结果意义(一)，第89—90页)

〔动类〕

1. "粘连"类动词，如"接、缝、贴、靠、移植"等。

句式　a　　(N施事＋)V＋"上去"
　　　b₁₋₁　(N施事＋)V＋"上去"＋NuM＋N受事
　　　b₁₋₂　(N施事＋)V＋NuM＋N受事＋"上去"
　　　d　　(N施事＋)"把"＋N受事＋V＋"上去"

(1) 他用手指轻轻地叩着桌沿，立即接上去说……
　　　　　　　　　　　　　　　　　　　　　　(谌容)

(2) 虽然是葫芦片大的一块布,不管红的绿的,我也不肯扔了,都把它缝上去。

(梁斌)

(3) 我有一块假山石,可以把它贴上去,会活的。

(邓友梅)

(4) 那移植上去的圆形材料,严丝合缝地贴在了病人的眼珠上。

(谌容)

【可能式】

(1) 汽车是大火的中心,司机楼子上的油漆被烧得嘎嘎乱迸,长长的火舌舔着车头,谁能靠得上去!

(蒋子龙)

(2) 玻璃上有油,纸贴不上去。

2. "填充、覆盖"类动词,如"堵、填、蒙、盖、晾、套"等。

句式　同1

(1) 猪把窗棂碰断,春兰娘把一堆破衣裳挡上去,挡也挡不严,腊月的风刮进来,屋里很冷。

(梁斌)

(2) 但是,如果拆下来,一时买不到新瓦换上去,猪就得养在露天。

(高晓声)

(3) 有些屋上卸下来的瓦,还沾着窑里的煤灰,分明盖了上去还没有经过雨淋,倒又翻身了。

(高晓声)

(4) 悬在头上的尿布,和刚晾上去的一样,依然湿漉漉的。

(张洁)

【可能式】

铁丝太高,她晾(衣服)不上去。

3. "踩、踏"类动词,如"踩、踏、走、摸"等。

句式　同1,一般有后续句

(1) 大贵踏上去,一下子就陷进大腿深。

(梁斌)

(2) 现在冻都化开了,脚一踩上去非陷下去不可,裤脚鞋袜全得湿透了。

(蒋子龙)

(3) 路上的雪有了融化的痕迹,有人把泥土踩上去,在洁白的雪地上留下褐色或苍色的斑痕。

(梁斌)

(4) 山坡上的小草,又绿又嫩,脚踩上去咯吱咯吱响。

(蒋子龙)

此类动词与"上去"一般不构成可能式。

4."写、画"类动词,如"写、画、刻、印、绣"等。

句式　同 1

(1) 你们都说得对,可是不论照谁说的写上去也保准出事!

(赵树理)

(2) 要把过硬的数据印上去。

(蒋子龙)

(3)(她)又想把那只脯红靛颏绣上去。

(梁斌)

【可能式】

纸太光,写不上去字。

"上去"与"上"相比,表示结果意义时,出现的频率少得多。

三　熟语

熟语:"看上去"

"看上去"的意思是从外表、外形来观察,来自结果意义,常用于描写人或物体,后面接描写性词语或观察所得的印象。"看上去"在句中作插入语。

(1) 看上去,他也就四十多岁。

(谌容)

(2) 这个看上去娇柔,但每根骨头都像钢筋一样坚硬的凤妮,挣脱我的两只手,一下抱住了我。

(从维熙)

(3) 她生来苗条纤细,看上去弱不禁风,然而,她并不是弱不禁风的。

(谌容)

(4) 哪儿哪儿都是乌涂涂的,看上去像一件件没洗干净、没洗透亮的衣裳。

(张洁)

(5) 这个洪根柱看上去也像个嘎小子。

(蒋子龙)

(6) 陈产丙决不像表面看上去那样对一切都满不在乎,淡看荣辱。

(高晓声)

> **"看上去"与"看起来"比较:**
> 见"起来"第367页。

"上去"总表

义类	意义	所搭配的动词及频率
趋向意义	(一)表示通过动作使人或物体由低处向高处移动,参照点在低处	1. 表示躯体、物体运动的动词 走₅ 跑₃ 跳₇ 蹦₁ 蹿₁ 爬₁₄,可₁ 登₁ 攀₁ 骑₁ 飞₁ 升₁ 长₁ 扬(眉毛~)₁ 秃(头发~)₁ 看₁ 望₁ 2. 表示可使物体改变位置的动作行为动词 搬₃ 抬₁ 提₁ 拉₁ 赶(~车)₁ 推₁ 捧₁ 伸₁ 卷(~袖子)₁ 送₁ 押₁ 扔₁ 递₁ 3. 比喻用法 A. 报₃,可₁₅ 交₂ 呈₁ 递₆ 送₁ 收₂ 献₁ 反映₂ B. 抓₂ 促₃,可₃ 弄₁ 摘₂₀,可₂

(续表)

义类	意义	所搭配的动词及频率
	(二)表示通过动作使人或物体趋近面前的目标,参照点不在目标	1. 表示躯体、物体运动的动词 走$_{32}$ 跑$_{16,可15}$ 奔$_1$ 跳$_7$ 跨$_{11}$ 站$_2$ 躺$_2$ 坐$_4$ 凑$_2$ 出溜$_1$ 挤$_3$ 拥$_4$ 抱$_4$ 乘(～车)$_1$ 闯$_1$ 冲$_{22}$ 蹿$_5$ 迎$_{23}$ 扑$_{13}$ 围$_3$ 逼 投(～眼光)$_1$
		2. "追、赶"类动词 追$_{13}$ 赶$_{19}$ 跟$_{18,可1}$
		3. 表示可使物体改变位置的动作行为动词 端 送$_1$ 捧$_1$ 摆$_1$ 放$_1$
结果意义	表示接触、附着以至固定,着眼点在部分物体或次要物体	1. "粘连"类动词 接$_2$ 缝$_1$ 贴$_1$ 靠$_{可1}$ 挨$_1$ 移植$_1$
		2. "填充、覆盖"类动词 盖$_1$ 挡$_1$ 套$_1$ 晾$_1$ 装$_1$ 蒙$_2$ 换$_1$
		3. "踩、踏"类动词 踩$_5$ 踏$_2$
		4. "写、画"类动词 写$_{3,可1}$ 印$_1$ 绣$_1$
熟语	用于表示估计判断的句子	看$_{31}$ 听$_1$

陆　下

一　趋向意义

趋向意义(一):

表示由高处向低处移动,参照点可在高处,也可在低处。"下"后的处所词既可表示动作起点,也可表示动作终点。(参见"下来"第162页)

(1) 走下楼。　　　　　(2) 跳下水。

〔动类〕

1. 表示躯体、物体自身运动的动词,如"走、跑、跳、飞、冲、挤、流、掉、投、射"等。

句式　b_2　$N_{施事}+V+$"下"$+N_{处所}$
　　　　 c　$N_{处所}+V+$"下"$+(NuM+)N_{施事}$

(1) 小战士瞪了小赵一眼,转身跳下了舞台。

（邓友梅）

(2) (他)也顾不上脱衣服,扑通跳下水,向着船游去。

（赵树理₂）

(3) 船上走下英俊的王子。

（王安忆）

(4) 那是个阴冷的秋天,天空混混沌沌,一会洒下一阵雨点,一会又飘下一阵冰粒。

(蒋子龙)

有时"V+'下'"后不用处所词,那是一种文学语言。如:
(5) 凉风吹来,树枝摇动,秋黄的叶子唰唰的落下。

(梁斌)

(6) 思懿由书斋门走下。

(曹禺)

"流、掉、落"等动词的受事为"(眼)泪"时,可用 b_1 式:

b_1 $N_{施事}$＋V＋"下"＋(NuM＋)$N_{受事}$

(7) 那女人也低下头,流下了眼泪。

(苏叔阳)

2. 表示躯体动作的动词,如"坐(船)、趴、蹲、低(头)、弯(腰)"等。

句式 a ($N_{施事}$＋)V＋"下"
　　　b $N_{施事}$＋V＋"下"＋(NuM＋)$N_{受事}$

(1) 陆文婷闭着眼睛在床边坐下说:"不用了。歇一会儿就好了。"

(谌容)

(2) 我急忙走过去,蹲下用手电筒一照,果然是他。

(苏叔阳)

(3) 傅家杰见她躺下了,又埋头于稿纸和书本。

(谌容)

(4) 他蹲下身子,用手把碎玻璃拢了拢。

(王安忆)

(5) 在灼人的阳光下,面向这沉思、期待的石柱,跪下一条腿,也不怕他雪白的裤子沾上灰尘。

(苏叔阳)

【可能式】
(1) 他腰酸腿疼,蹲不下,腰也弯不下。
(2) 我脖子疼,头都低不下。

※**注意:**

表示由低到高的动作时,此类动词后没有表示动作终点或起点的处所词,所以要用"起(来)",而不用"上(来/去)":

蹲下(来/去)　　躺下(来/去)　　跪下(来/去)

站起(来)　　　坐起(来)　　　立起(来)

而"走、跑"类动词后边通常有表示动作终点或起点的处所词,所以要用"上(来/去)":

走下(楼)来/去　　　飞下(树)来/去

走上(楼)来/去　　　飞上(树)来/去

跳下(水)来/去　　　跳上(岸)来/去

3. 表示可使物体改变位置的动作行为动词。

A. "端、搬、投、吃、甩、撵"等。

句式　b_1　（$N_{施事}$＋）V＋"下"＋$N_{受事}$（少用）

　　　b_2　（$N_{施事}$＋）V＋"下"＋$N_{处所}$

　　　d　（$N_{施事}$＋）"把"＋$N_{受事}$＋V＋"下"＋$N_{处所}$

　　　e　$N_{受事}$＋（"被/叫/让"＋$N_{施事}$＋）V＋"下"＋$N_{处所}$

(1) 罗大方拿下唱片往地下一摔,唱片梆的一声立刻粉碎。

(杨沫)

(2) 好像平静的水面有哪个淘气的小孩投下了小小的石子。

(杨沫)

(3) 拉开这片干瘦的土地,撒下种子,播下希望。

(王安忆)

(4) 老奶奶一下把孙子拉下窗口。

(从维熙)

(5) 等被人架下汽车,推到一个地方。

(杨沫)

【可能式】

(1) 饭,是吃不下了,肚子饱饱的,想喝酒。

(王安忆)

(2) 万宝泉咽不下这口气。

(蒋子龙)

可以构成可能式的主要为"吃、喝"类动词,其他动词一般与"下来""下去"构成可能式。

B."放、搁、撂"等。

句式　a　（N施事＋）V＋"下"

　　　b_1　（N施事＋）V＋"下"＋N受事

　　　d　（N施事＋）"把"＋N受事＋V＋"下"

　　　e　N受事＋V＋"下"＋"了"

(1) 我放下皮箱,向他伸出双手:"群,饶恕我。"

(苏叔阳)

(2) 桌上别人都搁下筷子,只有吴天湘和许明辉还在慢慢地对酌。

(谌容)

(3) 我撂下电话。

(谌容)

(4) 把东西放下,放下。

(曹禺)

(5) (周蘩漪)瞥见侍萍的相片,拿起来看看又放下。

(曹禺)

此类动词较少与"下"构成可能式。但有比喻用法,如:

(1) 她惦记着孩子考试的事,心里老放不下。

(2) 我想去玩,可又撂不下手里的工作。

4. 比喻用法,用于上级对下级,长辈对晚辈。动词如"派、发(话)、传(命令)"等。

句式　b_1　N施事＋V＋"下"＋N受事

(1) 上面派下款,月底一定交齐。

(2) 团长传下命令,晚八点出发。

(3) 赶快发下通知,明天上午开会。

一般不用可能式。

趋向意义(二):

表示退离面前的目标。

退下一步

〔动类〕

1. "撤、退、败"等。
句式　a　N施事＋V＋"下"
　　　b₂　N施事＋V＋"下"＋N处所

(1)(他)最后只能慢慢地退下场子。
　　　　　　　　　　　　　　　(王安忆)
(2)她喜欢看球,常常默默地望着他败下阵,听着人们骂他:"熊!"
　　　　　　　　　　　　　　　(王安忆)

2. "替、换"等。
句式　d　N施事＋"把"＋N受事＋V＋"下"＋N处所
　　　e　N受事(＋"被")＋V＋"下"＋N处所

比赛中,更是不要命地抢球,投篮。可不过两分钟,却就被喝斥"犯规",或者换下场子。
　　　　　　　　　　　　　　　(王安忆)

二　结果意义

结果意义(一):

表示部分物体(或次要物体)从整体(或主要物体)脱离。可着眼于部分(次要物体),也可着眼于整体(主要物体)。

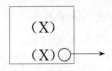

〔动类〕

1. 表示可使物体分离的动作行为动词。

A. "脱、摘、褪、扒、换"等,所涉及的受事为表示衣服、鞋、帽的名词。

句式　a　($N_{施事}$＋)V＋"下"(较少用)
　　　b_1　($N_{施事}$＋)V＋"下"＋$N_{受事}$

(1) (陆文婷)放下手术刀拿起切菜刀,脱下白大褂系上蓝围裙。

(谌容)

(2) 冯振民摘下花镜,望着在座的人。

(谌容)

(3) 掷下皮包,靠在柔软的沙发上,索性褪下银色的高跟鞋舒展一下。

(曹禺)

(4) (张嘉庆)扒下鞋,脱了袜子,说:"拿刀去。"

(梁斌)

(5) 姑娘略略笑着跑了,又去试殷秀媛刚换下的发套。

(王安忆)

一般不用可能式。可能式多与"下来""下去"构成。

B. 其他表示肢体动作的动词,如"解、剪、拆、撕、拔、扯、掰、咬"等。

句式　同1A之b_1

(1) 运涛从机子上撕下一块布,递给春兰。

(梁斌)

(2) 他在我前面走了,一边从裤腰上解下钥匙。

(王安忆)

(3) 国生就用镰刀替苦生的瓜削了皮,切下一小块,送进自己嘴里,表示带头。

(高晓声)

(4) 细心地从分泌着白色苦浆的枝叶中,采下一朵朵淡黄的小花。

(从维熙)

(5) 我气极了,一伸手夺下那根棍子。

(谌容)

一般不用可能式。可能式多与"下来""下去"构成。
C."生、养('生'义)"类动词。

句式　同1A之b_1

(1) 过了几年,又生下江涛。

(梁斌)

(2) 崔全成还知道她很会烧菜,很熟悉电影和戏曲故事,生下的两个孩子也很惹人爱,她并不是一个蠢人。

(高晓声)

(3) 秀妮生下孩子后,精神好了一些。

(杨沫)

(4) 养下小子顶门壮户,养下闺女赔钱货。

(杨沫)

一般不用可能式。可能式与"下来"构成。

2. 表示"裁减、去除、遗弃"义的动作行为动词,如"刷(人)、落(là)、平(气)、撇、丢"等。

句式　b_1　$N_{施事}$＋V＋"下"＋$N_{受事}$
　　　 d　$N_{施事}$＋"把"＋$N_{受事}$＋V＋"下"(少用)

(1) (市委)于是就以政审不及格的名义刷下了十个人。

(王安忆)

(2) 李老师只得放下他们两个人去接电话去。

(赵树理)

(3) 一九六六年秋天,她就抛下了十五岁的树春,阖上了眼。

(苏叔阳)

(4) 你要我扔下爹妈下山,是白想!

(邓友梅)

(5) 而现在,如果别人确实要把这颗珍珠当作砂子丢下,那么她——拣不拣呢?

(高晓声)

【可能式】

(1) 你真走得开,你放得下这儿这样好的地方么?

(曹禺)

(2) 二姨回到上河,一直丢不下软英的事。

(赵树理₂)

3. 表示"接受、取得"义或取得的方式的动作行为动词。

A."接、接受、领、收"等。

句式　b₁　N_{施事}＋V＋"下"＋N_{受事}

　　　d　　N_{施事}＋"把"＋N_{受事}＋V＋"下"

　　　e　　N_{受事}＋V＋"下"（＋"了"）

(1) 他两眼闪灼一下,没说什么,收下了。

(邓友梅)

(2) 长栓,把钱收下吧。

(谌容)

(3) 可是你们左扣右扣的,一个月我实在领下的才十块二毛五。

(曹禺)

一般不构成可能式。

B."借、买、分、挣、打(江山)"等。

句式　同 3A

(1) 最终一咬牙买下了。

(王安忆)

(2) 谁给你们打下的江山?

(从维熙)

(3) 他带领铁军健儿,冒着敌人的炮火,攻下了这座桥头堡垒。

(梁斌)

(4) 胡大夫要我告诉你,应该把那对沙发买下。

(苏叔阳)

(5) 别的不说,咸菜总得买下点呀!

(老舍₂)

【可能式】

此类动词多与"下来"构成可能式,有时也可与"下"构成可能式。如:

(1) 十点以前攻不下这个城市,全盘计划就打乱了。

(2) 你十年也挣不下这些家产。

4. "写、画"义动词,如"写、刻、记、照、印"等。

句式　b_1　$N_{施事}$＋V＋"下"＋(NuM＋)$N_{受事}$

(1) 别笑我,这是我在监狱里偶然写下的一点东西。

(杨沫)

(2) 年轻的翻译掏出本子,记下甘德胜的大名,还嘟哝着说:"不用神气,回头有好瞧的。"

(3) 两人共同绘下了多少理想的图画。

(梁斌)

(4) 这一切,腊梅只对我简单地说了说,却在我心里打下了深深的印记。

(谌容)

(5) 万不得已拍下的照片,一到他手就撕个粉碎。

(蒋子龙)

此类动词与"下"不构成可能式。

"V下"与"V上"比较:

"V上",如"写上""画上""刻上""绣上"等,表示通过"写、画"等动作,使文字、图画等附着、存在于"纸上、木头上、石头上、布上"等;"V下"与"V下来"意思相同,如"写下(来)、照下(来)、记下(来)、印下(来)"等,这里"写、画"等动作是依照某一原型进行的,着眼于"写、画"下来的事物,这一事物是要保留、流传的,而"V上"没有这个意思。下面的句子体现了这一差别:

(1) 他画上,涂掉,涂掉了,又画上,不知改了多少遍。

(2) 她在空白的地方又绣上了一只蝴蝶。

上面两个句子中的"上"不能用"下"替换。

(3) 他的事迹在校史上写下了新的一页。

(4) 我看了他几眼,在纸上匆匆画下了他面部的轮廓。

上面两个句子中的"下"也不宜用"上"替换。

5. "剩余、积存、遗留"意义的动词。

A. "剩余、漏、落(là)"类动词,如"剩、省、落(là)"等。

句式　a　　N_{施事}＋V＋"下"
　　　b_1　N_{施事}＋V＋"下"＋(NuM＋)N_{受事}
　　　d　　(N_{施事}＋)"把"＋N_{受事}＋V＋"下"
　　　e　　N_{受事}＋V＋"下"(＋"了")

(1) 二强子在卖了车以后,除了还上押款与利钱,还剩下二十来块。

(老舍_甲)

(2) 回到厂中,除了车份,他还落下九毛多钱。

(老舍_甲)

(3) 房间里就剩下我和山妮。

(谌容)

(4) 这次去长城你们怎么把约翰落下了?

(5) 他说让主家买几张纸,就用几张纸,剩下一两张,裁成小条,做贴墙缝的搭头,手指尖大的纸也不会剩下。

(苏叔阳)

【可能式】

(1) 这倒是一句真话,一辈子剩不下钱,把身子骨儿扔在关东的多着呢。

(梁斌)

(2) 我还爱喝点酒,吃套烧饼果子,一年到头,连一个大丁也省不下,甭说是回家。

(梁斌)

(3) 这只够买白布跟鞋沿口,余也余不下几个!

(赵树理_二)

B. "积存"类动词,如"攒、存、积"等。

句式　　b_1　　N_{施事}＋V＋"下"＋(NuM＋)N_{受事}

(1) 这七八年来,虽然也没有攒下什么家当,也买了一头牛,攒下一窑谷,一大窑子山药蛋。

(赵树理_二)

(2) 即便暂时有个窝,有两间土坯房,结婚一生孩子,十年八年也别想攒下钱去盖房。

(谌容)

(3) 她就把平时积下的钱,买了布,做了衬衣、袜子,叫父亲寄去。

(梁斌)

【可能式】
他这个人大手大脚,存不下钱。

> "存下"与"存上"比较:
> "存上"的意思是把暂时不用的钱或物送到银行或存物处;"存下"表示经过一段时间的积累储存(钱、物等),积存物一般有一定的数目(否定的除外)。比较:
> (1) 你真会过日子,一年就存下这么多钱。
> (2) 我这几年存下了不少粮食。
> (3) 你把爸爸寄来的钱先存上吧,用的时候再取。
> (4) 进超市的时候,工作人员一般都会提醒先把包存上。

C. "遗留、滞留"义动词,如"留、扣、住、保护"等。

句式　a　$N_{施事}+V+$"下"
　　　b_1　$N_{施事}+V+$"下"$+(NuM+)N_{受事}$
　　　d　$N_{施事}+$"把"$+N_{受事}+V+$"下"
　　　e　$N_{受事}+V+$"下"

(1) 她没留下一句语言,只对江浩留下一丝初恋的微笑。

(从维熙)

(2) 她能洗能作,又不多要钱,我留下她了!

(老舍z)

(3) 把锅留下,留下吧!

(谌容)

(4) 道静在北大附近的中老胡同找个小公寓住下了。

(杨沫)

(5) 他拼了一场命,并没有保护下这座古钟,争回这口气来。

(梁斌)

(6) 上次修理房子的工钱,你扣下了么?

(曹禺)

【可能式】

(1) 她特别固执,你留不下她。
(2) 你放心,该发给你的钱,他们扣不下。

可能式一般表示一种推测。

> "留下"与"留起来"比较
>
> "留下"的意思是"留下来",(1)表示"遗留、滞留",如"他留下了很多遗产""别人都走了,只有她留下陪我";(2)表示"使滞留",如"把钱留下,别的统统带走""这个人我留下了"。
>
> "留起来"的意思是"搁置不用",如"把这笔钱留起来给女儿上大学用吧""这块点心留起来,等小蕙回来给她吃"。

6. 表示"使具有"或"使存在"意义的动作行为动词。例如"他立下了汗马功劳"包含"他有汗马功劳"的意思,"准备下酒菜"包含"已有酒菜"的意思。此类动词可结合的宾语比较有限。

A. "建立(秩序)、打(基础)、立(功劳)、办(糊涂事)、种(祸根)"等。宾语前多有描写性定语。

句式　　b_1　$N_{施事}$＋V＋"下"＋(描写性定语＋)$N_{受事}$
　　　　e　$N_{受事}$＋V＋"下"＋"了"……

(1) 他在那里干了七年,乐队壮大了,健全了,他自身也提高了,成熟了,为他将来成为大指挥家打下了雄厚的基础。

(王安忆)

(2) 连妇女队长最后也扔掉了阻拦的念头,她想,这两年大丰收,妇女们也立下汗马功劳。

(苏叔阳)

(3) 小帆的案情,我量了又量,充其量不过是吃了"四人帮"的政治砒霜,办下这桩糊涂事!

(从维熙)

(4) 民国初年,在这里建下军官大学,为军阀混战种下了冤孽。

(梁斌)

(5) 大伏天在沂蒙山腹地又摆下战场,把敌人149师包围在摘星崮上。

(邓友梅)

较少用可能式。

B. "闯、惹"义动词,如"闯(乱子、祸)、惹(祸、乱子)、犯(罪)、得罪(人)"等。

句式　同6A

(1) 他老婆跟金生、软英,听见他大喊大叫,恐怕他闯下祸,赶紧跑过来劝他。

(赵树理甲)

(2) 作什么！他又犯下什么罪了?

(赵树理甲)

(3) 但是乱子毕竟惹下了。

(蒋子龙)

较少用可能式。

C. "交(朋友)、找(对象)、招(女婿)"等。动词后可用的宾语很有限。

句式　同6A

(1) 过惯了独身的生活,他原想在寿日来的人不过是铺户中的掌柜与先生们,和往日交下的外场光棍。

(老舍甲)

(2) 我左思右想,大姐为什么给软英找下刘忠这么个男人?

(赵树理甲)

此类动词与"下"较少构成可能式,"交"有时可以。如：
他这个人交不下好朋友。

D. 其他动词,如"准备、练(功夫)、欠(债)"等。

句式　同6A

(1) 已经准备下了开水。

(邓友梅)

(2) 小胖孩从小放牛的时候扔石头练下功夫,扔了三十二米远。

(赵树理)

(3) 在最后一任里,他拉下很大的亏空,并且据说有侵吞公款的嫌疑,非常不名誉地下了任。

(曹禺)

此类动词一般不与"下"构成可能式。

7. 表示"决定"意义的动词。

A. "定、订"类,如"定、立(目标)、确定、铁(心)、横(心)"等。

句式　a　（N_{施事}＋)V＋"下"(＋"了")(动词限于"定、订")
　　　b_1　（N_{施事}＋)V＋"下"＋N_{受事}
　　　e　N_{受事}＋V＋"下"(＋"了")(动词限于"定、订")

(1) 咱们定下个关系吧。

(梁斌)

(2) "可那时候就该收船了。"老爷子说,"应该提早订下。"

(苏叔阳)

(3) 愚公立下移山志,也是靠后代去完成的。

(高晓声)

(4) 结婚的日子定下了,可是还什么都没准备。

"铁下心""横下心"也属于此类。如:

(5) 既留下来,那就铁下一条心,跟着毛主席革命到底!

(邓友梅)

(6) 因此,在火车上我横下一条心,要尽量回避和凤妮的见面。

(从维熙)

【可能式】

(1) 他们老也定不下具体日子。
(2) 老魏没说她,他狠不下心。

(王安忆)

B. "答应"类动词,如"答应、许(愿)、发(誓)、起(誓)、说、夸(口)"等。

句式　a　N_{施事}＋V＋"下"(少用)
　　　b_1　N_{施事}＋V＋"下"＋(NuM＋)N_{受事}

(1) 其实祥子连电话也不大喜欢,不过不愿教曹先生着急,只好这么答应下。

(老舍甲)

(2) 她把一切神佛都喊到了,并且许下多少誓愿,都没有用。

(老舍甲)

(3) 他对自己起下了誓,一年半功夫他——祥子——非打成自己的车不可!

(老舍甲)

(4) 小姐,这件事我可先说下,没有我在内。

(曹禺)

(5) 嗨,老局长夸下了个多大的海口,幸亏他调走了,要不,文工团准和他闹,非要他还愿不可。

(王安忆)

此类动词与"下"较少构成可能式。"夸"有时可以,如:
你祖上留给你多少产业,你夸得下这种口?

(曹禺)

C. "相持、僵持、委决、争执"等,都只用于否定的可能式,表示"不能决定"的意思。

句式　a_1　$N_{复数}$＋V＋"不下"
　　　a_2　N_1＋"跟/和/同"＋N_2＋V＋"不下"

(1) 这次为陈奂良平反,群众要拉他下马,县里却有人捂住,至今相持不下。

(高晓声)

(2) 我不准备接受,这道理是说不过去的,现在是僵持不下。

(张洁)

(3) 好像有什么事情,老是委决不下。

(梁斌)

结果意义(二):

表示"凹陷"。动词如"陷、凹、瘪、塌"等。

句式　b_1　$N_{处所/当事}$＋V＋"下"＋$N_{结果}$
　　　f　$N_{处所/当事}$＋V＋"下"＋C

(1) 这样大的雪,一直下了一天一夜,……脚一蹬下去,咯吱吱陷下老深。

(梁斌)

(2) 他很瘦,颧骨高耸,脸颊陷下两个坑。

结果意义(三):

表示"容纳"。 表示某处所或容器是否可以容纳,一般用可能式,或在动词前加"能、可以"等。

〔动类〕

1. "盛放"义动词,如"盛、放、装、摆、搁、容、穿"等。
   句式　b₁　N处所+"能/可以"+V+"下"+(NuM+)N受事

(1) 面积虽然不小,做个餐厅能摆下七八张桌子,作研究室来用却极不相宜。

(谌容)

(2) 什么时候再有半间房就好了。哪怕六平方米,五平方米也好,只要能搁下一张桌子。

(谌容)

(3) 不,应该把床靠里边横放,和墙之间只须放下一个床头柜。

(王安忆)

【可能式】

(1) 我的肚子装不下四桶水!

(老舍乙)

(2) 其实车上人并不多,车下的人全都容得下的。

(张洁)

(3) 白如信嘛,车间是搁不下的。

(蒋子龙)

(4) 华北虽大,已经安放不下一张平静的书桌了!

(杨沫)

2. "站、坐、躺、住、挤、藏"等。
   句式　同1
(1) 留出能躺下一个人的地方就行。

(蒋子龙)

(2) 杜鹃看看车里还能挤下两个人,便朝江浩和杨虹摆摆手。

(从维熙)

(3) 后院的空地上摆着一个尚未完工,但已具雏形的高大书柜,其大小足可以藏下两个像我这样的胖汉。

(苏叔阳)

【可能式】

(1) 车站上简直是人山人海,人行道上站不下了,漫了大半条马路。

(王安忆)

(2) 这脚长得真快,你的鞋他都穿不下啦!

(苏叔阳)

三　状态意义

"下"表示的状态意义与"下来""下去"相同,但不如"下来""下去"常用。可结合的动词有限,不能与形容词结合。

状态意义(一):

表示由动态进入静态。

$$\begin{array}{c}\text{动态}\\\downarrow\\\text{静态}\end{array}$$

〔动类〕

1."停留"义动词,如"停、站、住、歇"等。

句式　a　$N_{施事}+V+$"下"
　　　　b_1　$N_{施事}+V+$"下"$+N_{受事}$

(1) 我们在一间比较大的北房前停下,只听屋里传出一阵阵妇女们爽朗的笑声。

(谌容)

(2) 周围的犯人,看见班长带来一个"新号",都停下手中的锹镐,像看刚下轿的新媳妇那样盯着新来的葛翎。

(从维熙)

(3) 杜宁认出来是陈毅军长,惊喜的站下,举手敬礼。

(邓友梅)

(4) 这辆板车停住,后边的车也压下了。

(谌容)

一般较少用可能式。

2. "安定"类动词,如"定、安、静、沉、塌"等,宾语一般为"心、神"等表示心理精神状态的。

句式　　b_1　　$N_{施事}$＋V＋"下"＋$N_{受事}$

(1) 这也好,您回去可以定下心写《命运》了。

(王安忆)

(2) 焦谷停住脚,静下心听了听,果然前边哗哗的水声离的很近。

(邓友梅)

(3) 你就塌下心学吧,功夫可不欺人!

(邓友梅)

【可能式】

(1) 在这儿我老有点安不下心。
(2) 静不下心写不好文章。

状态意义(二):

表示动作、状态的持续。可用的动词限于"读、看、念"之类。一般用可能式或动词前加"能、可以"。

句式　　b_{1-1}　　$N_{施事}$＋"能/可以"＋V＋"下"＋$N_{受事}$(少用)

　　　　b_{1-2}　　$N_{施事}$＋V＋"得/不"＋"下"＋$N_{受事}$

(1) 她在书桌前看不下书,心里烦躁不安。

(杨沫)

(2) 开始,他读不下书,由于气忿、懊恼,安不下心。

(杨沫)

四 熟语

熟语:"放下架子"

"架子"的意思是"自高自大、装腔作势的作风"(《现代汉语词典》(第7版)第629页),"放下架子"的意思是改变这种作风。如:
(1) 干部们应该放下架子,拜群众为师。
(2) 他刚刚从学校大门出来,还有点放不下架子。

"下"总表

义类	意义	所搭配的动词及频率
趋向意义	(一)表示通过动作使人或物体由高处向低处移动。参照点可在高处,也可在低处	1. 表示躯体、物体运动的动词 走$_{25}$ 跑$_{31}$ 跳$_{32}$ 爬$_1$ 迈$_3$ 踏$_1$ 跨$_1$ 拥$_1$ 追$_2$ 溜$_1$ 垂$_5$ 流$_{22}$ 淌$_1$ 倾泻$_1$ 落$_{21,可1}$ 洒$_1$ 飘$_1$ 射$_1$ 滚$_7$ 滑$_3$ 掉$_{13}$ 跌$_3$ 翻$_4$
		2. 表示躯体动作的动词 垂(~头、~眼睛)$_{21}$ 埋(~眼睛)$_4$ 跪$_{33}$ 搭拉(~脑袋)$_6$ 低(~头)$_{107}$ 披(~头发)$_1$ 蹲(~身)$_{12}$ 弯(~腰)$_{33}$ 歪(~身子)$_1$ 弓(~身)$_4$ 猫(~腰)$_8$ 俯(~身)$_3$ 趴$_1$ 倒$_{21}$ 躺$_{33}$ 睡$_9$ 坐$_{281}$ 放(~手)$_3$ 沉(~脸)$_8$ 拉(~脸)$_2$
		3. 可使物体改变位置的动作行为动词 A. 端$_1$ 搬$_1$ 推$_1$ 拽$_1$ 掷$_1$ 投$_{10}$ 拉$_7$ 摔$_1$ 抛$_1$ 播$_1$ 撒$_1$ 洒$_1$ 拿$_1$ 卸$_1$ 捣$_1$ 倒$_1$ 抖落$_1$ 弄$_1$ 敲$_1$ 撑$_1$ 轰$_1$ 拍$_1$ 压(~火)$_{4,可7}$ 平(~一点儿)$_1$ 捺$_2$ 忍$_4$ 耐$_{可2}$ 吃$_{13,可12}$ 咽$_{11,可2}$ 吞$_3$ 顺 喝$_{9,可3}$ 灌$_{4,可1}$ 按(~气)$_1$ 按捺$_1$ 架$_1$ B. 搁$_7$ 放$_{194}$ 扔$_{28}$ 丢$_6$ 撂$_{17}$
		4. 比喻用法 发

(续表)

义类	意义	所搭配的动词及频率
	(二) 表示通过动作使人或物体退离面前的目标，参照点可在目标，可不在目标	1. 败$_1$　退$_1$ 2. 换(～场)$_1$
结果意义	(一) 表示物体的一部分（或次要物体）从整体（或主要物体）脱离。着眼点可在部分（次要物体），也可在整体（主要物体）	1. 可使物体分离的动作行为动词 　A. 脱$_{36}$　摘$_{35}$　扒$_1$　褪$_1$　掷$_1$　换(～衣服)$_1$ 　B. 解$_{11}$　拆$_1$　抓$_3$　夺$_2$　取$_{15}$　卸$_2$　拔$_2$ 　　 撕$_5$　扯$_3$　掰$_2$　折$_1$　摘(～花)$_1$　采$_2$ 　　 捋$_1$　打$_1$　剪$_1$　切$_1$　咬$_1$ 　C. "生、养('生'义)"类： 　　 生$_{16}$　养$_2$
		2. 表示"裁减、去除、遗弃"意义的动作行为动词 　落(là)$_{4,可1}$　刷(～人)$_1$　撇$_{4,可1}$　抛$_1$　放$_2$ 　扔(～一个人)$_{21}$　甩$_{1,可1}$　丢(～工作)$_{29,可1}$
		3. 表示"取得"意义或取得的方式的动作行为动词 　A. 接$_{11}$　接受$_1$　受$_1$　领$_2$　收("受"义)$_{16}$ 　B. 挣$_3$　娶$_1$　买$_4$　拾$_1$　分$_1$　置(～产业)$_1$ 　　 攻(～城市)$_2$　打(～江山)$_2$　打(～粮食)$_7$
		4. "写、画"义动词 　写$_8$　画$_3$　绘$_1$　刻$_3$　记$_5$　立(～字据)$_1$ 　拍(～照片)$_1$　收录$_1$　印$_1$　打(～印记)$_1$ 　雕塑$_1$
		5. "剩余、积存、遗留"意义的动词 　A. "剩余、漏、落(là)"类动词 　　剩$_{113,可3}$　余$_{6,可1}$　落$_{10}$　空(kòng)$_1$ 　　省$_{9,可1}$ 　B. "积存"类动词 　　攒$_5$　积$_2$　积攒$_1$ 　C. "遗留、滞留"类动词 　　留$_{160}$　扣$_7$　住$_{18}$　藏$_2$　昧(～钱)$_1$ 　　保护$_2$　误(～事)$_{1,可1}$

(续表)

义类	意义	所搭配的动词及频率
		6. 表示"使具有"或"使存在"意义的动作行为动词 　A. "建立、建造"类动词 　　建立₁　打(～基础)₁　播(～种子)₂ 　　种₁　包(～活儿)₅　扎(～根)₁ 　　安(～家)₁　布置₁　摆(～战场)₃ 　　立(～目标)₂　铺(～纸)₁　开(～店)₄ 　　修(～工事)₁　砌(～墙)₁　搭₁　放₁ 　　办₁　做(～衣服)₂ 　B. "闯、惹"类动词 　　闯(～祸)₅,可₁　惹₂　犯₆　出(～事)₁ 　　得罪(～人)₁　气(～病)₁　落(～不是)₁ 　C. "交(朋友)"类动词 　　交₃　结交₁　找(～对象)₅　招(～女婿)₁ 　　寻(～媳妇)₁ 　D. 其他动词 　　准备₃　预备₁　炒(～菜)₁　练(～功夫)₁ 　　修(～道行)₂　使(～账)₁　欠(～钱)₈ 　　短(～钱)₁　拉(～亏空)₁　告(～状)₁
		7. 表示"决定"意义的动词 　A. "决定"类动词 　　定₆　订₄　铁(～心)₁　狠(～心)可₁ 　　横(～心)₂　打(～主意)₁　立(～志)₁ 　B. "答应"类动词 　　答应₈　应₁　许(～愿)₅　发(～誓)₁ 　　起(～誓)₁　讲(～话)₁　说(～条件)₃ 　　夸(～口)₂ 　C. "相持"类动词 　　相持可₂　僵持可₂　争执可₁　委决₁
	(二)表示"凹陷"	陷₁　塌(～陷)　瘪

(续表)

义类	意义	所搭配的动词及频率
	(三)表示"容纳"	1. "盛放"义动词 放$_{2,可7}$ 容$_{可1}$ 装$_{可2}$ 搁$_{1,可1}$ 摆$_1$ 安放$_{可1}$
		2. 站$_{可2}$ 穿$_{可1}$ 坐$_{可1}$ 存养$_{可1}$ 躺$_1$ 挤$_2$ 藏$_1$
状态意义	(一)表示由动态进入静态	1. "停留"义动词 停$_{59}$ 站$_8$ 住("停"义)$_1$ 压("使停止"义)$_1$ 歇$_1$
		2. "安定"义动词 定$_2$ 静$_1$ 塌(～心)$_1$ 沉$_2$ 安(～心)$_2$ 放(～心)$_{3,可10}$
	(二)表示动作、状态的持续	看(～书)$_{可1}$ 读(～书)$_{可2}$
熟语	"放下架子"	放(～架子)$_{3,可1}$

柒　下来

一　趋向意义

趋向意义(一)：

表示由高处向低处移动，参照点在低处。

"下来"属于语义上既可指向起点又可指向终点的趋向补语。"下来"后有处所词语时，有时表示动作的起点（处所词所表示的处所高于地平线时），有时表示动作的终点（处所低于地平线时）。例如：

(1) 他走下楼来。　　　　　(2) 他跳下水来。
　　（"楼"表示"走"起点）　　　（"水"表示"跳"的终点）

表示动作的起点。　　　　　表示动作的终点。

〔动类〕

1. 表示躯体、物体自身运动的动词，如"走、跑、飞、流、掉、塌"等。

句式　　a　（N$_{施事}$＋）V＋"下来"
　　　　b$_2$　（N$_{施事}$＋）V＋"下"＋N$_{处所}$＋"来"
　　　　c$_1$　N$_{处所}$＋V＋"下来"＋NuM＋N$_{施事}$
　　　　c$_2$　N$_{处所}$＋V＋"下"＋NuM＋N$_{施事}$＋"来"

(1) 蓝海忽地急步跑下来抓住她的手,向上拉她。

(苏叔阳)

(2) (她)悄悄溜下床来坐在道静的床上。

(杨沫)

(3) 他顺着大堤向上一望,河水明亮亮的,打西山边上流下来。

(梁斌)

(4) 从车上跳下来十几个持枪的便衣,冲进了电影院。

(从维熙)

(5) 接着车上又跳下第三个人来,没容她喊出声,一大块布团同时塞到她的口中。

(杨沫)

"掉、流、落"的宾语为"(眼)泪"时,可用 b_1 式:

b_1　$N_{施事}$＋V＋"下"＋(NuM)＋$N_{受事}$＋"来"

(6) 当他一想到无期徒刑,又黯然落下泪来。

(梁斌)

(7) (我)想起她一生的战斗和遭遇,禁不住流下泪来。

(谌容)

(8) 我忍不住掉下泪来。

(谌容)

【可能式】

(1) 那块石头掉不下来。

(2) 天塌不下来,别愁。

可能式一般表示一种推测。

2. 表示肢体动作的动词,如"坐、躺、蹲(腿)、跪(腿)、趴、低(头)、垂(头)、耷拉(脑袋)",以及表示面部表情的"拉(脸)、堆(笑)"等。此类动词不表示人的位置移动,而表示人体由高向低的变化。

句式　a　($N_{施事}$)＋V＋"下来"

　　　b_1　($N_{施事}$＋)V＋"下"＋(NuM)＋$N_{受事}$＋"来"

　　　d　($N_{施事}$＋)"把"＋$N_{受事}$＋V＋"下来"

　　　e　$N_{受事}$＋V＋"下来"(躯体动作动词)

(1) 白如信终于找到了一个更为僻静的地方,他拉赵玉兰在椅子上坐下来。

(蒋子龙)

(2) 两个人走到大杨树底下,蹲下来打火抽烟。

(梁斌)

(3) 道静低下头来,摆弄着小手帕,半天没有出声。

(杨沫)

(4) 说完,果然弯下腰来,等刘国光爬上去。

(高晓声)

(5) 冯老兰一见冯贵堂,他的老脸就搭拉下来。

(梁斌)

(6) 想到这儿,白如信忽然脸上堆下笑来。

(蒋子龙)

【可能式】

此类动词较少与"下来"构成可能式,可以与"下去"构成可能式(参见"下去"第187页)。"坐"常与"下来"构成可能式,是一种比喻用法,比喻一个人不喜欢或不能够坐下来集中精力工作或学习。如:

(1) 他性情浮躁,坐不下来,学得不怎么样。

(2) 过几天杂事太多,老也坐不下来,那件事还没处理。

3. 可使物体改变位置的动作行为动词。

A. "扒拉、掀、扔、推、拽、刮"等,多表示肢体动作,宾语既可表示物,也可表示人。

句式　a　　($N_{施事}$+)V+"下来"

　　　b_{1-1}　($N_{施事}$+)V+"下"+(NuM+)$N_{受事}$+"来"

　　　b_{1-2}　($N_{施事}$+)V+"下来"+NuM+$N_{受事}$

　　　b_{1-3}　($N_{施事}$+)V+NuM+$N_{受事}$+"下来"(少用)

　　　b_2　($N_{施事}$+)V+"下"+$N_{处所}$+"来"

　　　d　($N_{施事}$+)"把"+$N_{受事}$+V+"下来"

　　　e　$N_{受事}$+V+"下来"(+"了")

(1) 大家喊:"拖下来!"

(赵树理)

（2）老两口赶紧一齐放下碗来招待，老杨同志已把山药蛋南瓜舀到碗里。

（赵树理_）

（3）但就在我双手攀住墙头时，不小心碰下来一块瓦。

（从维熙）

（4）泉县水库叫了这么多年，好不容易上了马，干得很出色，不能再叫他们打下马来。

（谌容）

（5）车一直开进院里才停下，车上的人纷纷跳了下去，也把我推了下来。

（谌容）

（6）昨天刚抬下来的时候不像个人样了。

（蒋子龙）

此类动词较少与"下来"构成可能式。

B. "叫、喊、请、催、劝"等主要表示言语行为的动作动词。

句式　同 A。另有：

b_{1-4}　（$N_{施事}$＋）V＋（NuM＋）$N_{受事}$＋"下来"

（1）请下来！
（2）你叫下几个人来！
（3）他从山上请下来一个朋友，帮他出主意。
（4）这时，司机一挥手，把坐驾驶室里的一个小伙子叫了下来，又和腊梅谦让了一番。

（谌容）

（5）客人已经请下来了。

此类动词与"下来"可构成可能式，但较少用。

C. "劈、砍、压、浇"等。

句式　a　$N_{施事}$（＋"朝/向/冲"＋$N_{对象}$）＋V＋"下来"

　　　b_1　$N_{施事}$（＋"朝/向/冲"＋$N_{对象}$）＋V＋"下来"＋NuM＋$N_{受事}$

e （NuM＋）N$_{受事}$（＋"朝/向/冲"＋N$_{对象}$）＋V＋"下来"

(1) 眼看着陈金荣那只手马上要劈下来，陈国生立即迈上一步。

（高晓声）

(2) 风雨、波浪、天上浓黑的云，全向这小船压下来、紧紧地压下来。

（杨沫）

(3) 天上泼下来的雨水和山上倒下来的洪水汇合在一起，发出滔滔的吼声。

（谌容）

(4) 从猪肚子上一刀拉下来，又描了一刀，心肝五脏，血糊淋淋流出来。

（梁斌）

(5) （江涛）脊梁冷得难受，像有一盆冷水，哗啦啦劈头盖脸浇下来。

（梁斌）

此类动词不能与"下来"构成可能式。

4. 比喻用法：

表示由上级移到下级或由较高的职位降到较低的职位，或由上级向下级发出的动作等。

A. 表示"降低"及"使降低"意义的动作动词，如"降、转业、复员"等。

句式　a　N$_{施事}$＋V＋"下来"（＋"了"）

c　N$_{处所}$＋V＋"下来"＋NuM＋N$_{施事}$

e　N$_{受事}$＋V＋"下来"（＋"了"）

(1) 他又降下来一级。

(2) 我们村复员下来几个战士。

此类动词一般不与"下来"构成可能式。

B. "分、派、传达、责怪"等。

句式　a　N$_{施事}$＋V＋"下来"（＋"了"）

b₁　N_施事＋V＋"下来"＋NuM＋N_受事
d　　N_施事＋"把"＋N_受事＋V＋"下来"
e　　N_受事＋　V＋"下来"（＋"了"）

(1) 要是影响了生产,厂部怪罪下来怎么办?

(蒋子龙)

(2) 如今县委查下来了,乔书记坐镇,大伙儿说咋办就咋办吧!

(谌容)

(3) 今年真了不起,生产队分红,大队按比例拨下来八千现金。

(高晓声)

(4) 你写到县里,县里就把信转下来,叫公社解决。

(高晓声)

(5) 那时候,"四人帮"早就被粉碎了,三中全会的两个农业文件已经传达下来。

(谌容)

此类动词较少用可能式。

趋向意义（二）：

表示退离面前的目标。动词如"退、撤、败"等。

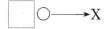

句式　a　N_施事＋V＋"下来"
　　　b₂　N_施事＋V＋"下"＋N_处所＋"来"

(1) 她怎么能在这么一句话前头败下阵来。

(张洁)

(2) 他又退下来,扶着栏杆,歇憩一下。

(梁斌)

(3) 部队从前线撤下来了。

此类用法无可能式。

二　结果意义

结果意义（一）：

表示使物体的一部分（或次要物体）从整体（或主要物体）脱离，参照点在物体的一部分（或次要物体）。如"把纸撕下一块来"，"纸"是整体，"一块"是部分，"下来"表示"一块"从"纸（整体）"脱离，参照点在"一块"；"把信封上的邮票揭下来"，"信封"是主要物体，"邮票"是次要物体，"下来"表示"邮票"脱离"信封"，参照点在"邮票"。

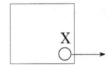

〔动类〕

1. 表示可使物体分离的动作动词。

A. 躯体动作动词，如"摘、采、割、剪、拆、拔"等。

句式　a　　($N_{施事}$＋)V＋"下来"

　　　　b_{1-1}　($N_{施事}$＋)V＋"下"＋(NuM＋)$N_{受事}$＋"来"

　　　　b_{1-2}　($N_{施事}$＋)V＋"下来"＋NuM＋$N_{受事}$（少用）

　　　　d　　($N_{施事}$＋)"把"＋$N_{受事}$＋V＋"下来"

　　　　e　　$N_{受事}$＋V＋"下来"（＋"了"）

(1) 那个青年从日记簿上撕下一块纸来给队长开了个单子，队长拿去报告大队，其余的都铡起草来。

(赵树理₂)

(2) 从此，谁再敢再说政府半句坏话，我就掰下他的脑袋来！

(老舍₂)

(3) "呓"地一声，把整个鸡头剁了下来。

(张洁)

(4) 今儿你把猪八戒耳朵割下来,我也不吃!

(苏叔阳)

(5) 贵他娘一说,大贵又把才穿上的棉袄脱下来。

(梁斌)

(6) 你瞧,说了那么半天……连这块手巾都忘了取下来啦。

(曹禺)

【可能式】

(1) 只是人家一镢两镢就刨一棵,我五镢六镢也刨不下一棵来。

(赵树理₁)

(2) 朱全富挺着急,水热,怕烫住毛了,刮不下来。

(梁斌)

(3) 现在快上冻了,妇女大半不上地,棉花摘不下来,花杆拔不了。

(赵树理₂)

B. "生、养"类动词。

句式　同 1A

(1) 我爹妈生下我来,没给我留下一副会说话的嘴巴。

(从维熙)

(2) 她的女儿,不,我的女儿,这可怜的孩子,生下来就没有见过自己的爸爸。

(谌容)

(3) 猪还没有生下来,倒想吃肉了!

(高晓声)

可能式较少用。

2. 表示"裁减、去除"意义的动作行为动词,如"裁、减、刷、去、抹、搁"等。

句式　b₁　N_{施事}＋V＋"下来"＋NuM＋N_{受事}(少用)

　　　　d　(N_{施事}＋)"把"＋N_{受事}＋V＋"下来"

　　　　e　N_{受事}＋V＋"下来"(＋"了")

(1) 你把小温的提名抹了下来,硬是把罗海涛提了上去。

(张洁)

(2) 现在,田守诚正想尽一切办法,把郑子云十二大代表的资格弄下来。

(张洁)

(3) 有一次,全体参加国庆游行,操练了一个月,临到头,因为成分不好,他被刷下来了。

(王安忆)

(4) 儿子是从铁路上被裁下来的失业工人。

(杨沫)

此类动词与"下来"构成可能式时,表示一种估计。如:

(5) 小李可能叫人刷下来,你不会刷下来。

3. 表示"获取"意义及获取方式的动作行为动词,如"买、收、借、抢、攻(城)、打(城市)、拿(任务)"等。"下来"在此类动词后表示所涉及的受事和一方脱离,而为另一方所获得。如"攻下城来","城"与原占有一方脱离,为攻取一方所获得。

句式 同1

(1) 曾文彩:(只好接下来看,随口称赞)倒是不错。

(曹禺)

(2) 那时候幸亏苦生手脚快,才把自己从狗嘴里夺了下来。

(高晓声)

(3) 今天是十七号,这台冲天炉必须在这个月底拿下来。

(蒋子龙)

(4) 你看这怎么得了,上次接下来的猪,还剩二十一只在圈里。

(高晓声)

【可能式】

(1) 可是来到北京两个多月了,攻交民巷,攻西什库,光死人,攻不下来,怎么一回事呢?

(老舍₂)

(2) 村子人遇上了别人拿不下来的活儿,往往离不了他。

(赵树理₂)

4. 表示"剩余、留存、遗留、拖延"意义的动词。

A."剩余、漏"类动词,如"剩、节约、省、落(là)"等。

句式 同 1A
(1) 一吨也还要看人家有没有办法节约下来支援你。
（高晓声）
(2) 没准她以为差这二两,是他石全清从中扣了下来。
（张洁）
(3) 他一生病退休,总工程师的位子就空了下来。
（蒋子龙）
(4) 上济南剩下来的钱,你先拿去。
（梁斌）

【可能式】
辛辛苦苦地干了一年,也剩不下几个钱来。

B. "积存"类动词,如"积累、积存、存、攒"等。

句式 同 1A 之 b_{1-1}、b_{1-2}、e
(1) 攒下来的钱来给玉凤做了件新衣服,自己也买件半旧的夹袄。
（邓友梅）
(2) 但脂肪却过早地在他的腮帮上、下巴上、肚皮上沉积下来。
（张洁）
(3) 钱攒下来了,人却病倒下去了。
(4) 指导员盘问了他几句,又看了他的证件,便把自己多年积存下来的两块银元送给他,叫他路上买饭吃。
（邓友梅）

【可能式】
(1) 她过日子大手大脚,老也攒不下钱来。
(2) 他想存点粮食,但老也存不下来。

> **"V 下来"与"V 起来"比较:**
> "存下来""攒下来"的意思是一点一点地积累、存留,结果形成了"存留"之物,往往经过较长的时间。如:
> (1) 这些年他省吃俭用,存下来几千块钱。
> (2) 我攒下来点钱不容易,不能都给你。

> "存起来""攒起来"的意思是"有意识地不动用"。如:
> (3) 把这些钱存起来吧。
> (4) 他存起一些粮食来,准备过冬。
> "V下来"与"V起来"的区别有二:
> (1)"V下来"之物是V的结果,"V起来"之物是V之前存在的。
> (2)"V起来"是一种有意识的动作行为,"V下来"可以是有意识的,也可以是无意识的。

C. "遗留、滞留"类动词,如"留、停留、住、待、定居"等。其中"留"可以是及物动词,也可以是不及物动词,其余均为不及物动词。

句式　不及物动词只用1A之a式:

　　　　a　(N_{施事}＋)V＋"下来"

　　　　及物动词同1A。

(1) 那边有旅馆,你住下来吧,今天没有车了。

(高晓声)

(2) 谁能想到,二年以前,她竟会日日夜夜热切地巴望迁到这儿永远定居下来。

(高晓声)

(3) 唉! 只要把那寿木留下来就好了!

(曹禺)

(4) 赵承志当天想了半夜,第二天上任,决定的头一件事就是坚决把徐老大留下来,他认为这才算对党负责任。

(邓友梅)

此类动词很少用可能式。

D. "拖延"类动词,如"拖、拖延、延误、耽搁、压、僵持"等。

句式　d　N_{施事}＋"把"＋N_{受事}＋V＋"下来"

　　　　e　N_{受事}＋V＋"下来"(＋"了")

(1) 不巧的是他照顾了一下别的事情,把这事耽搁下来。

(赵树理)

(2) 把婚姻问题拖了下来。

(蒋子龙)

(3) 倘或今天晚上谈不通,俺亲家明天不下地,事情僵下来,就不好解决了。

(赵树理₂)

较少用可能式。

5. 表示"写、画"意义的动作行为动词,如"写、画、抄、照、复印、录"等。此类动词与"下来"一起用时,都存在一个表示原型的物体,这个物体是"写、画"等动作的对象,而动作的结果——"写、画"之物,可以看作是从原型分离下来的。例如"把黑板上的字抄下来","黑板上的字"是原型,抄下来的字是"抄"的结果,"下来"表示结果从原型分离;"把塔照下来","塔"是原型,"照片"是结果。

句式　a　（N施事＋）V＋"下来"
　　　b₁₋₁　（N施事＋）V＋"下"＋NuM＋N受事＋"来"
　　　b₁₋₂　（N施事＋）V＋"下来"＋NuM＋N受事（少用）
　　　d　（N施事＋）"把"＋N受事＋V＋"下来"
　　　e　N受事＋V＋"下来"（＋"了"）

(1) 道静不管大娘肯与不肯,急忙拿起预备好的纸笔立即抄下那十几个人名来。

(杨沫)

(2) 老书记哈哈大笑,拿过纸笔,迅速把顺大的话写了下来。

(高晓声)

(3) 等她刚一探头,这张像就照下来了。

(谌容)

(4) 在漫长的二十多年的交往里,录音带里所录下来的戏,连王奶奶也没听过。

(苏叔阳)

【可能式】

(1) 谁有那个本事能够背得下来每次党代会里全体代表的名单,在那里边又偏偏记住他的名字?

(张洁)

(2) 你说得太快,我记不下来。

6. 表示"决定"意义的动词,如"定、订、商量、答应、包(承包)"等。

句式　同5

(1) 至于运输,你的办法倒好,就定下来吧。

(高晓声)

(2) (他)拍拍胸脯答应下来。

(蒋子龙)

(3) 田守诚竟然一口应承下来。

(张洁)

(4) 李承德头天也找到李万举讲好……帮他把这门亲事订下来。

(谌容)

(5) 田守诚十二大代表的资格,早已划归为G省的名额而确定下来了。

(张洁)

【可能式】
(1) 这件事也定不下来,真叫人着急。
(2) 考试的日期确定不下来,一切都不好安排。
"答应、应承、商量、研究"等无可能式。

结果意义(二):

表示"凹陷"。 动词如"瘦、瘪"等少数几个。

句式　a　N_{当事}＋V＋"下来"

(1) 自从接着运涛入狱的消息,不几天,脸上瘦下来,眼窝也塌下去。

(梁斌)

(2) 皮球没了气,瘪了下来。

结果意义(三):

表示完成某一动作。 一般来说,要完成该动作是费时、费力或要克服一定困难、做出一定努力的。动词必须表示持续性动作。

〔动类〕

1. 表示"干、做"意义以及其他表示具体动作的动词,如"干、应付、对付、拉(车)、查、算"等。

句式　　a　　N$_{施事}$＋V＋"下来"

　　　　e$_1$　N$_{受事}$＋V＋"下来"（＋"了"）

　　　　e$_2$　N$_{受事}$＋V＋"下来",……

(1) 就算他应付下来了,那么以后呢?

(王安忆)

(2) 但是陈文良几年观察下来,他们两个人始终是联在一起的。

(高晓声)

(3) 一趟车拉下来,灰土被汗合成了泥,糊在脸上,只露着眼与嘴三个冻红了的圈。

(老舍$_甲$)

(4) 三爿店查下来,他找到了满意的一种。

(高晓声)

(5) 对他来说,一个上午的活儿干下来,是随随便便的小意思。

(张洁)

表示时间段的数量词后也可用"下来"。如:

(6) 书记想到做到,立刻就办,一年下来,果然收到了预期的效果。

(高晓声)

(7) 阿姨非常高兴,几天下来就觉得脸上胖些。

(高晓声)

这种用法在数量词后省略了一个动词。

【可能式】

(1) 设若拉不下来这个买卖呢,那还有什么可说的,一个跟头栽死在那发着火的地上也好!

(老舍$_甲$)

(2) 一万米,我可跑不下来。

(3) 汽油不多了,连半个小时也开不下来。

(4) 这套操太难,我做不下来。

2. 表示"活、忍受"意义的动词,如"活、顶(dīng)、坚持"等。

句式　a　N_{施事}＋V＋"下来"

(1) 在这个家庭里,她就这样像小狗似的活下来了。

(杨沫)

(2) 妮,长吧！活吧！娘要跟你一块儿活下来。

(杨沫)

(3) 你上午已经安排两个手术了,身体能顶下来吗？

(谌容)

(4) 多少年来不就是这样坚持下来的吗？

(谌容)

(5) 这孩子浅浅的一笑……给她生活下来的勇气。

(杨沫)

【可能式】

(1) 不用说叫孩子们去,就是让我们自己去,也不至于顶不下来。

(赵树理)

(2) 他太累了,坚持不下来了。

三　状态意义

状态意义:

表示进入新的状态,由动态转为静态。

动态,正向
静态,负向

〔动类〕

"停息、安定"义动词,"下来"表示由运动状态进入静止状态。

1. "停息"类动词,如"停、站、歇"等。

句式　a　(N_{施事}＋)V＋"下来"

  b_1 ($N_{施事}$＋)V＋"下"＋$N_{受事}$＋"来"（限于"停"）

  d ($N_{施事}$＋)"把"＋$N_{受事}$＋V＋"下来"（限于"停"）

(1) 我还莫名其妙,那辆朱红色小车拐了个急弯,吱地一声停了下来。

（邓友梅）

(2) 那"乒！乒！乒！乒！"的敲打声也骤然停息下来。

（张洁）

(3) 陈毅站下来,故作惊讶地问……

（邓友梅）

(4) 啊！这么歇下来多么好,永远歇下来。

（谌容）

(5) 张嘉庆走了两步停下脚来。

（梁斌）

【可能式】

(1) 越想越生气,越生气越想,头疼得要命也停不下来。

（赵树理₂）

(2) 这些天杂事特别多,想歇也歇不下来。

  2. "安定"类动词,如"安(心)、定(心)、安定(情绪)、沉(心)、放(心)"等。

  句式 b_1 $N_{施事}$＋V＋"下"＋$N_{受事}$＋"来"

     e $N_{受事}$＋V＋"下来"（＋"了"）

(1) 一直等到他又沉睡过去,我才渐渐安下心来。

（苏叔阳）

(2) 他沉下心来,端起茶杯,呷了一口。

（张洁）

(3) 刚才做生意,精神紧张,不曾觉得,现在心定下来,才感到浑身不适。

（高晓声）

(4) 走到东南城角,传单撒完了,她的心才放下来。

（梁斌）

【可能式】

(1) 因为工作离不开,不能回去种地,安不下心来。

(赵树理二)

(2)(我)说不出是喜悦,是激动,是烦躁不安,也许是什么滋味都有,弄得心里乱糟糟的,定不下神来。

(王安忆)

3. 形容词

可以与"下来"结合的都是负向形容词①,形容词与"下来"结合,表示由动态转为静态,或由正向向负向变化。

A. 表现声音的形容词,如"静、安静、沉寂、低"等。

句式　a　N_{当事}＋V＋"下来"

(1) 吴宾用筷子敲了敲小碟,使大家安静下来。

(张洁)

(2) 过了许久,沸腾的会场才安静下来。

(谌容)

(3) 听了这番话,刚才还是闹闹哄哄的一桌子人,一时全都静了下来,想着心事的样子。

(张洁)

(4) 这时呼喊声暂时沉寂下来。

(杨沫)

B. 表现光线的形容词,主要有"暗、黑"等。

句式　同3A

(1) 小顺子把灯熄灭,由抽屉拿出洋蜡头点上,屋子暗下来。

(曹禺)

(2) 康孝纯听了,心里咕冬一声,压上块铅饼,脸色也就暗下来了。

(邓友梅)

(3) 天渐渐黑下来,风越刮越烈。

(蒋子龙)

---

① 参见本书第28页。

(4) 天还没有完全黑下来,她就想躲进黑暗的角落里,让黑暗把她吞没。

(梁斌)

(5) 在逐渐黯淡下来的天空中,它很像一个身穿重孝的巨人。

(谌容)

C. 表现速度的形容词,如"慢、缓慢、低"等。

句式　同 3A

(1) 火车还没有进站,徐徐慢下来。

(梁斌)

(2) 小周一边嚼着面包,一边握着方向盘,车速渐渐缓慢下来了。

(从维熙)

(3) 车到拐弯处,老殷头勒紧笼头,让马车慢了下来。

(谌容)

D. 表现温度(气温除外)的形容词,如"冷、凉、低"①等。

句式　同 3A

(1) (工作热情)后来怎么就凉下来了呢?

(张洁)

(2) 在一片洼地上,江华慢慢放下这个渐渐冷下来的健壮的躯体。

(杨沫)

E. 表现情绪、政治形势的形容词,如"冷静、平静、镇定、松、涣散、低"等。

句式　同 3A

(1) 今天你该冷静下来了,我们好好地谈一谈,谈一谈。

(杨沫)

(2) 他正想说句什么,陆根兴却很快地从窘态中镇定下来。

(高晓声)

---

① 表示气温变化的"冷、凉"等后一般用"起来"。如:
(1)秋天了,天凉起来。
(2)冬天了,天冷起来。
这是因为随季节产生的天气变化是属于正常的,在这种情况下,"冷、凉"不再具有负向形容词的特点。

(3) 从此以后,革命的高潮低落下来,北方沉入更加严重的恐怖里。

(梁斌)

(4) 不知为什么,形势却缓和了下来。

(王安忆)

F. 表示态度、语气的形容词,如"软、缓和"。

句式　同3A

(1) 小腿疼一听说要出罚款要坐牢,手就软下来,不过嘴还不软。

(赵树理)

(2) 周主任虽然也作了顽强的抗争,但是对张炳生的指责无法作出正面的答复,他软下来了。

(高晓声)

(3) 后来,他的语气缓和下来了。

G. 其他形容词,如"空(kòng)、闲、落后、落拓"等。

句式　同3A

(1) 在夏秋两季,闲下来还可摸鱼,一到冬季,就连鱼也不能摸了。

(2) 他的喉咙嘶哑了,过度兴奋使得身体颤巍巍的没有力气了,渐渐落后下来。

(杨沫)

"下来"与"起来"比较:

1. "下来"与"起来"可以结合的词不同。"下来"可以结合的词十分有限:表示"停息"意义的动词,表现声音、光线、速度以及人的态度、语气等少数负向形容词;而"起来"可以结合的动词、形容词非常广(参见"起来"371—374页)。

2. 从意义与表达功能上来说,"下来"表示由动态转入静态,而"起来"通常表示由静态转为动态。"起来"有时也可以表示由动态转为静态,但有特殊的表达功能——表示在说话人看来所发生的变化是不合常规常理,出乎意料的。例如:

(1) 一阵风过去,天暗起来。

(老舍甲)

(2) 盛气反而使她沉稳起来。

(曹禺)

例(1)描写的是一个北京六月天中午天色骤变,是不合常规的;例(2)盛怒通常使人暴跳如雷,而"她"反而"沉稳"起来,也是不合常规的。上述两例中的"起来"也可换成"下来",但那样就不能表现出"不合常规""出乎意料"的意思了。"起来"与"下来"的分工可以如下表示:

正向形容词＋"起来"——合常规变化
负向形容词＋"起来"——不合常规变化
正向形容词＋"下来"——句子不成立
负向形容词＋"下来"——合常规变化

应注意,如前所述,这里所说的负向形容词限于表现声音、光线、速度等的。其他负向形容词及没有方向的形容词都只能与"起来"结合。

3."起来"表示变化的开始,"下来"可以表示从变化开始一直到终结。

(1) 雷更隆隆地响着,屋子整个黑下来。

(曹禺)

(2) 最后一个好像只有十八九岁,有一张孩子脸的男学生站起来讲话时,全场又鸦雀无声地静下来了。

(杨沫)

(3) 我平静下来后,蹲下身去找他扔掉的那块东西,看出那是一块蚕豆大小的弹片。

(邓友梅)

上述句子中的"下来"都不能用"起来"替换。

"下来"与"下去"比较:
见"下去"196—197页。

四 熟语

熟语:"接下来"

表示在某事之后,在句中作插入语。如:

(1) 春喜道:"接下来就该谈到这个……"

(赵树理_)

(2) 接下来秋忙开始,大家没有空,事情就搁着。

(高晓声)

"下来"总表

义类	意义	所搭配的动词及频率
趋向意义	(一)表示通过动作使人或物体由高处向低处移动,参照点在低处	1. 表示躯体、物体运动的动词 走$_{22}$ 跑$_{11}$ 跳$_{36}$ 蹦$_2$ 跃$_1$ 跌$_8$ 爬$_2$ 俯冲 扎$_1$ 钻 溜$_5$ 滑$_2$ 飞$_2$ 落$_{37}$ 滚$_6$ 滚落 飘落$_3$ 掉$_{34}$ 摔$_4$ 掉落$_2$ 飞落 滑落 摔落$_1$ 垂$_7$ 垂落$_1$ 吊$_1$ 倒吊$_1$ 翻 降$_2$ 流$_{76}$ 淌$_{10}$ 滴$_4$ 漏 泻$_1$ 倾泻$_2$ 流泻$_1$ 直照$_1$ 洒(～阳光)$_2$ 晒$_1$ 倒坍 坍倒$_1$ 倒(dǎo)$_4$ 塌$_3$ 旋烧
		2. 表示肢体动作的动词 低(～头)$_{21}$ 垂(～头)$_5$ 缩(～头)$_1$ 跪$_1$ 弯(～腰)$_2$ 蹲$_{10,可2}$ 俯(～身)$_2$ 坐$_{72}$ 躺$_{10}$ 耷拉$_3$ 搭拉$_2$ 低落(肩膀～)$_1$ 甩(～手)$_1$ 拖(～嘴角)$_1$ 咧(～嘴角)$_1$ 挂(～眼泪)$_3$ 沉(～心)$_1$ 沉(～脸)$_7$ 堆(～笑)$_1$ 苦(～脸)$_1$ 垮(～脸)$_1$ 拉(～脸)$_4$ 垂落(～睫毛)$_1$ 披(～头发)$_1$ 散落(～长发)$_1$

（续表）

义类	意义	所搭配的动词及频率
		3. 可使物体改变位置的动作行为动词 　A. 扒拉$_1$　抬$_2$　背$_2$　拉$_4$　拖$_1$　拽$_3$　掀$_1$ 　　推$_2$　赶$_3$　打$_3$　扔$_1$　抛$_1$　拿$_2$　按$_1$ 　　放$_8$　移$_1$　碰$_1$　刮（～风）$_1$　吐$_1$　骗$_1$ 　　引$_1$ 　B. 叫$_1$ 　C. 劈$_1$　打$_1$　砸$_4$　压$_5$　罩$_1$　泼$_1$　浇$_1$ 　　倒$_1$　拉$_1$
		4. 比喻用法 　A. 转业$_1$　复员$_1$ 　B. 拨$_1$　发$_3$　分$_1$　分配$_1$　派$_2$　布置$_2$ 　　传达$_3$　任命$_1$　批$_2$　转$_2$　怪罪$_3$　查$_1$
	（二）表示退离面前的目标，参照点不在目标	败$_1$　退$_3$　抑$_1$
结果意义	（一）表示物体的一部分（或次要物体）从整体（或主要物体）脱离，参照点在物体的一部分（或次要物体）	1. 表示可使物体分离的动作行为动词 　A. 肢体动作动词 　　脱$_{19}$　摘$_{17,可}$　换（～衣服）$_3$　解(jiě)$_5$ 　　抹$_1$　卸$_{10}$　拆$_2$　撕$_6$　揪$_3$　扯$_3$　拔$_1$ 　　揭$_2$　挖$_1$　刨$_{2,可1}$　揭$_2$　抓$_3$　夺$_3$　剥$_2$ 　　削$_{可1}$　剪$_1$　割$_1$　折$_6$　斫$_1$　砍$_3$ 　　刹$_1$　咬$_1$　掰$_{2,可1}$　刮$_{2,可1}$　碰$_1$　拿$_5$　取$_6$ 　B. "生、养"类动词 　　生$_{23}$　催$_1$
		2. 表示"裁减、去除"意义的动作行为动词 　裁$_2$　拉（从名单上～）$_1$　刷$_2$　抹（～名字）$_1$ 　撸$_1$　去$_1$　弄$_1$　替$_3$
		3. 表示"获取"意义及获取方式的动作行为动词 　收$_7$　接$_2$　救$_1$　打（～江山）$_1$　攻$_{可1}$　夺$_1$ 　挣$_1$　拿（"强力取得"义）$_1$

(续表)

义类	意义	所搭配的动词及频率

		4. 表示"剩余、积存、遗留、拖延"意义的动词
		A. "剩余、漏"类动词
		    剩$_9$ 剩余$_1$ 省$_4$ 节约$_2$ 空(kòng)$_1$ 扣$_5$
		B. "积存"类动词
		    积累$_2$ 攒$_2$ 积$_1$ 积存$_1$ 沉积$_1$
		C. "遗留、滞留"类动词
		    留("保留"义)$_{11}$ 放("留"义)$_2$ 遗留$_2$
		    保存$_1$ 保护$_1$ 扣$_1$ 留("滞留"义)$_{18}$
		    挽留$_1$ 住$_{13}$ 定居$_1$ 宿营$_1$ 安(~身)$_1$
		    安顿$_1$ 收养$_1$ 传递$_1$ 遗传$_1$ 沿用$_1$
		    传(~话)$_1$ 继承$_2$ 传("祖传"义)$_3$
		    祖传$_1$ 发展$_1$
		D. "拖延"类动词
		    拖$_3$ 拖延$_1$ 僵$_1$ 耽搁$_1$ 搁$_1$ 撂$_1$

		5. 表示"写、画"意义的动词
		    写$_2$ 记$_{11}$ 抄$_1$ 划$_1$ 画$_1$ 述属$_1$ 照$_2$
		    拍$_1$ 摘(~录)$_1$ 录(~音)$_1$ 复印$_1$ 听$_1$
		    读$_1$ 背$_{4,可1}$ 背诵$_1$

		6. 表示"决定"意义的动词
		    定$_6$ 确定$_1$ 订$_1$ 敲(~定)$_6$ 商量$_2$
		    研究$_2$ 答应$_8$ 应承$_1$ 包("承包"义)$_1$

	(二)表示"凹陷"	瘦 瘪

	(三)表示完成某一动作	1. 表示"干、做"意义一类的动词
		    干$_1$ 做$_1$ 应付$_1$ 拉(~车)$_{可1}$ 观察$_1$ 烧$_1$
		    查(~找)$_1$ 算("计算"义)$_1$

		2. 表示"活、忍受"意义的动词
		    活/生活$_9$ 顶(dīng)$_{3,可1}$ 坚持$_1$ 凑合$_1$
		    忍$_1$ 过$_1$ 等$_1$

（续表）

义类	意义	所搭配的动词及频率
状态意义	表示由动态进入静态	1. 表示"停息"意义的动词 停$_{61,可1}$ 站$_2$ 歇$_5$ 停息$_1$ 停放$_1$
		2. 表示"安定"意义的动词 放（～心）$_3$ 安（～心）$_{8,可1}$ 定$_{4,可1}$ 按$_1$ 沉（～心）$_1$ 铺（～心）$_1$

		3. 形容词
		  A. 描写声音的形容词
		    静$_{18}$ 安静$_{26}$ 舒缓$_1$ 低落$_1$ 低沉$_1$
		    沉寂$_4$ 静默$_2$ 沉默$_4$ 寂静$_1$ 肃静$_1$
		  B. 描写光线的形容词
		    暗$_{12}$ 黯淡$_1$ 阴冷$_1$ 黑暗$_1$ 阴暗$_2$
		    黑$_{13}$
		  C. 描写速度的形容词
		    慢$_2$ 缓慢$_1$
		  D. 描写温度的形容词
		    冷$_1$ 凉$_1$
		  E. 描写情绪、政治形势的形容词
		    平静$_{18}$ 冷静$_{26}$ 沉静$_1$ 镇定$_2$ 安定$_6$
		    镇静$_9$ 静$_1$ 低落$_4$ 颓丧$_2$ 衰颓$_1$
		    缓解$_1$ 平息$_2$ 松（精神～）$_4$ 轻松$_1$
		    松弛$_2$ 涣散$_1$ 稳$_1$
		  F. 描写人的态度、语气的形容词
		    软$_{11}$ 缓和$_3$
		  G. 其他形容词
		    闲$_1$ 落后$_1$ 老$_2$ 落拓$_1$

熟语	表示在某事之后	接下来

捌　下去

一　趋向意义

趋向意义(一):

表示由高处向低处移动,参照点在高处。

"下去"也是属于语义上既可指向起点,也可指向终点的趋向补语。即"下去"后有处所词语时,有的表示动作的起点(高于地平线时),有的表示动作的终点(低于地平线时)。如:

(1) 我们走下山去。　　(2) 跳下水去。
　　表示动作的起点。　　　表示动作的终点。

〔动类〕

1.表示肢体或物体自身运动的动词,如"走、跳、飞、掉、流、塌"等。

句式　a　　(N_{施事}＋)V＋"下去"
　　　b_2　(N_{施事}＋)V＋"下"＋N_{处所}＋"去"
　　　c_1　N_{处所}＋V＋"下"＋NuM＋N_{施事}＋"去"
　　　c_2　N_{处所}＋V＋"下去"＋NuM＋N_{施事}

(1) 手持棍棒的人拽着腊梅从台上走下去。

(谌容)

(2) 俞大龙就顺着泥水汤浆的堤坡滚了下去。

(从维熙)

(3) 太阳落下去,余热还未消失。

(邓友梅)

(4) 不信,你现在跳下水去,我一定连想也不想,噗咚就跳进去,把你救上来!

(老舍_乙)

(5) 我看见忽然从旁边的阳台上跳下一个人去。

【可能式】
(1) 这块石头卡住了,掉不下去。
(2) 你放心,我拽着你,摔不下去。
可能式多表示一种推测。
2.表示躯体动作的动词,如"坐、躺、低(头)、蹲"等。
句式　a　（N施事＋）V＋"下去"
　　　b₁　（N施事＋）V＋"下"＋N受事＋"去"
　　　d　（N把＋）"把"＋N受事＋V＋"下去"
　　　e　N受事＋V＋"下去"（＋"了"）

(1) 焦成思同陆文婷握了握手,朝沙发上坐下去。

(谌容)

(2) 他连衣服也没有脱,一躺下去便呼呼地睡着了,直到第二天五更打第一颗炮弹才把他惊醒。

(赵树理一)

(3) 然后,坐在原位,低下头去,仿佛非常疲倦。

(老舍甲)

(4) 不要笑,把头低下去!

【可能式】
(1) 说他的关节炎犯了,两个膝盖疼得蹲不下去,要到公社卫生站去看病。

(赵树理二)

(2) 你这弯不下腰去的习惯，只有用这短把子锄头，才能彻底改正。

(赵树理_二_)

"V不下去"与"V不下来"比较：

此类动词表示躯体由高向低的动作，移动距离十分有限，有时参照点也就不那么清楚。

1. 如果动词为"蹲、跪、躺、趴"，当参照点在低处时，用"下来"。如一个人躺在床上，命令另一个也躺下，要说："躺下来！"当一个人站着下命令时，就要说："跪下去！""蹲下去！""躺下去！""趴下去！"

2. 如果动词是"低、弯"，用"下来""下去"没有什么明显的分别。如"把头低下来/去！""把腰弯下来/去！"

3. 如果动词是"坐"，通常用"下来"。如"坐下来谈"。

4. 在"在××"后，也用"下来"。如"他们在椅子上并排坐下来"。在"朝××"后，要用"下去"。如"他们朝沙发上坐下去"。

---

3. 表示可使物体改变位置的动作行为动词。

A. "放、扔、搬、送、拿、吃"等。

句式　　a　　（N_施事_+）V+"下去"

　　　　b_{1-1}　（N_施事_+）V+"下"+（NuM+）N_受事_+"去"

　　　　b_{1-2}　（N_施事_+）V+"下去"+（NuM+）N_受事_

　　　　b_{1-3}　（N_施事_+）V+（NuM+）N_受事_+"下去"

　　　　b_2　　（N_施事_+）V+"下"+N_处所_+"去"

　　　　d　　（N_施事_+）"把"+N_受事_+V+"下去"

　　　　e_1　　N_受事_+V+"下去"（+"了"）

　　　　e_2　　N_受事_+V+"下"+N_处所_+"去"（+"了"）

(1) 我要拿下去核实。

(高晓声)

(2) 可是水淹在他的脖子根,直着脖子不容易咽下东西去。

(赵理树二)

(3) 孙逸民无法,只好拿着鸡蛋,直把这一老一小送下楼去。

(谌容)

(4) 天已黑,对面不见人影,那条皮带拉上来又扔下去,反复了多少次,才把他拽上来。

(梁斌)

【可能式】

(1) 嘴里没味儿,吃不下去。

(苏叔阳)

(2) 你说这口气谁能咽得下去?

(老舍ℤ)

B."赶('驱赶'义)、推、请、叫、喊"等。

句式　同3A

(1) 他想夺回方向盘,把这个得意洋洋的副队长赶下车去。

(蒋子龙)

(2) 把客人请下楼去。

(3) 达生勉勉强强地被推下去。

(曹禺)

C."踩、轧、扎、插、挖"等。

句式　a　N_{施事}+"朝/向/冲"+N_{对象}+V+"下去"

　　　　b_1　N_{施事}+"朝/向/冲"+N_{对象}+V+"下去"+NuM+N_{受事}

　　　　e　N_{受事}+V+"下去",……

(1) 陆文婷伸出两个细长的手指,拿起像小剪刀一般的持针器,夹住针头,朝巩膜扎下去。

(谌容)

(2) 脚一蹬下去,咯吱吱陷下老深。

(梁斌)

(3) 一锹挖下去,露出沙土。

【可能式】

(1) 她拿着一张锹,立插插不下去。

(赵树理)

(2) 皮很硬,针扎不下去。

4.比喻用法:

表示上级对下级、长辈对晚辈发出动作。动词如"布置、发、分配、传达"等。

句式　　a　　($N_{施事}$+)V+"下去"

　　　　b_1　($N_{施事}$+)V+"下去"+NuM+$N_{受事}$

　　　　d　　($N_{施事}$+)"把"+$N_{受事}$+V+"下去"

　　　　e　　$N_{受事}$+V+"下去"(+"了")

(1) 他自己召开会议布置下去,让下边先干起来再说。

(蒋子龙)

(2) 根据省委的提示,各县要在春耕大忙前,把中央的这一决定落实下去。

(谌容)

(3) 一时也不便把这个当作硬任务压下去。

(高晓声)

(4) 我正改作业哩,明天还得发下去。

(梁斌)

【可能式】

(1) 谁知这边的工作却落实不下去,而且一拖竟两年没有解决。

(高晓声)

(2) 村里没有了领导,上级的指示贯彻不下去。

趋向意义(二):

表示退离面前的目标,参照点在目标。

〔动类〕

1."退、败、撤"等。

句式　a　N_{施事}＋V＋"下去"

　　　b₁　N_{施事}＋V＋"下"＋N_{处所}＋"去"

(1) 陈毅退了下去。

（邓友梅）

(2) 他们又败下阵去。

2.可使物体改变位置的动作行为动词,如"带、拉、拖、撤、押、劝"等。

句式　a　(N_{施事}＋) V＋"下去"

　　　d　N_{施事}＋"把"＋N_{受事}＋V＋"下去"

　　　e　N_{受事}＋V＋"下去"(＋"了")

(1) 现在先奉还你几个嘴巴。把她带下去!

（杨沫）

(2) 双喜,把他押下去,看起来!

（老舍₂）

【可能式】

经理劝大家休息劝不下去。

（赵树理₂）

二　结果意义

结果意义(一):

表示使部分物体(或次要物体)从整体(或主要物体)脱离,参照点在整体(或主要物体)。如"把信封上的邮票揭下去","信封"是主要物体,"邮票"是次要物体,"下去"表示通过"揭","邮票"从"信封"上脱离。

〔动类〕

1. 表示可使物体分离的动作行为动词,如"揭、摘、撕、跺"等。

句式　a　（N$_{施事}$＋）V＋"下去"

　　　b$_1$　（N$_{施事}$＋）V＋"下去"＋（NuM＋）N$_{受事}$

　　　d　（N$_{施事}$＋）"把"＋N$_{受事}$＋V＋"下去"

　　　e　N$_{受事}$＋V＋"下去"（＋"了"）

(1) 她倔强地摘下去她头上毛茸茸的皮帽,在手中使劲揉着。

（从维熙）

(2) 把衣服上多余的扣子拆下去吧！

(3) 为了明亮,把南北两面十二个大窗户上的挡板全揭了下去。

（邓友梅）

(4) 可是他不能快跑,地上的雪虽不厚,但是拿脚,一会儿鞋底上就黏成一厚层,跺下去,一会儿又黏上了。

（老舍$_甲$）

【可能式】

(1) 鞋子上落了许多土,弹不下去。

(2) 水壶里结了厚厚的水碱,敲不下去。

2. "裁减、去除"义动词。

A. "裁减"类动词,如"减、裁"等。

句式　同 1

(1) 你们班上人多,减下去几个吧。

(2) 这个工厂裁下去二百多工人。

(3) 你看,你二十,妈妈必定是四十以上的人,这就可以把许多许多王桂珍减下去了。

（老舍$_乙$）

一般较少用可能式。

B. 表示"去除"意义及表示使去除的动作行为动词,如"抹、删、擦、磨、刷(人)、洗、压、打、比"等。

句式　同1

(1) 汗还没完全落下去,他急忙的穿上衣服,跑了出来。

(老舍甲)

(2) 把黑板上的字擦下去。

(3) 那哆哆嗦嗦的声音虽然不高,却把周围一切的声音全压了下去。

(杨沫)

(4) 为什么刚有一点钻研业务的积极性,就要打下去?

(谌容)

(5) 他的武艺高强,把所有参赛的人都比下去了。

【可能式】

(1) 黑板上的字写得很重,擦不下去。

(2) 冯效先决不相信阴曹地府或因果报应之类的无稽之谈,但万群的影子就贴在了他的视网膜上怎么也抹不下去。

(张洁)

"下去"的结果意义(一)与"下来"的结果意义(一)比较:

"下去"的结果意义(一)与"下来"的结果意义(一)完全相同,只是参照点不同:"下去"的参照点在整体或主要物体,"下来"的参照点在部分或次要物体。比较:

(1) 这面墙不宜挂东西,把画摘下去吧。

这幅画我很喜欢,摘下来送给我吧。

(2) 工厂把老张裁下去了。(参照点在"工厂")

老张叫工厂给裁下来了。(参照点在"老张")

(3) 你戴这种帽子不好看,摘下去吧。

这个帽子真漂亮,摘下来我好好看看。

因此,分离之物如果是要保留的,宜用或必用"下来",相反,如果是要遗弃的,就用"下去"。如:

(4) 你又写错了,把这张纸撕下去吧!

你撕下一张纸来给我留个地址。

(5) 这种邮票作废了,揭下去吧。
　　这张邮票特别珍贵,你小心点儿揭下来,保存好。
如果动词为"去除"义,去除之物脱离整体或主要物体后随即消失的,就只能用"下去"。如:
(6) 把黑板上的字擦下去。
　　＊把黑板上的字擦下来。
(7) 把衣服上的灰尘弹下去。
　　＊把衣服上的灰尘弹下来。
(8) 这些年,他的棱角已经磨下去了。
　　＊这些年,他的棱角已经磨下来了。
(9) 把脸上的血洗下去。
　　＊把脸上的血洗下来。
如果说话人的参照点不那么明显,只想表达"脱离"的意思,那么用"下来""下去""下"就比较自由了。

结果意义(二):

表示"凹陷"。可结合的动词如"凹、陷、瘦、瘪、塌(眼窝)、消(肿)"等。

　　句式　a　N_{当事}＋V＋"下去"
　　　　　f　N_{当事}＋V＋"下去"＋NuM

(1) 我连夜的失眠,她明显地瘦了下去。

(邓友梅)

(2) (朱老忠)自从接着运涛入狱的消息,不几天,脸上瘦下来,眼窝也塌下去。

(梁斌)

(3) 照着镜子梳了一下头发,眼窝陷下去,眼睛大了,下颏儿尖了。

(梁斌)

(4) 这炕显然失修多年了,中间凹下去一块,炕席也破裂了。

(谌容)

(5) 穿了一身士兵服的马振武,半年不见瘦下去一圈,个子更矮了。

(邓友梅)

较少用可能式。"瘦"有时可用,如:
他老想瘦也瘦不下去,喝口凉水都长肉。

三 状态意义

状态意义(一):

表示由动态转入静态。

动态,正向
↓
静态,负向

〔动类〕
1. 表示声音的负向形容词,如"静、低、小"等。

句式　a　N$_{当事/处所}$＋V＋"下去"

(1) 有的人就高声咳嗽起来,他们才渐渐安静下去。

(从维熙)

(2) 嫂嫂看了他一眼,哭声低了下去。

(王安忆)

(3) 她的声音小了下去。

(谌容)

(4) 几句音量不高的提醒,勾起了这条通铺上每个人的心事,片刻之间,对凤妮的评议沉寂下去了。

(从维熙)

2. 表示光线的形容词,如"暗、黯、淡"等。
句式　同 1

(1) 忽然又像回光返照一般地明亮起来，但接着又暗下去。

(曹禺)

(2) 于是她那似乎黯淡下去的青春的生命复活了。

(杨沫)

3. 表示人的意志、情绪、兴趣的动词和负向形容词，如"安（心）、平静、低沉、淡"等。

句式　同1

(1) 什么也没说，他心中平静了下去。

(老舍甲)

(2) 听到了这句话，道静一度低沉下去的勇气陡然增加了。

(杨沫)

(3)（我们）应当拉她一把，而不应该叫她沉沦下去。

(杨沫)

(4) 他对工作的兴趣渐渐淡了下去。

"下去"与"下来"比较：

"下来"也表示由动态转为静态，与"下去"不同之处：

1. "下来"可与"停、站"等动词结合，"下去"不能。如：

马车停下来了。

＊马车停下去了。

2. "下来"可结合的形容词比"下去"略广。"下来"可与表示速度、人的态度和语气的形容词结合，"下去"一般不能。比较：

(1) 马跑得慢下来了。

＊马跑得慢下去了。

(2) 他说话的语气突然缓和下来。

＊他说话的语气突然缓和下去。

(3) 他觉得自己理亏，态度软下来了。

＊他觉得自己理亏，态度软下去了。

3. "堕落、沉沦"等一般与"下去"结合，不与"下来"结合。

> 4. "下来"通常表示近距离的、眼前的变化,而"下去"更适合表现远距离的变化,这与它们的趋向意义有关系。如:
> (1) 等屋里静下来了,我才开始发言。
> (2) 屋里渐渐暗下来了,我拉开了电灯。
> (3) 她爹说:"坏处是没有,不过挡不住村里人说闲话!"以后的声音又都低下去,艾艾就听不见了。
>
> (赵树理_)
>
> (4) 远处的火光暗下去了,熄灭了。
>
> **"下去"与"起来"比较**:
> 参见"下来"与"起来"比较,见 180—181 页。

状态意义(二):

表示继续进行某种动作或保持某种状态。

状态意义(二)与状态意义(一)的不同之处在于:状态意义(一)表示开始进入某一状态,表示的是一种转变、变化;而状态意义(二)则表示已在进行的动作继续进行或已存在的状态保持下去。

〔动类〕

表示"继续"义的"下去"可结合的动词、形容词范围很广,在实际语言中发现的频率也比状态意义(一)高得多。凡表示可持续、可以重复进行的动作动词,都可以与"下去"结合。

1. 一般动作动词,如"听、说、吃、喝、哭、笑、打、踢、住、买"等。

句式 a_1 ($N_{施事}$＋) V＋"下去"

         a_2 "别"＋V＋"下去"＋"了"

         b_{1-1} ($N_{施事}$＋) V＋"得/不"＋"下"＋$N_{受事}$＋"去"

         b_{1-2} ($N_{施事}$＋) V＋"得/不"＋"下去"＋$N_{受事}$

         g   "再/只要"＋V＋"下去","就"……

(1) 你说下去呀！

(邓友梅)

(2) 傅家杰心痛难忍,但他仍含泪念下去。

(谌容)

(3) 王光祖也不谦让,懒懒地拾起筷来,先夹了一片,大家也就跟着夹下去。

(赵树理)

(4) 葛翎甩开马玉麟那双脏手,锋利地说:"戏不必再演下去了,我奉劝你从现在停止作恶。"

(从维熙)

(5) 你这样任性的乱撞下去是很危险的。

(杨沫)

(6) 这个会开不成,倒是对你的一种挽救,不然这种会越开下去,你的错误就越大。

(张洁)

【可能式】

(1) 老头说不下去了,他昏昏迷迷地又闭上了眼睛。

(杨沫)

(2) (江涛)走到教室里,拿出一本书来读,又读不下去。

(梁斌)

(3) 我坐在桌前,想改一份报告,拿起笔,改了几个字,就改不下去了。

(谌容)

(4) 你……你叫我怎么打(牌)得下去?

(曹禺)

2. "做、办、进行"类动词,如"做、干、搞、斗争、奋斗、进行、开展"等。

句式 同1

(1) 事在人为,努力干下去,总会看到胜利。

(梁斌)

(2) 再这样搞下去,不成了拉帮结派,搞家天下了吗?

(蒋子龙)

(3) 他又很怕吉子宽态度生硬,会上卡壳,弄成僵局,以后的工作很难做下去。

(谌容)

(4) 这场很难进行下去的谈话是怎样结束的呢?

(谌容)

(5) 我们,不能满足,还要继续斗下去。

(谌容)

【可能式】
(1) 田守诚觉得这个上午简直就干不下去事了。

(张洁)

(2) 谈话怎么也进行不下去了。
3."保持、坚持、继续"等动词。
句式　同 1 之 a_1、a_2、g
(1) 我偷偷擦去涌出的泪水,很想把这感人的采访继续下去。

(谌容)

(2) 相信只要坚持下去,一定会有圆满的结果。

(高晓声)

(3) 这情况怎能持续下去?

(高晓声)

【可能式】
(1) 这怎么坚持得下去!

(高晓声)

(2) 我可维持不下去了。
4."活、忍受"类动词。如"过(日子)、待、活、忍、熬、混"等。
句式　同 1 之 a_1、a_2、g,另有:
　　e　$N_{受事}$(+$N_{施事}$)+V+"下去"
(1) 有嘴,能说。有手,能打。有腿,能走。就能扎挣,就能活下去。

(梁斌)

(2) 事情就这样拖下去,拖下去。

(高晓声)

(3) 愫姨,你还劝我忍下去?

(曹禺)

(4) (王冠雄)只好硬着头皮顶下去。

(蒋子龙)

(5) 计谋败露,不好再混下去了,才离开了部队。

(蒋子龙)

【可能式】

(1) 像这样的生活,我真过不下去!

(谌容)

(2) 反正这个家是呆不下去啦!

(杨沫)

(3) 这个家可怎么撑得下去呢?

(张洁)

表示不能持续、不能反复进行的动作动词,如"毕业、回(家)、来、去、开(幕)、出生"等,不能与"下去"结合。

5. 形容词

可与"下去"结合的形容词虽然面不算窄,但在我们的语料中出现的频率不高。

句式　g　连词/副词＋形容词＋"下去",……

(1) "四人帮"倒台了,农村也算穷到底了,不会再穷下去了。

(高晓声)

(2) 我们不能再糊涂下去,否则就会变成罪人。

(高晓声)

(3) 就一生,一生这样孤独下去——两个人这样苦下去?

(曹禺)

(4) 不,我们不能再软弱下去!

(梁斌)

【可能式】

我再冷静不下去了!

(赵树理)

较少用可能式。

6. "这样"以及某些拟声词也可以与"下去"结合。如:

(1) 不能这样一句对一句地叮当下去了。

(蒋子龙)

(2) 不能再这样下去了。

(蒋子龙)

"下去"总表

义类	意义	所搭配的动词及频率
趋向意义	(一) 表示通过动作使人或物体由高处向低处移动，参照点在高处	1. 表示躯体、物体运动的动词 走₈ 跑₆ 跳₂₁ 爬₁ 跌₅ 滑₂ 滑溜₁ 冲₁ 滚₃ 溜₂ 栽₄ 扑₂ 俯冲₁ 沉₈ 坠₁ 降₂ 掉₄ 落₆,可₂ 摔₄ 塌₄,可₂ 流₁ 倒(dǎo)₁₆
		2. 表示肢体动作的动词 坐₁₆ 跪₃ 蹲₁₂,可₁ 躺₉ 卧₁ 睡₁ 倚₁ 垂(～头)₃ 耷拉(～头)₁ 沉(～头)₁ 俯(～身)₆ 弯(～腰)₁₃,可₁ 低(～头)₃₉
		3. 表示可使物体改变位置的动作行为动词 A. 放₂ 扔₁ 甩₁ 搬₁ 按₁ 播₂ 扒拉₁ 拂₁ 扎(～根)₂ 搂(lōu)₁ 挤₁ 打₁ 送₁ 拿₅ 吃₁₉,可₁₁ 服(～药)₂ 吞₁₄ 咽₁₉,可₅ 喝₁₁,可₂ 灌₃,可₁ 顺(～气)₁ B. 赶₁ 推₅ 请₁ C. 踩₁ 轧₁ 扎₁ 插₂,可₁ 盖₁ 蹬₁ 拍₁ 控₁ 砸₁ 磕₁
		4. 比喻用法 布置 落实 发 压 传达
	(二) 表示通过动作使人或物体离开面前的目标，参照点在目标	1. 表示"后退"意义的行为动词 退₃
		2. 表示可使物体改变位置的动作动词 抬₁ 拉₃ 拖₁ 带₃ 押₂ 撤₂ 劝₁,可₁
结果意义	(一) 表示物体的一部分(或次要物体)从整体(或主要物体)脱离，参照点在整体(或主要物体)	1. 表示可使物体分离的动作行为动词 揭₁ 摘₁ 踩₁
		2. 表示"裁减、去除"意义的动作行为动词 A. 减₁ 隐没₁ 消₁ 消退₁ B. 抹₂,可₁ 落(～汗)₄ 磨₁ 比₂ 压₁₃,可₂ 压制₁ 镇压₁ 熬₁ 打₄ 遮₁
	(二) 表示"凹陷"	消瘦₁ 瘦₄ 塌₃ 凹₄ 陷₆

(续表)

义类	意义	所搭配的动词及频率
状态意义	(一) 表示由动态进入静态	1. 描写声音的形容词 安静$_2$　低$_3$　沉寂$_1$　小$_2$　细小$_1$ 2. 描写光线的形容词 暗$_1$　黯淡$_1$ 3. 描写情绪、意志、兴趣的动词和形容词 淡$_3$　平静$_1$　低沉$_1$　安(～心)$_{可2}$　放(～心)$_{可2}$ 衰落$_2$　枯萎$_1$　沉沦$_1$
	(二) 表示继续进行某动作或保持某种状态	1. 表示具体动作的动词 说$_{119,可23}$　讲$_{18,可4}$　谈$_{10}$　读$_{10,可2}$　念$_9$　问$_6$ 叫　背(～书)$_{3,可1}$　吵$_2$　哭$_1$　发挥("说"义)$_1$ 批评　看$_{25,可12}$　写$_{8,可1}$　修改　听$_{22,可10}$　猜 接(～话)$_{11}$　想$_{15}$　考$_{可2}$　改$_{可1}$　查$_2$　哀求$_1$ 开(～会)$_{3,可1}$　答应　啰唆　走$_{15}$　跳$_1$　踏$_1$ 追　躺　撞　打$_{2,可1}$　吸(～烟)$_1$　演 弹(～奏)$_1$　夹(～菜)$_1$　赌$_{可1}$　垫$_1$　排(～队)$_1$ 交待$_{可1}$　让(推～)$_1$ 2. "做、办、进行"类动词 干$_{11,可3}$　办$_2$　搞　做$_{4,可1}$　连(～工作)$_1$　工作 抓(～工作)$_1$　进行$_3$　开展$_1$　折腾$_1$　斗争$_5$ 争　斗　闹$_2$　纠缠　奋斗$_1$　值(～班)$_1$ 交往　爱好　持续$_1$ 3. "保持、坚持"类动词 保持$_1$　坚持$_{8,可1}$　维持$_2$　继续$_{12}$　发展$_6$ 4. "活、忍受"类动词 过$_{18,可5}$　呆$_{27,可7}$　活$_{71,可13}$　生活$_{19}$　泡(～时间)$_1$ 混$_{8,可7}$　住$_{6,可1}$　歇$_{可1}$　休息$_{可1}$　坐$_1$　养(休～)$_1$ 等$_{3,可1}$　拖延$_2$　拖$_8$　存在$_1$　保存$_1$　积存$_1$　受$_1$ 隐藏$_{可1}$　隐瞒$_1$　瞒$_1$　敷衍$_1$　忍$_{13,可19}$　耐$_{可1}$ 忍耐$_1$　挨$_1$　憋$_1$　熬$_1$　撑$_{可1}$　顶$_2$　困$_1$ 误会$_1$　沉默$_1$ 5. 形容词 孤独$_1$　苦$_1$　坏$_1$　冷$_1$　空(kòng)$_1$　糊涂$_1$　穷$_1$ 浪费$_1$　安静$_1$　软弱$_1$　客气$_1$　冷静$_{可1}$　叮当$_1$ 6. 这样 这样$_1$　叮当$_1$

玖　进

一　趋向意义

趋向意义：

表示由处所外面向里面移动。参照点可以在处所外面，也可以在里面。如"走进屋"。

$$\boxed{(X)} \longleftarrow \bigcirc(X)$$

〔动类〕

1.表示躯体或物体自身运动的动词，如"走、闯、钻、飞、闪、躲、挤、摸、住"等。

句式　a　N_{施事}＋V＋"进"（限于文学作品语言）
　　　b_2　N_{施事}＋V＋"进"＋N_{处所}
　　　c　N_{处所}＋V＋"进"＋NuM＋N_{施事}

(1) 老头越发醉得厉害了，东倒西歪地跌进学校的大门，呼的一声把两扇庙门关得紧紧的。

（杨沫）

(2) 胡书记朝办公室主任一挥手，自己先钻进车内。

（谌容）

(3) 一滴一滴的水流进了这垂危病人的口中。

（谌容）

(4) 随着车门一开，跑进了几个男女学生。

（杨沫）

(5) 天色破晓了，阴森森的昏暗的刑房里，从高高的窗隙透进了淡淡的青色的微光。

（杨沫）

较少用可能式。

2. 表示躯体动作的动词，如"探（头）、伸（手）、迈（脚）"等。

句式　　b₁　　N施事＋V＋"进"＋(NuM＋)N受事（"头、手、脚"等）

　　　　b₂　　N施事＋V＋"进"＋N处所

　　　　d　　N施事＋"把"＋N受事＋V＋"进"＋N处所

(1) 江泰跨进通大客厅的门槛一步，又匆匆回来。

（曹禺）

(2) 蘩漪伸进手，将窗子关上。

（曹禺）

(3) 当她走到鲁泓背后的时候，先把手伸进丈夫的衣兜，看他是不是装着冠心病的急救药——硝酸甘油片。

（从维熙）

(4) 他把脑袋缩进被窝里，翻上倒下，想了一夜。

（梁斌）

较少用可能式。

3. 表示可使物体改变位置的动作行为动词。

A. 躯体动作动词，如"搬、挑、抱、放、塞、镶、押、扔、甩"等。

句式　　b₁　　N施事＋V＋"进"＋(NuM＋)N受事/工具

　　　　b₂₋₁　N施事＋V＋"进"＋N处所

　　　　d　　(N施事＋)"把"＋N受事＋V＋"进"＋N处所

　　　　e　　N受事＋V＋"进"＋N处所（＋"了"）

(1) 他又打开那一包枣儿，拣了一颗扔进嘴里。

（谌容）

(2) 可是有一天方大小姐叫他去给放进十块钱，他细细看了看那个小折子，上面有字，有小红印。

（老舍甲）

(3) 我把眼泪咽进肚子，总算是迈出了坚强的第一步。

（从维熙）

(4) 她穿上了同志们给她的军衣……长头发剪短了，塞进帽子里。

（谌容）

一般不用可能式。

B."叫、请、调、引、迎、推"类动词,宾语为表示人的名词。

句式　同 A,另有：

$\qquad$ b_{2-2}　（N$_{施事}$＋）V＋N$_{受事}$＋"进"＋N$_{处所}$

(1) 这位搏弈手……偷偷地把树春请进自己的斗室,跟他连下三盘象棋。

(2) 车篷宽却把刘亚叫进了自己的办公室。

（蒋子龙）

(3) 逻辑王又被送进学习班。

（谌容）

(4) 我很了解这个人,送他进劳改队。

一般不用可能式。

4. 比喻用法：

A."买、收"类动词。"进"表示领属关系或占有关系,由外向内改变。

句式　a　N$_{施事}$＋V＋"进"（少用）

$\qquad$ b_1　N$_{施事}$＋V＋"进"＋NuM＋N$_{受事}$

(1) 是,是,也许这是空户们要买进,故意造出的空气？

（曹禺）

(2) 而从五月以来,生猪收购价格调整以后,每市收进二百只上下。

（高晓声）

一般不用可能式。

B. 表示动作有效果。动词主要有"听、读、看（书）、念（书）"等,可结合的宾语有限,一般用可能式。

句式　b_1　N$_{施事}$＋V＋"得/不"＋"进"＋N$_{受事}$

(1) 这几天他吃不下饭,看不进书,总是发呆。

(2) 这个人听不进别人的劝告,早晚要跌跤。

二 结果意义

结果意义：

表示"凹陷"。

句式 c $N_{处所}$＋V＋"进"＋NuM

(1) 桌子中间凹进一块，很不美观。
(2) 他额头瘪进一块，很显眼。

"进"总表

义类	意义	所搭配的动词及频率
趋向意义	表示通过动作使人或物体由某处所的外部向内部移动，参照点可在外部，也可在内部	1. 表示躯体、物体运动的动词 走$_{208}$ 跑$_{29}$ 跨$_{12}$ 迈$_{11}$ 跳$_{11}$ 驶$_4$ 踏$_3$ 跌$_6$ 钻$_{37}$ 冲$_{13}$ 闪$_2$ 爬$_5$ 陷 躲 挤$_7$ 拐$_5$ 打$_2$ 藏 扑 奔 拥$_2$ 退 栽 扎$_1$ 赶$_1$ 抹("行走"义)$_1$ 拱 闯$_{14}$ 坐$_4$ 流$_4$ 滚$_1$ 洒 传 照 掉 透 落 射(~光)$_2$ 溶 滴 沉 住$_{5,可1}$ 混$_2$
		2. 表示躯体功作的动词 缩$_3$ 伸(~手)$_{16}$ 探(~身子)$_5$
		3. 表示可使物体改变位置的动作行为动词 A. 端$_1$ 搬 抬$_2$ 挑 拉$_7$ 拽 拖$_2$ 推$_{12}$ 抱$_1$ 搂 撒 抢 开(~车)$_8$ 赶(~车)$_1$ 放$_{17}$ 搁$_2$ 装$_{17}$ 捅 灌$_4$ 盛(chéng)$_1$ 插$_{16}$ 安 倒(dào)$_5$ 扒$_1$ 拨$_1$ 扫$_1$ 埋$_1$ 摸 披 揣 填 塞$_{19}$ 嵌$_1$ 选$_1$ 卖$_1$ 补 卷 藏 输 抓$_1$ 锁$_1$ 关$_{10}$ 押$_1$ 圈(juàn)$_1$ 摔$_1$ 掷 刺$_3$ 抛$_5$ 压$_1$ 砸$_1$ 扔 丢 扎 投 甩 戳 考$_2$ 加$_2$ 收录 吞 噙 咽 吃 吸 B. 请$_1$ 送$_{14}$ 引$_6$ 领$_1$ 调 迎$_2$ 叫$_1$ 喊$_1$ 陪$_1$ 带$_7$ 让$_2$ 架$_1$ 抉$_1$

续表

义类	意义	所搭配的动词及频率
		4. 比喻用法 　A. 收$_2$　买$_2$ 　B. 听$_1$　读　看　含
结果意义	表示"凹陷"	凹　陷　瘪

拾　进来

趋向意义

趋向意义：

表示由处所外面向里面移动,参照点在处所的里面。

〔动类〕

1.表示躯体或物体自身运动的动词,如"走、钻、挤、冲、飞、涌、流、渗"等。

句式　　a　$N_{施事}$＋V＋"进来"

　　　　b_2　$N_{施事}$＋V＋"进"＋$N_{处所}$＋"来"

　　　　c_1　$N_{处所}$＋V＋"进来"＋NuM＋$N_{受事}$

　　　　c_2　$N_{处所}$＋V＋"进"＋NuM＋$N_{受事}$＋"来"

(1) 蘩漪由中门不做声地走进来。

(曹禺)

(2) 我们正说着,就见一个小女孩连喊带跑地扑进门来。

(谌容)

(3) 刚走了几步,忽然候车室门外涌进来一批干部模样的人群。

(高晓声)

(4) 他深深呼吸了一下从缝隙透进来的寒冷的空气,又打了个哈欠。

(杨沫)

"参加"的用法与此类动词相同。如:

(5) 过一会儿又参加进来一个四川人。

（张洁）

【可能式】

(1) 那条狗腿断了,爬不进来。

(2) 窗户挡得严严实实的,一点儿光也透不进来。

2."找、打听"之类动词。

句式　同 1 之 a、b_2

(1) 不知道他怎么找进来的。

（曹禺）

(2) 我是一路打听进来的,因为不知道你的详细地址。

无可能式。

3.表示肢体动作的动词,如"伸（头）、探（头）、跨（脚）、迈（脚）"等。

句式　a　$N_{施事}$＋V＋"进来"

　　　　b_{1-1}　$N_{施事}$＋V＋"进"＋NuM＋$N_{受事}$＋"来"

　　　　b_{1-2}　$N_{施事}$＋V＋"进来"＋NuM＋$N_{受事}$

　　　　b_{1-3}　$N_{施事}$＋V＋NuM＋$N_{受事}$＋"进来"

　　　　d_1　$N_{施事}$＋"把"＋$N_{受事}$＋V＋"进来"

　　　　d_2　$N_{施事}$＋"把"＋$N_{受事}$＋V＋"进"＋$N_{处所}$＋"来"

　　　　e　$N_{受事}$＋V＋"进来"（＋"了"）

(1) 这时候,大门忽然开了个缝,一个很精干的青年伸进一颗头来。

（赵树理）

(2) 他刚把左脚跨进屋来,又想缩回去。

(3) 他头伸进来了,身子还留在外面。

一般不用可能式。

4.表示可使物体改变位置的动作行为动词。

A.躯体动作的动词,如"端、抬、塞、插、扔、关（人）、押（人）"等。

句式　同 3

(1) 张顺端进来一碗热菜,搁好即下。

（曹禺）

(2) 你把炉子搬进来,你一边做饭,我们一边谈好不好?

(杨沫)

(3) 祥子刚把车拉进门洞来,放好,曹先生又出来了。

(老舍甲)

(4) 王小曼不是躺在床上被抬进来,而是被护士半拉半拽带进手术室的。

(谌容)

【可能式】

(1) 他劲太小,那个箱子搬不进来。

(2) 门口查得很严,吃的东西带不进来。

B. "请、叫、喊、放、推、轰、赶"类动词,N$_{受事}$为表示人的名词。

句式　同3,另有:

　　　　b_{1-4}　N$_{施事}$＋V＋N$_{受事}$＋"进来"

(1) 周朴园:(向鲁贵)去,请进来。

(曹禺)

(2) 小毛开了门放他进来,又到洞里去把李如珍、春喜都叫出来。

(赵树理$_二$)

(3) 冯老兰说:"你把他带进来。"

(梁斌)

【可能式】

(1) 这个人,我请不进来。

(2) 那个孩子贪玩,我叫不进来。

5. 比喻用法:表示领属关系或占有关系由外向内改变。动词主要有"买、收"等。

句式　同3之 a、b_{1-1}、b_{1-2}、b_{1-3}、d$_1$、e

(1) 买进来要卖不出去呢?

(赵树理$_二$)

(2) 依我看来,凡是敢说敢干的,差不多都收进来了。

(赵树理$_二$)

【可能式】
（1）这么多的账，三天收不进来。

"进来"总表

义类	意义	所搭配的动词及频率
趋向意义	表示通过动作使人或物由某处所的外面向里面移动，参照点在处所里面	1. 表示躯体、物体运动的动词 走$_{171}$ 跑$_{19}$ 跳$_5$ 溜$_3$ 爬$_3$ 蹽$_2$ 跌$_1$ 跨$_1$ 迈$_1$ 钻$_9$ 跟$_3$ 扑$_1$ 挤$_3$ 涌$_4$ 闯$_9$ 冲$_8$ 飞$_3$ 攻$_3$ 打$_5$ 流$_1$ 流泄$_1$ 荡$_1$ 传$_4$ 透$_5$ 射$_1$ 照射$_1$ 撒$_1$ 闪（～光）$_1$ 落$_1$ 滚$_1$ 渗$_1$ 漏$_1$
		2. 找$_1$ 打听$_1$
		3. 表示肢体动作的动词 伸$_3$ 探（～头）$_2$
		4. 表示可使物体改变位置的动作行为动词 A. 推$_2$ 扯$_1$ 拉$_5$ 抬$_1$ 扛$_1$ 搬$_4$ 抱$_2$ 端$_5$ 　　拖$_1$ 拿$_2$ 吹（风～）$_4$ 刮（～风）$_2$ 塞$_3$ 插$_3$ 　　射（～子弹）$_1$ 导（"引导"义）$_1$ 扎$_1$ 戳$_1$ 　　灌$_1$ 投$_1$ 扔$_1$ 关（"关押"义）$_1$ 弄$_2$ B. 带$_2$ 让$_3$ 请$_2$ 放（～人）$_5$
		5. 比喻用法 买$_5$ 收$_5$

拾壹　进去

一　趋向意义

趋向意义：

表示由处所外面移动到里面，参照点在外面。

〔动类〕

1. 表示躯体、物体自身运动的动词。如"走、钻、跟、闯、飞、溅、卷"以及"打（'攻打'义）、参加"等。

　　句式　　a　（N施事＋）V＋"进去"
　　　　　　b_2　（N施事＋）V＋"进"＋N处所＋"去"
　　　　　　c_1　N处所＋V＋"进去"＋NuM＋N施事
　　　　　　c_2　N处所＋V＋"进"＋NuM＋N施事＋"去"

(1) 他决定走进城去。

(老舍甲)

(2) 她出了村，天还不明，听着后边有几个人赶来，吓得她又躲进路旁的蒿地里去。

(赵树理二)

(3) 我看见刚才洞里钻进去几个孩子。

(4) 汽车来了，祥子楞头磕脑的坐进去。

(老舍甲)

(5) 可跳蚤还是偷袭进去咬了一溜疙瘩。

(王安忆)

【可能式】
(1) 中间空隙又太小,人钻不进去,也许瘦一点的小个子能凑合着钻进去。

(蒋子龙)

(2) (这双眼睛)归根结蒂仍然像在看一幅活人走不进去的,只有心灵才能走进去的美妙的画。

(张洁)

2. 表示躯体动作的动词,如"伸(手)、探(头)、跨(脚)、迈(脚)"等。

句式　a　（$N_{施事}$＋）V＋"进去"
　　　b_1　$N_{施事}$＋V＋"进"＋$N_{受事}$＋"去"
　　　d　$N_{施事}$＋"把"＋$N_{受事}$＋V＋"进去"
　　　e　$N_{受事}$＋V＋"进去"（＋"了"）

(1) "不,我就下来。"凡正的头缩进去了,过了一会,门开了。

(王安忆)

(2) 陈奂生看着那冷若冰霜的脸,知道自己说错了话,得罪了人,哪里还敢再开口,只得抖着手伸进袋里去摸钞票。

(高晓声)

(3) (愫方)不觉缩进去那双苍白的手腕。

(曹禺)

【可能式】
(1) 口袋太小,连手都伸不进去。
(2) 他家门槛高,一般人迈不进去。

3. 表示可使物体改变位置的动作行为动词。

A. 肢体动作动词,如"搬、拿、抱、扔、放"等。

句式　a　　　（$N_{施事}$＋）V＋"进去"
　　　b_{1-1}　（$N_{施事}$＋）V＋"进"＋NuM＋$N_{受事}$＋"去"
　　　b_{1-2}　（$N_{施事}$＋）V＋"进去"＋NuM＋$N_{受事}$
　　　b_{1-3}　（$N_{施事}$＋）V＋NuM＋$N_{受事}$＋"进去"（少用）
　　　d_1　　（$N_{施事}$＋）"把"＋$N_{受事}$＋V＋"进去"
　　　d_2　　（$N_{施事}$＋）"把"＋$N_{受事}$＋V＋"进"＋$N_{处所}$＋"去"
　　　e　　　$N_{受事}$＋V＋"进去"（＋"了"）

(1) 一个油头滑脑的家伙,看了看那封信,拿进去。
(梁斌)
(2) 好像把那烦恼和菜汤一起咽进肚子里去。
(张洁)
(3) 一件棉袍、两件单长衫全送进当铺去了,所有的衣服只剩下穿在身上的一件毛衣、一件夹袍。
(杨沫)
(4) 我坐在一个土坡上,调好颜色,拿起画笔,我想把蓝天、远树、早霞都画进去,甚至连这两只幸福的鸟儿的啼鸣也溶进画面。
(从维熙)

【可能式】
(1) 这一刀捅进去,扎不出血,见不了红。
(谌容)
(2) 妈,你这些话我听了总有百八十遍了,耳朵满满的,再也塞不进去啦。
(杨沫)

B. "请、迎、领、调、陪"等,宾语为表示人的名词。
句式　同3A,另有:
b_{1-4}　($N_{施事}$＋) V＋$N_{受事}$＋"进去"

(1) 警卫员推开一间北房的房门,把我引了进去,看来这是一间小会客室。
(谌容)
(2) 他把王书记迎进房里去。
(赵树理二)
(3) 在门房里坐了半点钟功夫,才有仆人带他进去。
(梁斌)
(4) 后来经过一番调整,才给每桌上至少调进去一个有经验的加以指导。
(赵树理二)

【可能式】
那里门卫很严,你,我带不进去。

较少用可能式。

4. 比喻用法：

动词主要有"听、看、读"等。"进去"表示动作有效果,可结合的宾语有限。

　　句式　a　N_{施事}＋V＋"进去"（多用否定式）

　　　　　e　N_{受事}（＋N_{施事}）＋V＋"进去"（＋"了"）

(1) 但是路凯坐在她对面,只看见她张嘴,她讲的东西一点儿也没听进去。

（蒋子龙）

(2) 看了半天也没看进去。

（蒋子龙）

【可能式】

(1) 我又对她解释了一番。她根本听不进去。

（谌容）

(2) 运涛想:托人去说吧,跟冯贵堂不能说,跟冯老洪、冯老锡,也说不进去。

（梁斌）

二　结果意义

结果意义：

表示"凹陷"。

　　句式　a　N_{当事}＋V＋"进去"

　　　　　f　N_{当事}＋V＋"进去"＋C

(1) 只见她满脸都是刀刻样的皱纹,大眼眶深深地凹陷进去。

（谌容）

(2) 睡得真死,摊手摊脚地,一副愁眉苦脸的样子,眼睛深深地凹进去。

（张洁）

(3) 满脸胡子拉碴,太阳穴与腮都瘪进去①,眼是两个深坑,那块疤上有好多皱纹!

(老舍甲)

无可能式。

"进去"总表

义类	意 义	所搭配的动词及频率

趋向意义	表示通过动作使物体由某处所的外面向里面移动。参照点在处所外面	1. 表示躯体、物体运动的动词
		走$_{67,可3}$ 跑$_{11}$ 跳$_2$ 爬$_1$ 坐$_1$ 跌$_1$ 奔$_2$ 跟$_7$
		挤$_2$ 弯$_1$ 拐$_2$ 躲$_3$ 迈$_1$ 踅$_1$ 钻$_{13,可1}$ 冲$_4$
		闯$_2$ 打$_{2,可1}$ 偷袭$_1$ 参加$_2$ 掉$_3$ 渗$_1$ 溅$_1$
		滚$_2$ 混$_1$
		
		2. 表示肢体动作的动词
		缩(~头)$_2$ 伸$_3$
		
		3. 表示可使物体改变位置的动作行为动词
		A. 端$_1$ 搬$_1$ 扛$_1$ 挑$_1$ 抱$_1$ 拉$_1$ 推$_5$ 抢$_1$
		   塞$_{3,可1}$ 装$_6$ 放("放置"义)$_2$ 拿$_3$ 埋$_2$
		   弄$_1$ 开(~车)$_2$ 画$_1$ 写$_3$ 吐(tù)$_1$ 喂$_1$
		   灌$_1$ 吃$_{3,可1}$ 喝$_1$ 吞$_3$ 咽$_1$ 插$_2$ 攮$_1$ 丢$_1$
		   穿$_{1,可1}$ 扎$_{可1}$ 捅$_{1,可1}$ 扔$_2$ 投$_4$ 望$_1$
		   组织$_2$ 融$_1$ 综合$_1$ 考虑$_1$ 添$_1$ 送$_3$
		B. 关$_1$ 抓$_1$ 引$_7$ 迎$_3$ 带$_{12}$ 调$_5$
		
		4. 比喻用法
		交$_1$ 收$_2$ 花$_1$ 听$_{2,可6}$ 看$_1$ 说$_{可1}$

结果意义	表示"凹陷"	陷(眼睛~)$_2$ 凹陷$_1$ 凹$_3$ 瘪$_1$

---

① 原书是"太阳与腮都瘪进去",根据前后文意,笔者后改。

拾贰 出

一 趋向意义

表示由处所里面向外面移动,参照点可在处所里面,也可在外面。"出"后处所词所表示的是动作的起点还是终点,情况与"出来"相同。

〔动类〕

1. 表示躯体或物体自身运动的动作动词,如"走、追、逃、钻、突(围)、飞、渗、迸发"等。

句式　b_2　$N_{施事}$＋V＋"出"＋$N_{处所}$
　　　　c　$N_{处所}$＋V＋"出"＋(NuM＋)$N_{施事}$

(1) 朱老忠走出房门,在院子歇了一下。

(梁斌)

(2) 我返身挤出了人群,走了。

(王安忆)

(3) 左门开了,由里走出潘月亭和李石清。

(曹禺)

(4) 贾湘农叫他脱下棉袍,烤在火上,冰冻化开了,冒出腾腾白气。

(梁斌)

(5) 许明辉头上渗出汗珠,结结巴巴地答道……

(谌容)

一般不用可能式。

2. 表示躯体动作的动词,如"探(头)、伸(手)"等。

句式　b_1　$N_{施事}+V+$"出"$+(NuM+)N_{受事}$

(1) 桃娃怯生生地藏在老人身后去了,她不说话,躲着我的目光,却又伸出细长的脖子,探出小脑袋偷偷地盯着我瞧。

(谌容)

(2) 愫方颤抖地伸出手把文清手中的信接下。

(曹禺)

(3) 他探出半个身子,大声呼喊着:"爸爸——妈妈——"

(从维熙)

"伸"有时可构成可能式。如:

老套子说:"咳!冷死人哩,拾把柴禾都伸不出手!"

(梁斌)

"伸不出手"的意思是"因为天冷,手不敢裸露出来"。

3. 表示可使物体改变位置的动作行为动词。

A. "掏、拔、拖、挖、取、选、吐"等。

句式　b_1　$(N_{施事}+)V+$"出"$+(NuM+)N_{受事}$

　　　b_2　$(N_{施事}+)V+$"出"$+N_{处所}$

　　　d　$(N_{施事}+)$"把"$+N_{受事}+V+$"出"$+N_{处所}$

　　　e　$N_{受事}+$"被"$(+N_{施事})+V+$"出"$+N_{处所}$

　　　f　$N_{施事}+V+$"出"$+C$

(1) 忠大伯吩咐大贵二贵搬出坐凳,叫运涛和江涛坐下。

(梁斌)

(2) 他走到方桌前打开抽屉,取出手枪,走进右边房门。

(曹禺)

(3) 有个造反司令部勒令我二十四小时内搬出原来的住处。

(谌容)

(4) 冯四海一把拎起红玉,跟拎小鸡子一样,把她拎出屋门儿,街坊们瞪着眼跟着。

(苏叔阳)

(5) 果然,何教授被几个勇士推出楼门。

(苏叔阳)

(6) 祥子一把扯住二强子的肩,就像提拉着个孩子似的,掷出老远。

(老舍甲)

【可能式】

(1) 整个的老城像烧透的砖窑,使人喘不出气。

(老舍甲)

(2) 外边有很多兵把守着,你逃不出这个门。
(3) 他搬不出这座城市。

B."请、叫、让"等。

(1) 学校把小赵派出国进修。
(2) 你们把他们轰出学校。
(3) 我们把她救出了火坑。

4. 比喻用法:

表示领有关系或占有关系等的转移,参照点可在原占有者上,也可在新占有者上。如"他卖出两间房子""他从邻居那里买出两间房子"。

〔动类〕

A."发、交、还、卖、买"等。

句式　b_1　$N_{施事}$＋V＋"出"＋(NuM＋)$N_{受事}$

(1) 为了今天的胜利,多少好同志献出了自己的生命。

(谌容)

(2) 阿信在外苦了十年,要是他结婚,你们要让出半间,你说是吧?

(王安忆)

(3) 刘兴大从来不曾消极失望过,他是个铮铮铁汉,甘心付出最大的劳动换取最小的报酬。

(高晓声)

(4) (他决定)要出他的储蓄;从此一刀两断——

(老舍甲)

(5) 不要难过,多少事情是要拿出许多痛苦才能换出一个"明白"呀。

(曹禺)

【可能式】

(1) 那会儿,队上也穷得叮当响,会计连瓶墨水的钱都支不出!

(谌容)

此类动词更多的是与"出来""出去"构成可能式。

B."豁、舍、使(力气)"等。

句式　同4A

(1) 你越笑我越不摘,我豁出一只眼去啦!

(苏叔阳)

(2) 拼出全部力量,怎样也守到天明。

(邓友梅)

(3) 我舍出老脸去见他们,要是他们不听我的话,就和他们拼!

(梁斌)

(4) 数不完的干扰,说不尽的阻拦,几乎每前进一步,都要使出全身的力气。

(谌容)

较少用可能式。

二　结果意义

结果意义:

表示由无到有,由隐蔽到显露。 与"出来"的结果意义(一)相同。

〔动类〕

1. 表示使事物从无到有、从隐蔽到显露的方式的动作行为动词。

A. 表示制作意义及表示制作方式的动作动词,如"做、干、生产、炼(铁)、培育(种子)、写、照(相)"等。

句式　b_1　$N_{施事}＋V＋$"出"$＋(NuM＋)N_{受事}$

(1) 最终要制定出一套办法。

(张洁)

(2) 放心吧,马上要大搞了,全面开花,县委已经作出决定。

(高晓声)

(3) 这期间,制药厂又生产出一批新药。

(苏叔阳)

(4) 一个人即使浑身是铁,又能打出多少钉呢?

(王安忆)

(5) 只有青色的雪光依稀勾画出村子的轮廓。

(谌容)

【可能式】

(1) 他是说得出做得出的。

(王安忆)

(2) 我搜肠刮肚也编不出回答的词儿来了。

(从维熙)

(3) 他们俩一笔写不出两个崔字,解放后虽然不修谱了,但辈分却是不会搞错的。

(高晓声)

B. "生长"类动词,如"生、长、产生、养(孩子)、抽(芽)、孵化、发(芽)、秀(穗)"等。

句式　同1A

(1) 他佩服地想,这个打击乐刘群真要生出三头六臂才能对付。

(王安忆)

(2) 到了春天,也许会抽出嫩绿的芽儿。

(王安忆)

(3) 这么坚硬的石头上长出这么娇嫩的花,造物主真了不起。

(王安忆)

(4) 在这种气氛中,卢时扬不由地觉得自己刷地矮了半截,身不由己地产生出一种自卑。

(王安忆)

(5) 别的都已摆好,只有白菜还在火上煨着,发出些极美的香味。

(老舍甲)

【可能式】
(1) 这地踩硬了,就长不出庄稼。

(梁斌)

(2) 那盏灯熄灭了,再也发不出光了。
C. "调查、寻找"类动词,如"查、寻、找、搜罗、翻、测"等。
句式　同1A
(1) 最后我搬出字典,查出了这字的意思,捧给他看。

(苏叔阳)

(2) 他常常头一天爬上我们第二天要去采药的山头,为我们找出一条登山的道路。

(苏叔阳)

(3) 我赶紧掏出钱夹子,又上上下下翻起兜,一共搜罗出零零碎碎两斤多粮票。

(王安忆)

(4) 这位头上插着"风向仪"的雷光,从石小虎重新任地委第一书记的变化中,似乎测出气候正在变为"多云转晴"。

(从维熙)

(5) 一个喽罗从抽屉里翻出一份材料,扬在手里喊了起来。

(谌容)

【可能式】
(1) 医生查不出他有什么大不了的毛病。

(苏叔阳)

(2) 他确实很满意,回顾自己的生平,也找不出一件快事能和今天比较。

(高晓声)

D. "思考"类动词,如"想、想象、体会、剖析、理(头绪)、猜"等。
句式　同1A
(1) 老魏在老头子身边站了一会,挠了挠花白的头发,终于想出了一个办法。

(王安忆)

(2) 他冥思苦想,绞尽脑汁,终于悟出了一个道理。

(谌容)

(3) 这个不吭不响的小伙子,研究出一种材料堆放法,还研究制造了一架小型的机器。

(苏叔阳)

(4) 他拼命想去了解,想摸索出一条新的规律,可是办不到。

(蒋子龙)

(5) 渐渐地,他也摸出了一点规律,想出了一点办法。

(张洁)

【可能式】

(1) 他背着手转来转去想不出办法。

(赵树理)

(2) 马越怎么也想象不出这样一个粗壮的人,在高空的架子上作业竟是这样灵巧。

(蒋子龙)

(3) 前边这个人我没见过,也猜不出他的岁数有多大。

(蒋子龙)

E. "引、惹"类动词,如"引、惹、闹(乱子)"等。

句式　同1A

(1) 他去服务大队一放炮,不知又要惹出什么麻烦。

(蒋子龙)

(2) 小虎子站在庙台上看着,心上敲起小鼓儿,害怕闹出大事来。

(梁斌)

可能式表示一种猜测。如:

放心吧,他惹不出什么麻烦。

F. "留、省、分、腾"等。

句式　同1A

(1) 广场的群众早已排列两旁,留出甬道,是夹道欢迎的架势。

(谌容)

(2) 人裁了之后,大概可以省出多少钱?

(曹禺)

(3) 你说把你的学费分出一部分?

(曹禺)

(4) 哪知过了三天,会计竟把他叫了去,拉开抽斗,数出一大叠钞票。

(高晓声)

(5) 李万举挪了挪身子,腾出地儿让刘大妈坐下。

(谌容)

(6) 潘四爷说市面紧,可是为着我在银行栽了好几个人给他挤出一个事。

(曹禺)

【可能式】

(1) 祥子只顾死奔,就不大匀得出工夫来帮忙给擦车什么的。

(老舍甲)

(2) 他大概永远抽不出时间去谈恋爱、结婚。

(张洁)

> "V出(来)"与"V下(来)"比较:
> 见"出来"第235—236页。

G. 其他动词,如"憋、吓、赚、挣、踩(路)、磨(老茧)、打(天下)、闯(路)、问(原因)、打听(消息)、变、分解"等。

句式　同1A

(1) 拉车可以平地弄个三毛四毛的,作小买卖既要本钱,而且没有准能赚出三餐的希望。

(老舍甲)

(2) 雪还在下着,深深的雪地里留下两条江浩在窗前踱步踩出的小道,江浩浑身上下成了一个雪人了。

(从维熙)

(3) 而正因为有困难,能找到办法,闯出一条路子,才十分可贵。

(谌容)

(4) 太阳在潮湿的雾气中分解出五光十色。

(王安忆)

(5) 愤怒哽咽住葛翎的喉咙……憋出断续的几个字："我要上北京……揭发控告你们！"

（从维熙）

【可能式】

(1) 现在看热闹的行人越聚越多，东猜一句，西问一句，也打听不出个眉目。

（蒋子龙）

(2) 全家人拼命地干，也挣不出吃穿。

2.表示语言等有声音的动作行为动词，如"说、叫(名字)、答、举(事实)、罗列(情况)、摊(想法)、形容、发(质问)"等。

句式　a　（N$_{施事}$＋）V＋"出"（一般限于可能式）

　　　　b$_1$　（N$_{施事}$＋）V＋"出"＋(NuM＋)N$_{受事}$

(1) 他不敢看她，他不满意自己怎么会问出这样的话。

（蒋子龙）

(2) 你总该说出个理由啊，你！

（曹禺）

(3) 他告李万举，也没有列出李万举究竟有什么错误，有哪些事实。

（谌容）

(4) 为了说服小护士，她不得不把真实情况全盘托出。

（从维熙）

(5) "真是家有贤妻，胜似良田千顷。"杨昌明冒出一句老话。

（谌容）

(6) 这哭声就像是号令，所有的孩子都一齐哭出了声。

（苏叔阳）

例(4)是一种书面语用法。

【可能式】

(1) 杨虹回答不出，放声大哭起来。

（从维熙）

(2) 如果你们提不出合适的人选，我倒想好了一个人。

（蒋子龙）

(3) 我惊讶地吐不出一个字，因为我看见她另一只手，正握着一把沾满鲜血的剪刀。

（从维熙）

(4) 我形容不出,我的模样一定很傻。

(王安忆)

3. 表示"呈现、显露"意义及表示呈现、显露方式的动作行为动词,如"露、显示、展示、显现、浮现、表现、反映、闪、衬、绽、开(花)、带(怒气)、亮(谜底)"等。

句式　b₁　(N施事＋)V＋"出"＋N受事

(1) 她那皱得像核桃壳的脸上也露出了笑容。

(谌容)

(2) 这是一个非常俊俏的姑娘……衣服非常合体,显出了她身材优美的曲线。

(蒋子龙)

(3) "是辩护吗?"杜鹃昂起了头,眼神流露出不满。

(从维熙)

(4) 我眼前又浮现出当年她奋战的情景。

(谌容)

(5) 热闹中带出点阴森的气象。

(老舍甲)

(6) 审讯以后,写了判决书,贴出布告,这案件就算完结。

(赵树理二)

(7) 陆霞亮出了谜底,两只眼睛期待着鲁小帆激动的神情。

(从维熙)

较少用可能式。

4. 表示感官动作的动作行为动词,如"看、听、闻、认、觉、察、品、分、辨"等。

句式　同3

(1) 她清楚地看出,那是余永泽!

(杨沫)

(2) 王海和马先生他们也听见了,可惜没有听出是谁说的,也无法追究。

(赵树理二)

(3) 因为刚才他翻阅犯人花名册时,认出是章龙喜的笔体。

(从维熙)

(4) 又忍了一会儿,他睁开了眼,肚中响了一阵,觉出点饿来,极慢的立起来。

(老舍甲)

(5) 现在,她几乎能从汽车的喇叭声、行驶时的隆隆声里,分辨出载重汽车、翻斗汽车、吉普车、小卧车等等的声音。

(张洁)

【可能式】

(1) 他的舌头不但尝得出这茶叶的性情,年龄,出身,做法,他还分得出这杯茶用的是山水,江水,井水,雪水还是自来水。

(曹禺)

(2) 老实说,从这种主张里,嗅觉特别敏锐的"左"派是闻得出"反党"味道来的。

(高晓声)

(3) 哦,是你,袁小昕! 真认不出了,但不是因为老,而是因为漂亮了。

(王安忆)

5. 表示使人或事物获得某种新品质、新性质的动作行为动词,如"教育、培养、陶冶、锻炼、学"等。

句式 同3

(1) 在我们培养出一批一批优秀生的同时,却孵化出更多更多不像人的人。

(王安忆)

(2) 他常常想,在北大,或者清华、复旦、交大,或是别的一些重点大学里,会有他教出的一些学生。

(王安忆)

(3) 那就会陶冶出一大批真正的人民的公仆,而淘汰掉那些昏愦的官迷!

(张洁)

【可能式】

(1) 我心直口快,学不出一点文绉绉的秀气样子。

(曹禺)

(2) 像这种人教不出好学生。

6. "凸、鼓、高、大"类动词。

A. "凸、鼓"类动词,如"突、凸、鼓"等。

句式　b_1　$N_{施事/处所}$＋V＋"出"＋(NuM＋)$N_{受事}$

(1) 他一面说着,突出骨溜溜的眼珠子,目不转睛地目着江涛。

(梁斌)

(2) 背上鼓出一个大包。

这类词不能构成可能式。

B. "高、大"类动词,如"高、大、肥、宽、厚"等。

句式　b_1　$N_{施事/当事}$＋V＋"出"＋NuM

(1) 他,个子长得高多了,比鲁泓日夜揣摸着的儿子形象还要高出好多。

(从维熙)

(2) 这张桌子比规定标准宽出一厘米。

可能式表示一种推测(多用于反驳)。如:

甲:这个孩子比小英高出一头了。

乙:哪里,高不出一头,顶多高出半头。

"出"总表

义类	意义	所搭配的动词及频率
趋向意义	表示通过动作使人或物体由某处所的里面向外面移动。参照点可在处所外面,也可在处所里面	1.表示躯体、物体运动的动词 走$_{249,可1}$ 跑$_{30}$ 蹽$_1$ 跳$_{12,可2}$ 蹦$_1$ 跃$_2$ 奔$_1$ 步$_1$ 爬$_1$ 站$_1$ 迈$_9$ 跨$_1$ 退$_{26}$ 溜$_4$ 挤$_5$ 混$_1$ 逃$_{9,可2}$ 冲$_{14,可1}$ 拐$_1$ 翻$_1$ 窜$_3$ 钻$_1$ 迎$_1$ 挣扎$_1$ 打$_2$ 采$_1$ 突$_1$ 驶$_1$ 飞$_2$ 开$_1$ 飘$_4$ 涌$_{18}$ 流$_{10}$ 淌$_2$ 滚$_1$ 漾$_1$ 进$_1$ 沁$_1$ 渗$_1$ 盈$_5$ 泄$_2$ 脱$_3$ 掉$_3$ 冒$_{29}$ 闪$_{27}$ 亮$_7$ 洒$_1$ 透$_{18}$ 射$_{20}$ 放(～光)$_8$ 迸放$_1$ 反射$_1$ 散$_4$ 焕发$_1$ 爆发$_1$

（续表）

义类	意义	所搭配的动词及频率
		2. 表示肢体动作的动词 探$_{12}$ 伸$_{121,可1}$ 抽（～手）$_{30}$ 呲（～牙）$_2$
		3. 表示可使物体改变位置的动作行为动词 A. 端$_6$ 搬$_4$ 抬$_3$ 拎$_2$ 掏$_{134}$ 举$_1$ 背$_1$ 扯$_1$ 拉$_8$ 拖$_2$ 拽$_1$ 伸$_1$ 推$_{12}$ 架$_1$ 捧$_1$ 抓$_{12}$ 摸$_{14,可1}$ 拔$_5$ 揪$_7$ 捏$_3$ 倒$_4$ 扔$_{3,可1}$ 打$_1$ 抛$_9$ 掷$_1$ 投$_1$ 摔$_1$ 拒（～绝）$_1$ 拾$_1$ 摘$_1$ 刨$_1$ 扣$_1$ 挖$_2$ 掘$_1$ 挖掘$_1$ 扒$_1$ 拿$_{114,可6}$ 取$_{42}$ 带$_1$ 拣$_1$ 挑（"挑拣"义）$_{3,可3}$ 吐$_{29}$ 喷吐$_1$ 喷$_{14}$ 喷射$_1$ 喘$_{3,可3}$ 唾$_{3,可3}$ 叹$_3$ 呼$_1$ 嘘$_9$ 舒（～气）$_2$ 呀（～气）$_1$ 扇$_1$ 勾$_3$ 透（～气）$_{可1}$ 吹（～气）$_2$ 打（～嗝）$_2$ 传$_{26}$ 排（"排除"义）$_2$ 割$_{可1}$ 开（～车）$_8$ 挤$_1$ 扎$_{可1}$ 抖$_3$ B. 接$_1$ 调$_2$ 派$_4$ 打发$_1$ 救$_1$ 引$_7$ 诱$_1$ 保$_1$ 招（"招引"义）$_1$ 开除$_4$ 轰$_1$ 赶$_5$ 撵$_2$ 逐$_1$ 放$_5$
		4. 比喻用法 A. 发$_1$ 交$_{7,可2}$ 献$_{12}$ 还$_{1,可1}$ 寄$_3$ 让$_5$ 付$_{13}$ 支（"支付"义）$_{可1}$ 卖$_{2,可1}$ 夺$_1$ 要$_1$ 聘任$_1$ 换$_2$ B. 使（～劲）$_4$ 拼$_1$ 豁$_2$ 舍$_2$
结果意义	表示通过动作使事物由无到有，由隐蔽到显露	1. 表示使事物由无到有、由隐蔽到显露的方式的动作行为动词 A. "制作"类动词 做/作$_{85,可3}$ 干$_{5,可3}$ 搞$_{6,可2}$ 办$_1$ 装（～梯子）$_{20}$ 弄$_4$ 制造$_2$ 生产$_2$ 造$_{4,可2}$ 制定$_1$ 炼$_3$ 打（～钉子）$_{1,可1}$ 编$_{可1}$ 种$_1$ 培育$_1$ 画$_{10}$

(续表)

义类	意义	所搭配的动词及频率
		配（～颜色）$_1$ 总结$_1$ 订（～计划）$_1$ 描绘$_3$ 写$_{16,可1}$ 勾画$_1$ 勾("画"义)$_1$ 划$_1$ 映$_8$ 填（～姓名）$_1$ 标（～号码）$_1$ 圈（～名字）$_1$ 照（～相片）$_1$ B."生长"类动词 生$_{14}$ 长$_{17,可4}$ 产生$_1$ 滋生$_2$ 养（～孩子）$_2$ 抽（～芽）$_2$ 孵化$_1$ 秀（～穗）$_1$ 散发（～气味）$_1$ 发（～芽、～光）$_{24}$ C."调查、寻找"类动词 查$_{7,可2}$ 找$_{27,可12}$ 寻$_{1,可2}$ 寻觅$_1$ 搜$_1$ 搜罗$_1$ 测$_1$ 翻$_7$ 问（～原因）$_{1,可1}$ 打听$_{可1}$ 探询$_1$ D."思考"类动词 想$_{21,可40}$ 想象$_{1,可5}$ 悟$_{3,可5}$ 捉摸$_{可2}$ 体会$_1$ 判断$_3$ 剖析$_1$ 揣摩$_1$ 研究$_1$ 摸索$_1$ 摸$_1$ 回味$_1$ 得（～印象）$_5$ 猜$_{2,可3}$ 猜想$_{可1}$ 理（～头绪）$_1$ E."引、惹"类动词 惹$_8$ 闹（～乱子）$_4$ F."留、省"类动词 留$_3$ 省$_3$ 分$_2$ 数$_2$ 抽（～时间）$_{可7}$ 拾缀$_1$ 匀（～钱）$_{5,可1}$ 腾（～地方）$_6$ 挤$_2$ G.其他动词 憋$_1$ 赚$_1$ 挣$_3$ 积累（～经验）$_1$ 锈（～洞）$_1$ 变$_1$ 踩（～路）$_1$ 咬（～印儿）$_1$ 撞（～包）$_1$ 分解$_2$ 拉（～车）$_1$ 打（～天下）$_4$ 闯（～路）$_4$ 分散$_1$ 打听$_1$ 2.表示语言一类有声音的动作行为动词 说$_{87,可94}$ 谈$_2$ 讲$_{3,可1}$ 道（～姓名）$_4$ 叫$_{9,可3}$ 答$_{可4}$ 回答$_{1,可5}$ 指$_{15}$ 举（～例子）$_3$ 罗列$_1$

（续表）

义类	意义	所搭配的动词及频率
		登（～广告）$_1$　摆（～情况）$_2$　列（～名单）$_1$　问$_1$　摊（～想法）$_1$　托（～想法）$_3$　形容$_1$　喊$_{12,可2}$　发（～质问）$_4$　提（～问题）$_{171,可4}$　蹦（～字）$_4$　透（～字）$_1$　冒（～话）$_1$　爆裂（～字）$_1$　唱$_2$　进（～声音）$_3$　发（～声音）$_{64}$　吐（～字）$_{18,可1}$　挤（～字）$_6$　冲（～话）$_2$　哭（～声）$_{6,可1}$　笑（～声）$_{可1}$　敲（～声）$_1$　弹（～声）$_1$　按（～声）$_3$　摆（～姿势）$_7$
		3. 表示"呈现、显露"意义及方式的动词 露$_{167}$　显露$_{32}$　现$_{32}$　浮现$_1$　表现$_{13}$　映现$_1$　反射$_1$　反映$_1$　闪$_1$　衬$_1$　泛$_1$　涌现$_1$　表示$_7$　绽$_1$　开（～花）$_1$　贴$_1$　带（～怒气）$_{16}$　证明$_1$　亮（～谜底）$_1$　显$_1$　流露$_1$
		4. 表示感官动作的动词 看$_{100,可37}$　瞧$_{2,可1}$　认$_{26,可14}$　听$_{22,可5}$　体查$_1$　觉$_{24,可1}$　觉察$_{可1}$　品$_{可1}$　尝$_{可1}$　闻$_{可1}$　嗅$_1$　分$_{可5}$　分辨$_{可4}$　辨$_2$
		5. 表示使人或事物获得某种新品质、新性质的动词 教$_3$　培养$_3$　陶冶$_1$　学$_{可1}$　锻炼$_1$　孵化$_1$
		6. "凸、高"类动词 A. 突$_1$ B. 高$_7$

拾叁　出来

一　趋向意义

趋向意义：

表示由处所里面向外面移动,参照点在处所外面。"出来"后（或中间）的处所词多表示动作的起点,如"走出教室来""跳出圈子来"；有时表示动作的终点,如"走出门外来"。

〔动类〕

1. 表示躯体或物体自身运动的动词,如"走、追、退、挤、迎、挣脱、飞、流、淌、散发"等。

句式　a　$N_{施事}$＋V＋"出来"
　　　b_2　$N_{施事}$＋V＋"出"＋$N_{处所}$＋"来"
　　　c_1　$N_{处所}$＋V＋"出来"＋NuM＋$N_{施事}$
　　　c_2　$N_{处所}$＋V＋"出"＋NuM＋$N_{施事}$＋"来"

(1) 丁四从屋中跑出来。

(老舍$_Z$)

(2) 老夏他们谁也不说什么,笑眯眯走出门来。

(梁斌)

(3) 帘声一响,走出个人来。

(梁斌)

(4) 门缝里透出灯光来。

(高晓声)

(5) 宋郁彬说到这儿,从里面跑出来两个孩子。

(杨沫)

【可能式】

(1) 我呢,那天要是不跟他闹翻了,绝走不出来。

(老舍 甲)

(2) 我呀就是有眼泪也流不出来喽!

(老舍 乙)

2. 表示躯体动作的动词,如"伸(手)、探(头)"等。

句式　b_1　（N$_{施事}$＋）V＋"出"＋(NuM＋)N$_{受事}$＋"来"
　　　　d　（N$_{施事}$＋）"把"＋N$_{受事}$＋V＋"出来"
　　　　e　N$_{受事}$＋V＋"出来"

(1) 贺家彬伸出手来,挽着她的手臂,折回身子,沿着长安街向东走去。

(张洁)

(2) 思懿蓦然又从书斋的小门匆忙探出身来。

(曹禺)

(3) 她挺不情愿地慢慢地把背着的双手伸了出来。

(谌容)

(4) 石缝里的小草是怎么伸出头来的?

(王安忆)

【可能式】

外边太冷了,手都伸不出来。

较少用可能式,"探"不能构成可能式。

3. 表示可使人或物体移动的动作行为动词。

A. 躯体动作动词等,如"端、搬、挑、拖、扔、拿、选、挖、吐"等。

句式　a　　（N$_{施事}$＋）V＋"出来"
　　　b_{1-1}　（N$_{施事}$＋）V＋"出"＋NuM＋N$_{受事}$＋"来"
　　　b_{1-2}　（N$_{施事}$＋）V＋"出来"＋NuM＋N$_{受事}$
　　　b_{1-3}　（N$_{施事}$＋）V＋NuM＋N$_{受事}$＋"出来"
　　　b_2　　（N$_{施事}$＋）V＋"出"＋N$_{处所}$＋"来"
　　　d　　（N$_{施事}$＋）"把"＋N$_{受事}$＋V＋"出来"

e　N_{受事}＋V＋"出来"

(1) 拿出来不拿出来？

(曹禺)

(2) 她到这时候，才摸出来一毛钱。

(老舍甲)

(3) 老高又捧出一坛酒来，笑道："来，尝尝我这儿的桂花酒吧！"

(谌容)

(4) 晓燕把钱掏出来放在桌子上。

(杨沫)

(5) "没看牌子？满了。"学生证却劈脸扔了出来。

(王安忆)

【可能式】
(1) 从薪水里挤，自然是挤不出油水来。

(赵树理_)

(2) 江涛上下打量严萍，说："大年集上，也选不出你这么一个来。你看，穿着旗袍、皮鞋。"

(梁斌)

B. "请、叫、派、接、动员、吸引、放、赶"等，宾语是表示人的名词。

句式　同3A，另有：

　　　b_{1-4}　（N_{施事}＋）V＋N_{受事}＋"出来"

(1) 不，我们不能再软弱下去！打他们，救出江涛来！

(梁斌)

(2) 你先给我把这儿大少爷叫出来。

(曹禺)

(3) 内科病房的大夫都被吸引了出来，在他身后围了一圈，悄悄地观摩他的临床诊断。

(谌容)

(4) 请他出来！

【可能式】
(1) 不花费这批力量，二师同学接不出来。

(梁斌)

(2) 老婆才生了气,自然叫不出来,叫出来也没有用。

(赵树理₁)

4. 比喻用法:

表示领有关系或占有关系等的转移,通常转移到参照点方面,如"他交出来权力就辞职了""把衣服赎出来"。动词如"发、献、买、要、赎、赊"等。

句式　同3A

(1) 人在哪儿?赶快交出来!

(杨沫)

(2) 只要听着集体缺钱,她就把存折献出来。

(谌容)

(3) 没有几个人愿意心情舒畅地把权力和荣誉让出来。

(蒋子龙)

【可能式】

(1) 他想,打发人去买不出来,自己去跑街,又不够派头,怕客人小看。

(赵树理₁)

(2) 没钱,咱赊得出来!

(老舍甲)

(3) 一年多了,他现在什么也没有,只有要不出来的三十多块钱,和一些缠绕!

(老舍甲)

"V出(来)"与"V下(来)"比较:

"出来"的趋向意义表示"从……里取出",一般表示事先有意进行的动作,而"下来"表示部分(或次要物体)从整体(或主要物体)的分离(见"下来"结果意义(一),第168页),"V下来"可能是有意的或无意的、最后自然形成的结果。如:

(1) 你每月省出来十块钱,存起来。(有意的"省")

这十块钱没花,省下来了。(可能是无意的"省")

> (2) a. 妈妈：先别都吃了，给妹妹留出来几个。（有意）
>   b. 妈妈：别都吃了，给妹妹留下来一个吧。（有意）
>   c. 妈妈：这几个别吃了，给妹妹留下来吧。（有意）
> 　例(2)的"留出来"和"留下来"还是有些不同："留出来"是妈妈事先想好，哥哥或姐姐也会接受；而妈妈说"留下来"，一定是哥哥或姐姐想都吃了，所以妈妈要求他们"给妹妹留下来"。

二　结果意义

结果意义

表示从无到有，由隐蔽到显露。

〔动类〕

1. 表示使事物由无到有、从隐蔽到显露的方式的动作行为动词。

A. 表示"制作"意义及表示制作方式的动作动词，如"做、干、造、拟定、编、种、炼、演奏、写、调(色)"等。

句式　a　　(N_{施事}+)V+"出来"
　　　b_{1-1}　(N_{施事}+)V+"出"+(NuM+)N_{受事}+"来"
　　　b_{1-2}　(N_{施事}+)V+"出来"+NuM+N_{受事}(少用)
　　　d　　(N_{施事}+)"把"+N_{受事}+V+"出来"
　　　e　　N_{受事}+V+"出来"(+"了")

(1) 写出来，谁给奏呢？

　　　　　　　　　　　　　　　　　　　　（王安忆）

(2) 不论什么好事，只要有小喜、春喜那一伙子搅在里边，一千年也不会弄出好结果来。

　　　　　　　　　　　　　　　　　　　　（赵树理）

(3) 主要要把这个管弦乐曲排出来,压台。

(王安忆)

(4) 这套奖惩办法订出来之后,一停床子,他急了。

(张洁)

(5) 蒸出来的扣肉、甜烧白、米粉肉,油汪汪的。

(谌容)

【可能式】

(1) 就算买得起,工厂生产得出来吗?

(张洁)

(2) 人,越是歇着,身子骨儿越懒散,好比铁机子生了锈,再也织不出布来。

(梁斌)

(3) 在沙漠里养不出牡丹来。

(老舍甲)

B. "生长"类动词,如"生、长、孳生、发展、发(芽)"等。

句式　同1A

(1) 可鉴于环境险恶,怕生出事来。

(邓友梅)

(2) 只要两个多月,就长出那么大、那么多、那么甜的瓜来。

(高晓声)

(3) 我说现代派艺术不是从天上掉下来的,也并不是从资本主义腐朽的制度上产生出来的,它还是从古典派发展而来的。

(王安忆)

【可能式】

(1) 他要在兵营里、在前线上过一辈子。白了胡子才能回家娶媳妇,一辈子再也生不出孩子来。

(梁斌)

(2) 房顶上长不出粮食来,粮食是土地上长出来的。

(梁斌)

此类动词较少用"把"字句。

C. "调查、寻找"类动词,如"调查、找、搜、翻(宝贝)"等。

句式　同1A

(1) 自然,不过你不要紧张,就是调查出什么来,我也不会出你的丑,坏你的名誉的。

(高晓声)

(2) 后来,她从抽屉里找出几张报表来,用确凿的数字说明,这一整,倒把工程进度加快了。

(谌容)

(3) 箱子底下还有戴愉给她的秘密刊物,他们会不会搜出来呢?

(杨沫)

【可能式】

(1) 你在各方面都是一个很难得的姑娘,在咱们厂里也找不出几个来。

(蒋子龙)

(2) 剩下的哪里去了?查不出来不要报销。

(张洁)

D. "思考"类动词,如"想、琢磨、咂摸、理、研究、猜"等。

句式　同1A

(1) 路芬,我已经想出办法来了!

(杨沫)

(2) 你要是能琢磨出个好名字来,请你作顾问!

(老舍z)

(3) 这就是他几天来苦思苦想研究出来对付反对派的策略?

(蒋子龙)

【可能式】

(1) 他们同情这不幸的邻居,但是谁也想不出什么好办法来。

(杨沫)

(2) 我靠着亭柱,想清理一下脑子里的一团乱丝,但我清理不出来。

(邓友梅)

(3) 这个谜语我猜不出来。

E. "引、惹"类动词,如"引、惹、闯(祸)、闹(事)"等。

句式　同1A之 b_{1-1}、b_{1-2}

(1) 就这么一心扑在事业上,反而惹出祸来了。

(谌容)

(2) 在北戴河如果不是我们相遇,那还不知要闯出什么祸来。

(杨沫)

(3) 路得一步一步走,正在紧急的时候,不要闹出事来。

(梁斌)

(4) 这全是来体验生活的那个大高个画家惹出来的。

(邓友梅)

一般不用可能式。

F. "腾、空、分、省"等。

句式　同趋向意义之3A

(1) 把几种不同年龄、不同性别的工人找来十多个,……把大会议室腾出来布置成接待室。

(蒋子龙)

(2) 这会见他来了,赶快和艾艾坐到床边,把凳子空出来让他坐。

(赵树理₁)

(3) 县委书记大声嚷着,让挤在四周的工人散开,让出一条路来。

(谌容)

(4) 我想把我的学费的一部分分出来。

(曹禺)

【可能式】

(1) 潘永福同志两只手抱着船尾的底部腾不出来,就叫船上的人往他嘴里塞。

(赵树理₂)

(2) 沙河根本分不出那么多水来。

(谌容)

G. 其他动词,如"吓、急、哭(出了事)、踩(出了路)、学(出了本事)、打(出了天下)、打听(出情况)"等。

句式　同1A之 b_{1-1}、b_{1-2}、d、e

(1) 胆小的人坐他开的车,准得吓出心脏病来。

(张洁)

(2) 没事找事儿,非挖沟不可,看,挖出毛病来没有?

(老舍乙)

(3) 我听得很紧张,手心都捏出汗来了。

(谌容)

(4) 地里的粮食是开会开出来的?

(谌容)

(5) 他到哪里去了呢?祥子可是没有打听出来。

(老舍甲)

(6) 吓得那猪拼命尖声吼叫着在圈里奔了三百个回合,把隔夜的尿屎都急出来了。

(高晓声)

【可能式】

(1) 学音乐没有个良好的环境确实学不出来。

(王安忆)

(2) 念了书不见得一定算得出来顾八奶奶想见胡四呀。

(曹禺)

2. 表示说话等与语言或声音有关的动作行为动词,如"说、念、背、公布、举(例子)、登(载)、迸发、透露、笑、哼"等。

句式　a　（N施事＋）V＋"出来"
　　　b_1　（N施事＋）V＋"出"＋(NuM＋)N受事＋"来"
　　　d　（N施事＋）"把"＋N受事＋V(自主动作动词)＋"出来"
　　　e　N受事＋V(自主动作动词)＋"出来"(＋"了")

(1) 不过,既然你提出来应该查,那我也同意。

(谌容)

(2) 我提出要求来了。

(邓友梅)

(3) 他几次想走近去。把心里的事情谈出来，又不好意思。

(梁斌)

(4) 婚姻法公布出来了！

(赵树理)

(5) 吴天湘轻轻叹了一口气，从嘴里迸出几个字来："有多少真话呢？"

(谌容)

【可能式】

(1) 她只痛苦地挣扎着，指了指左胸，答不出话来。

(谌容)

(2) 这对他不仅是个经验，而且也是一种什么形容不出来的扰乱，使他不知如何是好。

(老舍甲)

(3) 他似乎缺少那么一点聪明……总结不出新经验，更讲不出个甲、乙、丙、丁来。

(谌容)

3.表示"呈现、显露"意义及表示呈现、显露方式的动作行为动词，如"露、显露、显示、反映、表现、绽（花）、亮（事实）、摆、实行、表演"等。

句式　　b₁　　N施事＋V＋"出"＋N受事＋"来"

　　　　d　　（N施事＋）"把"＋N受事＋V＋"出来"

　　　　e　　N受事＋V＋"出来"（＋了）

(1) 窗外亮了，云层闪开，露出蓝天来。

(梁斌)

(2) 晓燕是自尊心很强的女孩子，她知道自己爱上了戴愉，但是却不愿先把这种感情表现出来。

(杨沫)

(3) 不能一下子把所有的事情都摆出来，弄得什么也解决不了!

(老舍乙)

(4) 人的创造性、积极性怎么能充分发挥出来呢?

(蒋子龙)

(5) 直到我……才从琴声中体会到无穷的乐趣,同时也常常感受到这些乐曲中流露出来的作曲家的辛酸和感慨。

(苏叔阳)

【可能式】

(1) 任凭我们有多大能耐,也激发不出人的积极性来。

(张洁)

(2) 不能这么说,我那点威风在您的面前可就施展不出来了!

(老舍乙)

4. 表示感官动作的动词,如"看、听、认、分辨、觉、品"等。

句式　　a　　N$_{施事}$＋V＋"出来"

　　　　b$_{1-1}$　N$_{施事}$＋V＋"出"＋N$_{受事}$＋"来"

　　　　b$_{1-2}$　N$_{施事}$＋V＋"出来"＋N$_{受事}$

　　　　e　　N$_{受事}$（＋N$_{施事}$）＋V＋"出来"（＋"了"）

(1) 杨小东看出来吴国栋又不满意了。

(张洁)

(2) 她一点也没有变样,我一下子就认出她来了。

(谌容)

(3) 她听出来,还不是病中的呼号,只是噩梦里的呓语。

(苏叔阳)

(4) 喝了两壶茶,他觉出饿来,决定在外面吃饱再回家。

(老舍甲)

(5) 我起先听不懂,听多了,就品出味道来了。

(高晓声)

【可能式】

(1) 可不是,你闻不出来?

(曹禺)

(2) 你不说你老得连鲜和香都分不出来,还说人家。

(苏叔阳)

(3) 这时,欢喜吗,悲痛吗,幸福吗,她什么也分辨不出来、也感觉不出来了。

(杨沫)

5. 表示使人或事物获得某种新品质、新性质的动作行为动词。如"教出来学生",意思是使学生获得知识、品德,"练出来某种性格";"衣服洗出来了",意思是"衣服获得干净的性质"。

A. "教育、锻炼"类,如"教、教育、熏陶、造就、锻炼、养(习惯)"等。

句式　b_1　($N_{施事}$＋) V＋"出来"＋(NuM＋)$N_{受事}$

　　　d　($N_{施事}$＋)"把"＋$N_{受事}$＋V＋"出来"

　　　e　$N_{受事}$＋V＋"出来"(＋"了")

　　　g　$N_{受事}$＋"是"＋$N_{施事}$＋V＋"出来"＋"的"(常用)

(1) 好,好,晓燕,你算锻炼出来了!

(杨沫)

(2) 别看她当了几年小干部,由于生性羞怯,并没有把嘴练出来。

(蒋子龙)

(3) 她的厉害是由困苦中折磨中锻炼出来的。

(老舍甲)

(4) 我教育出来的孩子,我绝对不愿叫任何人说他们一点闲话的。

(曹禺)

(5) 我是韦乃川教出来的。

(王安忆)

【可能式】
(1) 一个真正的革命者是千锤百炼才炼得出来的。

(杨沫)

(2) 他太笨,你教不出来,死了这条心吧。

B.其他表示具体动作的动词,如"洗、刷、擦、打、扫"等。

句式　a　　(N_{施事}＋)V＋"出来"
　　　　b₁　(N_{施事}＋)V＋"出来"＋(NuM＋)N_{受事}
　　　　d　　(N_{施事}＋)"把"＋N_{受事}＋V＋"出来"
　　　　e　　N_{受事}＋V＋"出来"(＋"了")

(1) 吃完可得把家伙刷出来。

(老舍甲)

(2) 学生作业,他还没有改出来。

(梁斌)

(3) 天气冷了,洗出来的衣服不快干。

(赵树理₂)

【可能式】
(1) 谷苗出得很不赖,可惜锄不出来。

(赵树理₂)

(2) 这件衣服穿得太脏了,洗不出来了。

6."凸、鼓、高、大"类词
A."凸、鼓"类词,如"凸、突、鼓、实现、努(肚子)"等。
句式　a　N_{当事}＋V＋"出来"

(1) 她太瘦了,即使不在发脾气的时候,脑门儿上的青筋也会凸现出来。

(张洁)

(2) 她左手插在腰间,肚子努出些来。

(老舍甲)

(3) 两颊陷了进去,腮帮子突了出来。

(谌容)

一般不用可能式。

B. "大、多、高、肥"等。

句式　b_{1-1}　$N_{当事/受事}$＋V＋"出"＋NuM（＋$N_{受事}$）＋"来"
　　　　b_{1-2}　$N_{当事/施事}$＋V＋"出来"＋NuM（＋$N_{受事}$）

(1) 她记得贾鸿年说过他家只有现在住的那些房子，为什么又多出一个"上院"来呢？

（赵树理）

(2) 人多怕什么？多出来的人再搞其他的工厂企业好了。

（王安忆）

(3) 那张脸真大，几乎比一张普通的脸大出来一半。

（张洁）

一般不用可能式。

"出来"总表

义类	意义	所搭配的动词及频率
趋向意义	表示通过动作使人或物体由某处所的里面向外面移动、参照点在处所的外面	1. 表示躯体、物体运动的动词 走$_{212,可1}$　跑$_{67}$　奔$_4$　跳$_{26}$　蹦$_{26}$　爬$_4$　站$_9$　迈$_1$ 拥$_1$　退$_{17}$　转$_1$　挤$_5$　追$_1$　抢（～一步）$_1$ 跟$_{10}$　逃$_{20}$　溜$_{11}$　闯$_4$　冲$_8$　闪$_5$　躲$_2$　避$_1$ 蹿$_5$　钻$_{15}$　迎$_{10}$　挣脱$_1$　挣扎$_1$　挣（zhèng）$_1$ 转移$_1$　摆脱$_1$　解脱$_1$　杀$_1$　飞$_1$　飘$_1$　散$_1$ 拥$_9$　涌流$_1$　流$_{40,可1}$　流溢$_1$　流泻$_1$　流淌$_1$ 淌$_1$　滚$_7$　迸$_1$　透$_1$　渗$_7$　渗透$_1$　津$_2$　浸$_1$ 沁$_3$　涨$_2$　溢$_5$　溅$_2$　倾泻$_1$　喷射$_1$　射（光）$_4$ 闪$_1$　冒$_{14,可1}$　窜（cuān, 火～）$_2$　洒$_1$　掉$_7$　落$_1$ 脱落$_1$　漏$_1$　散发$_1$ 2. 表示躯体动作的动词 伸（～手）$_{45}$　探$_{13}$　呲（～牙）$_{13}$　支（～牙）$_1$ 3. 表示可使人或物体改变位置的动作行为动词 A. 端$_{4,可1}$　搬$_4$　抬$_1$　捞$_6$　掏$_{54,可1}$　拎$_1$　搬运$_1$ 　　背$_1$　拉$_{14,可1}$　扯$_{可1}$　拖$_1$　拽$_{1,可2}$　推$_1$　捧$_2$ 　　托$_2$　担$_1$　抓$_3$　摸$_{12}$　扒拉$_1$　拨$_1$　捻$_1$　牵$_1$ 　　挤$_1$　捅$_1$　拔$_5$　揪$_1$　倒$_5$　盛（chéng, ～饭）$_2$

(续表)

义类	意义	所搭配的动词及频率
		摊$_3$ 抽$_{11,可2}$ 摔$_1$ 打$_2$ 扔$_1$ 抛$_1$ 选$_{3,可1}$ 挑("挑拣"义)$_4$ 拣$_4$ 推("推选"义)$_3$ 捉$_1$ 押$_1$ 刨$_3$ 挖$_6$ 拼$_2$ 掏$_{可1}$ 锛$_1$ 拿$_{112,可7}$ 取$_{17}$ 带$_7$ 领$_2$ 送(～东西)$_3$ 吐$_{15}$ 呕吐$_1$ 呼(～气)$_1$ 喘$_{可1}$ 喷$_3$ 咳$_2$ 舔$_1$ 抖落$_7$ 拉(～屎)$_{可1}$ 屙$_1$ 传$_3$ 射(～子弹)$_1$ 顶$_1$ 弄$_6$ 挤$_{1,可1}$ 拧$_{可1}$ 扇$_1$ 榨$_1$ 绑$_1$ 敲$_1$ 颠$_1$ 点(～灯)$_1$ 倒腾$_1$ 清除$_1$ 开(～车)$_1$ 颠$_1$ 拗$_{可1}$ 解放$_4$ 开脱$_1$ B. 请$_2$ 叫$_{7,可1}$ 唤$_1$ 招呼$_1$ 接$_{可1}$ 调$_6$ 调动$_1$ 派$_1$ 打发$_1$ 救$_8$ 动员$_1$ 引$_{2,可1}$ 吸收$_2$ 引逗$_1$ 吸引$_1$ 保$_1$ 保释$_1$ 放$_{28}$ 释放$_3$ 轰$_6$ 赶$_1$ 撵$_5$
		4. 比喻用法 发$_{可1}$ 交$_{11}$ 献$_2$ 让$_3$ 捐$_1$ 垫(～钱)$_1$ 付$_{可1}$ 夺$_1$ 买$_{可1}$ 退$_{4,可1}$ 赊$_{可1}$ 要$_{1,可1}$ 换$_2$ 赎$_3$ 赔$_2$ 赔偿$_1$
结果意义	表示通过动作使事物由无到有，由隐蔽到显露	1. 表示使事物由无到有、由隐蔽到显露的方式的动作行为动词 A. "制作"类动词 做$_{18,可9}$ 干$_{7,可10}$ 搞$_{5,可1}$ 行(～事)$_{可2}$ 作$_1$ 装$_1$ 制造$_3$ 压制$_1$ 发明$_1$ 创造$_1$ 造$_3$ 加工$_1$ 整理$_{2,可1}$ 弄$_{10}$ 生产$_1$ 鼓捣$_2$ 拟定$_{可1}$ 拟$_1$ 订$_1$ 变$_1$ 编("编织"义)$_3$ 编造$_1$ 种$_7$ 栽培$_1$ 炼$_1$ 提炼$_1$ 烧$_2$ 排(～练)$_2$ 奏(～乐)$_{可1}$ 演$_1$ 织$_1$ 炼铸$_1$ 卖$_1$ 碾$_1$ 养$_{1,可1}$ 煨$_1$ 蒸$_1$ 炸(zhá)$_1$ 照(～相)$_{3,可1}$ 写$_{22,可1}$ 刻$_4$ 打印$_2$ 画$_{5,可2}$ 涂$_1$ 编(～词)$_1$ 抹("画"义)$_1$ 描$_1$ 雕琢$_1$ 抄$_1$ 开(～荒地)$_1$ 调(tiáo,～色)$_1$ 打(～洞)$_1$

（续表）

义类	意义	所搭配的动词及频率
		B."生长"类动词 生$_{5,可1}$ 生长$_1$ 长$_{11,可3}$ 孳生$_1$ 发展$_1$ 产生$_1$ 脱颖$_1$ 发（～芽）$_4$ C."调查、寻找"类动词 调查$_3$ 检查$_1$ 查$_{9,可1}$ 找$_{17,可7}$ 寻找$_1$ 寻$_2$ 发掘$_1$ 搜$_2$ 翻$_8$ D."思考"类动词 想$_{24,可22}$ 琢磨$_4$ 咂摸$_{1,可1}$ 考虑$_2$ 回忆$_1$ 摸索$_1$ 理（～头绪）$_2$ 研究$_5$ 猜$_{2,可1}$ 清理（～思想）$_{可1}$ 猜度$_1$ E."引、惹"类动词 惹$_6$ 闯$_1$ 闹（～事）$_9$ F. 腾$_{7,可1}$ 空（kòng）$_3$ 分$_{4,可1}$ 省$_1$ 豁$_5$ 拼$_1$ G. 其他动词 吓$_1$ 急$_5$ 憋（～病）$_2$ 夺（～祸）$_1$ 哭（～事）$_1$ 逼（～事）$_5$ 挣$_1$ 赚$_1$ 积（～钱）$_1$ 撕$_1$ 凑$_3$ 沏（～茶）$_1$ 挖（～毛病）$_1$ 撞（～病）$_1$ 捉（～事）$_1$ 烧（"发烧"义,～病）$_1$ 捏（～汗）$_1$ 斗（"斗争"义）$_1$ 熬（～头）$_2$ 踩（～路）$_1$ 学（～本事）$_1$ 算（～钱）$_{4,可2}$ 开（"开会"义）$_1$ 打（～天下）$_3$ 打听（～情况）$_4$ 套（～话）$_1$ 问（～情况）$_6$ 采访$_{可1}$ 磨（～感情）$_2$ 练（～老茧）$_1$ 带（"带头"义）$_1$
		2. 表示语言等有声音的动作行为动词 说$_{166,可101}$ 谈$_{5,可1}$ 讲$_{6,可3}$ 读$_2$ 念$_4$ 背$_1$ 嚷$_1$ 答$_{可5}$ 叫$_2$ 公布$_1$ 点（～戏）$_3$ 指（～原因）$_3$ 形容$_{可1}$ 抖（～思想）$_1$ 扯（～问题）$_1$ 招（～供）$_1$ 举（～例子）$_1$ 倒（～想法）$_2$ 揭发$_1$ 放（～话）$_1$ 揭（"揭露"义）$_2$ 登（～广告）$_2$ 发（～笑声）$_4$

(续表)

义类	意义	所搭配的动词及频率
		进(～字)$_2$ 迸发$_3$ 透露$_1$ 泄露$_1$ 提$_{46,可2}$ 骂$_5$ 唱$_{5,可1}$ 喊$_{15,可6}$ 叫$_{10,可5}$ 哭$_{24,可1}$ 哭诉$_1$ 哼$_1$ 哭泄$_1$ 笑$_{25,可5}$ 吆喝$_{可1}$
		3. 表示"呈现、显露"意义及方式的动词 露$_{36}$ 显露$_4$ 显$_{5,可1}$ 表露$_4$ 流露$_8$ 闪露$_1$ 暴露$_4$ 发作$_{可1}$ 显示$_1$ 显现$_3$ 表现$_{14}$ 反映$_2$ 涌现$_2$ 现$_1$ 表示$_1$ 带(～神气)$_2$ 激发$_{1,可1}$ 表达$_1$ 绽(～棉花)$_1$ 放(～光彩)$_2$ 放射$_1$ 爆(～火花)$_1$ 发挥$_1$ 亮(～事实)$_2$ 陈列$_1$ 摆$_5$ 贴(～布告)$_1$ 施展$_{可3}$ 耍(～手段)$_1$ 应用$_1$ 实行$_1$ 表演$_1$
		4. 表示感官动作的动词 看$_{82,可47}$ 瞅$_1$ 瞧$_1$ 认$_{31,可14}$ 辨认$_1$ 识别$_1$ 分辨$_{4,可1}$ 分$_{可1}$ 听$_{8,可16}$ 觉$_{16,可7}$ 觉察$_2$ 闻$_{可1}$ 感觉$_3$ 品(～味道)$_1$
		5. 表示使人或事物获得新品质、新性质的动作行为动词 A. "教育、锻炼"类动词 　教育$_3$ 教$_4$ 熏陶$_1$ 教训$_1$ 造就$_1$ 锻炼$_4$ 　练(～本领)$_5$ 磨练$_1$ 养(～习惯)$_1$ 　娇生惯养$_1$ B. 其他动作动词 　洗(～衣服)$_1$ 刷(～碗)$_1$ 打扫(～房间)$_1$ 　改(～作业)$_1$ 量(～粮食)$_1$ 切(～菜)$_2$ 　锄(～地)$_{2,可1}$
		6. "凸、高"类词 A. 实$_1$ 实现$_1$ 凸现$_1$ 努(～肚子)$_1$ B. 多$_3$ 大$_1$ 高$_1$

拾肆　出去

趋向意义

趋向意义：

表示由处所里面移到外面。参照点在处所里面。

〔动类〕

1. 表示躯体或物体自身运动的动词,如"走、跳、退、跟、冲、迎、逃、飞、漏、转移"等。

句式　a　（N$_{施事}$＋）V＋"出去"

b$_2$　（N$_{施事}$＋）V＋"出"＋N$_{处所}$＋"去"

c$_1$　N$_{处所}$＋V＋"出去"＋(NuM＋)N$_{施事}$（少用）

c$_2$　N$_{处所}$＋V＋"出"＋(NuM＋)N$_{施事}$＋"去"

(1) 她抹着泪跑出去。

（老舍$_甲$）

(2) 又没等道静开口,他一个箭步冲了出去,屋门在他身后砰地关上了。

（杨沫）

(3) 他也走出门去,到西关把这个消息告诉几个人,就走回来。

（梁斌）

【可能式】

(1) 她永远逃不出这个大杂院去!

（老舍$_甲$）

(2) 这个圈子,你妈半辈子没有得跳出去,难道你就也跳不出去了吗?

(赵树理₁)

(3) 她好像圈在屋里的一个蜜蜂,白白的看着外边的阳光而飞不出去。

(老舍甲)

2. 表示躯体动作的动词,如"探(头)、伸(手)、迈(脚)"等。

句式　b₁₋₁　N施事＋V＋"出"＋N受事＋"去"

　　　d　　（N施事＋）"把"＋N受事＋V＋"出去"

　　　e　　N受事＋V＋"出去"（＋"了"）

(1) "戴愉!"她心里偷偷地喊了一声,很快地伸出手去。

(杨沫)

(2) 我不看陈单凤,却把手伸出去:"把你的枪给我?"

(蒋子龙)

(3) 右边的扶手伸出去远得多,直伸到河水的半中间。

(邓友梅)

3. 表示可使物体改变位置的动作行为动词。

A. 表示躯体等方面动作的动词,如"搬、挑、拉、踢、倒、扔、穿(衣服)"等。

句式　a　　（N施事＋）V＋"出去"

　　　b₁₋₁　（N施事＋）V＋"出"＋NuM＋N受事＋"去"

　　　b₁₋₂　（N施事＋）V＋"出去"＋NuM＋N受事

　　　b₁₋₃　（N施事＋）V＋NuM＋N受事＋"出去"

　　　b₂　　（N施事＋）V＋"出"＋N处所＋"去"

　　　d　　（N施事＋）"把"＋N受事＋V＋"出去"

　　　e　　N受事＋V＋"出去"（＋"了"）

(1) 李三随后端出两碗面去。

(老舍乙)

(2) 她恨不得一下子把这丑东西扔出门外去。

(杨沫)

(3) 正当药王庙大会上,她把这件新做的褂儿穿出去。

(梁斌)

(4) 只有刘大妈,心里一块石头端出去了,一手抚着胸口,长舒了一口气。

(谌容)

【可能式】

(1) 门打不开,桌子搬不出去。

(2) 这件衣服样子太怪,穿不出去。

这里"穿不出去"的意思是不适合到外边场合"穿",因为那可能引起别人惊异、嘲笑。如果衣服太便宜、太不上档次,对一个比较有地位、有身份的人也可以说"在某种场合穿不出去"。

B."请、叫、派、赶"等,宾语是表示人的名词。

句式　同 A,另有:

$$b_{1-4} \quad (N_{施事}+)V+N_{受事}+"出去"$$

(1) 请他出去!

(2) 看,刘姑娘又把祥子叫出去!

(老舍甲)

(3) 闺女大了,找个婆家打发出去就不生事了!

(赵树理₂)

【可能式】

(1) 他死皮赖脸,怎么赶也赶不出去。

(2) 这个人老也派不出去,他什么都不会。

4. 比喻用法:

表示领有关系、占有关系等的转移,通常转移后,所涉及的物体离开参照点。如"把钱借出去了""信发出去了"。

A."发、交、放、借、租、赁、花、押(钱)、让、嫁"等。

句式　同 3A

(1) 就是叫别人誊一遍再寄出去,人家一看,还是马上会猜到是我写的。

(高晓声)

(2) 地势好,房子只要租出去,最低总可以打一分五的利息。

(曹禺)

(3) 他把车押出去,押了六十块钱。

(老舍甲)

【可能式】

(1) 现在产品销不出去,积压在仓库里。

(高晓声)

(2) 现在厂部正愁人多活少,连工资都快发不出去了。

(蒋子龙)

(3) 嫁不出去的女儿不也是一样得养么?

(曹禺)

B. "说、嚷、宣布、张扬"等。"出去"表示某种消息、情况向参照点以外转移、扩散。

句式　a　N_{施事}＋V＋"出去"
　　　　d　N_{施事}＋"把"＋N_{受事}＋V＋"出去"
　　　　e　N_{受事}＋V＋"出去"＋"了"

(1) 您放心,没人说出去!

(老舍甲)

(2) 你是我亲爹,打量你不会把我的风声嚷出去。

(梁斌)

(3) 这件事,一点没有走漏出去。

(王安忆)

(4) 可是,经理,自从您宣布银行赚了钱,把银行又要盖大丰大楼的计划宣布出去,大宗提款的又平稳了些。

(曹禺)

(5) 这事决不可泄露出去,弄得银行本身有些不便当。

(曹禺)

(6) 你图痛快,跟上头赌气,把事儿捅出去。

(谌容)

较少用可能式。如果用可能式,则表示一种推测。如:
你放心,这件事泄露不出去。

C. "豁(命)、舍(命)"等,"豁出命去"意思是"不惜付出生命"。"豁出去"意思是"不惜付出任何代价"。

句式　a　　(N_{施事}＋) V＋"出去"
　　　　b₁₋₁ (N_{施事}＋) V＋"出"＋N_{受事}＋"去"

(1) 我是豁出去了,批了我,能把豆腐房建成,大伙儿多进几块钱,也算咱给村里干了一件好事!
（谌容）
(2) 以后有什么用得着我们爷俩的地方,我,我能豁出命去。
（杨沫）
(3) 不认命,就得破出命去!
（老舍甲）

【可能式】
干这种事,豁不出去不行。

"出去"总表

义类	意 义	所搭配的动词及频率
趋向意义	表示通过动作使人或物体由某处的里面向外面移动。参照点在处所里面	1.表示躯体、物体运动的动词 走$_{116,可4}$ 溜$_3$ 跑$_{54,可4}$ 奔$_2$ 跳$_{2,可1}$ 爬$_2$ 退$_8$ 挤$_2$ 拥$_1$ 追$_1$ 跟$_5$ 随$_1$ 逃$_{8,可6}$ 冲$_{17,可1}$ 闯$_1$ 突$_{可1}$ 躲$_2$ 绕$_{可1}$ 转$_1$ 钻$_2$ 蹿$_1$ 栽$_1$ 跌$_1$ 迎$_4$ 打$_7$ 挣("挣脱"义)$_1$ 飞$_{3,可1}$ 流$_3$ 滚$_6$ 漏$_2$ 洒$_1$ 滑脱$_1$ 转移$_1$ 跨$_1$ 迈$_1$
		2.表示躯体动作的动词 伸$_{22}$ 探$_2$
		3.表示可使物体改变位置的动作行为动词 A.端$_2$ 拎$_1$ 搬$_4$ 抬$_2$ 拉$_{14,可1}$ 推$_{16}$ 挑$_1$ 摆$_1$ 撒$_1$ 撮$_1$ 挟$_1$ 牵$_1$ 递$_1$ 踢$_2$ 戴$_1$ 穿$_1$ 攘$_1$ 倒(dào)$_3$ 打$_4$ 扔$_5$ 拿$_7$ 扭$_2$ 绑$_2$ 捉$_1$ 提$_1$ 提("提审"义)$_2$ 运动$_1$ 寄$_1$ 托$_1$ B.带$_3$ 送$_{6,可1}$ 押$_1$ 赶$_1$ 叫$_2$ 接$_1$ 派$_1$ 打发$_3$

义类	意义	所搭配的动词及频率
		4.比喻用法 A.发$_{1,可2}$ 交$_1$ 放(～债)$_6$ 借$_1$ 租$_1$ 赁$_5$ 寄$_1$ 散("散发"义)$_1$ 赊$_1$ 掏(同"㧟")$_1$ 花$_1$ 卖$_{7,可9}$ 倒("倒卖"义)$_1$ 销$_{可1}$ 分$_1$ 垫(～钱)$_2$ 押("抵押"义)$_3$ 抵押$_3$ 让$_1$ 嫁$_{1,可2}$ 包("承包"义)$_1$ 搭("加上"义)$_1$ B.说$_{13,可1}$ 嚷$_1$ 泄漏$_1$ 走漏$_1$ 宣布$_1$ 张扬$_1$ 捅("说"义)$_1$ C.豁$_{15}$ 舍$_2$ 破(～命)$_1$

拾伍　回

趋向意义

趋向意义：

表示向原处所（出发地、家、家乡、祖国等）移动，参照点可在原处所，也可不在原处所。

$$\boxed{(X)} \longleftarrow \bigcirc (X)$$

〔动类〕

1. 表示躯体或物体自身运动的动作动词，如"走、逃、拐、返、打"等。

　　句式　b_2　（$N_{施事}$＋）V＋"回"＋$N_{处所}$

　　　　　c　$N_{处所}$＋V＋"回"＋NuM＋$N_{施事}$（较少使用）

(1) 老王跑回厨房，拿了菜刀来。

（梁斌）

(2) 江涛和严萍，坐上车赶回保定。

（梁斌）

(3) 逃回城里之后，他并没等病好利落了就把车拉起来。

（老舍甲）

(4) 马玉麟和俞大龙无可奈何地返回监房。

（从维熙）

(5) 咱们，咱们早晚一定能打回老家。

（杨沫）

一般不用可能式。

2. 表示肢体动作的动词,如"缩(手)、转(头)、扭(头)、抽(手)"等。

句式　　b_1　　$N_{施事}+V+$"回"$+N_{受事}$
　　　　　d　　$N_{施事}+$"把"$+N_{受事}+V+$"回"

(1) 原谅妈妈对你们爱得太少,原谅妈妈不得不一次次缩回向你们伸出的手臂,推开你们扑向我的笑脸,使你们幼小的年纪就离开了妈妈的怀抱。

(谌容)

(2) 那人走过来了,又转回身走过去了。

(王安忆)

(3) 他扭回头就往上水跑。

(赵树理₂)

(4) 他急忙把手抽回,插进了裤兜。

一般不用可能式。

3. 表示可使物体改变位置的动作行为动词,如"搬、背、寄、要、取、召、调、叫"等。

句式　　b_1　　($N_{施事}+$)$V+$"回"$+$(NuM+)$N_{受事}$
　　　　　b_2　　($N_{施事}+$)$V+$"回"$+N_{处所}$
　　　　　d　　($N_{施事}+$)"把"$+N_{受事}+V+$"回"$+N_{处所}$
　　　　　e　　$N_{受事}+V+$"回"$+N_{处所}$(+"了")(少用)

(1) 责成钱有余在三天之内追回周焕荣。

(高晓声)

(2) 他从西山拉回三十匹骆驼!

(老舍甲)

(3) 江涛被她尖锐的眼光逼着,不得不把照片悄悄地放回桌上。

(梁斌)

一般不用可能式。

4. 比喻用法:

表示可使领有关系、占有等关系转移的动作动词,如"买、赎、收、捞、卖"等。

句式　　b_1　　$N_{施事}+V+$"回"$+$(NuM+)$N_{受事}$

d　($N_{施事}$＋)"把"＋$N_{受事}$＋V＋"回"

e　$N_{受事}$＋V＋"回"(＋"了")

(1) 一直到了一九五七年底,李顺大已经买回了三间青砖瓦屋的全部建筑材料。

（高晓声）

(2) 我不但收回房子,而且把乡下的地,城里的买卖也都卖了。

（老舍$_2$）

(3) 不久前,她爸爸所在的好派变成了保皇派……于是烈士抚恤金也收回了。

（王安忆）

(4) 先把地退回原主。

（赵树理_）

(5) 可惜了的那大立柜,那木头够多好哇!拉委托行,一半儿的钱都没捞回。

（谌容）

"回"总表

义类	意义	所搭配的词及频率
趋向意义	表示通过动作使人或物体向原处所移动。参照点可在原处所,也可以不在原处所	1. 表示躯体、物体运动的动词 走$_{94}$　蹚　跑$_{15}$　溜$_1$　逃$_1$　蹦$_1$　坐$_2$　赶$_9$ 奔　折("转"义)$_1$　转　拐$_1$　返$_1$　蹿$_1$　飞$_1$ 打("攻打"义)$_1$　退$_2$　驶$_1$
		2. 表示肢体动作的动词 转(zhuǎn,~头)$_4$　缩$_1$　扭$_1$　抽(~手)$_8$
		3. 表示可使物体改变位置的动作行为动词 搬$_1$　抱$_2$　背$_1$　拽$_2$　拉$_1$　插$_1$　揣$_1$　递$_3$　放$_1$ 夺$_{13}$　抢$_1$　拾$_1$　捡$_1$　称$_1$　运$_2$　送$_8$　拿$_1$ 抽$_2$　找$_1$　要$_3$　弄$_1$　寄$_1$　取$_1$　撤$_1$　退$_1$　等$_1$ 介绍$_1$　贬$_1$　迁$_1$　追$_1$ V 回到：送$_1$　放$_1$　按$_1$　扳$_1$　搬$_1$
		4. 比喻用法 买$_1$　收$_5$　赎$_3$　退$_4$　补$_1$　柏$_1$　捞$_2$　缴$_1$

拾陆　回来

趋向意义

（一）表示向原处所（出发地、家、家乡、祖国等）移动,参照点在原处所。

〔动类〕

1. 表示躯体或物体自身运动的动词。如"走、逃、赶、退、飞、流"等。

句式　a　（N$_{施事}$＋）V＋"回来"

　　　b$_2$　（N$_{施事}$＋）V＋"回"＋N$_{处所}$＋"来"

　　　c　N$_{处所}$＋V＋"回来"＋NuM＋N$_{施事}$（少用）

　　　f　（N$_{施事}$＋）V＋"回来"＋C

(1) 春兰看了一下,忙跑回来。

（梁斌）

(2) 许宁想送他们,但是因为害羞,他走到西直门又返了回来。

（杨沫）

(3) 他又绕回西安门来。

（老舍甲）

(4) 听说跑回来几个学生?

(5) 他逃回来很久了。

2. 表示肢体动作的动词,如"缩(手)、转(头)、扭(头)、返(身)、抽(手)"等。

句式　a　（N$_{施事}$）＋V＋"回来"

　　　b$_1$　（N$_{施事}$）＋V＋"回"＋N$_{受事}$＋"来"

  d （N_施事＋）"把"＋N_受事＋V＋"回来"

  e N_受事＋V＋"回来"（＋"了"）

(1) 只好弯下腰用指尖跟摸电门似地碰了一下她的手，立即抽回来，塞在裤袋里。

(2)（周冲）把头由门口缩回来，做了一个鬼脸。

（曹禺）

(3) 过了好半天，他才转回身来。

（王安忆）

(4) 她听见门响，骤然地扭回头来，天哪！她竟然是黄丽薇。

（从维熙）

【可能式】

(1) 伸出去的手，缩不回来了。

(2) 想把手抽回来，但用了半天劲也抽不回来。

3.可使物体改变位置的动作行为动词。

A."搬、夺、送、扔、哭、盼、保"等。

句式 同2，另有：

  d_2 （N_施事＋）"把"＋N_受事＋V＋"回"＋N_处所＋"来"

(1)（严萍）刚跑到南门底下，江涛赶上去，一把抓回她来。

（梁斌）

(2) 你们把方豫山给我找回来！

（谌容）

(3) 你这个讨债鬼，我总算把你盼回来喽！

（杨沫）

(4) 稿子被出版社退回来了。

（赵树理）

【可能式】

(1) 接着大哭着，撞着头，拼命要夺回她的孩子。但是她夺不回来了。

（杨沫）

(2) 我怕你懵着头去了，人找不回来，你也回不到老家了。

（梁斌）

(3) 赵大爷,小妞子是不会再活了,哭也哭不回来!

(老舍乙)

B. "请、叫、轰、催"等,受事是表示人的名词。

句式　同3A,另有:

　　　b_1　($N_{施事}$＋)V＋$V_{受事}$＋"回来"

(1) 等我把大师兄请回来,商量商量怎么办!

(老舍乙)

(2) 一九五三年,我调回到北方来,任地委副书记。

(谌容)

(3) 怎么,他还带回老婆孩子来?

(梁斌)

(4) 自己年纪大了,又有高血压,一年前才调回来,便于得到照顾。

(高晓声)

【可能式】

(1) 他爱人前几年调到外地工作,一直调不回来。

(2) 你去请他,请不回来你也别回来。

4. 比喻用法:

表示领有关系、占有关系等的转移,动词如"买、赎、收、挣、赚、补"等。

句式　同3

(1) 她必须抓紧时间,把刚才去院长办公室耽误了的时间补回来。

(谌容)

(2) 牛明师自己造纸赚了许多钱,不上二年把押出去的地又都赎回来了。

(赵树理_)

(3) 既然说是错斗了我,为什么不把我原来的地退回来?

(赵树理_)

【可能式】

(1) 你当的衣服赎不回来了,当铺失火了!

(2) 损失了十年的时间,一夜也补不回来啊!

(谌容)

"回来"总表

义类	意义	所搭配的动词及频率
趋向意义	表示通过动作使人或物体向原处所移动。参照点在原处所	1. 表示躯体、物体运动的动词 走$_{72}$ 跑$_{35}$ 逃$_2$ 奔$_1$ 蹿$_1$ 坐$_1$ 赶$_{18}$ 返$_{10}$ 转$_4$ 绕$_1$ 折("转"义)$_2$ 退$_6$ 杀$_5$ 翻$_2$ 打("攻打"义)$_1$ 弹$_1$
		2. 表示肢体动作的动词 缩$_5$ 转(zhuǎn,～身)$_9$ 返(～身)$_3$ 扭$_6$ 抽(～手)$_3$
		3. 表示可使物体改变位置的动作行为动词 A. 搬$_4$ 拾$_3$ 抱$_2$ 扛$_1$ 挑$_1$ 担$_1$ 拉$_{10}$ 推$_1$ 背$_3$ 运$_6$ 拎$_1$ 夺$_{1,可}$ 捡$_3$ 拨$_1$ 扔$_1$ 抓$_5$ 捉$_{4,可}$ 打(～柴)$_1$ 拾掇$_1$ 考$_1$ 沏$_1$ 啃$_1$ 收割$_{1,可}$ 开(～车)$_1$ 披$_1$ 颠倒$_1$ 卷$_1$ 转$_1$ 清洗$_1$ 哭$_可$ 保$_1$ 盼$_1$ 拿$_{12,可}$ 取$_5$ 送$_5$ 寄$_4$ 捎$_2$ 带$_{18}$ 找$_{18,可}$ 得$_1$ 要$_{4,可2}$ 收$_1$ 要求$_2$ 弄$_1$ 退$_1$ B. 叫$_4$ 请$_3$ 带(～人)$_5$ 调$_{12}$ 派$_1$ 接$_3$ 劝$_1$
		4. 比喻用法 赎$_2$ 讨$_2$ 赚$_1$ 买$_8$ 乞$_1$ 借$_3$ 换$_1$ 要$_1$ 缴$_1$ 索$_1$ 收$_{1,可4}$ 捞$_1$ 补$_{1,可1}$ 搞$_2$ 退(～钱)$_8$ 争(～气)$_1$ 顶("顶撞"义)$_2$

拾柒　回去

趋向意义

趋向意义：

表示向原处所(出发地、家、家乡、祖国)等移动,参照点不在原处所。

〔动类〕

1.表示躯体或物体自身运动的动词,如"走、奔、溜、退、倒('退'义)、滚"等。

句式　a　（N$_{施事}$＋）V＋"回去"
　　　b$_2$　（N$_{施事}$＋）V＋"回"＋N$_{处所}$＋"去"
　　　c　（N$_{处所}$＋）V＋"回去"＋NuM＋N$_{施事}$（少用）
　　　f　（N$_{施事}$＋）V＋"回去"＋C

(1) 娃子垂头丧气跟了回去。

（邓友梅）

(2) 两人慢慢的,一步一步走回家去。

（梁斌）

(3) 她颓然坐回木椅子上去,几乎要哭了出来。

（张洁）

(4) 那时候,我也兴高采烈地赶回去报道这项改天换地的大工程。

（谌容）

【可能式】

部分动词可与"回去"构成可能式,如"退、赶、走、逃、撤('退'义)"等。

(1) 天太晚了,你赶不回去了。
(2) 我脚磨破了,走不回去了。

2.表示肢体动作的动词。如"缩(手)、转(头)、抽(手)、屈(腿)"等。

(1) 她神情不安,时而转过头看了看鲁贵,又厌恶地转回去。

(曹禺)

(2) 伸了伸胳膊,觉得挺冷,重又缩回去,佝偻着腰睡了一会。

(梁斌)

(3) 可是这一拦拦得慢了点,那个学生的中指已被什么东西刺破了,马上缩回手去。

(赵树理)

(4) 愫方又缓缓把手抽回去。

(曹禺)

较少用可能式。

3.可使物体改变位置的动作行为动词。

A. "搬、抱、倒、扇、介绍、拿、退、送、挡、咽、忍、关(人)"等。

句式　a　（N$_{施事}$＋）V＋"回去"
　　　b$_{1-1}$　（N$_{施事}$＋）V＋"回"＋NuM＋N$_{受事}$＋"去"(少用)
　　　b$_{1-2}$　（N$_{施事}$＋）V＋"回去"＋NuM＋N$_{受事}$
　　　b$_2$　（N$_{施事}$＋）V＋"回"＋N$_{处所}$＋"去"
　　　d　（N$_{施事}$＋）"把"＋N$_{受事}$＋V＋"回去"
　　　e　N$_{受事}$＋V＋"回去"（＋"了"）

(1) 乡下人进城,一定要买些酱菜带回去,送给亲友。

(梁斌)

(2) 抱回家去吧,下午还要上班,谁来照顾她?

(谌容)

(3) 捡回去一堆烂树叶,光冒烟,不着火啊!

(谌容)

(4) 我把您送回家去,然后打电话给您请半天假吧?

(老舍z)

(5) 路凯正拼命想把眼泪忍回去,他觉得不好意思,也很生自己的气。

(蒋子龙)

(6) 丽华用眼睛把他的笑声瞪了回去。

(谌容)

【可能式】
(1) 谁拉我也拉不回去。

(蒋子龙)

(2) 这个包袱太重了,我背不回去。
B. "请、叫、调、赶('驱赶'义)"等。
句式　同3A
(1) 不要送,马上把他喊回去!

(邓友梅)

(2) 终于把老周劝回去了。

(王安忆)

(3) 我觉着光拉大锯也学不会养蜂,才又要求调回生产队去。

(赵树理₂)

(4) 把他动员回去!

【可能式】
(1) 他来叫了几次都叫不回去。
(2) 我轰他了,可是轰不回去。

4. 比喻用法:
表示领属关系、占有关系等的转移,动词如"收、买、退、还"等。
句式　同3A
(1) 哼,等着吧,早晚我把房子收回去!

(老舍z)

(2) 这都是山泽工地上拉车拉垮了的牛!快给他们退回去吧!

(赵树理₂)

【可能式】
(1) 他们放出去的时候,一时半会儿收不回去。
(2) 这个人很重要,他们花多少钱也赎不回去。

"回去"总表

义类	意义	所搭配的动词及频率
趋向意义	表示通过动作使人或物体向原处所移动,参照点不在原处所	1.表示躯体、物体运动的动词 走$_{28}$ 跑$_{19}$ 奔$_1$ 逃$_1$ 跟$_1$ 踱$_1$ 溜$_1$ 赶$_{14}$ 坐$_2$ 返$_{10}$ 退$_7$ 撤$_1$ 倒("退"义)$_1$ 冲杀$_1$ 滚$_1$ 散$_1$ 窝("返回"义)$_1$ 返(~身)$_1$
		2.表示肢体动作的动词 转(~头)$_2$ 缩$_{11}$ 抽(~手)$_1$ 屈(~腿)$_1$
		3.表示可使物体改变位置的动作行为动词。 A.拾$_3$ 搬$_6$ 扛$_1$ 挑$_2$ 抱$_1$ 拉$_{4,可1}$ 拽$_2$ 推$_1$ 挟$_1$ 装$_1$ 摇$_1$ 拎$_1$ 背$_1$ 放$_1$ 倒$_1$ 捡$_1$ 抢$_2$ 扇$_1$ 压$_1$ 洗$_1$ 救$_1$ 介绍$_1$ 拿$_{16}$ 骗$_{16}$ 带$_{16}$ 收$_{8,可1}$ 捎$_1$ 送$_{17}$ 搞$_1$ 瞪$_1$ 喧$_1$ 碰$_1$ 拦$_1$ 挡$_1$ 咽$_{10}$ 唱$_1$ 忍(~泪)$_1$ 押$_1$ 关$_1$ 堵$_3$ 闷$_1$ B.调$_2$ 劝$_2$ 叫$_1$ 接$_1$ 喊$_2$ 骗$_1$ 放("释放"义)$_1$
		4.比喻用法 还$_1$ 收$_1$ 退$_3$ 买$_4$ 夺$_1$ 顶("顶撞"义)$_4$

拾捌　过

一　趋向意义

趋向意义(一)：

表示经过某处所趋近一个目标，或只表示趋近某一目标。如"跳过墙头"，"过"有"经过"义；"他递过一条毛巾给我"，"过"表示趋近"我"；"我跨过一步揪住了他"，"过"表示趋近"他"。

$$(X)\bigcirc \xrightarrow[(\triangle)]{} (X)$$

〔动类〕

1. 表示躯体或物体自身运动的动词。

A."走、跳、跨、迈、飞、飘"等，此类动词后的"过"既可表示"经过"，又可表示"趋近"。

句式　a　$N_{施事}$＋"从/由"＋$N_{处所}$＋V＋"过"（"经过"义）

　　　b_2　$N_{施事}$＋V＋"过"＋$N_{处所}$（"经过"义）

　　　c　$N_{处所}$＋V＋"过"＋NuM＋$N_{施事}$（"经过"义）

　　　f　$N_{施事}$＋V＋"过"＋$C_{动量词}$（"趋近"义）

(1) 憬方端着药由曾霆面前走过，进了恩懿的屋子。

（曹禺）

(2) 吓得冯老兰的脸上变了色，跳过墙头逃跑了。

（梁斌）

(3) 从东到西的一路车，那桔红色的车身从街口驶过去，好像飞过了一条龙。

（王安忆）

(4) 还没跑到跟前,朱老忠扔下被套,跨过两步,一把抄住那人的手腕子。

(梁斌)

【可能式】

此类动词较少构成可能式。只有"跨、越、迈、渡、飞"等可以构成可能式。

(1) 也许飞不了多久,就没有了力气,越不过一座高山或一片汪洋。

(张洁)

(2) 你迈不过这条沟就别想上山。

B."钻、穿、绕、闪、掠、刮(风)、透"等,后面的"过"只表示"经过"义。

句式　同1A之a、b_2、c

(1) 他睁圆剑眉下的一双大眼睛,目光由左至右从每一个人脸上掠过。

(邓友梅)

(2) (郝望北)鲜红的血已经透过纱布渗了出来。

(蒋子龙)

(3) 江涛机灵的闪过了敌人,又冲上去。

(梁斌)

(4) "叔叔!"杜鹃脸上掠过一丝宽慰的笑意。

(从维熙)

此类动词较少构成可能式。

2.表示肢体动作的动词,如"伸、探"等。

句式　b_1　$N_{施事}+V+$"过"$+N_{受事}$("趋近"义)

　　　d_2　$N_{施事}+$"把"$+N_{受事}+V+$"过"$+N_{处所}$("经过"义)

(1) 夏一雪大概是见我脸色难看,伸出手来拍着我的手背,从沙发上探过身子,叹息着说……

(谌容)

(2) 然后伸过双手紧握住林红雪白的手指。

(杨沫)

(3) 他把手伸过桌子,和我握手。

3. 表示可使物体改变位置的动作行为动词,如"搬、拉、拽、递、夺、抱、接、扔"等。动词后的"过"既可以表示"过来"——趋近目标,也可以表示"过去"——趋近另一目标。

句式　b_1　$N_{施事}$＋V＋"过"＋$N_{受事}$

(1) 陆文婷从护士手中接过病历,一边翻阅,一边说……

(谌容)

(2) 一个三十岁左右的妇道,正低眉顺眼地递过一小碗调料。

(苏叔阳)

(3) 我看见顾向文一把夺过话筒,用最高的嗓门又喊了起来。

(谌容)

(4) 晓燕给母亲搬过一把椅子,王夫人坐下了。

(杨沫)

(5) 说着她喊过两辆洋车,不容道静分说,让她上了车。

(杨沫)

此类动词不构成可能式。

趋向意义(二):

表示人或物体改变方向——面向参照点或背离参照点转动。

〔动类〕

1. 表示肢体动作的动词,如"转、回、掉、扭、背、侧、斜、翻(身)"等。

句式　b_1　$N_{施事}$＋V＋"过"＋$N_{受事}$

(1) 她转过身,第一个动手去收拾自己的画。

(王安忆)

(2) 山妮歪过头,盯着我,笑嘻嘻地说:"我要一辆小平车!"

(谌容)

(3) 运涛回过头来看江涛又在发呆,问他:"江涛!热不?"

(梁斌)

(4) 拿起茶杯,背过脸,把药很爽快地咽下去。

(曹禺)

2."翻、扳"等可使物体改变方向的动作行为动词。
句式　同1
(1) 他咬了一下嘴唇,翻过几页日记。

(王安忆)

(2) 我说着,走到他身边,扳过他的肩膀望着他。

(苏叔阳)

趋向意义(二)一般不用可能式。

二　结果意义

结果意义(一):

表示很不容易地、艰难地"度过"。 动词都表示度过或度过的方式,"过"后的词语多表示艰难的时间或难关。

〔动类〕
1."度、熬"类动词,如"度、活、混、挨、挺、闯、躲、脱、忍、等"等。
句式　b₁　N施事＋V＋"过"＋(NuM＋)N受事
(1) 陆文婷大夫的生命挨过了危急的夜晚,也进到了新的一天。

(谌容)

(2) 这些柔嫩的花,竟然挺过了一个又一个严冬,到今儿还活着。

(苏叔阳)

(3) 没熬过三年,小媳妇儿上吊死了,连个小子都没给留下。

(谌容)

(4) 幸亏碰着一座破庙,兄妹俩躲过一夜。

(高晓声)

【可能式】
(1) 沈志业写道:"躲过了初一躲不过十五。"

(谌容)

(2) 是福不是祸,是祸脱不过。

(蒋子龙)

(3) 林道静同志,我必须告诉你两句话,我也活不过今天了。

(杨沫)

2."哄、骗"类动词,如"骗、瞒、哄、抵赖、对付、马虎"等。

句式　　b_1　$N_{施事}$＋V＋"过"＋$N_{受事}$
　　　　　e　$N_{受事}$＋"被/叫"＋$N_{施事}$＋V＋"过"＋"了"(少用)

(1) 这个没有办法瞒过人家。

(高晓声)

(2) 大黄狗毕竟太幼稚,而且肚子也实在饿了,它总以为青青被骗过了,便一溜烟逃走。

(高晓声)

【可能式】

(1) 什么都瞒不过你。

(蒋子龙)

(2) 这两个人在村里的行为谁都知道,并且有小毛反省的供词完全可以证明,他们怎么能抵赖得过?

(赵树理)

3."饶恕"义动词,如"放、饶"等。

句式　　b_1　$N_{施事}$＋V＋"过"＋(NuM＋)$N_{受事}$

(1) 你不要急嘛,我们党的政策历来是不冤枉一个好人,也不放过一个坏人!

(苏叔阳)

(2) 看在孩子的分上今儿我饶过你了。

(蒋子龙)

【可能式】

(1) 我往返两军之间,特务们发现了也饶不过我的。

(邓友梅)

(2) 这么个小问题,他们不会放不过。

结果意义(二):

表示"超过"。"过"表示越过合适的、确定的一点(空间点、时间点）。

〔动类〕

1. "走、跑、坐、举、念（书）"以及形容词"高"等。

句式　a　N$_{处所}$＋V＋"过"＋"了"（少用）
　　　　b$_2$　N$_{施事}$＋V＋"过"＋N$_{处所}$

（1）有一回,他竟自把座儿拉过了地方,忘了人家雇到哪里。

（老舍甲）

（2）老头儿把桨插到水里,蓝色的湖水刚刚没过桨叶。

（苏叔阳）

（3）他把大衣领子竖得高过耳梢,遮挡着他那张满是络腮胡子的脸——他不是躲避追捕的罪犯。

（从维熙）

（4）真糟,光顾说话,坐过站了！

（5）一气之下,话说过了头儿,后悔也来不及了。

2. "睡、干、做、上（学）"等。

句式　a　N$_{施事}$＋V＋"过"＋"了"（限动词"睡"）
　　　　b$_1$　N$_{施事}$＋V＋"过"＋N$_{时间}$

（1）明天的飞机是清晨五点的,别睡过了！

（2）不亏待你,一个钟头两分工,做过10点,贴三角夜餐费,怎么样？

（高晓声）

较少用可能式。

结果意义（三）：

表示"胜过"。

〔动类〕

1. "比赛、较量"义动词,如"比、争、斗、敌、赛、胜、抗、赌、盖、压"等,可能式更常用。

句式　b$_1$　N$_{施事}$＋V＋"过"＋N$_{受事}$

（1）（这山芋）吃来雪嫩笋甜,赛过鸭梨,城里人是难得吃到的。

（高晓声）

(2) 他这些朴素的话胜过多少墨写的讲义。

(苏叔阳)

(3) 一些孩子活蹦乱跳地在那儿打篮球、踢足球,笑语欢声盖过了街上轰鸣的车辆声。

(谌容)

【可能式】

(1) 我奶奶活着的时候,都比不过我。

(谌容)

(2) 你这个厂长、经理领导无方,竞争不过人家,只好请你去另找饭碗。

(蒋子龙)

(3) 我们这些经营工厂的人到头来还是斗不过经营权术的人,你不能不防呀!

(蒋子龙)

(4) 一个护士长,一个单身女人,怎么敌得过任何想住这房间的"外宾"呐?

(苏叔阳)

2. 其他动词,主要是动作动词,如"说、跑、拧、算计、熬(夜)、打、挤、干、拗"等。主要用可能式。

句式　b_1　$N_{施事}$＋"能"＋V＋"过"＋$N_{受事}$

(1) 他跑得再快,还能跑过子弹?

(从维熙)

(2) 他那么大个子,我怎么能打过他?

【可能式】

(1) 江坤大叹了一口气,这大好人左右为难,拗不过王林生。

(高晓声)

(2) 要打官司就打吧,我相信打不过我。

(张洁)

(3) 说下大天来,胳膊也拧不过大腿。

(蒋子龙)

(4) 老太太如何挤得过人家,结果回来晚了。

(王安忆)

(5) 我说不过她,她读的书比我多好几摞。

(苏叔阳)

3. 形容词,如"强、狠、时髦、拥挤、热闹、高兴、痛快、好、坏"等。

句式　a　$N_{当事}$＋V＋"不过"

　　　b_1　N_1＋V＋"不过"＋N_2

(1) 你真是再聪明不过了。

(曹禺)

(2) 要知道,这种慢车是最拥挤不过的,绝大多数的乘客是农民。

(王安忆)

(3) 在报纸上揭露这件事是最时髦不过的了。

(蒋子龙)

(4) 人,是强不过命的。

(王安忆)

例(1)—(3)的"再聪明不过""最拥挤不过""最时髦不过"意思是"没有比(你)再聪明的""没有更拥挤的(车)""没有更时髦的(事)",往往表达一种夸张的语气。

结果意义(四):

表示"完结"。

"过"可以用在动词后表示动作已经完结。比如甲正在读一本书,乙来了,甲对乙说:"这本书有意思极了,你看看吧。"乙可以说:"我看过了,是不错。"这样用的"过"有一个前提,"过"前动词所表示的动作及所涉及的物体,对听话人来说一定不是新的信息。比如上面这段话,当乙说"我看过了"时,动词"看"及"这本书"在上文已出现。又如一个处长叫科长通知某人来开会,开会时某人未到,处长问科长:"你通知他没有?"科长答:"通知过了,他为什么没来呢?"此外,在实际生活中一些人所共知的有规律的现象,比如一个人每日要吃三餐,早晨要洗脸刷牙,见了熟人要打招呼,学校上下课要打铃,乘公交车要买票等,在一定的语境中,上述动作对听话人就不是陌生的,不是新信息,表示这样一些动作行为的动词后都可以用"过$_{结(四)}$"。如下课时间已到,老师没听见铃声,学生可能说:"老师,下课了,打过铃了。"

如果所涉及的动作行为不是已知信息,就不能用"过"。如:

(1) *小李,有一本特别难得的书今天上午我买过了。

应该说:小李,今天上午我买到了一本特别难得的书。

(2) *昨天我们参观过了一个工厂。

应该说:昨天我们参观了一个工厂。

可以与"过$_{结(四)}$"结合的动词一般是表示具体动作的动词,如"吃、洗、看、听、说、问、找、调查、研究、想、考虑"等。

句式　a　$N_{施事}+V+$"过"$+$"了"

　　　g　$N_{施事}+V_1+$"过"$+N_{受事}+V_2$

(1) "大侄子,你先吃,我就是这一个碗。"……"我吃过了。大伯,你吃。"

(梁斌)

(2) 呆了一会儿,他出神地望着我,轻轻地说:"我可以叫你阿娟吗?""你已经叫过了。"我点着头说。

(苏叔阳)

(3) 鲁泓给他们规定上午九点交来材料,眼下墙上那座紫檀木的挂钟,已经叮叮当当敲过十点,还不见技术科送来的材料。

(从维熙)

(4) 他们不信,说要等吃过饭研究研究再说。

(高晓声)

(5) 你看过后,我相信会有个正确的态度的。

(苏叔阳)

以下几类动词后一般不能用"过_结(四)":

(1)非动作动词。如系动词"是、成为、像";状态动词,如"病、伤、醒、感动、尊重、懂、认识、怀疑"等;能愿动词"能、会、可以、愿意"等。

(2)不表示一个具体动作的动作动词,如"培养、来往、接受、进行、开始、教学、产生、变化、停止、毕业"等。

(3)非自主动作(动作者主观不能控制的动作)动词,如"咳嗽、吐(tù)、丢、跌、遇、漏"等。有些非自主动作动词在叙述性语言中,可以用"过",后面通常有后续句。如:

(1) 他把家里人大骂了一顿,火发过了,心里似乎痛快了一些。

(2) 他忍不住吐了起来,吐过了,感到舒服了一点儿。

(4)书面语色彩较浓的词,如"学习、印刷、著、踏、埋葬"等。

(5)大部分趋向动词("来、去"除外),形容词及动补短语不能或较少与"过_结(四)"结合。

"过_结(四)"与动态助词"了"比较:

1. "过_结(四)"表示完结,而动态助词"了"表示实现,完结的动作一定已经实现,但实现的动作不一定完结。比较:

(1) 这本书我看了三天了,还没看完。

　　＊这本书我看过三天了,还没看完。

　　这本书我看过了,不看了。

(2) 突然他们吵了过来。

　　＊突然他们吵过起来。

　　他们吵过了,心里都有点后悔。

2. "过_结(四)"要求前边的动词所表示的动作及动作所涉及的事物是已知信息,"了"没有这个要求。

3. "了"可结合的动词范围比"过_结(四)"广,可以与非动作动词、状态动词、趋向动词结合,还可以与形容词结合。

"过结(四)"与动态助词"过"比较：

1.动态助词"过"表示曾然,即表示曾经发生过某一动作或出现过某一状态,但说"过"时该动作已不进行,或该状态已不存在。如：

(1) 我去过上海。(曾经发生过"去"的动作,现在没"去")
(2) 我去年来过这儿。(现在"我"在这儿,但不是"来"这儿)
(3) 他染过头发。(一般意味着现在不染头发)
(4) 这朵花红过。(现在这朵花不红了)

用动态助词"过"时,一般是为了说明另外的事情、事理,除了包含"过"的句子外,往往还出现另一个要说明事情、事理的句子,后者有时不出现,但听话人可以意会。如：

(1) 我吃过媒人的亏,所以知道自由结婚好。

(老舍乙)

例(1)中说话人说"我吃过媒人的亏",是为了说明"自由结婚好"。

(2) 你是知识分子,喝过墨水,起出名字来一定好听。

(从维熙)

例(2)中说话人说"(你)喝过墨水",是因为他相信读过书的人起出的名字一定好听。

(3) 都一样,你父亲是第一个伪君子,他从前就引诱过一个下等人的姑娘。

(曹禺)

例(3)中说话人用"他从前引诱过一个下等人的姑娘"来证明"你父亲是第一个伪君子"。

(4) 当初你爸爸也不是没叫人伺候过,吃喝玩乐,我哪样没讲究过？

(曹禺)

例(4)中说话人所以这样说,是为了说明自己过去是有钱人。

"过结(四)"只表示已知动作的完结,不一定有说明功能。

2."过结(四)"要求一定的语境,使"过结(四)"所联系的动作行为及事物成为已知信息,动态助词"过"没有这一要求。

3.二者可结合的词的范围不同。动态助词"过"可广泛地与动词、形容词结合,只有下列动词除外:

(1)如果一个动词所表示的动作对当事者来说是必然的,而且在该事物存在期间只有一次,这类动词后就不能用动态助词"过"。如"(出)生、死(亡)、开幕、闭幕、毕业、放学"等。

(2)认知意义动词,如"知道、了解('知道得清楚'义)、懂、明白("懂"义)"等。

总之,如果动词或形容词所表示的动作或状态一旦出现就不可改变,后边就不能用动态助词"过"。但否定用法不受此限。虽然动态助词"过"可结合的词范围很广,但经常结合的是动作动词、状态动词,关系动词等较少与之结合。

三 特殊用法

特殊用法:"V 得过"

"V 得过",如"买得过""去得过""吃得过""干得过"等,意思是某事值得一做,或表示做某事不仅不吃亏,一般还有便宜可占。如"这件衣服买得过",意思是"这件衣服价钱不贵";"这件事干得过",意思是"这件事值得干(会对自己有利)"。是一种口语用法。

(1) 这个买卖做得过,保证你不会赔本。

(2) 鸡两块钱一斤吃得过,肉还得三块钱一斤呢。

四　熟语

熟语(一)："信得/不过"

"信得过"表示可以信任，"信不过"表示不能信任。

(1) 听你刚才的话显然是王书记的特派代表,这个举动本身是不是可以理解为市委对电机厂的党委已经信不过了？
(蒋子龙)

(2) 我不要求别的,只请县委派信得过的干部下来调查。
(谌容)

(3) 我们信得过你,你当我们的代表吧；他,他们信不过。

熟语(二)："看不过"

"看不过"的意思与"看不过去"特殊用法(2)相同,表示"感情上不能容忍、不忍心"。如：

(1) 有人看不过郝师傅的骄傲劲,要刘国柱别上场,只用最低级的工人去打败他。
(邓友梅)

(2) 他看不过他们夫妻俩对老人的态度,就上前说……

"过"总表

义类	意义	所搭配的动词及频率
趋向意义	(一) 表示通过动作使人或物体经过某处所趋近一个目标，或只表示趋近某一目标	1. 表示躯体、物体运动的动词 A. 走$_{102}$ 跳$_8$ 迈$_1$ 越$_{7,可2}$ 踏$_1$ 近$_1$ 跨$_4$ 拐$_1$ 爬$_1$ 冲$_1$ 移$_2$ 抢$_1$ 打$_2$ 跌$_1$ 驶$_{10}$ 驰$_2$ 飞$_1$ 飘$_1$ 流$_{11}$ 滚$_1$ 掣$_1$ 袭$_1$ B. 穿$_{69}$ 辗$_3$ 绕$_{15}$ 转$_3$ 翻$_{2,可1}$ 游$_1$ 渡$_2$ 躲$_1$ 让$_1$ 掠$_1$ 浮$_1$ 拂$_1$ 闪$_{24}$ 透$_{23}$ 漫$_2$ 扫(目光～)$_3$

(续表)

义类	意义	所搭配的动词及频率
		2. 表示肢体动作的动词 伸$_5$ 探$_2$ 舒(～头)$_1$
		3. 表示可使物体改变位置的动作行为动词。 端$_1$ 搬$_2$ 拉$_{14}$ 拽$_1$ 搂$_1$ 倒$_5$ 递$_1$ 掂$_1$ 抽$_1$ 抢$_{16}$ 夺$_{13}$ 抓$_4$ 拿$_{13}$ 接$_{66}$ 扔$_1$ 喊$_1$ 归(～口)$_1$
	(二)表示人或物体改变方向	1. 表示肢体动作的动词 转$_{40}$ 回$_{45}$ 掉("掉转"义) 扭$_{18}$ 背$_5$ 侧$_{10}$ 歪$_1$ 斜$_1$ 偏$_2$ 翻$_1$ 反$_1$
		2. 表示可使物体改变方向的动作行为动词 拧$_4$ 翻(～书)$_7$ 扳$_2$
结果意义	(一)表示"度过"	1. "度、熬"类动词 度$_{19}$ 活$_{可1}$ 混$_2$ 歇$_1$ 熬$_5$ 挨$_2$ 忍$_1$ 等$_1$ 躲$_{8,可4}$ 挺$_2$ 拖$_1$ 闯$_1$ 推(～脱)$_{可4}$ 脱$_{1,可2}$
		2. "哄、骗"类动词 瞒$_{2,可9}$ 哄$_{可2}$ 骗$_{3,可1}$ 马虎$_{可1}$ 抵赖$_{可1}$ 对付$_2$
		3. "饶恕"义动词 放$_4$ 饶$_{1,可2}$
	(二)表示"超过"	拉(～车)$_2$ 做(～活儿)$_1$ 睡$_1$ 没$_1$ 坐(～车)$_1$ 转$_1$ 高$_1$
	(三)表示"胜过"	1. 表示"比赛、较量"义动词 比$_{可2}$ 争$_{可1}$ 竞争$_{可3}$ 斗$_2$ 敌$_{可3}$ 赛$_{3,可1}$ 胜$_1$ 赌$_{可1}$ 抗$_{可1}$ 掰$_{可1}$ 盖$_1$ 压$_3$
		2. 其他动作动词 干$_2$ 弄$_7$ 拗$_8$ 打$_{可4}$ 碰$_3$ 挣$_{可1}$ 挤$_{可1}$ 跑$_{1,可1}$ 说$_8$ 算$_{可1}$ 熬$_{可1}$
		3. 形容词 强$_{可2}$ 狠$_{可1}$ 爽快$_1$ 聪明$_1$ 拥挤$_1$ 时髦$_1$

(续表)

义类	意义	所搭配的动词及频率
	(四) 表示"完结"	吃$_{31}$ 洗$_3$ 涂(～口红)$_1$ 描(～眉)$_1$ 磕(～头)$_1$ 哭$_1$ 揉搓$_2$ 跑$_1$ 游$_1$ 封$_1$ 抄$_1$ 摔$_1$ 调查$_2$ 去$_1$ 出(～气)$_1$ 做$_1$ 挨(～打)$_1$ 翻(～地)$_1$ 搜索$_1$ 找$_1$ 检查$_1$ 开(～会)$_2$ 打(～拳)$_1$ 用$_3$ 说$_4$ 问$_2$ 谈$_1$ 讲$_2$ 讨论$_1$ 读$_2$ 道(～晚安)$_2$ 打(～招呼)$_4$ 骂$_2$ 叫$_1$ 吵$_2$ 发(～言)$_1$ 听$_1$ 看$_7$ 研究$_3$ 敲$_4$ 响(～铃)$_2$ 打(～铃)$_4$ 想$_1$ 体验$_1$
特殊用法	"V得过"	做得过 吃得过
熟语	(一) "信得/不过"	信得过 信不过
	(二) "看不过"	看不过

拾玖　过来

一　趋向意义

趋向意义(一):

表示向参照点趋近,可能经过某处所,也可能不经过。

$$X \longleftarrow \bigcirc$$
$$(\triangle)$$

〔动类〕

1. 表示躯体或物体自身运动的动词。

A."走、跳、跨、挤、追、游、飞、滚、打"等。此类动词后的"过来"既可表示经过某处所后向参照点趋近(如"走过桥来""从桥上走过来"),也可以只表示向参照点趋近(如"他向我走过来")。

句式　a_1　（$N_{施事}$＋"向/朝"＋$N_{处所}$＋）V＋"过来"（"趋近"义）
　　　　a_2　（$N_{施事}$＋"从"＋$N_{处所}$＋）V＋"过来"（"经过"义）
　　　　b_2　（$N_{施事}$＋）V＋"过"＋$N_{处所}$＋"来"（"经过"义）
　　　　c　　$N_{处所}$＋V＋"过来"＋NuM＋$N_{施事}$（"经过、趋近"义）
　　　　f　　（$N_{施事}$＋）V＋"过来"＋C（"经过"义）

(1) 有天晚上,姐弟两个正插着门儿睡觉,有人从墙外咕咚咕咚跳过来。

(梁斌)

(2) 有人从南边来,要是懂点水性的,就从这地方凫过河来。

(梁斌)

(3) 听见他大喊大叫,恐怕他闯下祸,赶紧跑过来劝他。

(赵树理)

(4) 刘玉英用力地攥住了手里的那两块喜糖,看着吴国强一步一步地向她走过来。

(张洁)

(5) 水面上有几片白色的鹅毛,随着水流,漂漂悠悠流过来,又流过去了。

(梁斌)

(6) 山头那边的远空里缓慢地飘过来一缕轻纱似的白云,它无声无息,高高在上。

(高晓声)

(7) 她走过来了二十米,离他只有一米了。

(王安忆)

【可能式】
(1) 沟太宽,他迈不过来。
(2) 墙很厚,声音传不过来。

B. "钻、穿、绕、透"等,"过来"只表示"经过"。

句式　同 1A 之 a_2、b_2、c、f
(1) 孩子从桥底下钻过来了。
(2) 血透过纱布来,不停地滴着。

【可能式】
(1) 那个洞太小,他钻不过来。
(2) 纸很厚,水透不过来。

C. "扑、凑、围"等,"过来"表示"趋近"义。

句式　a　$N_{施事}$＋("向/朝"＋$N_{处所}$＋)V＋"过来"
(1) 见有人要进门,那黄狗"汪汪"叫着扑了过来。

(谌容)

(2) 街上一群孩子,便围过来,朝我吐唾沫,扔石子。

(从维熙)

(3) 她还想说什么,却不料那个给她苹果的军官也跟过来了。

(杨沫)

2. 表示躯体动作的动词,如"伸(头)、弯(腰)"。

句式　a　($N_{施事}$＋)V＋"过来"

　　　　b₁　（N施事＋）V＋"过"＋N受事＋"来"
　　　　d　（N施事＋）"把"＋N受事＋V＋"过来"

(1) 刘大妈隔着炕桌，便把脑袋伸过来，雪白透亮的头发在灯光下一闪一闪地晃着。

（谌容）

(2) 夏亦秋也伸过头来看，原来是两只甲虫在打仗。

（苏叔阳）

(3) 她突然把娃娃换到左手，将右手向他伸过来。

此类动词不能构成可能式。

3. 表示可使物体改变位置的动作行为动词。

A. "推、送、开（车）、扔"等。

句式　a　（N施事＋）V＋"过来"
　　　b₁　（N施事＋）V＋"过来"＋NuM＋N受事
　　　b₂　（N施事＋）V＋"过"＋N处所＋"来"
　　　d　（N施事＋）"把"＋N受事＋V＋"过"（＋N处所）＋"来"
　　　e　N受事＋V＋"过来"（＋"了"）
　　　f　N施事＋V＋"过来"＋C

(1) 徐辉刚要把一张纸递给卢嘉川，许宁一把抢了过来。

（杨沫）

(2) 她搬过个凳子来，坐在火炉房。

（老舍甲）

(3) 在这个问题上，他觉得她随时会朝他和夏竹筠甩过来一枚炸弹。

（张洁）

(4) 护士把手术床旁的托盘架推过来。

（谌容）

(5) 这时，一辆浅灰色的"一三〇"小卡车开了过来。

（谌容）

【可能式】

(1) 小李的劲儿小，想抢小张手里的那封信，可是抢不过来。

(2) 桥坏了，货物运不过来。

B. "喊、叫、请、调、催"等。

句式　同 3A

(1) 张老汉似乎才把心放下,又叫过孙子来。

（谌容）

(2) 接着把手一招,喊过来一个小伙。

（邓友梅）

(3) 李德才出去了,冯老兰把他年轻的老伴叫过来睡觉。

（梁斌）

(4) 从右边的小路朝山上跑,鬼子被我引过来。

（谌容）

【可能式】

(1) 因为手续不全,他暂时运调不过来。

(2) 只靠这点经济利益去吸引他们,我看吸引不过来。

C. "砍、劈、刺"等。

句式　a　$N_{工具/施事}$＋("向/朝"＋$N_{对象}$＋)V＋"过来"

　　　　b　$N_{施事}$＋V＋"过来"＋NuM

(1) 老驴头的铁锹又劈过来,运涛只得跑下大堤来。

（梁斌）

(2) 江涛才说冲上去,冷不丁一把闪亮的刺刀,照他刺过来。

（梁斌）

一般不构成可能式。

"V 过来"与"V 来"比较：

"V 过来"与"V 来"都表示通过动作使人或物体向参照点移动,二者有什么区别呢？

1. 可搭配的动词不完全相同。如"来"可与趋向动词"上、下、进……"搭配,"过来"不能；"围、坐、靠"等动词不能直接与"来"组合,中间要加"拢",但可直接与"过来"组合。第 3 类动词("搬、取"等)更易与"来"组合,其中有些不能或较少与"过

> 来"组合,如"采、摘、交、汇、寄、倒、穿、煮、盼"等。
> 　　2."过来"可表示越过某处所后向参照点移动,"来"不能表示越过某处所的意思。
> 　　3.在与表示躯体、物体自身运动的动作动词组合时,"来"多出现于文学作品,"过来"较口语化。

　　4.比喻用法:

　　表示领属关系或占有关系等转移到参照点方面来,动词如"买、争夺、抄('抄写'义)、介绍"等。

　　句式　同3A

(1) 你要是赚了钱,请你把上院那座西房买过来,修理修理让我以后住!

(赵树理₂)

(2) 对这样的人,我们不应当把她争取过来吗?

(杨沫)

(3) 他有钱,咱们正当正派的承受过来,一点没有不合理的地方。

(老舍甲)

(4) 我们要把这个组织全部掌握过来,以配合全市的学生运动。

(杨沫)

(5) 还不上好办,你家庄东头那两亩坡地写给我就算了,地别看写过来,我还是叫你家种着。

(邓友梅)

【可能式】

(1) 他们那所房子不肯卖,你买不过来。
(2) 这个人顽固得很,争取不过来。
(3) 这个组织的领导权,目前你还夺不过来。

趋向意义（二）：

表示向参照点的方向转动。

〔动类〕

1. 表示转动意义的动作行为动词，如"转、扭、回、翻、掸、侧、歪、斜、背"等，动作的受事为"身、头、脸"等。

句式　　a　（N$_{施事}$＋）V＋"过来"
　　　　b$_1$　（N$_{施事}$＋）V＋"过"＋N$_{受事}$＋"来"
　　　　d　（N$_{施事}$＋）"把"＋N$_{受事}$＋V＋"过来"
　　　　e　N$_{受事}$＋V＋"过来"（＋"了"）

(1) 他一惊，慢慢回过头来，他的眼睛红红的，像个醉汉。
（王安忆）

(2) 腊梅听见喊声，扭过头来，也站下了。
（谌容）

(3) 我背过身来，免得她看见我因说谎而尴尬脸红。
（从维熙）

(4) 那人把脸转过来了。
（邓友梅）

(5) 老魏把头转过来，不去看他们。
（王安忆）

【可能式】

(1) 他昨晚落枕了，头回不过来。

(2) 地方太小，转不过身来。

2. 表示可使物体改变方向的动作行为动词，如"颠倒、翻、倒(dào)、反、转(zhuǎn)、顺"等。

句式　同1

(1) 地翻过来，晒了几天太阳，便做了垄。
（高晓声）

(2) 哨兵盯了他一眼，似乎是认识他，一句话没说完，顺过大
　　枪来。
（梁斌）

(3) 他停了车考虑了一阵,最后觉得还是不过去好,因此就拨转牛头磨过车来往回返。

(赵树理)

【可能式】
(1) 坐也坐不起来,横也横不过来,只好仰面睡着。

(赵树理)

(2) 这辈子翻不过案来,死的时候,也得拉个垫背的,我就是这个脾气!

(梁斌)

二 结果意义

结果意义(一):

表示度过一段艰难的时期或难关。动词为表示"度过"意义或表示度过方式的动作行为动词,如"活、生活、混、熬、忍、闯、坚持、挣扎"等。

$$X \leftarrow \bigcirc$$

句式　a　N_{当事}＋V＋"过来"

(1) 你爹、你爷爷,几辈子都窝着脖子活过来,躲还躲不及,能招事惹非?

(梁斌)

(2) 到现在我也不知道,当时我怎么没死,硬是熬过来了。

(蒋子龙)

(3) 万幸的是,他们竟然挺过来了。

(苏叔阳)

(4) 虎子!这些个年,你怎么闯过来的?

(梁斌)

(5) 加上农业上的丰收,从饥饿中挣扎过来的人们,脸上开始出现健康人的红润。

(从维熙)

结果意义（二）：

表示恢复或转变到正常的、积极的状态。

〔动类〕

1. 表示人或动物的正常心理状态或感觉的动词,如"醒、清醒、苏醒、暖和(感觉)、活、缓"等。

  句式 a N$_{当事}$＋V＋"过来"
     f N$_{当事}$＋V＋"过来"＋C
     g "使"＋N$_{受事}$＋V＋"过来"

(1) 我闭了闭眼睛,又睁开,使自己清醒过来。

                (谌容)

(2) 我说过,你像铁打的一样,会活过来的,这回也一样!

                (谌容)

(3) "过于执"当即昏倒在路旁,当他醒过来时,塑料兜没有了。

                (从维熙)

(4) 对于我们,最重要的,是把这些冷了的心,温暖过来,让它重新充满了希望,激发起热情。

                (张洁)

(5) 给他拍拍捏捏,等他缓过来,拿三块钱给他,叫他滚蛋!

                (曹禺)

(6) 经过一摔,他醒过来一半。

                (老舍甲)

例(4)用法比较特殊。

【可能式】

(1) 严老祥看他一下子还醒不过来,两手一抄,把朱老巩挟回家去。

                (梁斌)

(2) 回头我快跑几步就是了,冻成这样不跑也暖和不过来呀!

                (邓友梅)

另外,还有表示可使心理、生理恢复正常状态的动作动词,如"救、抢救、叫、养"等。

句式　a　(N_{施事}＋)V＋"过来"
　　　 d　(N_{施事}＋)"把"＋N_{受事}＋V＋"过来"
　　　 e　N_{受事}＋V＋"过来"(＋"了")

(1) 按规定来见厂长的组织科长和劳动工资科长的敲门声,把乔光朴从沉思中唤过来。

(蒋子龙)

(2) 家里人发现了,灌了些洗木梳的脏水,才救过来。

(赵树理₁)

(3) 陆大夫昨晚上刚抢救过来,谁也不能进去!

(谌容)

(4) 每天少拉几个钟头,还是能养过来的!

(赵树理₂)

【可能式】
(1) 他伤得太重,救不过来了。
(2) 你的身体亏得太厉害,一时半会儿养不过来。

2. 表示正常的、积极的心理活动与思维活动的动词,如"觉悟、明白、想、反应、转(弯)"等。

句式　a　N_{当事}＋V＋"过来"
　　　 b₁　N_{施}＋V＋"过"＋N_{受事}＋"来"(及物动词)
　　　 g　N_{施事}＋"使"＋N_{受事}＋V＋"过来"(大部分动词)

(1) 现在,他才明白过来,悔悟过来,人是不能独自活着的。

(老舍甲)

(2) 真正能帮助他们觉悟过来,组织起来,那就是实际的革命经验。

(梁斌)

(3) 后来刘玉英才寻思过来,他们其实什么事也没有,无非是怕她花钱就是了。

(张洁)

(4) 李德才一说,朱老星也就想过这个理儿来。

(梁斌)

(5) 以前他没想过这个，因为这次是把曹先生摔伤，所以悟过这个理儿来。

（老舍甲）

【可能式】

(1) 旧路线的时代虽然过去，旧思想一时还转不过来。

（梁斌）

(2) 这个人老也觉悟不过来，大家很着急。

3. 表示"改变"意义或可使改变的动作行为动词，如"改、变、纠正、改造、打、教训"等。

句式　a　（N施事＋）V＋"过来"
　　　　d　（N施事＋）"把"＋N受事＋V＋"过来"
　　　　e　N受事＋V＋"过来"（＋"了"）
　　　　g　N施事＋"使"＋N受事＋V＋"过来"（"改变、改造"类动词）

(1) 看人家外国，说改良什么，一下子就改过来，实业上发达的多快！

（梁斌）

(2) 她能等五年，心又变过来了，这就应该等。

（高晓声）

(3) 他好研究每人的"性格"，主张按性格用人，可惜不懂得有些坏性格一定得改造过来。

（赵树理二）

(4) 王小嫚等阿姨给你矫正过来，跟那边的眼睛一样，你看，多好！

（谌容）

(5) 我来的时候思想不正确，现在让李大亨这件事教训过来了。

（赵树理二）

【可能式】

(1) 实在变不过来，那也只好不再要他。

（赵树理二）

(2) 我脸红着答应改过,可是总也改不过来。

（邓友梅）

(3) 生就的骨头,哪里打得过来?

（赵树理）

可能式很常用。

结果意义(三)：

表示尽数地完成。常常侧重表示是否具有完成一定数量的工作的能力、条件,可能式比非可能式更常用。如"老师留的作业太多了,学生做不过来"。

〔动类〕

1.表示呼吸动作的动词,如"喘(气)、透(气)"。

句式　　b_{1-1}　　$N_{施事}+V+"过"+N_{受事}+"来"$
　　　　e　　$N_{受事}+V+"过来"(+"了")$

(1) 逯辑王刚刚坐下,一口气还没喘过来,胡书记就忙不迭地把在场的领导人物一个个拉过来。

（谌容）

(2) 好不容易喘过一口气来。

（谌容）

【可能式】

(1) 他被闷在一个火药罐里,呛得一阵阵喘不过气来。

（蒋子龙）

(2) 那顶上空气稀薄,人爬到那里气都喘不过来。

（邓友梅）

(3) 他脊梁上太沉重了,压得喘不过气来!

（梁斌）

(4) 他来那几天,正是秋收时候,大家忙得喘不过气来,他偏要在这个时候召集大家开会。

（赵树理）

(5) 沉默压得人的胸膛透不过气来。

（梁斌）

2. "管理、安排"义动词,如"管、看(kān)、照顾、跑"及形容词"忙"等。

句式　同1。另有:
　　a　　N_{施事}＋V＋"得/不"＋"过来"
　　b₁₋₂　N_{施事}＋V＋"得/不"＋"过"＋N_{受事}＋"来"

(1) 长期值(班)下去,人力就安排不过来了。

(谌容)

(2) 再说,你又上了年纪,又是村政又是家政,你一个人出主意,怎么管得过来?

(梁斌)

(3) 祥子没说什么,他已顾不过命来。

(老舍甲)

(4) 差使多了跑不过来,本来可以临时雇人。

(赵树理_)

(5) 年集上人多,一个人看不过来,才叫春兰在一边帮忙。

(梁斌)

(6) 他一个人忙不过来呀。

(邓友梅)

3. 表示感情、心理状态的动词、形容词,如"爱、恨、疼、同情、高兴、哭、笑、愁"等。

句式　同2

(1) 别恨啦,疼还疼不过来呢。

(曹禺)

(2) 这样一个同志,对党爱还爱不过来……

(从维熙)

(3) 我现在哭还哭不过来呢,哪有心思跳舞!

这样用的"V不过来"常用于反驳,表示某种感情、心情尚且无法充分表达,不可能存在相反的感情、心情。

4. 其他动作行为动词,如"算、数、写、看、吃、玩、分、分配"等,所涉及的受事都有一定的数量。可能式更常用。

句式　a　N施事＋V＋"过来"
　　　e　N受事＋V＋"过来"

(1) 这笔账都算得过来。

(蒋子龙)

(2) 要按人按户分配,东西少,分不过来。

(赵树理₂)

(3) 他的外号多了,气嘴子、葡萄刘……简直数不过来。

(蒋子龙)

(4) 所以金八爷在银行的存款一时实在周转不过来,请缓一两天提。

(曹禺)

(5) 他正预备再往下说,轰隆轰隆走进许多人来,老的也有,小的也有,七嘴八舌,一齐向聚宝打招呼,聚宝答应不过来,只好站在柜台后点着头向大家打"啊啊"。

(赵树理₂)

(6) 所长,以后您有什么抄写不过来的……给我个电话,我保证来帮忙,而且要作得顶好!

(老舍₂)

(7) 登上了河堤,前面是一条小河,河里水很浅,连脚面也盖不过来,有的地方还露着黑泥。

(蒋子龙)

"V 不过来"与"V 不完"比较:

1."V 不完"表示主观或客观上没有条件结束某动作,与数量不一定有联系,虽然可以有联系。如:

(1) 这篇论文我今天写不完了。
(2) 这个星期事太多,恐怕做不完。

"V 不过来"与数量多有联系。如:

(3) 今天上午客人太多,我都应酬不过来了。

(4) 你一下子给我这么多书,我怎么看得过来。

例(1)不能用"过来"替换"完",例(3)不能用"完"替换"过来"。"过来"有"无暇顾及"的意思。

2. "过来"所涉及的受事往往不止一人一事,而且不是同一个事物。如:

(1) 要看的书太多,我都看不过来了。

＊这本书太厚,今天我都看不过来了。

(2) 今天晚上几个频道都有好电视,我都看不过来了。

＊我九点还有事,这个电视剧太长,我看不过来了。

例(1)和例(2)带＊号的句子中的"过来"换成"完",句子就没有问题了。

三 熟语

熟语:"转过年来"

意思是过了年(一般指春节)以后。

(1) 转过年来,清明县各项工作都有很大的发展,县委领导班子的团结也比过去增强了。

(谌容)

(2) 您看,自从转过年来,这溜儿女孩子们,跟男小孩一个样……也都上了学。

(老舍$_z$)

"过来"总表

义类	意义	所搭配的动词及频率
趋向意义	(一) 表示通过动作使人或物体（经过空间的某一点）向参照点趋近	1. 表示躯体、物体运动的动词 A. 走$_{145}$ 跑$_{44}$ 跳$_1$ 迈$_2$ 跨$_1$ 踱$_2$ 溜$_1$ 冲$_3$ 打$_2$ 飞$_3$ 飘$_3$ 流$_2$ 凫$_1$ 移$_1$ 挤$_6$ 轧$_1$ 涌$_3$ 掠$_1$ 闪$_2$ 跟$_7$ 逛$_1$ 赶$_7$ 拥$_1$ 响$_2$ 溜达$_1$ 投射$_4$ 喷射$_1$ 射（光～）$_2$ 传（声音～）$_6$ 转游$_1$ 飞驶$_1$ 摸（"行走"义）$_1$ B. 透$_1$ C. 奔$_4$ 溅$_1$ 凑$_{10}$ 跟$_1$ 扑$_{11}$ 包抄$_1$ 围$_3$ 围拢$_1$ 逼近$_1$
		2. 表示躯体动作的动词 伸$_6$ 弯$_{可1}$ 倒$_1$ 靠$_1$
		3. 表示可使物体改变位置的动作行为动词 A. 端$_5$ 搬$_8$ 拉$_6$ 扯$_1$ 推$_1$ 挑$_1$ 扒$_1$ 抢$_{12}$ 递$_{11}$ 勾$_1$ 揪$_1$ 甩$_1$ 抢$_{17}$ 奔$_7$ 拿$_{16}$ 取$_3$ 带$_4$ 送$_3$ 接$_{45}$ 押$_2$ 挪$_1$ 移$_1$ 扫$_1$ 摊$_1$ 吹$_6$ 传递$_1$ 扫射$_1$ 刮（～风）$_2$ 飘送$_1$ 看$_1$ 开（～车）$_7$ 倒（dào）$_1$ B. 叫$_3$ 喊$_3$ 请$_1$ 调$_3$ 引$_1$ 吸引$_3$ 欢迎$_1$ 指引$_1$ C. 抽$_2$ 刺$_3$ 投$_3$ 抛$_1$ 劈$_1$ 砍$_1$ 打$_2$ 盖$_2$ 压$_2$ 丢$_1$
		4. 比喻用法 买$_3$ 娶$_5$ 嫁$_2$ 下放$_1$ 要$_3$ 承受$_1$ 掌握$_1$ 争夺$_1$ 争取$_1$ 抓$_1$ 俘虏$_1$ 介绍$_2$ 写$_1$ 抄（"抄写"义）$_1$

（续表）

义类	意义	所搭配的动词及频率
	（二）表示通过动作使人或物体向参照点的方向转动	1. 表示转动意义的动作行为动词 转$_{42}$　回（～头）$_{111,可1}$　掉（～头）$_4$　背（～身）$_2$ 扭（～头）$_{20,可1}$　侧（～脸）$_{10}$　歪（～头）$_2$ 2. 表示可使物体改变方向的动作动词 反$_6$　倒（dào）$_3$　磨（mò，～车）$_1$　颠倒$_6$　横$_{可1}$ 顺　扳　翻$_1$
结果意义	（一）表示度过一段艰难的时期或难关	表示"度过"意义或方式的动作行为动词 生活$_1$　活$_3$　混$_1$　熬　挨　忍受　受　闯 对付$_1$　滚$_1$　坚持　磨　挺$_4$　挣扎　逃（～劫）$_1$
	（二）表示恢复或转变到正常的、积极的状态	1. 表示人或动物的正常状态或感觉的动词 活$_7$　醒$_{67,可1}$　苏醒　清醒$_{17}$　缓　恢复$_1$ 回（～神）$_2$　暖和$_{2,可1}$　暖$_3$　温暖　唤$_1$　救$_1$ 抢救$_3$　养$_1$ 2. 表示正常的、积极的心理活动与思维活动的动词 觉悟$_2$　明白$_{16}$　悔悟　惊悟　悟$_1$　醒悟$_5$ 想$_4$　寻思　意识$_1$　反应$_1$　绕搭（"思考"义）$_1$ 3. 表示"改变"意义或可使改变的动作行为动词 变$_{5,可1}$　改变$_{可1}$　改$_{9,可2}$　改造$_1$　改变$_1$　改正$_2$ 换$_{2,可1}$　矫正$_1$　矫$_1$　教训$_1$　纠正$_1$　扭$_1$　正$_3$ 打$_{1,可7}$　翻译
	（三）表示尽数地完成	1. 表示呼吸动作的动词 喘$_{2,可11}$　透$_{可6}$ 2. 表示"管理、安排"意义的动词、形容词 安排$_{可2}$　管$_{可2}$　顾$_{可4}$　照顾$_{可2}$　跑（～工作）$_{可3}$ 忙$_{可8}$ 3. 表示感情、心理状态的动词、形容词 爱$_{可1}$　疼$_{可2}$　哭$_1$

(续表)

义类	意 义	所搭配的动词及频率
		4. 其他动作动词 看$_{可1}$　写$_{可1}$　数$_{可2}$　算$_{可3}$　种（～地）$_{可1}$　答应$_{可1}$ 周转$_1$　调（tiáo）$_{可1}$　分$_{可2}$　盖（"覆盖"义）$_{可1}$
熟语	"转过年来"	转过年来$_5$

贰拾　过去

一　趋向意义

趋向意义（一）：

表示离开（或远离）参照点，经过某处所或不经过某处所向某一目标趋近。例如"跳过河去""他走过去拽住了那匹马"。

$$X\bigcirc \longrightarrow$$
$$(\triangle)$$

〔动类〕

1. 表示躯体或物体自身运动的动词。

A. "走、跳、跨、挤、游、飞、滚、打、追、赶"等。此类动词后的"过去"既可表示经过某处所（用处所宾语或由"从"引进的状语表示，如"跳过河去""从桥上走过去"）向某一目标趋近，也可以只表示向某一目标趋近（用由"向/朝"引进的处所状语表示，后面不能有处所宾语，如"向老马走过去"）。在上述两种情况下，处所词语也可以不出现，如"跳过去、跑过去、走过去"。

句式　　a_1　$N_{施事}$+（"向/朝"+$N_{处所}$+）V+"过去"（"趋近"义）

a_2　$N_{施事}$+（"从"+$N_{处所}$+）V+"过去"（"经过"义）

b_2　（$N_{施事}$+）V+"过"+$N_{处所}$+"去"（"经过"义）

c　$N_{处所}$+V+"过去"+NuM+$N_{施事}$（"经过、趋近"义）

f　$N_{施事}$+V+"过去"+C（"趋近、经过"义）

（1）陆文婷没有再说什么，走过去拉上窗帘。

（谌容）

(2) 趁着夜影,跳过围墙去。

(梁斌)

(3) 不管这条河多宽,我也要凫水游过去。

(从维熙)

(4) 嗖地一声尖叫,从头顶上飞过去几发子弹。

(5) 从东到西的一路车,那橘红色的车身从街口驶过去,好像飞过了一条龙。

(王安忆)

(6) 公共汽车从街口开过去,晚霞映在车窗上,像是一串金光从街口闪过去了。

(王安忆)

(7) (那位同志)在路上被我们赶过去,在休息的地方又追上来。

(邓友梅)

【可能式】
表示经过时,可构成可能式。如：
(1) 眼看面前有个坎儿,它就叫你迈不过去。

(谌容)

(2) 这条河太宽,我游不过去。

B."钻、穿、绕、擦(从身边)、闪、响"等,"过去"表示"经过"。

句式　同1A之 a_2、b_2、c、f

有些动词只适用部分句式。
(1) 事情的确是不好办,但是总有个缝子使他钻过去。

(老舍甲)

(2) 两条柏油小路,从花圃左右两旁绕了过去。

(张洁)

(3) 我忍着一肚子的屈辱,匆匆从她身边擦过去了。

(王安忆)

【可能式】
(1) 图案中间的小窟窿,连个蜜蜂也钻不过去。

(赵树理二)

(2) 那条路正在施工,从那儿绕不过去。

"擦、闪"等一般不构成可能式。

C. "奔、扑、凑"等,后边的"过去"只表示"趋近"。

句式　　a_1　　$N_{施事}$＋("向/朝"＋$N_{处所}$＋)V＋"过去"

(1) 乔瑛喊了声"妈妈"就扑了过去。

(蒋子龙)

(2) 瞅着李瑞林坐在传达室的窗口,他挺热情地凑过去招呼着:"您——上班了?"

(张洁)

(3) 我放下暖壶、速写本,奔过去,紧紧握住他的手。

(王安忆)

此类动词一般不构成可能式。

2. 表示躯体动作的动词,如"伸(手)、探(头)、倾(身子)、弯(腰)"等。

句式　　b_1　　($N_{施事}$＋)V＋"过"＋$N_{受事}$＋"去"
　　　　d　　　($N_{施事}$＋)"把"＋$N_{受事}$＋V＋"过去"
　　　　e　　　$N_{受事}$＋V＋"过去"(＋"了")

(1) 看江涛伸手,二贵也伸过手去。

(梁斌)

(2) 到这刻上,她就把头伸过去说:"打吧,打吧……"

(梁斌)

一般较少用可能式。

3. 表示可使物体改变位置的动作行为动词。

A. "推、抢、拐、送、抓、划"等。

句式　　a　　　($N_{施事}$＋)V＋"过去"
　　　　b_{1-1}　($N_{施事}$＋)V＋"过"＋(NuM＋)$N_{受事}$＋"去"
　　　　b_{1-2}　($N_{施事}$＋)V＋"过去"＋(NuM＋)$N_{受事}$
　　　　b_2　　($N_{施事}$＋)V＋"过"＋$N_{处所}$＋"去"
　　　　d_1　　($N_{施事}$＋)"把"＋$N_{受事}$＋V＋"过去"
　　　　d_2　　($N_{施事}$＋)"把"＋$N_{受事}$＋V＋"过"＋$N_{处所}$＋"去"
　　　　e　　　$N_{受事}$＋V＋"过去"(＋"了")

(1) 过河的时候,任长胜刚伸手要背他,班长就抢了过去。

(邓友梅)

(2) 何婷推过去一把弹簧软椅。

(张洁)

(3) 他淡淡一笑,接过杯子去。

(谌容)

(4) 掌柜手疾眼快已把票子接过去塞进了抽屉。

(邓友梅)

(5) 我才从那边过来,大雨把小桥冲塌了,你一个人不能把车拖过河去。

(邓友梅)

【可能式】

(1) 有一次,要过一个土沟,骡子拉不过去,站住了。

(赵树理₁)

(2) 一般只靠划板是划不过去的,全凭用篙撑。

(赵树理₂)

B. "请、喊、叫、让"等,受事宾语为表示人的名词。

句式　同3A

(1) 他们把李老师请过去了。

(2) 这边空荡荡的,人把他们都叫过去了。

【可能式】

(1) 这个人,你们请不过去,不信就试试。

(2) 他来接孩子,接了几次接不过去,孩子不肯走。

C. "打、刺、砍"等动词,如"打过去""刺过去""砍过去"等。

句式　a_1　$N_{工具/施事}$+("向/朝"+$N_{对象}$+)V+"过去"

a_2　$N_{施事}$+("从"+$N_{处所}$+)V+"过去"

b_1　$N_{施事}$+V+"过去"+NuM

(1) 举着枪向守卫的士兵刺过去。

(梁斌)

(2) 眼看小邵一刀砍过去,敌军用枪杆遮拦住。

(梁斌)

(3) 看着那裹着灰沙的风从他面前扫过去,他点点头。

(老舍甲)

(4) 他从一家的屋脊上看过去,又看见了那光明的太阳。

(老舍甲)

一般不构成可能式。

4. 比喻用法:

表示领有关系、占有关系等从参照点转移到另一方,动词如"搂(钱)、夺(权)、拨(款)、争取"等。

句式　同3A

(1) 你算算吧,他们抢过去多少地,逼得多少人投河觅井!

(老舍乙)

(2) 你先维持三天,三天之后,你来提,我一定拨过去。

(曹禺)

(3) 他是想从出口产品的利润里提成,把出口权一手揽过去。

(蒋子龙)

【可能式】

(1) 不对,他们不是解净所能随便拉得过去的人。

(蒋子龙)

(2) 你放心,这个权他们夺不过去。

趋向意义(二):

表示由面向参照点向背离参照点的方向转动。

〔动类〕

表示转动意义的动作行为动词,如"转、回(头)、扭(头)、掉(头)、背(身)、斜"等。

句式　a　($N_{施事}$＋)V＋"过去"

b₁　($N_{施事}$＋)V＋"过"＋$N_{受事}$＋"去"

d　($N_{施事}$＋)"把"＋$N_{受事}$＋V＋"过去"

e　$N_{受事}$＋V＋"过去"(＋"了")

(1) 满屋的人都朝说话的方向转过头去。

(谌容)

(2) 我回过头去,一位身穿灰卡其布人民装的中年汉子站在我身边。

(苏叔阳)

(3) 她点点头,迅速地背过了脸去。

(从维熙)

(4) 他停住脚,叫大贵和二贵走前几步,把队形斜过去。

(梁斌)

(5) 我没看清是谁,身子赶紧侧过去,把缺骨头短肉的那半边脸藏书在下面。

(蒋子龙)

较少用可能式。

二 结果意义

结果意义(一):

表示"度过"。

$$X\bigcirc \longrightarrow$$

〔动类〕

1.表示"度过"意义及表示度过方式的动作行为动词,如"度、混、活、流逝、溜(时间)、坐"等。

句式　a　($N_{施事}$＋)能愿动词＋V＋"过去"
　　　d　($N_{施事}$＋)"把"＋$N_{时间}$＋V＋"过去"
　　　e　$N_{时间}$＋V＋"过去"＋"了"

"流逝、溜"等动词只用 e 式。

(1) 二十多个春秋寒暑流逝过去了,路威的小胡子变成了络腮大胡子,他已经当了二十年劳改场场长了。

(从维熙)

(2) 快呀,真是快呀! 二十多年时光,眨眼之间,在眼前溜过去了。

(梁斌)

(3) 这一次公债只要买得顺当,目前我们就可以平平安安地度过去。

(曹禺)

(4) 咱老人们,不愿叫你把好年岁儿耽误过去。

(梁斌)

(5) 他觉得他的一生就得窝窝囊囊的混过去了。

(老舍甲)

(6) 反正这点时间,坐着也坐过去了。

(王安忆)

较少用可能式。

2. 表示"忍受"意义及表示度过一段艰难时期、难关的方式的动作行为动词。

A. "忍受"义动词,如"忍、熬、挨、挺"等。

句式　a　（N施事＋）V＋"过去"
　　　b_1　（N施事＋）V＋"过"＋N受事＋"去"
　　　d　（N施事＋）"把"＋N受事＋V＋"过去"
　　　e　N受事＋V＋"过去"＋"了"

(1) 而假如他能挺过去,那么下午就可以去上班。

(苏叔阳)

(2) 清醒了一下头脑,才忍过去。

(梁斌)

(3) 一场噩梦,再咬咬牙就熬过去了。

(邓友梅)

【可能式】

(1) 他病得快不行了,我看今天晚上挺不过去了。

(苏叔阳)

(2) 他已经在床上躺了三四年了,看样子熬不过今年去了。

B. 表示度过难关的方式的动作行为动词,如"挡、抵赖、对付、躲、瞒、搪塞、拖、混、闯"等。

句式　同2A

(1) 要是有人告状,我会帮你含糊过去。

(张洁)

(2) 张炳生觉得事情不能这样马虎过去。

(高晓声)

(3) 现在的问题是,怎样能把这个问题圆过去。

(张洁)

(4) 他们都存着侥幸之心,想用"拖"的办法搪塞过去。

(高晓声)

【可能式】

(1) 只有这第二件不好办,丈地时候参加那么多的人,如何瞒得过去?

(赵树理₁)

(2) 每当王兰和他闹起来,他觉得能抵赖过去的就千方百计地抵赖,抵赖不过去的就低声下气求饶。

(赵树理₂)

(3) 躲是躲不过去的,只有挺直了脖子等着降临在自己头上的霹雳闪电。

(从维熙)

(4) 叫你们早几天动手,你们拖、拖、拖……拖得过去吗?

(高晓声)

> **"过去"与"过来"的比较:**
>
> "过来"也可以表示"度过",与"过去"的区别是:
>
> 1. "过去"与"过来"可结合的动词不同。"过来"只与表示"忍受"意义的"忍、熬、挺"等及"闯、拖、混"等结合,"过去"可结合的动词较广。
>
> 2. "过来""过去"与说话时间的关系不同。"过来"只用于已进行的动作行为动词之后,立足于"现在";"过去"既可以用于已进行的动作行为动词之后,也可以用于尚未进行的动作行为动词之后。比较:

(1) 总算熬过来了。(已然)
　　总算熬过去了。
(2) 咬咬牙,挺过去!(未然)
　　*咬咬牙,挺过来!
(3) 我想熬过去这段苦日子,以后就好了。(未然)
　　*我想熬过来这段苦日子,以后就好了。
"过来"与"过去"的这一区别与其趋向意义有关,见下图:

```
         趋向意义          结果意义
过来   X ←─             X ←─
       (参照点)           (时间参照点)
过去   X ─→             X ─→
       (参照点)           (时间参照点)
```

当叙述动作刚刚进行完毕时,用"过去""过来"都可以。如:

(4) 这道难关他终于闯过来了。
　　这道难关他终于闯过去了。

但当叙述动作处于由未然到已然这一过程中时,用"过去"更好,特别是如果句中有"才"之类的关联词语时,只能用"过去"。如:

(5) (他)清醒了一下头脑,才忍过去。
　　　　　　　　　　　　　　　　　　(梁斌)

当立足于现在(说话时),叙述已然的动作时,特别是叙述度过一段较长的艰难时期或较大的难关后,用"过来"更具表现力。如:

(6) 虎子,这些个年,是怎么闯过来的?
　　　　　　　　　　　　　　　　　　(梁斌)
(7) 现在总算熬过来了,四个孩子都树长树大,成人了。
　　　　　　　　　　　　　　　　　　(高晓声)

如果纯粹叙述过去的事实,与说话的时间(现在)无关,则

只能用"过去"。如:
> (8) 十年前那次难关他闯过去了,眼下这个难关还能闯过去吗?

结果意义(二):

表示失去正常状态,进入不正常的状态。动词为表示人或动物的非正常生理状态或感受的动词,如"昏、昏迷、死、晕、迷糊、睡、闭(气)、背(气)"等。

句式　a　N_{施事}＋V＋"过去"
　　　b₁　N_{施事}＋V＋"过"＋N_{受事}＋"去"(动词限"闭、背"等)

(1) 一天,公安局来电话要学校去认一具女尸,卢时扬几乎要昏过去,他不敢去,小谢去了。

(王安忆)

(2) 他已经昏迷过去,显然是他下山时滚了坡。

(苏叔阳)

(3) 昨天我叫炮弹打迷糊过去了。

(邓龙梅)

(4) 到了夜晚,头一挨地他便像死了过去,而永远不再睁眼也并非一定是件坏事。

(老舍_甲)

(5) 这些个信,没有一封使他感到鼓舞,倒是气上加急,老头子差点没背过气去。

(王安忆)

一般不构成可能式。

结果意义(三):

表示动作状态的完结。可以与表示具体动作的动词结合,如"吵(架)、打、看、说、数"以及"忙、忙乱"等。

句式　a　N_{施事}＋V₁＋"过去"＋V₂

b_1　$N_{当事}$＋V＋"过去"
e　$N_{受事}$＋V＋"过去"（＋"了"）

(1) 我们吵过去就完。

(蒋子龙)

(2) 那阵风刮过去了。

(张洁)

(3) 大娘用衣襟擦干眼泪,压抑不住的痛苦发泄过去了,她立刻又安静下来。

(杨沫)

(4) 这些事说过去就算了,不必老放在心上。
(5) 你先别急,等我这一阵子忙过去,再来帮你。

"过去"的这个用法与"过"的结果意义(四)基本相同,"过"更常用。动词所涉及的受事一般是确定的事物。(参见"过"第273—277页)

结果意义(四)：

表示"胜过、超过"。前面可用表示"较量、比较"意义的动词,以及某些形容词,如"赛、厉害、大"等。

句式　b_1　$N_{施事}$＋V＋"过"＋$N_{受事}$＋"去"
　　　d　$N_{施事}$＋"把"＋$N_{受事}$＋V＋"过去"
　　　e　$N_{受事}$＋"叫/让/被"＋$N_{施事}$＋V＋"过去"（＋"了"）

(1) 他们还有什么赛过我们去的地方吗?

(老舍乙)

(2) 咱们把他们比过去了。
(3) 管他什么老大,难道还大过医院的证明去?

(邓友梅)

【可能式】

(1) 动脑筋,白费力,胳膊拧不过大腿去。

(老舍乙)

(2) 他再厉害,也厉害不过你姐姐去。

三 特殊用法

表示情理上是否通得过,是否能为人所接受。主要动词有"说、看、听"等。动词与"过去"的组合有一定的熟语性,只用可能式。肯定式表示较低程度,否定式表示较高程度。

特殊用法(一):"说得/不过去"

A. 表示合情理或不合情理。如:

(1) 不往上升,至少也得保持原有地位不变,才能说得过去吧?

(张洁)

(2) 但他是第一把手,不请他讲话说不过去。

(张洁)

(3) 一个当差的女儿,收人家点东西,用人家一点钱,没有什么说不过去的。

(曹禺)

B. 表示"还可以(接受)",比如"他的字写得还说得过去",意思是:他的字写得不算好,也不算不好。如:

(1) 人样儿满说得过去,不过听说她名声不正!

(赵树理)

(2) 这间房还算说得过去,就是环境太差。

(3) 给的工资还说得过去,你就接受这个工作吧。

特殊用法(二):"看得/不过去"

A. 表示"外观还可以"。如:

(1) 刚才挂在窗上的时候,仿佛还看得过去。

(张洁)

(2) 这件衣服的款式还看得过去,就是颜色不好。

B. 表示"感情上不能容忍、不忍心"。如:

(1) 陈文良看不过去,好言好语劝他。

(高晓声)

(2) 那个孩子揪住妈妈的衣服又哭又骂,我实在看不过去,把孩子揪了过来。

特殊用法(三):"听得/不过去"

表示"听起来尚合理,可以忍受"。
(1) 你说这个理由还听得过去。
(2) 他又吵又骂,站在一旁的老张实在听不过去,上前制止了他。

特殊用法(四):"住得过去"

表示(房子等)不算很差,还可以住。
方达生:哦,看你住的地方很讲究。
陈白露:住得过去就是了。

(曹禺)

"过去"总表

义类	意义	所搭配的动词及频率
趋向意义	(一) 表示通过动作使人或物体离开(或远离)参照点,经过某处所或不经过某处所向某一目标趋近	1.表示躯体、物体运动的动作动词 A. 走$_{118,可1}$ 跑$_{36}$ 跳$_{13}$ 爬$_7$ 蹦$_1$ 踏$_1$ 迈$_{1,可1}$ 跨$_3$ 冲$_{16}$ 挤$_5$ 追$_5$ 赶$_5$ 蹿$_1$ 抢$_1$ 蹭$_1$ 踢$_1$ 溜$_1$ 碾$_2$ 滑$_1$ 游$_2$ 飞$_1$ 滚$_3$ 流$_1$ 淌$_1$ 驶$_1$ 打$_1$ 涌$_1$ 响$_1$ 闪$_4$ 趄$_{2,可1}$ 撑$_1$ 开$_{1,可1}$ B. 钻$_{3,可1}$ 穿$_2$ 绕$_3$ 擦$_1$ C. 奔$_8$ 奔跑$_1$ 凑$_{11}$ 扑$_{14}$ 迎$_2$ 碰$_1$ 2.表示躯体动作的动词 伸$_6$ 倾$_3$ 弯$_3$ 倒(dǎo)$_2$ 3.表示可使物体改变位置的动作行为动词 A. 推$_3$ 拉$_{3,可1}$ 拖$_1$ 扯$_4$ 抢$_2$ 夺$_4$ 递$_{13}$ 传$_1$ 拿$_1$ 带$_1$ 送$_8$ 接$_{18}$ 抓$_1$ 扒$_1$ 扫$_1$ 撑$_1$ 迁$_1$ 梳$_1$ 佥$_1$ 扔$_7$ 丢$_1$ 投$_3$ 抛$_1$ 摔$_1$ 投射$_2$ 划(~船)$_{可1}$

（续表）

义类	意义	所搭配的动词及频率
		B. 引$_2$　让$_1$　请$_1$　叫$_1$　接$_1$ C. 打$_3$　刺$_3$　搂$_1$　砍$_1$　看$_6$　望$_4$　扫$_1$
		4. 比喻用法 　娶$_1$　嫁$_2$　拉（～拢）$_1$　搂(lōu)$_1$　揽（～权）$_1$ 　拨（～款）$_1$　抓（～权）$_2$　夺（～权）$_1$　抢$_3$　变$_1$
	（二）表示人或物体随动作由面向参照点向背离参照点的方向转动	表示躯体动作的动词 　转(zhuǎn)$_{32}$　回（～头）$_{19}$　掉（～头）$_2$　扭$_{18}$ 　背(bèi)$_{10}$　侧$_9$　别(biè)$_1$　歪$_1$　翻$_5$　扭转$_1$　斜$_1$
结果意义	（一）表示"度过"	1. 表示"度过"意义及方式的动词 　流逝$_4$　溜（时间～）$_1$　耽误$_1$　混$_3$　活$_{可1}$　坐$_1$　度$_3$
		2. 表示"忍受"意义及表示度过难关的方式的动词 　A. 忍$_1$　熬$_2$　挺$_{2,可1}$　挨$_1$　闯$_2$ 　B. 挡$_1$　躲$_{2,可1}$　抵赖$_{1,可1}$　应付$_2$　对付$_1$ 　　含糊$_1$　马虎$_1$　瞒$_{可1}$　拗$_{可1}$　平息$_1$　拖$_{可1}$ 　　搪塞$_1$　掩饰$_1$　圆（～场）$_1$　放$_6$　混$_1$
	（二）表示失去正常的状态，进入不正常的状态	死$_4$　晕$_5$　昏$_{22}$　昏死$_3$　昏沉$_1$　昏厥$_1$　昏迷$_5$ 迷糊$_1$　睡$_7$　晕死$_2$　晕倒$_1$　背（～气）$_5$　闭（～气）$_1$
	（三）表示动作状态的完结	开（～玩笑）$_1$　吵$_1$　出（～力气）$_1$　打（～官司）$_1$ 发泄$_1$　看$_1$　刮（～风）$_1$　滚（雷声～）$_1$　响$_1$　说$_2$ 数$_1$　忙乱$_1$
	（四）表示"胜过、超过"	赛$_{2,可1}$　拧$_1$　厉害$_{可1}$　大$_{1,可1}$
特殊用法	表示情理上、感官上是否能通过、接受	说$_{可12}$　看$_{可2}$　听$_{可1}$　住$_{可1}$

贰拾壹　起

一　趋向意义

趋向意义：

表示由低处向高处移动。参照点可在低处,也可在高处。

〔动类〕

1. 表示躯体或物体自身运动的动词,如"坐、飞、飘、升"等。

句式　a　N_{施事}＋状＋V＋"起"

　　　b_1　N_{施事}＋V＋"起"＋N_{受事}("身、脚"等)(限于"站、立"类动词,"飞、升"类除外)

　　　c　N_{处所}＋V＋"起"＋N_{施事}

(1) 我们在黑夜中告别,相会时一定有灿烂的朝霞升起!

(苏叔阳)

(2) 队长猛吹一声哨子,大伙儿站起身,回头朝西边地头奔去。

(王安忆)

(3) 大厅中央站起一个又黑又高的中年人。

(蒋子龙)

(4) 便道上尘土飞起多高,与天上的灰气连接起来。

(老舍_甲)

此类动词与"起"一般不构成可能式。

2. 表示肢体动作的动词,如"抬(头)、仰(头)、扬(头)、举(手)、直(腰)、踮(脚尖)"等。

句式　　b₁　（N施事＋）V＋"起"＋N受事
　　　　d　（N施事＋）"把"＋N受事＋（状＋）V＋"起"（少用）
　　　　e　N受事＋状＋V＋"起"（少用）

(1) 努力了十分钟,他完全丧失了信心,直起腰揉了揉眼睛。

（王安忆）

(2) 母亲的末一句话像一根钢针戳入他的耳朵里,触电一般蓦然抬起头。

（曹禺）

(3) 可这是多么好的礼节,多文雅,多大方,又是多么友好,他情不自禁地抬起了手。

（王安忆）

(4) 周萍:哦?(低了头,又抬起)您——您也在这儿。

（曹禺）

b₁式的出现往往伴随以下两种情况:一、有后续句,如例(1)和例(2);二、动词与宾语之间有"了"(而且往往句中还有状语),如例(3)。

【可能式】

(1) 我抬不起头,喘不出一口气地写。

（曹禺）

(2) 他走路都直不起腰,矮小的身躯几乎是佝偻了。

（王安忆）

3. 可使物体改变位置的动作行为动词,如"抢、抬、捧、溅、惊"等。

句式　　同2

(1) 老者一手扶在孙子的头上,一手拿起个包子,慢慢地往口中送。

（老舍甲）

(2) 吉子宽端起保温杯,喝了口水。

（谌容）

(3) 江涛推门出来,一出门,风在街上旋起雪花,向他身上刮着。

(梁斌)

(4) 铃声,惊起溪水旁的水鸟,水鸟展翅悠然而飞。

(从维熙)

(5) 张顺把曾皓抱起,向大客厅走。

(曹禺)

【可能式】

此类动词较少与"起"构成可能式。但偶尔可以看到。如:
(1) 秋天放不起风筝的。

(曹禺)

(2) 可是他这头牛,只驾得起一辆小车,驾不起这一辆大车。

(梁斌)

二 结果意义

结果意义(一):

表示接合以至固定。即表示事物与事物之间的连接、聚合以至固定。

〔动类〕

1. 表示"收缩、聚合"意义的动词。

A. "收缩"类动词,如"皱起眉""挽起袖子""板起脸""盘起辫子"等。

句式　b_1　($N_{施事}+$)V+"起"+$N_{受事}$

(1) 江浩微怒地皱起眉头,杜鹃咬着下嘴角沉思。

(从维熙)

(2) 章龙喜绷起了浅浅的麻子脸。

(从维熙)

(3) 江坤大连忙又回身去,替他卷起衣袖,让他在脚迹塘的污水里把手洗了洗。

(高晓声)

(4) 说罢依旧盘起辫子、束起腰、拿上鞭子,和周天霞同时走出门来。

(赵树理₂)

(5) 他从容地折起写着字的纸,站起身用黑黑的大眼睛看着余永泽。

(杨沫)

B. 表示"聚集"意义及可使聚集的动作行为动词,如"组织起队伍""拾掇起碗筷""堆起垃圾"等。

句式　同1A

(1) 八路军来了,人家都组织起互助组,没牲口的都是人拉犁。

(赵树理₂)

(2) 越引人越多,一会儿功夫就聚起了一大帮孩子。

(蒋子龙)

(3) 童贞的桌子上一会儿就码起一大叠图纸资料,这都是需要她审核的。

(蒋子龙)

在与第1类动词结合时,"起"比"起来"使用的范围要窄。"起来"可以而且较经常地与"连接"类、"合并"类动词结合,如"接起来""焊起来""搀起来""总起来"等。"起"与上述两类动词中的大部分动词不能结合。

这类动词较多与"起来"构成可能式,较少或不能与"起"构成可能式。

2. 表示"捆绑、封闭"意义的动词。

A. "捆绑"类动词,如"捆起行李""包起东西"。

句式　同1A

(1) 腊梅没有再说什么,只是微微摇了一下头,就打起自己的背包到区里开会去了!

(赵树理)

(2) 春喜也包起料子赶出去。

(赵树理)

此类动词也更常与"起来"结合。

B."围、圈(quān)"类动词,如"拉起一道铁丝""围起一道人墙"。双音节动词,如"包围、围绕"等一般与"起来"结合。

句式　同1A

(1) 拉起一道帘子,外面就是会客室。

(王安忆)

(2) 他搂起双膝,坐在庙台上,想睡一刻。

(梁斌)

(3) 为了转移江浩的心思,她围起那块"波斯"头纱。

(从维熙)

C."填充、封闭"类动词,如"堵起耳朵""填起坑"等。

句式　同1A

(1) "好啦,好啦!"李槐英用双手堵起了两只耳朵喊道……

(杨沫)

(3) 人们已经封起矿井撤走了。

D."闭、合"类动词,如"关起门""合起书""眯起眼睛"等。

句式　同1A

(1) 我慢慢地合起了眼睛,只听见小鸟清清脆脆的叫声。

(王安忆)

(2) 蓝胡子不回答,只是眯起眼望着远处。

(苏叔阳)

(3) 严萍……她抿起嘴儿笑着。

(梁斌)

(4) 而且多么好啊,只要关起房门,这里就是我的宇宙。

(苏叔阳)

(5) 中间的门紧紧地掩起,由门上的玻璃望出去,花园的景物都湮没在黑暗里。

(曹禺)

第2类动词一般不与"起"构成可能式,A、B、C三类动词可与"起来"构成可能式,D类与"起来"也不能构成可能式。

3. 表示"收存、隐蔽(使看不见)"意义的动词。

A. "收存"类动词,如"收起钱包""揣起零钱"等。

句式　同1A

(1) 祥子的手哆嗦得更厉害了,揣起保单,拉起车,几乎要哭出来。

(老舍甲)

(2) 玉凤一下子收起那副孩子气的脸相,把眉头拧了起来。

(邓友梅)

(3) 笑完之后,吉子宽才觉得朱盛扯得太远,不符合会议宗旨,收起了笑容。

(谌容)

"收存"类的其他动词,如"保存、封存、存放、保管、搁"等,更常与"起来"结合。

B. "隐蔽(使看不见)"类动词,如"藏、埋、蒙"等。

句式　同1A

(1) 被圈在祠堂里的乡亲,目不忍睹,有的捂起了眼睛,有的低垂下眼帘。

(从维熙)

(2) 刘丽抢着说完这句话,好像要哭似的用双手蒙起了眼睛。

(杨沫)

(3) 听见有脚步声,他连忙藏起了那件血衣。

第3类动词不能与"起"构成可能式。

4. 表示"关押(使不自由)"意义的动词,较少与"起"结合,只在梁斌的《红旗谱》中发现如下句子:

严志和说:"关起我的运涛,拿了我的'宝地',如今又要关起我的江涛……"

(梁斌)

"关押"义动词一般与"起来"组合。

5. 表示"想、记"意义的动词,如"想起往事""回忆起事情的经过"。

句式　同1A

(1) 老魏摇了摇头,他想起了大战中牺牲的很多同志。

(王安忆)

(2) 这里的沙发、吊灯、玻璃柜、转椅,这里的每一件陈设都使我想起腊梅,想起她那个狭小简陋的房间。

(谌容)

(3) 鲁泓回忆起这些场景时,视线有些模糊起来。

(从维熙)

(4) 我马上回想起上次来访的情景。

(谌容)

(5) 只有一个人知道他的心,唯一的一个人。是郁彬最最不愿记起,一心希望忘却的人。

(王安忆)

【可能式】

(1) 他想不起别的,只想可怜自己。

(老舍甲)

(2) 道静奇怪这个人是这样熟悉,可是,就是想不起在什么地方见过他。

(杨沫)

(3) 可是怎么也记不起是在哪儿见过。

(谌容)

> "想起"与"想出"比较:
> 参见"起来"第352页。

6. 表示"燃烧、引、惹"意义的动词,如"燃起熊熊烈火""勾起他的心事"。

句式　同1A

(1) 我又在湖边点起一堆篝火,给同伴们一个信号。

(苏叔阳)

(2) 一见这干柴,我心里就像燃起了一把烈火,冲下炕去拦住他说……

(谌容)

(3) 每一句歌词,每一个旋律,每一个音符,都勾起了我对战争年代的回忆。

(谌容)

(4) 他是有意识这样做的,他想刺痛梁伟伟,因而唤起孩子的自尊心。

(王安忆)

(5) 加丽亚初来时所引起的骚动,平静下去了不少。

(邓友梅)

【可能式】

(1) 老魏的反应很淡漠,今天的扫兴事太多了,这一点引不起太多的失望了。

(王安忆)

(2) 他已经变得麻木了,什么事也激不起他的同情心了。

(曹禺)

7. 表示不止一人、一方参与的动作行为的动词,此类动词多与"起来"结合,较少与"起"结合。我们在《红旗谱》中发现了4例"闹起"。如:

(1) 这咱保定又闹起学潮,看样子革命要成功。

(梁斌)

(2) 听说河南里张岗一带,今年秋天闹起了"抢秋"。

(梁斌)

8. 表示"陈列、修饰"意义的动词。此类动词也多与"起来"结合,只发现2例"摆起架子",带有一定的熟语性:

(1) 他又摆起老师架子。

(王安忆)

(2) 因为爱体面,他往往摆起穷架子。

(老舍甲)

与"摆起架子"反义的是"放下架子"。

9. 表示"建造、做、办"意义的动词。

A. "建造"类动词,如"盖起一座大楼""建起了水电站"。

句式　同 1A

(1) 山坡上已经搭起了不少临时建筑。

(谌容)

(2) 一辈子就会给人打夯,卖苦力,盖起洋楼给人家住。

(曹禺)

(3) 我决心在贫瘠的土地上建起一座富丽堂皇的大厦。

(王安忆)

B. "做、办"类动词,如"办起一个工厂""承担起抚育这三个孩子的责任"。

句式　同 1A

(1) 有的县一个月就办起了几百个合作社。

(谌容)

(2) 只要一有闲空,李顺大就操起祖业,挑起糖担在街坊、村头游转。

(高晓声)

(3) 现在,这批中年人要肩负起"四化"的重任。

(谌容)

(4) 我忽然觉得他像是个很小很小的孩子,而我要担当起保护他的母亲的职责。

(苏叔阳)

10. "建立、树立"类动词,如"建立起一定的威信""树立起一个光辉的形象"等。

句式　同 1A

(1) 一定要建设起一个社会主义的新中国。

(谌容)

(2) 我竭力要同山妮建立起父女之间的亲切感情——为什么

她还会感到我只像个大首长,不像她心目中的爸爸呢?

(谌容)

第10类动词一般较少与"起"构成可能式。

11. 其他动词,"动员、号召、开展、成长、培养、提(精神)、振作"等与社会政治活动、精神面貌有关的动词,多与"起来"结合,也可以与"起"结合。

句式　同1A

(1) 大姑关于泰山老奶奶管天道的理论增强了爬山女运动员的朝山决心,号召起更多的进香者。

(苏叔阳)

(2) 只是后来,当农村、学校、工厂、幼儿园都成长起了无数个吴清华、喜儿以后,文工团有整整两年没演出。

(王安忆)

(3) 他本想去看上两眼,又提不起兴致,心里总觉有什么事放不下。

(谌容)

"提不起兴致(精神、劲儿)"等,表示"振作(振奋)不起兴致(精神、劲儿)"的意思。

双音节动词一般不与"起"构成可能式,单音节的可以。

结果意义(二):

表示"突出、隆起"。

1. "隆、鼓"类动词,如"隆起一块、鼓起一个包"。

句式　c_1　($N_{处所}$＋)V＋"起"＋N

　　　　c_2　($N_{处所}$＋)N＋V＋"起"

(1) 前额肿起血包。

(从维熙)

(2) 他脸上黑了,颧骨高起,长了满下巴黑胡髭。

(梁斌)

(3) 树青脖子上青筋暴起,一把攥住老爷子的手。

(苏叔阳)

2. "噘(嘴)、弓(腰)"类动词,如"噘起嘴、弓起腰、挺起胸"等。

句式　b₁　（N施事＋）V+"起"+N受事
　　　 d 　（N施事＋）"把"+N受事＋V+"起"（少用）

(1) 我噘起嘴,撒娇地说:"我不来了,不来了。"

（苏叔阳）

(2) 阿年鼓起了眼睛:"还我!"

（王安忆）

(3) 说着,又挺起大肚子笑。

（梁斌）

结果意义(二)一般没有可能式。

结果意义(三)：

表示主观上是否能承受。只用可能式,"V+得/不+起"表示一个整体意义。可分以下几种情况：

1. 表示主观上是否能承受经济方面的支付能力,如"买不起这件衣服""付不起房租""这件首饰我赔不起""他看不起病"等,"起"的这种用法出现频率最高。

〔动类〕

A. "花、付"等可带"钱"作宾语的动词,如"支付、开销、出、交"等,都包含"付出"义。

句式　a 　（N施事＋）V+"得/不"+"起"
　　　 b₁　（N施事＋）V+"得/不"+"起"+N受事（"钱"）
　　　 e 　N受事＋V+"得/不"+"起"

(1) 逢到阔人家出殡,只要主家出得起钱,他就会扎起排满一街筒子的彩活。

（苏叔阳）

(2) 知道这个人受一次罚还不会觉悟,要长罚他又付不起钱。

（高晓声）

(3) 真正的流氓就花不起这两块钱?

（蒋子龙）

(4) 陆大夫拉家带口的,这又一病,她能掏得起吗?

(谌容)

B. 表示需支付钱才能实现的动作行为动词,如"买、住(房子)、娶(媳妇)、治(病)、上(学)"等。

句式　同 1A

(1) 如果本来就吃不起饭,那还有什么好节省的呢!

(高晓声)

(2) 他刘家也是方圆几十里数得着的大财主,娶得起媳妇就做不起衣裳、买不起首饰?

(赵树理)

(3) 俺这趟治病,全靠自个儿掏,老在北京住店,住不起呀!

(谌容)

(4) 升学吧,升不起。不升学,又怎么办呢?

(梁斌)

(5) 我还有什么特长? 就会吃喝玩乐,可又吃喝玩乐不起!

(邓友梅)

应注意,"吃不起""买不起"等表示因所具有的经济能力不足而不能"吃""买"。如果一个人上街买东西,身边带的钱不够,就不能说"＊买不起",而要说"买不了""不能买"。

2. 表示主观上是否能承受时间上的消耗的动作动词,如"花、耗、浪费、闲、拖、陪"等。

句式　同 1A

(1) 村里事儿堆着,我陪得起吗?

(谌容)

(2) 他这个病得快点儿治,可拖不起。

(3) 你是个大闲人,我可不像你,时间太长,我可耗不起。

3. 表示是否具有承受某种动作的地位、资格、工作能力(亦属主观条件)的动词,如"担当、得罪、惹、劳驾、消受、负(责)"等。

句式　同 1A

(1) 谢谢,谢谢,不要恭维了,我担不起。

(曹禺)

(2) 唉,好吧,惹不起呀,躲得起。

(苏叔阳)

(3) 他还喜欢她,可是负不起养着她两个弟弟和一个醉爸爸的责任!

(老舍甲)

(4) 就算我这个局长劳不起你的大驾,难道连何先生也劳不起你的大驾吗?

(赵树理二)

4.表示精神或体力上是否能承受的动作动词,如"经、受、丢(人)、背(罪名)"等。

句式　同1A

(1) 一个年纪老了的人,生命就像风前的残烛,瓦上的霜雪,受不起风吹日晒,经不起意外的震撼了。

(梁斌)

(2) 他身上有伤,经不起打啊!

(谌容)

(3) 气平得下,人丢不起!

(邓友梅)

(4) 我不是母夜叉,你别做得叫人以为我多么厉害,仿佛我天天欺负丈夫,我可背不起这个名誉。

(曹禺)

"V得/不起"与"V得/不了"比较:

"V得/不了"表示主观与客观条件是否容许实现某动作或变化,适用的动词范围很广,还可与形容词结合。如:

(1) 商店关门了,买不了衣服了。(客观条件)
(2) 钱包忘带了,买不了衣服了。
(3) 他只会挥霍,富不了。

上述句中加下圆点的"了"都不能用"起"替换。

"V得/不起"只表示主观上是否有某种承受能力,使用的范围也窄得多。

三 状态意义

状态意义：

表示进入新的状态。只与动词结合。

$$\Big\downarrow \begin{array}{l} 动态,正向 \\ 静态,负向 \end{array}$$

〔动类〕

1. 动词"响"。

句式　a　$N_{施事}$＋状＋V＋"起"（少用）
　　　　c　$N_{处所}$＋V＋"起"＋(NuM＋)$N_{施事}$

(1) 直到两个孩子躺在炕上响起鼾声,她还在院子里坐着。

（梁斌）

(2) 空中还不时响起一阵阵沉闷的雷声。

（谌容）

(3) 老高粗壮嘹亮的声音在山中响起。

（谌容）

不带宾语的"哭、喊"类动词,一般与"起来"结合。

2. 表示与语言有关的动作行为动词,如"唱、说、聊(天)"等。

句式　b_1　$N_{施事}$＋V＋"起"＋$N_{受事}$

(1) 走在一座孤坟前,她低声地唱起了《五月的鲜花》。

（杨沫）

(2) 每一个人说完,下面就呼起口号。

(3) 我们吃完饭,兴奋地谈论起这十几年来各自的经历。

（苏叔阳）

(4) （曾文清）摇头,哀伤地低声独自吟起陆游的《钗头凤》。

（曹禺）

3. 表示肢体动作的动词,如"摸、弹、跳、画"等。

句式　同2

(1) 他们互相看着吐吐舌头,就拿袖子使劲抹擦起脸上的泥水。

(杨沫)

(2) 我不由得闭上了眼睛,深情地拉起了《天鹅》。

(苏叔阳)

(3) 晓燕坐在桌边仍又写起她的东西,并不搭腔。

(杨沫)

(4) 我不知为什么那样激动,以至微微打起了哆嗦。

(王安忆)

4. 表示由不止一个动作完成的动作行为动词,如"学、修、理、过"等。

句式　同2

(1) 罗大方回到桌边仍又修理起那只坏了的怀表。

(杨沫)

(2) 他们将要离开它,丢失它,过起铁窗生活。

(梁斌)

5. 表示思维、心理活动的动词,如"想、关心、可怜、生(气)、怀疑"等。

句式　同2

(1) 老魏想念起过去的好日子了,可他一意识到这一点,马上就狠狠地骂自己了,他妈的!

(王安忆)

(2) 一个女学生,怎么会关心起这受苦的穷女人。

(杨沫)

(3) 从短短的几个钟点的观察中,道静竟特别喜欢起她这个新朋友了。

(杨沫)

(4) 他忽然嘲笑起自己刚才焦急的寻找,这用得着吗?

(王安忆)

(5) 会场上的情绪顿时有了变化,一些人开始窃窃私议,似乎也怀疑起这个会真有阴谋,怀疑起腊梅来了。

(谌容)

6. 其他动词,如"发(烧)、下(雨)、刮(风)"等。

句式　同2

(1) 这时严志和醒过来,在炕上躺着,身上发起高烧。

(梁斌)

(2) 天,不知什么时候下起了秋雨,淅淅沥沥地敲打着吉普车的窗玻璃。

(从维熙)

※注意:

1. "起"不与形容词结合。
2. 表示状态意义的"起"不能构成可能式。

四　特殊用法

特殊用法(一):

用于从某方面说明、评论人或事物。

(1) 你点吧!说起吃喝,我倒是外行。

(梁斌)

(2) 这个人思想起来很聪明,做起事就很冲动。

(曹禺)

例(1)的意思是"我"在吃喝方面是外行,例(2)的意思是"这个人"在做事方面很容易冲动,都有评论的作用。"说""比"经常有这种用法。如:

(3) 说起可怜,白天说说把寿木送给人家容易;到半夜一想,这……您想他怎么会不急!

(曹禺)

(4) 比起五年前,他好像也减了精神。

(谌容)

(5) 比起迪斯科、喇叭裤,简直是隔了一个世纪。

(王安忆)

特殊用法(二):

用于表示说话意义的动词后,引进所提的人或事。

(1) 昨天我们还跟赵院长谈起,如果请她做手术,就放心了。

(谌容)

(2) 我开始不自觉地关心他,常常在夜里梦到他,听到别人说起他的名字,就竟然会心跳加快。

(苏叔阳)

(3) 你妈妈跟我说,你常常问起我。

(谌容)

(4) 可是,一提起徐家的事,淑珍就嘟了嘴。

(高晓声)

这样用的"起"与"到"的意义很接近。"起来"没有这种用法。

"提起"与"提出""提到"比较:

"提起"与"提出"的区别近似"想起"与"想出"的区别。"提起"是旧话重提,所涉及的事物是已知的;"提出"后出现的一般是一种新的看法、想法。比较:

(1) 今天在会上他提出了一个新的看法。

　　*今天在会上他提起了一个新的看法。

(2) 今天在会上他又提起你去年迟到的事。

　　?今天在会上他又提出你去年迟到的事。

(3) 我们小组提出你作候选人。

　　*我们小组提起你作候选人。

"提到"与"提起"不同之处在于,"提到"所涉及的可以是已知的,也可以是未知的。比较:

(4) 今天他跟我提到了一个人。

　　*今天他跟我提起了一个人。

> (5) 会上有人提到这件事。
>   会上有人提起这件事。
> (6) 那份报告还提到了你。
>   ＊那份报告还提起了你。

特殊用法(三)：

表示动作的"起"点。前面常用的动词是"说、做、算"等。

(1) 祥子开始说过去的事,从怎么由乡间到城里说起。

(老舍甲)

(2) (潘永福)为什么会到那里去当船工呢？这至少也得从他的青年时代谈起。

(赵树理二)

(3) 铁锁、冷元看这个情况,觉着就从这件事上作起,也可以动员起人来……

(赵树理二)

(4) 他已是五十六岁的人了,从他十六岁算起,所干过的不平常的事,即以每年十件计算,四十年也该有四百件。

(赵树理二)

(5) 小常又翻开名册,从头一名李如珍问起。

(赵树理二)

五 熟语

"看得/不起"与"瞧得/不起"、"对得/不起"与"了不起"都是熟语性的,但又有共同的语义核心——表示对事物的一种主观上的评判。

熟语(一)："看得/不起"与"瞧得/不起"

"看不起"与"瞧不起"表示"轻视"的意思,"看得起"与"瞧得起"表示"不轻视"的意思。"瞧不起"更口语化。

(1) 姐姐,四个孩子都待在家里,会被人家看不起的。

(高晓声)

(2) 他们瞧不起劳动,用它来惩罚人。

(苏叔阳)

(3) 一个人要人家看得起,要靠自己做出个好样来,不关有权没有权。

(高晓声)

(4) 我瞧不起地说:"别害怕,没人要你的。"

(蒋子龙)

"看不起"后加上表示状态意义的"起来"时,"起来"之"起"要略去。如:

(5) 一块钱那时候可以买二斗米,数目也不算小,可是住衙门的这些人,到了山庄上,就看不起这个来了。

(赵树理)

熟语(二):"对得/不起"

"对不起"表示"对人有愧"的意思,"对得起"则表示"无愧于人"的意思。如:

(1) 他觉得有点对不起她,自从由大杂院出来,始终没去看看她,而自己不但没往好了混,反倒弄了一身脏病。

(老舍甲)

(2) 我这个人不能做对不起别人的事,做了要难过的。

(高晓声)

(3) 你们想,你们哪一个对得起我?

(曹禺)

(4) 他当这个家,上对得起祖宗,下对得起儿女。

(高晓声)

"对不起"还常用作表示抱歉的套语,如:

(5) 对不起,打搅你们了。

(曹禺)

(6) 对不起,请等一下。

(苏叔阳)

这样用时,不能带宾语。

> **"对不起"与"对不住"比较:**
> "对不起"与"对不住"意思基本相同。"对不起"比"对不住"用得更广;"对不住"不能用作表示抱歉的套语。

熟语(三):"了不起"

"了不起"的意思是"不平凡、优点突出"。没有肯定形式"*了得起"。"了不起"常见于以下三种句式:

1. 作谓语,常用于感叹句:

(1) 这么坚硬的石头上长出这么娇嫩的花,造物主真了不起。

(王安忆)

(2) 呀,这可真了不起呀!

(高晓声)

2. 用在"有""感觉"之类的动词后,"了不起"前要用"什么、那么"等。

(1) 他真不明白,打一记耳光有什么了不起,居然去死,也太想不开了。

(王安忆)

(2) 打球的有什么不了起。

(苏叔阳)

(3) 我感到他不像我原来想象的那么了不起。

(谌容)

3. 作定语

(1) 搞艺术的人,都是些很了不起的人。

(王安忆)

(2) 五岁的男孩子可是个了不起的男子汉。

(苏叔阳)

"起"总表

义类	意义	所搭配的动词及频率
趋向意义	(一) 表示通过动作使人或物体由低处向高处移动。参照点可在低处,也可在高处	1. 表示躯体或物体运动的动词 爬$_5$,可$_1$ 站$_{81}$ 立$_{55}$ 坐$_7$ 飞$_8$ 浮$_8$ 升$_{395}$ 飘$_7$ 泛$_8$ 涌$_8$ 腾$_{18}$ 荡$_1$ 漾$_1$ 闪$_1$ 亮$_7$ 冒$_7$ 2. 表示肢体动作的动词 抬(～头)$_{207}$,可$_3$ 举$_{46}$ 仰$_{20}$ 昂$_5$ 直(～腰)$_3$,可$_1$ 欠(～身)$_3$ 探$_2$ 撑$_2$ 纵(～身)$_1$ 拿(～脚)$_5$ 竖$_{10}$ 瞪(～眼)$_{34}$ 睁(～眼)$_{13}$ 耸(～肩)$_4$ 挑(～眉)$_4$ 撩(～眼皮)$_4$ 咧(～嘴)$_{12}$ 乍(～胡子)$_2$ 仄(～耳朵)$_{17}$ 梗(～脖子)$_2$ 歪(～头)$_{18}$ 偏(～头)$_1$ 镇(～面孔)$_{17}$ 抱(～胳膊)$_1$ 横(～胳膊)$_5$ 张(～胳膊)$_2$ 扎煞(～手)$_2$ 伸(～手)$_1$ 挥(～拳)$_1$ 抡(～拳)$_{10}$ 拔(～腿)$_3$ 翘(～腿)$_{19}$ 飞(～腿)$_1$ 跳(～脚)$_1$ 跺(～脚)$_6$ 提(～脚)$_1$ 尥(～蹶子)$_1$ 翻(～跟头)$_4$ 3. 可使物体改变位置的动作行为动词 端$_{37}$ 捞$_1$ 撩$_8$ 提$_{30}$ 拎$_{13}$ 掂$_2$ 搬$_2$ 扛$_6$ 背$_{10}$ 拾$_3$,可$_1$ 挑$_1$ 抱$_5$ 捧$_{11}$ 举$_{46}$ 托$_2$ 担$_1$ 扯$_{10}$ 拉$_5$ 拽$_5$ 扳$_9$ 牵$_1$ 抓$_{30}$ 捏$_5$ 拈$_3$ 拨$_5$ 揪$_1$ 挟$_5$ 搅$_2$ 掬$_2$ 拢$_1$ 抉$_8$ 撺$_1$ 驾$_1$,可$_2$ 挽$_3$ 拄$_1$ 掀$_{20}$ 揭$_1$ 翻$_3$ 撅$_1$ 拾$_{31}$ 捡$_{12}$ 挂$_8$ 竖$_1$ 绞$_2$ 卷(风～)$_{15}$ 旋$_2$ 召$_1$ 兜$_1$ 吹$_4$ 掠$_1$ 溅$_4$ 拿$_{188}$ 抄$_{17}$ 取$_2$ 挥$_1$ 放$_1$ 砸$_1$ 抡$_4$ 掘$_1$ 剜$_1$ 铲$_1$ 惊$_1$ 纵(～身)$_1$

(续表)

结果意义	(一)表示接合以至固定	1. "收缩、聚合"意义的动词 　A. "收缩"类动词 　　皱$_{34}$　锁$_{34}$　拧$_1$　缩$_1$　蹙$_1$　盘$_2$　折$_2$　挽$_1$ 　　束$_1$　卷(～袖子)$_4$　采$_1$　揎(～袖子)$_1$　攥$_6$ 　　板(～脸)$_8$　绷$_5$ 　B. "聚集"类动词 　　组织$_9$　聚$_2$　垛$_2$　拾掇$_1$　收拾$_1$　堆$_5$
		2. 表示"捆绑、封闭"意义的动词 　A. "捆绑"类动词 　　包$_3$　打(～包)$_1$　捆$_2$　裹$_1$ 　B. "围、圈"类动词 　　围$_1$　搂$_4$ 　C. "填充、封闭"类动词 　　堵$_1$ 　D. "闭、合"类动词 　　关$_3$　合$_2$　闭$_6$　眯$_9$　眯缝$_{10}$　夹$_1$　抿$_1$ 　　拉(～窗帘)$_5$　掩$_1$　咬$_1$
		3. 表示"收存、隐藏"意义的动词 　A. 收$_{16}$　揣$_2$ 　B. 藏$_1$　蒙$_1$　捂$_1$　铺$_1$
		4. 表示"关押"意义的动词 　关$_2$
		5. 表示"想、记"意义的动词 　想$_{415,可8}$　回想$_4$　联想$_2$　思念$_1$　记$_{17,可1}$　回忆$_5$
		6. 表示"燃烧、引、惹"意义的动词 　A. 燃$_{12}$　烧$_4$　燎$_2$　着(zháo)$_1$　点$_{11}$　生$_1$　煸$_1$ 　B. 勾$_{12}$　惹$_6$　引$_{101,可1}$　唤$_1$　激$_{11}$　激发$_1$ 　　激荡$_1$　逗$_1$　鼓励$_1$　鼓(～勇气)$_{12}$ 　　提(～精神)$_{33,可1}$　振(～精神)$_2$　打(～精神)$_8$

(续表)

义类	意义	所搭配的动词及频率
		7. 表示由不止一人、一方参与的动作行为的动词 闹$_4$
		8. 表示"陈列、修饰"意义的动词 摆$_2$
		9. 表示"建造、做、办"意义的动词 A."建造"类动词 　建$_3$　盖$_6$　搭$_6$　架$_4$　造$_1$　建造$_1$　装$_1$　垒$_1$ 　修$_2$　筑$_1$　支$_4$　安$_1$　编$_1$　缝(féng)$_1$ B."做、办"类动词 　开$_1$　办$_5$　作$_1$　操$_1$　操持$_1$　负(～责)$_1$ 　担当$_1$　肩负$_1$　承担$_1$　担负$_1$　担$_1$　撑$_1$
		10. "建立"类动词 　建立$_2$　树立$_1$　建设$_1$　成立$_1$　树$_2$
		11. 其他动词 　动员　号召　开展　成长　培养
	(二) 表示"突出、隆起"	1. "隆、鼓"类动词 　隆$_6$　高$_7$　鼓$_9$　骨突$_3$　胀$_1$　肿$_1$　暴$_1$ 　跳(筋～)$_1$
		2. "噘、弓"类动词 　噘(～嘴)$_{724}$　嘟(～嘴)$_1$　努(～嘴)$_1$ 　弓(～腰)$_4$　弯$_1$　挺$_{13}$
	(三) 表示主观上能否承受	1. 表示主观上是否能承受经济方面的支付能力 A."花、付"类动词 　花可$_1$　付可$_2$　缴可$_1$　出可$_3$　掏可$_1$　包可$_1$ 　输可$_1$　还(huán)可$_5$　丢可$_1$　垫可$_2$　赔可$_2$ 　供(gōng)可$_3$　供给可$_5$　赔(～本)可$_1$

(续表)

义类	意义	所搭配的动词及频率
		B. 表示需支付钱才能实现的动作行为动词 吃可4 喝可1 玩可1 乐可1 住可4 租可1 买可16 娶可2 要可1 雇可2 喂可1 养可6 治(~病)可1 念(~书)可2 上(~学)可3 升(~学)可2 去可1 讲究可1 修可1 用可1 做可3 升(~炉子)可1 送可1
		2. 表示主观上能否承受时间消耗的动作行为动词 误(~工)可 陪(~时间)可 牺牲(~时间)可 拖耗
		3. 表法是否具有承受某种动作的地位、资格、工作能力的动词 承受可1 受可1 担可5 担当可1 当可2 管可2 负(~责)可3 消受可1 碰可1 惹可27 认可1 伺候可1 得罪可3 劳(~驾)可2 干可1 躲可1
		4. 表示精神或体力上是否能承受 经可20 受可2 背(~名)1 丢(~人)1
状态意义	表示进入新的状态	1. 响60
		2. 表示与语言有关的动作行为动词 说3 讲7 念1 谈1 吟1 读1 谈论4 座谈1 议论 叙述 描绘 吹5 念叨2 安慰1 唱9 呼(~口号)3 喊(~口号)2 发(~牢骚)2 数1 打听 痛斥
		3. 表示肢体动作的动词 看1 写1 奏1 弹1 拉1 鼓(~掌)1 拍2 敲1 摇1 打11 扔1 甩1 推1 翻1 做2 踩2
		4. 表示由不止一个动作完成的动作行为动词 学 修理 过(~日子)

(续表)

义类	意义	所搭配的动词及频率
		5.表示思维、心理活动的动词 喜欢$_1$ 关心$_1$ 想念$_1$ 可怜$_1$ 恨$_1$ 懊恼$_1$ 报复$_1$ 嘲笑$_1$ 怀疑$_2$
		6.其他动词 发(~烧)$_1$ 下(~雨)$_3$ 刮(~风)$_2$ 吹(~风)$_1$
特殊用法	(一)从某方面评论人或事物	吃$_1$ 做$_3$ 学$_1$ 谈$_{10}$ 问$_7$ 比$_6$ 报复$_1$ 痛斥$_1$
	(二)引进所提到的人或事物	说$_{21}$ 讲$_{10}$ 谈$_{17}$ 问$_{19}$ 提$_1$
	(三)表示动作的"起"点	说$_{20}$ 谈$_1$ 问$_1$ 算$_4$ 做$_1$ 丈("量"义)$_1$
熟语	(一)"看得/不起"	看$_{可55}$ 瞧$_{可32}$
	(二)"对得/不起"	对$_{可157}$
	(三)"了不起"	了不起$_{26}$

贰拾贰　起来

一　趋向意义

趋向意义：

表示由低处向高处移动。参照点可在低处,也可在高处。

〔动类〕

1. 表示躯体或物体自身运动的动词,如"站、立、坐、爬、跳;飞、升、飘"等。

句式　a　$N_{施事}$＋V＋"起来"

　　　b_1　$N_{施事}$＋"起"＋$N_{受事}$("身、脚")＋"来"(限"站、跳"类动词,"飞、升"类除外)

　　　c_1　$N_{处所}$＋V＋"起来"＋(NuM＋)$N_{施事}$

　　　c_2　$N_{处所}$＋V＋"起"＋(NuM＋)$N_{施事}$＋"来"

(1) 江涛一见严知孝,立刻站起来。

(梁斌)

(2) 当缝完最后一针,给病人眼睛上盖上纱布时,她站起身来,腿僵了,腰硬了,迈不开步了。

(谌容)

(3) 太阳升起来了,黑暗留在后面。

(曹禺)

(4) 夜暗降临的时候，平原上遍地漂起野火来，鞭炮声连连响起。

(梁斌)

(5) 这时从座位上站起来一个人。

【可能式】

(1) 可是，只觉得双腿发麻，站不起来。

(谌容)

(2) （蚂蚱）叫个小孩子逮住，用线儿拴上，连飞也飞不起来。

(老舍甲)

2. 表示肢体动作的动词，如"抬(头)、仰(头)、直(腰)、举(手)、竖(耳朵)"等。

句式　b_1　（$N_{施事}$＋）V＋"起"＋$N_{受事}$＋"来"

　　　　d　（$N_{施事}$＋）"把"＋$N_{受事}$＋V＋"起来"

　　　　e　$N_{受事}$＋V＋"起来"＋"了"

(1) 江涛猛的抬起头来笑了。

(梁斌)

(2) 祥子把笤帚扔了，直起腰来。

(老舍甲)

(3) 把头抬起来！

(4) 他的头抬起来了。

【可能式】

(1) 他的腰都直不起来了。

(老舍乙)

(2) 第二天的生意不错，可是躺了两天，他的脖子肿得像两条瓠子似的，再也抬不起来。

(老舍甲)

3. 表示可使物体改变位置的动作行为动词。

A. "搬、抬、提、背、举"等肢体动作动词。

句式　a　　（$N_{施事}$＋）V＋"起来"

　　　　b_{1-1}　（$N_{施事}$＋）V＋"起"＋(NuM＋)$N_{受事}$＋"来"

　　　　b_{1-2}　（$N_{施事}$＋）V＋"起来"＋(NuM＋)$N_{受事}$

  d (N_施事＋)"把"＋N_受事＋V＋"起来"

  e N_受事＋V＋"起来"(＋"了")

(1) 小孩在炕上直着嗓子号(háo)，修福老汉赶紧抱起来。

（赵树理_甲）

(2) 我走过去，不由拿起来捧在手上，久久难舍。

（谌容）

(3) 江涛端起碗来喝着汤。

（梁斌）

(4) 祥子扛起来铺盖。

（老舍_甲）

(5) 你先把画挂起来吧。

（王安忆）

(6) 我都知道了，我屋子里连砖都挖起来，把我的工作用的白纸统统收走了，估计素花没有搞成，对吗？

（从维熙）

  此类动词与"起来"可以构成可能式，如"这块石头太重，我举不起来"。但在实际语言中，更多的是与"动"构成可能式："这块石头太重，我举不动""这箱子太沉，他们搬不动"。在本书所用语料中，此类动词没有发现一例典型的"V得/不起来"的用法。

  B. "吹、带、刮(风)、溅"等动词。

  句式 b_1 N_施事＋V＋"起来"＋NuM＋N_受事

     d N_施事＋"把"＋N_受事＋V＋"起来"

     e N_受事＋"叫/被"＋N_施事＋V＋"起来"

(1) 大风刮起来一阵砂石，打在汽车的玻璃上。

(2) 他算清楚了，反正汽车不敢伤人，那么为什么老早的躲开，好教它把尘土都带起来呢？

（老舍_甲）

(3) 焦糊的灰烬被风吹起来，扑打在杜志辉脸上。

（从维熙）

(4) 风挟着秋雨吹入，门又悄悄自启，四壁烛影幢幢，墙上的画轴也被刮起来砰砰地响着。

(曹禺)

此类动词与"起来"可以构成可能式，表示一种估计，如"外边没有风，灰尘刮不起来"。但实际语言中较少出现。

C. 表示可以使人改变位置的动作行为动词，包括言语行为动词"叫、喊、吵"以及"捅、扶、惊动、轰"等。

句式　　b₁₋₁　　（N施事＋）V＋"起"＋N受事＋"来"
　　　　b₁₋₂　　（N施事＋）V＋N受事＋"起来"
　　　　d　　　（N施事＋）"把"＋N受事＋V＋"起来"
　　　　e　　　N受事＋"叫/被"＋N施事＋V＋"起来"

(1) 你去叫起他来。

(2) 王晓燕拉起李槐英来。

(杨沫)

(3) 你把你丈夫叫起来没有？

(曹禺)

(4) 哎呀，人们都起这么早？难道都是让蚊子叮起来的？

(苏叔阳)

此类动词与第1类动词的不同之处：

此类句子中的"起来"（趋向补语）与表示实际动作的"起来"（"起床""从地上起来"）意思一样，所以大多数可以用 b₁ 式（"惊动"等少数动词除外）。b₁ 式通常被看作兼语式。1、2 类动词不能这样用。比较：

(1) 叫起他来。
　　把他叫起来。
　　叫他起来。（兼语式）

(2) 端起酒杯来。
　　把酒杯端起来。
　　＊端酒杯起来。

例(1) 的三个句子的意思没有什么不同。前面两句中的"起来"轻读，第三句的"起"不能轻读。

【可能式】

(1) 新媳妇哭了一天一夜……谁也叫不起来。

(2) 这头猪躺在地上,怎么捅也捅不起来。

"起来"与"上去"比较:

"起来"与"上去、上、上来"等都表示由低到高的位移,但有区别。下面说明时,"上"组我们以"上去"为代表。

1. "上去"表示指向终点的位移,"起来"表示无指向的位移。因此,"起来"后不能出现表示位移终点的处所词,"上去"则可以。比较:

(1) 他跳上台去了。

　　他跳起来了。

　　＊他跳起台来了。

(2) 汽球飞上天去了。

　　汽球飞起来了。

　　＊汽球飞起天来了。

因此,如果只表示由低到高的位移,动作没有终点或指不出终点时,只能用"起来"。如"他气得跳了起来""他很快地站了起来""他从地上爬起来""他把手举了起来"等。

2. 用"起来"时,参照点是不确定的,用"上"时,参照点也不确定,而用"上去"时,参照点在低处,用"上来"时,参照点在高处。

3. "上去"有趋向意义(二),即表示趋近眼前的目标,"起来"没有这个用法。因此同样动词后用"上去""起来"可以表示不同的意思。

(1) 你坐起来,别老躺着。

　　这种沙发不错,你坐上去试试。

(2) 你站起来。

　　(称体重)你站上去!(站到秤上)

二 结果意义

结果意义(一):

表示接合以至固定。即表示物体与物体的连接、结合以至固定。参照点不固定。反义是"开"。动词后用"起来"时,所涉及的事物一般不止一个,我们用 N_1、N_2、N_3……表示,N 有时是施事,有时是受事。

〔动类〕
1. 表示"连接、聚合"意义的动词。
A."连接、结合"类动词,如"连、联、缝、焊"等。

句式　　a_1　　($N_{施事}$＋)V＋"起来"
　　　　a_2　　$N_{受事}$(多数)＋V＋"起来"
　　　　a_3　　N_1＋"和/跟/与/同"＋N_2＋V＋"起来"
　　　　d_1　　($N_{施事}$＋)"把"＋$N_{受事}$(多数)＋V＋"起来"
　　　　d_2　　($N_{施事}$＋)"把"＋$N_{受事1}$＋"和/跟/同/与"＋$N_{受事2}$＋V＋"起来"
　　　　e_1　　$N_{受事}$(多数)＋V＋"起来"(＋"了")
　　　　e_2　　$N_{受事1}$＋"和/跟/与"＋$N_{受事2}$＋V＋"起来"(＋"了")

(1) 你缝起来。
(2) 他们勾结起来欺骗他不是第一次了。
　　　　　　　　　　　　　　　　　　　　(高晓声)
(3) 便道上尘土飞起多高,与天上的灰气连接起来。
　　　　　　　　　　　　　　　　　　　　(老舍甲)
(4) 咱们这个锅有裂纹了,我得把它锅起来,不然就会破,就四分五裂不能用了。

(蒋子龙)

(5) 她看重他,关心他,喜欢他,却从来没有把他的婚姻大事同自己联系起来。

(高晓声)

(6) 这是一针针、一线线缝起来的裙子。

(王安忆)

【可能式】

(1) 不说这个另说个别的什么吧,又跟人家两个人的话连不起来。

(赵树理二)

(2) 这两件事他觉得毫无关系,怎么也联系不起来。

B. "合并、混合"类动词,如"加、合、掺、归纳"等。

句式　同1A

(1) 你别说,他再来个革命化的春节,咱们的加班费合起来又够开一顿了。

(张洁)

(2) 当然,全部中文系加起来又有多少人呢?

(王安忆)

(3) 高妈的话永远是把事情与感情都掺和起来,显着既复杂又动人。

(老舍甲)

(4) 他把大家的意见归纳起来。

(谌容)

(5) 原因各有不同,总括起来,一概属于革命需要。

(高晓声)

【可能式】

(1) 油和水掺合不起来。

(2) 这两伙人思想距离太大,合不起来。

C. "收缩、盘绕"类动词,如"皱、缩、盘、折、叠、卷、蜷、挽(头发)、团(纸)、板(面孔)"等。此类动词只涉及一个受事,"起来"表示的意思是"聚缩",与"展开、舒展"意思相反。

句式　a　（N_施事＋）＋V＋"起来"
　　　b_1　（N_施事＋）V＋"起"＋N_受事＋"来"
　　　d　（N_施事＋）"把"＋N_受事＋V＋"起来"
　　　e　N_受事＋V＋"起来"（＋"了"）

(1) 腊梅回头望着我,眉头又微微皱了起来。

（谌容）

(2) 我的心一下子紧缩起来,我差点要失声痛哭。

（苏叔阳）

(3) 不料他却把纸团了起来,往地上一扔。

（王安忆）

(4) "不行!"护士板起脸来。

（谌容）

(5) 他双手交叉插进袖口,把入口都封锁着,躺在叠起来的被子上。

（王安忆）

【可能式】

(1) 头发太短,挽不起来。
(2) 腿肿得很厉害,蜷不起来。

D. "聚集"类动词,如"集中、团结、聚",以及使聚集的动作动词,如"组织、召集、储蓄、积累、收（钱）、组装、串、摞、垒、堆、扫"等。

句式　同 1C,N_受事为多数,a 式之 N_施事也为多数

(1) 我们应该互相帮助,团结起来,把银行办好。

（曹禺）

(2) 待听到他要作检查时,精神又集中起来。

（谌容）

(3) 刚才零乱了的队伍,经卢嘉川这么一鼓动又组织起来了。

（杨沫）

(4) 把我父亲的洋钱摞起来,就有礼拜堂上尖顶那么高。

（梁斌）

(5) 他们把场上的厚雪扫起来,把谷槎摊上碾着。

(梁斌)

【可能式】

(1) 可是,那天晚上,我的思想怎么也集中不起来,总觉得什么地方不得劲。

(谌容)

(2) 这个班的学生一个人一个想法,老也统一不起来。

"起来"与"上"比较:

1. "上"的基本意义是"接触",好比有两根绳子,终端与终端接触了,就是"上"所代表的意思;"起来"的基本意义是"接合",好比有两根绳子,接起来并打个结就是"起来"所表示的意思。"上"也可以表示接触后的接合,这时"上"与"起来"就可以通用,这也就是"上"与"起来"所结合的动词中有些相同的原因。比较:

(1) 两根电线刚刚能碰上,接不起来。

＊两根电线刚刚能碰起来,接不上。

(2) 把两根绳子接上。

把两根绳子接起来。

但与"上"相比,"起来"似乎表示接合得更牢固些。

2. "上"一般涉及两个事物,"起来"所涉及的可以不止两个事物。因此"起来"与"上"所结合的动词又有所不同。比如"起来"可以与"聚集"义动词结合,"上"则与大部分"聚集"义动词不能结合。

3. "起来"所涉及的事物不分主次,例如"把牛奶和水掺起来""把绳子和铁丝接起来";"上"所涉及的事物往往一个是整体或主要的,另一个是部分或次要的,例如"牛奶里掺上点水""绳子不够长,接上段铁丝""信封贴上邮票""毛衣缝上了口袋"。当事物不分主次时,应该或宜于用"起来",当事物分主次时,只能用"上"。

4. 由于意义的区别,所用句式不同。"上"可用"N$_{受1}$＋V＋'上'＋N$_{受2}$","起来"不能。比较:

(1) 绳子接上一段铁丝。

＊绳子接起来一段铁丝。

(2) 米里掺上了一些砂子。

＊米里掺起来一些砂子。

"收缩、盘绕"类动词后也可以用"上",但以用"起来"为多。

2. 表示"捆绑、封闭"意义的动词。

A. "捆绑"类动词,如"捆、绑、缠、打(行李)、包、裹"等。

句式　a　(N$_{施事}$＋)V＋"起来"

　　　b$_1$　(N$_{施事}$＋)V＋"起"＋N$_{受事}$＋"来"

　　　d　(N$_{施事}$＋)"把"＋N$_{受事}$＋V＋"起来"(多用)

　　　e　N$_{受事}$＋V＋"起来"(＋"了")

(1) 你也打起行李来跟他们一道走吧!

(邓友梅)

(2) 我们的同志很快把他们捆起来,在他们嘴里塞上毛巾。

(谌容)

(3) (他)又从风衣口袋里掏出一条手绢,想把它折断的伤口包扎起来。

(从维熙)

(4) 他的腋下夹着一个小小的包裹,那是用她的绸巾包起来的。

(苏叔阳)

【可能式】

(1) 绳子太短,行李捆不起来。

(2) 东西太多,用这块布包不起来。

"起来""起"与"上"比较：

"捆绑"类动词后既可以用"上"，也可以用"起来"，意思没有什么不同，但可用句式不同。下列包含"上"的句式不适用于"起来"：

b_{1-2}　（$N_{施事}$＋）V＋"上"＋$N_{受事2}$

(1) 捆上绳子。

　　＊捆起绳子来。

(2) 缠上绷带。

　　＊缠起绷带来。

（比较：他捆上行李。‖他捆起行李来。——状态意义）

b_{1-3}　（$N_{施事}$＋"在"＋）$N_{受事1}$＋"里/上"＋V＋"上"＋$N_{受事2}$

(3) 在行李上捆上绳子。

　　＊在行李上捆起绳子来。（意思不同）

(4) 行李上捆上绳子。

　　＊行李上捆起绳子来。

d_2　（$N_{施事}$＋）"把"＋$N_{受事2}$＋V＋"上"

(5) 把绳子捆上。

　　＊把绳子捆起来。

(6) 把绷带缠上。

　　＊把绷带缠起来。

（比较：把行李捆上。‖把行李捆起来。）

e　$N_{受事2}$＋V＋"上"（＋"了"）

(7) 绳子捆上了。

　　绳子捆起来了。（意思不同）

（比较：行李捆上了，背包打好了。‖＊行李捆起来了，背包打好了。）

B. "围、圈（quān）"类动词，如"围、包围、绕、圈、拉（绳子）、抱（'搂抱'义）"等。用来围圈之物用$N_{受事1}$表示，被围圈之物用$N_{受事2}$

表示。

句式　a　($N_{施事}$＋)V＋"起来"

　　　b_1　($N_{施事}$＋)V＋"起"＋$N_{受事1}$＋"来"(限于"围、拉"，如"围起一个圈来""拉起一道绳子来")

　　　d_1　($N_{施事}$＋)"用"＋$N_{受事1}$＋V＋"起来"

　　　d_2　($N_{施事}$＋)"把"＋$N_{受事2}$＋V＋"起来"(限于"围、拉")

　　　e_1　$N_{受事2}$＋"叫/让/被"＋V＋"起来"(＋"了")

　　　e_2　$N_{受事2}$＋V＋"起来"(＋"了")(限于"围、拉")

(1) 大家见烛把子都到了小圆手里，一轰就把小圆围起来。

（赵树理₂）

(2) 娃子又把她紧紧抱起来。

（邓友梅）

(3) 现在那儿已经用绳子圈起来，没有人走那儿。

（曹禺）

(4) 两门之中是个幔帐，挂在与墙成直角的铁丝上，拉起来，可以把一间屋子隔成两间。

（曹禺）

此类动词与"起来"较少用可能式。

C. "填充、封闭"类动词，如"堵、填、密封、封"等。

句式　同2A之a、d、e

(1) 把墙上的窟窿堵起来。

(2) 把地上的坑填起来。

(3) 不是的，是把生肉加料后盛进罐头或者瓶子里，密封起来。

（高晓声）

(4) 他又把钢笔套起来说："我等她一下可以吗？"

（赵树理₂）

此类动词较少与"起来"构成可能式。

※注意：

"填表"之"填"可用"上"，如"把表填上""把名字填上"，但不能用"起来",如"*把名字填起来"。

D. "闭合"义动词,如"关、闭、眯(眼睛)"等。

句式　同 2A

(1) 家里再没有别的,关起门来吃了一顿槐叶。

(赵树理_)

(2) 他一边扇着扇子,一边把眼眯起来,高兴地听着杜宁的种种描述。

(邓友梅)

此类动词与"起来"较少构成可能式。

> "起来"与"上"比较:
>
> 此类动词较少与"起来"结合,较多与"上"结合。表示使闭合的动作动词,不能与"起来"结合。比较:
>
> (1) 他用脚踢上门。
>
> 　*他用脚踢起门来。
>
> (2) 他嘭地一声把门摔上。
>
> 　*他嘭地一声把门摔起来。

3. "收存、隐蔽(使看不见)"意义动词。此类动词加上"起来"之后,都有使所涉及之物不显露的作用。

A. "收存"类动词,如"收、存、保存、放、揣、留"等。

句式　a　（$N_{施事}$＋）V＋"起来"

　　　b_1　（$N_{施事}$＋）V＋"起"＋$N_{受事}$＋"来"(少用)

　　　d　（$N_{施事}$＋）"把"＋$N_{受事}$＋V＋"起来"

　　　e　$N_{受事}$＋V＋"起来"(＋"了")

(1) 好,您替我收起来吧。

(曹禺)

(2) 何顺笑了,又把钱装起来。

(蒋子龙)

(3) 几天后,这录音带由国家保存起来。

(苏叔阳)

(4) 这是去年八月四日干的,当天我就写好检查放起来了,今天我把它交出来。

(蒋子龙)

此类动词与"起来"一般不构成可能式。

B. "隐藏"类动词,如"藏、躲、隐蔽"及"掩盖、蒙、盖埋、淹"等。

句式　同 3A

不及物动词"藏、躲、隐藏"等不能用 b_1、d、e 式。

(1) 恨不得钻到哪个犄角旮旯里躲起来。

(张洁)

(2) 我想把我的集邮册和日记放在你那里,你帮我藏起来,好吗?

(王安忆)

(3) 西坡奶奶坐在那里,纹丝不动,好像决心让雪把自己埋起来。

(谌容)

(4) 齐书记之行仍属失败的范围,事情没查清不说,反倒把真相掩盖起来了。

(谌容)

此类动词与"起来"一般不构成可能式。可能式一般由"住"构成。如"他这个人存不住钱""我有话搁不住""这个地方太显眼,藏不住人""这块布太小,盖不住那个箱子"。

"起来"与"上"比较:

"蒙、盖、埋"等动词也可以与"上"结合,"蒙上、埋上"与"蒙起来、埋起来"的意义接近。其他的区别与"捆绑"类动词相同。

---

4. 表示"关押、逮捕"意义的动词,如"关、押、逮捕、抓、扣、

圈(juān)、拘留、监视、看(kān)、把守"等。此类动词与"起来"组合后,都有使人或物失去自由的意思。

句式　　a　　V+"起来"
　　　　　b₁　（N施事＋）+V+"起"+N受事+"来"（少用）
　　　　　d　　（N施事＋）"把"+N受事+V+"起来"
　　　　　e　　N受事+V+"起来"(+"了")

（1）他应当叫几个人把我拉上去,关起来。

(曹禺)

（2）我不敢犹豫……让几个人把潘景川保护起来。

(蒋子龙)

（3）她常常强迫自己躲在布幔后面,把自己隔离起来,直至深夜。

(谌容)

（4）她早就被抓起来了,一直关着。

(谌容)

（5）黄连长睁大眼睛,说:"被陈旅长扣起来了!"

(梁斌)

【可能式】

此类动词与"起来"较少构成可能式。如构成可能式,往往表示一种估计、推测。如:

甲:他这么多天没露面,叫人抓起来了吧?
乙:抓不起来,他机灵着呢!

5. "想、记"等思维活动动词,如"想、记、回忆"等。

句式　　a　　N施事+V+"起来"
　　　　　b₁₋₁　N施事+V+"起"+N受事+"来"
　　　　　b₁₋₂　N施事+V+"起来"+NuM+N受事（少用）
　　　　　e　　N受事+V+"起来"(+"了")

（1）李德才这么一说,朱老星才想起来。

(梁斌)

（2）我顿时回忆起来了,那是……

(从维熙)

(3) 这一喊……马上使他想起危险来。

(老舍 甲)

【可能式】

(1) 这些家具,我想不起来——我在哪儿见过。

(曹禺)

(2) 两眼直对着他,可是一时想不起来该怎样开口。

(赵树理)

(3) 这一生,他做过多少次大大小小的报告?回忆不起来了。

(张洁)

(4) 他忘了,记不起来了!

(张洁)

> **"想起来"与"想出来"比较:**
>
> "想起来"所涉及的(想起来的)是曾经知道的事,常用的宾语是表示人或事物的名词,也可以是谓词或谓词性短语。如:
>
> (1) 我就是那个孙排长。想起来了吧?
>
> (老舍 甲)
>
> (2) 他想起运涛来,那孩子还在监狱里。
>
> (梁斌)
>
> "想出来"所涉及的(想出来的)是不曾存在或不知道的东西,宾语常常是"办法、方法、主意、理由"等,如果是谓词性的,表示的也是"方法、主意"之类,其中常常有"怎么、怎样"等词。如:
>
> (3) 想来想去,从早上到现在,她也没想出什么好办法来惩罚吴国栋。
>
> (张洁)
>
> (4) 极快的他想出个道理来:炮声是由南边来的,即使不是真心作战,至少也是个"此路不通"的警告。
>
> (老舍 甲)
>
> (5) 他们想了半天,想不出来怎样对付他。

6. 表示"燃烧、引、惹"意义的动词,如"点、烧、燃烧、引、惹、勾(引义)"等。

句式　b_{1-1}　$N_{施事}+V+$"起"$+N_{受事}+$"来"
　　　b_{1-2}　$N_{施事}+V+$"起来"$+NuM+N_{受事}$
　　　d　　$N_{施事}+$"把"$+N_{受事}+V+$"起来"
　　　e_1　　$N_{受事}(+$"是"$)+N_{施事}+V+$"起来"$+$"的"(常用)
　　　e_2　　$N_{受事}+V+$"起来"$(+$"了"$)$

(1) 可是,事情既然是我引起来的,又觉得回避也不光明正大。

(谌容)

(2) 而这场事故又不是他惹起来的。

(蒋子龙)

(3) 等到木炭点燃起来的时候,万群会呆呆地守在炉边,生怕离开一会儿会失去它的一些温暖。

(张洁)

(4) 高雅琴的心事,被老奶奶勾起来了。

(从维熙)

(5) 老奶奶把高雅琴的心事勾起来了。
(6) 一个姑娘用这眼光看你,你能发起火儿来?

(苏叔阳)

除"勾"以外,其他动词一般不能用于"把"字句与"被"字句。

此类动词与"起来"较少构成可能式。如构成可能式,一般表示一种推测。如:

(1) 那房子都是钢筋和水泥,烧不起来。
(2) 这个人好脾气,发不起火来。

7. 表示由不止一人、一方参与或完成的动作行为动词,如"吵、打、斗、闹事、顶、争执、讨论、辩论、唱"等。

句式　a_1　$N_{施事}(多数)+V+$"起来"
　　　a_2　$N_{施事1}+$"和/跟/同"$+N_{施事2}+V+$"起来"
　　　b_{1-1}　$N_{施事}(多数)+V+$"起"$+N_{受事}+$"来"
　　　b_{1-2}　$N_{施事1}+$"和/跟/同"$+N_{施事2}+V+$"起"$+N_{受事}+$"来"

(1) 直到如今,父女俩说不上三句话就要顶起来。

(赵树理₂)

(2) 祥子几乎和人打起来。

(老舍甲)

(3) 这话她要说在三天以前,我早和她吵起来了。

(赵树理₂)

(4) 好容易我荐他到了周家的矿去,他又跟工头闹起来,把人家打啦。

(曹禺)

此类动词也可以加表示状态意义的"起来",但与结果意义有区别。当一个动作是由一个人进行的,或句子不侧重表示由两个或两个以上的人共同进行的,后面用"起来"就表示动作开始进行,即表示状态意义。如:

(1) 他挥动着手指,唱了起来。

(王安忆)

(2) 车上有人开始不满地议论起来。

(张洁)

(3) 我们在里边打起来了,敌人昏头转向地乱了营了。

(邓友梅)

相反,如果句子侧重表示动作是由两个或两个以上的人共同进行的,"起来"表示这种共同进行的动作有结果,那么就属于结果意义。这种"起来"常用在能愿动词后,或构成可能式。如:

(1) 从小他就是这样:当大合唱因为一人缺席而排练不起来,大伙儿纷纷责怪这个人时,他却希望这是自己。

(王安忆)

(2) 一班人多,能讨论起来,二班人少,又都不爱说话,讨论不起来。

(3) 他爹不明白他为什么不愿把结婚的消息传扬出去,他也不便向他爹说明玉兰那一头还没有来信,所以想吵也吵不起来,只好各自纳闷。

(赵树理₂)

8. 表示"陈列、修饰"意义的动词,如"摆、陈列、晾、装饰、打扮、装扮"等。

句式　a　（N_{施事}＋）V＋"起来"
　　　b_1　（N_{施事}＋）V＋"起"＋N_{受事}＋"来"
　　　d　（N_{施事}＋）"把"＋N_{受事}＋V＋"起来"
　　　e　N_{受事}＋V＋"起来"（＋"了"）

（1）我看不如咱们站起队来教武委会主任挑。

（赵树理）

（2）自己的男人打扮起来比谁都漂亮。

（赵树理_）

（3）他用镜框把这幅颇引人深思的儿童画装饰起来,挂在自己桌前。

（从维熙）

（4）十四这天早上,胜利品就陈列起来了。

（赵树理_）

此类动词一般不与"起来"构成可能式。

9. "建造、承担"义动词。

A. "建造"类动词,如"建、造、盖（房子）、设、安（家）、打（家具）、安装（机器）"等。宾语表示具体事物。

句式　b_{1-1}　（N_{施事}＋）V＋"起"＋N_{受事}＋"来"（少用）
　　　b_{1-2}　（N_{施事}＋）V＋"起来"＋NuM＋N_{受事}
　　　d　（N_{施事}＋）"把"＋N_{受事}＋V＋"起来"
　　　e　N_{受事}＋V＋"起来"（＋"了"）

（1）好不容易安起家来。

（梁斌）

（2）在那前一天,已经把锅驼机安装起来了。

（赵树理_）

（3）你看,大丰大楼已经动了工,砸好地基,眼看就可以盖起来。

（曹禺）

【可能式】

(1) 他们缺这少那,房子老也盖不起来。

(2) 我总是忙,家具总打不起来。

B. "做、办、承担"类动词,如"做、办、搞、抓(工作)、干、鼓捣、承担、担当"等。

句式　同9A

(1) 老画家说,争取在他离开之前,帮助把我们的画展搞起来。

(王安忆)

(2) 看到大田里施沼气肥确实有效,心里也想把这工作抓起来。

(高晓声)

(3) "好!"我轻轻地说,"画展就要办起来了。"

(王安忆)

(4) 不过北大的工作,还是要交给你独力担当起来。

(杨沫)

【可能式】

(1) 为什么你们生产队的沼气搞不起来?

(高晓声)

(2) 他能力很差,这项工作他抓不起来。

C. "建立、树立"类动词,如"成立、建、建立、树、树立"等,宾语为表示机构名称的名词或抽象名词。

句式　同9A

(1) 生死之际建立起来的感情终生不忘。

(蒋子龙)

(2) (咱)一直要到把共产主义社会建设起来。

(邓友梅)

【可能式】

(1) 威信是自然形成的,硬树立是树立不起来的。

(2) 这个机构因为缺乏经费,成立不起来了。

10. "发动、动员、武装、开展、发展"与"觉悟、成长、振作"等表示进行社会活动与精神活动的动词。

句式　a　（N_施事＋）V＋"起来"
　　　　　（限于表示进行精神活动的动词）
　　　　d　（N_施事＋）"把"＋N_受事＋V＋"起来"
　　　　　（限于表示进行社会活动的动词）
　　　　e　N_受事＋V＋"起来"（＋"了"）
　　　　　（限于表示进行社会活动的动词）

(1) 人民,沉睡的人,都会因我们的鲜血而觉醒起来。

（杨沫）

(2) 你要振作起来,哪还像个年轻人哪!

（王安忆）

(3) 他以身作则,终究把大家带动起来。

（高晓声）

(4) 吴阿姨也被丽华动员起来,为山妮准备房间和被褥。

（谌容）

(5) 好像郑子云把人人心里都有的,型号规格不同、马力不同的发动机全都发动起来了。

（张洁）

【可能式】
(1) 这些群众老也觉悟不起来,真急人!
(2) 尊老爱幼活动在许多地方开展起来了。

结果意义（二）：

表示"突出、隆起"。

〔动类〕

1. "膨胀、胖、肿、鼓、高、跳（筋～）"等。
句式　a　N_当事＋V＋"起来"（＋"了"）
　　　　f　N_当事＋V＋"起来"＋C

(1) 凤妮肚子一天天鼓起来了。

（从维熙）

(2) 上下眼皮都肿了起来,完全是一幅病容。

（谌容）

(3) 祥子刚想收步，脚已碰到一些高起来的东西。

(老舍甲)

(4) 祥子头上的筋都跳起来。

(老舍甲)

此类动词与"起来"一般不构成可能式，"胖"除外。如"他吃得很多，可是老也胖不起来"。

2. "碰、磨、撞、硌"等。

句式　　c_1　　$N_{处所}+V+$"起来"$+N_UM+N_{受事}$
　　　　c_2　　$N_{处所}+V+$"起"$+NuM+N_{受事}+$"来"

(1) 看看手，已经磨起一个泡来，气得她咕嘟着嘴跑回去了。

(赵树理一)

(2) 不小心，头上碰起来一个大包。

此类动词与"起来"不构成可能式。

3. "挺(胸)、噘(嘴)、弓(腰)"等。此类动词与趋向意义之第2类动词[如"抬(头)、直(腰)"]为同类动词，出现的句式也相同。但"起来"在此类动词后表示的不是由低到高的位移，而是"突出、隆起"，所以归入结果意义(二)。

句式　　b_1　　$(N_{施事}+)V+$"起"$+N_{受事}+$"来"
　　　　d　　$(N_{施事}+)$"把"$+N_{受事}+V+$"起来"
　　　　e　　$N_{受事}+V+$"起来"$(+$"了")

(1) 他已经是六十岁的人了，肩膀弓起来，花白了头发，也花白了胡子。

(梁斌)

(2) 他一醒过来就又恢复了军人的姿态，他把胸挺了起来。

(邓友梅)

(3) 朱老星噘起嘴来，唔唔哝哝说："我知道怎么办？"

(梁斌)

【可能式】

你的胸怎么挺不起来？

其他动词一般不与"起来"构成可能式。

三 状态意义

状态意义：

"起来"用在动词或形容词后表示进入一个新的状态。

"起来"用在动词后,表示新的动作开始进行——一般是由静态转变为动态。如:

(1) 天阴了,雪又下起来了。

(王安忆)

(2) 车上的人一下子鼓起掌来,纷纷跳下车围住李科长。

(苏叔阳)

"起来"在例(1)中表示天气由未"下雪"到开始"下雪",在例(2)中表示车上的人由未"鼓掌"到"鼓掌"。

"起来"用在形容词后表示开始取得某种性质或进入某种新的状态。如:

(3) 要是能得到你经常开导,说不定,我就聪明起来。

(梁斌)

(4) 我立刻又得意起来,哈哈,我侯金榜到底不是等闲之辈。

(蒋子龙)

(5) 顿时,寂静的山谷,有了生气,热闹起来。

(邓友梅)

"起来"在例(3)中表示"我"开始获得"聪明"的性质,在例(4)中表示"我"开始进入"得意"的状态,在例(5)中表示山谷开始进入"热闹"的状态。

"起来"表示状态意义时,主要功能是通过叙述进入某种状态来描写人物或环境,往往包含有不知不觉的意味。因此总是出现于叙述、描写性文字中。而在句中多出现于谓语动词、形容词后,或带"得"的情态补语中,较少出现于主语、宾语、定语、状语等句子成分中。

↑ 动态,正向(负向)
| 静态,负向(正向),中性

〔动类〕

1. 人或动物的喊叫、哭笑类动作动词,如"喊、嚷、吼、哭、呜咽、抽泣、笑、呻吟"等。此类动词出现频率很高。

句式　a　N_{施事}＋V＋"起来"

(1) 那伙人像疯了似地喊起来,屋里已经被搞得乌烟瘴气了。

(谌容)

(2) 邱炳章情不自禁地叫起来!

(谌容)

(3) 他一头倒在一张小床上痛哭起来了。

(杨沫)

(4) 江华听她这样说,忍不住笑起来。

(杨沫)

(5) 广播又响了起来,在祝愿旅客一路平安。

(谌容)

单音节状语与单音节动词可一起带上"起来",如"大哭起来""狂笑起来",两个单音节动词也可以并列起来再带上"起来",如"吼叫起来、哭喊起来、叫喊起来"等。

2. 表示与语言有关的动作行为动词,一般也是有声音的,如"说、聊天、议论、教训、抱怨、唱、骂"等,出现频率也较高。

句式　a　N_{施事}＋V＋"起来"
　　　b₁　N_{施事}＋V＋"起"＋N_{受事}＋"来"

(1) 这句话不问也罢,这一问呀,朱老明拍着炕席说起来。

(梁斌)

(2) 车上有人开始不满地议论起来。

(张洁)

(3) 小毛见是说这个,便诉起苦来。

(赵树理)

(4) 因为想念他,我自己嘴里也不由得"咚,达达达达"起来。

(邓友梅)

(5) 心里又嘀咕起来:"他好霸道,要压得我一辈子抬不起头来。"

(梁斌)

3. 表示与肢体动作、心脏跳动、血液流动有关的动词,如"抖、哆嗦、战栗、晃动、跑、写、推、投、吃、抽(烟)、看、抖擞(精神)、跳(心～)、奔腾(血液～)"等。

句式 同2

(1) 一挨他的手,我就浑身抖起来了。

(邓友梅)

(2) 铺好纸,他写起信来。

(梁斌)

(3) 这样的人在农村里是少见的,道静不由得对他注意起来。

(杨沫)

(4) 凤兆丽心里突然一惊,嘣嘣地跳起来。

(蒋子龙)

4. 表示由不止一个具体动作完成的动作行为动词,如"穿、打(牌)、打扮、修理、学、使用、准备、查、玩、闹、拥护"等。

句式 同2

(1) 晚上,怕余永泽注意她,不叫她出去,她就跑到房东太太的屋里梳洗打扮起来。

(杨沫)

(2) 她忍了两天,就又闹腾起来。

(老舍甲)

(3) 后来,运涛跑到南方,革起命来,结果被反动派关在监狱里。

(梁斌)

(4) 您这个从预审科科长,高升到劳改处处长的老"雷子",怎么也穿起我们犯人衣裳来了?

(从维熙)

(5) 她心里猜想着,只好站在庙门外的台阶上等待起来。

(杨沫)

5. 表示思维活动、心理活动的动词和形容词,如"想、考虑、回忆""得意、舒畅、感动、奇怪、出神"等。

句式　同2

(1) 他站住沉思起来。

(张洁)

(2) 他没有看几页,思想就开小差,联想起生活中的人物来了。

(蒋子龙)

(3) 难得,难得,连我们的小夏也关心起产品质量来了,可见这个问题的重要了。

(张洁)

(4) 不知是因为飞机颠簸,还是精神作用,他的头剧烈地疼起来。

(蒋子龙)

(5) 隋仁把这假条放在枕边,忽然又懊恼起来。

(苏叔阳)

6. 其他动词,如"燃烧、下(雨)、晒、打(盹儿)、睡、图(钱)、发(烧)、饿"等。

句式　同2

(1) 我没有出声,没有表现出激动,有一股深沉而剧烈的痛苦在心里烧起来了。

(蒋子龙)

(2) 我心里发起热来,以为她在暗示着我。

(邓友梅)

(3) 拂晓前,小车厢里的三个青年人,也挤在一起打起盹来了。

(杨沫)

(4) 哎呀,我这苦老婆子也享起福来啦。

(杨沫)

(5) 你倒端起架子来了。

(蒋子龙)

7. 其他形容词。可以与"起来"结合的形容词面很广,凡描摹事物的性质、状态的,大都可以与"起来"结合。如"多、少、大、小、快、慢、科学、具体、亲切、熟识、热闹、流畅"等。

句式　a　N_{当事}＋V＋"起来"

(1) 小小的公寓在黄昏的暮色中骤然热闹起来。

(杨沫)

(2) 卢嘉川的神色突然严肃起来。

(杨沫)

(3) 只是傻子每天上街买菜,人们见他的脸,一天比一天红润起来。

(苏叔阳)

(4) 老奶奶声音一下子尖厉起来,明显地带出了怒气。

(从维熙)

(5) 她觉得自己也显得科学起来。

(张洁)

(6) 现在黑暗已经过去,光明已经来到,一切都会好起来的。

(谌容)

(7) 过了西单牌楼那一段热闹街市,往东入了长安街,人马渐渐稀少起来。

(老舍甲)

在一部分表示性质的形容词中,有正向与负向的区别。"大、长、重、粗、快、高、厚、贵、亮"等属正向,"小、短、轻、细、慢、低、薄、贱、暗"等属负向。通常"起来"更多的是与正向形容词结合。在本书所用的语料中,正向的(包括无方向区别的)形容词与"起来"结合出现了358例,负向形容词与"起来"结合出现了56例,所以可以说"起来"主要表示由负向向正向、由静态向动态的变化。但"起来"也可以表示由正向向负向、由动态向静态,以及没有方向的变化。如例(5)和例(7)。

"起来"还可以与动词短语、形容词短语结合。如:

(1) 道静刚刚坐在凉爽而豪华的大皮沙发上,心里又觉得不是滋味起来。

(杨沫)

(2) 不知怎么,今天冯贵堂和老爹谈得顺情合理起来。

(梁斌)

(3) 他不时去看望老头子的病;帮助宋太太请医生、熬药,做这做那；而且和热情的陈大娘更加要好起来。

(杨沫)

(4) 你们有什么仙丹妙药,把这位成天和古人打交道的老秀才改变得年轻活泼起来啦?

(杨沫)

(5) 你该高兴,怎么孩子气起来了?

(从维熙)

表示状态意义的"起来"通常用来描写正在发生的变化,见以上例句。有时也可以用于假设句或条件句。如:

(1) 本来是没有风的天气,车一开起来,车上的风就很大。

(谌容)

(2) 不写我们也要去登记！区上问起来就请他们给评一评这个理！

(赵树理)

(3) 他们要是写起文章来骂我们,我们可受不了。

(张洁)

(4) 万一严重起来,此地举目无亲,耽误就医吃药,岂不要送掉老命。

(高晓声)

这样用的"动词+'起来'"都表示实在的动作。在条件句里,动词前可以用"一",见例(1);在假设句里,动词表示未然的动作,见例(2)—(4)。这种用法与"起来"的特殊用法不同。

"起来"还有一个用法与状态意义很接近,不过不是表示开始进入某种状态,而是表示人或事物进入某种状态后的情况,"起来"后一定有后续成分。如:

(1) 这帮死不了的嚷嚷起来没完啦！

(曹禺)

(2) 看样子老头儿叨叨起来没有完了。

(杨沫)

这种用法我们也归入状态意义。

【可能式】

表示状态意义的"起来"一般不用可能式。比如"＊鼓声响不起来""＊他写不起来""＊我们夸不起他来"。但在以下两种情况下,有时可以用可能式,"起来"前多为形容词。

A. 表示估计。如:

(1) 甲:看样子要下雨吧?

乙:我看下不起来。

(2) 甲:他家这几年富了吧?

乙:他家呀,富不起来,你看那几个人,没有一个能干的。

B. 表示愿望(能实现或不能实现)。如:

(1) 没房子,嫁过去就没地方住,想高尚也高尚不起来。

(谌容)

(2) 领导不支持,上级不关怀,我想红也红不起来呀!

(谌容)

(3) 不,我妈妈说,这个饭碗一定要的,否则在婆婆家硬不起来。

有时表示主观上认为或按常理应该怎样做,但实际上做不到。如:

(4) 就像她自己一样,对任何人都敢打敢骂,唯独对思佳硬不起来,百依百顺。

(蒋子龙)

(5) "九一八"事变以后,咱们东北流亡青年的生活够痛苦的啦,到过年了应当乐一乐,可又总是乐不起来。

(杨沫)

(6) 一句话,"四化"没有钢铁做后盾,就"化"不起来啊!

(蒋子龙)

"起来"与"下来"比较:
见"下来"第180—181页。

四　特殊用法

特殊用法(一)：

用于从某方面说明、评论人或事物。动词或形容词前一般要出现表示所评论说明的人或事物的名词。如：

(1) "饺子嘛",朱盛笑道,"吃起来很好,包起来就麻烦了。"

(谌容)

(2) 唱《金山寺》她装白娘娘,跑起来白罗裙满台飞,一个人撑满台,好像一只蚕蛾儿,人都叫她"小飞蛾"。

(赵树理_)

(3) 瞧,这槐树种起来好活,栽起来好长。

(谌容)

例(1)是评论饺子的,从"吃"的方面说,"很好",从"包"的方面说,"就麻烦了";例(2)是评论"她"唱戏,从她在台上跑的样子方面说明她演技高;例(3)是评论"槐树",从"种"的方面说,它"好活",从"栽"的方面说,它"好长"。

这样用"起来"时,说话人表达的重点不是在"起来"前的动词或形容词所表示的动作或状态上,不是在叙述某一具体动作或状态,而是从动作或状态表示的那个方面去揣摩、说明、评论人或事物。因此,此类句中的动作、状态一般没有时间性或时间性不强,可表示过去、现在或将来。

在这种用法中,"说"(包括意义近似的"讲、谈、提"等)用得最多。如：

(4) 说起来也可怜,她现在一心希望并全力以赴的,就是她的婚事。

(王安忆)

(5) 说起来,这还算是我的处女作呢。

(王安忆)

(6) 江涛,说起来都不是外人,你爷爷在这院里待了一辈子。

(梁斌)

这样用的"说起来"往往出现在交谈中提起某个人或某件事物的时候。在这种用法中,"比"也用得比较多。如:

(7) 比起她来,我自愧不如。

(谌容)

(8) 不过比起一般的车夫来,他还不能算是很坏。

(老舍甲)

(9) 比起勾缝来,她更喜欢拉铺灰机。

(张洁)

上面几个句子都是从与其他事物比较中,来说明、描写人或事物。

特殊用法(二):

"想起来""看起来"引进说话人的一种看法。

(1) 看起来,运涛和春兰挺好了。

(梁斌)

(2) 神甫,看起来,事情是要越闹越大呀!

(老舍乙)

(3) 看起来,你还是不甘寂寞呀!

(谌容)

(4) 想起来人生不过如此,过眼云烟,得乐且乐吧。

(杨沫)

(5) 现在想起来,简直是荒唐!

(谌容)

(6) 现在想起来,山妮的话,并不是孩子的天真,是值得我思考的。

(谌容)

这样用的"看起来"与"想起来"所引进的看法(往往是结论性的)都是从刚刚观察到或听到的现象、情况得出的,因此对上文或语境有极大的依赖性。

"起来"总表

义类	意义	所搭配的动词及频率
趋向意义	表示通过动作使人或物体由低处向高处移动。参照点可在高处，也可在低处	1. 表示躯体、物体运动的动词 跳$_{75}$ 跳跃$_1$ 蹿$_1$ 蹿跳$_1$ 蹦$_4$ 跃$_1$ 站$_{414,可8}$ 站立$_1$ 立$_{61,可2}$ 坐$_{72,可1}$ 爬$_{59,可7}$ 滚$_1$ 飞$_{6,可1}$ 升$_6$ 飘$_3$ 冒(〜气)$_2$ 弹(tán)$_1$
		2. 表示肢体动作的动词 抬(〜头)$_{119,可16}$ 提(〜腿)$_1$ 拔(〜脚)$_1$ 举$_9$ 扬(〜眉毛)$_6$ 昂(〜头)$_1$ 仰(〜头)$_{14}$ 翘$_1$ 直(〜腰)$_{8,可4}$ 挑(〜眉毛)$_1$ 乍(〜胡子)$_4$ 耸$_2$ 竖(〜耳朵)$_6$
		3. 表示可使物体位置移动的动作行为动词 A. 端$_{10}$ 捞$_3$ 提$_{8,可6}$ 拎$_1$ 提溜$_1$ 掂$_1$ 搬$_1$ 扛$_4$ 背$_2$ 抬$_{12}$ 抢$_1$ 抱$_{14}$ 捧$_1$ 举$_9$ 托$_1$ 挑$_2$ 担$_2$ 扯$_1$ 抓$_8$ 捏$_1$ 扳$_1$ 掀$_1$ 揭$_1$ 拾$_{10}$ 捡$_{12}$ 挂$_6$ 背挂$_1$ 吊$_1$ 竖$_1$ 拿$_{45,可6}$ 抄$_5$ 撒$_1$ 挖$_1$ 刨$_1$ B. 吹$_2$ 带$_2$ 刮(风〜)$_1$ C. 叫$_{4,可1}$ 喊$_2$ 拉$_{15}$ 扶$_9$ 捅$_1$ 拽(〜人)$_3$ 轰$_1$ 叮$_1$
		4. 比喻用法 提拔$_2$
结果意义	（一）表示接合以至固定	1. 表示"连接、聚合"意义的动词 A. "连接、结合"类动词 连$_{5,可1}$ 连接$_2$ 联$_1$ 联系$_5$ 缝$_2$ 焊$_1$ 焊接$_1$ 铆$_1$ 搭$_3$ 勾结$_2$ 结合$_7$ B. "合并、混合"类动词 合$_7$ 并$_1$ 合并$_1$ 总算$_1$ 总括$_1$ 总$_1$ 归纳$_1$ 和$_4$ 加$_4$ 掺和$_2$ C. "收缩、盘绕"类动词 紧缩$_1$ 蜷缩$_1$ 盘$_1$ 卷$_2$ 拧$_1$ 皱$_8$ 团$_1$

（续表）

义类	意 义	所搭配的动词及频率
		打（～皱）$_1$　挽（～头发）$_1$　折$_1$　叠$_1$　收拢$_1$ 板（～面孔）$_3$　绷（～脸）$_{可1}$ D. "聚集"类动词 　　集中$_{8,可1}$　集合$_2$　联合$_4$　会集$_3$　聚$_1$　攒$_1$ 　　簇聚$_2$　凑$_3$　积存$_1$　积累$_1$　蓄$_2$　储蓄$_1$　申$_1$ 　　收$_{1,可1}$　讨$_{可3}$　组织$_{33}$　团结$_8$　统一$_2$　摞$_1$ 　　互助$_1$　收拾$_1$　堆$_2$　扫$_1$　垒$_4$　装$_2$　穿缀$_1$ 　　串连$_1$
		2. 表示"捆绑、封闭"意义的动词 　A. "捆绑"类动词 　　捆$_{21}$　绑$_1$　缠$_1$　打（～行李）$_2$　结扎$_1$　裹$_1$ 　　匏$_1$　包$_6$　包扎$_1$ 　B. "围、圈"类动词 　　围$_3$　包围$_2$　围绕$_1$　圈(quān)$_1$ 　　拉（～绳子）$_1$　抱（"搂抱"义）$_2$ 　C. "填充、封闭"类动词 　　填$_1$　密封$_1$　锁$_1$　铐$_2$　套$_1$ 　D. "闭合"义动词 　　关$_7$　关闭$_1$　眯$_4$
		3. "收存、隐蔽（使看不见）"意义动词 　A. "收存"类动词 　　收$_7$　保存$_3$　封存$_1$　保管$_1$　存放$_1$ 　　装（"揣"义）$_2$　整装$_1$　捆$_1$　放$_2$ 　B. "隐蔽"类动词 　　藏$_{19}$　收藏$_1$　隐藏$_3$　躲藏$_1$　躲$_8$　掩盖$_1$ 　　盖$_1$　埋$_1$　淹$_1$　泡$_1$
		4. "关押、逮捕"意义动词 　　关$_6$　押$_4$　抓$_8$　捕$_1$　逮捕$_1$　扣$_4$　拘留$_2$　管$_2$ 　　圈(juān)$_1$　囚禁$_1$　禁闭$_1$　隔离$_1$　孤立$_3$　夹$_1$ 　　把守$_1$　看守$_1$　监视$_1$　监护$_1$　保护$_1$　凝固$_1$

(续表)

义类	意义	所搭配的动词及频率
		5. "想、记"等思维活动动词 　　想　记　回忆
		6. 表示"燃烧、引、惹"意义的动词 　　引$_6$　点(～灯)$_2$　惹$_6$　勾$_5$　点燃$_1$　发(～火)$_1$
		7. 表示由不止一个人或一方参与的动作行为动词 　　打$_{14,可2}$　吵(～架)$_{6,可1}$　闹$_{11,可1}$　顶$_4$　争$_2$ 　　争执$_1$　练$_{可1}$　反$_2$　造反$_1$　反抗$_1$　谈$_{可1}$ 　　干$_{可1}$　批评$_{可1}$
		8. 表示"陈列、修饰"意义的动词 　　陈列$_1$　站(～队)$_1$　摆$_1$　供$_1$　祭$_1$　装饰$_1$ 　　打扮$_1$
		9. "建造、承担"意义动词 　A. "建造"类动词 　　　造$_1$　修造$_2$　盖$_1$　搭$_1$　安装$_1$　安(～家)$_1$ 　　　设$_2$ 　B. "做、办、承担"类动词 　　　打(～家具)$_1$　做$_{2,可1}$　办$_2$　闹("搞"义)$_3$ 　　　搞$_{4,可3}$　鼓捣$_1$　抓(～工作)$_1$　架$_1$　担当$_1$ 　　　支撑("承担"义)$_1$　撑("承担"义)$_2$　承担$_1$ 　　　兼任$_1$　承揽$_1$ 　C. "建立、树立"类动词 　　　建$_1$　建立$_4$　建设$_4$　树$_1$　树立$_1$　成立$_3$ 　　　拉(～队伍)$_1$
		10. 其他动词 　　觉醒$_1$　觉悟$_2$　振作$_7$　发展$_2$　开展$_{2,可1}$ 　　长(zhǎng)$_{10}$　成长$_5$　成熟$_1$　生长$_2$　带$_1$ 　　怂恿$_1$　动员$_4$　发动$_7$　鼓动$_2$　煽动$_1$　带动$_2$ 　　开动$_1$　领导$_1$　武装$_6$　开发$_1$　培养$_1$

(续表)

义类	意义	所搭配的动词及频率
	(二) 表示"突出、隆起"	1. 鼓$_1$　膨胀$_1$　肿胀$_1$　膨$_1$　涨$_1$　高$_1$　跳(筋～)$_2$
		2. 磨$_2$
		3. 挺(～胸)$_{10,可1}$　噘(～嘴)$_8$　弓(～腰)$_1$
状态意义	表示进入新的状态	1. 表示有声音的动作行为动词及形容词 喊$_{47}$　叫$_{45}$　喊叫$_6$　叫唤$_2$　吼叫$_3$　吼$_1$　呼$_5$　嚎$_1$　嚎叫$_1$　嚷$_{15}$　吆喝$_1$　哭$_{87}$　泣$_3$　哭泣$_1$　啜泣$_3$　抽泣$_5$　哭嚎$_1$　哭叫$_1$　呜咽$_1$　抽咽$_6$　笑$_{139}$　嘻笑$_1$　欢腾$_1$　呻吟$_4$　咳嗽$_8$　呼啸$_2$　打(～喷嚏)$_1$　打(～呵欠)$_1$　狂啸$_1$　长鸣$_1$　轰鸣$_1$　回荡$_1$　嗡嗡$_2$　喧腾$_1$　响$_{28}$
		2. 表示与语言有关的动作行为动词 说$_{37}$　讲$_{21}$　谈$_{24}$　念$_5$　读$_4$　吟$_1$　攀谈$_4$　聊$_5$　交谈$_3$　闲谈$_1$　闲扯$_1$　谈论$_6$　议论$_{12}$　讨论$_1$　争论$_3$　争辩$_1$　分辨$_1$　提$_3$　摆(～龙门阵)$_1$　翻("说"义)$_2$　吹(～牛)$_1$　劝$_2$　做(～报告)$_2$　讲演$_1$　发(～言)$_1$　宣传$_1$　传播$_1$　检讨$_1$　骂$_1$　传("说"义)$_1$　介绍$_3$　叙述$_1$　诉(～苦)$_5$　问$_{12}$　发表$_1$　发(～牢骚)$_2$　开(～炮,"说"义)$_2$　吵$_{11}$　发泄$_2$　轰("说"义)$_3$　进攻("说"义)　咒骂$_1$　吵闹$_2$　拌(～嘴)$_1$　结巴$_2$　感叹$_1$　叹息$_1$　怪$_1$　埋怨$_3$　痛斥$_1$　教训$_3$　训斥$_1$　训(～话)$_1$　批评$_3$　数落$_1$　责备$_2$　审(～问)$_1$　打听$_1$　猜测$_1$　商量$_1$　夸$_1$　称赞$_1$　搭讪$_1$　搭(～话)$_1$　算$_3$　数$_2$　唱$_{17}$　嘀咕$_1$　叨叨$_1$　唠叨$_1$　自语$_1$　絮叨$_1$　啰嗦$_1$　滔滔不绝$_1$　讷讷$_1$　吱唔$_1$　咆哮$_1$　大吼$_1$　大声$_1$　(高)呼$_1$　(疾)呼$_1$　喧哗$_1$　吱吱喳喳$_1$

(续表)

义类	意义	所搭配的动词及频率
		3. 表示与肢体动作、心脏跳动、血液流动有关的动词 走$_3$ 走动$_1$ 游逛$_1$ 转游$_2$ 溜达$_2$ 跑$_1$ 逃$_1$ 奔跑$_1$ 飞驰$_1$ 跳$_1$ 跳跃$_1$ 踩$_1$ 尥(～蹶子)$_1$ 溜$_1$ 吃$_{17}$ 唱$_2$ 嚼$_2$ 饮$_1$ 嗑$_1$ 抽(～烟)$_9$ 吸(～烟)$_7$ 吸吮$_1$ 吐$_1$ 咽$_1$ 吻$_1$ 接(～吻)$_1$ 看$_{12}$ 观察$_2$ 端详$_2$ 打量$_1$ 注视$_1$ 注意$_1$ 谈$_7$ 欣赏$_1$ 相觑$_1$ 眨(～眼)$_1$ 审视$_1$ 裁$_1$ 阅读$_1$ 听$_2$ 钻研$_1$ 写$_5$ 画$_2$ 割$_2$ 铡$_1$ 切$_1$ 锄$_1$ 浇$_1$ 摸$_2$ 摸索$_1$ 插$_1$ 拧$_1$ 拉$_2$ 掘$_1$ 摘$_1$ 搓$_1$ 担$_1$ 筛$_1$ 翻$_2$ 弹$_1$ 揉$_1$ 搅$_1$ 摆$_4$ 扫$_1$ 拾$_1$ 推$_1$ 投$_1$ 包$_1$ 磨$_1$ 打$_4$ 研(～墨)$_1$ 抽打$_1$ 抽$_1$ 厮打$_1$ 擦$_5$ 抹$_1$ 挥$_1$ 射(击)$_1$ 摆$_1$ 拍$_1$ 敲$_6$ 递$_1$ 跳动$_3$ 抖$_5$ 跌(～钱)$_1$ 跳(～心～)$_{25}$ 跳荡$_1$ 荡漾$_1$ 跳达$_1$ 奔流(血～)$_1$ 奔腾$_1$ 翻腾(心～)$_5$ 奔突$_1$ 沸腾$_9$ 飞舞$_1$ 旋转$_2$ 打(～转)$_2$ 动$_3$ 颤抖$_6$ 打(～颤)$_1$ 哆嗦$_1$ 打(～哆嗦)$_1$ 战栗$_3$ 抽搐$_1$ 痉挛$_1$ 舞动$_1$ 蠕动$_2$ 游动$_1$ 浮动$_1$ 震动$_2$ 摇动$_1$ 摇晃$_3$ 活动$_5$ 闪动$_1$ 扭捏$_1$ 沉默$_6$ 静默$_1$
		4. 表示由不止一个具体动作完成的动作行为动词 穿$_3$ 脱$_1$ 打(～牌)$_2$ 打(～架)$_6$ 踢打$_1$ 踢$_1$ 蹭$_1$ 鼓(～掌)$_4$ 扭打$_1$ 抢打$_1$ 打逗$_1$ 闹$_6$ 骚动$_2$ 战斗$_1$ 闹腾$_1$ 翻腾$_1$ 搜查$_1$ 搜$_1$ 追$_1$ 翻("搜"义)$_1$ 追查$_1$ 查$_1$ 检查$_1$ 寻找$_2$ 找$_1$ 争夺$_1$ 行动$_{17}$ 活动$_3$ 流行$_2$ 修$_1$ 造$_1$ 练$_1$ 打扮$_2$ 扮演$_1$ 照(～相)$_1$ 放(～唱片)$_1$ 撑$_1$ 开(～会)$_5$ 学$_2$ 使用$_1$ 卖$_2$ 等$_1$ 等待$_1$ 养$_1$ 哺养$_1$ 要(～赖)$_1$ 报(～名)$_2$ 做$_{11}$ 干$_{18}$ 当$_6$ 搞$_6$ 弄$_1$ 烧(～火)$_1$ 活$_1$ 主持$_1$

(续表)

义类	意义	所搭配的动词及频率
		过(~日子)$_2$ 革(~命)$_4$ 招待$_1$ 准备$_2$ 干预$_1$ 袒护$_1$ 拥护$_1$ 跃进可$_1$ 编(~歌)$_1$ 整(~人)$_1$
		5. 表示思维活动、心理活动的动词和形容词 想 沉思 考虑 回忆 联想 得意$_3$ 快乐$_2$ 乐可$_1$ 快活$_2$ 欢快 欢喜可$_1$ 欢欣$_1$ 愉快$_1$ 高兴$_{10}$ 兴奋$_5$ 舒畅$_1$ 激昂$_2$ 激奋$_2$ 振奋$_1$ 抖擞$_1$ 激动$_{15}$ 平静 感动$_1$ 惊喜$_1$ 惊奇$_1$ 奇怪 困惑$_2$ 迟疑 怀疑$_2$ 疑心$_1$ 疑惑$_1$ 纳闷 警惕$_5$ 警觉 急躁$_3$ 烦躁$_4$ 烦急$_1$ 急切$_1$ 着急$_3$ 焦躁$_2$ 焦急$_2$ 懊恼$_3$ 恼怒$_1$ 恼恨$_1$ 火$_5$ 火呛$_1$ 光火$_1$ 疼$_3$ 气$_2$ 生(~气)$_{6,可}$ 发(~怒)$_3$ 发(~脾气)$_7$ 冒(~火)$_3$ 愤怒$_2$ 发作$_1$ 恨$_2$ 仇恨$_1$ 不安$_6$ 慌$_1$ 慌张$_1$ 痛$_5$ 慌悚$_1$ 紧张$_{10}$ 恐怖$_1$ 怕$_3$ 害怕$_2$ 内疚$_1$ 痒$_1$ 壮(~胆)$_3$ 惭愧$_2$ 羞愧$_1$ 害羞$_1$ 后悔$_1$ 馋$_1$ 难过$_1$ 难受$_2$ 伤心$_1$ 心酸$_2$ 痛苦$_1$ 悲哀$_1$ 发(~酸)$_1$ 忧心$_1$ 矛盾$_1$ 忧愁$_1$ 苦闷$_1$ 愣$_1$ 苦恼$_1$ 作(~难)$_1$ 沉重(心情~)$_1$ 为难$_1$ 犹豫$_1$ 犹豫不定$_1$ 发(~愣)$_1$ 钟情$_1$ 晕眩$_3$ 出(~神)$_1$ 困倦$_1$ 疲乏$_1$ 糊涂$_3$ 念(~渴~)$_1$ 明白$_1$ 不好意思$_1$ 尴尬$_1$ 羡慕$_2$ 佩服$_1$ 相信$_1$ 眼馋$_1$ 嫉妒$_1$ 牵挂$_1$ 关心$_3$ 清醒$_1$ 寂寞$_1$ 可怜$_2$ 装聋作哑$_1$ 温情洋溢$_1$
		6. 其他动词 发(~热)$_2$ 出(~汗)$_1$ 睡$_1$ 喘$_1$ 气喘$_1$ 打(~盹儿)$_3$ 摆(~架子)$_1$ 拿(~架子)$_1$ 端(~架子)$_1$ 轮(~流)$_1$ 下(~雨)$_5$ 飘$_2$ 晒(阳光~)$_1$ 燃$_2$ 燃烧$_4$ 烧$_5$ 烤$_1$ 接近$_3$ 受(~冤枉)$_1$ 调皮$_1$ 享(~福)$_1$
		7. 其他形容词 热闹$_3$ 寂静$_1$ 热烘$_2$ 热烈$_2$ 温暖$_1$ 暖和$_2$

(续表)

义类	意义	所搭配的动词及频率
		热$_8$ 冷$_3$ 严峻$_1$ 严厉$_2$ 厉害$_2$ 尖厉$_1$ 严肃$_3$ 黄$_1$ 认真$_3$ 红$_{28,可}$ 红润$_1$ 绯红$_1$ 涨红$_1$ 迷蒙$_1$ 含混$_1$ 模糊$_4$ 明朗$_2$ 明确$_2$ 清晰$_1$ 亮$_9$ 光明$_1$ 明亮$_1$ 暗淡$_1$ 阴暗$_1$ 阴沉$_1$ 暗壮$_2$ 黑(天~)$_1$ 强$_1$ 强壮$_1$ 茁壮$_1$ 硬$_{5,可3}$ 硬棒$_1$ 亲热$_1$ 亲密$_2$ 熟识$_2$ 熟悉$_1$ 生动$_1$ 活$_1$ 活泼$_1$ 活跃$_1$ 乱$_6$ 混乱$_1$ 挤$_1$ 忙乱$_2$ 忙$_5$ 忙碌$_2$ 闲$_1$ 健康$_1$ 健壮$_1$ 矫健$_1$ 贵$_1$ 健全$_1$ 勇敢$_1$ 坚强$_1$ 坚定$_1$ 疲软$_1$ 苍白$_1$ 高大$_1$ 高尚$_{可1}$ 好$_{33}$ 丰满$_1$ 美好$_2$ 美丽$_1$ 漂亮$_1$ 年轻$_2$ 多$_{15}$ 长$_1$ 大$_9$ 快$_1$ 重$_1$ 阔$_1$ 富$_{2,可}$ 富强$_1$ 繁荣$_2$ 强盛$_1$ 丰裕$_1$ 富裕$_1$ 少$_2$ 稀少$_1$ 浓厚$_1$ 困难$_1$ 沉闷$_1$ 通畅$_1$ 流畅$_1$ 高涨$_1$ 积极$_2$ 轻捷$_1$ 轻松$_3$ 松泛$_1$ 容易$_1$ 谦虚$_1$ 客气$_1$ 恭敬$_1$ 聪明$_4$ 大方$_1$ 沉稳$_1$ 小气$_1$ 神气$_1$ 猖狂$_1$ 均匀$_1$ 正常$_1$ 重视$_1$ 潮湿$_1$ 湿润$_2$ 科学$_1$ 具体$_1$
特殊用法	(一)从某方面说明、评论人或事物	看$_{31}$ 听$_{20}$ 说$_{18}$ 谈$_4$ 讲$_4$ 提$_1$ 评论$_1$ 嚷$_1$ 辩论$_1$ 叨叨$_1$ 叫$_1$ 念$_1$ 讲(~人)$_1$ 教训$_1$ 批评$_1$ 唱$_1$ 演奏$_1$ 吃$_5$ 唱$_5$ 包$_1$ 呼吸$_1$ 闻$_1$ 写$_3$ 生(~气)$_1$ 数$_1$ 算$_7$ 走$_{13}$ 跑$_6$ 玩$_1$ 转$_1$ 穿$_2$ 脱$_1$ 睡$_1$ 笑$_1$ 哭$_1$ 咳嗽$_1$ 听$_1$ 栽$_1$ 种$_1$ 搂$_1$ 插$_1$ 敲$_1$ 拉$_1$ 握(~手)$_1$ 搬$_1$ 运$_1$ 分$_1$ 拐$_1$ 用$_1$ 打$_6$ 锻$_2$ 作$_1$ 做$_6$ 干$_7$ 处理$_1$ 办$_2$ 搞$_1$ 拿$_1$ 修$_1$ 捣(~乱)$_1$ 回想$_1$ 比$_{21}$ 较量$_1$ 闹(~病)$_2$ 革(~命)$_1$ 反$_1$ 批$_1$ 斗$_1$ 动(~手)$_2$ 打(~官司)$_2$ 教$_1$ 开(~会)$_1$ 学$_1$ 发动$_1$ 开动$_1$ 实行$_1$ 实现$_1$ 收拾$_1$ 照顾$_1$ 学习$_1$ 发展$_1$ 要$_1$ 落(~雨)$_1$ 翻腾$_1$ 爱$_1$ 恨$_1$ 闹$_1$ 好$_1$ 坏$_1$ 聪明$_1$ 疼$_1$ 愚蠢$_1$ 严重$_1$
	(二)引进说话人的一种看法	想起来 看起来

贰拾叁 开

一 趋向意义

趋向意义：

表示通过动作使人或事物离开了某处所。参照点可以在某处所，也可以不在某处所。

$$(X) \bigcirc \longrightarrow (X)$$

〔动类〕

1. 表示躯体或物体自身运动的动词。

A."走、跑、滚、溜"等。

句式　a　N_{施事}＋V＋"开"

(1) 这口气简直是在审讯，我判断陈洪同志的处境肯定不妙，只好托词走开了。

(谌容)

(2) 她不知自己嘴里说的是什么，冷淡地一扭身就跑开了。

(杨沫)

(3) 疯哥，起开，我给他洗！

(老舍_乙)

(4) 说着就从大和的手中夺出权来，来打二和，二和跑开了，小胖跑过来把老刘拦住。

(赵树里_二)

(5) 滚开吧！

(梁斌)

此类动词与"开"一般不构成可能式,但"走"可以。如:
(1) 你先走吧,我现在有事,走不开。
(2) 我得谢谢你们!没有你们,我走得开,去当教员吗!

(老舍乙)

B. "躲、闪、逃、避、让、绕"及"离"等。
句式　　a　N_{施事}＋V＋"开"
　　　　b₁　N_{施事}＋V＋"开"＋N_{受事}
　　　　b₂　N_{施事}＋V＋"开"＋N_{处所}

(1) 姨父,您别说了,我并没有想离开您。

(曹禺)

(2) 师丽华一见我,像见了鬼一样,远远就躲开了。

(谌容)

(3) 他绕开她去找对象是一件心酸事。

(高晓声)

(4) 在凤妮那双喷火的目光下,我闪开了身子。

(从维熙)

(5) 人们让开一条道,用静默来表示对这位陌生的死者的哀悼。

(谌容)

(6) 老太太,您闪开,我来!

(老舍乙)

【可能式】

(1) 她有工作,离不开!

(赵树理二)

(2) 孩子!想不到从关外躲到关里,也躲不开他们!

(梁斌)

(3) 你父亲对不起我,他用同样手段把我骗到你们家来,我逃不开,生了冲儿。

(曹禺)

2. 表示可使物体移动的动作行为动词,如"搬、拉、丢、挥、挪、抛、撒、甩、踢、挣、推、引、移、岔(话题)"等。

句式　b₁　N施事＋V＋"开"＋N受事
　　　d　　N施事＋"把"＋N受事＋V＋"开"
　　　e　　N受事＋V＋"开"（＋"了"）

(1) 他不睡了,一脚踢开了被子,他坐了起来。

(老舍甲)

(2) 马腾推开顾向文。

(谌容)

(3) 她上车了,她放开皮包带,抓住了把手。

(王安忆)

(4) 杨虹又气又疼,死命地把江浩从杜志辉身旁拉开。

(从维熙)

(5) 高雅琴的手缓缓地从听筒上移开了。

(从维熙)

【可能式】

(1) 怕我在上边呆着碍事,别人搬不开那块大石头,干脆让我自己去搬?

(谌容)

(2) 别的什么我都丢得开,只可惜还没有把你教成个全把式!

(赵树理二)

(3) 倒不是放不开和严萍亲密的友情,他觉得是政治上的失败。

(梁斌)

二　结果意义

结果意义(一)：

表示"分离、分裂"。

〔动类〕

1. 表示"分裂"意义的动词,如"分、咧(嘴)、裂、绽、张、睁"等。

句式　　a　　N_{施事}＋V＋"开"
　　　　b₁　N_{施事}＋V＋"开"＋N_{受事}
　　　　d　　N_{施事}＋"把"＋N_{受事}＋V＋"开"("裂、绽"除外)
　　　　e　　N_{受事}＋V＋"开"(＋"了")("裂、绽"除外)

(1) 祥子看着那些钱洒在地上,心要裂开。

(老舍_甲)

(2) 一走近,他就张开大嘴骂,像要吃人。

(梁斌)

(3) 我闭了闭眼睛,又睁开,使自己清醒过来。

(谌容)

(4) 好像一对爱人似的,但他们只说了几句话就迅速分开了。

(杨沫)

(5) 生活早就把我和腊梅分开了。

(谌容)

【可能式】

(1) 他领略了一切苦处,他的口张不开,像个哑巴。

(老舍_甲)

(2) 眼睛累了,睁不开了。

(谌容)

(3) 这与他自己的经历也许是分不开的。

(谌容)

2. 表示可使物体分离、分裂的动作行为动词,如"掰、剥、拆、裁、冲、打(灯、门)、翻(地)、放(嗓子、胆子)、隔、迈(步)、叫(门)、解、松(手)"等。

句式　　同1

(1) 他赶紧拆开信,果然是热情四溅的支持与崇敬。

(苏叔阳)

(2) 他走到方桌前打开抽屉,取出手枪,走进右边书房。

(曹禺)

(3) 话匣子一打开,他问的事儿可多啦。

(谌容)

(4) 一些工人企图冲过去,但被棍棒隔开了。

(谌容)

(5) 就在这时,服务员把房门推开,腊梅站在门口。

(谌容)

(6) 猛地隔扇打开了一扇。

(曹禺)

【可能式】

(1) 他心也跳起来,手指头颤得几乎拆不开信口。

(梁斌)

(2) 铁门关着,叫不开,我爬墙进来的。

(曹禺)

(3) 我解不开这个扣儿。

(老舍$_乙$)

"开"与"下/下来"比较:

"下/下来"表示部分(或次要物体)从整体(或主要物体)脱离,所涉及的事物有主次之分;"开"表示分离,所涉及的事物不分主次。比较:

(1) 他把饼干掰下(来)一块。

　　他把饼干掰开了。

(2) 把绳子从箱子上解下来。

　　把这两根绳子解开。

结果意义(二):

表示"舒展、分散"。

1. 表示"舒展、分散"意义的动词,如"舒、展、舒展、伸、放('展开'义)、散"等。

　　句式　a　N$_{施事}$＋V＋"开"

b₁　N_施事＋V＋"开"＋N_受事
　　d　　N_施事＋"把"＋N_受事＋V＋"开"
　　e　　N_受事＋V＋"开"（＋"了"）

(1) 她觉得好像要发生什么事情，果然，他伸开双臂，那么有力地把她拥进自己的怀里。

(湛容)

(2) 紧皱的眉泉，骤然间舒展开，脸上开朗了。

(梁斌)

(3) 吓得姑娘们笑着散开了。

(梁斌)

(4) 凤妮到了这些工人中间，就像鱼儿重新回到了水塘，鸟儿重新展开了翅膀。

(从维熙)

较少用可能式。

2. 表示可使事物舒展的动作行为动词。

A. 一般动作动词，如"摆、排、摊、铺、抖、打（纸团）、活动（关节）"等。

句式　同 1

(1) 说着，他打开手中卷着的画纸。

(从维熙)

(2) 他摊开纸，拿笔蘸墨。

(梁斌)

(3) 夏亦秋靠在卫生间门口，慢慢地、沉思地抖开自己的头发。

(苏叔阳)

(4) 我接过茶，打量着她桌子上铺开的东西，是一幅没完成的连环画稿。

(王安忆)

(5) 比赛前，要活动活动，把关节活动开了。

较少用可能式。

B. 言语行为动词，如"吵、嚷、叫、传"等。

句式　e　N_受事＋V＋"开"（＋"了"）

(1) 再说,这个事要是吵嚷开,被刘四知道了呢?

(老舍甲)

(2) 这句话却不料就叫金旺他爹听见,回去就传开了。

(赵树理—)

(3) 他的外号一下子叫开了。

较少用可能式。

C."融化"义动词,如"化、熔"等。

句式　同1

(1) 贾老师叫他脱下棉袍,烧在火上,冰冻化开了,冒出腾腾白气。

(梁斌)

(2) 柏油路化开;甚至于铺户门前的铜牌也好像要被晒化。

(老舍甲)

【可能式】

温度不够高,冰化不开。

结果意义(三):

表示空间能否容纳某物体或容许某一动作施展。动词为"摆、放"以及"伸、转、施展"等。可能式更常用。

句式　a　N$_{处所}$＋V(＋"得/不")＋"开"
　　　　c　N$_{处所}$＋V(＋"得/不")＋"开"＋N$_{受事/施事}$

(1) 把床搬到另一个房间去吧,这个房间摆不开。

(2) 他看见高欣正蜷缩着身子,躺在那个伸不开腿的短炕上。

(从维熙)

(3) 屋子小,转不开。

(谌容)

(4) 我懂了,我确实懂了,韦乃川如何会这般狼狈,这般施展不开。

(王安忆)

> **"开"与"下"比较:**
>
> "下"也表示"容纳",与"开"的区别:
>
> 1. "开"主要表示空间是否能容纳,"下"既表示空间是否能容纳,也表示容器是否能容纳。比较:
>
> (1) 这间屋子摆不下三张床。
>
>   这间屋子摆不开三张床。
>
> (2) 碗里盛不下了。
>
>   *碗里盛不开了。
>
> 2. 可结合的动词不同。"下"一般与"盛、装、摆、放"以及"站、坐、躺、住"等结合,不与"转、舞、伸、跳、施展"等结合;"开"一般与"摆、放"以及"转、伸、耍、跳"等结合,有时也可与"站、坐、躺、住"(较少用)等结合,一般不与"盛、装"等结合。

结果意义(四):

表示"清楚、彻悟"。只与"想、看"与"说、解释"之类的动词结合。"看开"与"想开"都包含"对不如意的事想通了"或"从不如意的事中解脱出来"的意思,"看不开"与"想不开"表示"总把不如意的事放在心上,摆脱不了";"说"类动词后用"开",表示"把事情说清楚,双方都明了"的意思。"开"不轻读。

句式　a/e　$N_{施事/受事}$＋V＋"开"＋"了"("看、想"/"说、解释")
　　　d　　$N_{施事}$＋"把"＋$N_{受事}$＋V＋"开"

(1) 所以孩子,你看开点,别胡涂,周家的人就是那么一回事。

(曹禺)

(2) 祥子想开了,既然又回到这里,一切就都交给刘家父女吧。

(老舍甲)

(3) 咱们可把话说开了,从今以后,你不能再在这儿作你的生意,这儿现在改了良,文明啦!

(老舍乙)

（4）这样解释开，她们又成了好友。

（老舍甲）

（5）你们把话说开了吧，不要互相猜疑了。

（6）要说有所不同，那就是他的眼睛里有一点异样的光，这种神气使他变聪敏了，把他和彻底的老农民区别开了。

（王安忆）

【可能式】

（1）不，孩子，妈最看得开。

（曹禺）

（2）阿信，你可别想不开！

（王安忆）

"说、解释"较难构成可能式。

三　状态意义

状态意义：

表示由静态进入动态。没有可能式。

↑动态
|静态

〔动类〕

1. 言语活动及其他有声音的动作行为动词，如"说、唱、喊、哭、笑、猜"等。

句式　a　$N_{施事}$＋V＋"开"＋"了"

b_{1-1}　$N_{施事}$＋V＋"开"＋"了"＋$N_{受事}$

b_{1-2}　$N_{施事}$＋V＋"开"＋$N_{受事}$＋"了"

（1）她看我沉默不语，反而像个小大人一样安慰开我了。

（从维熙）

（2）有的闷酒，有的猜开了拳。

（老舍甲）

(3) "你骑上！我命令你！"路威朝葛翎喊开了。

(从维熙)

(4) 她盘腿儿炕上一坐，瞪着大眼珠子，说开了。

(谌容)

(5) 不大一会,正西也响开了,和西南正南的响声都连起来,差不多有二三十里长。

(赵树理_)

2. 表示思维活动的动词,如"想、琢磨、盘算"等。
句式　同1
(1) 离这日子还有一个星期,他们就盘算开了。

(苏叔阳)

(2) 齐悦斋不由一愣,心里又琢磨开了:莫非还是怀疑我是太子村的后台？

(谌容)

(3) 他心中乱开了。

(老舍甲)

(4) 祥子心中打开了鼓。

(老舍甲)

3. 一般动作动词,如"跑、跳、转、走、哆嗦、抖、打、闹、撒(娇)、扔、抬、搬"等。
句式　同1
(1) 有的坐在背包上,有的蹲在院子里就吃开了。

(谌容)

(2) 杜鹃说到最后,声音哆嗦开了。

(从维熙)

(3) 你多少次对我讲过周总理在重庆时,对你关怀倍至,你怎么摇身一变,反对开周总理了？

(从维熙)

(4) 各式各样的球鞋像装在万花筒里,在她面前转开了。

(谌容)

"开"与"起来"比较：

1. "起来"主要表示由静态到动态的变化，但也可以表示由动态到静态的变化；"开"只能表示由静态到动态的变化，与"上"接近。

2. "起来"可结合的动词、形容词范围很广，"开"主要与动词结合，可结合的形容词有限（如"忙、乱"等）。"开"（与"上"）所结合的动词一般表示可感知（可闻、可见）的动作。

3. "开"表示比较强的动态变化。比较：

（1）孩子们按老师的要求，在纸上一笔一划地写了起来。
　　　孩子们按老师的要求，在纸上一笔一划地写开了。

（2）他埋下头，静静地看起书来。
　　　＊他埋下头，静静地看开了书。

因此，当表现动作者对自己的动作不加控制，不加约束时，"开"更具表现力。如：

（1）那个孩子一看妈妈不见了，便哇地哭开了。
（2）他一进院就嚷嚷开了。

4. "开"比"起来"更加口语化。

"开"与"上"的状态意义、用法接近。

四　熟语

熟语(一)："吃得/不开"

"吃得开"表示行得通，能为人接受或受欢迎；"吃不开"表示行不通，不能为人接受或不受欢迎。是一种口语化说法。

（1）他那两招儿啊，现在吃不开喽！

（老舍乙）

（2）搁在十年前，秀才公常到县衙门去，连看咱们一眼也不看！

这几年……秀才公反倒吃不开了!

(老舍乙)

(3) 你长得不错。拿得出去,这码头,保您吃得开。

(曹禺)

熟语(二):"磨得/不开"

"磨不开"表示"不好意思",是一种口语说法。

(1) 您别磨不开,谁让您干不动了呢。

(苏叔阳)

(2) 祥子是磨不开;本来吗,把先生摔得这个样!

(老舍甲)

(3) 拉车的人晓得怎么赊东西,所以他磨不开脸不许熟人们欠账。

(老舍甲)

熟语(三):"找得/不开"

"找得开""找不开"主要用于钱。"找得开"指收到面值大的钱时,有足够的较小面值的钱退还应退还的部分;"找不开"意思正相反。

(1) 应该找给你五块五毛钱,这儿只有三块多钱了,找不开。

(2) 我零钱很多,找得开。

熟语(四):"忙不开"与"腾不开手"

"忙不开"表示应做的事情多而无法应付或无暇顾及其他,意思与"忙不过来"接近。

(1) 这儿上上下下多少听差都得我支派,我忙不开,我可不能等。

(曹禺)

(2) 这儿事太多了,我实在忙不开了,你来帮帮忙吧。

"腾不开手"表示因正在做某事而不能分身去做另外的事,意思与"腾不出手"接近。

(1)（张师傅）遇上这大一点的场面,还想温习一下他的老手艺,所以他连一道菜也不肯放过,一直顶到最后端上汤去,才算腾开了手。

（赵树理₂）

(2) 老张师傅说谢谢各位,他现在还腾不开手,等一会再来。

（赵树理₂）

"开"总表

义类	意义	所搭配的动词及频率
趋向意义	表示通过动作使人或物体离开某处所。参照点可在某处所,也可不在某处所	1. 表示躯体或物体运动的动词 　A. 走$_{62,可3}$　溜$_2$　跑$_{11}$　爬$_1$　起$_1$　滚$_9$ 　B. 离$_{327,可22}$　绕$_2$　闪$_1$　让$_{19,可1}$　躲$_{37,可4}$　避$_{18}$ 　　逃$_{1,可1}$　摆脱$_2$　挣脱$_2$　脱$_{可1}$　挣$_{1,可1}$
		2. 表示可使物体改变位置的动作行为动词 　搬$_{1,可1}$　拉$_{5,可2}$　掠$_1$　扯$_1$　甩$_{14}$　推$_{35}$　拨拉$_1$ 　拨$_{6,可1}$　扒$_2$　摔$_2$　撒$_4$　抛$_{2,可1}$　挥$_1$　踢$_5$ 　挪$_3$　移$_6$　转移$_1$　引$_1$　调$_1$　放$_{28,可1}$ 　撒（～手）$_4$　撑（～船）$_1$　挡（～手）$_1$　掉（～脸）$_1$ 　排遣$_1$　岔（～话）$_{13}$　丢$_1$
结果意义	（一）表示"分离、分裂"	1. 表示"分裂"意义的动词 　分$_{30,可1}$　咧$_3$　裂$_{10}$　张$_{61,可4}$　绽$_4$　呲$_7$　摔$_1$ 　睁$_{104,可3}$
		2. 表示可使物体分离、分裂的动作行为动词 　隔$_8$　掰$_{6,可1}$　剥$_1$　拆$_{14,可1}$　撕$_7$　拔$_2$　扯$_3$　顶$_1$ 　拉（～门）$_{46}$　拉（～灯）$_3$　拧（～水龙头）$_1$　掀$_{18}$ 　捻（～灯）$_1$　推（～门）$_{59}$　提$_{24,可3}$　挑(tiǎo)$_2$ 　撩$_7$　打（～门）$_{133,可4}$　打（～收音机）$_{12}$　启$_3$ 　打（～道路）$_8$　开（～门）$_{14}$　解$_{35,可1}$　扒$_1$　蹬$_1$ 　踢$_1$　捅$_1$　剜$_1$　裁$_2$　剪$_5$　切$_3$　割$_1$　撬$_4$ 　劈$_{2,可1}$　敲$_5$　砸$_1$　轰$_1$　叫（～门）$_{3,可1}$　弄$_1$ 　吹（风～）$_8$　冲$_5$　烫$_1$　破$_2$　炸$_2$　翻$_{23}$　叉$_1$ 　劈（～腿）$_1$　迈$_{22,可1}$　撇（～嘴）$_1$　活动$_1$

(续表)

义类	意义	所搭配的动词及频率
	(二) 表示"舒展、分散"	1. 表示"舒展、分散"意义的动词 散$_{13}$ 伸(～腿)$_{19}$ 舒展$_1$ 舒$_1$ 展$_8$
		2. 表示可使舒展的动作行为动词 A. 一般动作动词 摆$_9$ 挑$_1$ 放(～大)$_1$ 打$_4$ 铺$_3$ 摊$_{13}$ 漾$_2$ 支(～篷)$_5$ 抖(～头发)$_5$ 拉(～被)$_5$ 提$_1$ 推(～广)$_1$ 放(～脚步、～嗓子)$_{14}$ 扯(～嗓子)$_3$ 行("流行"义)$_1$ B. 言语行为动词 吵$_1$ 叫$_1$ 吵嚷$_1$ 传$_1$ C. "融化"义动词 化$_2$
	(三) 表示空间是否能容纳或容许动作施展	盛$_{1,可}$ 摆$_{1,可}$ 施展$_{可2}$ 转$_{可1}$ 伸$_{可1}$
	(四) 表示"清楚、彻悟"	看$_{2,可}$ 想$_{4,可6}$ 说$_3$ 挑(tiǎo,话～)$_1$ 解释$_3$ 区别$_1$
状态意义	表示由静态进入动态	1. 表示有声动作的动词及形容词 说$_3$ 讲$_1$ 聊$_3$ 骂$_1$ 漫骂$_1$ 喊$_3$ 批(评)$_1$ 审判$_1$ 数叨$_1$ 挖苦$_1$ 训$_1$ 议论$_2$ 安慰$_1$ 猜$_1$ 扯("说"义)$_1$ 响$_2$
		2. 表示思维活动的动词 盘算$_2$ 琢磨$_1$ 乱(心里～)$_1$ 打(心里～鼓)$_2$ 打(脑子～转儿)$_1$
		3. 一般动作动词 打(～手势)$_1$ 打(～架)$_2$ 吃$_2$ 扔$_1$ 转$_1$ 走动$_1$ 搞$_1$ 反对$_1$ 哆嗦$_1$ 耍$_1$ 撒(～娇)$_1$

（续表）

义类	意 义	所搭配的动词及频率
熟语	（一）"吃得/不开"	吃$_4$
	（二）"磨得/不开"	磨$_3$
	（三）"找得/不开"	找$_1$
	（四）"忙得/不开""腾得/不开手"	忙$_1$　腾$_2$

贰拾肆　开来

一　趋向意义

趋向意义：

表示通过动作使人或事物离开某处所,参照点不在某处所。动词如"传、传播"等。

句式　a/e　N_{施事/受事}＋V＋"开来"

(1) 工人们也分散开来,向各车间走去。

(蒋子龙)

(2) 如果大火蔓延开来,后果不可收拾,会引起一系列大火。

(蒋子龙)

(3) 这个坏消息很快就传开来,引起小区住户的不安。

二　结果意义

结果意义（一）：

表示"分离、分裂"。动词为表示"分离、分裂"意义及可使分离、分裂的动作动词,如"张、睁、掰、隔、区别"等。

句式　a　N_施事＋V＋"开来"
　　　　b_1　N_施事＋V＋"开"＋N_受事＋"来"
　　　　d　N_施事＋"把"＋N_受事＋V＋"开来"

(1) 他慢慢睁开眼来，看着老夏，半天不说一句话。

(梁斌)

(2) 说着，他弯下腰从落叶中拣起一个豆荚，剥开来，里面是比绿豆大一点的黑色的槐树子儿。

(谌容)

(3) 只是在听那年轻的讲，不便张开嘴来。

(高晓声)

(4) 一堵墙把你同群众隔开来。

(谌容)

【可能式】

(1) 他一见道静就愣住了，道静也张不开口来，心里一个劲地敲小鼓。

(杨沫)

(2) 我困得睁不开眼来，真恨不得躺下睡觉。

可能式中一般后边有宾语。

结果意义(二)：

表示"舒展、分散"。 动词为表示"舒展、分散"意义或可使舒展、分散的动作动词，如"舒展、摊、散、分散、披散、抖"等。

句式　a/e　N_施事/受事＋V＋"开来"

(1) 一头长发披散开来。

(谌容)

(2) 严萍紧绷的胸脯松弛开来。

(梁斌)

(3) 他伸手到胸口内衣袋里，掏出来两张纸，摊开来认了一认。

(高晓声)

一般不用可能式。

"开来"总表

义类	意义	所搭配的动词及频率
趋向意义	表示通过动作使人或事物离开某处所，参照点不在某处所	分散$_1$　散$_4$　蔓延$_1$　传　传播
结果意义	（一）表示"分离、分裂"	睁$_8$　张$_{2,可1}$　隔$_1$　剥$_1$　拆$_1$　打$_9$　翻$_1$　捅$_1$　爆炸$_1$
	（二）表示"舒展、分散"	披散$_1$　舒展$_2$　松弛$_2$　摊$_1$　抖$_1$

贰拾伍　开去

趋向意义

趋向意义：

表示通过动作使人或物体离开参照点。动词如"走、飘、移、抛、调、岔(话)、散、传、传播"等。实际语言中较少使用。

句式　a　N_{施事/当事}＋V＋"开去"
　　　d　N_{施事}＋"把"＋N_{受事}＋V＋"开去"

(1) 他发火、生气、骂人，或者不买他们的东西，然后真的抬脚走开去。

（王安忆）

(2) 她的思绪飘移开去。

（张洁）

(3) 我沉默了，他做了个抛开去的手势，转了话题："谈谈你的生活吧！过得还好吗？"

（王安忆）

(4) 道静笑着把自己的脸紧挨在江华的脸上，故意把话岔开去。

（杨沫）

(5) 想不到事情传开去，起了连锁反应。

（高晓声）

(6) 定神看去,还有一缕袅袅的青烟,缭绕在浓重的夜色中,似乎是在把那无可动摇的信念传播开去。

(王安忆)

(7) 两次购粮的斗争,从这座小城市传开去,传到工厂,传到乡村。

(梁斌)

一般不用可能式。

"开去"总表

义类	意　义	所搭配的动词及频率
趋向意义	表示通过动作使人或物体离开参照点	走$_1$　飘移$_2$　调$_1$　抛(开)　岔(~话)$_1$　传$_3$　传播$_1$

贰拾陆 到

一 趋向意义

趋向意义：

表示移动到某一处所,参照点可在某处所,也可不在某处所。

〔动类〕

1. 趋向动词。

句式 a N_{施事}＋V＋"到"＋"了"(限于动词"来")
　　　b₂ N_{施事}＋V＋"到"＋N_{处所}

(1) 这一天,终于来到了。

(苏叔阳)

(2) 他寒假暑假回到家乡,一开学就回到保定。

(梁斌)

(3) 我帮她提着小旅行袋,来到长安街上。

(谌容)

(4) 以前下去还真是下到村里去,后来下去,顶多也就是坐小车下到县委机关。

(谌容)

【可能式】

(1) 我怕你懵着头去了,人找不回来,你也回不到老家了。

(梁斌)

(2) 你这个人没长劲儿,上不到山腰就得下来。

2. 表示躯体或物体自身运动的动词,如"走、跑、摸、飞、滴、排(队)"等。

句式　同1

(1) 等你赶到,会快开完了,还用你说?
（谌容）

(2) 夏亦秋点点头,走到他身边。
（苏叔阳）

(3) 四凤厌倦地坐到沙发上。
（曹禺）

(4) 她吃了一惊,手中的橹忽然掉到水中,卢嘉川立刻扑通跳到海里去捞橹。
（杨沫）

(5) 不一会,过路的人们都停下,大车小车拥挤到一块。
（梁斌）

(6) 她重又陷到彷徨和苦闷中。
（杨沫）

【可能式】

(1) 家门口忽然变远了,她觉得永远也走不到了。
（谌容）

(2) 小杜鹃!真得谢谢你!不然赶不到长安街体育场了。
（从维熙）

(3) 我已经六十了,熬得出熬不出也就算了,可是只要后代人落不到鬼子手也好呀!
（赵树理_）

3. "伸(手)、低(头)、耷拉(脑袋)、贴(脸)"等。

句式　d　N$_{施事}$＋"把"＋N$_{受事}$＋V＋"到"＋N$_{处所}$
　　　　e　N$_{受事}$＋V＋"到"＋N$_{处所}$（＋"了"）

(1) 贾鸿年把头伸到王兰的耳朵边轻轻地说:"你看这么多倒霉呀!"
（赵树理_）

(2) 冯大狗脑袋搭拉到胸脯。
（梁斌）

(3) 我把火热的双唇贴到他的嘴上。
（苏叔阳）

【可能式】

"伸"可构成可能式,其他动词较少用可能式。

你放心,他的手伸不到咱们这儿。

4. 表示可使物体改变位置的动作行为动词。

A."搬、抬、递、寄、扫、灌、扔、甩"等。

句式　　b_2　（$N_{施事}$＋）V＋"到"＋$N_{处所}$
　　　　d　（$N_{施事}$＋）"把"＋$N_{受事}$＋V＋"到"＋$N_{处所}$
　　　　e　$N_{受事}$＋V＋"到"＋$N_{处所}$（＋"了"）

(1) 唐晋给茶壶里续上水,倒了一杯递到陈征远手上说……
（谌容）

(2) 周冲只好把药端到繁漪面前。
（曹禺）

(3) 我好容易逃出来,你把我又扔到黑三手里。
（曹禺）

(4) 说着,他顺手打开随身带来的那本期刊,急急翻到中间。
（谌容）

(5) 人民来信哪怕写到中央,最终也是转到底下,转到被告单位手里。
（王安忆）

B."请、派、分配、送、扶"等,受事为人。

句式　　同 4A

(1) 朱老忠把涛他娘叫到跟前。
（梁斌）

(2) 当杨昌明以优秀的成绩毕业而被留校的时候,他被分配到党委学生部去工作。
（谌容）

(3) 请客人们到里边坐。

例(3)通常被认为是兼语式,"到"为第二谓语动词。

5. 表示"集中、分散"意义的动词,如"集中、综合、组织、联合、汇集、搅和、凑、并、推、控制、分散、扩散、匀"等。

句式　　同 4A

当 V 为"集中"义动词时,宾语常为"一起""一块儿"。

(1) 今夜里,咱们都是无家可归的孩子凑到一起。

(杨沫)

(2) 威士忌和啤酒搀合到一块儿,成了催眠剂。

(苏叔阳)

(3) 我呢,多年痛苦的期待,对爱的渴求,怕失掉这爱的恐惧,以及对他的同情和气恼,一下子汇集到心头,变成了一种十分复杂的心情。

(张洁)

(4) 他摇着头,悔恨自己:"为什么不同意江涛的意见,早把战友们分散到乡村里去!"

(梁斌)

(5) 杜鹃心里格登地跳了一下,刚刚从心灵上隐去的疑云,忽地一下子,扩散到全身的每根神经。

(从维熙)

6. "说、想"类动词。

句式　同 4A,d 式少用

(1) 说到这里,他又闭上眼皮。

(谌容)

(2) 咦,刚才我说到哪里了?

(曹禺)

(3) 说到可笑的地方,他也撇撇嘴。

(老舍)

【可能式】

令人遗憾的是,他只管说来说去,就是说不到点子上。

(谌容)

7. 形容词,如"红、黑、凉、酸、痛、胀"等。

句式　b_2　$N_{当事}+V+$"到"$+N_{处所}$

(1) 过了两天,祥子的心已经凉到底。

(老舍甲)

(2) 江浩的脸一下红到了耳根。

(从维熙)

(3) 把鼻子碰在身边一个姑娘的太阳穴上,鼻梁骨一直酸到脑门顶。

(高晓声)

8. 比喻用法:
(1) 表示动作持续进行到某一时间。

A. 表示可以持续的动作行为动词,如"坚持、等、熬、活、抽(烟)、浇(水)、干、算(账)、哭、说、睡"等。

句式　b_1　$N_{施事}$＋V＋"到"＋$N_{时间}$

(1) 一直熬到半夜多,钱已经借来五块了,九孩仍不接。

(赵树理)

(2) 一觉,他睡到了天亮。

(老舍甲)

(3) 我总天亮就去上班,夜晚才回来,我一天干到晚。

(曹禺)

B. "饿、渴、醉"以及"摆、放、挂、躺"等表示状态的动词。

句式　同(1)A

(1) 抽烟、说话,直坐到半夜。

(梁斌)

(2) 唯有她可以安闲自在的爱躺到什么时候就躺到什么时候。

(老舍甲)

(3) 他一直醉到天黑才醒。

C. 表示状态的形容词,如"忙、闲、冷、热"等。

句式　同(1)A

(1) 谁让他一直红到现在?

(谌容)

(2) 大伙儿一直忙到天亮才把事办完。

(3) 这一年春天一直冷到五月底。

【可能式】

(1) 他等不到天黑就闹着要走。

(2) 咱们忙不到年底就该没活干了。

(2) 表示动作或动作所涉及的事物达到的数量。如"吃、搬、运、收、卖、出、看"等动作动词,以及"发展、增加、减少"等。

句式　　b₁　　N施事/当事＋V＋"到"＋N

(1) 我出到三十吊钱,他们还不卖给我。

(梁斌)

(2) 一个多月以前定额是二十斤,实际能摘到四十斤。

(赵树理₂)

(3) 几年以后,这个组增加到十几户,仍选李五当组长。

(赵树理₂)

(4) 搬到第三趟,刘兴大从仓库里出来。

(高晓声)

(5) 写到第五遍,他的手都累酸了。

较少用可能式。

(3) 表示事情、状态的发展变化所达到的程度。

A. 一般动词,如"做、管、改造、改善、降低、恢复、逼、输、赢"等。

句式　　b₁₋₁　N施事/当事＋V＋"到"＋"头"/底/极点/这样"等

　　　　b₁₋₂　N施事/当事＋V＋"到"＋NuM＋"程度/地步"

(1) 凭什么把人欺侮到这个地步呢?

(老舍甲)

(2) 兄弟!官司输到了,无法再翻案。

(梁斌)

(3) 他要求的架式是:腰要弯到一定的度数。

【可能式】

(1) 要不是治疗及时,你还恢复不到这个程度呢。

(2) 你输得再多,也输不到吃不上饭的地步。

可能式用得较少。b₁₋₁式不能构成可能式。

B. 表示状态(包括心理状态)的动词及形容词,如"爱、恨、想(念)、惊奇、痛苦、好、坏、冷、蠢、慷慨、忙、闲"等。

句式　　同(3)A

(1) 我也许不会苦到这一步。

(曹禺)

(2) 自己穷到这样,不能再教心上多个黑点儿。

(老舍甲)

(3) 钱同志见他蠢到如此地步,真也火了。

(高晓声)

(4) 这个人坏到家了。

(赵树理二)

【可能式】
(1) 你这个人也好不到哪儿。
(2) 你再穷也穷不到没衣服穿的地步。

二 结果意义

结果意义:

表示动作达到目的或有结果。

〔动类〕

1. 表示"获取"意义及表示获取方式的动作动词,如"领、收、取、遭、受、拿、提、借、找"等。

句式　a　N施事＋V＋"到"
　　　b_1　N施事＋V＋"到"＋N受事
　　　d　N施事＋"把"＋N受事＋V＋"到"
　　　e　N受事＋V＋"到"(＋"了")
　　　f　N施事＋V＋"到"＋C

(1) 你就留着吧,难得买到的。

(高晓声)

(2) 我想再过几年……能不挣到很多钱?

(梁斌)

(3) 这一趟他已经搞到了三吨。

(高晓声)

(4) 我好不容易把这本书买到了。

【可能式】

(1) 陆文婷找不到更多的话说了。

(谌容)

(2) 给了证明,你也买不到。

(高晓声)

(3) 万一被人发觉,他再也搞不到粮食了。

2. 表示"逢、遇"意义的动词,如"碰、遇、逢"。

句式　同1之a、b_1、f

(1) 奇怪的是,他越想躲避她,同时也越想遇到她,天越黑,这个想头越来得厉害。

(老舍甲)

(2) 他常在茶馆里碰到队里的人。

(老舍甲)

(3) 逢到这时候,我就赶紧给他打酒喝。

(苏叔阳)

(4) 我不能让家杰遭到中年丧妻的打击。

(谌容)

(5) 我在这十年中受到的磨难比你少得多,但是我不能像你那样忍受。

(谌容)

【可能式】

(1) 往前,她跑到这里来,如果碰不到人,需要等待。

(高晓声)

(2) 你在办公室里遇不到他,他很少上班。

3. 表示心理、生理感受活动的动词,如"看、听、闻、注意、觉察、感觉、感、尝、吃、喝"等。

句式　同1之a、b_1、e、f

(1) 祥子没动,心中忽然感觉到一点说不出来的亲热。

(老舍甲)

(2) 石小锁异乎寻常的神态,使石大娘意识到有什么意外的情况发生了。

(从维熙)

(3) 不管什么时候,奶奶一见到他,就默默地笑。

(梁斌)

(4) 杜志辉喉咙喊干了,他双手摸索着到了小楼窗口,闻到一片焦糊气息。

(从维熙)

(5) 陈龙宝的吃食运确实很好,瓜期过去不久,便又尝到了另一种美味。

(高晓声)

【可能式】

(1) 雪水渗湿整个鞋帮,她竟然感不到有一点冷。

(从维熙)

(2) 而他这么个聪敏人,却看不到这一点。

(王安忆)

(3) 他每天为听不到"同志"——这个既圣洁又亲密的字眼而感到苦恼。

(从维熙)

4. 表示言语和思维活动的动词,如"说、谈、提、问、想('思考'义)、考虑"等。

句式　同1之 b_1、e

(1) 我常听四凤提到你,说你念过书,从前是个很好的人家。

(曹禺)

(2) 可是,每逢我问到他的过去,他就有意岔开。

(苏叔阳)

(3) 他们并不理解,也没有想到要去理解。

(高晓声)

(4) 很简单,他预料到要为你甄别平反了!

(从维熙)

(5) 我想,她不会不考虑到,她这样做,会给自己带来什么样的后果,给自己的处境造成多么大的困难。

(谌容)

【可能式】

(1) 想不到这个建议同书记的意见不谋而合。

（高晓声）

(2) 这件事怀疑不到你，你放心。

5. 其他动作行为动词，如"做、办"等。

句式　同1之 b_1、e

(1) 江坤大当然是说到做到的人，等到银耳栽培期完毕，总称一下，足足三斤七两。

（高晓声）

(2) 你托我的事我都办到了。

【可能式】

(1) 你不要想做做不到的事。

(2) 你让我把房子让给你？办不到！

"到"总表

义类	意 义	所搭配的动词及频率
趋向意义	(一) 表示通过动作使人或物移动到某处所。参照点可在某处所，也可不在某处所	1. 趋向动词 上$_{3,可1}$　下$_2$　进$_{12}$　回$_{236,可1}$　过$_1$　来$_{153}$ 2. 表示躯体、物体运动的动词 走$_{630,可5}$　蹀$_{11}$　遛$_1$　遛达$_1$　蹭$_2$　步行$_1$ 行驶$_1$　漫走$_3$　莛$_1$　蹚$_1$　跋涉$_1$　摸("走"义)$_1$ 返$_1$　跑$_{187}$　奔$_7$　跳$_{25}$　摸索("走"义)$_1$　蹦$_3$ 跌$_1$　爬$_{34,可2}$　站$_9$　坐$_{20}$　跪$_1$　躺$_1$　瘫$_1$　蹲$_2$ 登$_2$　住$_1$　迈$_4$　迈步$_1$　跨$_2$　凑$_4$　退$_7$　骑$_1$ 绕弯$_1$　挤$_{20}$　拥挤$_1$　插身$_1$　投身$_4$　参加$_2$ 混$_1$　拥$_1$　追$_8$　撵$_2$　赶$_{48,可3}$　抢(～行)$_2$　跟$_1$ 随$_1$　逃$_4$　逃亡$_1$　逃荒$_1$　溜$_{10}$　拐$_1$　绕$_8$ 闯$_{10}$　冲$_{14}$　闪$_1$　躲$_8$　避$_1$　藏$_1$　通$_3$　潜$_1$ 晃荡("走"义)$_1$　窜$_1$　钻$_{10}$　穿("过"义)$_1$　返$_1$ 停$_2$　碰$_1$　遇$_1$　撞$_1$　迎$_1$　扑$_{14}$　聚$_1$　围$_1$　飞$_{14}$ 转悠$_1$　转移(人～)$_1$　飞腾$_1$　沉$_2$　开(部队～)$_9$

(续表)

义类	意　义	所搭配的动词及频率
		移(人~)$_5$　坠$_1$　降$_3$　陷$_5$　落$_{12,可3}$　流落$_1$ 滑$_1$　滑落$_4$　掉$_1$　沦落$_1$　升$_3$　降临$_3$　升华$_1$ 达$_1$　飘$_1$　高耸$_1$　倾泻$_1$　涌$_5$　流$_8$　流汤$_1$ 汤$_1$　滴$_3$　滚$_{23}$　灌$_1$　溶化$_1$　映$_1$　陷入$_1$ 陷$_4$　照$_6$　照射$_1$　射(光线~)$_4$　洒$_1$　冒$_{12}$ 溅$_7$　沾$_1$　流传$_1$　传$_{38}$　传播$_1$　卡$_1$　引申$_1$ 检查$_1$　喷$_3$　排(~列)$_2$　排(~队)$_1$　下达$_1$ 打(攻~)$_{12}$　复员$_2$　革(~命)$_1$　开(~会)$_2$
		3. 肢体动作动词 伸$_1$　搭拉$_2$　垂(~头)$_2$　弯(~腰)$_1$　顶$_2$　够$_2$ 贴(脸~)$_2$　挨(脸~)$_1$　低(头~)$_1$
		4. 表示可使物体改变位置的动作行为动词 A. 端$_4$　搬$_{33}$　抱$_3$　扛$_1$　背$_3$　抬$_{11}$　挑$_6$　捧$_2$ 举$_5$　抽$_3$　撸$_1$　摇$_1$　扫$_7$　拉$_{22}$　牵$_3$　拽$_1$ 拖$_1$　扭$_1$　推$_{17}$　操$_2$　拱$_1$　拨$_3$　攮$_1$　揎$_1$ 抓挠$_{可1}$　装$_1$　割$_1$　碰$_1$　捅$_1$　握$_1$　按$_3$ 亲(~嘴)$_1$　塞$_2$　披$_1$　抢$_1$　掠$_1$　吹$_1$　拎$_1$ 挂$_1$　摆$_1$　搁$_1$　放$_{19}$　搭$_1$　拴$_1$　捆$_1$　啃$_1$ 倾注$_1$　翻$_5$　卷$_2$　丢$_1$　甩$_1$　投$_1$　扔$_{18}$　抛$_4$ 挖$_1$　创$_{1,可1}$　锄$_1$　扒$_2$　掏$_1$　编$_2$　打$_{10}$　贴$_1$ 开(~车)$_6$　停(~车)$_3$　涂$_1$　遮$_1$　写$_3$ 绣$_1$　沾$_1$　换$_1$　拿$_{15,可1}$　拾$_1$　捎$_1$　寄$_1$ 送$_{40}$　递$_{13}$　交$_2$　嫁$_4$　施(~肥)$_1$　遗送$_1$ 转送$_1$　解送$_1$　调运$_2$　转移(~文件)$_6$　迁$_1$ 移(~花)$_2$　推移$_1$　转(zhuǎn)$_{20}$　运$_4$　载$_1$ 提升$_1$　关$_1$　夹(~菜)$_1$　传送$_2$　垫$_1$　铺垫$_1$ 戴$_2$　扎$_{2,可1}$　砸$_1$　传$_{37}$　烧$_2$　蛰$_1$　下放$_4$ 反映$_1$　落实$_1$ B. 扶$_6$　搀扶$_2$　搀$_2$　架$_3$　安排$_1$　分配$_{20}$　派$_1$ 押$_5$　押送$_1$　调$_8$　请$_4$　叫$_4$　让$_9$　引$_1$　带$_{12}$ 吸引$_1$　领$_5$　送(~人)$_{40}$　拉(~人)$_{28}$

(续表)

义类	意 义	所搭配的动词及频率
		5. 表示"集中、分散"意义的动词 　集中　综合　组织　联合　汇集　搀合　凑 　并　推　控制　分散　扩散　匀
		6. "说、想"类动词 　说$_{149,可1}$　想　叫$_1$　播送$_1$
		7. 形容词 　凉$_4$　红$_9$　酸$_1$　暖$_1$
		8. 比喻用法 (1) 表示可以持续的动作行为动词 　坚持$_1$　拖长$_1$　坐$_4$　躺$_2$　站$_2$　开(～会)$_1$　说$_6$ 　插(～秧)$_1$　跑$_6$　发育$_1$　转$_3$　移$_1$　等$_1$　熬 　活$_1$　睡$_1$　忍耐$_1$　蘑菇$_1$　混$_1$　抢$_1$　呆$_1$　捱$_1$ 　持续$_1$　盼$_1$　留$_1$　放$_1$　搁$_1$　供养$_1$　陪　挨 　预约$_1$　斗争$_1$　混战　抽(～烟)$_1$　浇$_1$　织 　干$_1$　做$_1$　算$_1$　割$_1$　哭$_1$　找$_1$　交$_1$　喂$_1$　唱$_1$ 　穿$_1$　吸$_1$　采$_1$　打$_1$　玩$_1$　喝$_1$　吃$_1$　记$_1$ 　争吵$_1$　工作$_1$ (2) 表示动作或动作涉及的事物达到的数量 　出$_1$　捞$_1$　摘$_1$　吃$_1$　占$_{11}$　搬$_1$　滚$_1$　长$_{13}$ 　涨$_1$　增加$_1$　发展$_1$ (3) 表示事物、状态的发展变化所达到的程度 　A. 变$_2$　落$_5$　开(～荒)$_1$　教训$_1$　拌(～嘴)$_1$ 　　欺侮$_1$　输$_1$　救$_1$　做$_1$　喝$_1$　上$_1$　管$_1$　弄$_1$ 　　欺骗$_1$　改造$_1$　改善$_1$　逼$_1$　害$_1$　发展$_1$ 　　降低$_1$　恢复$_1$　沦落$_1$　堕落$_1$　弯$_1$ 　B. 疑惑$_1$　惊奇$_1$　恨$_1$　响$_1$　苦$_1$　穷$_1$　多$_1$ 　　坏$_1$　严重$_1$　落后$_1$　细致$_1$　诚实$_1$　夸张$_1$ 　　犟$_1$　固执$_1$　纷乱$_1$　痛苦$_1$　追切$_1$　好$_1$ 　　忙$_1$　冷$_1$　困难$_1$　蠢$_1$　慷慨$_1$　勤奋$_1$ 　　低$_1$　荒唐$_1$

(续表)

义类	意义	所搭配的动词及频率
结果意义	表示动作达到目的或者结果	1. 表示"获取"意义及表示获取方式的动作行为动词 收$_1$ 取$_1$ 领$_1$ 弄$_1$ 拿$_{14,可1}$ 捞$_1$ 找$_{1,可1}$ 搜$_1$ 寻$_1$ 搜索$_1$ 捉$_3$ 抓$_3$ 摸$_{3,可1}$ 学$_1$ 挣$_1$ 赚$_1$ 要$_1$ 骗$_1$ 查$_1$ 买$_1$ 翻("找寻"义)$_2$ 拾$_{3,可1}$ 借$_1$ 租$_1$ 觅$_1$ 搞$_1$ 测$_1$ 请$_{1,可1}$ 分配$_2$ 混$_1$ 争取$_1$ 打听$_1$ 打探$_1$ 偷$_1$ 了解$_1$ 查抄$_1$
		2. 表示"逢、遇"意义的动词 碰$_{75,可1}$ 遇$_{46}$ 逢$_8$ 赶$_1$ 遭$_{18}$ 受$_{69,可2}$ 撞$_{可1}$
		3. 表示心理、生理感受活动的动词 看$_{1,可1}$ 感$_{1,可1}$ 听$_{2,可1}$ 尝$_1$ 吃$_1$ 喝$_1$ 见$_1$ 闻$_1$ 注意$_1$ 留心$_1$ 品尝$_1$ 领受$_1$ 察觉$_1$ 体验$_1$ 体会$_1$ 认识$_1$ 领会$_1$ 理解$_1$ 觉悟$_1$ 感受$_1$ 意识$_1$
		4. 表示言语和思维活动的动词 说$_{22}$ 问$_1$ 点(～名)$_1$ 写$_1$ 讲$_1$ 研究$_1$ 谈$_1$ 念$_1$ 讨论$_1$ 提$_1$ 扯("说"义)$_1$ 猜$_1$ 想$_{1,可1}$ 怀疑$_1$ 料$_1$ 预料$_1$ 考虑$_1$ 估计$_1$ 关心$_1$
		5. 其他动作行为动词 做$_1$ 办$_1$

贰拾柒　到……来

趋向意义

趋向意义：

表示通过动作使人或事物由远处向近处移动,趋近参照点。

〔动类〕

1. 趋向动词。

句式　b₂　N_{施事}＋V＋"到"＋N_{处所}＋"来"

(1) 听不见时,她就要上到五楼来。

(2) 她说,真希望专家、技术员能下到田间地头来。

(3) 回到家来,他的神气可足了去啦,吹胡子瞪眼睛的,瞧他那个劲儿!

(老舍_乙)

2. 表示躯体或物体自身运动的动词,如"走、跑、回、钻、绕、找、参加、躲"等。

句式　同1

(1) 正说着,刘文蔚闪着耀眼的油头走到她们跟前来了。

(杨沫)

(2) 这时,罗大方再也憋不住了,他不知从哪个角落里突然钻到队伍前面来。

(杨沫)

(3) 他走在通往火车站的大街上,悔、恨、哀、怒,各种滋味都涌到他心上来了。

（蒋子龙）

(4) 他的火气一下子又窜到脑门上来了。

（蒋子龙）

一般不用可能式。

3. "伸（手）、摇（头）"类动词。

句式　d　（N$_{施事}$＋）"把"＋N$_{受事}$＋V＋"到"＋N$_{处所}$＋"来"

　　　　e　N$_{受事}$＋V＋"到"＋N$_{处所}$＋"来"（＋"了"）

(1) 你怎么把手伸到我们单位来了？

(2) 他把身子探到墙这边来，跟我们说话。

一般不用可能式。

4. 表示可以使物体改变位置的动作行为动词。

A. "摆、拉、推、转"等。

句式　同 3

　　　　e　N$_{受事}$＋V＋"到"＋N$_{处所}$＋"来"（＋"了"）

(1) 等他抱着一包包的肉、菜和馒头回来的时候，道静已把火炉生好端到屋里来。

（杨沫）

(2) 太监取消了，可是把太监的家眷交到这里来了。

(3) 随后，他又掉头把那个女人拉到跟前来，阴阳怪气地向我介绍那个女人。

（杨沫）

(4) 日本投降后，国民党送日本军人回国，却把台湾人全编到他们部队来了。

（邓友梅）

(5) 邮政局要搬到咱杨庄小学校里来啦。

（杨沫）

B. "请、派、送"等。

句式　同 3。另有：

　　　　b$_2$　（N$_{施事}$＋）V＋N$_{受事}$＋"到"＋N$_{处所}$＋"来"

(1) 陈毅叫参谋把高处长、于参议都请到他这里来。

(邓友梅)

(2) 宋爷爷,给您道喜!玉娥调到妇女商店来了!

(老舍$_乙$)

(3) 打响以后不论哪个部队收容了你,他们看到证明会把你送到总部来,决不拿你按一般战俘对待。

(邓友梅)

(4) 你们送他到楼上来。
(5) 快请他到屋里来。

b_2式,如例(4)和例(5),通常认为是连动式,"到"作第二谓语动词。

第4类动词可以构成可能式,但较少用。如:
(1) 书寄不到这儿来,这儿没有邮局。
(2) 你分不到这儿来,这里人员已经超编了。

5. 比喻用法。动词如"拨、拉、写"等。

句式　b_2　($N_{施事}$＋)V＋"到"＋$N_{处所}$＋"来"
　　　d　($N_{施事}$＋)"把"＋$N_{受事}$＋V＋"到"＋$N_{处所}$＋"来"
　　　e　$N_{受事}$＋V＋"到"＋$N_{处所}$＋"来"

(1) 局里马上把那批材料拨到你们工厂来。
(2) 你应当站到我们这一方面来。

"到……来"总表

义类	意义	所搭配的动词及频率
趋向意义	表示通过动作使人或物体由远处向近处移动,趋近参照点	1. 趋向动词 上　下　进　回 2. 表示躯体、物体运动的动词 回$_3$　走$_1$　跑$_{11}$　爬$_4$　站$_2$　坐$_1$　凑　退 赶　跟　逃　绕$_1$　闯$_2$　躲　藏　窜 住　参加$_1$　打(攻～)$_1$　飞$_1$　落$_1$　涌$_1$　卷$_1$ 钻

（续表）

义类	意义	所搭配的动词及频率
		3. 肢体动作动词 伸$_1$
		4. 表示可以改变物体位置的动作行为动词 A. 搬$_1$ 摆$_1$ 端$_1$ 吹$_1$ 押$_1$ 转$_1$ 转移$_1$ 　　交$_1$ 抓$_1$ 拉$_1$ 编$_1$ 碰$_1$ 落实$_1$ B. 分配$_1$ 请$_2$ 派$_2$ 打发$_1$ 引$_1$ 送$_3$ 押送$_1$
		5. 比喻用法

贰拾捌 到……去

趋向意义

趋向意义：

表示通过动作使人或事物由近处移到远处，远离参照点。

〔动类〕

1. 趋向动词。

句式　b$_2$　（N$_{施事}$＋）V＋"到"＋N$_{处所}$＋"去"

(1) 树懒平时极少下树,只有在排泄时才下到地面去。

(2) 他们开了车门,我进到车子里去。

(3) 一个人一旦找到了自己生活的意义,他就不会想回到从前去。

2. 表示躯体或物体自身运动的动词,如"走、追、躲、逃、飞、远"等。

句式　同1

(1) 春兰腾的个大红脸,迈开步子跑到前头去了。

(梁斌)

(2) 见事不好的话,你灭了灯,打后院跳到王家去。

(老舍甲)

(3) 郝师傅放下抹子找到广播室去。

(邓友梅)

(4) 这些日子,他的血似乎全流到四肢上去。

(老舍甲)

(5) 祥子的心要跳出来,一直飞到空中去。

(老舍甲)

一般不用可能式。

3. "伸(手)、探(手)"等。

句式　d　($N_{施事}$＋)"把"＋$N_{受事}$＋V＋到＋$N_{处所}$＋"去"

　　　　e　$N_{受事}$＋V＋"到"＋$N_{处所}$＋"去"(＋"了")

(1) 别把头伸到车窗外边去,危险!

(2) 他一头扎到水里去,半天不出来。

一般不用可能式。

4. 表示可使物体改变位置的动作行为动词

A. "推、搬、运、扔、甩"等。

句式　同3

(1) 把你们那猪抬到大贵那里去吧。

(梁斌)

(2) 北大示威同学刚才在成贤街被捆绑走了许多。大概被押到孝陵卫去了。

(杨沫)

(3) 而且那几个表格扔到哪儿去了,她也记不起来了,应该及时交给处理的人去办就好了。

(张洁)

B. "请、派、送、介绍"等,受事为表示人的名词。

句式　同3。另有:

　　　　b_2　($N_{施事}$＋)V＋$N_{受事}$＋"到"＋$N_{处所}$＋"去"

(1) 他们把他请到家去。

(梁斌)

(2) 刘巡长,您不会把二嘎子荐到工厂去吗?

(老舍乙)

(3) 你请他到客厅去等我。

b_2式,如例(3),通常认为是连动式,"到"作第二谓语动词。

5. "说、想"类动词。

句式　同 1

(1) 我们想到一块去了。

(2) 你说到哪儿去了!

【可能式】

我们老想不到一块儿去。

6. 比喻用法:

用在形容词后表示程度,常用可能式。如:

(1) 这个人我了解,坏不到哪儿去。

(2) 他哥哥很笨,我看,他也聪明不到哪儿去。

"到……去"总表

义类	意义	所搭配的动词及频率
趋向意义	表示通过动作使人或物体由近处向远处移动,远离参照点	1. 趋向动词 　下$_2$　进$_2$　回$_{18}$ 2. 表示躯体、物体运动的动词 　走$_9$　跑$_{29}$　奔$_3$　跳$_1$　滑$_1$　爬$_1$　坐$_1$　碰$_1$ 　挤$_2$　赶$_1$　逃$_1$　溜$_1$　闯$_1$　躲$_1$　藏$_3$　钻$_1$ 　住$_3$　吵$_1$　说$_6$　疯$_1$　转$_7$　打(攻~)$_1$　找$_1$ 　飞$_3$　落$_2$　流$_1$　淌$_1$　滚$_3$　掉$_2$　翘$_1$　弹$_1$ 　淤$_1$　烧$_1$　散$_1$ 3. 肢体动作动词 　伸$_1$　扎(头~)$_1$ 4. 可使物体改变位置的动作行为动词 　A. 端$_1$　搬$_1$　挪$_1$　撤$_1$　扛$_1$　拾$_1$　挑$_1$　拉$_1$ 　　拖$_1$　推$_1$　捅$_1$　塞$_2$　吹$_1$　戴$_1$　甩$_1$　倒$_1$ 　　拿$_1$　勾引$_1$　放$_1$　寄$_1$　送$_{12}$　贡献$_1$　嫁$_1$ 　　押$_1$　解$_1$　开$_{14}$　移$_2$　劈$_1$　扔$_2$ 　　转(zhuǎn)$_2$

(续表)

义类	意义	所搭配的动词及频率
		转移$_1$ 投$_3$ 抛$_1$ 散$_1$ 扎$_1$ 传$_4$ 打$_1$ 收$_1$ 运动$_1$ 圈$_1$ 并$_1$ 拢$_2$ 吞$_1$ 用$_1$ 烧$_1$ 寄$_1$ 写$_1$ B. 接$_1$ 分配$_1$ 派$_3$ 引$_2$ 领$_2$ 调$_7$ 带$_2$ 荐$_1$ 动员$_1$ 请$_2$
		5. "说、想"类动词 说$_{16}$ 想$_5$
		6. 比喻用法： 坏$_{可1}$ 投入$_1$ 好 聪明 忙 暗

第三部分

动词和趋向补语搭配总表

第三部分 动词和趋向补语搭配总表

趋向动词	趋向补语		结果补语		状态补语	
来	来趋	（跑来）	来结(一)	（醒来）		
			来结(二)	（合得来）		
			来结(三)	（吃不来）		
去	去趋	（跑去）	去结(一)	（削去）		
			去结(二)	（睡去）		
上	上趋(一)	（跑上山）	上结(一)	（关上门）	上状	（唱上了）
	上趋(二)	（走上前）	上结(二)	（买上了）		
			上结(三)	（答不上）		
上来	上来趋(一)	（跑上山来）	上来结(一)	（补上来）	上来状	（天黑上来了）
	上来趋(二)	（走上前来）	上来结(二)	（答不上来）		
上去	上去趋(一)	（跑上山去）	上去结	（贴上去）		
	上去趋(二)	（走上前去）				
下	下趋(一)	（跑下山）	下结(一)	（撕下张纸）	下状(一)	（停下）
	下趋(二)	（退下一步）	下结(二)	（瘪下一块）	下状(二)	（静下心）
			下结(三)	（摆不下）		
下来	下来趋(一)	（跑下山来）	下来结(一)	（撕下来）	下来状	（停下来）
	下来趋(二)	（退下来）	下来结(二)	（瘪下来）		
			下来结(三)	（应付下来）		
下去	下去趋(一)	（跑下山去）	下去结(一)	（撕下去）	下去状(一) （声音低下去）	
	下去趋(二)	（退下去）	下去结(二)	（瘪下去）	下去状(二) （说下去）	
进	进趋	（走进门）	进结	（瘪进一块）		
进来	进来趋	（走进来）				
进去	进去趋	（走进去）	进去结	（瘪进去一块）		
出	出趋	（走出门）	出结	（看出问题）		
出来	出来趋	（走出来）	出来结	（看出问题来）		
出去	出去趋	（走出去）				

(续表)

趋向动词	趋向补语		结果补语		状态补语	
回	回趋	（走回家）				
回来	回来趋	（走回来）				
回去	回去趋	（走回去）				
过	过趋(一) 过趋(二)	（飞过头顶） （转过身）	过结(一) 过结(二) 过结(三) 过结(四)	（熬过冬天） （睡过了头） （打不过他） （看过了）		
过来	过来趋(一) 过来趋(二)	（走过来） （转过身来）	过来结(一) 过来结(二) 过来结(三)	（熬过来了） （醒过来了） （数不过来）		
过去	过去趋(一) 过去趋(二)	（走过去） （转过身去）	过去结(一) 过去结(二) 过去结(三) 过去结(四)	（熬过去了） （晕过去了） （超过去了） （说过去……）		
起	起趋	（举起手）	起结(一) 起结(二) 起结(三)	（捆起行李） （隆起一块） （买不起）	起状	（唱起歌）
起来	起来趋	（举起来）	起来结(一) 起来结(二)	（捆起来） （肿起来）	起来状	（唱起来）
开	开趋	（走开了）	开结(一) 开结(二) 开结(三) 开结(四)	（裂开了） （舒展开） （摆不开） （想不开）	开状	（唱开了）
开来			开来结(一) 开来结(二)	（睁开眼来） （摊开来）		
开去	开去趋	（走开去）	开去结	（传开去）		
到	到趋	（走到家）	到结	（买到了）		

(续表)

趋向动词	趋向补语	结果补语	状态补语
到……来	到……来_趋 （回到家来）		
到……去	到……去_趋 （回到家去）		

A

哀告　上$_状$　下去$_{状(二)}$　起来$_状$
　　开$_状$　到$_趋$

哀号　起来$_状$　下去$_{状(二)}$

哀怜　起来$_状$

哀鸣　起来$_状$

哀求　上$_{结(一),状}$　下来$_{状(三)}$
　　下去$_{状(二)}$　起来$_状$　开$_状$　到$_趋$

哀叹　上$_状$　起来$_状$

哀伤　下去$_{状(二)}$　起来$_状$

挨（靠近）　上$_{结(一)}$　上来$_{趋(二)}$
　　上去$_{趋(二)}$　下去$_{状(二)}$　过来$_{趋(一)}$
　　过去$_{趋(一)}$　起来$_{结(一)}$　到$_趋$
　　到……去$_趋$

挨（一打）　上$_状$　下来$_{结(三)}$
　　下去$_{状(二)}$　过去$_{结(四)}$　起来$_状$
　　开$_状$　到$_趋$

爱（～孩子）　上$_{结(一)}$　下去$_{状(二)}$
　　过$_{结(二)}$　过来$_{结(三)}$　起$_状$
　　起来$_状$　开$_状$　到$_趋$

爱（喜欢）　上$_状$　过去$_{结(三)}$
　　起来$_状$　开$_状$　到$_趋$

爱（～面子）　上$_状$　起来$_状$　开$_状$

爱好　上$_状$　起来$_状$　开$_状$　到$_趋$

爱护　下去$_{状(二)}$　起来$_状$　到$_结$

爱恋　上$_{结(一),状}$　下去$_{状(二)}$
　　起来$_状$　到$_趋$

爱慕　起来$_状$　到$_趋$

爱惜　起来$_状$　到$_趋$

安　上$_{结(一)(二)}$　上来$_{结(一)}$
　　上去$_结$　下$_{结(一)}$　下去$_{状(二)}$
　　进$_{趋(一)}$　进去$_趋$　出$_结$　出来$_结$
　　过$_{结(四)}$　起来$_状$　开$_状$　到$_趋$
　　到……去$_趋$

安插　来$_趋$　去$_趋$　上$_{结(一)}$
　　上来$_{结(一)}$　上去$_{结(一)}$　下$_{结(一)}$
　　下来$_{结(一)}$　下去$_{结(一),状(二)}$
　　进$_趋$　进来$_趋$　进去$_趋$
　　过来$_{趋(一),结(三)}$　起来$_状$　开$_状$
　　到$_趋$　到……来$_趋$　到……去$_趋$

安定　下来$_状$　下去$_{状(二)}$　起来$_状$
　　到$_趋$

安顿　下来$_{结(一)}$

安抚　上$_状$　下去$_{状(二)}$　起$_状$
　　起来$_状$

安排　上$_{结(一)(二),状}$　上来$_{结(一)}$
　　上去$_结$　下$_{结(一)}$　下来$_{结(三)}$
　　下去$_{趋(一),状(二)}$　进$_趋$　进来$_趋$
　　进去$_趋$　出$_结$　出来$_结$　出去$_趋$
　　过$_{结(四)}$　过来$_{趋(一),结(三)}$
　　过去$_{趋(一)}$　起$_{结(三)}$　起来$_状$
　　开$_{结(三),状}$　到$_趋$　到……来$_趋$
　　到……去$_趋$

安慰　上$_状$　起来$_状$　开$_状$　到$_趋$
　　到……去$_趋$

安歇　下来$_状$

安（～心）　下$_{状(一)}$　下来$_状$

安置　上_状　下_结(一)(三)
　　　下来_结(一)　下去_趋、状(二)
　　　过_结(四)　过来_结(三)　起来_状
　　　开_状　到_趋　到……去_趋
安装　上_结(一)(二)、状　上来_结(一)
　　　上去_结　下去_状(二)　过_结(四)
　　　过来_结(三)　起_结(三)　起来_结(一)、状
　　　开_状　到_趋
按(～手印)　去_趋　上_结(一)、状
　　　上去_结　下_趋(一)、(一)　下来_趋(一)
　　　下去_趋(一)、状(二)　进_趋　进去_趋、结
　　　出_结　出来_结　回去_趋
　　　过来_结(三)　起来_状　开_状
　　　到_趋　到……去_趋
按(抑制)　下_状(一)　下来_状
　　　下去_状(一)
按(用手压住不动)　上去_结
　　　下去_状(二)　出_结　出来_结
　　　起来_趋、状　到……来_趋
　　　到……去_趋
暗藏　下来_结(一)　下去_状(二)
　　　起来_结(一)　到_趋
暗害　到_趋
暗杀　上_状　下去_状(二)　起来_状

开_状　到_趋
暗示　上_状　下去_状(二)　出_结
　　　出来_结　过_结(四)　过来_结(三)
　　　起来_状　开_状
暗算　上_状　起来_趋　开_状　到_趋
　　　到_结
暗笑　起来_状
昂　起_趋　起来_趋　到_趋
熬(～粥)　上_结(一)、状　下_结(一)(三)
　　　下来_结(三)　下去_状(二)　出_趋、结
　　　出来_结　出去_趋　过_结(二)(四)
　　　过来_结(三)　起来_状　开_状　到_趋
熬(忍受)　来_趋　上_结(一)、状
　　　下来_结(三)　下去_状(二)　出_结
　　　出来_结　出去_趋　过_结(一)(三)
　　　过来_结(三)　过去_结(一)　到_趋
凹　下_结(一)　下去_结(一)　进_结
　　　进去_结　到_趋
鏖战　下去_状(二)　起来_状　到_趋
遨游　上_状　下去_状(二)　起来_状
　　　开_状　到_趋
翱翔　起来_状　到_趋　到……去_趋
懊悔　上_状　下去_状(二)　起来_状
　　　开_状　到_趋

B

扒(～车)　上_结(一)　上来_结(一)
　　　上去_结　开_状　起来_状　到_趋(一)
扒(拨)　下_结(二)　下来_结(一)
　　　下去_结(一)　出_结　出来_结

开$_{结(一)}$ 到$_{趋(一)}$
扒(～皮) 来$_{趋}$ 去$_{趋,结(一)}$
　　上$_{状}$ 下$_{结(一)}$ 下来$_{结(一)(三)}$
　　下去$_{结(一),状(二)}$ 出$_{结}$ 出来$_{结}$
　　过$_{结(四)}$ 过来$_{趋,结(三)}$
　　过去$_{趋(一)}$ 起来$_{结,状}$ 开$_{结(一),状}$
　　到$_{趋}$ 到……去$_{趋}$
扒拉 来$_{趋}$ 去$_{趋}$ 上$_{趋(一),状}$
　　上来$_{趋(一)}$ 上去$_{趋(一)}$
　　下$_{趋(一),结(一)}$ 下来$_{趋(一),结(一)}$
　　下去$_{趋(一),结(一),状(二)}$ 进$_{趋}$
　　进来$_{趋}$ 进去$_{趋}$ 出$_{趋}$ 出来$_{趋}$
　　出去$_{趋}$ 回$_{趋}$ 回来$_{趋}$ 回去$_{趋}$
　　过$_{结(四)}$ 过来$_{趋(一)}$ 过去$_{趋(一)}$
　　起来$_{状}$ 开$_{(一),状}$ 到$_{趋}$
　　到……来$_{趋}$ 到……去$_{趋}$
巴结 上$_{结(一),状}$ 下去$_{状(二)}$
　　出$_{结}$ 出来$_{结}$ 过$_{结(四)}$
　　过来$_{结(三)}$ 起来$_{状}$ 开$_{状}$
　　到$_{趋(二)}$
拔(抽,～剑) 来$_{趋}$ 去$_{趋,结(一)}$
　　上$_{状}$ 上来$_{趋(一)}$ 上去$_{趋(一)}$
　　下$_{结(一)}$ 下来$_{结(一)(三)}$
　　下去$_{结(一),状(二)}$ 出$_{结}$ 出来$_{结}$
　　出去$_{趋}$ 回$_{趋}$ 回来$_{趋}$ 回去$_{趋}$
　　过$_{结(三)(四)}$ 过来$_{趋(一),结(三)}$
　　过去$_{趋(一)}$ 起来$_{状}$ 起来$_{结,状}$
　　开$_{趋,状}$ 到$_{趋}$ 到……来$_{趋}$
　　到……去$_{趋}$
拔(吸,～火) 上$_{状}$ 上来$_{状}$

下去$_{状(二)}$ 出$_{结}$ 出来$_{结}$
出去$_{趋}$ 过$_{结(二)(四)}$ 过来$_{结(三)}$
起来$_{结,状}$ 开$_{状}$ 到$_{趋(二)}$
拔(冰,～啤酒) 上$_{状}$ 下$_{结(三)}$
出来$_{结}$ 过来$_{结(三)}$ 起来$_{状}$
开$_{状}$ 到$_{趋}$
跋涉 起来$_{状}$ 到$_{趋}$
把持 去$_{趋}$ 上$_{结(一)}$ 下去$_{状}$
过去$_{趋(一)}$ 起来$_{结(一)}$ 到$_{趋(二)}$
把玩 上$_{状}$ 开$_{状}$ 起来$_{状}$
霸占 去$_{趋}$ 上$_{结(一),状}$ 下$_{状}$
下来$_{结(一)}$ 过去$_{趋(一)}$ 过来$_{趋(三)}$
过去$_{趋(一)}$ 起来$_{结(一),状}$ 到$_{趋(二)}$
罢免 下来$_{结(一)}$ 下去$_{结(一)}$
　　起来$_{状}$ 开$_{状}$
耙 上$_{状}$ 下去$_{状(一)}$ 过来$_{趋(一)}$
过去$_{趋(一)}$ 起来$_{状}$ 开$_{状}$ 到$_{趋}$
摆划 上$_{状}$ 下去$_{状(二)}$ 起来$_{状}$
开$_{状}$ 到$_{趋}$
掰 来$_{趋}$ 去$_{趋,结(一)}$ 上$_{状}$ 下$_{结(一)}$
下来$_{结(一)}$ 下去$_{结(一),状(二)}$ 出$_{结}$
出来$_{结}$ 回$_{趋}$ 回来$_{趋}$ 回去$_{趋}$
过$_{结(三)(四)}$ 过来$_{趋(一),结(三)}$
过去$_{趋(一)}$ 起来$_{状}$ 开$_{结(一),状}$
开来$_{结(一)}$ 到$_{趋(二)}$ 到……来$_{趋}$
到……去$_{趋}$
白热化 起来$_{状}$
摆(放) 上$_{结(一),状}$
上来$_{趋(一)(二),结(一)(二)}$
上去$_{趋(一)(二),结}$ 下$_{结(一)(二)}$

下来结(一)　下去状(二)　进趋
进来趋　进去趋　出趋,结
出来趋,结　出去趋　回趋
回来趋　回去趋　过结(四)
过来趋(一),结(三)　过去趋(一)
起结(三),状　起来结(一),状
开结(二)(三),状　到趋　到……来趋
到……去趋

摆(～架子)　上状　出结　出来结
起状　起来状　开状　到趋

摆(一动)　来趋　去趋　上(一),状
上来趋(一)　上去趋(一)　下趋(一)
下来趋(一)　下去趋(一),状(二)
过(一)　过来趋(一)　过去趋(一)
起趋,状　起来趋,状　开状　到趋
到……来趋　到……去趋

摆布　上状　下去状(二)　起来
开状　到趋

摆动　来趋　去趋　上状
上来趋(一)　上去趋(一)　下来趋(一)
下去趋(一),状(二)　起来状　开状
到趋

摆渡　上状　下去状(二)　过趋(一)
过来趋(一)　过去趋(一)　起来状
开状　到趋

摆弄　上状　下来结(三)　下去状(二)
过来趋(一),结(三)　过去趋(一)
起结(三)　起来状　开状　到趋
到……去趋

摆脱　下去结(一)　出来趋

出去趋　起来状　开趋

败坏　上状　下去状(二)　起来状
开状　到趋

败露　出去趋

败落　下来状　下去状(一)(二)
起来状　到趋

拜　上状　下结(一)　下来趋(一),结(三)
下去趋(一),状(二)　进趋　进来趋
进去趋,结　出来趋,结
出去趋　过结(四)　过来趋(一),结(三)
过去趋(一)　起结(三),状　起来状
开状　到趋　到……来趋
到……去趋

拜访　过结(四)　过来结(三)　起来状

拜会　过结(四)　过来结(三)　起来状

拜见　过结(四)　过来结(三)

拜托　过结(四)　过来结(三)

拜谒　过结(四)　起来状

扳　上趋(一),状　上来趋(一)
上去趋(一)　下趋(一)　下来趋(一)
下去趋(一),状(二)　过来趋(一)(二),结(三)
过去趋(一)(二)　起来趋,状　开状
到趋　到……来趋
到……去趋

颁布　下来趋(一)　下去趋(一)
出趋,结　出来趋,结　出去趋
过结(四)　过来结(三)　起来状

颁发　下来趋(一)　下去趋(一)
过来结(三)　起来状　到趋

搬(～桌子)　来趋,结(二)　去趋

上趋(一)(二),状　上来趋(一)(二)
上去趋(一)(二)　下趋(一)　下来趋(一)(二)
下去趋(一),状(二)　进趋　进来趋
进去趋　出趋　出来趋　出去趋
回趋　回来趋　回去趋
过趋(一),结(四)　过来趋(一),结(三)
过去趋(一)　起结,状　起来结,状
开趋,状　到趋　到……来趋
到……去趋

搬(迁移,~家)　来趋　去趋
　　上趋(一),状　上来趋(一)　上去趋(一)
　　下趋(一)　下来趋(一),结(三)
　　下去趋(一),状(二)　进趋　进来趋
　　出去趋　回趋　回来趋　回去趋
　　过趋(一),结(四)　过来趋(一),(二)
　　过去趋(一)　起结(三)　起来状
　　开状　到趋　到……来趋
　　到……去趋

搬弄　上状　下去状(二)　出结
　　出来结　起状　起来状　开状
　　到趋

搬运　来趋　上趋　上来趋(一)
　　上去趋(一)　下趋　下来趋(一)
　　下去趋(一),状(二)　进趋　进来趋
　　进去　出趋　出来趋　出去趋
　　回趋　回来趋　回去趋
　　过趋(一),结(四)　过来趋(一),结(三)
　　过去趋(一)　起结(三),状　起来状
　　开状　到趋　到……来趋

到……去趋
板结　起来结(一)
板(~面孔)　上状　开状
　　起结(一)　起来结(一),状　到趋
拌(~菜)　来趋,结(三)　上结(一),状
　　上来结(一)(二)　上去结
　　下去状(二)　进趋　进去
　　出结　出来结　过来趋(一),结(三)
　　过去趋(一)　起来结　起来结(一),状
　　开(二),状　到趋　到……去趋
拌和　上结(一),状　上去结
　　下去状(二)　进趋　进去
　　过来趋(一),结(三)　过去趋(一)
　　起来结(一),状　开结(二),状　到趋
伴奏　上状　下来结(三)　下去状(二)
　　过来结(三)　到趋
绊　上结(一)　上去结
扮　上状　下来结(三)　下去状(二)
　　出来结　起状　起来结(一),状
　　开状　到趋
扮演　上状　下去状(二)　出结
　　出来结　过来结(三)　起来状
　　开状　到趋(二)
办(一理)　来趋,结(三)　去趋
　　上结(二),状　下结(一)　下来结(三)
　　下去状(二)　进趋　进来
　　出趋,结　出来趋,结　出去趋
　　回趋　回来趋　回去趋
　　过结(四)　过来趋(一),结(三)
　　过去趋(一),结(四)　起结(三)

起来[状]　开[状]　到[趋,结]
到……来[趋]　到……去[趋]

办(经营)　上[状]　下[结(一)]
下来[结(三)]　下去[状(二)]　出[结]
出来[结]　过[结(四)]　过来[结(三)]
起[结(一)(三)]　起来[结(一),状]　开[状]
到[趋]　到……来[趋]　到……去[趋]

办(购置)　来[趋]　去[趋]　上[结(二),状]
下[结(一)]　下来[结(一)]　下去[状(二)]
进[趋]　进来[趋]　进去[趋]　出[结]
出来[结]　回[趋]　回来[趋]　回去[趋]
过[结(四)]　过来[结(三)]　起[结(三)]
起来[状]　开[状]　到[趋(一),结]

办理　上[状]　下来[结(三)]　下去[状(二)]
出[结]　出来[结]　起来[状]　开[状]
到[趋(二)]

帮　上[结(二),状]　下来[结(三)]
下去[状(二)]　出[结]　出来[结]
过[结(四)]　过来[结(三)]　起[结(三)]
起来[状]　开[状]　到[趋]　到……来[趋]
到……去[趋]

帮助　上[状]　下去[状(二)]　过来[结(三)]
起来[状]　开[状]　到[趋]　到……来[趋]
到……去[趋]

绑　来[趋]　去[趋]　上[趋(一)(二),结(一),状]
上来[趋(一)(二),结(一)(二)]
上去[趋(一)(二),结]　下[趋(一)]
下来[结(一)]　下去[结(一)(二)]
进[趋]　进来[趋]　进去[趋]　出[趋,结]
出来[趋,结]　出去[趋]　回[趋]

回来[趋]　回去[趋]　过[结(四)]
过来[趋(一),结(三)]　过去[趋(一),结(四)]
起[结(一)]　起来[结(一),状]　开[状]
到[趋]　到……来[趋]　到……去[趋]

绑架　来[趋]　去[趋]　上[状]
下去[状(二)]　过[结(四)]
过来[趋(一),结(三)]　过去[趋(一)]
起[状]　开[状]　到[趋,结]
到……来[趋]　到……去[趋]

褒贬　上[状]　下去[状(二)]　起来[状]
开[状]

褒奖　起来[状]

包(一裹)　来[趋,结(二)]　去[趋]
上[趋(一),结(一),状]　上来[趋(一),结(一)(二)]
上去[趋(一),结(一)]　下[结(一)]
下去[状(二)]　进[趋]　进来[趋]
进去[趋]　出[趋,结]　出来[趋,结]
出去[趋]　回[趋]　回来[趋]　回去[趋]
过[结(四)]　过来[趋(一),结(三)]
过去[趋(一)]　起[结(一)]　起来[结(一),状]
开[状]　到[趋]　到……来[趋]
到……去[趋]

包(承一)　来[趋]　上[状]　下[结(一)]
下来[结(一)]　下去[状(二)]　出[结]
出来[结]　出去[趋]　过[结(四)]
过来[趋(一),结(三)]　起[结(三)]
起来[状]　开[状]　到[趋]

包(～车)　来[趋]　去[趋]　上[结(二),状]
下[结(一)]　下来[结(一)]　下去[结(三)]
下去[状(二)]　出去[趋]

过来趋(一),结(三)　起结(三)
起来状　开状　到趋

包办　上状　下结(一)　下来结(一)(三)
下去状(二)　过来结(三)　起结(三)
起来状　开状　到趋

包庇　上状　下来结(一)　下去状(二)
出结　出来结　起来结(一),状
开状　到趋

包藏　下结(一)　下来结(一)

包产　到趋(一)

包抄　上状　上来结(一)(二)
上去趋(一)(二)　下去状(二)
过来趋(一)　过去趋(一)
起来结(一),状　开状　到趋

包裹　上结(一)　上去结　起来结(一)

包含　进趋　进来趋　进去趋

包括　进趋　进来趋　进去趋
过来结(三)　到……来趋
到……去趋

包揽　下来结(一)　下去状(二)　进趋
进来趋　进去趋　过来结(一)
过去趋(一)　起结(三)　到趋

包罗　进趋　进去趋

包赔　下去状(二)　出来结　过结(四)
过来结(三)　起结(三)　起来状

包围　上结(一),状　上来结(二)
上去趋　下去状(二)　进去状
过来趋(一)　过去趋(一)　起结(一)
起来结(一),状　开状　到趋

包销　上状　下来结(三)　下去状(二)

出去趋　起来状　开状　到趋

包孕　起来结(一)　到趋

包扎　来结(三)　上结(一),状
上来结(一)　上去结　下去状(二)
过结(四)　过来结(三)　起结(一)(三)
起来结(一),状　开状　到趋

包装　上结(一),状　下来结(三)
下去状(二)　出结　出来结
过来结(三)　起来结(一),状　开状
到趋

包租　上状　下来结(一)(三)
下去状(二)　过来趋(一)　起来状
开状　到趋

爆(～肉)　上状　下去状(二)
出结　出来结　起来状　开状
到趋

剥　来趋　去结(一)　上状　下结(一)
下来结(一)　下去结(一),状(二)
出结　出来结　过来结(三)　起状
起来状　开结(一),状　到趋

保(担一)　来趋　去趋　上状
下结(一)　下来结(一)　下去状(二)
出趋,结　出来趋,结　出去趋
回趋　回来趋　回去趋　过结(四)
过来结(三)　起结(三)　起来状
开状

保(～媒)　上状　起来状　开状

保(一险)　上结(三),状　过结(四)
过来结(三)　起结(三)　起来状
到趋

保藏 下来$_{结(一)}$ 下去$_{状(二)}$
　　 起来$_{结(一)}$ 到$_{趋}$
保持 下来$_{结(一)}$ 下去$_{状(二)}$
　　 到$_{趋}$
保存 下来$_{结(一)}$ 下去$_{状(二)}$
　　 起$_{结(三)}$ 起来$_{结(一)}$ 到$_{趋}$
　　 到……来$_{趋}$ 到……去$_{趋}$
保管 上$_{状}$ 下来$_{结(一)(三)}$
　　 下去$_{状(二)}$ 出$_{结}$ 出来$_{结}$
　　 过$_{结(四)}$ 过来$_{结(三)}$ 起$_{结(三)}$
　　 起来$_{结(一),状}$ 开$_{状}$ 到$_{趋}$
保护 上$_{状}$ 下$_{结(一)}$ 下来$_{结(一)(三)}$
　　 下去$_{状(二)}$ 过来$_{结(三)}$ 起$_{结(三)}$
　　 起来$_{结(一),状}$ 开$_{状}$ 到$_{趋}$
　　 到……来$_{趋}$ 到……去$_{趋}$
保荐 来$_{趋}$ 去$_{趋}$ 到$_{趋}$
　　 到……去$_{趋}$
保举 来$_{趋}$ 去$_{趋}$ 起来$_{状}$
　　 到$_{趋}$
保留 下$_{结(一)}$ 下来$_{结(一)}$
　　 下去$_{状(二)}$ 起$_{结(一)}$ 起来$_{结(一)}$
　　 到$_{趋}$
保全 下$_{结(一)}$ 下来$_{结(一)}$ 到$_{趋}$
保释 出来$_{趋}$ 出去$_{趋}$ 回来$_{趋}$
　　 回去$_{趋}$ 起$_{结(三)}$
保守 下$_{状(二)}$ 起来$_{状}$ 到$_{趋}$
保送 来$_{趋}$ 去$_{趋}$ 上$_{状}$
　　 下去$_{状(二)}$ 进$_{趋}$ 进来$_{趋}$
　　 进去$_{趋}$ 出去$_{趋}$ 过来$_{趋,结(三)}$
　　 过去$_{趋}$ 起来$_{状}$ 开$_{状}$ 到$_{趋}$

到……来$_{趋}$ 到……去$_{趋}$
保卫 起来$_{结(一)}$ 上$_{结(一)}$
保养 上$_{状}$ 下来$_{结(三)}$ 下去$_{状(二)}$
　　 出$_{结}$ 出来$_{结}$ 过$_{结(二)(四)}$
　　 过来$_{结(三)}$ 起$_{结(三)}$ 起来$_{状}$
　　 开$_{状}$ 到$_{趋}$
保证 上$_{状}$ 过$_{结(四)}$ 起来$_{状}$
　　 开$_{状}$
报 来$_{趋}$ 去$_{趋}$ 上$_{趋(一),结(二)}$
　　 上来$_{趋(一)}$ 上去$_{趋(一)}$ 下$_{趋(一)}$
　　 下去$_{状(二)}$ 进$_{趋}$ 进来$_{趋}$
　　 进去$_{趋}$ 出来$_{趋,结}$ 出去$_{趋,结}$
　　 出去$_{趋}$ 过$_{结(四)}$ 过来$_{趋(一),结(三)}$
　　 过去$_{趋(一),结(四)}$ 起$_{结(三)}$
　　 起来$_{状}$ 开$_{状}$ 到$_{趋}$
　　 到……来$_{趋}$ 到……去$_{趋}$
报答 上$_{状}$ 下去$_{状(二)}$ 过$_{结(四)}$
　　 过来$_{结(三)}$ 起$_{结(三)}$ 起来$_{状}$
　　 开$_{状}$ 到$_{趋}$
报导 上$_{状}$ 下来$_{结(三)}$ 下去$_{状(二)}$
　　 出$_{趋,结}$ 出来$_{趋,结}$ 出去$_{趋}$
　　 过$_{结(四)}$ 过来$_{结(三)}$ 起来$_{状}$
　　 开$_{状}$ 到$_{趋}$
报废 下去$_{状(二)}$
报复 上$_{状}$ 下去$_{状(二)}$ 出$_{结}$
　　 出来$_{结}$ 过$_{结(四)}$ 过来$_{结(三)}$
　　 起来$_{状}$ 开$_{状}$ 到$_{趋}$
报告 上$_{状}$ 下来$_{结(三)}$ 下去$_{状(二)}$
　　 出$_{结}$ 出来$_{结}$ 过$_{结(四)}$
　　 过来$_{结(三)}$ 起来$_{状}$ 开$_{状}$

到$_趋$

报考 上$_状$ 下去$_{状(二)}$ 起来$_状$ 开$_状$ 到$_趋$

报请 下来$_{结(一)}$

报销 来$_趋$ 去$_趋$ 上$_状$ 上去$_{趋(一)}$ 下来$_{结(三)}$ 下去$_{状(二)}$ 出$_结$ 出来$_结$ 回$_趋$ 回来$_趋$ 回去$_趋$ 过$_{结(四)}$ 过来$_{结(三)}$ 起来$_状$ 开$_状$ 到$_趋$

报效 起来$_状$

报应 下去$_{状(二)}$

暴 出$_结$ 出来$_结$

暴动 上$_状$ 下去$_{状(二)}$ 过$_{结(四)}$ 起来$_状$ 开$_状$ 到$_趋$

暴发 出$_结$ 出来$_结$ 起$_状$ 起来$_状$

暴露 下去$_{状(二)}$ 出$_结$ 出来$_结$ 出去$_趋$ 到$_趋$ 到……去$_趋$

暴乱 下去$_{状(二)}$ 起来$_状$ 到$_趋$

爆 上$_状$ 下去$_{状(二)}$ 出$_结$ 出来$_结$ 起$_{结(三)}$ 起来$_{趋,状}$ 开$_{结(一),状}$ 到$_趋$

爆发 出$_结$ 出来$_结$ 起$_状$ 起来$_状$

爆裂 出$_结$ 出来$_结$ 开$_{结(一)}$ 起来$_状$

爆破 上$_状$ 下来$_{结(三)}$ 下去$_{状(二)}$ 出$_结$ 出来$_结$ 起来$_状$ 开$_状$ 到$_趋$

爆炸 上$_状$ 下去$_{状(二)}$ 出$_结$ 出来$_结$ 起来$_状$ 开$_{结(一),状}$ 到$_趋$

抱(～孩子) 来$_趋$ 去$_趋$ 上$_{趋(一),(二),结(二),状}$ 上来$_{趋(一)}$ 上去$_{趋(一),(二)}$ 下来$_{趋(一)}$ 下$_{趋(一),状(二)}$ 进$_趋$ 进去$_趋$ 出$_结$ 出来$_结$ 出去$_趋$ 回$_趋$ 回来$_趋$ 回去$_趋$ 过$_{趋(一),结(四)}$ 过来$_{趋(一),结(三)}$ 过去$_趋$ 起$_{趋,结(三)}$ 起来$_{趋,状}$ 开$_{趋,状}$ 到$_{趋,结}$ 到……来$_趋$ 到……去$_趋$

抱(孵) 上$_状$ 下来$_{结(三)}$ 下去$_{状(二)}$ 出$_结$ 出来$_结$ 起来$_状$ 开$_状$ 到$_趋$

抱养 来$_趋$ 去$_趋$ 出$_结$ 出来$_结$ 回$_趋$ 回来$_趋$ 回去$_趋$ 过来$_趋$ 过去$_{趋(一)}$ 起$_{趋(二)}$ 起来$_状$ 开$_状$ 到$_趋$

抱怨 上$_状$ 下去$_{状(二)}$ 出$_结$ 出来$_结$ 起来$_状$ 开$_状$ 到$_趋$ 到……来$_趋$

刨 来$_趋$ 去$_{趋,结(一)}$ 上$_{趋(一),结(一),状}$ 上来$_{趋(一)}$ 上去$_{趋(一),结}$ 下$_{趋(一),结(一)}$ 下来$_{趋(一),结(一),(三)}$ 下去$_{趋(一),结(一),状(二)}$ 进去$_趋$ 出$_结$ 出来$_结$ 出去$_趋$ 回$_趋$ 回来$_趋$ 回去$_趋$ 过$_{趋(一),结(四)}$ 过来$_{趋(一),(三)}$ 过去$_{趋(一)}$ 起$_{趋,结(三),状}$ 起来$_{趋,状}$

开_{结(一),状} 到_{趋,结}

悲悼 起来_状

悲鸣 起来_状

悲叹 起来_状

悲咽 起来_状

背 来_趋 去_趋 上_{趋(一)、结(一)(二)}
　　上来_{趋(一)} 上去_{趋(一)}
　　下_{趋(一),结(一)} 下来_{趋(一)}
　　下去_{趋(一),状(二)} 进_趋 进来_趋
　　进去_趋 出_{趋,结} 出来_{趋,结}
　　出去_趋 回_趋 回来_趋 回去_趋
　　过_{趋(一),结(四)} 过来_{趋(一),结(三)}
　　过去_{趋(一)} 起_{趋,结(三)} 起来_{趋,状}
　　开_状 到_状 到……来_趋
　　到……去_趋

背负 起_{结(一)} 起来_{结(一)}

焙 上_状 下来_{结(三)} 下去_{状(二)}
　　出_结 出来_结 过_{结(四)}
　　过来_{结(三)} 起_{结(三)} 起来_状
　　开_状 到_趋

悖逆 起来_状

鞴 上_{结(一),状} 下_{结(一)} 起_{结(三)}
　　起来_状

背(一诵) 上_状 上来_{结(二)}
　　下来_{结(二)} 下去_{状(二)} 出_结
　　出来_结 过_{结(三)(四)} 过来_{结(三)}
　　起_状 起来_状 开_状 到_趋
　　到……来_趋 到……去_趋

背(~气) 过去_{结(二)}

背离 下去_{状(二)} 到_趋

背叛 上_状 下去_{状(二)} 起来_状
　　开_状 到_趋 到……去_趋

背弃 下去_{状(二)}

背诵 上_状 上来_{结(二)}
　　下来_{结(二)} 下去_{状(二)} 出_结
　　出来_结 过_{结(四)} 过来_{结(三)}
　　起_状 起来_状 开_状 到_趋

备 来_趋 上_{结(一),状} 下_{结(一)}
　　下来_{结(一)} 出_结 出来_结
　　起_{结(三)} 起来_状 开_状 到_趋

备办 下_{结(一)} 下来_{结(一)} 出_结
　　出来_结

奔(bēn) 来_趋 去_趋 上_{趋(一)(二)}
　　上来_{趋(一)(二)} 上去_{趋(一)(二)}
　　下来_{趋(一)} 下去_{趋(一)} 进_趋
　　进来_趋 进去_趋 出_趋 出来_趋
　　出去_趋 回_趋 回来_趋 回去_趋
　　过_{趋(一)} 过来_{趋(一)} 过去_{趋(一)}
　　起来_状 到_趋

奔波 上_状 下来_{结(三)}
　　下去_{状(二)} 出_结 出来_结
　　起来_状 开_状 到_趋

奔驰 上_状 过来_{趋(一)(二)}
　　过去_{趋(一)(二)} 起来_状 到_趋

奔赴 到_趋

奔流 到_趋

奔忙 上_状 起来_状 开_状

奔跑 下去_{状(二)} 过来_{趋(一)(二)}
　　过去_{趋(一)(二)} 起来_状

奔驶 过来_{趋(一)(二)} 过去_{趋(一)(二)}

起来_状

奔腾　起来_状

奔突　起来_状

奔袭　过来_趋(一)　过去_趋(一)

奔泻　下来_趋(一)　下去_趋(一)
　　出来_趋　起来_状　到_趋

奔走　上_状　起来_状　开_状
　　到_趋

奔(bèn,～票)　来_趋　上_结(二)
　　出_结　出来_结　回_趋　回来_趋
　　开_状　到_趋

奔(bèn,～命)　上_状　起来_状
　　开_状　到_趋

崩　上_结(一)　上来_趋(一)
　　上去_趋(一),结　下_结(一)
　　下来_趋(一),结
　　下去_趋(一),结,状(二)　进_趋
　　进来_趋　进去_趋　出_趋,结
　　出来_趋,结　出去_趋　过来_趋(一)
　　过去_趋(一)　起_趋　起来_趋,状
　　开_结(一),状　到_趋　到……来_趋
　　到……去_趋

崩溃　下来_状　下去_趋(一)
　　起来_状　到_趋

崩裂　下来_结(一)　下去_趋(二)
　　开_结(一)　起来_状

崩塌　下来_趋(一)　下去_趋(一)(二)
　　起来_状

绷(拉紧、张紧)　上_结(一),状
　　起来_结(二)　开_结(一)　到_趋

到……去_趋

绷(～衣服)　上_结(一)　上去_结
　　进_趋　进去_趋　出_结　出来_结
　　起_结(一)　起来_结(一),状　开_状
　　到_趋　到……来_趋　到……去_趋

绷(～脸)　上_状　下去_状(二)
　　起_结(一)　起来_结(一),状　开_状
　　到_趋

迸　出_结　出来_结

迸发　出_结　出来_结

迸裂　出_结　出来_结　起来_状
　　开_结(一),状　开来_趋(一)　到_趋

蹦　来_趋　去_趋　上_趋(一)(二),状
　　上来_趋(一)(二)　上去_趋(一)(二)
　　下_趋(一)　下来_趋(一)
　　下去_趋(一),状(二)　进_趋　进来_趋
　　进去_趋　出_趋　出来_趋
　　出去_趋　回_趋　回来_趋　回去_趋
　　过_趋(一),结(三)(四)　过来_趋(一)
　　过去_趋(一)　起来_趋,状　开_趋,状
　　到_趋　到……来_趋　到……去_趋

蹦达　来_趋　上_状　下去_状(二)
　　起来_状　开_状　到_趋　到……去_趋

绷(一裂)　出_结　出来_趋　开_趋(一)

逼　来_趋　去_趋　上_趋(一)(二),状
　　上来_趋(一)(二)　上去_趋(一)(二)
　　下_趋(一)(二)　下来_趋(一)
　　下去_趋(一)(二),状(二)　进_趋　进来_趋
　　进去_趋　出_结　出来_趋,结
　　出去_趋　回_趋　回来_趋

回去_趋　过_趋(一),结(二)(四)　　　　出_结　出来_结　过_结(四)
过来_趋(一)　过去_趋(一)　起来_状　　起来_状　开_状　到_趋(二)
开_状　到_趋　到……来_趋　　　　比赛　上_状　下来_结(三)　下去_状(二)
到……去_趋(一)　　　　　　　　　　出_结　出来_结　起来_状　开_状
逼（一迫）　上_状　下去_状(二)　　　到_趋(二)
　出_结　出来_结　起来_状　开_状　比试　上_状　下去_状(二)　起来_状
　到_趋　　　　　　　　　　　　　　开_状
逼视　下去_状(二)　过来_趋(一)　　　比喻　上_状　出_结　出来_结
鄙薄　起来_状　　　　　　　　　　　起来_状　开_状
鄙视　起来_状　　　　　　　　　　比照　起来_状
笔伐　起来_状　　　　　　　　　　滗　去_结(一)　上_状　下_趋(一)
笔耕　起来_状　　　　　　　　　　　下来_趋　下去_状(二)　出_趋
笔录　下来_结(一)　　　　　　　　　出来_趋　出去_趋　起来_状
笔算　出_结　出来_结　　　　　　　开_状　到_趋　到……来_趋
笔谈　上_状　下来_结(三)　下去_状(二)　到……去_趋(一)
　起来_状　到_趋　　　　　　　　闭　上_结(一)　起_结(一)　起来_结(一)
笔译　出_结　出来_结　　　　　　　到_趋(一)(二)
笔战　下去_状(二)　起来_状　　　　闭塞　下去_状(二)　起来_状
比　上_结(一),状　下来_结(二),结(三)　　庇护　上_状　下_结(一)　下来_结(一)
　下去_趋(二),结(一),状(二)　出_结　　　　下去_状(二)　出_结　出来_结
　出来_结　过_结(三)(四)　过去_结(三)　　过_结(四)　过来_结(三)　起来_结(一)
　过来_结(三)　起_状　起来_状　　　到_趋(二)
　开_状　到_趋　到……去_趋　　篦　去_结(一)　上_状　下_结(一)
比附　上_状　上去_结　下_趋(一)　　下来_结(一)　下去_结(一),状(二)
　起来_状　开_状　　　　　　　　　出_趋　出来_趋　出去_趋
比划　上_状　上来_结(二)　下来_趋(三)　过_结(四)　过来_结(三)　起来_状
　下去_状(二)　出_结　出来_结　　　开_状　到_趋(一)(二)　到……去_趋
　过_结(四)　过来_结(三)　起来_状　避　进_趋　进来_趋　进去_趋
　开_状　到_趋(二)　　　　　　　　出来_趋　出去_趋　过_结(三),结(四)
比较　上_状　下来_结(三)　下去_状(二)　过来_结(三)　过去_结(四)　起来_状

开趋,状　到趋　到……来趋
到……去趋

避讳　上状　下去状(二)　起来状
到趋(一)

煸　上状　下来结(三)　下去状(二)
出结　出来结　过结(二)(四)
过来结(三)　起来状　到趋

编(织)　来趋,结(二)　上结(一),状
上来结(一)(二)　上去结
下来结(二)(三)　下去状(二)　进趋
进来趋　进去趋　出结　出来结
过结(三)(四)　过来结(三)　起结(一)(三)
起来结(一),状　开状　到趋

编(一排)　上状　上来结(一)
上去结　下来结(三)　下去状(二)
进趋　进来趋　进去趋　出结
出来结　回趋　回去趋　过结(四)
过来结(三)　起来结(一),状　开状
到趋　到……来趋　到……去趋

编(一辑)　上结(一),状　上来结
下去状(二)　进趋　进来趋
进去趋　出结　出来结　过结(四)
过来结(三)　起来结(一),状　开状
到趋　到……来趋　到……去趋

编(一写)　上状　上来结(二)
上去结　下来结(三)　下去状(二)
进趋　进来趋　进去趋　出结
出来结　过结(四)　过来结(三)
起来状　开状　到趋　到……来趋
到……去趋

编(一造)　上状　上来结(二)
下结(一)　下去状(二)　出结
出来结　过结(三)　起来状
开状　到趋

编导　上状　下去状(二)　出结
出来结　过结(三)　起来状
开状　到趋

编辑　出结　出来结　起来结(一)
到趋

编录　下来结(一)　出结　出来结
起来状　到趋

编排　上状　上去结　下结(一)
下来结(一)(三)　下去状(二)　出结
出来结　过结(一),状　开状
到趋

编写　上状　下结(一)　下来结(三)
下去状(二)　出结　出来结
过结(四)　过来结(三)　起来状
开状　到趋　到……来趋
到……去趋(一)

编译　上状　下来结(三)　下去状(二)
出结　出来结　起状　起来状
开状

编造　上状　下来结(三)　下去状(二)
出结　出来结　起状　起来状
开状　到趋　到……来趋
到……去趋

编织　上结(一),状　上去结　下来结(三)
下去状(二)　出结　出来结
起状　起来状　开状　到趋

编制　出结　出来结
编撰　出结　出来结
编纂　出结　出来结
鞭策　起来状
鞭答　起来状
鞭打　起来状
鞭挞　起来状
贬　去结(一)　下结(一)　下来结(一)
　　下去结(一)　到趋　到……来趋
　　到……去趋
贬斥　下去结(一)
贬黜　下去结(一)
贬低　上状　起来状　开状　到趋
贬损　起来状　到趋
贬抑　起来状　到趋
贬谪　到……去趋
辨　上状　下来结(三)　下去状(二)
　　出结　出来结　过来结(三)
　　起来状
辨白　上状　起来状　开状
辨别　上状　下来结(三)　下去状(二)
　　出结　出来结　过来结(三)　过来结(三)
　　起来状　开状　到趋
辨认　上状　下来结(三)　下去状(二)
　　出结　出来结　过来结(四)　过来结(三)
　　起来状　开状　到趋
辨析　上状　下来结(三)　下去状(二)
　　出结　出来结　过来结(四)　过来结(三)
　　起来状　到趋
辩　上状　下来结(三)　下去状(二)

出结　出来结　过结(三)(四)
过来结(三)　起来状　开状　到趋
辩白　上状　下来结(三)　下去状(二)
　　出结　出来结　起来状　开状
　　到趋
辩驳　下去状(二)　起来状
辩护　上状　下来结(三)　下去状(二)
　　出结　出来结　过结(四)
　　过来结(三)　起来状　开状　到趋
辩解　上状　下去状(二)　起来状
　　开状　到趋
辩论　上状　下来结(三)　下去状(二)
　　出结　出来结　过结(三)(四)
　　过来结(三)　过去结(四)　起来状
　　开状　到趋(二)
变　来趋,结(三)　上状　上来结(二)
　　下去状(二)　出结　出来结
　　回趋　回来趋　回去趋
　　过结(四)　过来结(二)　过去结(二)
　　起来状　开状　到趋　到……来趋
　　到……去趋
变动　上状　下去状(二)　过来结(二)
　　过去结(二)　起来状　开状　到趋
变革　来趋　上状　下来结(三)
　　下去状(二)　出结　出来结
　　过结(四)　过来结(三)　起来状
　　到趋　到……去趋
变更　下来结(三)　下去状(二)
　　出结　出来结　回趋　回去趋
　　过结(四)　过来结(二)(三)　过去结(二)

起来₍状₎ 到₍趋₎

变化 下去₍状₎₍二₎ 出₍结₎ 出来₍结₎
回来₍趋₎ 回去₍趋₎ 起来₍状₎ 到₍趋₎

变幻 出₍结₎ 出来₍结₎

变换 上₍状₎ 下来₍结₎₍三₎ 下去₍状₎₍二₎
出₍结₎ 出来₍结₎ 过₍结₎₍四₎
过来₍趋₎₍一₎,₍结₎₍三₎ 过去₍趋₎₍一₎
起来₍状₎ 开₍状₎ 到₍趋₎
到……来₍趋₎ 到……去₍趋₎

变卖 来₍趋₎ 上₍状₎ 下来₍结₎₍三₎
下去₍状₎₍二₎ 出₍趋₎,₍结₎ 出来₍结₎
出去₍趋₎ 回₍趋₎ 回来₍趋₎ 回去₍趋₎
过₍结₎₍四₎ 过来₍结₎₍三₎ 起来₍状₎
开₍状₎ 到₍趋₎ 到……来₍趋₎
到……去₍趋₎₍一₎

变通 起来₍状₎ 到₍趋₎

标 上₍结₎₍一₎,₍状₎ 上来₍结₎₍一₎
上去₍结₎ 下₍结₎₍一₎ 下来₍结₎₍一₎
下去₍状₎₍二₎ 出₍结₎ 出来₍结₎
过₍结₎₍四₎ 过来₍结₎₍三₎ 起来₍状₎
开₍状₎ 到₍趋₎ 到……来₍趋₎
到……去₍趋₎

标榜 上₍状₎ 起来₍状₎

标志 出₍结₎

标准化 起来₍状₎

表 出₍结₎ 出来₍结₎

表白 上₍状₎ 下去₍状₎₍二₎ 起来₍状₎
开₍状₎ 到₍趋₎

表达 出₍结₎ 出来₍结₎ 过₍结₎₍四₎
过来₍结₎₍三₎ 起来₍状₎

表决 上₍状₎ 下来₍结₎₍三₎ 下去₍状₎₍二₎
出₍结₎ 出来₍结₎ 过₍结₎₍四₎
过来₍结₎₍三₎ 起来₍状₎ 开₍状₎ 到₍趋₎

表露 出₍结₎ 出来₍结₎

表面化 起来₍状₎

表示 出₍结₎ 出来₍结₎ 过₍结₎₍四₎
起来₍状₎ 开₍状₎ 到₍趋₎

表现 上₍状₎ 下去₍状₎₍二₎ 出₍结₎
出来₍结₎ 过₍结₎₍四₎ 起来₍状₎
到……去₍趋₎

表演 来₍结₎₍三₎ 上₍状₎ 上来₍结₎₍二₎
下来₍结₎₍三₎ 下去₍状₎₍二₎ 出₍结₎
出来₍结₎ 过₍结₎₍四₎ 过来₍结₎₍三₎
起来₍状₎ 开₍状₎ 到₍趋₎

表扬 上₍状₎ 下去₍状₎₍二₎ 出去₍趋₎
过₍结₎₍四₎ 过来₍结₎₍三₎ 起来₍状₎
开₍状₎ 到₍趋₎

表彰 出来₍结₎

裱 来₍趋₎,₍结₎₍二₎ 上₍结₎₍一₎,₍状₎
上去₍结₎ 下₍结₎₍一₎ 下去₍状₎₍二₎
出₍结₎ 出来₍结₎ 过₍结₎₍四₎ 过来₍结₎₍三₎
起₍结₎₍三₎ 起来₍结₎₍一₎,₍状₎ 开₍状₎
到₍趋₎

裱糊 上₍结₎₍一₎ 上去₍结₎
下来₍结₎₍三₎ 下去₍状₎₍二₎ 出₍结₎
出来₍结₎ 过₍结₎₍四₎ 过来₍结₎₍三₎
起₍结₎₍三₎ 起来₍结₎₍一₎,₍状₎ 开₍状₎
到₍趋₎

摽(biāo) 上₍结₎₍一₎,₍状₎ 上去₍结₎
下去₍状₎₍二₎ 起₍结₎₍三₎ 起来₍结₎₍一₎

到$_{趋}$　到……去$_{趋}$

憋　上$_{状}$　下来$_{结(三)}$　下去$_{状(二)}$
　　出$_{结}$　出来$_{结}$　过$_{结(三)(四)}$
　　起来$_{状}$　开$_{状}$　到$_{趋}$

别(～针)　来$_{趋}$　去$_{趋}$　上$_{结(一),状}$
　　上来$_{结(一)}$　上去$_{结}$　下去$_{状(二)}$
　　过$_{(四)}$　过来$_{趋(一),结(三)}$
　　过去$_{(一)}$　起$_{结(一)(三)}$
　　起来$_{(一),状}$　开$_{状}$　到$_{趋(一)(二)}$
　　到……来$_{趋}$　到……去$_{趋(一)}$

瘪　下$_{结(二)}$　下去$_{结(二),状(二)}$
　　进$_{结}$　进去$_{结}$　起来$_{状}$　到$_{趋(二)}$

别(一不过)　过$_{结(三)}$

摈　去$_{结(一)}$

摈斥　下去$_{趋(二)}$

摈除　下去$_{结(一)}$

摈弃　下去$_{结(一)}$

冰　上$_{结(一),状}$　上去$_{结}$　下来$_{结(三)}$
　　下去$_{状(二)}$　过$_{结(四)}$　过来$_{结(三)}$
　　起$_{结(一)(三)}$　起来$_{结(一),状}$　开$_{状}$
　　到$_{趋}$

冰冻　起来$_{结(一)}$　到$_{趋}$

冰镇　上$_{结(一),状}$　下来$_{结(三)}$
　　下去$_{状(二)}$　起来$_{结(一),状}$　到$_{趋}$

禀报　上去$_{趋(一)}$

屏除　下去$_{结(二)}$

秉承　下来$_{结(一)}$

病　上$_{状}$　下去$_{状(二)}$　出$_{结}$
　　起来$_{状}$　开$_{状}$　到$_{趋}$

并(合)　上$_{结(一)}$　上来$_{结(一)}$

上去$_{结}$　下去$_{状(二)}$　进$_{趋}$
进来$_{趋}$　进去$_{结}$　出$_{结}$　出来$_{结}$
过$_{结(四)}$　过来$_{趋,结(三)}$
过去$_{趋(一)}$　起$_{结(一)}$　起来$_{结(一),状}$
到$_{趋}$　到……来$_{趋}$　到……去$_{趋}$

并(平列)　上$_{结(一)}$　上来$_{结(一)}$
　　上去$_{结}$　起来$_{结(一)}$　到$_{趋}$
　　到……去$_{趋}$

并发　出$_{结}$　出来$_{结}$

并进　起来$_{状}$

并立　起来$_{结(一)}$

并联　上$_{结(一)}$　上来$_{结(一)}$
　　上去$_{结}$　下来$_{结(一)}$　下去$_{状(二)}$
　　起来$_{结(一)}$　到$_{趋}$　到……来$_{趋}$
　　到……去$_{趋}$

并列　上$_{给(一),状}$　下去$_{状(二)}$
　　起来$_{结(一)}$　到$_{趋}$

并排　上$_{结(一),状}$　下去$_{状(二)}$
　　起来$_{结(一)}$　到$_{趋}$

并吞　过来$_{趋(一)}$　过去$_{趋(一)}$
　　起来$_{状}$　到$_{趋}$

并行　下去$_{状(二)}$　起来$_{状}$

并重　起来$_{状}$

拨(分)　来$_{趋}$　去$_{趋}$　上$_{结(一),状}$
　　上来$_{趋(一),结(一)}$　上去$_{结(一),结}$
　　下$_{趋(一),结(一)}$　下来$_{结(一),结(一)}$
　　下去$_{趋(一),结(一),状(二)}$　进$_{趋}$
　　进来$_{趋}$　进去$_{结}$　出$_{结}$　出来$_{趋}$
　　出去$_{趋}$　回$_{趋}$　回来$_{结}$　回去$_{趋}$
　　过$_{结(四)}$　过来$_{趋(一)}$　过去$_{趋(一)}$

起来_状　开_{结(一),状}　到_趋
到……来_趋　到……去_趋
拨（一动）　上_状　上来_{趋(一)}
　上去_{趋(一)}　下来_{趋(一)}
　下去_{趋(一)}　进_趋　进来_趋
　进去_趋　出_{趋,结}　出来_{趋,结}
　出去_趋　回_趋　回来_趋　回去_趋
　过_{结(二)(四)}　过来_{趋(一)}　过去_{趋(一)}
　起来_状　开_{趋,状}　到_趋
　到……来_趋　到……去_趋
拨付　过去_{结(一)}　到_趋
拨拉　来_趋　去_趋　上_状　上来_{趋(一)}
　上去_{趋(一)}　下来_{趋(一),结(一)}
　下去_{趋(一),结(一),状(二)}　进_趋
　进来_趋　进去_趋　出_趋　出来_趋
　出去_趋　回_趋　回来_趋　回去_趋
　过_{趋(一),结(四)}　过来_{趋(一),结(三)}
　过去_{趋(一)}　起来_{趋,状}　开_{趋,结(二),状}
　到_趋　到……来_趋　到……去_趋
拨弄　上_状　起来_状　开_状　到_趋
播（～种）　上_状　下去_{状(二)}
　出来_结　出去_趋　过_{结(四)}
　过来_{结(三)}　起来_状　开_状　到_趋
播发　出去_趋　到_趋
播送　上_状　下去_{状(二)}　出_趋
　出来_结　过去_{结(四)}　过来_{结(三)}
　起来_状　开_状　到_趋
播种　下去_{趋(一)}　起来_状　到_趋
　到……去_趋
波荡　起来_状

波动　上_状　下去_{状(二)}　起来_状
　开_状　到_趋
波及　到_趋
剥夺　下去_{结(一)}
剥离　下_{结(一)}　下来_{结(一)}
　下去_{结(一)}　出_结　出来_结　开_{结(一)}
剥落　下来_{结(一)}　下去_{结(一)}
　起来_状　到_趋
剥蚀　下去_{状(二)}
剥削　来_趋　去_趋　上_状
　下来_{结(三)}　下去_{趋(二)}　过去_{趋(一)}
　起来_状　开_状　到_趋
勃发　出_结　出来_结　起来_{结(一)}
勃兴　起来_状
搏　来_趋　出_结　出来_结　起来_状
　到_结
搏动　起来_状
搏斗　来_{结(一)}　上_状　下来_{结(三)}
　下去_{状(二)}　过_{结(三)}　起来_状
　开_状　到_趋
搏击　上_状　下去_{状(二)}　起来_状
泊　下_{状(一)}　下来_趋　下去_{状(二)}
　到_趋
驳　上_状　下去_{趋(一)(二),状(二)}
　回_趋　回来_趋　回去_趋　过_{结(四)}
　过来_{结(三)}　起来_状　开_状
　到_{趋(二)}
驳斥　下去_{趋(二)}　回去_趋　起来_状
　开_状
跛　过来_{趋(一)}　起来_状　开_状

到 趋

簸 去 结(一) 上 状 下 趋(一)
　　下来 趋(一) 下去 趋(一),状(二)
　　出 趋 出来 趋 出去 趋 过 结(四)
　　过 结(三) 起来 状 开 状 到 趋
　　到……去 趋

捕 来 趋 去 趋 上 结(二) 上来 趋(一)
　　上去 趋(一) 下 结(一) 下去 状(二)
　　回 趋 回来 趋 回去 趋 过 结(四)
　　过来 趋(一),结(三) 过去 趋(一) 起 状
　　起来 结(一),状 开 状 到 趋,结
　　到……来 趋 到……去 趋

捕获 来 趋 去 趋 过来 趋(一)
　　过去 趋(一) 回来 趋 到 结

捕捞 来 趋 去 趋 上 趋(一),状
　　上来 趋(一) 上去 趋(一) 下 结(三)
　　下去 状(二) 回 趋 回来 趋
　　回去 趋 过 结(四) 过来 趋(一),结(三)
　　过去 趋(一) 起来 趋,状 开 状
　　到 趋,结 到……来 趋
　　到……去 趋(一)

捕拿 到 趋

捕食 起来 状

捕捉 来 趋 去 趋 上 趋(一),结(二),状
　　上来 趋(一) 上去 趋(一) 下 结(一)
　　下来 结(三) 下去 状(二) 回 趋
　　回来 趋 回去 趋 过 结(四)
　　起来 趋(一),结(三) 过去 趋(一)
　　起来 状 开 状 到 趋,结

哺 出 结

哺养 出 结 出来 结 起来 状

哺育 出 结 出来 结

卜 出 结 出来 结

补(修～) 来 趋,(三) 上 结(一),状
　　上来 结(一) 上去 结 下去 状(二)
　　进 趋 进来 趋 进去 趋 出
　　出来 结 回 趋 回来 趋 回去 趋
　　过 结(四) 过来 趋(一),结(三)
　　过去 趋(一) 起 结(一),(三),状
　　起来 结(一),状 开 状 到 趋(一)(二)
　　到……去 趋(一)

补(一充) 来 趋 上 结(一),状
　　上来 结(一) 上去 结 下去 状(二)
　　进 趋 进来 趋 进去 趋 出
　　出来 结 回来 趋 过 结(四)
　　过去 结(三) 起 结(三) 起来 结(一),状
　　开 状 到 趋(一)(二) 到……来 趋
　　到……去 趋

补(一养) 上 状 上来 状
　　下来 结(三) 下去 状(二) 出 结
　　出来 结 回来 趋 过 结(二)(四)
　　过去 结(三) 起 结(三) 起来 状
　　开 状 到 趋(二)

补报 来 趋 上 结(一) 上来 结(一)
　　上去 结 下去 状(二) 过 结(四)
　　过去 结(三) 起来 状 开 状

补偿 上 结 过来 结(三)

补充 来 趋 去 趋 上 结(一),状
　　上来 结(一) 上去 结 下去 状(二)
　　进 趋 进来 趋 进去 趋 过 结(四)

过来趋(一),结(三)　过去趋(一)
起来趋(一),状　开状　到趋,结
到……来趋　到……去趋

补救　过来结(二)　回来趋　起来状

补贴　来趋　去　上结(一),状
上来趋(一)　上去结　下去状(二)
进趋　进去　出趋,结　出来
出去趋　过结(四)　过来趋(一),结(三)
过去趋(一)　起结(三)　起来状
开状　到趋　到……来趋
到……去趋

补习　上状　下去状(二)　过结(四)
过来结(三)　起结(三)　起来状
开状　到趋

补养　上状　下去状(二)　起来状
开状

补助　来趋　上状　下去状(二)
过结(四)　过来结(三)　起结(三)
起来状　开状　到趋

补缀　上结(一)　起来结(一)

补足　到趋

部署　来趋　去趋　上结(一),状
上来结(一)　上去结　下结(一)
下来结(一)　下去结(一),状(二)
过结(四)　过去结(三)　起来状
开状　到趋　到……来趋
到……去趋

不忍　起来状

布　下结(一)

布置(～会场)　上状　下去状(二)
出结　出来结　过结(四)
过来趋(一),结(三)　过去结(一)
起结(三)　起来结(一),状　开状
到趋

布置(～工作)　上状　下结(一)
下来结(一)　下去结(一)　过结(四)
过来结(三)　起来状　开状　到趋

步行　上状　上来趋(一)(二)
上去趋(一)(二)　下去状(二)
到……来趋　起来状　开状
到趋

C

擦(～桌子)　来结,结(三)　去趋,结(一)
上状　下结(一)　下来结(一),(三)
下去结(一),状(二)　进趋　进来
进去趋　出结　出来趋,结(四)
过来趋(一),结(三)　过去趋(一)　起
起来状　开状　到趋　到……来趋
到……去趋

擦(摩一)　下结(一)　下来结(一)
下去结(一)　出结　出来结
起来状　开状　到趋

擦(～粉)　上结(一),状　上去结
过结(四)　过来结(三)　起结(三)

起来_状　开_结(二),状　到_趋
到……来_趋　到……去_趋(一)

擦（～萝卜丝） 上_状　进去_趋
出_结　出来_结　出去_趋　起来_状
开_状　到_趋

擦拭 下去_结(一)　起来_状

猜 来_趋　上_结(二),状　上来_结(二)
下来_结(三)　下去_状(二)　出_结
出来_结　过_结(四)　过来_结(三)
起来_状　开_状　到_趋,结
到……去_趋

猜测 下去_状(二)　出_结(一)
出来_结(一)　起来_状　开_状

猜忌 下去_状(二)

猜想 出_结　出来_结　到_结

猜疑 上_状　下去_状(二)　起来_状
开_状　到_趋

裁（剪） 来_趋,结(二)　去_结(一)
上_状　上来_结(二)　下_结(一)
下来_结(一)(三)　下去_结(一),状(二)
进_趋　进来_趋　进去_趋　出_结
出来_结　过_结(四)　过来_趋(一),结(三)
过去_趋(一)　回来_结　起_结(三)(四)
起来_状　开_结(一),状　到_趋

裁（一减） 去_结(一)　上_状　下_结(一)
下来_结(一)　下去_结(一),状(二)　开_结
到_趋　到……来_趋　到……去_趋

裁并 下来_结(三)　下去_结(一)

裁定 下来_结(一)

裁断 下来_结(一)　出来_结

裁夺 下来_结(一)

裁减 上_状　下_结(一)　下来_结(一)(三)
下去_结(一),状(二)　出_结　出来_结
过_结(四)　过来_结(三)　起来_状
开_状　到_趋　到……来_趋
到……去_趋

裁剪 上_状　出_结(一)　出来_结
过来_结(三)　起来_状　开_状　到_趋

裁决 下来_结(一)　出_结　出来_结
起来_状

裁判 上_状　下去_状(二)　出_结
出来_结　过来_结(三)　起来_状
开_状

采（～花） 来_趋　去_趋
上_趋(一),结(二),状　下_结(一)
下来_结(一)(三)　下去_结(一),状(二)
进_趋　进来_趋　进去_趋　出_趋,结
出去_趋,结　出去_趋　回_趋
回来_趋　回去_趋　过_结(三)(四)
过来_趋(一),结(三)　过去_趋(一)
起来_状　开_状　到_趋,结
到……来_趋　到……去_趋

采（一集） 来_趋　去_趋　上_结(二),状
下_结(一)　下去_状(二)　出_结
出来_结　回_趋　回来_趋　回去_趋
起来_状　开_状　到_结

采办 来_趋　去_趋　上_状
下_结(一)　下来_结(三)　下去_状(二)
回_趋　回来_趋　回去_趋　起来_状
开_状　到_结

采伐　来$_趋$　去$_趋$　上$_状$　下$_结(一)$
　　下来$_结(一)(三)$　下去$_结(一),状(二)$
　　出$_趋$　出来$_趋$　出去$_趋$　过$_结(四)$
　　过来$_趋(一),结(三)$　过去$_趋(一)$
　　起来$_状$　开$_状$　到$_趋$

采访　来$_趋$　去$_趋$　上$_结(二),状$
　　上来$_趋(一)$　下去$_状(二)$　出$_结$
　　出来$_结$　回$_趋$　回来$_趋$　过$_结(四)$
　　过来$_结(三)$　起来$_状$　开$_状$　到$_趋,结$

采购　来$_趋$　去$_趋$　上$_状$　上来$_趋(一)$
　　下$_结(一)$　下来$_结(三)$　下去$_状(二)$
　　进$_趋$　进来$_趋$　回$_趋$　回来$_趋$
　　回去$_趋$　过$_结(四)$　过来$_趋(三)$
　　起$_结(三)$　起来$_状$　开$_状$　到$_趋,结$

采集　来$_趋$　去$_趋$　上$_结(二)$
　　上来$_趋(一)$　上去$_趋(一)$　下$_结(一)$
　　下来$_结(一)$　下去$_状(二)$　出$_趋$
　　出来$_趋$　出去$_趋$　回$_趋$　回来$_趋$
　　回去$_趋$　过来$_结(三)$　起来$_状$
　　开$_状$　到$_趋,结$

采掘　来$_趋$　去$_趋$　上$_趋$　下来$_结(三)$
　　下去$_状(二)$　出$_结$　出来$_结$
　　过$_结(四)$　过来$_结(三)$　起来$_状$
　　开$_状$　到$_趋$

采录　下来$_结(一)$　出来$_结$

采纳　上$_状$　下来$_结(一)$　下去$_状(二)$
　　进来$_趋$　进去$_趋$　出$_结$　出来$_结$
　　过来$_结(三)$　起来$_状$　开$_状$　到$_趋$
　　到……来$_趋$　到……去$_趋$

采取　起来$_状$

采撷　下来$_结(一)$

采摘　来$_趋$　去$_趋$　上$_状$　下$_结(一)$
　　下来$_结(一)$　下去$_结(一),状(二)$
　　进$_趋$　进去$_趋$　出$_趋$　出来$_趋$
　　出去$_趋$　回$_趋$　回来$_趋$　回去$_趋$
　　过$_结(四)$　过来$_结(三)$　起来$_状$
　　开$_状$　到$_趋$

采制　出$_结$　出来$_结$

彩排　上$_状$　下来$_结(一)(三)$
　　下去$_状(二)$　过来$_结(四)$
　　过$_结(三)$　起来$_状$　开$_状$　到$_趋$

踩　上$_结(一),状$　上去$_结(一)$　下$_结(一)$
　　下来$_结(一),结(一)(二)$　下去$_结(一),状(二)$
　　进$_趋$　进去$_趋$　出$_趋$　出来$_趋$
　　过$_结(四)$　过去$_趋(一),结(三)$
　　过去$_结(一)$　起来$_趋$　开$_状$
　　到$_趋(一)$　到……来$_趋$
　　到……去$_趋$

参拜　上$_状$　下去$_状(二)$　过$_结(四)$
　　起来$_状$　开$_状$　到$_趋$

参观　来$_趋$　去$_趋$　上$_结(二),状$
　　下来$_结(三)$　下去$_状(二)$　过$_结(四)$
　　过来$_结(三)$　起来$_结$　起来$_状$
　　开$_状$　到$_趋,结$　到……来$_趋$
　　到……去$_趋$

参加　上$_结(二),状$　进$_趋$　进来$_趋$
　　进去$_趋$　过$_结(四)$　过来$_结(三)$
　　起$_结(三)$　起来$_状$　开$_状$　到$_趋(一)$
　　到……来$_趋$　到……去$_趋(一)$

参考　上$_结(二),状$　下去$_状(二)$

进去_趋 过_结(四) 过来_结(三)
起来_状 开_状 到_趋(二)
参谋 上_状 下去_状(二) 出_结
出来_结 过_结(四) 起来_状
开_状 到_趋
参与 上_状 进去_趋 起来_状
到_趋 到……来_趋
参阅 起来_状
参照 过_结(四) 起来_状
蚕食 去_结(一) 下去_结(一),状(二)
过来_趋(一) 过去_趋(一) 起来_状
开_状 到……来_趋
残存 下_结(一) 下来_结(一)
残害 下去_状(二) 起来_状
残留 下_结(一) 下来_结(一)
残杀 上_状 下去_状(二) 起来_状
开_状 到_趋
残余 下_结(一) 下来_结(一)
惨笑 起来_状
藏(隐一) 上_状 下_结(三)
下来_结(一) 下去_状(二) 进_趋
进来_趋 进去_趋 出_趋 出来_结
出去_趋 过_结(四) 过来_趋(一),结(三)
过去_趋 起_结(一) 起来_趋(一),结(三)
开_状 到_趋 到……来_趋
到……去_趋
藏(收一) 上_结(一),状 起来_状
开_状
藏匿 起来_结(一)
藏掖 起来_结(一)

操(～刀) 起_趋,状 起来_趋,状
操(～心) 上_状 下去_状(二)
出_结 出来_结 过来_结(三)
起_结(三) 起来_状 开_状 到_趋
操持 来_结(三) 上_状 下来_结(三)
下去_状(二) 出来_结 过来_结(三)
起_结(三) 起来_状 开_状 到_趋
操劳 上_状 下去_状(二) 出_结
出来_结 过来_结(三) 起来_状
开_状 到_趋
操练 上_状 下来_结(三) 下去_状(二)
出_结 出来_结 过_结(四) 过来_结(三)
起来_状 开_状 到_趋
操演 上_状 下去_状(二) 起来_状
开_状 到_趋
操纵(～机器) 上_状 过去_结(三)
起来_状 开_状
操纵(支配) 上_状 下来_结(一)
下去_状(二) 过来_结(三)
起来_结(一),状 开_状 到_趋
操作 来_结(三) 上_状 下来_结(二)(三)
下去_状(二) 起来_状 到_趋
草拟 出_结 过来_结(三) 出来_结
过去_结(三) 起来_结
草签 下_结(一) 下来_结(一)
测 来_趋 去_趋 上_状 下_结(一)
下来_结(一)(三) 下去_状(二) 出_结
出来_结 回_趋 回来_趋 回去_趋
过_结(四) 过来_结(一),结(三)
过去_趋(一),结(四) 起_结(三)

起来_状　开_状　到_趋,结

测定　出_结　出来_结

测绘　下_结(一)　下来_结(一)　出_结
　　　出来_结　过来_结(三)

测量　来_趋　去_趋　上_状　下_结(一)
　　　下来_结(一)(三)　下去_状(二)　出_结
　　　出来_结　回_趋　回来_趋　回去_趋
　　　过_结(四)　过来_结(三)　起_结(三)
　　　起来_状　开_状　到_趋

测试　上_状　下来_结(三)　下去_状(二)
　　　出_结　出来_结　过_结(四)
　　　过来_结(三)　起来_状　到_结

测验　上_状　下来_结(三)　下去_状(二)
　　　出_结　出来_结　过_结(四)
　　　过来_结(二)　起来_状　到_趋

侧　过来_趋(二)　过去_趋(二)　起_趋
　　到_趋　到……来_趋　到……去_趋

侧重　起来_状　到_趋

策动　上_状　出_结　出来_结
　　　起来_状　开_状

策划　上_状　下来_结(三)　下去_状(二)
　　　出_结　出来_结　过_结(四)
　　　过来_结(三)　起来_状　开_状　到_趋

策应　上_状

蹭(慢走)　上_趋(一),状　上来_趋(一)
　　　上去_趋(一),结　下_趋(一),结
　　　下来_趋(一),结　下去_趋(一),结,状(二)
　　　进_趋　进来_趋　出来_趋,结
　　　出去_趋　回_趋　回来_趋　回去_趋
　　　过_结(四)　过来_结(三)　过去_结(一)
　　　起来_状　开_状　到_趋

蹭(擦)　来_趋　去_结(一)
　　　上_趋(一),结(一),状　上来_趋(一)
　　　上去_趋(一),结　下_趋(一),结(一)
　　　下来_趋(一),结(一)　下去_趋(一),结(一),状(二)
　　　出_结　出来_结　过_结(四)
　　　过来_结(一),结(三)　过去_结(一)
　　　起来_状　开_状　到_趋

蹭(~白粉)　来_趋　上_结(一),状
　　　上去_结　下去_状(二)　回_结
　　　回来_结　回去_趋　到_趋
　　　到……去_趋

喳喳　上_状　下去_状(二)　起来_状
　　　开_状　到_趋

馇　上_状　下去_状(二)　出_结
　　　出来_结　起来_状　开_状　到_趋

插(~花)　来_结(三)　上_结(一),状
　　　上_结(一)　上去_结　下_结(一)(三)
　　　下来_结(一)　下去_结(一),状(二)
　　　进_趋　进来_趋　进去_趋　出来_趋,结
　　　出去_趋　过_结(四)　过来_结(一),结(三)
　　　过去_结(一)　起_结(三)　起来_结(一),状
　　　开_状　到_趋　到……来_趋
　　　到……去_趋

插(~队)　上_状　上来_结(一)
　　　上去_结　进_趋　进来_趋　进去_趋
　　　出_结　出来_结　起来_状　开_状
　　　到_趋(一)　到……来_趋
　　　到……去_趋(一)

叉　来_趋　去_趋　上_趋(一),结(一)

上来_{趋(一)}　上去_{趋(一)}
下_{趋(一),结(一)}　下来_{趋(一),结(一)}
下去_{趋(一),结(一),状(二)}　进_趋
进来_趋　进去_趋　出_趋　出来_趋
出去_趋　回_趋　回来_趋　回去_趋
过_{趋(一)}　过来_{趋(一),结(三)}
过去_{趋(一)}　起_结　起来_{趋,状}
开_{趋,状}　到_{趋,结}　到……来_趋
到……去_{趋(一)}

搭　上_{结(一),状}　上去_结　下来_{结(三)}
下去_{状(二)}　起_{结(三)}　起来_状
开_状　到_趋　到……去_趋

查(调一)　上_状　下来_{趋(一),结(三)}
下去_{状(二)}　出_结　出来_结　过_{结(四)}
过来_{趋(一),结(三)}　过去_{结(四)}
起来_状　开_状　到_{趋,结}

查(一找)　上_状　下来_{结(三)}
下去_{状(二)}　出_结　出来_结
过_{结(四)}　过来_{结(三)}　过去_{趋(一)}
起来_状　开_状　到_{趋,结}

查(检一)　上_状　下来_{结(三)}
下去_{状(二)}　出_结　出来_结
过_{结(四)}　过来_{结(三)}　过去_{结(四)}
起来_状　开_状　到_{趋,结}

查办　下来_{趋(一)}　下去_{状(二)}
起来_状

查抄　来_趋　去_趋　上_状　下来_{结(三)}
下去_{状(二)}　出_结　出来_结
过_{结(四)}　过来_{结(三)}　起来_状
开_状　到_结

查点　上_状　下来_{结(三)}　下去_{状(二)}
出_结　出来_结　过_{结(四)}
过来_{结(三)}　起来_状　到_趋

查对　上_状　下来_{结(三)}　下去_{状(二)}
出_结　出来_结　过_{结(四)}
过来_{结(三)}　起来_状　开_状　到_趋

查访　来_趋　上_状　下来_{结(三)}
下去_{状(二)}　出_结　出来_结
过_{结(四)}　过来_{结(三)}　起来_状
到_趋

查封　起来_{结(一)}

查禁　起来_结

查究　起来_结

查勘　出_结　出来_结

查看　上_状　下去_{状(二)}　过_{结(四)}
起来_状　开_状

查问　上_状　下来_{结(三)}　下去_{状(二)}
出_结　出来_结　过_{结(四)}　过来_{结(三)}
起来_状　开_状　到_趋

查询　出_结　出来_结

查阅　来_趋　上_状　下来_{结(三)}
下去_{状(二)}　过_{结(四)}　过来_{结(三)}
起来_状　开_状　到_趋

查证　出_结　出来_结

察　出_结

察访　来_趋　下来_{结(三)}　下去_{状(二)}
出_结　出来_结　过_{结(四)}
过来_{趋(一),结(三)}　起来_状　开_状
到_趋

察觉　出_结　出来_结　到_结

察看　起来$_状$　开$_状$

岔　过来$_{结(一)}$　过去$_趋$　开$_{结,状}$
　　到$_趋$　到……去$_趋$

差遣　来$_趋$　去$_趋$　出去$_趋$　上$_状$
　　过$_{结(四)}$　过来$_{结(一)}$　过去$_{趋(一)}$
　　起来$_状$　开$_状$　到$_趋$

拆　来$_趋$　去$_{结(一)}$　上$_状$　下$_{结(一)}$
　　下来$_{结(一)}$　下去$_{结(一),状(二)}$
　　出$_结$　出来$_结$　回$_趋$　回来$_趋$
　　回去$_趋$　过$_{结(四)}$　过来$_{趋(一),结(三)}$
　　过去$_{趋(一)}$　起$_{结(三)}$　起来$_状$
　　开$_{结(一),状}$　到$_趋$

拆除　下去$_{结(一)}$

拆兑　出$_结$　出来$_结$　起来$_状$　到$_结$

拆毁　下去$_{状(二)}$

拆卖　起来$_状$　下去$_{状(二)}$

拆洗　上$_状$　下去$_{状(二)}$　出来$_结$
　　过$_{结(四)}$　过来$_{结(三)}$　起$_{结(三)}$
　　起来$_状$　开$_状$　到$_趋$

拆卸　来$_趋$　上$_状$　下$_{结(一)}$
　　下来$_{结(一)}$　下去$_{结(一),状(二)}$
　　出$_结$　出来$_结$　回$_趋$　回来$_趋$
　　回去$_趋$　起来$_状$　开$_状$　到$_趋$

拆用　下去$_{状(二)}$　起来$_状$

搀（一扶）　来$_趋$　去$_趋$　上$_{趋(一)(二)}$
　　上来$_趋$　上去$_趋$　下$_{趋(一)}$
　　下来$_{趋(一)}$　下去$_{趋(一),状(二)}$
　　进$_趋$　进来$_趋$　进去$_趋$　出$_趋$
　　出来$_趋$　出去$_趋$　回$_趋$　回来$_趋$
　　回去$_趋$　过$_{结(一),(四)}$

过来$_{趋(一),结(三)}$　过去$_趋$
起$_{趋,状}$　起来$_{趋,状}$　开$_{趋,状}$
到$_趋$　到……来$_趋$　到……去$_趋$

搀（一合）　上$_{结(一)}$　上来$_{结(一)}$
　　上去$_结$　下去$_{状(二)}$　进$_趋$
　　进来$_趋$　进去$_趋$　出$_结$　出来$_结$
　　过$_{结(四)}$　过来$_{结(三)}$　起$_{结(三)}$
　　起来$_{结(一),状}$　开$_状$　到$_{结(一)}$
　　到……来$_趋$　到……去$_趋$

搀扶　上$_趋$　上来$_{趋(一)}$　上去$_{趋(一)}$
　　下$_{趋(一)}$　下来$_{趋(一)}$　下去$_{趋(一),状(二)}$
　　进$_趋$　进来$_趋$　进去$_趋$　出$_趋$
　　出来$_趋$　出去$_趋$　回$_趋$　回来$_趋$
　　回去$_趋$　过$_{结(一)}$　过来$_{结(一)}$
　　过去$_{趋(一)}$　起来$_{趋,状}$　开$_{趋,状}$
　　到$_趋$　到……来$_趋$　到……去$_趋$

搀和　上$_{结(一)}$　上来$_{结(一)}$
　　上去$_结$　下去$_{状(二)}$　进$_趋$
　　进去$_趋$　出$_结$　出来$_结$　过$_{结(四)}$
　　过来$_{结(三)}$　起$_{结(一)}$　起来$_{结(一),状}$
　　开$_{结(二),状}$　到$_趋$　到……去$_趋$

掺杂　上$_{结(一)}$　上去$_结$
　　下去$_{状(二)}$　进$_趋$　进来$_趋$
　　进去$_趋$　起来$_结$　到$_结$
　　到……去$_趋$

缠　上$_{结(一),状}$　上来$_{结(一),(二)}$
　　上去$_结$　下来$_{结(三)}$　下去$_{状(二)}$
　　进去$_趋$　出$_结$　出来$_结$　回$_趋$
　　回来$_趋$　过$_{结(四)}$　过来$_{趋(一),结(三)}$
　　过去$_{趋(一)}$　起$_{结(一),状}$

起来结(一),状　开状　到趋
到……来趋　到……去趋
缠绕　上结(一)　上来结(一)
　　上去结　下去状(二)　过来趋(一)
　　过去趋(一)　起来结(一)　到趋
蝉联　上结(二)　下去状(二)　到趋
谗害　下去状(二)　起来结　到趋
产　出结　出来结
产生　出结　出来结
铲　来趋　去趋,结(一)　上趋(一),结(一),状
　　上来趋(一),结(一)　上去趋(一),结
　　下趋(一),结(一)　下来趋(一),结(一)(三)
　　下去趋(一),结(一),状(二)　进
　　进来趋　进去趋　出趋,结
　　出来趋,结　出去趋　回趋
　　回来趋　回去趋　过趋(一),结(四)
　　过来趋(一),结(三)　过去趋(一)
　　起趋,状　起来趋,状　开状　到趋
　　到……来趋　到……去趋
铲除　下去结(一)　出去趋
　　起来状　到趋
阐发　出结　出来结　起来状
阐释　出结　出来结
阐述　上状　下去状(二)　出结
　　出来结　过结(四)　过来结(三)
　　起来状　开状　到趋
谄媚　起来状
谄谀　起来状
颤　上状　下去状(二)　出结
　　出来结　起来状　开状　到趋

颤动　下去状(二)　起来状　到趋
颤抖　上状　下去状(二)　起来状
　　开状　到趋
颤悠　上状　下去状(二)　起来状
　　开状
忏悔　上状　下去状(二)　过结(四)
　　起来状
尝　上状　下来结(三)　下去状(二)
　　出结　出来结　过结(四)
　　过来结(三)　起(三)　起来状
　　开状　到趋,结
尝试　起来状
偿　出结
偿还　来趋　上结(二)　下来结(三)
　　下去状(二)　出趋　出来结
　　回去趋　过来结(三)　起结(三)
　　起来状　到趋
长叹　起来状
敞　上状　下去状(二)　起状
　　起来状　开结(一),状　到趋
唱　来趋　上状　上来结(二)
　　下来结(二)(三)　下去状(二)
　　出结　出来结　过结(三)(四)
　　过来趋(一),结(三)　过去结(四)
　　起状　起来状　开状　到趋
唱和　上状　下去状(二)　起来状
倡导　起来状
倡议　上状
畅谈　上状　起来状　开状　到趋
畅想　起来状

畅销 起来状
畅饮 起来状
畅游 起来状
焯 上状 出来结 过结(四)
　过来结(三) 起来状 开状 到趋
绰(抓取) 来趋 去趋 上状
　下去状(二) 过来趋(一) 过去趋(一)
　起趋 起来状 开状 到趋,结
　到……来趋 到……去趋
抄(一写) 来趋 去趋 上结(一)(二),状
　上来结(二) 上去结 下结(一)(三)
　下来结(一)(三) 下去状(二) 进趋
　进去趋 出结 出来结 回趋
　回来趋 回去趋 过结(四)
　过来趋(一),结(三) 过去趋(一)
　起来状 开状 到趋
　到……来趋 到……去趋
抄(一查) 来趋 去趋 上状
　下来结(三) 下去状(二) 出趋,结
　出来趋,结 出去趋 回趋
　回来趋 过结(四) 过来趋(三)
　起来状 开状 到趋(二)
　到……来趋 到……去趋
抄(～小路) 上来趋(二) 上去趋(二)
　过来趋(一) 过去趋(一) 起来状
　到……来趋 到……去趋
抄录 来趋 去趋 上结(一),状
　上去结 下结(一) 下来结(一)
　下去状(二) 进去趋 出结
　出来结 回来趋 回去趋

过来趋(一) 过去趋(一) 起来状
开状 到趋 到……去趋
抄袭 去趋 上状 下去状(二)
　起来状 开状 到趋
抄写 上状 下结(一) 下来结(一)
　下去状(二) 出结 出来结
　过结(四) 过来结(三) 起来状
　开状
吵吵 上状 下去状(二) 出去趋
　起来状 开状 到趋
超 下去状(二) 出去趋 过结(二)
　过去趋(三)
超脱 出来趋 起来状
超越 过去趋(一)
朝拜 起来状
嘲讽 起来状
嘲弄 上状 下去状(二) 起来状
　开状
嘲笑 上状 下去状(二) 起来状
　开状
炒 来趋 去趋,结(一) 上状
　上来趋(二) 下结(一) 下来结(三)
　下去状(二) 进趋 进去趋 出结
　出来结 过结(四) 过来趋(一),结(三)
　过去趋(一) 起状 起来状 开状
　到趋
吵(～人) 上状 下去状(二) 出结
　出来结 起来状 开状 到趋
吵(争一) 来趋 上趋(一),状
　上来趋(一) 下结(一) 下来结(三)

下去状(二)　进来趋　进去趋
出结　出来结　出去结　过结(三)(四)
过来结(三)　过去结(四)　起来状
开状　到趋　到……来趋
到……去趋

吵闹　下去状(二)　起来状　到趋
吵嚷　下去状(二)　起来状　到趋
车　来趋　下去状(二)　出结(一)
出来结(一)　过结(四)　过来结(三)
起来状　开状　到趋

扯（撕）　来趋　去趋　上结(一),状
下结(一)　下来结(一)　下去结(一)(二)
出结　出来结　回结　回来结
回去趋　起结(三)　起来状
开结(一),状　到趋

扯（闲谈）　上状　下去状(二)
进趋　进来趋　进去趋　出结
出来结　起来状　开状　到趋
到……去趋

撤（一除）　去结(一)　下结(一)
下来结(一)　下去结(一),状(二)
出趋　出来趋　出去趋　起来趋
到趋　到……来趋　到……去趋

撤（一退）　来趋　上状　下结(二)
下来趋(二)　下去趋(二),状(二)　出结
出来趋　出去趋　回结　回来趋
回去趋　过结(四)　过来结(三)
起来状　开状　到趋
到……来趋　到……去趋

撤除　下来结(一)　下去结(一)

撤换　上状　下来结(一)
下去结(一),状(二)　起来状
到趋　到……去趋

撤离　下来趋(一)(二)　下去趋(一)(二)
出来趋　出去趋

撤退　上状　下来趋(一)(二)
下去趋(一)(二),状(二)　出趋　出来趋
出去趋　起来状　到趋

撤销　下结(一)　下去结(一)

掣　出趋　出来趋　回来趋
过来趋(一)　过去趋(一)　起来趋

嗔怪　起来状

抻　来趋　去趋　上趋(一),状
上来趋(一)　上去趋(一)
下趋(一),结(二)　下来趋(一),结(一)
下去趋(一),结(一),状(二)　进趋
进来趋　进去趋　出趋　出来趋
出去趋　回趋　回来趋　回去趋
过趋(一),结(四)　过来趋(一),结(三)
过去趋(一)　起来趋,状
开结(一)(二),状　到趋
到……来趋　到……去趋

沉　下趋(一)　下来趋(一)
下去趋(一),状(二)　起来状　到趋
到……去趋

沉淀　下来趋(一)　下去趋(一),状(二)
出结　出来结　起来状　到趋
到……去趋

沉浸　到趋

沉沦　下去状(一)(二)　到趋

沉迷　下去_状(二)

沉湎　下去_状(二)　　起来_状　到_趋

沉溺　下去_状(二)　　到_趋

沉睡　下去_状(二)　　起来_状　到_趋

沉思　下去_状(二)　　起来_状

沉陷　下去_趋(一)　　到_趋

沉吟　起来_状

沉醉　起来_状

陈述　出来_结(一)　起来_状

陈说　出_结　出来_结　起来_状

陈列　上_结(一),状　　上来_结(一)
　　　上去_结　下_结(一)　下去_状(二)
　　　出_趋　出来_趋　出去_趋　过_结(四)
　　　过来_结(三)　起_结(一)　起来_结(一),状
　　　到_趋

陈设　上_结(一)　起来_结(一)

衬　上_结(一)　上去_结　进_趋
　　进去_趋　出_结　出来_结　起来_结(一)
　　到_趋(一)

衬托　上_状　出_结　出来_结
　　　起来_结(一),状

衬映　出_结　出来_结

称(～东西)　来_趋　去_趋　上_状
　　　　　下_结(一)　下来_结(三)　下去_状(二)
　　　　　出_结　出来_结　回_趋　回来_趋
　　　　　回去_趋　过_结(四)　过来_结(三)
　　　　　起来_状　开_状　到_趋

称(叫)　上_状　起_结(三)　起来_状
　　　　开_状

称呼　起来_状

称说　起来_状

称颂　上_状　起来_状

称数　起来_状

称羡　起来_状

称许　起来_状

称赞　上_状　下去_状(二)　过_结(四)
　　　过来_结(三)　起来_状　开_状

撑　来_趋　去_趋　上_结(一)(二),结(一)(二)
　　上来_结(一)(二)　上去_结(一)(二)
　　下来_结(一),结(三)　下去_结(一),状(二)
　　进_趋　进来_趋　进去_趋　出_趋
　　出来_趋　出去_趋　回_趋　回来_趋
　　回去_趋　过_结(一),结(四)
　　过来_结(三)　过去_结(一),结(四)
　　起_趋,结(一),状　起来_趋,结(一),状
　　开_趋,结(一),状　到_趋　到……来_趋
　　到……去_趋

成立　上_状　起_结(一)　起来_结(一)
　　　开_状

成全　起来_状

成熟　起来_结(一)　到_趋

成长　起来_结(一)

盛(～饭)　来_趋　去_趋　上_结(一),状
　　　　　上来_结(一)(二)　上去_结(一)(二)
　　　　　下_结(一)　下来_结(三)　下去_状(二)
　　　　　进_趋　进来_趋　进去_趋　出_趋,结
　　　　　出来_趋,结　出去_趋　回_趋　回来_趋
　　　　　回去_趋　过_结(四)　过来_结(一),结(三)
　　　　　过去_趋(一)　起来_状　开_状　到_趋
　　　　　到……来_趋　到……去_趋

盛（容纳） 下结(三) 开结(三)
呈 来趋 上趋(一) 上来趋(一)
　　上去趋(一) 进来趋 到趋
　　到……去趋
呈报 来趋 上趋(一) 上来趋(一)
　　上去趋(一) 过来趋(三) 到趋
呈递 来趋 上趋(一) 上去趋(一)
　　起来状 到趋 到……去趋
呈露 出结 出来结
呈现 出结 出来结 到趋
呈献 上趋(一) 上去趋(一) 到趋
　　到……去趋
乘（一积） 上结(一),状 上去结
　　下来结(一) 进来趋 进去趋
　　出结 出来结 起来结(一),状
　　开状 到趋
乘（～车） 上结(二) 起来状
惩办 上状 下去状(二) 过结(四)
　　过来结(三) 起来状
惩处 下来结(三)
惩罚 上状 下来结(三) 下去状(二)
　　出结 出来结 过结(四)
　　过来结(三) 起来状 开状 到趋
惩戒 起来状
惩治 起来状
澄清 上状 起来状 开状
承办 下来结(一) 下去状(二)
　　起来状
承包 上结(二),状 下来结(一)
　　下去状(二) 进来趋 出去趋

过来趋(一) 过去趋(一)
起来结(一),状 开趋 到趋(一)(二)
承担 下来结(一) 下去状(二)
　　起来结(一) 到趋(二)
承当 下来结(一) 起来结(一)
承接 下来结(一) 过来趋
　　过去趋(一)
承揽 下来结(一) 过来趋
　　过去趋(一) 起来结(一) 到趋(一)
承诺 下来结(一) 过来趋(三)
承认 下来结(一) 起来状
承受 下结(一) 下来结(一)
承袭 下去结(二)
逞（一能） 上状 起来状 开状
　　到趋
痴想 起来状
吃 来结(三) 去结(一) 上结(二),状
　　下趋(一),结(三) 下来结(三)
　　下去趋(一),状(二) 进趋 进去趋
　　出结 出来结 结(四)
　　过结(三) 起结(三) 起来状
　　开状 到趋,结
嗤笑 起来状
迟到 上状 起来状 开状
　　下去状(二)
迟误 下来结(一) 下去状(二)
迟延 下来结(一) 下去状(二)
持 起趋
持续 下去状(二) 到趋
弛懈 下来结(三) 下来状

下去₍状₎₍一₎₍二₎　起来₍状₎
驰　来₍趋₎　去₍趋₎　过₍趋₎₍一₎
驰骋　起来₍状₎
驰驱　起来₍状₎
耻笑　上₍状₎　起来₍状₎　开₍状₎
侈谈　起₍状₎　起来₍状₎
褫夺　下去₍结₎₍一₎
赤　出₍结₎　出来₍结₎
赤露　出₍结₎　出来₍结₎　到₍趋₎
赤裸　出₍结₎　出来₍结₎
叱骂　起来₍状₎
叱责　起来₍状₎
斥骂　起来₍状₎
斥退　下去₍趋₎₍一₎
斥责　上₍状₎　起来₍状₎　开₍状₎
踟蹰　起来₍状₎
充　上₍结₎₍一₎　上去₍结₎　下来₍结₎₍三₎
　下去₍状₎₍二₎　进₍趋₎　进去₍趋₎
　过₍结₎₍四₎　过来₍结₎₍三₎　起来₍结₎₍一₎,₍状₎
　开₍状₎　到₍趋₎₍一₎₍二₎　到……去₍趋₎₍一₎
充斥　起来₍结₎₍一₎,₍状₎　到₍趋₎₍一₎
充当　起来₍状₎
充任　起来₍状₎
充盈　起来₍状₎
舂　来₍趋₎　上₍状₎　下来₍结₎₍三₎
　下去₍趋₎₍一₎,₍状₎₍二₎　出来₍结₎₍三₎
　过₍结₎₍四₎　过来₍结₎₍三₎　起来₍状₎
　开₍状₎　到₍趋₎
冲(一锋)　来₍趋₎　去₍趋₎
　上₍趋₎₍一₎₍二₎,₍状₎　上来₍趋₎₍一₎₍二₎

上去₍趋₎₍一₎₍二₎　下₍趋₎₍一₎　下来₍趋₎₍一₎
下去₍趋₎₍一₎,₍状₎₍二₎　进₍趋₎　进来₍趋₎
进去₍趋₎　出₍趋₎　出来₍趋₎　出去₍趋₎
过₍趋₎₍一₎,₍结₎₍四₎　过来₍趋₎₍一₎
过去₍趋₎₍一₎　起来₍状₎　开₍结₎₍一₎,₍状₎
到₍趋₎　到……来₍趋₎
到……去₍趋₎₍一₎
冲(一洗)　来₍趋₎　去₍结₎₍一₎　上₍结₎₍一₎,₍状₎
上来₍趋₎₍二₎　上去₍趋₎₍一₎,₍结₎
下₍趋₎₍一₎,₍结₎₍一₎　下来₍趋₎₍一₎,₍结₎₍一₎
下去₍趋₎₍一₎,₍结₎₍一₎,₍状₎₍二₎　进₍趋₎
进来₍趋₎　进去₍趋₎　出₍结₎
出来₍趋₎,₍结₎　出去₍趋₎　回₍趋₎
回来₍趋₎　回去₍趋₎　过₍结₎₍四₎
过来₍趋₎₍一₎,₍结₎₍三₎　过去₍趋₎₍一₎,₍结₎₍四₎
起₍趋₎　起来₍趋₎,₍状₎　开₍趋₎,₍结₎₍一₎,₍状₎
到₍趋₎　到……来₍趋₎　到……去₍趋₎
冲(～咖啡)　来₍趋₎　上₍状₎　下₍趋₎₍三₎
下去₍状₎₍二₎　出₍结₎　出来₍结₎
过₍结₎₍四₎　过来₍结₎₍三₎　起来₍状₎
开₍结₎₍二₎,₍状₎　到₍趋₎
冲犯　上₍结₎₍一₎
冲服　下去₍趋₎₍一₎
冲击　上₍状₎　下去₍状₎₍二₎　过₍结₎₍四₎
起来₍状₎　开₍状₎　到₍趋₎
冲决　开₍结₎₍一₎
冲刷　来₍趋₎　去₍结₎₍一₎　上₍状₎
上来₍趋₎₍一₎₍二₎　上去₍趋₎₍一₎₍二₎
下₍趋₎₍一₎,₍结₎₍一₎　下来₍趋₎₍一₎,₍结₎₍一₎
下去₍趋₎₍一₎,₍结₎₍一₎,₍状₎₍二₎　出₍结₎

出来结　过来趋(一)　过去趋(一)
起来状　开状　到趋

冲突　上状　下去状(二)　起来状
　　　开状　到趋

冲洗　上状　下结(一)　下来趋(一),结
　　　下去趋(一),结(一),状(二)　出结
　　　出来结　过结(四)　过来结(三)
　　　起来状　开状　到趋

冲撞　上状　上来趋(二)　上去趋(二)
　　　下去状(二)　过来趋(一)　过去趋(一)
　　　起来状　开状　到趋

憧憬　上状　起来状　开状

崇拜　上状　下去状(二)　出结
　　　过结(四)　过来结(三)　起来状
　　　开状　到趋

崇奉　起来状

崇敬　起来状　到趋

崇尚　起来状

重叠　上结(一)　上来结(一)
　　　上去结　下去状(二)　出结
　　　出来结　起来结(一)　到趋
　　　到……去趋

重复　上状　下来结(二)　下去状(二)
　　　起来状　开状　到趋

重合　上结(一)　上去结　起来结(一)
　　　到趋　到……去趋

重温　起来状

重印　出结　出来结

宠　上状　下去状(二)　出结
　　　过来结(三)　起来状　到趋

宠爱　下去状(二)　起来状　到趋

宠信　下去状(二)　起来状　到趋

宠幸　下去状(二)　起来状　到趋

抽（一取）　来趋,结(三)　去趋,结(一)
　　　上趋(一),结(二),状　上来趋(一)
　　　上去趋(一)　下来趋(二),结(一)(三)
　　　下去趋(一),状(二)　出趋,结
　　　出来趋,结　出去趋　回趋
　　　回来趋　回去趋　过趋(一),结(四)
　　　过来趋(一),结(三)　过去趋(一)
　　　起来趋,状　开结(一),状　到趋
　　　到……来趋　到……去趋

抽（一调）　来趋　去趋　上状
　　　上来趋(一)　上去趋(一)
　　　下来趋(一)(三)　下去趋(一),状(二)
　　　出趋,结　出来趋,结　出去趋
　　　回趋　回来趋　回去趋
　　　过趋(一),结(四)　过来趋(一),结(三)
　　　过去趋(一)　起来状　开状　到趋
　　　到……来趋　到……去趋

抽（吸）　来结(三)　上趋(二),状
　　　上来趋(一)　上去趋(一)
　　　下来结(三)　下去状(二)　进趋
　　　进去趋　出趋,结　出来趋,结
　　　出去趋　回趋　回来趋　回去趋
　　　过结(四)　过来趋(一),结(三)
　　　过去趋(一)　起结(三)　起来趋,状
　　　开状　到趋,结　到……来趋
　　　到……去趋

抽（打）　来趋　去趋　上结(一),状

上来结(一)　上去结　下结(一)
下来(一),结(一)　下去(一),结(一)
出结　出来结　回来趋　回去趋
过来(一)　过去(一)　起来状
开状　到趋　到……来趋
到……去趋

抽(缩)　上状　下去状(二)　进趋
进去趋　起来状　开状　到趋

抽查　上状　下来结(三)　下去状(二)
出结　出来结　过(四)　过来(三)
起来状　开状　到趋

抽搐　上状　下去状(二)　起来状
开状　到趋

抽搭　上状　起来状　开状　到趋

抽打　上状　上去(二)　下去状(二)
过来(一)　过去(一)　起来状
开状　到趋

抽调　来趋　上来(一)　上去(一)
下去状(二)　进趋　进来趋
进去趋　出趋　出来趋　出去趋
回来趋　回去趋　过结(四)
过来(一),结(三)　过去(一)
起来状　开状　到趋　到……来趋
到……去趋

抽缩　起来结(一)　到趋

抽象　出结　出来结　起来状
到趋

抽咽　上状　起来状

抽绎　出结　出来结

抽印　出结　出来结

踌躇　上状　下去状(二)　起来状
开状　到趋

筹　来趋　去趋　上结(二)　上来结(一)
下结(一)　下来(一)(三)
下去状(二)　出结　出来结
回趋　回来趋　回去趋　过结(四)
起结(三),状　起来结　开状　到趋,结

筹办　上结(二),状　下结(一)
下来(一)(三)　下去状(二)
过结(四)　过来结(三)　起(一),状
起来结,状　开状　到趋

筹备　上状　下结(一)　下来结(三)
下去状(二)　出结　出来结
过结(四)　过来结(三)　起结(三),状
起来结(一),状　开状　到趋

筹措　来趋　下来结(三)　出结
出来结　起来状　到趋,结

筹划　来趋　上状　下来结(三)
下去状(二)　出结　出来结
过结(四)　过来结(三)　起来状
开状　到趋,结

筹集　来趋　上结(一),状　上来结(一)
下结(一)　出结　出来结　过结(四)
起来状　开状　到结

筹建　上状　起来状　开状

筹商　起来状

筹算　上状　下来结(三)　出结
出来结　过结(四)　起来状　开状
到趋

酬报　起来状

酬答 起来状
酬对 起来状
酬和 起来状
酬谢 起来状
酬应 起来状
愁 上状 下来结(三) 下去状(二)
　出结 出来结 过来结(三) 起来状
　开状 到趋
仇恨 上状 下去状(二) 起来状
　到趋
仇杀 下去状(二) 起来状
仇视 上状 下去状(二) 起来状
　开状 到趋
丑化 上状 下去状(二) 起来状
　开状 到趋
臭骂 上状 起来状 开状
出(～门) 来趋 去趋
出(～题) 上状 下去状(二)
　过结(四) 过来结(三) 起结(三)
　起来状 开状 到趋
出(发生) 来趋 上状 下去状(二)
　起来状 开状 到趋
出版 上状 下去状(二) 过结(四)
　过来结(三) 起结(三) 起来状
出溜 下来趋(一) 下去趋(一),状(二)
　起来状 开状 到趋 到……来趋
　到……去趋
出使 到趋
出售 到趋
出息 上状 下去状(二) 起来状

　到趋
出租 上状 下来结(三) 下去状(二)
　起来状 到趋
除(去掉) 去结(一) 上状 下结(一)
　下来结(一) 下去结(一) 过结(四)
　过来结(三) 起来状 到趋
除(～法) 上状 下来结(三)
　下去状(二) 出来结 过结(四)
　过来结(三) 起来状 开(一),状
　到趋
锄 来结(三) 去结(一) 上状
　上来趋(一)(二) 上去趋(一)(二)
　下结(一) 下来趋(一),结(一)
　下去趋(一),结(一),状(二) 出来结
　回来趋 回去趋 过结(二)(三)(四)
　过来趋(一),结(三) 过去趋(一)
　起来状 开状 到趋 到……来趋
　到……去趋
储 下结(一) 起结(一)
储备 上结(一),状 下结(一)
　下来结(一)(三) 下去状(二) 过结(四)
　起结(三) 起来结(一),状 开状
　到趋
储藏 上结(一),状 下结(一)
　下来结(一)(三) 下去状(二) 进趋
　进去趋 过结(四) 过来结(三)
　起结(三) 起来结(一),状 开状
　到趋 到……来趋 到……去趋
储存 上结(一),状 下结(一)
　下来结(一)(三) 下去状(二) 进趋

进去_趋 过_结(四) 过来_结(三)   到……来_趋 到……去_趋

起_结(三) 起来_结(一),状 开_状   处治 上_状 下来_结(三) 下去_状(二)

到_趋 到……来_趋 到……去_趋   过_结(四) 过来_结(三) 起来_状

储蓄 上_结(一),状 下_结(一)   开_状 到_趋

下来_结(一),(三) 下去_状(二) 进_趋   处置 上_状 下来_结(三) 下去_状(二)

进去_趋 过_结(四) 过来_结(三)   过_结(四) 过来_结(三) 起来_状

起_结(一) 起来_结(一),状 开_状   开_状

到_趋   搐动 上_状 起来_状 开_状

杵 来_趋 去_趋,结(一) 上_趋(一)(二)   搐缩 起来_结(一),状 到_趋

上去_趋(一)(二) 上来_趋(一)(二)   矗立 起_状 起来_结(一) 到_趋

下_结(一) 下来_趋(一),结(一)   黜免 下去_结(一)

下去_趋(一),结(一),状(二) 进_趋   触 上_结(一) 上去_结 到_趋

进来_趋 进去_趋 出_趋,结   触动 起_状

出来_趋,结 出去_趋 回来_趋   触犯 到_趋

回去_趋 过_结(四) 过来_趋(一)   触怒 到_趋

过去_趋(一) 起来_趋,状 开_结(一),状   揣 来_趋 去_趋 上_结(一)

到_趋 到……来_趋 到……去_趋   上来_结(一) 上去_趋(一) 进_趋

处(相一) 来_结(二) 下来_结(三)   进来_趋 进去_趋 回_趋 回来_趋

下去_状(二) 起来_状   回去_趋 起_结(一) 起来_结(一)

处罚 上_状 下来_结(三) 下去_状(二)   到_趋

过_结(四) 过来_结(三) 起来_状   揣(猜) 出_结

开_状 到_趋 到……来_趋   揣测 上_状 出_结 出来_结

到……去_趋   起来_状 开_状 到_趋

处理(～事情) 上_状 下_结(一)   揣度 出_结 出来_结 起来_状

下来_趋(一),结(一)(三) 下去_趋(一),状(二)   揣摩 上_状 出_结 出来_结

出_结 出来_结 过_结(四)   起来_状 到_结

过来_结(三) 起来_状 开_状 到_趋   踹 来_趋 去_趋 上_结(一)

处理(～商品) 上_状 下去_状(二)   上来_趋(二) 上去_趋(二)

出_结 出去_趋 过来_结(三)   下_趋(一),结(一) 下来_趋(一),结(一)

起来_状 开_状 到_趋   下去_趋(一),结(一),状(二) 出_趋,结

出来趋,结　出去趋　回去趋
过结(四)　过来趋(一),结(三)
过去趋(一)　起来趋,结(一),状
开趋,结(一),状　到趋　到……来趋
到……去趋(一)

穿(～衣服)　来趋　去趋
上结(一)(三),状　上来结(一)
上去结　下结(三)　下来结(三)
下去状(二)　进趋　进去趋
出来趋　出去趋　回趋　回来趋
回去趋　过结(四)　过来结(三)
起结(一)(三)　起来结(一),状
开结(二),状　到趋,结　到……来趋
到……去趋

穿(连)　上结(一),状　上来结(一)
上去结　下结(一)(三)　下来状(二)
进趋　进来趋　进去趋　出结
出来趋　过结(四)　过来结(三)
起结(一)　起来结(一),状　开状
到……来趋　到……去趋

穿(通过)　上结(一),状　进趋
进来趋　进去趋　出趋　出来趋
过趋(一)　过来趋(一)　过去趋(一)
起来状　开状

穿插　上结(一)　上来结(一)　上去结
进趋　进来趋　起结(一)
起来结(一)　开结(一)　到趋
到……来趋　到……去趋

穿刺　上状

穿戴　上结(一)　下去状(二)　出去趋

起来结(一)

穿凿　上状　下去状(二)　出结
出来结　起来状　开状

传(一递)　来趋　上状　上来趋(一)
上去趋(一)　下趋(一)　下来趋(一)
下去趋(一),状(二)　进来趋
进去趋　出结,结　出来趋,结
出去趋　过结(四)　过来趋(一)(三)
过去趋(一)　起来状　开状　到趋
到……来趋　到……去趋

传(一导)　来趋　去趋　上来趋(一)
上去趋(一)　下来趋(一)　下去趋(一)
进趋　进来趋　进去趋　出趋
出来趋　出去趋　过来趋(一)
过去趋(一)　起来状　到趋
到……来趋　到……去趋

传(一播)　来趋　去趋　上状
下去状(二)　进趋　进来趋
进去趋　出去趋,结　出来趋,结
出去趋　回趋　回来趋　回去趋
过结(四)　过来趋(一)　过去趋(一)
起状　起来状　开结(二),状
开来结(二)　开去结　到趋
到……来趋　到……去趋

传(一染)　来趋　去趋　上结(一),状
下去状(二)　起来结　开状
开来结(二)　到趋　到……来趋
到……去趋

传(一授)　来趋　去趋　上状
下来结(一)　下去状(二)　进趋

进来趋　进去趋　出趋　出来趋
出去趋　过来趋(一)　过去趋(一)
起状　起来状　开状　到趋
到……来趋　到……去趋

传(～犯人)　来趋　去趋　上状
上来趋(一)　上去趋(一)　下去状(二)
进趋　进来趋　进去趋　出来趋
起来状　开状　到趋　到……来趋
到……去趋

传播　上状　下去状(二)　起来状
开结(二),状　开来结(二)　到趋
到……来趋　到……去趋

传抄　上状　下来状　下去状(二)
出结　出来趋,结　出去趋
起来状　开结(二),状　到趋

传达　上状　下来状(一)(三)
下去趋(一),状(二)　过结(四)
过来趋(一),结(三)　起来状　开状
到趋　到……来趋　到……去趋

传导　上来趋(一)　上去趋(一)
下来趋(一)　下去趋(一),状(二)
进来趋　进去趋　出趋　出来趋
出去趋　过来趋(一)　过去趋(一)
起来状　到趋　到……来趋
到……去趋

传递　来趋　去趋　上状
上来趋(一)(二)　上去趋(一)(二)
下来趋(一),结(三)　下去趋(一),状(二)
进趋　进来趋　进去趋　出趋,结
出来趋,结　出去趋　过结(四)

过来趋(一),结(三)　过去趋(一)
起来状　开状　到趋　到……来趋
到……去趋

传呼　上状　下去状(二)　起来状
到趋　到……来趋　到……去趋

传流　下去状(二)

传染　来结(一)　上结(一),状　下去状(二)
过结(四)　起来状　开结(二),状
开来结(二)　到趋,结

传授　上状　下来结(一)(三)
下去状(二)　出去趋　过结(四)
过来趋(三)　起来状　开状　到趋

传输　来趋　去趋　上状　上来趋(一)
上去趋(一)　下来趋(一)
下去趋(一),状(二)　进来趋　进去趋
出趋　出来趋　出去趋
过来趋(一),结(三)　过去趋(一)
起来状　到趋　到……来趋
到……去趋

传述　下来结(一)　下去状(二)

传诵　上状　下去状(二)　起来状
开状,结(二)　到趋

传送　来趋　去趋　上趋(一),状
上来趋(一)　上去趋(一)　下趋(一)
下来趋(一)　下去趋(一),状(二)　进趋
进来趋　进去趋　出趋　出去趋
出去趋　过结(四)　过来趋(一),结(三)
过去趋(一)　起来结(一),状　开状
到趋　到……来趋　到……去趋

传讯　起来状

传扬　出去趋　开结(二)

传阅　上状　下去状(二)　起来状
　　　开状　到趋　到……来趋
　　　到……去趋

喘　上状　上来结(二)　下去状(二)
　　出趋　出来趋　过来结(三)
　　起来状　开状　到趋

串(连贯)　上结(一),状　下来结(一)
　　下去状(二)　起结(一)　起来结(一),状
　　到趋

串(～线)　上状　下去状(二)
　　起状　起来结(一),状　开状　到趋
　　到……来趋　到……去趋

串(～亲戚)　上状　下去状(二)
　　出结　出来结　过结(三)
　　起结(三),状　出来状　开状　到趋
　　到……来趋　到……去趋

串换　开结(一)　到结

串讲　上状　下来结(二)　起来状
　　开状

串联　上结(一)　上来结(一)
　　上去结　下来结(三)　下去状(二)
　　进趋　进来趋　进去趋　出结
　　出来结　过结(四)　过来结(一),结(三)
　　起结(一)　起来结(一),状　开状
　　到趋　到……来趋　到……去趋

串通　上结(一),状　下来结(三)
　　下去状(二)　出结　出来结
　　起来结(一),状　开状　到趋

串游　起来状

闯　来趋　去趋　上状　上来结(一)
　　上去趋(一)　下结(一)　下来结(二)
　　下去状(二)　进趋　进来趋
　　进去趋　出趋　出来趋　出去趋
　　回趋　回来趋　回去趋
　　过趋(一),结(一)(四)　过来结(一),结(三)
　　过去趋(一),结(一)　起来状
　　开结(二),状　到趋,结　到……来趋
　　到……去趋

闯荡　来趋　去趋　上状　下来结(三)
　　下去状(二)　过来结(一)　过去结(一)
　　起来状　到趋　到……来趋
　　到……去趋

闯练　出结　出来结　起来状

创　出结　出来结

创办　上状　下结(一)　下来结(一)
　　下去状(二)　出结　出来结
　　起结(一),结(三)　起来结(一),状　开状

创建　出结　出来结　起结(一)
　　起来结(一)

创立　起结(一)　起来结(一)

创设　出结　出来结　起来结(一),状

创造　上状　下去状(二)　出结
　　出来结　起来状　开状

创制　出结　出来结

创作　上状　下去状(二)　出结
　　出来结　起来状　开状　到趋

吹(～风)　来趋　去趋,结(一)
　　上趋(一)(二),结(一),状　上来趋(一)(二),结(一)
　　上去趋(一)(二),结　下趋(一),结(一)

下来_趋(一),结(一)　下去_趋(一),结(一),状(二)
进_趋　进来_趋　进去_趋　出_趋,结
出来_趋,结(一)　出去_趋
过_趋(一),结(四)　过来_趋(一),结(三)
过去_趋(一)　起_趋,状　起来_趋,状
开_趋,结(一)(二),状　到_趋
到……来_趋　到……去_趋

吹(～笛子)　来_结(三)　上_状
上来_结(二)　下来_结(三)　下去_状(二)
出_结　出来_结　回来_趋　过_结(四)
过来_结(三)　起_状　起来_状　开_状
到_趋

吹(～牛)　上_状　下_结(一)
下去_状(二)　出_趋　出来_结
出去_趋　过_结(四)　起_状
起来_趋,状　开_状　到_趋
到……来_趋　到……去_趋

吹打　上_状　下来_结(三)　下去_状(二)
起来_状　开_状　到_趋

吹拂　下来_趋(一)　下去_趋(一)
过来_趋(一)　过去_趋(一)　起_趋
起来_趋,状　到_趋

吹捧　上_状　上去_趋(一)　下去_状(二)
起来_趋,状　开_状　到_趋

吹嘘　上_状　下去_状(二)　起来_状
开_状　到_趋

吹奏　上_状　下来_结(三)　下去_状(二)
起来_状　开_状

垂钓　起来_状

垂青　起来_状

垂落　下_趋(一)　下来_趋(一)
下去_趋(一)　到_趋

捶　来_趋　去_趋　上_状　上来_趋(一)
上去_趋(一)　下来_趋(一)
下去_趋(一),状(二)　进_结　进来_结
进去_结　出_结　出来_结
过_结(四)　过来_趋(一),结(三)
过去_趋(一)　起来_趋,状　开_结(一),状
到_趋　到……来_趋　到……去_趋

锤炼　上_状　下去_状(二)　出_趋
出来_结　过_结(四)　起来_状
开_状　到_趋

春耕　上_状

戳　来_趋　去_趋　上_结(一),状
上来_趋(一)(二)　上去_趋(一)(二)
下来_趋(一)　下去_趋(一),状(二)
进_趋　进来_趋　进去_趋　出_趋,结
出来_结　过来_趋(一)　过去_趋(一)
起来_结,状　开_结(一),状　到_趋
到……来_趋　到……去_趋

啜泣　上_状　起来_状

辞　去_结(一)

刺　来_趋　去_趋　上_结(一),状
上来_趋(一)(二)　上去_趋(一)(二)
下来_趋(一)　下去_趋(一),状(二)
进_趋　进来_趋　进去_趋　出_趋
出来_趋,结　出去_趋　过_结(四)
过来_趋(一),结(三)　过去_趋(一)　起_趋
起来_趋(一),状　开_结(一),状　到_趋
到……来_趋　到……去_趋

刺激　上_状　上来_趋(一)　上去_趋(一)
　　　下去_状(二)　出_结　出来_结
　　　过_结(四)　起来_状　开_状　到_趋
刺配　到_趋
刺杀　上_状　下去_状(二)　下来_结(三)
　　　起来_状　开_状　到_趋
刺探　来_趋　去_趋　下去_状(二)
　　　出_结　出来_结　起来_状　开_状
　　　到_结　到……来_趋　到……去_趋
伺候　上_状　下来_结(三)　下去_状(二)
　　　出_结　出来_结　过来_结(四)
　　　起_结(三)　起来_状　开_状　到_趋
从事　起_状　起来_状
从属　到_趋
凑(接近)　来_趋　去_趋　上_趋(二),状
　　　上来_趋(二)　上去_趋(二)　过来_趋(一)
　　　过去_趋(一)　起来_结(一),状　开_状
　　　到_趋　到……来_趋　到……去_趋
凑(～钱)　来_趋　上_结(一),状
　　　上来_结(一)　上去_结(一)　下_趋(一)
　　　下去_状(二)　出_结　出来_结
　　　起_结(一)　起来_结(一),状　开_状
　　　到_趋　到……来_趋　到……去_趋
凑(～热闹)　上_状　起_结(三)
　　　起来_状　开_状
凑搭　上去_趋(二)　上来_趋(二)
　　　过来_趋(一)　过去_趋(一)　到_趋
凑合　上_状　下来_结(三)　下去_趋(二)
　　　出_结　出来_结　过_结(四)　起来_状
　　　开_状　到_趋

凑集　来_趋　上_结(一)　上来_结(一)
　　　出_结　出来_结　起_结(一)
　　　起来_结(一)　到_结
凑拢　来_趋　去_趋　上来_趋(二)
　　　上去_趋(二)　过来_趋(一)　过去_趋(一)
　　　起_结(一)　起来_结(一)　到_趋
　　　到……来_趋　到……去_趋
簇拥　来_趋　去_趋　上_趋(一)(二)
　　　上来_趋(一)(二)　上去_趋(一)(二)
　　　下_趋(一)(二)　下来_趋(一)(二)
　　　下去_趋(一)(二)　进_趋　进来_趋
　　　进去_趋　出_趋　出来_趋　出去_趋
　　　回_趋　回来_趋　回去_趋　过_趋(一)
　　　过来_趋(一)　过去_趋(一)　起来_结(一)
　　　到_趋　到……来_趋　到……去_趋
蹙　上_状　起_结(一)　起来_结(一)　到_趋
促进　起来_状
撺掇　来_趋　去_趋　上_趋(一),状
　　　上来_趋(一)　上去_趋(一)　下_趋(一)
　　　下来_趋(一)　下去_趋(一),状(二)
　　　出_结　出来_趋,状　出去_趋
　　　回来_趋　回去_趋　过来_趋(一)
　　　过去_趋(一)　起来_状　开_状　到_趋
　　　到……来_趋　到……去_趋
撺弄　上_结(一),状　下来_结(三)
　　　下去_状(二)　出_结　出来_结
　　　起来_状　开_状　到_趋
蹿　来_趋　去_趋　上_趋(一)(二)
　　　上来_趋(一)(二)　上去_趋(一)(二)
　　　下_趋(一)(二)　下来_趋(一)(二)

下去趋(一)(二) 进趋 进来趋
进去趋 出趋 出来趋 出去趋
回趋 回来趋 回去趋 过趋(一)
过来趋(一) 过去趋(一) 起趋
起来趋,状 开趋,状 到趋
到……来趋 到……去趋(一)

镩 上结(一) 出结 出来结

汆 上结(一),状 起来状 开状

攒 来趋 上结(一),状 上去趋
下去状(二) 出结 出来结
过来结(三) 起结(一),结(三),状
起来结(一),状 开状 到趋

攒聚 起来结(一)

攒射 起来状

窜 来趋 去趋 上趋(一) 上来趋(一)
上去趋(一) 下趋 下来趋(一)
下去趋(一) 进趋 进来趋
进去趋 出趋 出来趋 出去趋
回趋 回来趋 回去趋
过趋 过来趋(一) 过去趋(一)
到趋 到……来趋 到……去趋

窜扰 下去状(二) 起来状 到趋

窜逃 出趋 出去趋 到趋
到……来趋 到……去趋

篡夺 来趋 去趋 上状
下结(一) 下去趋(一) 过去趋(一)
起来状 开状 到趋 到……去趋

篡改 上状 下去趋(一) 过结(四)
过去结(二) 起来状 开状 到趋

催(一促) 来趋 去趋 上趋(一)(二),状

上来趋(一)(二) 上去趋(一)(二)
下趋(一)(二) 下来趋(一)(二)
下去趋(一)(二),状(二) 进趋
进来趋 进去趋 出趋,结
出来趋,结 出去趋 回趋
回来趋 回去趋 过结(四)
过来趋(一),状(三) 过去趋(一)
起来趋,状 开状 到趋

催(一化) 上状 上来趋(一)
上去趋(一) 下去状(二) 出结
出来结 起来状 开状(一),状

催促 上状 下去状(二) 起来状
开状

摧残 上状 下来结(三) 下去状(二)
出结 出来结 起来状 开状
到趋

摧毁 下去结(一)

啐 来趋 去趋 上趋(一),状 上去结
下来趋(一) 下去趋(一),状(二)
进趋 进来趋 进去趋 出结
出来结 出去趋 过来趋(一),结(二)
过去趋(一) 起来趋,状 开状
到趋 到……来趋 到……去趋

皴 上状 下去状(二) 起来状
开状 到趋

存(储蓄) 来趋 上结(一),状
上来结(一) 上去结 下结(一)
下来结(一)(三) 下去状(二) 进趋
进来趋 进去趋 出结 出来结
出去趋 过结(四) 过来趋(一)

过去_(趋)(一)　起_(结)(一),状　　　到_(趋)　到……来_(趋)　到……去_(趋)
起来_(结)(一),状　开_(状)　到_(趋)　**蹉跎**　过去_(结)(四)
到……来_(趋)　到……去_(趋)　　　**撮**　来_(趋)　去　上_(趋)(一)(二)

存(储一)　来_(趋)　上_(结)(一),状　　上_(状)　上来_(趋)(一)(二)　上去_(趋)(一)(二)
下_(结)(一)(三)　下来_(结)(一)(三)　　下_(趋)(一)　下来_(趋)(一)
下去_(状)(二)　进_(趋)　进来_(趋)　　下去_(趋)(一),状(一)　进_(趋)　进来_(趋)
进去_(趋)　出_(结)　出来_(结)　出去_(趋)　　进去_(趋)　出_(趋)　出来_(趋)　出去_(趋)
过_(结)(四)　起_(结)(一)(三),状　　回_(趋)　回来_(趋)　回去_(趋)
起来_(结)(一),状　开_(结)(三),状　到_(趋)　　过_(趋)(一),结(四)　过来_(趋)(一),结(三)
到……来_(趋)　到……去_(趋)　　　过去_(趋)(一)　起_(趋),状　起来_(趋),状
开_(趋),状　到_(趋)　到……来_(趋)
存(寄一)　上_(状)　下_(结)(三)　　到……去_(趋)
下去_(状)(二)　进_(趋)　进来_(趋)
进去_(趋)　出_(结)　出来_(结)　过_(结)(四)　　**撮**(一拢)　起_(结)(一)　起来_(结)(一)
过来_(趋)(一),结(三)　过去_(趋)(一)　　到_(趋)
起_(结)(一)(三),状　起来_(结)(一),状
开_(结)(三),状　到_(趋)　到……来_(趋)　　**撮合**　上_(状)　下来_(结)(三)　下去_(状)(二)
到……去_(趋)　　　出_(结)　出来_(结)　起来_(状)　开_(状)
到_(趋)
存放　起来_(结)(一)　到_(趋)
忖　出_(结)　　**撮弄**　上_(状)　下来_(结)(三)　下去_(状)(二)
忖度　出_(结)　出来_(结)　　出_(结)　出来_(结)　起来_(状)　开_(状)
磋商　上_(状)　下来_(结)(三)　下去_(结)(二)　　到_(趋)
出_(结)　出来_(结)　起来_(状)　开_(状)　　**错怪**　下去_(状)(二)　起来_(状)
到_(趋)
挫　去_(结)(一)　下去_(结)(一)
搓　来_(趋),结(三)　去_(趋),结(一)　上_(趋)(一),状　　**挫伤**　下去_(状)(一)　起来_(状)
下_(结)(一)　下来_(结)(一)(三)
下去_(结)(一),状(二)　进_(趋)　进来_(趋)　　**锉**　来_(结)(三)　去_(结)(一)　上_(结)(一),状
进去_(趋)　出_(结)　出来_(结)　出去_(趋)　　上去_(结)　上来_(结)(一)　下_(结)(一)
起_(趋),状　起来_(趋),状　开_(结)(二),状　　下来_(结)(一)　下去_(结)(一),状(二)
进_(趋)　进去_(趋)　出_(结)　出来_(结)
起_(状)　起来_(状)　开_(状)　到_(趋)

D

搭(～房子) 来结(三) 上结(一),状
上去结 下结(三) 下来结(三)
下去状(二) 出结 出来结 出去结
起结(一)(三),状 起来结(一),状
开结(三),状 到趋 到……来趋
到……去趋

搭(～衣服) 去趋 上结(一)
上来结(一) 上去结 下结(三)
出趋 出来趋 出去趋
过来趋(一),结(三) 过去结(一)
起状 起来结(一),状 开结(三),状
到趋 到……来趋 到……去趋

搭(加) 上结(一),状 上来结(一)
上去结 下状(二) 进趋
进来趋 进去趋 出趋 出去趋
过结(四) 过来趋(一),结(三)
过去趋(一) 起结(一)(三)
起来结(一),状 开结(三) 到趋
到……来趋 到……去趋

搭(～车) 上结(一)(二) 到趋

搭(抬) 来趋 去趋 上结(一),状
上来结(一) 上去结(一) 下趋(一)
下来趋(一) 下去趋(一),状(二)
进趋 进来趋 进去趋 出趋
出来趋 出去趋 回趋 回来趋
回去趋 过来趋(一),结(三)
过去趋(一) 起趋 起来,结
开状 到趋 到……来趋

到……去趋

搭乘 上结(二)

搭救 来趋 去趋 上结(一),状
上来趋(一) 上去趋(一) 下结(一)
下来趋(一) 下去状(二) 进趋
进来趋 进去趋 出趋 出来趋
出去趋 回趋 回来趋 回去趋
过结(四) 过来趋(一),结(三)
过去趋(一) 起趋 起来,状
开状 到趋 到……来趋
到……去趋

搭拉 下趋(一) 下来趋(一)
下去趋(一) 起来状 到趋
到……来趋 到……去趋

搭配 来趋 上结(一),状 上来结(一)
上去结 下来结(一) 下来结(一)(三)
下去状(二) 出结 出来结
出去趋 过来结(三) 起结(一)(三),趋
起来结(一),状 开结(二),状 到趋
到……来趋 到……去趋

搭讪 上状 上去趋(二)
上来结(二) 起来状 开状

答 上结(三),状 上来结(二)
下来结(三) 下去状(二) 出结
出来结 过结(三)(四) 过结(三)
起来状 开状 到趋

答理 上状

答应 上状 下结(一) 下来结(一)

下去状(二)　过结(四)　过来结(三)
起结(三)　起来状　开状

耷拉　同"搭拉"
达　到趋
答辩　上状　下来结(三)　下去状(二)
　　过结(四)　起来状　到趋
答对　出结　出去趋
答复　过结(四)　过来结(三)　起来状
答谢　过结(四)　过来结(三)　起来状
打(～人)　来趋　去趋
　　上趋(一)(二),结(一),状　上来趋(一)(二)
　　上去趋(一)(二)　下趋(一),结(一)
　　下来趋(一)(二),结(一)(三)
　　下去趋(一)(二),结(一),状(二)
　　进,结　进来趋　进去,结
　　出趋,结　出来趋,结　出去趋　回趋
　　回来　回去　过趋(一),结(三)(四)
　　过来趋(一),结(三)　过去趋(一)
　　起,结(三),状　起来趋,结(一),状
　　开趋,结(一)(二),状　到趋,结
　　到……来趋　到……去趋(一)

打(攻一)　来趋　去趋　上趋(一),状
　　上来趋(一)(二)　上去趋(一)(二)
　　下趋(一)　下来趋(一),结
　　下去趋(一)(二),结(一),状(二)　进
　　进来趋　进去趋　出趋,结
　　出来趋,结　出去趋　回
　　回来　回去趋(一)(四)
　　过来趋(一),结(三)　过去趋(一)
　　起结(三),状　起来趋(一),状　开趋

到趋　到……来趋　到……去趋
打(～交道、官司)　上状　下来结(三)
　　下去状(二)　出结　出来结
　　过结(四)　过来结(三)　过去结(四)
　　起结(三)　起来状　开状　到趋
　　到……来趋　到……去趋(一)
打(建造)　上状　下结(一)
　　起来状　开状　到趋
打(制造)　来趋　上结(一)(二),状
　　上来结(二)　下结(一)　下来结(一)(三)
　　下去状(二)　出结　出来结　回趋
　　回来趋　过结(四)　过来结(三)
　　起结(三),状　起来结(一),状　开状
　　到趋
打(搅拌)　上状　下去状(二)　进
　　进来趋　出结　出来结　起来状
　　开状　到趋　到……去趋
打(一破)　上状　下去状(二)
　　出结　出来结　起结(三)　起来状
　　开状　到趋　到……来趋
　　到……去趋
打(捆)　来结(三)　上结(一),状
　　上去结　下去状(二)　出
　　出来　过结(四)　过来结(三)
　　起结(一),状　起来结(一),状　开状
　　到趋　到……来趋　到……去趋
打(编织)　来结(三)　上结(一),状
　　上来结(二)　上去结　下结(一)
　　下来结(三)　下去状(二)　出
　　出来　过结(四)　过来结(三)

起结(一),状　起来结(一),状　开状
到趋

打(涂抹,～格、蜡)　来结(三)
　　上状　上去结　下来结(三)
　　下结(一)　下去状(二)　出结
　　出来结　起结(三)　起来状
　　开结(二),状　到趋　到……来趋
　　到……去趋

打(～书盖子)　开结(一)

打(～旗、灯笼)　来趋　去趋
　　上状　下去状(二)　出结　出来结
　　出去趋　回趋　回来趋　回去趋
　　过结(四)　起趋　起来趋,状　开状
　　到趋　到……来趋　到……去趋

打(发射)　来趋　去趋
　　上趋(一),结(一)(二),状　上来趋(一)(二)
　　上去趋(一),结　下趋(一)　下来趋(二)
　　下去趋(一),结(一),状　进趋　进来趋
　　进去趋　出趋,结　出来趋,结
　　出去趋　回趋　回来趋　回去趋
　　过趋(一),结(四)　过来趋(一),结(三)
　　过去趋(一)　起(三),结　起来趋(一),结,状
　　开结(二),状　到趋,结　到……来趋
　　到……去趋

打(去除)　去结(一)　上状　下结(一)
　　下来结　下去结(一)　过结(四)
　　过来结(三)　起状　起来状　开状
　　到趋

打(～猎、鸟)　来趋,结(二)　去趋
　　上趋(一)(二),状　上来趋(一)

上去趋(一)　下结(一)　下来结(三)
下去状(二)　出结　出来结(三)　回趋
回来趋　回去趋　过结(四)
过来趋(三)　起结(三),状　起来状　开状
到趋,结

打(～水、酒)　来趋　去趋
　　上结(二),状　下趋(一)　出结　回趋
　　回来趋　回去趋　过结(四)
　　过来趋(三)　起结(三),状　起来状
　　开结(三),状　到趋,结　到……去趋(一)

打(～杂、游击)　上状　下来趋(三)
　　过结(四)　过来趋(三)　起状
　　起来状　开状　到趋　到……来趋
　　到……去趋(一)

打(～球、牌)　来结(三)　上结(二),状
　　下来趋(三)　下去状(二)　出结
　　出来趋　出去趋　过结(三)(四)
　　过来趋(一)(三)　过去趋(一)
　　起结(一),状　起来状　开　到趋

打(～主意)　上状　下结(一)
　　出结　出来结　过结(三)　起来状
　　开状　到趋

打(～手势、喷嚏)　上状
　　下去状(二)　出结　出来趋,结
　　起来状　开状　到趋(二)

打(～比喻、官腔)　上状
　　下去状(二)　起来状　开状　到趋

打(～坐)　起来状

打扮　来结(三)　上结(一),状
　　下来结(三)　下去状(二)　出结

出来结 过结(四) 过来结(三)
起结(三) 起来结(一),状 开状
到趋

打点 上结(一) 下来结(三) 出结
出来结 过结(四) 过来结(三)
起结(三) 起来结(一),状 开状
到趋

打发 来趋 去趋 上趋(一)
上来趋(一) 上去趋(一) 下趋(一)
下来趋(一) 下去趋(一) 进趋
进来趋 进去趋 出趋 出来趋
出去趋 回趋 回来趋 回去趋
过来趋(一),结(三) 过去趋(一)
起结(三) 到……来趋
到……去趋

打击 上状 下来状 下去状(一)(二)
出结 出来结 回去趋 过结(四)
过来结(三) 起来状 开状 到趋
到……来趋

打搅 上状 下去状(二) 起来状
到趋

打劫 上状 下去状(二) 起来状
开状 到结

打捞 来趋 去趋 上趋(一),状
上来趋(一) 上去趋(一) 下来趋(三)
下去状(二) 出趋 出来趋
出去趋 回趋 回来趋 回去趋
过结(四) 过来趋(一),结(三)
过去趋(一) 起趋,结(三),状
起来趋,状 开状 到趋(一),结

到……去趋(一)
打量 上状 起来状 开状
打磨 上状 下结(一) 下来结(三)
下去结(一),(二) 起来状 开状
到趋

打扰 上状 下去状(二) 过结(四)
起来状 到结

打扫 来趋 去结(一) 上状
上来趋(一) 上去趋(一)
下去结 下来趋(一),结(一)(三)
下去趋(一),结(一),状(二) 进来趋
进去趋 出结 出来趋,结
出去趋 过结(四) 过来趋(一),结(三)
过去趋(一) 起结(三),状
起来结(一),状 开状 到趋
到……来趋 到……去趋

打算 上状 下去状(二) 起来状
开状 到趋

打探 来趋 去趋 上状
下来结(三) 下去状(二) 出结
出来结 过结(四) 起来状 开状
到结

打听 来趋 去趋 上状 下去状(二)
出结 出来结 回趋 回来趋
过结(四) 过来结(三) 起来状
开状 到趋,结 到……来趋
到……去趋

打通 过去趋(一)
打问 起来状
打消 下去状(一)

打印 来趋 上结(一),状 上去结
　　 下结(一) 下来结(一)(三) 下去结(二)
　　 出结 出来结 回趋 回来趋
　　 过结(四) 过来结(三) 起来状
　　 开状 到趋

打造 来 上状 下结(一)
　　 下来结(一)(三) 下去状(二) 出结
　　 出来结 过结(四) 过来结(三)
　　 起结(三) 起来状 开状 到趋

大便 上状 下去状(二) 出趋
　　 出来趋 出去趋 过结(四)
　　 起来状 开状 到趋
　　 到……来趋 到……去趋

大赦 上状 过结(四) 起来状
　　 到趋

大选 上状 过结(四) 起来状
　　 开状 到趋

待(dāi) 上状 下结(一) 下来结(三)
　　 下去状(二) 出结 出来结
　　 起结(三) 起来状 到趋

逮 来趋 去趋 上(一),结(二),状
　　 上来趋(一) 上去趋(一)
　　 下趋(一),结(一) 下来趋(一)(三)
　　 下去趋(一),状(二) 进趋 进来趋
　　 进去趋 出趋,结 出来趋,结
　　 出去趋 回趋 回来趋,结
　　 过趋(一),结(四) 过来趋(三)
　　 过去趋(一) 起结(一)(三)
　　 起来结(一),状 开状 到趋,结
　　 到……来趋 到……去趋

戴 来趋,结(三) 去趋 上趋(一)(二),状
　　 上来结(一) 上去结 下结(三)
　　 下来结(三) 下去状(二) 进趋
　　 进来趋 进去趋 出趋,结
　　 出来趋,结 出去结 回趋
　　 回来趋 回去趋 过趋(一)(四)
　　 过来趋(一),结(三) 过去趋(一),结(四)
　　 起结(三) 起来结(一),状 开结(二),状
　　 到趋,结 到……来趋 到……去趋

带(携~) 来趋 去趋 上趋(一),状
　　 上来趋(一) 上去趋(一) 下趋
　　 下来趋(一) 下去趋(一),状(二) 进趋
　　 进来趋 进去趋 出趋,结
　　 出来趋,结 出去趋 回趋
　　 回来趋 回去趋 过趋(一),结(四)
　　 过来趋(一),结(三) 过去趋(一)
　　 起来状 开趋,状 到趋
　　 到……来趋 到……去趋

带(捎~) 来趋 去趋 上趋(一),结(一)
　　 上来趋(一) 上去趋(一) 下来趋(一)
　　 下去趋(一) 进趋 进来趋
　　 进去趋 出趋 出来趋 出去趋
　　 回趋 回来趋 回去趋
　　 过来趋(一),结(三) 过去趋(一)
　　 起来状 开状 到趋
　　 到……来趋 到……去趋

带(一领) 来趋 去趋 上趋(一)(二),状
　　 上来趋(一)(二) 上去趋(一)(二)
　　 下趋(一)(二) 下来趋(二),结(三)
　　 下去趋(二),状(二) 进趋

进来$_趋$　进去$_趋$　出$_趋,结$
出来$_{趋,结}$　出去$_趋$　回$_趋$
回来$_趋$　回去$_趋$　过$_{趋(一),结(四)}$
过来$_{趋(一),结(三)}$　过去$_{趋(一)}$
起$_{结(三)}$　起来$_状$　开$_{趋,状}$
到$_趋$　到……来$_趋$　到……去$_趋$

带（呈现）　上$_{结(一),状}$　出来$_结$
起来$_状$　开$_状$

带（连一）　上来$_{趋(一)}$　起来$_状$

带（一动）　上$_{结(一)}$　上来$_{趋(一)}$
出来$_趋$　起来$_状$

带动　起来$_{结(一)}$

带领　起来$_状$　到$_趋$

代办　上$_状$　下去$_{状(二)}$　出$_结$
出来$_结$　起来$_状$　开$_状$　到$_趋$

代表　上$_状$　下去$_{状(二)}$　出$_结$
出来$_结$　过$_{结(四)}$　过来$_{结(三)}$
起$_{结(三)}$　起来$_状$　开$_状$　到$_趋$

代劳　下去$_{状(二)}$　起来$_状$

代理　上$_状$　下来$_{结(三)}$　下去$_{状(二)}$
出$_结$　出来$_结$　过$_{结(四)}$
过来$_{结(三)}$　起$_{结(三)}$　起来$_状$
开$_状$　到$_趋$

代替　上$_状$　下$_{结(一)}$　下来$_{趋(一)(三)}$
下去$_{结(一),状(二)}$　过$_{结(四)}$
过来$_{结(三)}$　起来$_状$　开$_状$　到$_趋$

代销　上$_状$　下来$_{结(三)}$　下去$_{状(二)}$
出$_趋$　出去$_趋$　过$_{结(四)}$
过来$_{结(三)}$　起$_{结(三)}$　起来$_结$
开$_状$　到$_趋$

代谢　出去$_趋$　起来$_状$　到$_趋$

贷　来$_趋$　去$_趋$　进$_趋$　出$_趋$
出去$_趋$　起来$_状$　到$_结$

怠慢　下去$_{状(二)}$　起来$_状$　到$_趋$

逮捕　来$_趋$　去$_趋$　上$_{趋(一),状}$
上来$_{趋(一)}$　上去$_{趋(一)}$
下$_{趋(一),结(一)}$　下来$_{趋(一)}$
下去$_{趋(一),状(二)}$　进$_趋$　进来$_趋$
进去$_趋$　回$_趋$　回来$_趋$　回去$_趋$
过$_{趋(一),结(四)}$　过来$_{趋(一),结(三)}$
过去$_{趋(一)}$　过$_{结(一),状}$　开$_{趋,状}$
到$_{趋,结}$　到……来$_趋$　到……去$_趋$

耽搁　下来$_{结(三)}$　下去$_{状(二)}$
过$_{结(四)}$　起$_{结(三)}$　到$_趋$

耽误　下来$_{结(一)}$　下去$_{状(二)}$
过$_{结(四)}$　起$_{结(三)}$　到$_趋$

担（挑）　来$_趋$　去$_趋$　上$_{趋(一)(二),状}$
上来$_{趋(一)(二)}$　上去$_{趋(一)(二)}$
下$_{趋(一)(二)}$　下来$_{趋(一)(二),结(三)}$
下去$_{趋(一)(二),状(二)}$　进$_趋$
进来$_趋$　进去$_趋$　出$_趋$　出来$_趋$
出去$_趋$　回$_趋$　回来$_趋$　回去$_趋$
过$_{趋(一),结(三)(四)}$　过来$_{趋(一),结(三)}$
起来$_{趋,结(一),状}$　开$_{趋,状}$　到$_趋$
到……来$_趋$　到……去$_趋$

担（承当）　上$_状$　下$_{结(一)}$
下来$_{结(一)}$　下去$_{状(二)}$　起$_{结(三)}$
起来$_{结(一)}$

担保　上$_状$　下来$_{结(一)}$　下去$_{状(二)}$

过_结(四)　过来_结(三)　起_结(三)
起来_状　开_状　到_趋

担待　下来_结(一)　起_结(三)
担当　下来_结(三)　下去_状(二)
　　起_结(一)(三)　起来_结(一),状　到_趋
担负　起_结(一)(三)　起来_结(一),状
　　到_趋
担任　上_状　下来_结(一)(三)
　　下去_状(二)　过来_结(三)　起_结(三)
　　起来_结(一),状　开_状　到_趋
担心　上_状　下去_状(二)　起来_状
　　开_状　到_趋
掸　去_结(一)　上_状　下_结(一)
　　下来_结(一)(三)　下去_结(一),状(二)
　　进_趋　进来_趋　进去_趋　出_结
　　出来_结(一)　出去_趋　过_结(四)
　　过来_趋,结(三)　过去_趋(一)
　　起_趋,状　起来_趋,状　开_状　到_趋
　　到……来_趋　到……去_趋
淡（味道～）　起来_状　到_趋
淡（关系～）　下来_状
淡忘　下去_状(一)　起来_状　到_趋
当（担任）　来_结(三)　上_结(二),状
　　下来_结(二)　下去_状(二)　出_结
　　出来_结　过_结(四)　过来_结(三)
　　起_结(三),状　起来_状　开_状　到_趋
当（～家）　上_状　下来_结(三)
　　下去_状(二)　出_结　出来_结
　　起_结(三),状　起来_状　开_状　到_趋
挡（拦阻、抵挡）　上_结(一),状

上来_结(一)　上去_结　下_结(一)
下来_趋(一),结(一)　下去_趋(一),结(一),状(二)
出_趋,结(一)　出来_趋,结(一)　回_趋
回来_趋　回去_趋　过_结(四)
过来_趋(一),结(三)　过去_趋(一)
起_结(一)　起来_结(一),状　开_状
到_趋　到……来_趋　到……去_趋
挡（遮蔽）　上_状　上去_结　结(四)
过来_趋(一),结(三)　过去_趋(一)
起来_结(一)　到_趋
荡　来_趋　去_趋　上_趋(一)　上来_趋(一)
上去_趋(一)　下_趋(一)　下来_趋(一)
下去_趋(一),状(二)　进_趋　进来_趋
进去_趋　出_趋,结　出来_趋,结
出去_趋　回_趋　回来_趋　回去_趋
过_趋(一),结(四)　过来_趋(一)
过去_趋(一)　起_趋,状　起来_趋,状
开_状　到_趋　到……来_趋
到……去_趋
荡漾　起来_状
叨叨　上_状　下来_结(三)　下去_状(二)
过_结(四)　过来_结(三)　起来_状
开_状　到_趋
叨登　来_趋　去_趋　上_趋(一),状
上来_趋(一)　上去_趋(一)　下_趋(一)
下来_趋(一)(二)　下去_趋(一),状(二)
进_趋　进来_趋　进去_趋　出_趋,结
出来_结　出去_结　回_趋　回来_趋
回去_趋　过_趋(一),结(四)
过来_趋(一),结(三)　过去_趋(一)

起结(三),状 起来状 开状
到趋 到……来趋 到……去趋

叨唠 上状 下来结(三) 下去状(二)
出结 出来趋,结 出去趋
过结(四) 过去结(四) 起来状
开状 到趋

叨念 上状 起状 起来状 开状
到趋

叨咕 上状 下去状(二) 起来状
开状 到趋

祷告 上状 下来结(三) 下去状(二)
起来状 开状 到趋

倒（塌） 来趋 去趋 下状(一)
下来趋(一) 下去趋(一),状(二)
进趋 进来趋 进去趋 出来趋
出去趋 过来趋(一) 过去趋(一)
到趋 到……来趋 到……去趋

倒（一卖） 上状 下来结(三)
下去状(二) 进趋 进来趋
进去趋 出趋,结 出来趋,结
出去趋 回趋 回来趋 回去趋
过结(三)(四) 过来趋(一),结(三)
过去趋(一) 起结(三),状 起来状
开状 到趋 到……来趋
到……去趋

倒（挪） 上状 上来趋(一)
上去趋(一) 下结(一) 下来趋(一)
下去趋(一) 进趋 进来趋
进去趋 出趋,结 出来趋,结
出去趋 回趋 回来趋 回去趋

过结(四) 过来趋(一),结(三)
过去趋(一) 起来状 开状 结(三),状
到趋 到……来趋 到……去趋

倒闭 下去状(一)(二)

倒伏 下来趋(一) 下去趋(一),状(二)
起来状 到趋 到……来趋

倒换 来趋 去趋 上状,结(二)
进趋 进来趋 进去趋 出趋,结(一)
出来趋,结(三) 出去趋 回趋
回来趋 回去趋 过来趋(一),结(四)
过来趋(一),结(三) 过去趋(一) 起
起来状 开结(一),状 到趋,结
到……来趋 到……去趋

倒塌 下来趋(一) 下去趋(一),状(二)
进来趋 进去趋 过来趋(一)
到……来趋 到……去趋

倒腾 来趋 去趋 上趋(一),状
上来趋(一) 上去趋(一)
下来趋(一),结(三) 下去趋(一),状(二)
进趋 进来趋 进去趋 出趋,结
出来趋,结 出去趋 回趋 回来趋
回去趋 过来趋(一),结(四)
过来趋(一),结(三) 过去趋(一)
起结(三),状 起来趋,状 开结,状
到趋,结 到……来趋 到……去趋

倒替 上状 下去状(二) 起来状
开结(三),状

倒运 来趋 去趋 上状 下来结(三)
下去状(二) 进趋 进来趋

进去趋　出趋,结　出来趋,结
出去趋　过来趋(一),结(三)
过去趋(一)　起状　起来状　开状
到趋

捣　来趋　上状　下结(一)
下去趋(一),结(一),状(二)　进去趋
出趋,结　出来趋,结(一)　出去趋
过结(四)　过来趋(一),结(三)
过去趋(一)　起来状　开结(一)(二)(三),状
到趋

捣鼓　上结(二),状　出结　出来结
来趋(一),结(三)　过去趋(一)
起来状　开状　到趋　到……来趋
到……去趋

捣毁　下去状(一)

捣(一乱)　上状　过结(四)　起来状
开状　到趋

捣腾　（同叨登）

导(一演)　上状　下来结(三)
下去状(二)　出结　出来结
过结(三)(四)　过来结(三)　起来状
到趋

导演　出结　出来结　过结(四)
过来结(三)　起来状　到趋

盗　来趋　去趋　上趋(一),状
上来趋　上去趋(一)　下趋(一)
下来趋(一)　下去趋(一),状(二)
进趋　进来趋　进去趋　出结
出来趋,结　出去趋　回趋　回来趋
回去趋　过来趋(一)　过去趋

起来状　开状　到趋　到……来趋
到……去趋

盗卖　下去状(二)　出趋,结　出去趋
起来状　开状　到趋　到……来趋
到……去趋

盗骗　来趋　去趋　下去状(二)
出去趋　起来状　开状　到趋
到……来趋　到……去趋

盗窃　来趋　去趋　上趋　下来结(三)
下去状(二)　出趋,结　出去趋,结
出去趋　回趋　回去趋　过结(一)
过去趋(一)　起来状　开状　到趋

盗用　上状　下去状(二)　起来状
开状

悼念　起来状

道　来趋

到　来趋

倒(倾一)　来趋　去趋　上结(一),状
上来结(一)　上去趋　下结(一)
下来趋(一)　下去趋(一),状(二)
进趋　进来趋　进去趋　出趋,结
出来趋,结　出去趋　回趋　回去趋
过结(四)　过来趋(一),结(三)
过去趋(一)　起来状　开状　到趋
到……来趋　到……去趋

倒(一退)　上状　下去状(二)　回去趋
过来趋(一)　过去趋(一)　起来状
开状　到趋　到……来趋
到……去趋

倒流　上状　下来趋(一)

下去_(趋(一)),状(二)　回_趋　回来_趋
回去_趋　过来_趋(一)　过去_趋(一)
起来_状　到_趋　到……来_趋
到……去_趋

倒算　上_状　下去_状(二)　起来_状
开_状

倒贴　上_结(一),状　上去_结
下去_状(二)　出_趋　出去_趋
过_结(四)　过来_趋(一)　过去_趋(一)
起_结(三)　起来_状　开_状　到_趋
到……来_趋　到……去_趋

倒退　上_状　下来_趋(一)(二)
下去_状(二)　回_趋　回去_趋
起来_状　到_趋　到……来_趋
到……去_趋

倒置　过来_趋(一)　过去_趋(一)
起来_状　到_趋

倒转　上_状　下去_状(二)　回_趋
回去_趋　过来_趋(一)　过去_趋(一)
起来_状　开_状　到_趋

得　来_趋　去_趋　上_结(二)　出_结
出来_结　回_趋　回来_趋　回去_趋
过_结(四)　过来_趋(一)　过去_趋(一)
起来_状　开_状　到_结

得意　上_状　下去_状(二)　出_结
出来_结　起来_状　开_状　到_结

得罪　上_状　下去_状(二)　过_结(四)
起_结(三)　起来_状　到_趋

登(～车)　来_趋　去_趋
上_趋(一)(一),结,状　上来_趋(一)

上去_趋(一)　下_趋　下来_趋
下去_趋(一),状(二)　进_趋　进来_趋
进去_趋　出_趋　出来_趋　出去_趋
回_趋　回来_趋　回去_趋
过_趋(一)(二)(四)　过来_趋(一)
过去_趋　起_状　起来_状
开_结(一),状　到_趋　到……来_趋
到……去_趋

登(～高)　上_趋(一),结(二)　上来_趋(一)
上去_趋(一)　过_结(四)　过来_结(三)
起来_状　开_状　到_趋　到……来_趋
到……去_趋

登(～记、报)　来_趋　上_结(一)(二),状
上来_结(一)　上去_结　下_结(一)(三)
下来_结(三)　下去_状(二)　进_趋
进来_趋　进去_趋　出_趋,结
出来_趋,结　出去_趋　过_结(四)
过来_结(三)　起_结(三)　起来_状
开_状　到_趋　到……来_趋
到……去_趋

登记　来_趋　上_结(一)(二),状
上来_结(一)　上去_结　下去_状(二)
进_趋　进去_趋　出来_结　过_结(四)
过来_结(三)　起_结(三)　起来_状
开_状　到_趋　到……来_趋
到……去_趋

蹬　同"登(～车)"

等　来_趋　上_结(二)　下来_结(三)
下去_状(二)　出_结　出来_趋,结
回来_趋　过_结(一)　起_结(三)

起来_状 开_状 到_趋,结
到……去_趋

等待 下去_状(二)
等候 下去_状(二)
等同 起来_结(一)
澄 去_结(二) 上_状 下去_状(二)
　　出_趋 出来_趋 出去_趋
　　过来_结(三) 起来_状 开_状 到_趋
　　到……来_趋 到……去_趋
瞪 起_结(一) 起来_结(一),状 开_状
　　到_趋
滴 上_结(一),状 上来_结(一)
　　上去_结 下_趋(一) 下来_结(一)
　　下去_趋(一),状(二) 进_趋 进来_趋
　　进去_趋 起来_状 出_趋 出来_趋
　　出去_趋 过_结(四) 起来_状
　　开_状 到_趋 到……来_趋
　　到……去_趋
滴答 上_结(一),状 上来_结(一)
　　上去_结 下_趋(一) 下来_结(一)
　　下去_趋(一),状(二) 进_趋 进去_趋
　　出去_趋 起来_状 开_状
　　到……来_趋 到……去_趋
提防 上_状 下去_趋(二) 过来_结(三)
　　起来_状 开_状 到_趋
提溜 来_趋 去_趋 上_结(一)
　　上来_趋(一)(二) 上去_趋(一)(二)
　　下_趋(一)(二) 下来_趋(一)(二)
　　下去_趋(一)(二),状(一) 进_趋
　　进来_趋 进去_趋 出_趋 出来_趋

出去_趋 回_趋 回来_趋 回去_趋
过_结(一),结(四) 过来_结(一),结(三)
过去_结(一) 起_趋,状 起来_趋,状
开_趋,状 到_趋 到……来_趋
到……去_趋
低估 下去_状(二) 起来_状 到_趋
涤荡 下_结(一) 下来_结(一)
　　下去_结(一) 到……去_趋
嘀咕 上_结(一),状 下来_结(三)
　　下去_状(二) 出_结 出来_结
　　出去_趋 过_结(四) 起来_状
　　开_状(二) 到_趋
籴 来_趋 进_趋 进来_趋
敌 上_结(一) 过_结(三)
诋毁 上_状 下去_状(二) 起来_状
　　开_状 到_趋
抵 上_结(二) 过_结(三)
抵补 上_结(一)
抵偿 上_结(二),状 下来_结(三)
　　下去_状(二) 出去_趋 过_结(四)
　　过来_结(三) 起_结(三) 起来_状
　　开_状 到_趋
抵挡 上_状 下来_结(三) 下去_状(二)
　　过_结(三)(四) 过来_结(三)
　　过去_趋(一),结(四) 起_结(三)
　　起来_状 开_状 到_趋
抵换 过来_趋(一)
抵抗 上_状 下来_结(三) 下去_状(二)
　　起_结(三) 起来_状 开_状 到_趋
抵赖 上_状 下去_状(二) 过_结(一)(四)

过去结(一)　起来状　开状　到趋

抵消　下去结(一)

抵押　上状　上来趋(二)　上去趋(二)
　　　下去状(二)　进趋　进来趋
　　　进去趋　出趋　出去趋
　　　过来趋(一)　过去趋(一)　起结(二)
　　　起来状　开状　到趋　到……去

抵御　上状　下去状(二)　过结(三)
　　　过去结(三)　起来状　到趋(二)

抵制　上状　下来结(三)
　　　下去结(一),状(二)　出结　出来结
　　　过结(四)　过来结(三)　起来状
　　　开趋　到趋

谛听　起来状

缔结　上结(二),状　下结(一)
　　　下来结(一)　下去状(二)　出结
　　　出来结　过结(四)　过来结(三)
　　　起来状　开状　到趋

缔造　出结　出来结　起来结(一)

递　来趋　去趋　上结(一)(二),状
　　　上来趋(一)(二)　上去趋(一)(二)
　　　下趋(一)　下来趋(一)
　　　下去结(一),状(二)　进趋　进来趋
　　　进去趋　出趋,结　出来趋,结
　　　出去趋　回趋　回来趋　回去趋
　　　过结(一),结(四)　过来趋(一),结(三)
　　　过去结(一),结(四)　起结(三)　起来状
　　　开状　到趋　到……来趋
　　　到……去趋

递补　来趋　上结(一)　上来趋

上去结　下去状(二)　进趋

进来趋　进去趋　出结　出来趋

起来状　开状　到趋　到……来趋

到……去趋

递加　上状　上来结(一)　上去结
　　　下去状(二)　起来结(一),状　到趋

递减　下结(一)　下来结(一)
　　　下去结(一),状(二)　起来状　到趋

递交　来趋　去趋　上趋(一)
　　　上来结(一)　上去趋(一)　进
　　　进来趋　进去趋　出去趋
　　　过结(四)　过来结(三)　过去趋(一)
　　　起来状　到趋　到……来趋
　　　到……去趋

递解　来趋　去趋　出去趋　回趋
　　　回来趋　回去趋　过来趋
　　　过去趋(一)　到趋　到……来趋
　　　到……去趋

递送　来趋　去趋　上去趋(一)
　　　下去状(二)　进来趋　进去趋
　　　出来趋　出去趋　过结(四)
　　　过来趋,结(三)　过去趋(一)
　　　起来状　到趋

递增　上来结(一)　上去结
　　　下去状(二)　起来状　到趋

地震　上　下去状(二)　起来状
　　　到趋

掂　起来状

掂对　上状　下来结(三)　起来状
　　　开结(一)

掂量 上状 出结 出来结
　　过结(四) 起来状 开状 到趋(二)

颠 上状 下来趋(一),结(三)
　　下去趋(一),状(二) 出趋 出来趋
　　出去趋 起来状 开状 到趋
　　到……来趋 到……去趋

颠簸 上状 下来结(三) 下去状(二)
　　起来状 开状 到趋

颠倒 过来趋(一) 过去趋(一)

颠覆 上状 下来结(一)
　　下去结(二),状(二) 起来状

跕 起状 起来趋 到趋

点(写,～点儿) 上结(一),状
　　上来结(一) 上去结 下结(一)
　　下来结(一),结(三) 下去结(二)
　　出结 出来结 过结(四)
　　过来趋,结(三) 过去结(一)
　　起状 起来状 开状 到趋
　　到……来趋 到……去趋

点(触) 到趋 到……来趋
　　到……去趋

点(～头) 上状 下去状(二)
　　起来状 开状 到趋

点(滴) 上状 下去状(二) 进趋
　　进去趋 过结(四) 起来状
　　开状 到趋 到……去趋

点(一种) 上结(一) 上去结
　　下趋(一) 下来结(三)
　　下去趋(一),状(二) 过结(四)
　　过来趋(一),结(三) 过去结(一)

起来状 开状 到趋
到……去趋

点(～菜、节目) 来趋 去趋
　　上结(一),状 上来结(二) 下结(一)
　　下来结(一) 下去结(二) 出结
　　出来结 过结(四) 过来结(一),结(三)
　　过去趋(一) 起状 起来状 开状
　　到趋 到……去趋

点(数) 上状 上来结(二)
　　下去状(二) 出结 出来结
　　过结(四) 过来结(三) 过去结(四)
　　起来状 开状 到趋

点(指一) 出结 出来结 到趋

点(引火) 上结(一),状 下去结(二)
　　出去趋 过结(四) 过去结(三)
　　起结(一),结(三) 起来结(一),状
　　开状 到趋

点播 上状 下来结(三) 下去状(二)
　　过结(四) 过来结(三) 起来状
　　开状 到趋

点拨 上状 下来结(三) 下去结(二)
　　过结(四) 起来状 开状 到趋

点燃 上结(一) 起结(一) 起来结(一)

点射 上状 进趋 进去趋
　　过去趋(一) 起来状 开状 到趋
　　到……来趋 到……去趋

点缀 上结(一) 上去结 下来结(三)
　　下去状(二) 进去趋 出结
　　出来结 过结(四) 过来结(三)
　　起结(三) 起来结(一),状 开状

到趋　到……去趋

典当　起来状

典押　出去趋　到趋　到……来趋
　　到……去趋

奠定　下结(一)　下来结(一)
　　起结(一)　起来结(一)

垫(～土)　上结(一),状　上来结(一)
　　上去结　下来结(三)　下去状(二)
　　进趋　进来趋　进去趋　出来结
　　出去趋　过结(四)　过来趋(一),结(三)
　　过去趋(一)　起来结(一),状　开状
　　到趋　到……去趋

垫(～钱)　上结(一),状　进趋
　　进去趋　出去趋　起趋,结(三)
　　起来状　开状　到趋
　　到……来趋　到……去趋

惦记　上状　下去状(二)　起状
　　起来状(一)　开状　到趋

玷污　上结(一)

电　上结(一)

电镀　上结(一)　上去结　下来结(三)
　　出结　出来结　过结(四)
　　过来结(三)　起来状　开状

电焊　上结(一)

电汇　来趋　去趋　上状　出趋
　　出去趋　回趋　回来趋　回去趋
　　过来趋(一)　过去趋(一)　起来状
　　开状　到趋　到……来趋
　　到……去趋

电解　上状　下去状(二)　出结

出来结　起来状　开状

电离　出结　出来结

电疗　上状　下来结(三)　下去状(二)
　　出结　出来结　过结(四)
　　过来结(三)　起结(三)　起来状
　　开状　到趋

凋零　下来状　下去状(一)(二)
　　起来状　到趋

凋落　下来状　下去状(一)(二)
　　起来状　到趋

凋谢　下来状　下去状(一)(二)
　　起来状　到趋

雕　来结(三)　上结(一)　上去结
　　下结(一)　下来结(一)(三)
　　下去状(二)　进趋　进去趋　出趋
　　出来结　过结(四)　过来结(三)
　　起结(三)　起来状　开状　到趋
　　到……去趋

雕镂　上结(一)　上去结　下结(一)
　　下来结(一)(三)　下去状(二)　出趋
　　出来结　过结(四)

雕刻　上结(一),状　上去结　下结(一)
　　下来结(一)(三)　下去状(二)　进趋
　　进去趋　出趋　出来结　起状
　　起来状　开状　到趋
　　到……去趋

雕砌　出结　出来结

雕塑　出结　出来结

雕琢　下去状(二)　出结　出来结
　　起来状　开状　到趋

刁难 上状 下去状(二) 出来结 过结(四) 起来状 开状 到趋

调 来趋 去趋 上趋(一)
上来趋(一) 上去趋(一) 下去状(二)
进趋 进来趋 进去趋 出趋
出来趋 出去趋 回趋 回来趋
回去趋 过结(四) 过来趋(一),结(三)
过去趋(一) 起结(三) 起来状
开趋,状 到趋,结 到……来趋
到……去趋

调拨 来趋 去趋 上趋(一),状
上来趋(一) 上去趋(一) 下趋(一)
下来趋(一),结(三) 下去趋(一),状(二)
进趋 进来趋 出趋,结 出来趋,结
出去趋 回来趋 过结(四)
过来趋(一),结(三) 过去趋(一)
起来状 开状 到趋 到……来趋
到……去趋

调查 来趋 去趋 上结(二),状
上来趋(一) 下来结(三) 下去状(二)
出结 出来结 回趋 回来趋
回去趋 过结(四) 过来趋(一),结(三)
过去趋(四) 起结(三) 起来状
开状 到趋,结 到……来趋
到……去趋

调动(～工作) 上状 下来结(三)
下去状(二) 过结(四) 过来结(三)
起来状 开状 到趋 到……来趋
到……去趋

调动(～积极性) 上状 上来趋(一)

上去趋(一) 下去状(二) 起结(一)
起来结(一),状 开结(三),状 到趋

调度 上状 下来结(三) 下去状(二)
过结(四) 过来结(三) 起状
起来状 开结(三),状

调换 来趋 去趋 上结(二),状
上来趋(一),结(一) 上去趋(一),结
下来趋(一),结(一) 下去趋(一),状(二)
进来趋 出去趋 过结(四)
过来趋(一),结(三) 过去趋(一)
起来状 开状 到趋,结
到……来趋 到……去趋

调集 上来趋(一) 过来趋(一)
起结(一) 起来结(一) 到趋

调派 上状 下来结(三) 下去状(二)
出去结(四) 过来结(三)
起来状 开趋,结(三),状 到趋

调配 上状 下来结(三) 出结
出来结 过结(四) 过来结(三)
起来状 开结(三),状 到趋

调遣 来趋 去趋 上状
上来趋(一) 上去趋(一) 下趋(一)
下来趋(一) 下去趋(一),状(二)
进趋 进来趋 进去趋 出趋
出来趋 出去趋 回趋 回来趋
回去趋 过结(四) 过来趋(一),结(三)
过去趋(一) 起来状 开状 到趋
到……来趋 到……去趋

调用 上状 下去状(二) 起来状

调运 来趋 去趋 上状

上来趋(一) 上去趋(一) 进趋
进来趋 进去趋 出趋 出来趋
出去趋 过来趋(一),结(三)
过去趋(一) 起来状 开状 到
到……来趋 到……去趋

掉(落) 上状 下趋 下来趋(一)
下去趋(一),状(二) 进 进来趋
进去趋 出 出来趋 出去趋
起状 起来状 开状 到
到……来趋 到……去趋

掉(遗失,遗漏) 到……来趋
到……去趋

掉(减少) 去结(一) 上状 下结(一)
下来结(一) 下去结(一),状(二)
起来状 开状 到

掉(转) 上状 过趋(一) 过来趋(一)
过去趋(一) 起来状 开趋(一),结(三),状
到趋 到……来趋 到……去趋

掉(互换) 上状 回趋 回来
回去趋 过来趋(一) 过去趋(一)
起来状 开状 到趋 到……来趋
到……去趋

掉换 上状 下来结(三) 下去状(二)
出去趋 回来趋 过结(四)
过来趋(一) 过去趋(一) 起来状
开状 到趋

掉转 过去(一) 过来(一)
过去趋(一) 起来状 开趋 到趋
到……来趋 到……去趋

吊 上趋(一) 上来趋(一)

上去趋(一) 下趋 下来趋(一)
下去趋(一),状(二) 起来趋
到……来趋 到……去趋

吊销 下去结(一) 起来结(一)
到趋

钓 来趋 去趋 上趋(一),状
上来趋(一) 上去趋(一) 下来结(三)
下去状(二) 出趋 出来趋
出去趋 回趋 回来趋 回去趋
过结(四) 过来趋(一),结(三)
过去趋(一) 起结(三),状 起来趋,状
开状 到趋,结 到……来趋
到……去趋

跌 来趋 上状 下趋(一)
下来趋(一) 下去趋(一),状(一)(二)
进趋 进来趋 进去趋 出趋,结
出来趋,结 出去趋 回趋
回来趋 回去趋 过来趋(一)
过去趋(一) 起来趋 开状 到趋
到……来趋 到……去趋

跌落 下来趋(一),状 下去趋(一),状(一)(二)
到趋

叠 上结(一),状 上来趋(一)
上去结 下结(一) 下来趋(一)(三)
下去状(二) 进趋 进来趋
进去趋 出趋 出来结 过结(四)
过来趋(一),结(三) 过去趋(一)
起结(一),状 起来结(一),状 开状
到趋 到……去趋

叠印 起来结(一) 到趋

叮咛 过结(四) 起来状 到趋

叮 上结(一),状 上去结 出结
出来结 起结(二) 起来结(二),状
开状 到趋

叮问 上状 下来结(三) 下去结(二)
出结 出来结 起来状 开状

叮嘱 上状 下去结(二) 起来状
开状 到趋

盯 上结(一) 出结 出来结
起来状 开状 到趋

钉(dīng,～书) 上结(一),状
上来结(一) 上去结 下结(一),结(三)
进趋 进去趋 出来结 过结(四)
过来结(三) 起来状 开结(三),状
到趋 到……来趋 到……去趋

钉(dīng,～人) 上状 下来结(三)
下去状(二) 过结(四) 过来结(三)
起来状 开状 到趋

顶(支持) 下来结(三) 下去结(二)
到趋

顶(～碗) 上结(一),状 下来结(三)
下去状(二) 进趋 进来趋
出趋 出来趋 出去趋
回趋 回来趋 回去趋
过趋(一),结(三)(四) 过来结(一),结(三)
过去趋 来趋,结 起来状
开状 到趋 到……来趋
到……去趋

顶(拱) 上状 上来趋(一)
上去趋(一) 下来趋(一)

下去结(一),状(二) 进趋 进来趋
进去趋 出来趋 出去趋
过来趋(一) 过去趋(一)
起来趋,状 到趋 到……来趋
到……去趋

顶(用头撞,～人) 来趋 去趋
上结(二),状 下来结(一)
下去结(一),状(二) 进趋 进去趋
出趋,结 出来趋,结 出去趋
回来趋 回去趋 过结(三)(四)
过来趋(一) 过去趋(一) 起来结
开结(一),状 到趋 到……来趋
到……去趋

顶(支撑) 上结(一),状 上来结(一)
上去结 出结 出来结
起来结(一),状 开状 到趋

顶(一撞) 上状 下去状(二) 出结
出来结 回来趋 回去趋
起来状 开状

顶(抵) 上结(一) 过结(三)

顶(替) 上结(一),状 上来结(一)
上去结 下来结(一)
下去结(一),状(二) 进来趋
进去趋 回趋 回来趋 回去趋
过来结(三) 起状 起来状 开状
到趋

顶替 上状 上来结(一) 上去结
下结(一) 下来结(一)
下去结(一),状(二) 进来趋 进去趋
出去趋 回来趋 过结(四)

过来_趋(一),结(三)　过去_趋(一)
起来_状　开_状　到_趋

顶撞　上_状　下去_状(二)　过_结(四)
起_状　起来_状　开_状　到_趋

鼎立　上_结(一)　下去_状(二)
起来_结(一)　到_趋

定　上_结(三),状　下_结(一)　下来_结(一)
出_结　出来_结　过_结(四)
过来_结(三)　起来_状　开_状　到_趋

定购　来_趋　去_趋　下_结(一)
下来_结(一)(三)　下去_状(二)　进_趋
进来_趋　进去_趋　出去_趋
回来_趋　回去_趋　过_结(四)
过来_结(三)　起_结(三)　起来_状
开_状　到_趋

定居　上_状　下来_结(一)　下去_状(二)
起来_状　到_趋　到……去_趋

订(～计划)　上_结(一),状　上去_结
下_结(一)　下来_结(一)(三)
下去_状(二)　进_趋　出_结　出来_结
过_结(四)　过来_结(三)　过去_结(四)
起来_状　开_状　到_趋
到……去_趋

订(～报)　来_趋　上_结(二),状
下_结(一)　下来_结(一)　下去_状(二)
出_结　出来_结　出去_结　过_结(四)
过来_结(三)　起_结(三)　起来_状
开_状　到_趋,结

订正　过_结(四)　过来_结(二)　起来_状
订购　上_结(二)　下_结(一)

下来_结　下去_结(二)　进_趋
进来_状　出去_趋　过_结(四)
过来_结(三)　起_结(三)　起来_状
开_状　到_趋,结

订立　起_结(一)　起来_结(一)
订阅　上_结(二)　过来_结(三)
起_结(二)　起来_结　到_结

钉(～钉子)　上_结(一),状　上来_结(一)
上去_结　下_趋(一)　下来_结(三)
下去_趋(一),(二)　进_趋　进来_趋
进去_趋　出_趋,结　出来_趋,结
出去_趋　回去_趋　过_结(四)
过来_趋(一),(三)　过去_趋(一)
起_结(一),状　开_结(一),状　到_趋
到……来_趋　到……去_趋

丢(扔)　来_趋　去_趋　上_趋(一)
上来_趋(一)　上去_趋(一)　下_趋(一)
下来_趋(一)　下去_趋(一)　进_趋
进来_趋　进去_趋　出_趋　出来_趋
出去_趋　过_趋(一)　过来_趋
过去_趋(一)　起来_趋,状　开_趋,状
到_趋　到……来_趋　到……去_趋

丢(遗失)　上_状　下来_结(三)
下去_结(二)　起_结(三)　起来_状
开_状　到_趋　到……去_趋

丢弃　下去_结(一)
动(活动、动作)　上_状　下去_状(二)
起来_状　开_状

动(使用)　上_状　起来_状　开_状
动(触～)　上_状　起_状　起来_状

开状

动荡　上状　下去状(二)　起来状(二)
　　　开状　到趋
动换　上状　起来状　开状
动弹　上状　起来状　开状
动问　起来状
动摇　上状　下去状(二)　过来状(一)
　　　过去趋(一)　起来状　开状
　　　到趋　到……来趋　到……去趋
动用　上状　下去状(二)　出结
　　　出来结　过结(四)　起状　起来状
　　　开状　到趋
动员　上状　下来结(三)　下去状(二)
　　　出结　出来结　过结(四)
　　　过来结(三)　起结(一)　起来结(一),状
　　　开结(一),状　到趋　到……来趋
　　　到……去趋
冻(冷一)　上结(一),状　下结(一)
　　　下去状(二)　出结　出来结
　　　过结(四)　过来结(三)　起结(一)
　　　起来结(一),状　开结(一),状　到趋
冻(～手)　来趋　上来趋(一)
　　　上去趋　下结(一),状
　　　下去状(二),结(一)　进来趋　出结
　　　出来结　到趋
冻结　过结(四)　起来结　到结
洞察　出结　出来结　到结
恫吓　起来状
兜　来趋　去趋　上结(一),结(二),状
　　　上来趋(一)　上去趋(一)　下趋(二)

下来趋(一)　下去趋(一),状(二)
进趋　进来趋　进去趋　出趋,结
出来趋,结　出去趋　回趋
回来趋　回去趋　过趋(一),结(四)
过来趋(一),结(三)　过去趋(一)
起结(一),状　起来结(一),状　开状
到趋　到……来趋　到……去趋
兜抄　过来趋(一)　过去趋　到趋
兜揽　上状　过来趋(一)　过去趋(一)
　　　起来结(一)　到结　到……来趋
　　　到……去趋
兜售　上状　下去状(二)　出去趋
　　　过结(四)　起来状　开状　到趋
兜销　出去趋　起来状　开状
　　　到趋
抖(一搂)　去结(二)　上结(一),状
　　　上去结　下结(二)　下来结(一),(三)
　　　下去结(一),状(二)　进趋　进来趋
　　　进去趋　出趋　出来趋　出去趋
　　　起来趋　开结(二),状　到趋
　　　到……来趋　到……去趋
抖(发一)　上状　下去状(二)
　　　出来结　起来状　开状　到趋
抖搂　去结(二)　上结(一),状　上去结
　　　下来结(一)　下去结(一),状(二)
　　　出来结,结　出来趋,结　出去趋
　　　过结(四)　过来趋(一),结(三)
　　　过去趋(一)　起来趋,状　开结(二),状
　　　到趋　到……来趋　到……去趋
陡立　起来趋

斗 来趋 上状 下来结(一)
　下去结(一),状(二) 出结 出来结
　回来趋 回去趋 过结(三)(四)
　过来结(三) 起结(三) 起来状
　开状 到趋 到……来趋
　到……去趋

斗争 上状 下来结(三) 下去状(二)
　出结 出来结 起来状 开状
　到趋

逗 来趋 上趋(一),状 上来趋(一)
　上去趋(一) 下来(一) 下来趋(一),结(三)
　下去趋(一),状(二) 进趋 进来趋
　进去 出趋,结 出来趋,结
　出去趋 回来趋 回去趋
　过结(四) 过来趋(一),结(三)
　过去趋(一) 起状 起来状,状
　开状 到趋 到……来趋
　到……去趋

逗留 下来结(一) 下去状(二)
　起来状 到趋

逗弄 上状 出结 出来结
　起状 起来状 开状 到趋

逗引 上状 下去状(二) 出结
　出来结 过来趋(一) 过去趋(一)
　起来状 开状 到趋 到……来趋
　到……去趋

嘟 起(二) 起来结(二),状

嘟噜 上状 下去状(二) 出结
　出来结 起来状 开状 到趋

嘟囔 上状 下去状(二) 出结

出来结 起来状 开状 到趋

嘟哝 上状 下去状(二) 出结
　出来结 起来状 开状 到趋

督促 上状 下来结(三) 下去状(二)
　过结(四) 过来结(三) 起状
　起来状 开状 到趋

毒 起来状 到趋

毒害 下去状(二) 起来状 到趋

读 来趋 上结(二),状 上来结(二)
　下来结(三) 下去状(二) 进趋
　进去 出趋 出来结
　过结(二)(三)(四) 过来趋(一),结(三)
　过去趋(一) 起结(三),状 起来状
　开状 到趋 到……来趋
　到……去趋

读(～大学) 上结(二),状 上来趋(一)
　上去趋(一) 下来结(三)
　下去状(二) 过结(四) 起(三)
　起来状 开状 到趋

独唱 上状 起来状 开状

独创 出结 出来结

独揽 过来趋(一) 过去趋(一)
　起来趋(一) 到趋

独立 起来结(一)

独占 下来结(一) 下去状(二)

独奏 上状 下来结(二)(三)
　下去状(二) 出结 出来结
　过结(四) 起来状 开状 到趋

堵 来趋 去趋 上结(一),状
　上来结(一) 上去趋(一) 下来结(三)

下去₍状₎₍二₎　进₍趋₎　进去₍趋₎　出₍结₎　　　　上来₍趋₎₍一₎₍二₎　上去₍趋₎₍一₎₍二₎
　　　出来₍结₎　回来₍趋₎　回去₍趋₎　　　　　　　下₍趋₎₍一₎₍二₎　下来₍趋₎₍一₎₍二₎
　　　过₍结₎₍四₎　过来₍趋₎₍一₎,₍结₎₍三₎　　　　　　下去₍趋₎₍一₎₍二₎,₍状₎₍二₎　进₍趋₎
　　　过去₍趋₎₍一₎　起₍结₎₍一₎,₍状₎　　　　　　　进来₍趋₎　进去₍趋₎　出₍趋₎,₍结₎
　　　起来₍结₎₍一₎,₍状₎　开₍状₎　到₍趋₎　　　　　出来₍趋₎,₍结₎　出去₍趋₎　回₍趋₎
　　　到……去₍趋₎　　　　　　　　　　　　　　回来₍趋₎　回去₍趋₎　过₍趋₎₍一₎,₍结₎₍四₎
堵塞　上₍结₎₍一₎　下去₍状₎₍二₎　　　　　　　　过来₍趋₎₍一₎,₍结₎₍三₎　过去₍趋₎₍一₎
　　　起来₍结₎₍一₎　到₍趋₎　　　　　　　　　　起₍趋₎,₍状₎　起来₍趋₎,₍状₎　开₍趋₎,₍状₎
赌　　出₍结₎　出来₍结₎　出去₍趋₎　　　　　　到₍趋₎　到……来₍趋₎　到……去₍趋₎
　　　过₍结₎₍三₎₍四₎　起₍结₎₍三₎　起来₍状₎　　端量　上₍状₎　起来₍状₎　开₍状₎　到₍趋₎
　　　开₍状₎　到₍趋₎　　　　　　　　　　　　端相　上₍状₎　起来₍状₎　开₍状₎　到₍趋₎
赌博　上₍状₎　下去₍状₎₍二₎　起来₍状₎　　　　端正　过来₍结₎₍二₎　起来₍状₎　到₍趋₎
　　　开₍状₎　到₍趋₎　　　　　　　　　　　　短(欠)　出₍结₎　出来₍结₎
赌(一咒)　上₍状₎　下去₍状₎₍二₎　　　　　　　断　　下₍结₎₍一₎　下来₍结₎₍一₎　下去₍结₎₍一₎
　　　过₍结₎₍四₎　起来₍状₎　开　　　　　　　　　开₍结₎₍一₎
笃信　起来₍状₎　　　　　　　　　　　　　　　断(判一)　上₍状₎　下₍结₎₍一₎
度　　过₍结₎₍一₎　过来₍结₎₍一₎　过去₍结₎₍一₎　　　下来₍结₎₍一₎　下去₍状₎₍二₎　出₍结₎
渡　　过₍趋₎　过来₍趋₎　　　　　　　　　　　　出来₍结₎　过₍结₎₍四₎　过来₍结₎₍三₎
　　　过去₍趋₎₍一₎　起来₍状₎　到₍趋₎　　　　　　起₍状₎　起来₍状₎　开₍状₎　到₍趋₎
　　　到……来₍趋₎　到……去₍趋₎　　　　　　断定　出₍结₎　出来₍结₎
镀　　上₍结₎₍一₎　上去₍结₎　出₍结₎　　　　　断绝　下去₍状₎₍一₎
　　　出来₍结₎　过₍结₎₍四₎　过来₍结₎₍三₎　　　断送　下去₍结₎₍一₎　出去₍趋₎　到₍趋₎
　　　起来₍状₎　开₍状₎　到₍趋₎　　　　　　　煅　　出₍结₎　出来₍结₎　过₍结₎₍四₎
　　　到……来₍趋₎　到……去₍趋₎　　　　　　　　过来₍结₎₍三₎　起来₍状₎　到₍趋₎
杜绝　下去₍状₎₍一₎　起来₍状₎　到₍趋₎　　　　煅烧　出₍结₎　出来₍结₎　起来₍状₎
杜撰　来₍趋₎　出₍结₎　出来₍结₎　　　　　　锻炼　上₍状₎　下来₍结₎₍三₎　下去₍结₎₍二₎
　　　起来₍状₎　　　　　　　　　　　　　　　　出₍结₎　出来₍结₎　过₍结₎₍四₎
妒忌　上₍状₎　下去₍状₎₍二₎　起来₍状₎　　　　　过来₍结₎₍三₎　起来₍状₎　开₍状₎　到₍趋₎
　　　开₍状₎　到₍趋₎　　　　　　　　　　　锻压　上₍状₎　出₍结₎　出来₍结₎
端　　来₍趋₎　去₍趋₎　上₍趋₎₍一₎₍二₎,₍状₎　　　　过₍结₎₍四₎　起来₍状₎　开₍状₎

锻造　出结　出来结　起来状

堆　来趋　上结(一),状　上来结(一)
　　上去结　下结(一)　下来结(一)
　　下去状(二)　进趋　进来趋
　　进去趋　出结　出来趋,结
　　出去趋　过结(四)　过来趋(一),结(三)
　　过去趋(一)　起结(一),状
　　起来结(一),状　开状,结(三)　到趋
　　到……来趋　到……去趋

堆砌　上结(一),状　上去结　出结
　　出来结　起来结(一),状　开状
　　到趋

兑　来趋　去趋　出趋,结　出来趋,结
　　出去趋　过结(四)　过来趋(一),结(三)
　　过去趋(一)　起状　起来状　到趋,结

兑付　出去趋

兑换　来趋　去趋　上状　出趋
　　出来趋　过来趋(一),结(三)
　　过去趋(一)　起结(三),状　起来状
　　开结(一),状　到趋　到……来趋
　　到……去趋

兑现　出来趋(三)　到结　起来状

对(～阵)　上状　起来状　开状

对(～歌、桌子)　上结(一),状
　　上来结(一)　上去结　出结
　　出来结　过结(三)(四)　过来结(三)
　　起结(一)　起来结(一),状　开状
　　到趋

对(～脾气)　上结(一)

对(～表)　上结(一),状　下去状(二)

对(比较,校一)　上状　下去状(二)
　　出结　出来结　过结(四)
　　过来结(三)　起状　起来状　开状
　　到趋

对(搀和)　来趋　上结(一),状
　　上来结(一)　上去结　进趋
　　进来趋　进去趋　出结　出来结
　　过结(四)　过来结(三)　起来结(一),状
　　开结(二),状　到趋　到……来趋
　　到……去趋

对比　上状　下来结(三)　下去状(二)
　　出结　出来结　过结(四)
　　过来结(三)　起来状　开状　到趋

对唱　上状　下来结(三)　下去状(二)
　　过结(四)　起来状　开状　到趋

对答　上状　下来结(三)　下去状(二)
　　出结　出来结　起来状　开状

对待　起来状

对调　来趋　上状　下来结(三)
　　下去状(二)　过结(四)　过来结(一),结(三)
　　过去结(一)　起来状　开状　到趋
　　到……来趋　到……去趋

对付　来结(三)　上结(二),状
　　上来结(二)　下来结(三)　下去状(二)
　　出结　出来结　出去趋
　　过结(四)　过来结(一)(三)　过去结(一)
　　起来状　开状　到趋

对抗　上状　下来结(三)　下去状(二)

出$_结$　出来$_结$　过$_结(三)(四)$

起$_结(三)$　起来$_状$　开$_状$　到$_趋$

对垒　上$_状$　下去$_(二)$　起来$_结(一)$

到$_趋$

对应　起来$_状$

对照　上$_状$　下来$_结(三)$　下去$_结(二)$

出$_结$　出来$_结$　过$_结(四)$　起来$_状$

开$_状$

对证　上$_状$　下来$_结(三)$　下去$_结(二)$

出$_结$　出来$_结$　过$_结(四)$

过来$_结(三)$　起来$_状$　到$_趋$

对质　上$_状$　起来$_状$　开$_状$

对峙　上$_结(一)$　起来$_结(一)$　到$_趋$

敦促　起来$_状$　过$_结(四)$

敦请　起来$_状$

蹲　上$_趋(一),结(一),状$　上来$_趋(一)(二),结(一)$

上去$_趋(一)(二),结$　下$_趋(一)$

下来$_趋(一)$　下去$_趋(一),(二)$

进$_趋$　进来$_趋$　进去$_趋$　出$_趋,结$

出来$_趋,结$　出去$_趋$　回$_趋$

回来$_趋$　回去$_趋$　过$_趋(一),结(三)(四)$

过来$_趋,结(三)$　过去$_趋$

起$_状$　起来$_状$　开$_结(三)$　到$_趋$

到……来$_趋$　到……去$_趋$

蹲(～监狱)　上$_状$　下去$_状(二)$

出$_结$　出来$_结$　过$_结(四)$

起$_结(三)$　起来$_状$　开$_状$　到$_趋$

到……来$_趋$　到……去$_趋$

炖　来$_趋$　上$_结(一),状$　上去$_结$

下$_结(一)(三)$　下来$_结(三)$　下去$_结$

出$_结$　出来$_结$　过$_结(四)$　过来$_结(三)$

起$_状$　起来$_状$　开$_结(三),状$　到$_趋$

到……来$_趋$　到……去$_趋$

顿　上$_状$　下来$_结(三)$　下去$_状(二)$

起来$_状$　开$_状$　到$_趋$

遁　去$_趋$

多　上$_状$　下来$_结(三)$　下去$_结(二)$

出$_结$　出来$_结$　起来$_状$　开$_状$

到$_趋$

哆嗦　上$_状$　下去$_状(二)$　出$_结$

出来$_结$　起来$_状$　开$_状$　到$_趋$

夺　来$_趋$　去$_趋$　上$_趋(一),状$

上来$_趋(一)$　上去$_趋(一)$　下$_结(一)$

下来$_趋(一)$　下去$_趋(一),(二)$

进$_趋$　进来$_趋$　进去$_趋$

出$_趋,结$　出来$_趋,结$　出去$_趋,结$

回$_趋$　回来$_趋$　回去$_趋$

过$_趋(一),结(三)(四)$　过来$_趋(一),结(三)$

过去$_趋(一)$　起来$_状$　到$_趋,结$

到……来$_趋$　到……去$_趋$

夺取　来$_趋$　去$_趋$　下来$_结(一)$

回来$_趋$　过来$_趋(一),结(三)$

起来$_状$　到$_结$

躲　上$_趋(一)$　上来$_趋(一)$　上去$_趋(一)$

下$_趋(一),结(一)(三)$　下来$_趋(一),结(一)$

下去$_趋(一),状(二)$　进$_趋$　进来$_趋$

进去$_趋$　出$_趋,结$　出来$_趋,结$

出去$_趋$　过$_结(一)(四)$　过来$_趋(一),结(三)$

过去$_趋(一),结(一)(四)$　起$_结(三)$

起来$_结(一),状$　开$_趋,状$　到$_趋$

到……来_趋 到……去_趋
躲避 下去_状(二) 起来_结(一)
　到_趋 到……来_趋
　到……去_趋
躲藏 下来_结(一)(三) 下去_状(二)
　进_趋 进来_趋 进去_趋 出去_趋
　过_结(四) 过来_趋(一),结(三)
　过去_趋(一) 起来_结(一) 到_趋
　到……来_趋 到……去_趋
射闪 上_状 下来_结(三) 下去_状(二)
　过_结(四) 过来_趋(一),结(三)
　过去_趋(一) 起来_状 开_趋,状
　到_趋
堕 下_趋(一)
堕落 下去_状(一)(二) 起来_状 到_趋
垛 上_结(一),状 上来_趋(一),结
　上去_趋(一),结 下来_结(一)(三)
　下去_状(二) 过_结(四) 过来_趋(一),结(三)

过去_趋(一) 起_结(一),状 起来_结(一),状
开_结(三),状 到_趋 到……来_趋
到……去_趋
刹 来_结(三) 去_结(一) 上_结(一),状
上来_趋(一),结(二) 上去_趋(一),结
下_结(一) 下来_结(一),结(二)
下去_趋(一),结(二),状(二) 进_趋
进去_趋 出_结 出来_趋 出去_趋
过_结(三)(四) 过来_趋(一),结(三)
过去_趋(一) 起来_状 开_结(一),状
到_趋
跺 去_结(一) 上_结(一),状 上来_结(一)
上去_结 下_结(一) 下来_结(一)
下去_结(二),状(二) 进_趋 进来_趋
进去_趋 出_结,结 出来_趋,结
出去_趋 过_结(四) 起来_结
开_结(一),状 到_趋 到……来_趋
到……去_趋

E

讹传 下去_状(二)
讹诈 去_趋 上_状 下去_状(二)
　起来_状 开_状 到_结
　到……来_趋
恶心 上_状 下去_状(二) 起来_状
　开_状 到_趋
恶化 下去_状(二) 起来_状 到_趋
扼杀 下去_状(一)
扼守 起来_结(一)

遏止 下去_状(一)
遏制 起来_状
饿 上_状 下来_结(三) 下去_状(二)
出_结 出来_结 过_结(二)
过去_结(四) 起来_状(一) 开_状 到_趋
恩爱 下去_状(二) 起来_状 到_趋
恩赐 起来_状
摁 来_趋 去_趋 上_结(一) 上来_结(一)
上去_结 下_结(一) 下来_趋(一),结(一)

下去趋(一),状(二)　出结　出来结
过结(四)　过来结(三)　过去趋(一)
起状　起来状　开状　到趋
到……来趋　到……去趋

儿化　上状
耳生　起来状
耳熟　起来状

F

发(～信、货)　来趋　去趋　上状
　下趋(一)　下来趋(一)　下去趋(一),状(二)
　出趋,结　出来趋,结　出去趋　回趋
　回来趋　回去趋　过结(四)
　过来趋(一),结(三)　过去趋(一)
　起结(三)　起来状　开状　到趋
　到……来趋　到……去趋

发(一射)　来趋　上状　出趋
　出来趋　出去趋　回趋　回来趋
　回去趋　过结(四)　过来结(三)
　起结(三)　起来状　到趋
　到……来趋　到……去趋

发(～言)　上状　下结(一)　下去状(二)
　出趋　出去趋　起来状　开状
　到趋

发(产生)　出结　出来结　开状

发(～财)　上状　下去状(二)
　起来状　开状　到趋

发(～面)　上状　下结(一)(三)
　下去状(二)　出趋　过结(二)(四)
　起来趋,状　开结(三),状　到趋

发(～脾气、慌)　上状　下去状(二)
　出结　出来结　过结(四)　过去结(四)

起状　起来状　开状　到趋

发(～烧)　上状　起来状　开状
发表　上状　下来结(三)　下去状(二)
　出结　出来趋,结　出去趋　过结(四)
　过来结(三)　起来状　开状　到趋

发布　上状　下来结(三)　下去状(二)
　出来趋,结　出去趋　过结(四)
　过来结(三)　起来状　开状　到趋

发愁　上状　下去状(二)　起来状
　开状

发怵　起来状

发动(机器～)　上状　起状
　起来状

发动(～群众)　上状　下去状(二)
　过结(四)　起结(一),状　起来结(一),状
　开状　到趋

发放　来趋　去趋　上状
　下来趋(一),结(三)　下去趋(一),状(二)
　出趋,结　出来趋,结　出去趋
　过结(四)　过来结(三)　起结(三),状
　起来状　开状　到趋　到……来趋
　到……去趋

发还　回来趋　回去趋　过结(四)

过来结(三)　起来状　到趋

发挥(～作用)　上结(二),状

　下去状(二)　出结　出来结　起状

　起来状　到趋

发挥(充分表达)　上状　下去状(二)

　起来状　开状

发觉　出结　出来结　到结

发掘　来趋　去趋　上状

　下来结(三)　下去状(二)　出趋

　出来趋　过结(四)　过来结(三)

　起来状　到结

发落　下来结(一)

发明　上状　下去状(二)　出结

　出来结　过结(四)　起来状　开状

发排　下去结(一)　出去趋　到趋

发配　到趋

发散　出趋,结　出来趋,结　出去趋

　起来状　到趋

发射　上状　下来结(三)　下去状(二)

　进趋　进去趋　出趋　出来趋

　出去趋　过结(四)　过来结(一),(三)

　过去趋(一)　起结(三)　起来状

　开状　到趋　到……来趋

　到……去趋

发售　出趋　出去趋　过结(四)

　到趋

发送　出去趋　起来状　到趋

　到……来趋　到……去趋

发问　下去状(二)　起来状

发泄　上状　下去状(二)　出来结

出去趋　过结(四)　过来结(四)

　起来状　开状　到趋

　到……来趋　到……去趋

发行　上状　下来结(三)　下去状(二)

　出去趋　过结(四)　过来结(三)

　起来状　开状　到趋

　到……来趋　到……去趋

发扬　下来结(三)　下去状(二)

　出结　出来结　起来状

发育　下去状(二)　过结(二)

　起来结(一)　到趋

发展　上状　下来结(三)　下去状(二)

　出结　出来结　起来结(一)

　开状　到趋

发作　上状　下去状(二)　过结(四)

　起来状　开状　到趋

罚　来趋　去趋　上状　下来结(三)

　下去结(一),状(一)　出结　出来结

　过结(二)(四)　过来结(三)

　过去结(四)　起来状　开状　到趋

伐(～木)　来趋　去趋　上状

　上来结(一)　上去趋(一)

　下趋,结(一)　下来结(一),结(一)

　下去结(一),结(一),状(一)　出趋,结

　出来趋,结　出去趋　回趋

　回来趋　回去趋　过结(二)(四)

　过来结(一),结(一)　过去结(一)

　起结(三)　起来状　开状　到趋,结

　到……来趋　到……去趋

翻(～身)　上状　上来趋(一)

下去_状(二)　过_结(二)(四)　过来_趋(二)
过去_趋(二)　起_趋　起来_状
开_结(三),状　到_趋　到……来_趋
到……去_趋

翻（～箱子）　上_状　上来_趋(一)
下去_状(二)　出_结　出来_结　出去_结
过_结(四)　过来_结(三)　起_状
起来_状　开_状　到_趋,结

翻（～案）　上_状　下去_状(二)
回去_趋　过来_趋(二)　过去_趋(二)
起来_状　开_状

翻（一越）　上_状　上来_趋(一)
上去_趋(一)　过来_趋(一)
过去_趋(二)　起来_状　开_状　到_趋
到……来_趋　到……去_趋

翻（一译）　上_状　上来_结(二)
下_结(一)　下来_结(一)(二)(三)
下去_状(二)　出_结　出来_结
回去_趋　过_结(三)(四)　过来_结(二)(三)
过去_结(二)　起_状　起来_状　开_状
到_趋　到……去_趋

翻动　上_状　起来_状　开_状
翻盖　上_结(一),状　下来_结(三)
下去_状(二)　出_结　出来_结
过_结(四)　过来_结(三)　起_结(三)
起来_状　开_状　到_趋

翻滚（水～）　上_状　下去_状(二)
起来_状　开_状

翻滚（身体～）　上_状　下来_结(一)
下去_趋(一),状(二)　过来_趋(一)

过去_趋(一)　起来_状　开_状　到_趋
到……来_趋　到……去_趋

翻悔　上_状　下去_状(二)　起来_状
开_状

翻检　出_结　出来_结　起来_状
开_状,结

翻腾　上_状　下去_状(二)　起来_状
开_状　到_趋

翻修　上_结(一),状　下来_结(三)
下去_状(二)　出_结　出来_结
过_结(四)　过来_结(三)　起_结(三)
起来_状　开_状　到_趋

翻译　上_状　上来_结(二)　下_结(一)
下来_结(一)(二)(三)　下去_状(二)
出_结　出来_结　过_结(四)
过来_结(二)(三)　过去_结(二)　起_状
起来_状　开_状　到_趋

翻印　上_状　下来_结(二)　下去_状(二)
出_结　出来_结　过_结(四)
过来_结(三)　起_状　起来_状
开_状　到_趋

翻越　过来_趋(一)　过去_趋(一)
起来_状　到_趋

翻阅　起来_状　下去_状(二)　开_状
到_趋

烦　上_状　下去_状(二)　出_结
出来_结　起来_状　过来_结(三)
开_状　到_趋

繁衍　下来_结(一)　下去_状(二)
出_结　出来_结　起来_状　开_趋

到趋

繁育 出结　出来结　起来状

繁殖 上状　下来结(三)　下去状(二)
出结　出来结　起来状　开状
到趋　到……去趋

反(—抗)　上状　上来趋(一)
下去状(二)　出趋,结　出来趋,结
出去趋　回来趋　过结(四)
过来趋(一)　过去趋(一)　起来状
开状　到趋　到……来趋
到……去趋

反(颠倒)　过来趋(二)　过去趋(一)

反驳 上状　下来结(三)　下去结(一)
出结　出来结　回来趋　回去趋
过结(四)　过来趋(一),结(三)
过去趋(一)　起状　起来状
开状　到趋

反衬 出结　出来结　起来状

反串 上状　下来结(三)　下去状(二)
起来状　开状

反对 上状　下去结(一),状(二)
过结(四)　过来趋(三)　起来状
开状　到趋

反攻 上状　上来趋(一)(二)
上去趋(一)(二)　下来结(三)
下去状(二)　进去趋　出
出来结　出去趋　回来趋
回去趋　过结(四)　过去趋(一)
过去趋(一)　起状　起来状　开状
到趋　到……去趋

反悔 上状　下去状(二)　起来状
开状　到趋

反击 上状　下来结(三)　回去趋
过结(四)　过来结(三)　过去趋(一)
起来状　开状

反剪 上结(一)　过来趋(二)　过去趋(二)

反抗 上状　下来结(三)
下去结(一),(二)　出结　出来结
过结(四)　过来结(三)　起来状
开状　到趋

反馈 来趋　回来趋　回去趋
过来趋(一)　过去趋(一)　到趋

反叛 上状　下去状(二)
过来趋(一)　过去趋(一)　起来状
开状　到趋

反扑 上状　上来趋(一)(二)
下去状(二)　过结(四)　过来趋(一)
过去趋(一)　起来状　开状　到趋

反射 来趋　上趋(一),状
上来趋(一)(二),结(一)　上去趋(一)(二),
下来趋(一)　下去状(二)　回来趋
回去趋　过来趋(一)　过去趋(一)
起来状　开状　到趋　到……来趋
到……去趋

反问 上状　下去状(二)　起来状
开状　过来趋(一)　过去趋(一)

反省 上状　下来结(三)　下去状(二)
出结　出来结　过结(四)
过来结(二)(三)　起来状　开状
到趋

反咬　过来趋(一)　过去趋(一)
反映(～品质)　上去趋　出结
　　出来结　过来趋(一)　起来状
　　开状　到……去趋(一)
反映(～意见)　上状　上来趋(一)(二)
　　上去趋(一)　下去趋(二)　出去趋
　　过结(四)　过来趋(一),结(三)
　　过去趋(一)　起来状　开状　到趋
　　到……来趋　到……去趋
返　回趋　回来趋　回去趋　到趋
返销　上状　下来结(三)　下去状(二)
　　回来趋　回去趋　起来状　开状
　　到趋　到……来趋　到……去趋
返修　上状　下来结(三)　下去状(二)
　　过结(四)　过来结(三)　起来状
　　到趋
泛　起状　起来趋　到趋
泛滥　上状　下来结(三)　下去状(二)
　　出结　出来结,趋　过结(四)
　　起来状　开状　到趋
贩　来趋　去趋　上状　下来结(三)
　　下去状(二)　进趋　进来趋
　　进去趋　回来趋　回去趋
　　过结(四)　过来趋(一),结(三)
　　过去趋(一)　起结(三)　起来状
　　开状　到趋,结　到……来趋
　　到……去趋
贩卖　上状　下来结(三)　下去状(二)
　　出趋　出去趋　过结(四)
　　过来趋(一)　过去趋(一)　起来状

开状　到趋　到……来趋
　　到……去趋
贩运　来趋　去趋　上状　下来结(三)
　　下去状(二)　进来趋　进去趋
　　出去趋　回来趋　回去趋
　　过来趋(一)　过去趋(一)　起来状
　　开状　到趋　到……来趋
　　到……去趋
犯(～罪)　上状　下结(一)　起来状
　　开状　到趋
犯(～病)　上状　下去状(二)
　　起来状　开状　到趋
妨(～人)　上结(一),状　下去状(二)
　　出结　出来结　起来状　开状
　　到趋
防　上状　下来结(三)　下去状(二)
　　出结　出来结　过结(四)
　　过来结(三)　起来状　开状　到趋
防备　上状　下来结(三)　下去状(二)
　　过来结(三)　起来状　开状　到趋
　　到……去趋
防范　上状　下去状(二)　过来结(三)
　　起来状　开状　到趋
防护　起来结(一)
防守　上状　下来结(三)　下去状(二)
　　过来结(三)　起结(一)　开状
　　到趋
防卫　上状　下去状(二)　过结(三)
　　起来状　开状　到趋
防御　过来结(三)　起来状

防止　起来状

防治　起来状

妨碍　下去状(二)　起来状

访求　出结　出来结　过(四)
　　起来状　到结

访问　上状　下来结(三)　下去状(二)
　　出结　出来结　过(四)
　　过来结(三)　起来状　开状　到趋
　　到……来趋　到……去趋

仿　上状　下来结(一)　下去状(二)
　　出结　出来结　过(四)
　　过来结(三)　起结(三)　起来状
　　开状　到趋

仿效　上状　下去状(二)　出结
　　出来结　过(四)　起来状

仿行　起来状

仿造　来趋　去趋　上状
　　上来结(二)　下来结(三)　下去状(二)
　　出结　出来结　过(四)
　　过来结(三)　起结　起来状
　　开状　到趋

仿照　起来状

仿制　来趋　上状　下去状(二)
　　出结　出来结　过(四)
　　起来状(一)　到趋

纺　上结(二),状　下来结(三)
　　下去状(二)　进趋　进去趋　出结
　　出来结　过(四)　过来结(一),结(三)
　　过去趋(一)　起结(三),状　起来状
　　开状　到趋　到……来趋

到……去趋

纺织　出结　出来结

放(使自由)　上状　下去状(二)
　　进趋　进去趋　出趋　出来趋
　　出去趋　回趋　回来趋　回去趋
　　过结(一)　起来状　开结(一),状
　　到趋　到……去趋

放(～学、任)　上状　下去状(二)
　　起来状　开状　到趋

放(～牛)　上状　下去状(二)
　　过结(四)　过来结(三)　起来状
　　开结(一)(三),状　到趋　到……来趋
　　到……去趋

放(～枪、光)　来趋　去趋　上状
　　下去状(二)　出趋,结　出来趋,结
　　出去趋　过结(四)　过来趋(一)
　　过去趋(一)　起状　起来状
　　开状　到趋　到……去趋

放(～债)　上状　下去状(二)
　　出趋　出去趋　起来状　开状
　　到趋

放(一置)　上结(一),状
　　上来结(一),结(一)　上去趋(一),结
　　下趋(一),结(三)　下来趋(一)
　　下去趋(一)　进趋　进来趋
　　进去趋　出结　出来结　回趋
　　回来趋　回去趋　过来趋(一),结(三)
　　过去趋(一)　起来状　开结(三),状
　　到趋　到……来趋　到……去趋

放(搁置)　上结(一)　下来结(一)

起来结(一) 开结(一) 到趋
到……去趋

放(一大) 上状 出趋 出来趋
起来状 开状 到趋

放(点燃) 上状 下去状(二)
出结 出来结 起结(三)
起来状 开状 到趋

放(加) 上结(一),状 上去结
下去状(二) 进趋 进去趋
起状 起来状 开状 到趋
到……去趋

放任 上状 下去状(二) 起来状
开状 到趋

放散 出趋 出来趋 出去趋
过来趋(一) 过去趋(一) 起来状
开结(二),状 到趋 到……来趋
到……去趋

放射 上状 下去状(二) 出结
出来结 过来趋(一) 过去趋(一)
起来状 开状 开来结(二)
到趋 到……来趋 到……去趋

放松 上状 下来状 下去状(二)
开结(二) 到趋

放送 上状 下去状(二) 过结(四)
过来结(三) 出去趋 起来状
开

放养 出去趋 到趋 到……去趋

放映 上状 下来状(三) 下去状(二)
出结 出来结 过结(四)
过来结(三) 起状 起来状

开状 到趋
放置 起来结(一)
放逐 出去趋 到趋 到……去趋
非难 上状 下去状(二) 起来状
开状 到趋
非议 上状 起来状
飞 来趋 去趋 上趋(一),状
上来趋(一) 上去趋(一) 下趋(一)
下来趋(一) 下去趋(一),状(二)
进趋 进来趋 进去趋 出趋,结
出来趋,结 出去趋 回趋
回来趋 回去趋 过趋(一),结(三)(四)
过来趋(一),结(三) 过去趋(一)
起,结(三),状 起来趋,状
开趋,结(三),状 到趋 到……来趋
到……去趋

飞驰 过来趋(一) 过去趋(一)
起来状 到趋 到…来趋

飞(挥发) 下去状(二) 出趋
出去趋 到趋 到……来趋
到……去趋

飞溅 起来趋 到趋
飞腾 起来趋
飞舞 上状 过来趋(一) 过去趋(一)
起来状
飞翔 起来状 到趋 到……去趋
飞行 上状 下来结(三) 下去状(二)
过结(四) 过来结(三) 起来状
开状 到趋 到……来趋
到……去趋

飞扬　起来趋

飞跃　起来状

飞涨　上状　上去趋(一)　下去状(二)
　　　起来状　开状　到趋

诽谤　上状　下去状(二)　出结
　　　出来结　起来状　开状　到趋
　　　到……来趋

吠　起来状

废除　下去结(一)　起来状

沸腾　上状　下去状(二)　起来状
　　　开状　到趋

费　上状　下去状(二)　起来状　到趋

费解　起来状

分(~东西)　来趋　去趋　上结(二),状
　　　下结(一)　下来趋(一),结(三)
　　　下去趋(一),状(二)　进趋　进来趋
　　　出趋,结　出来趋,结　出去趋
　　　回趋　回来趋　回去趋　过结(四)
　　　过来趋(一),结(三)　过去趋(一)
　　　起结(三),状　起来状　开结(一),状
　　　开来结(一)　到趋,结　到……来趋
　　　到……去趋

分(一配)　来趋　去趋　上结(二),状
　　　下结(一)　下来趋(一),结(三)
　　　下去趋(一),状(二)　进趋　进来趋
　　　进去趋　出趋　出来趋　出去趋
　　　回趋　回来趋　回去趋　起来状
　　　开状　到趋,结　到……来趋
　　　到……去趋

分(一辨)　出结　出来结　开结(四)

分辨　出结　出来结　过结(四)
　　　起来状　开结(四),状

分别(辨别)　出结　出来结
　　　起来状　开结(四)

分布　开结(二)　到趋　到……去趋

分担　上状　下结(一)　下来趋(一)
　　　下去趋(二)　过来趋(一)(三)
　　　过去趋(一)　起结(三)　起来趋(一),状
　　　开状　到趋,结　到……来趋

分发　上状　下来趋(一)
　　　下去趋(一),状(一)　出去趋　过结(四)
　　　过来结(三)　起来状　开状　到趋
　　　到……来趋　到……去趋

分割　上状　下来趋(一)(三)
　　　下去趋(一),状(二)　进来趋　出趋
　　　出去趋　过来结(三)　起来状
　　　开结(一),状　开来结(一)　到趋,结

分隔　开结(一)　开来结(一)
　　　起来状　到趋

分化　上状　下来结(三)　下去状(二)
　　　出趋,结　出来趋,结　出去趋
　　　过结(四)　过来趋(一)　过去趋(一)
　　　起来状　开结(一),状　到趋

分解　上状　下去状(二)　出趋,结
　　　出来趋,结　出去趋　过结(四)
　　　起来状　开结(一),状　开来结(一)
　　　到趋,结　到……去趋

分居　上状　下来结(三)　下去状(二)
　　　过结(四)　起来状　开状　到趋

分离　开来结(二)

分裂　上状　下去状(二)　出趋
　　　出来趋　出去趋　过结(四)
　　　过来趋(一)　过去趋(一)　开结(一)
　　　开来结(一)　起来状　到趋
　　　到……来趋　到……去趋

分馏　出结　出来结

分泌　出结　出来结　到……去趋

分派　出去趋　起来状　到趋
　　　到……去趋

分配　来趋　去趋　上状　下来结(三)
　　　下去状(二)　进来趋　出趋
　　　出去趋　回来趋　回去趋
　　　过结(四)　过来结(三)　起来状
　　　开状　到趋,结　到……来趋
　　　到……去趋

分散　上状　下来结(三)
　　　下去趋(二),状(一)　出来趋　出去趋
　　　过结(四)　起来状　开结(二)
　　　开来结(二)　到趋　到……去趋

分摊　上状　下来结(三)　下去趋
　　　出趋　出去趋　过结(四)
　　　过来结(三)　起来状　到趋,结
　　　到……来趋　到……去趋

分析　来趋　上状　上来结(二)
　　　下来结(三)　下去状(二)　进去趋
　　　出结　出去趋　过结(四)
　　　过来结(三)　起来状　开结(二)　到趋

吩咐　来趋　去趋　上状
　　　下来趋(一),结(三)　下去趋(一)
　　　进来趋　进去趋　出来趋

出去趋　过结(四)　过来趋(一),结(三)
过去趋(一)　起结(三)　起来状
开状　到趋

纷争　起来状　到趋

焚　上结(一)　起状

焚毁　下去状(二)　起来状

焚烧　下去状(二)　过结(四)
　　　出来结(三)　起来状

粉饰　上状　下去状(二)　出趋
　　　出来结　起来状(一)　开状　到趋

粉刷　上结(一),状　上去结
　　　下来结(三)　下去状(二)　出结
　　　出来结　过结(四)　过来结(三),结(二)
过去趋(一)　起结(三),状　起来状
开状　到趋

粉碎　下去结(一)

愤恨　起来状

愤激　起来状

愤慨　起来状

愤怒　起来状

奋斗　来趋　上状　上去趋(一)
　　　下来结(三)　下去状(二)　进趋
　　　进来趋　进去趋　出结　出来趋,结
　　　出去趋　过结(四)　过来结(一),(三)
起来状　开状　到趋,结
到……来趋　到……去趋

奋发　下去状(二)　起来状

愤进　起来状

奋勉　起来状

奋战　起来状

封（～官） 上结(二),状 下结(一)
　下来趋(一),结(一)(三) 下去趋(一),状(二)
　出结 出来结 出去趋 过(二)(四)
　过来结(三) 起状 起来状 开状
　到趋,结

封（～信） 上结(一) 下去状(二)
　进趋 进去趋 过结(四)
　过来结(三) 起结(一),状
　起来结(一),状 开状 到趋

封闭 上结(一) 下去状(二) 出结
　出来结 过结(四) 过来结(三)
　起结(一) 起来结(一),状 到趋

封存 起来结(一)

封锁 上结(一),状 下去状(二)
　出结 出来结 过(四)
　过来结(三) 起结(一) 起来结(一)
　开状 到趋

蜂拥 上趋(一)(二) 上来趋(一)(二)
　上去趋(一)(二) 过来趋(一)
　过去趋(一) 到趋

风传 下去状(二) 起来状 过(四)
风化 下去状(二) 起来状 到趋
风闻 到结
风行 上状 下来结(三) 下去状(二)
　过结(四) 过来趋(一) 过去趋(一),结(四)
　起来状 开状 到趋
疯长 上状 下去状(二) 起来状
　开状 到趋

逢 上结(一) 到趋
逢迎 起来状

缝 来趋,结(二) 上结(一),状
　上来趋(一)(二) 上去结 下来结(三)
　下去状(二) 进趋 进去趋 出结
　出来结 过结(四) 过来趋(一),结(三)
　过去趋(一) 起结(一)(三),状
　起来结(一),状(二) 开状 到趋
　到……去趋

缝补 上结(一) 下来结(三)
　下去状(二) 出结 出来结
　过(四) 过来结(三) 起结(三)
　起来结(一),状 开状 到趋

缝合 上结(一) 过结(四)
　过去结(三) 起结(一) 起来结(一)
　到趋

讽刺 上状 下去状(二) 出结
　出来结 起状 起来状 开状
　到趋 到……来趋 到……去趋

讽喻 上状 起来状
奉 上趋(一) 上去趋(一)
奉承 上状 下去状(二) 起来状
　开状 到趋
奉献 上结(一) 上去结(一) 出结
　出来趋 出去趋 过去趋(一)
　起来状 到趋
奉行 起状 起来状
奉养 下去状(二) 起来结(一),状
否 下去结(一)
否定 下去结(一) 起来状
否决 上状 下来结(三) 下去状(二)
　过结(四) 过来结(三) 起来状

开状　到趋

否认　上状　下去状(二)　出结
　　出来结　起来状　开状　到趋

敷　上结(一)　上去结　下去状(二)
　　过结(四)　过来结(三)　到趋
　　到……去趋

敷设　上结(一)　上去结　下结(一)
　　下来结(三)　下去状(二)　出结
　　出来结　过结(四)　过来趋,结(一)(三)
　　过去趋(一)　起结(一)(三),状
　　起来结(一),状　到趋　到……来趋
　　到……去趋

敷衍　上状　下来结(三)　下去状(二)
　　出结　出来结　过去结(四)
　　起来状　开状　到趋

孵　来趋　上状　下结(一)
　　下来结(三)　下去状(二)　出结
　　出来结　过结(四)　过来结(三)
　　起结(三),状　起来状　开状,结(三)
　　到趋,结

孵化　下来结(三)　下去状(二)
　　出结　出来结　起来状　开状
　　到趋

扶　来趋　去趋　上趋(一)(二)
　　上来趋(一)(二)　上去趋(一)(二)
　　下趋(一)(二)　下来趋(一)(二)
　　下去趋(一)(二),状(一)　进趋　进来趋
　　进去趋　出趋　出来趋　出去趋
　　回趋　回来趋　回去趋
　　过趋(一),结(四)　过来趋(一)(三),结(三)

过去趋(一)　起趋,状　起来趋,状
开趋,状　到趋　到……来趋
到……去趋

扶持　上状　下来结(三)　下去状(二)
　　过结(四)　过来结(三)　起结(三)
　　起来结(一),状　开状
　　到趋

扶植　上状　下来结(三)　下去状(二)
　　过结(四)　过来结(三)　起结(三)
　　起来结(一),状　开状　到趋

辐射　出结　出来结　到趋
　　到……去趋

浮　来趋　去趋　上趋(一)(二)
　　上来趋(一)(二)　上去趋(一)(二)
　　下去状(二)　出趋　出来趋
　　过趋(一)　过去趋(一)　起,状
　　起来趋,状　到趋　到……来趋
　　到……去趋

浮动　上状　上来趋(一)　上去趋(一)
　　下来趋(一)　下去趋(一),状(二)
　　过结(四)　起来状　开状　到趋

浮夸　上状　下来结(三)　下去状(二)
　　起来状　开状　到趋

浮现　出结　出来结　到趋

浮想　起来状

浮游　过来趋(一)　过去趋(一)
　　起来状　到趋

俘虏　来趋　去趋　上趋
　　上来趋(一)(二)　上去趋(一)(二)
　　下去趋(一),状(二)　回趋　回来趋

过来趋(一)　过去趋(一)　到结
到……来趋　到……去趋
俘获　来趋　到趋
伏　下趋(一),结(一)　下去趋(一)
伏击　上状　下去状(二)　起来状
伏贴　下来状　下去状(二)
　起来状　到趋
服（～药）　上状　下去趋(一)
　过结(四)　起来状　开状　到趋
服从　上状　下去状(二)　出结
　出来结　过来结(三)　起来状
　开状　到趋
服侍　上状　下来结(三)　下去状(二)
　过结(四)　过来结(三)　起(三),状
　起来状　开状　到趋
服务　上状　下来结(三)　下去状(二)
　出结　出来结　过结(四)
　过来结(三)　起来状　到趋
服用　下去趋(一),状(二)　起来状
　到趋
拂　去结(一)
拂拭　下去结(一)
腐败　下去状(二)　起来状　到趋
腐化　下去状(二)　起来状
腐烂　下去状(二)　起来状
腐蚀　下去状(二)　起来状
腐朽　下去状(二)　起来状
俯冲　上状　下趋(一)　下去趋(一),状(二)
　下来趋(一)　过结(四)　过来趋(一)
　过去趋(一)　起来状　开状

到趋　到……来趋　到……去趋
俯瞰　下去趋(一)　过去趋(一)
　起来状　到结
俯视　下去状(二)　过去状(二)
辅导　上状　下来结(三)　下去状(二)
　出结　出来结　过结(四)　过来结(三)
　起(三)　起来状　开状　到趋
辅佐　下来结(三)　下去状(二)
　起来状
抚摩　上状　上去结　下去状(二)
　出结　出来结　过结(四)　起来状
　开状　到结
抚慰　上状　起来状
抚恤　过来结(三)
抚养　上状　下结(一)　下来结(一)(三)
　下去状(二)　出结　出来结
　过结(四)　过来结(三)　起(三),状
　起来结(一),状　开状　到结
抚育　出结　出来结
复辟　到趋　到……去趋
复查　上状　下来结(三)　下去状(二)
　出结　出来结　过结(四)　过来结(三)
　起来状　到趋,结
复核　上状　下来结(三)　下去状(二)
　出结　出来结　过结(四)　过来结(三)
　起来状　开状　到趋,结
复述　来结(三)　上状　上来结(二)
　下来结(二)(三)　下去状(二)　出结
　出来结　过结(四)　过来结(三)
　起来状　开状　到趋

复习　上状　下来结(三)　下去状(二)
　　　过结(四)　过来结(三)　过去结(四)
　　　起来状　开状　到趋,结
复写　上状　下来结(一)　下去状(二)
　　　出结　出来结　过结(四)
　　　过来结(三)　起来状　开状　到趋
复兴　起来结(一)
复议　上状　下去状(二)　出结
　　　出来结　过结(四)　起来状
复员　上状　上来趋(一)
　　　下来趋(一),结(三)　下去趋(一)
　　　回趋　回来趋　回去趋　到趋
　　　到……来趋　到……去趋
复制　来趋　上状　下来结(一)
　　　下去状(二)　出结　出来结
　　　过结(四)　过来结(二)　过去结(二)
　　　起结(三)　起来状　开趋　到趋,结
覆盖　上结(一)　上来结(一)
　　　上去结　下趋(一),结(三)
　　　下来趋(一),结(三)　下去趋(一),状,结(二)
　　　过来结(三)　起来结(一)　到趋,结
　　　到……去趋
覆灭　下去状(一)
覆没　下去状(一)
覆亡　下去状(一)
付　来趋　去趋　上结(二),状
　　　下来结(三)　下去状(二)　出趋
　　　出来结　出去趋　过结(四)

过来趋(一),结(三)　过去趋(一)
起结(三),状　起来趋　开状　到趋
到……来趋　到……去趋
附　来趋　上结(一)　上来结(一)
　　　上去结　到趋　到……去趋
附带　上结(一)　上去结
附和　上状　下去状(二)　起来结
　　　开状
附加　上结(一)　上来结(一)
　　　上去结　下去状(二)　进来趋
　　　进去趋　出结　出来结　过去趋(一)
　　　起来结(一)　到……来趋
　　　到……去趋
附设　到结
附属　过去趋(一)　到趋
附着　上结(一)　上来结(一)　上去结
　　　到趋　到……去趋
负(一责)　上状　起结(一),状
　　　起来结(一)(三),状　到趋
负责　上状　下去状(二)　过结(四)
　　　过来结(三)　起结(三)　起来状
　　　开状　到趋
负担　上结(一),状　下结(一)
　　　下来结(三)　下去状(二)
　　　过结(四)　过来趋(一),结(三)
　　　过去趋(一)　起结(一)(三)
　　　起来趋(一),状　开状　到趋

G

改(一变) 来趋 去结(一) 上状
下来结(一)(三) 下去结(一),状(二)
出结 出来结 回趋 回来结
回去趋 过结(四) 过来结(二)(三)
起结(三),状 起来状 开状 到趋

改(修一) 上状 下来结(三)
下去状(二) 出结 出来结
回来趋 回去趋 过结(四)
过来结(二)(三) 过去结(二)
起来状 开状,结 到趋,结
到……来趋 到……去趋

改(一正) 过结(二) 起来状

改编 来趋 上状 下来结(三)
下去结(一),状(二) 出结 出来结
过结(四) 过来结(三) 起结
起来状 开状 到趋 到……去趋

改变 过来结(二) 起来状 开状
到趋

改动 下去状(二) 起来状

改革 来趋 上状 下来结(三)
下去结(一),状(二) 出结 出来结
回趋 回去趋 过结(四)
过来结(三) 起来状 开状 到趋
到……来趋 到……去趋

改换 过来结(二) 起来状

改进 上状 下来结(三) 下去结(二)
出结 出来结 过结(四)
过来结(三) 起来状 开状 到趋

改建 上状 下来结(三) 下去状(二)
过结(四) 过来结(三) 起结(三)
起来状 开状 到趋

改良 上状 下去状(二) 出结
出来结 开状 到趋

改善 上状 下来结(三) 下去状(二)
过结(四) 过来结(三) 起结(三)
起来状 开状 到趋

改写 来趋 上状 下来结(三)
下去状(二) 出结 出来结
过结(四) 过来结(三) 起状
起来状 开状 到趋

改选 上状 下来结(一)(三)
下去结(一),状(二) 出结 出来结
过结(四) 过来结(三) 起来状
开状 到趋

改造 上状 下来结(三)
下去结(一),状(二) 出结 出来结
过结(四) 过来结(二)(三) 起状
起来状 开状 到趋

改正 下去状(二) 过来结(二)
起来状 到趋

改装 上状 下来结(三) 下去状(二)
出结 出来结 过结(四) 过来结(三)
起结(三) 起来状 开状

改组 上状 下来结(三)
下去结(一),状(二) 出结 出来结
回去趋 过结(四) 过来结(二)(三)

起来状　开状　到趋

盖(蒙)　来趋　去趋　上结(一),状
　　上来结(一)　上去结　下来趋(一)
　　下去趋(一),状(二)　进趋　进去趋
　　出结　出来结　回去趋　过结(四)
　　过来趋(一),结(三)　过去趋(一)
　　起结(一),状　起来结(一),状　开状
　　到趋　到……来趋　到……去趋

盖(～章)　上结(一),状　上来结(三)
　　上去结　下结(一)　下来结(三)
　　下去趋(一),状(二)　出结　出来结
　　回来趋　回去趋　过结(四)
　　过来结(三)　起来状　开状　到趋
　　到……来趋　到……去趋

盖(～房子)　上结(一),状　下结(一)
　　下来结(三)　下去状(二)　进去结
　　出结　出来结　过结(三)(四)
　　过来趋(一)　过去趋(一)　起结(三)
　　起来结(一),状　开状　到趋
　　到……来趋　到……去趋

盖(超过)　过结(三)　过去结(三)

概括　上状　下来结(三)　下去状(二)
　　进趋　进来趋　进去趋　出结
　　出来结　过结(三)(四)　过去结(三)
　　起来状　开状　到趋

概算　出结　出来结　下来结(三)

干扰　上状　下来结(三)
　　下去结(一),状(二)　出结　出来结
　　过结(四)　过来趋(一),结(三)
　　过去趋(一)　起来状　开状　到趋

干涉　上状　下来结(三)　下去状(二)
　　出结　出来结　过结(四)
　　过来结(三)　起结(三)　起来状
　　开状　到趋　到……来趋
　　到……去趋

干洗　上状　下来结(三)　下去状(二)
　　出来结　过结(四)　过来结(三)
　　起结(三)　起来状　开状　到趋

干笑　上状　起来状　开状

干预　上状　下去状(二)　出结
　　出来结　过结(四)　过来结(三)
　　起来状　开状　到趋

赶(追)　来趋　去趋　上趋(二),结(一)
　　上来趋(二)　上去结　过结(二)
　　过来趋(一)　过去结(二)　起结
　　起来状　开状　到趋　到……来趋
　　到……去趋

赶(～任务)　上结(一),状　下来结(三)
　　下去状(二)　出结　出来结
　　起来状　开状　到趋　到……来趋
　　到……去趋

赶(～马车)　来趋　去趋　上趋(一),状
　　上来趋(一)　上去趋(一)　下趋(一)
　　下来趋(一),结(三)　下去趋(一),状(二)
　　进趋　进来趋　进去趋　回趋
　　回来趋　回去趋　过结(四)
　　过来趋　过去趋(一)　起结(三),状
　　起来状　开状　到趋　到……来趋
　　到……去趋

赶(驱逐)　来趋　上趋(一),状

上来$_{趋(一)}$ 上去$_{趋(一)}$ 下$_{趋(一)}$
下来$_{趋(一)}$ 下去$_{趋(一),状(二)}$
出$_{趋,结}$ 出来$_{趋,结}$ 出去$_{趋}$ 回$_{结}$
回来$_{趋}$ 回去$_{趋}$ 过$_{趋(一)}$
过来$_{趋(一),结(三)}$ 过去$_{趋(一)}$
起来$_{趋,状}$ 开$_{趋,状}$ 到$_{趋}$
到……来$_{趋}$ 到……去$_{趋}$

赶（遇） 上$_{结(一)}$ 到$_{趋}$
赶超 起$_{状}$ 起来$_{状}$ 到$_{趋}$
感 到$_{结}$
感动 上$_{状}$ 下去$_{状(二)}$ 出$_{结}$
出来$_{结}$ 过来$_{结(二)}$ 起来$_{状}$
开$_{状}$ 到$_{趋}$
感奋 起来$_{状}$ 到$_{趋}$
感化 上$_{状}$ 过来$_{结(二)}$ 起来$_{状}$
开$_{状}$
感激 上$_{状}$ 过来$_{结(三)}$ 起来$_{状}$
开$_{状}$ 到$_{趋}$
感觉 出$_{结}$ 出来$_{结}$ 到$_{结}$
感慨 上$_{状}$ 下去$_{状(二)}$ 起来$_{状}$
开$_{状}$ 到$_{趋}$
感染 上$_{结(一)}$ 下去$_{状(二)}$ 起来$_{状}$
感伤 上$_{状}$ 下去$_{状(二)}$ 起来$_{状}$
开$_{状}$ 到$_{趋}$
感受 到$_{结}$
感叹 上$_{状}$ 下去$_{状(二)}$ 过$_{结(四)}$
过来$_{结(三)}$ 起来$_{状}$ 开$_{状}$
感谢 上$_{状}$ 下去$_{状(二)}$ 过$_{结(四)}$
过来$_{结(三)}$ 起来$_{状}$ 开$_{状}$ 到$_{趋}$
干 上$_{状}$ 上来$_{结(二)}$ 下$_{结(一)}$

下来$_{结(三)}$ 下去$_{状(二)}$ 出$_{结}$
出来$_{结}$ 过$_{结(四)}$ 过来$_{结(三)}$
起$_{结(三),状}$ 起来$_{状}$ 开$_{状}$ 到$_{趋}$
高唱 起$_{状}$ 起来$_{状}$
高举 起$_{状}$ 起来$_{状}$ 到$_{趋}$
高耸 上去$_{趋(一)}$ 起来$_{趋}$
高涨 起来$_{状}$ 到$_{趋}$
搞 来$_{趋}$ 去$_{趋}$ 上$_{趋(一),结(二),状}$
上来$_{趋(一),结(二)}$ 上去$_{趋(一)}$
下$_{趋(一),结(一)}$ 下来$_{趋(一),结(一)(三)}$
下去$_{趋(一),结(一),状(二)}$ 出$_{结}$
出来$_{趋,结}$ 出去$_{趋}$ 过$_{结(四)}$
过来$_{趋(一),结(三)}$ 过去$_{趋(一),结(四)}$
起$_{结(三),状}$ 起来$_{状}$ 开$_{结(二),状}$
到$_{趋,结}$ 到……来$_{趋}$ 到……去$_{趋}$

告（～状） 上$_{状}$ 上来$_{趋(一)}$
上去$_{趋(一)}$ 下$_{结(一)}$ 下来$_{结(一)(三)}$
下去$_{状(二)}$ 进$_{趋}$ 进来$_{趋}$
进去$_{趋}$ 出$_{结}$ 出来$_{结}$ 过$_{结(三)(四)}$
过来$_{结(三)}$ 起$_{结(三),状}$ 起来$_{状}$
开$_{状}$ 到$_{趋}$ 到……来$_{趋}$
到……去$_{趋}$
告别 过$_{结(四)}$ 过来$_{结(三)}$
告辞 过$_{结(四)}$
告发 上$_{状}$ 下去$_{状(二)}$ 出来$_{趋}$
过$_{结(四)}$ 起来$_{状}$ 开$_{状}$
告诫 起来$_{状}$
告诉 过$_{结(四)}$ 过来$_{结(三)}$ 到$_{趋}$
割 来$_{趋}$ 去$_{趋,结(一)}$ 上$_{趋(一),结(一),状}$
上来$_{趋(一)}$ 上去$_{趋(一)}$ 下$_{趋(一),结(一)}$

下来_(趋(一),结(一)(三)}　　下去_(状(二))
　　出_结　　出来_结　　回_趋　　回来_趋
　　回去_趋　　过_(结(三)(四))
　　过来_((一),结(三))　　过去_(趋(一))
　　起_((结(三),状))　　起来_(趋,状)
　　开_((结(一),状))　　到_(趋,结)　　到……来_趋
　　到……去_趋
割除　下去_(结(一))
割据　上_状　　下去_(状(二))　　过_(结(四))
　　起来　　开_状　　到_趋
割裂　下去_(状(二))　　开_(结(一))
　　开来_(结(二))　　到_趋
割让　下来_(结(三))　　下去_(结(一),状(二))
　　出_趋　　出来_趋　　出去_趋
　　过来_(趋(一))　　过去_(趋(一))　　到_趋
割舍　下_((一))
歌颂　上_状　　下去_(状(二))　　出_趋
　　出来_结　　过_(结(四))　　过来_(结(三))
　　起来_状　　开_状　　到_趋
搁(～糖)　上_(结(一),状)　　上来_(结(一))
　　上去_结　　下_(趋(一),结(三))
　　下去_(状(二))　　进_趋　　进去_趋　　回_趋
　　回来_趋　　回去_趋　　过_(结(四))
　　过来_((一),结(三))　　过去_(趋(一))
　　起_状　　起来_((结(一),状))　　开_((结(三),状))
　　到_趋　　到……来_趋　　到……去_趋
搁(一置)　下_(结(一))　　下来_(结(三))
　　下去_(状(二))　　起来_(结(一))　　到_趋
　　到……去_趋
搁浅　下来_状　　下去_(状(二))

起来_(状)　　到_趋
搁置　下来_(结(一))　　下去_(状(二))
　　起来_(结(一))　　到_趋　　到……去_趋
革(一命)　上_结　　下去_(状(二))
　　起来_状　　开_状　　到_(趋,结)
　　到……来_趋　　到……去_趋
革除　下来_(结(一))　　下去_(结(一))
革新　上_结　　下来_(结(三))
　　下去_(状(二))　　出_结　　出来_结
　　过_(结(四))　　过来_(结(三))　　起来_状
　　开_状　　到_趋
隔　上_((结(一),状))　　上去_结　　下来_(结(三))
　　下去_(状(二))　　进去_趋　　出_趋
　　出来_结　　出去_趋　　过_(结(四))
　　过来_((一),结(三))　　过去_(结(一))
　　起_(结(一)(三))　　起来_(结(一),状)
　　开_(结(一),状)　　到_趋
隔绝　下去_(状(二))　　起来_结
　　开_(结(一))　　到_趋
隔离　上_结　　下来_(结(三))　　下去_(状(二))
　　过_(结(四))　　过来_(结(三))　　起来_(结(一))
　　开_(结(一))　　到_趋　　到……来_趋
　　到……去_趋
格斗　上_状　　下去_(状(二))　　过_(结(四))
　　起来_状　　开_状　　到_趋
格杀　上_状　　下去_(状(二))　　起来_状
　　开_状　　到_趋
胳肢　上_状　　下去_(状(二))　　出_结
　　出来_结　　过_(结(四))　　过来_(结(一))
　　起来　　开_状　　到_趋

硌 上结(一),状 下结(一) 下来结(一)
下去结(一),状(二) 出结 出来结
起来状 开状 到趋

给 上状 下去状(二) 出去趋
过结(四) 过来结(三) 起结(三),状
起来状 开状 到趋

根除 下去结(一),状(二) 起来状
到趋

根究 下去状(二) 起来状

根治 起来状

跟 来趋 去 上趋(二),结(一)
上来趋(二) 上去趋(二)
下来结(三) 下去状(二) 进趋
进来趋 进去趋 出结
出来,结 出去趋 回趋
回来趋 回去趋 过结(四)
过来趋(一),结(三) 过去趋(一)
起结(三),状 起来状 开状 到趋
到……来趋 到……去趋

跟随 下来结(三) 下去状(二)
到趋

跟踪 上状 下来结(三) 下去状(二)
出结 出来结 过结(四)
过来趋(一),结(三) 过去趋(一)
起来状 开状 到趋 到……来趋
到……去趋

耕 上结(二),状 上来趋(一) 上去趋
下来趋(一),结(三) 下去趋(一),结(三)
下去趋(一),状(二) 进趋 进去趋
出结 出来结 回来趋 回去趋

过结(四) 过来趋(一),结(三)
过去趋(一) 起结(三),状 起来状
开状 到趋 到……来趋
到……去趋

耕耘 上状 下来结(三) 下去状(二)
开状 起来状

耕种 上状 下来结(三) 下去状(三)
出结 出来结 过结(四)
过来结(三) 起来状 开状 到趋

耕作 下去状(二) 起来状

更迭 下去状(二) 起来状

更动 上状 下去状(二) 过结(四)
过来结(二) 起来状 开状 到趋

更改 下去状(二) 过来状(二)
起来状 开状 到趋

更换 上状 下结(一) 下来结(一)(三)
下去结(一),状(二) 进去趋 出来
过结(四) 过来结(二)(三) 起结(三)
起来状 开状 到趋

更新 上状 下去状(二) 过结(四)
起来状 到趋

更正 上状 下来结(三) 下去状(二)
过结(四) 过来结(二)(三) 起来状
开状 到趋

梗塞 下去状(二) 起来结(一)
到趋

梗阻 下去状(二) 起来结(一)
到趋

哽 起来状

哽咽 起来状

攻（=打） 来_趋_ 去_趋_
　　上_趋(一)(二),结(一),状_ 上来_趋(一)(二)_
　　上去_趋(一)(二)_ 下来_结(一)(三)_
　　下去_状(二)_ 进_趋_ 进来_趋_
　　进去_趋_ 出_趋,结_ 出来_趋,结_
　　出去_趋_ 过_趋(一),结(四)_
　　过来_趋(一),结(三)_ 过去_趋(一)_
　　起_结(三),状_ 起来_状_ 开_结(一),状_
　　到_趋_ 到……来_趋_ 到……去_趋_
攻（=读） 上_状_ 起来_状_ 开_状_
攻打　上_状_ 上来_趋(一)_ 上去_趋(一)_
　　下来_结(一)(三)_ 下去_状(二)_ 进_趋_
　　进来_趋_ 进去_趋_ 过_结(四)_
　　过来_趋(一),结(三)_ 过去_趋(一)_
　　起来_状_ 到_趋_ 到……来_趋_
　　到……去_趋_
攻读　下去_状(二)_ 起来_状_
攻击　上_状_ 下去_状(二)_ 出_结_
　　出来_结_ 过来_趋(一),结(三)_
　　过去_趋(一)_ 起来_状_ 开_状_ 到_趋_
　　到……来_趋_
攻讦　起来_状_
攻克　下_结(一)_ 下来_结(一)_
攻取　下来_结(一)_
攻占　上去_趋(一)_
供　上_状_ 下来_结(三)_ 下去_状(二)_
　　出_结_ 出来_结_ 过_结(四)_
　　过来_结(三)_ 起_结(三)_ 起来_状_
　　开_状_ 到_趋_
供养　上_状_ 下来_结(三)_ 下去_状(二)_

过来_结(三)_ 起来_结(一),状_ 到_趋_
供应　上_结(二),状_ 下来_结(三)_
　　下去_状(二)_ 过_结(四)_ 过来_结(三)_
　　起来_状_ 到_趋_
恭候　上_状_ 下去_状(二)_ 起来_状_
　　到_趋_
恭敬　起来_状_ 到_趋_
恭顺　起来_状_ 到_趋_
恭维　上_状_ 下去_状(二)_ 起来_状_
　　到_趋_
公布　上_状_ 下来_结(一),结(三)_
　　下去_状(二)_ 出_结_ 出来_趋_
　　出去_趋_ 过_结(四)_ 过来_结(三)_
　　起来_状_ 开_状_ 到_趋_ 到……来_趋_
　　到……去_趋_
公断　出_结_ 出来_结_ 起来_状_
公祭　过_结(四)_ 过来_状_ 到_趋_
公开　出来_结_ 出去_趋_ 到_趋_
公判　起来_状_
公审　上_状_ 下来_结(三)_ 下去_状(二)_
　　过_结(四)_ 过来_结(三)_ 起来_状_
　　开_状_ 到_趋_
公推　出_结_ 出来_结_
公演　上_状_ 下来_结(三)_ 下去_状(二)_
　　出_结_ 出来_结_ 过_结(四)_
　　过来_结(三)_ 起来_状_ 到_趋_
公议　出_结_ 出来_结_
公用　上_状_ 下去_状(二)_ 起来_状_
　　开_状_ 到_趋_
巩固　下来_结(一)_ 下去_状(二)_

起来_结(一)　到_趋

拱　来_趋　去_趋　上_趋(一)(二),结(一),状
　　上来_趋(一)(二)　上去_趋(一)(二)
　　下_结(一)　下来_结(一)　下去_结(一),状
　　进_趋　进来_趋　进去_趋　出_趋
　　出来_趋,结　出去_趋　回_趋
　　回来_趋　回去_趋　过_结(三)(四)
　　过来_趋(一),结(三)　过去_趋(一)
　　起_趋,状　起来_趋,状　开_结(一),状
　　到_趋　到……来_趋　到……去_趋

拱　起_结(一)　起来_结(一)

贡　出_结　出来_结　出去_趋

贡献　出_结　出来_结　出去_趋　到_趋

共处　下去_状(二)　到_趋

共存　下去_状(二)　到_趋

共居　起来_状

共鸣　起来_状

共振　上_状　下去_状(二)　起来_状

共生　起来_状

共(～事)　起来_状

供(一认)　出_结　出来_结

供(一奉)　上_结(一),状　上来_结(一)
　　上去_结　下_结(一)　下来_结(三)
　　下去_状(二)　进_趋　进来_趋　进_趋
　　出_趋　出来_趋　出去_趋　过_结(四)
　　过来_趋(一),结(三)　过去_趋(一)
　　起_结(三),状　起来_结(一),状　开_状
　　到_趋　到……来_趋　到……去_趋

供奉　上_结(一),状　起来_结(一)　到_趋

供认　出_结　出来_结

供养　起来_结(一)　到_趋

佝偻　上_状　下去_状(二)　起来_结(一)
　　到_趋

勾(一画)　上_结(一)　上来_结(二)
　　上去_结　下_结(一)　下来_结(一)
　　下去_结(一),状(二)　进_趋　进来_趋
　　进去_趋　出_结　出来_趋,结
　　出去_趋　回_趋　回来_趋　回去_趋
　　过_结(四)　过来_趋(一)　过去_趋(一)
　　起_结(一),状　起来_结(一),状　开_状
　　到_趋,结　到……来_趋　到……去_趋

勾(一引)　来_趋　去_趋　上_结(一)
　　下去_状(二)　进去_趋　出来_趋
　　出去_趋　过去_趋(一)　起_状
　　起来_结(一)　到……去_趋

勾搭　来_趋　去_趋　上_结(一),状
　　下去_状(二)　起来_状　开_状　到_趋
　　到……去_趋

勾画　上_状　下来_结(一)　出_趋
　　出来_结　过_结(四)　起来_状　开_状

勾结　上_结(一),状　下来_结(三)
　　下去_状(二)　出_结　出来_结
　　过_结(四)　起来_结(一)　开_状　到_趋
　　到……去_趋

勾勒　出_结　出来_结

勾留　下来_结(一)

勾销　下去_结(一)

勾引　来_趋　去_趋　上_结(一),状
　　上来_趋(一)　上去_趋(一)　下_趋
　　下来_结(三)　下去_状(二)　进_趋

进来趋　进去趋　出趋
出来趋,结　出去趋　过结(四)
过来趋(一)　过去趋(一)　起状
起来状　开状　到趋　到……来趋
到……去趋

勾画　上状　出结　出来结
起来状　开状

沟通　上状　下去状(二)
起来结(一),状

钩　来趋　去趋　上趋(一),(一)
上来趋(一),，上去趋(一)
下来趋(一),结(一)　下去趋(一),结(一),状(二)
进趋　进来趋　进去趋　出趋
出来趋,结　回来趋　回去趋
出来趋　出去趋　过结(四)
过来趋(一),结(三)　过去趋(一)
起趋,状　起来趋,状　开趋,状
到趋,结　到……来趋　到……去趋

苟安　下来结(三)　下去状(二)

苟活　下来结(三)　下去状(二)

构思　上状　下来结(三)　下去状(二)
进趋　进去趋　出趋　出来结
过结(四)　起来状　开状

购　来趋　去趋　进趋　回趋　到结

购买　来趋　去趋　下结(一)
下来结(一)　下去状(二)　进趋
进来趋　进去趋　过来趋(一)
过去趋(一)　起来状

购置　来趋　去趋　上结(一),状
下结(一)　下去状(二)　进趋

进来趋　进去趋　过来趋(一)
过去趋(一)　起结(三)　起来状
到结

辜负　下去状(二)

咕嘟　上状　出结　出来结
过结(四)　起来结(二),状　开状
到趋

咕噜　上状

咕哝　上状　下去状(二)　出结
出来结　起来状　开状　到趋

估　出结　出来结　起来状　开状

估计　上状　下来结(三)
下去状(二)　进来趋　进去趋
出结　出来结　过来趋(四)　起来状
开状　到结

估量　上状　出结　出来结
过结(四)　起来状　开状

估摸　上状　出结　出来结
过结(四)　起来状　开状

姑息　下去状(二)　出结　出来结
起来状　到趋

骨碌（滚动）　上状　下来趋(一)
下去趋(一),状(二)　进来趋
进来趋　出来趋　出去趋
回来趋　回去趋　过来趋(一)
过去趋(一)　起来状　开状　到趋
到……来趋　到……去趋

箍　上结(一)　上来结(一)　上去结
下去状(二)　进结　进去结　出结
出来结　过结(四)　过来结(三)

起结(一)　起来结(一),状　开状
到趋　到……来趋　到……去趋

孤立　上状　下去状(二)　出结
出来结　过结(四)　过来趋(一),结(三)
过去趋(一)　起结(一)　起来结(一),状
开状　到趋　到……来趋
到……去趋

鼓　上来趋(一)　下去状(二)　出结
出来结　起结(二)　起来结(二)
到趋　到……去趋

鼓吹　上状　下来结(三)　下去状(二)
出去趋　过结(三)(四)　起状
起来状　开状　到趋

鼓捣　来趋　去趋　上趋(一),结(三),状
上来趋(一),结(二)　上去趋(一)
下趋(一)　下来趋(一)　下去趋(一),状
进趋　进去趋　出结　出来结
回趋　回来趋　回去趋
过结(三)(四)　过来趋(一),结
过去趋(一)　起结(三)　起来结
开结(三),状　到趋　到……来趋
到……去趋

鼓动　来趋　去趋　上趋(一),状
上来趋(一)　上去趋(一)　下趋(一)
下来趋(一)　下去趋(一),状　进去趋
出趋　出来趋,结　出去趋
回来趋　回去趋　过结(四)
过来趋(一),结(三)　过去趋(一)
起来状　开状　到趋　到……来趋
到……去趋

鼓噪　上状　下去状(二)　起来状
开状

蛊惑　起来状

雇　来趋　去趋　上结(二),状
下结(一)　下来结(一)(三)　下去状(二)
进来　进去趋　回趋　回来
过结(四)　过来趋(一),结(三)
过去趋(一)　起结(三)　起来状
开状　到趋,结　到……来趋
到……去趋

顾　上熟　过来结(三)　到结

顾忌　起来状

顾念　起来状

顾盼　起来状

顾全　起来状

顾惜　起来状

固定　上结(一)　上去结　下来结(一)
起来结(一)　到趋　到……去趋

固守　下去状(二)　起来状　到趋

刮(～皮)　来趋,结(三)　去趋,结(一)
上状　下结(一)　下来结(一)
下去结(一),状(二)　出趋,结
出来趋,结　出去趋　回趋　回来
回去趋　过结(四)　过来趋(一),结(三)
过去趋(一)　起趋,状　起来趋,状
开结(一),状　到趋　到……来趋
到……去趋

刮(～风)　来趋　去趋
上趋(一),结(一),状　上来趋(一),结(一)
上去趋(一),结(一)　下趋(一),结(一)

下来趋(一),结(一) 下去趋(一),结(一),状(二)
进趋 进来趋 进去趋 出趋
出来趋 出去趋 回趋 回来趋
回去趋 过(一)(二) 过来趋(一)(二)
过去趋(一)(二),结(四) 起趋,状
起来趋,状 开结(一),状 到趋
到……来趋 到……去趋

刮(搜一) 来趋 去趋 上状
下去状(二) 进趋 出趋 出来趋
回去趋 起来状 开状 到趋
到……来趋 到……去趋

瓜分 上状 下来结(三) 下去结(二)
过(四) 过来结(三) 起来状
开状 到结

剐 开结(一)

挂(~衣服) 上结(一),状 上来结(一)
上去结 下结(一) 下来结(三)
下去状(二) 进趋 进来趋
进去趋 出趋,结 出来趋,结
出去趋 回趋 回来趋 回去趋
过结(四) 过来趋(一),结(三)
过去趋(一) 起结(一) 起来趋(一),结(三)
起来结(一),状 开结(二),状 到趋
到……来趋 到……去趋

挂(~电话) 来趋 去趋 上状
下趋 回趋 回来趋
回去趋 过结(四) 过来趋(一),结(三)
过去趋(一) 起结 起来趋(一),状
开状 到趋 到……来趋
到……去趋

挂(一断) 上状
挂(~号) 上结(二),状 下去状(二)
出趋 出去趋 过结(四) 起来状
开状 到趋

挂念 上状 下去状(二) 起来状
开

拐(瘸) 上趋(一),状 上来趋(一)
上去趋(一) 下趋(一) 下来趋(一)
下去趋(一),状(二) 进趋 进来趋
进去趋 出趋 出来趋 出去趋
回趋 回来趋 回去趋 过来趋(一)
过去趋(二) 起来状 开状 到趋
到……来趋 到……去趋

拐(一骗) 来趋 去趋 上趋(一),状
上来趋(一) 上去趋(一) 下趋(一)
下来趋(一) 下去趋(一),状(二)
进趋 进来趋 进去趋 出趋
出来趋 出去趋 回趋 回来趋
回去趋 过来趋(一) 过去趋(二)
起来状 开状 到趋 到……来趋
到……去趋

拐(~弯) 来趋 去趋 上结(一),状
下去状(二) 进趋 进来趋
进去趋 出趋 出来趋 出去趋
回趋 回来趋 回去趋 过结(四)
过来趋(一) 过去趋(一) 起来状
开状 到趋 到……来趋
到……去趋

拐骗 来趋 去趋 上趋(一),状
上来趋(一) 上去趋(一)

下趋(一),结(一)　下来趋(一),结(三)
下去趋(一),状(二)　进趋　进来趋
进去趋　出　出来趋　出去趋
回趋　回来趋　回去趋　过来趋(一)
过去(一)　起来状　开状
到趋　到……来趋　到……去趋

怪　上状　下去状(二)　起状
　　起来状　开状　到趋　到……来趋
　　到……去趋

怪罪　下来趋(一)

关(～门)　上状　下去状(二)
　　起结(一)　起来结(一),状　开状
　　到趋

关(～鸟、犯人)　上状　下去状(二)
　　进趋　进来趋　进去趋　出
　　出来结　过(四)　过来趋(一),结(三)
　　过去(一)　起结(一)　起来结(一),状
　　开状　到趋　到……来趋
　　到……去趋

关闭　下去状(二)　起来结(一)　到趋

关怀　起来状　到趋

关联　到趋

关涉　到趋

关系　到趋

关心　上状　出来结　过来结(三)
　　起状　起来状　开状　到趋

关押　上结(二)　下去状(二)　进
　　进去趋　出来　过(四)
　　过来结(三)　起来结(一)　到趋
　　到……来趋　到……去趋

关照　上状　下来趋(一)　过结(四)
　　过来结(三)　起来状　开状　到趋

关注　起来状

观测　来趋　上状　下来结(三)
　　下去状(二)　出结　出来结
　　过(四)　过来(一),结(三)
　　过去趋(一)　起状　起来状　开
　　到趋,结

观察　来趋　上状　下来结(三)
　　下去状(二)　出结　出来结
　　过结(四)　过来结(三)　过去趋(一)
　　起结(一)　起来结　开状　到趋,结

观看　起来状

观摩　来趋　上状　下来结(三)
　　下去状(二)　出结　出来　过(四)
　　过来结(三)　起结　起来状　开状
　　到结　到……来趋　到……来趋

观赏　上状　下去状(二)　起来状
　　开状　到趋

观望　上状　下去状(二)　出结
　　出来结　起来状　开状　到趋

管(一理)　上结(二),状　下来结(三)
　　下去状(二)　出结　出来结
　　过结(三)　起结(三)　起来结(一),状
　　开状　到趋,结

管(～孩子)　上状　下去状(二)
　　出结　出来结　过(四)
　　过来结(二)(三)　起结(三)　起来状
　　开状　到趋

管(担任)　上状　下去状(二)

出结　出来结　起结(三),状
起来状　开状　到趋　到……去趋

管（～闲事）　上状　下去状(二)
出结　出来结　起来状　开状
到趋　到……来趋　到……去趋

管（～饭）　上状　下去状(二)
起结(三)　起来状　开状　到趋

管教　上状　下来结(三)　下去状(二)
出结　出来结　过来结(二)(三)
起来状　开状　到趋

管理（～工厂）　来结(三)　上状
下来结(三)　下去状(二)　出结
出来结　过来(四)　过来结(三)
起来(一),状　开状　到趋

管理（～图书）　上状　下去状(二)
出结　出来结　过来结(三)
起来状　开状

管理（～学生）　上状　下去状(二)
出结　出来结　过来结(三)
起来结(一),状　开状　到趋

管束　起来结(一),状

管辖　起来结(一)　到趋

管制　上结(一),状　下来结(三)
下去状(二)　出结　出来结
过结(四)　过来结(三)　起来结(一),状
开状　到趋

冠　上结(一)　上去结

灌　来趋　去趋　上结(一)(二),状
下结(一)(三)　下来结(一),结(二)
下去状(二)　进趋　进来趋

进去趋　出结　出来趋,结　出去趋
回趋　回来趋　回去趋　过结(四)
过来趋(一),结(三)　过去趋(一)
起状　起来状　开状　到趋,结
到……来趋　到……去趋

灌溉　上状　出结　出来结
过结(四)　过来结(三)　起来状
开状　到趋　到……来趋
到……去趋

灌输　上状　下来结(三)　下去状(二)
进趋　进来趋　进去趋　出结
出来结　结(四)　过来结(三)
起状　起来状　开状　到趋
到……来趋　到……去趋

贯彻　上状　下去状(二)　进去趋
过来结(三)　起来状　到趋
到……去趋

贯穿　起来结(一)　到趋

贯串　起来结(一)

贯通　起来结(一)

贯注　起来状

惯　上状　上结(一)　下来结(一)(三)
下去状(二)　出结　出来结
过结(二)　起来状　开状　到趋

光（～脚）　上状　下去状(二)
起状　起来状　开状　到趋

光大　起来状

光顾　过结(四)　过来结(三)
起来状

光耀　起来状

广播　上状　下来结(三)　下去状(二)
　　　出结　出来结　出去趋　过结(四)
　　　过来结(三)　起来状　开状　到趋

逛　　上结(一)(二),状　下来结(三)
　　　下去状(二)　出结　出来结
　　　回来趋　过结(四)　过来结(一),结(三)
　　　过去结(一)　起结(三),状　起来状
　　　开状　到趋,结　到……来趋
　　　到……去趋

逛荡　上状　下来结(三)　下去状(二)
　　　起来状　开状　到趋　到……来趋
　　　到……去趋

规避　开趋

规定　上状　上去结　下结(一)
　　　下来结(一)　下去状(二)　进趋
　　　进去趋　出结　出来结　过结(四)
　　　过来结(三)　起来状　开状　到趋

规范　下来结(三)　下去状(二)
　　　出结　出来结　过结(四)
　　　过来结(三)　起来状　开状　到趋

规划　上状　上来结(二)　上去结
　　　下结(一)　下来结(一)　下去状(二)
　　　进趋　进去趋　出结　出来结
　　　过结(四)　过来结(三)　起来状
　　　开状　到趋,结

规劝　上状　下去状(二)　起来状
　　　开状

归　　来趋　到趋

归并　上状　上来结(一)　上去结
　　　下去状(二)　进趋　进去趋　出结

出来结　过结(四)　过来趋,结(三)
过去趋(一)　起来结(一),状　开状
到趋　到……来趋　到……去趋

归还　来趋　上结(二),状　下来结(三)
　　　下去状(二)　回趋　回来趋
　　　回去趋　过结(四)　过来结(一)
　　　过去结(一)　起来状　到趋
　　　到……来趋　到……去趋

归结　出结　出来结　起来结(一)
　　　到趋

归拢　上状　上来结(一)　上去结
　　　下来结(三)　下去状(二)　进趋
　　　进来结　进去趋　出结
　　　出来结　过结(四)　过来结(一),结(三)
　　　过去结(一)　起结(一)　起来结(一),状
　　　开状　到趋　到……来趋
　　　到……去趋

归纳　上状　上来结(二)　上去结
　　　下来结(一)　下去状(二)　进趋
　　　进去趋　出结　出来结　过结(四)
　　　过来结(三)　起结(一)　起来结(一),状
　　　开状　到趋　到……来趋
　　　到……去趋

归属　到趋　到……来趋
　　　到……去趋

归顺　起来状　到趋

归降　到趋　到……来趋
　　　到……去趋

归依　到趋　到……去趋

归置　上状　下来结(三)　下去状(二)

出结　出来结　过结(四)
过来结(三)　起来状　开状
到趋　到……去趋

归罪 到趋　到……来趋
皈依 到趋　到……去趋
龟缩 进趋　进去趋　回来趋
回去趋　起结(一)　起来结(一)
到趋　到……去趋

诡辩 上状　下来结(三)　下去状(二)
过结(三)　起状　起来状　开状
到趋

跪 来趋　去趋　上趋(二),状
上来趋(二)　上去趋(一)　下趋(一)
下来趋(一),结(三)　下去趋(一),状(二)
进趋　进来趋　进去趋　出趋,结
出来趋,结　出去趋　回趋
回来趋　回去趋　过结(四)
过来趋(一)　过去趋(一)　起状
起来状　开状　到趋　到……来趋
到……去趋

滚(一动) 来趋　去趋
上趋(一)(二)结(一),状　上来趋(一)(二)
上去趋(一)(二),结　下趋(一)(二)
下来趋(一)　下去趋(一),状(二)
进趋　进来趋　进去趋　出趋,结
出来趋,结　出去趋　回趋
回来趋　回去趋　过趋(一),结(二)(四)
过来趋(一),结(三)　过去趋(一)
起状　起来状　开趋,状　到趋
到……来趋　到……去趋(一)

滚(走开) 上来趋(一)　上去趋(一)
下来趋(一)　下去趋(一)　进来趋
进去趋　出趋　出来趋　出去趋
回趋　回来趋　回去趋　过来趋(一)
过去趋(一)　起来趋　开趋
到……来趋　到……去趋

滚(水～) 上状　下去状(二)
出来趋　起来状　开状　到趋

滚(～边儿) 上结(一),状　上去结
出结　出来结　过结(四)
过来趋(一)　过去趋(一)　起状
起来状　开状

滚动 上状　下去状(二)　过来趋(一)
过去趋(一)　起来状　开状

裹 来趋　去趋　上趋(一),结(一),状
上来趋(一)　上去趋(一),结
下趋(一)　下来趋(一)　下去趋(一),结
进趋　进来趋　进去趋　出趋,结
出来趋,结　出去趋　回趋　回来趋
回去趋　过结(四)　过来趋(一),结(三)
过去趋(一)　起结(一)　起来趋(一),状
开状　到趋　到……来趋
到……去趋

裹胁 来趋　去趋　上趋(一)
上来趋(一)　上去趋(一)　下趋(一)
下来趋(一)　下去趋(一)　进趋
进去趋　出趋　出去趋(一)　回趋
回去趋　过去趋(一)　到……去趋

裹夹 来趋　上来趋(一)　上去趋(一)
下来趋(一)　下去趋(一),状(二)

进来$_{趋}$　进去$_{趋}$　出来$_{趋}$
出去$_{趋}$　回来$_{趋}$　回去$_{趋}$
过来$_{趋(一)}$　过去$_{趋(一)}$　到$_{趋}$
到……来$_{趋}$　到……去$_{趋}$
过(～河)　来$_{趋}$　去$_{趋}$　上$_{状}$
起来$_{状}$　开$_{状}$　到……来$_{趋}$
到……去$_{趋}$
过(～日子)　上$_{状}$　下去$_{状(二)}$
起$_{结(三)}$　起来$_{状}$　开$_{状}$　到$_{趋}$
过(～户)　到$_{趋}$　到……来$_{趋}$
到……去$_{趋}$
过(～秤、水)　上$_{状}$　下去$_{状(二)}$
出来$_{结}$　起来$_{状}$　开$_{状}$　到$_{趋}$
过继　出去$_{趋}$　过来$_{趋(一)}$
过去$_{趋(一)}$　到$_{趋}$　到……来$_{趋}$

到……去$_{趋}$
过录　到$_{趋}$
过滤　上$_{状}$　下$_{结(一)}$　下来$_{结(一)(三)}$
下去$_{结(一),状(二)}$　出$_{结}$　出来$_{趋}$
出去$_{趋}$　过$_{结(四)}$　起来$_{状}$　开$_{状}$
到$_{趋}$　到……来$_{趋}$　到……去$_{趋}$
过敏　上$_{状}$　下去$_{状(二)}$　起来$_{状}$
开$_{状}$　到$_{趋}$
过剩　上$_{状}$　下去$_{状(二)}$　起来$_{状}$
开$_{状}$　到$_{趋}$
过问　上$_{状}$　下去$_{状(二)}$　出$_{结}$
过$_{结(四)}$　过来$_{结(三)}$　起来$_{状}$
开$_{状}$　到$_{趋}$　到……来$_{趋}$
到……去$_{趋}$

H

哈(～气)　上$_{结(一),状}$　上去$_{结}$
出$_{趋}$　出来$_{趋}$　起来$_{状}$　开$_{状}$
到$_{趋}$　到……来$_{趋}$　到……去$_{趋}$
哈(～腰)　下$_{趋(一)}$　下来$_{趋(一)}$
下去$_{趋(一),状(二)}$　到$_{趋}$
害　上$_{状}$　下去$_{状(二)}$　起来$_{状}$
开$_{状}$　到$_{趋}$　到……来$_{趋}$
到……去$_{趋(一)}$
害怕　上$_{状}$　下去$_{状(二)}$　过来$_{结(三)}$
起来$_{状}$　开$_{状}$　到$_{趋}$
憨笑　起来$_{状}$
酣睡　起来$_{状}$　到$_{趋}$

酣战　起来$_{状}$　到$_{趋}$
寒伧　到$_{趋}$
寒喧　上$_{状}$　下来$_{结(三)}$　下去$_{状(二)}$
过$_{结(四)}$　起来$_{状}$　开$_{状}$　到$_{趋}$
含　来$_{趋}$　去$_{趋}$　上$_{趋(一),结(一),状}$
上来$_{趋(一)}$　上去$_{趋(一)}$　下$_{结(一)}$
下来$_{结(一)}$　下去$_{结(一),状(二)}$
进$_{趋}$　进来$_{趋}$　进去$_{趋}$　出$_{趋}$
出来$_{趋}$　出去$_{趋}$　过$_{趋(一),结(四)}$
过来$_{趋(一),结(三)}$　过去$_{趋(一)}$
起$_{结(一)}$　起来$_{结(一),状}$　开$_{状}$
到$_{趋}$　到……来$_{趋}$　到……去$_{趋}$

含蓄　上状　下去趋(二)　起来状
　　　开状　到趋
函购　来趋
函授　上状
喊(一叫)　上状　上去趋(一)
　　　下来结(二)(三)　下去状(二)　出结
　　　出来结　过结(三)(四)　起来状
　　　开状　到趋
喊(～人)　来趋　去趋　上趋(一)(二),状
　　　上来趋(一)(二)　上去趋(一)(二)
　　　下趋(一)(二)　下来趋(一)(二)
　　　下去趋(一)(二),状　进趋　进来趋
　　　进去趋　出趋　出来趋　出去趋
　　　回趋　回来趋　回去趋　起趋
　　　起来趋,状　开状　到趋
　　　到……来趋　到……去趋
喊叫　上状　下去状(二)　起来状
　　　开状　到趋
焊　来趋,结(二)　上结(一)(二),状
　　　上去结(一)　下来结(三)　下去结(二)
　　　出结　出来结　过结(四)
　　　过来趋(一),结(三)　过去趋(一)
　　　起状　起来结(一),状　开状
　　　到趋　到……来趋　到……去趋
焊接　上结(一)　上去结(一)　起来结(一)
　　　到趋　到……去趋
捍卫　上状　下去状(二)　过结(四)
　　　过来结(三)　起状　起来结　到趋
撼动　起来状
夯　上结(一),状　上来趋(一)(二)

上去趋(一)(二)　下来趋(一),结(三)
下去趋(一),状(二)　进趋,结　进去趋,结
过结(四)　过来趋(一),结(三)
过去趋(一)　起状　起来状
开状　到趋
航行　上状　下来结(三)　下去状(二)
过来趋(一)　过去趋(一)　起来状
开状　到趋　到……来趋
到……去趋
航运　到趋
绗　上结(一),状　上来结(二)
上去结　下来结(三)　下去状(二)
进趋　进去趋　出来结　过结(四)
过来趋(一),结(三)　过去趋(一)
起来结(一),状　开状　到趋
到……去趋
豪饮　起来状
嚎　上状　下去状(二)　起来状
开状　到趋
号哭　起来状
嚎啕　起来状
耗　去结(一)　下来结(三)
下去趋(一),状(二)　进去趋　起结(三)
起来状　到趋　到……去趋
耗费　去结(一)　下去趋(一),状(二)
到趋　到……去趋
耗损　下去结(一)　到趋
号(～脉)　上状　下来结(三)
下去状(二)　出结　出来结
过结(四)　过来趋(三)　起来状

开状 到趋

号召　来趋　上状　下去状(二)
　　过结(四)　起来状　开状

好(~喝酒)　上状　下去状(二)
　　起来状　开状　到趋

喝　来结(三)　去结(一)　上(二),状
　　下来结(三)　下去趋(一),(二)
　　进趋　进去趋　出趋　出来结
　　过结(四)　过来结(三)　起结(三),状
　　起来状　开状　到趋　到……去趋

呵　出趋　出来趋

呵斥　上状　下去状(二)　起来状
　　开趋　到趋

呵护　起来结(一)

核定　下来结(一)

核对　上状　下来结(三)　下去状(二)
　　出结　出来结　过结(四)　过来结(三)
　　起状　起来状　开状　到趋

核计　下来结(三)　出结　出来结

核减　下来结(一)　下去结(一)

核实　上状　下来结(三)　下去状(二)
　　出结　出来结　过结(四)　过来结(三)
　　起来状　开状　到趋

核算　上状　下来结(三)　出结
　　出来结　过结(四)　起来状　开状

核准　下来结(一)

合(一拢)　上结(一)　起结(一)
　　起来结(一)　到趋

合(结一、一并)　来结(二)　上状
　　下去状(二)　进趋　进来趋

进去趋　出结　出来结　过结(三)
过来趋(一)　过去趋(一)
起来结(一),状　开状　到趋
到……来趋　到……去趋

合(折算)　上结(一)　下来结(三)
　　到趋

合并　上状　下来结(三)　下去状(二)
　　进趋　进来趋　进去趋　出结
　　出来结　过结(四)　过来趋(一),结(三)
　　过去趋(一)　起来结(一),状　开状
　　到趋　到……来趋　到……去趋

合成　上状　下去状(二)　出结
　　出来结　过结(四)　过来结(三)
　　起来状　开状　到趋

合击　过去趋(一)　过来趋(一)
　　起来状

合计　上状　下来结(三)　下去状(二)
　　出结　出来结　过结(四)
　　过来结(三)　起来结(一),状　开状
　　到趋

合流　起来结(一)

合龙　上结(一)

合拢　上结(一)　起来结(一)　到趋

合谋　上结(一)　起来状

合围　上去趋　过来趋(一)
　　过去趋(一)　起来结(一)

合演　上状　下去状(二)　起来状
　　到趋

合营　上状　下来结(三)　下去状(二)
　　开状　到趋

合用　上状　下去状(二)　起来状
　　　开状　到趋
合奏　上状　下来结(二)　下去状(二)
　　　出结　出来结　过结(四)　起来状
　　　开状
合作　上状　下去状(二)　出结
　　　出来结　过结(四)　过来结(三)
　　　起来状　开状　到趋
和谈　上状　下来结(三)　下去状(二)
　　　出结　出来结　过结(四)　起来状
　　　开状　到趋
和(～诗)　上结(一)　下来结
　　　下去状(二)　出结　出来结
　　　过结(四)　起来状　开状
贺　过结(四)　过来结(三)
黑　下来状　下去状(二)　起来状(二)
　　　到趋
恨　上结(一),状　下去状(二)　出结
　　　出来结　过来结(三)　起来状
　　　开状　到趋
亨通　起来状
哼　上状　上来结(二)　下来状(二)(三)
　　　下去状(二)　出结　出来结　过结(四)
　　　过来结(三)　起来状　开状　到趋
哼唧　上状　下去状(二)　起来状
　　　开状　到趋
横　上结(一)　上去结　过来趋
　　　过去趋(一)　起来趋　到趋
横渡　上状　过结(四)　过来结(二)
　　　过去趋(一)　起来状　开状　到趋

到……来趋　到……去趋
横亘　起来结(一)
横贯　过去趋(一)
横扫　过来趋(一)　过去趋(一)
　　　起来状
横生　起来状
横行　上状　下去状(二)　过结(四)
　　　起来状　开状　到趋
衡量　上状　下来结(三)　下去状(二)
　　　出结　出来结　过结(四)　起来状
　　　开状　到趋
烘　来趋　去结(一)　上结(一),状
　　　上来趋(二)　上去趋(二)　下结(一)
　　　下来趋(一)(三)　下去趋(一),状(二)
　　　进趋　进去趋　出结　出来结
　　　回趋　回来趋　过结(二)(四)
　　　过来结(三)　起趋,结(三),状
　　　起来趋,状　开结(一),状　到趋
烘托　出结　出来结　起来状
　　　到趋
哄传　起来状　到趋
哄抬　上去趋(一)　下去状(二)
　　　起来趋,状　到趋
轰(驱赶)　来趋　去趋
　　　上结(一)(二),状　上来结(一)(二)
　　　上去趋(一)(二)　下趋(一)(二)
　　　下来结(一)(二)　下去结(一)(二),状(二)
　　　进趋　进来趋　出趋　出来趋
　　　出去趋　进趋　进来趋　进去趋
　　　回趋　回来趋　回去趋

过趋(一),结(四)　过来趋(一),结(三)
过去趋(一)　起状　过来趋,状
开趋,状　到趋　到……来趋
到……去趋

轰动　上状　起来状　开趋　到趋
轰击　下去状(二)　起来状　到趋
轰鸣　起来状
轰炸　上状　上来趋(一)(二)
　　上去趋(一)(二)　下来趋(一)
　　下去状(二)　过结(四)　过来趋(一),结(三)
　　过去趋(一),结(四)　起结(三)
　　起来趋,状　开结(一),状　到趋
　　到……来趋　到……去趋

红　上状　下去状(二)　过结(二)
　　起来状　开状　到趋

哄(一骗)　来趋　去趋　上趋(一),状
　　上来趋(一)　上去趋(一)　下趋(一)
　　下来趋(一)　下去趋(一),状(二)
　　进趋　进来趋　进去趋　出趋
　　出来趋　出去趋　回趋　回来趋
　　回去趋　过结(一)　过来趋(一)
　　过去趋(一)　起来趋,状　开状
　　到趋　到……来趋　到……去趋

哄弄　上状　下去状(二)　出结
　　出来结　过结(四)　过去结(一)
　　起来状　开状　到趋
　　到……来趋　到……去趋

哄(～孩子)　上状　下去状(二)
　　起来状　开状　到趋　到……来趋
　　到……去趋

哄骗　下去状(二)　起来状　到趋
　　到……来趋　到……去趋
哄(起一)　上状　上来趋(一)
　　上去趋(一)　下去状(二)　进去趋
　　进来趋　出结　出来趋,结
　　出去趋　过结(四)　过来趋(一)
　　过去趋(一),结(四)　起来趋,状　开状
　　到趋　到……来趋　到……去趋

吼　上状　下去状(二)　出结
　　出来趋　过结(四)　过去结(四)
　　起来状　开状　到趋

候补　上结(一)　上来结(一)　上去结
后悔　上状　下去状(二)　开状
　　起来状　到趋

后退　上状　下来趋(一)(二)
　　下去趋(一)(二),状(二)　出来趋
　　出去趋　回来趋　回去趋
　　过来趋(一)　过去趋(一)　起来状
　　开状　到趋　到……来趋
　　到……去趋

糊(～眼睛)　上结(一),状　上来结(一)
　　上去状　下去状(二)　起来结(一)
　　到趋

呼　出趋　出来趋　出去趋
　　过结(四)　过来结(三)　到趋,结
　　到……去趋

呼喊　上状　下去状(二)　出结
　　出来结　起来状　开状　到趋
呼唤　出结　出来结　起来状
呼叫　上状　下去状(二)　出结

出来结 过结(四) 起来状 开状 到趋

呼扇 上状 下去状(二) 起来状 开状 到趋

呼吸 上状 下去状(二) 进趋 进去趋 出结 出来结 过来结(三) 起来状 开状 到趋,结

呼啸 起来状 到趋

呼应 上结(一),状 起来结(一),状

忽略 下去状(一)(二) 过去结(一) 起来状 到趋

忽闪 上状 下去状(二) 起来状 开状

忽视 过去结(一) 起来状 到趋

忽悠 上状 下去状(二) 起来状 开状 到趋

烀 上状 上去结 下结(一)(三) 下去状(二) 进趋 进去趋 出结 出来结 过结(二)(四) 过来结(三) 起来状 开状 到趋

胡扯 上状 下来结(三) 下去状(二) 出结 出来结 起来状 开状 到趋

胡搅 上状 下去状(二) 起来状 开状 到趋

胡来 上状 下去状(二)

胡噜 上状 下去状(二) 起来状 开状 到趋

胡闹 上状 下去状(二) 出结 出来结 起来状 开状 到趋

胡说 上状 下去状(二) 起来状 开状 到趋

胡诌 上状 下来结(三) 下去状(二) 起来状 开状 到趋

糊(～墙) 上结(一)(二) 上来结(一) 上去结(一)(三) 下来结(三) 下去状(二) 进趋 进来趋 进去趋 出结 出来结 过结(四) 过来趋(一),结(三) 过去趋(一) 起结(一)(三),状 起来结(一),状 开状 到趋 到……来趋 到……去趋

和(hú,～牌) 上状 下来结(三) 下去状(二) 过结(三)(四) 起来状 开状 到趋

狐媚 起来状 到趋

护(保一) 上状 下来结(三) 下去状(二) 进趋 进来趋 进去趋 回去趋 过来结(三) 起来结(一),状 开状 到趋 到……来趋 到……去趋

护(祖一) 上状 下去状(二) 出结 出来结 过来结(三) 起来状 开状 到趋

护理 上状 下来结(三) 下去状(二) 出结 出来结 过结(四) 过来结(三) 起结(三) 起来状 开状 到趋

护送 来趋 去趋 上趋(一)(二),状 上来趋(一)(二) 上去趋(一)(二) 下趋(一)(二) 下来趋(一)(二),结(三)

下去趋(一)(二),状(二)　进趋　进去趋
进来趋　出趋,结　出来趋,结
出去趋　回趋　回来趋　回去趋
过趋(一)　过来趋(一),结(三)　过去趋(一)
起结(三),状　起来趋,状　开状　到趋
到……来趋　到……去趋

护卫　下来结(三)　下去状(二)
起来状

护养　起来状

糊弄　来趋　去趋　上状　上来趋(一)
上去趋(一)　下趋(一)　下来趋(一)
下去状(二)　进趋　进去趋
进来趋　出趋,结　出来趋,结
出去趋　过结(四)　过来趋(一)
过去趋(一),结(一)　起来状　开状
到趋　到……来趋　到……去趋

互惠　下去状(二)

互利　下去状(二)

互让　起来状

互助　上状　下来结(三)　下去状(二)
出结　出来结　起来状　开状
到趋

花　去结(一)　上状　下结(一)
下来结(三)　下去结(一),状(二)
进趋　进去趋　出结　出来结
出去趋　过结(二)(三)(四)　过来趋(三)
过去结(四)　起结(三),状　起来状
开状　到趋　到……来趋
到……去趋

花费　出结　出去趋

划(～破)　上结(一),状　上去趋
下结(一)　下来趋(一),结(一)
下去趋(一),状(二)　进趋　出来结
过趋(一),结(四)　过来趋(一)
过去趋(一)　起来状　开结(一),状
到趋

划(～船)　来趋　去趋　上趋(一),状
上来趋(一)(二)　上去趋(一)(二)
下趋(一)(二)　下来趋(一)(二),结(三)
下去趋(一)(二),状(二)　进趋　进去趋
进去趋　出趋,结　出来趋,结
出去趋　回趋　回来趋　回去趋
过趋(一),结(四)　过来趋(一),结(三)
过去趋(一)　起结(三),状　起来趋,状
开趋,状　到趋,结　到……来趋
到……去趋

划　来熟

划拉　来趋　去趋　上趋(一),状
上来趋(一)　上去趋(一)　下趋(一),结(一)
下来趋(一),结(一)　下去趋(一),状(二)
进趋　进去趋　进去趋　出趋
出来趋,结　出去趋　回趋　回来趋
回去趋　过结(四)　过来趋(一),结(三)
过去结(一)　起来趋,状　开状
到趋,结　到……来趋　到……去趋

滑　来趋　去趋　上趋(一)(二),状
上来趋(一)(二)　上去趋(一)(二)
下趋(一)(二)　下来趋(一)(二)
下去趋(一)(二),状(二)　进趋
进来趋　出趋,结　出来趋,结

出去趋 回趋 回来趋 回去趋
过趋(一) 过来趋(一),结(三)
过去趋(一) 起结(三),状 起来趋,状
开趋,状 到趋 到……来趋
到……去趋

滑动 起来状

滑翔 下去状(二) 起来状 到趋

滑行 上状 上来趋(一)(二)
上去趋(一)(二) 下趋(一)(二)
下来趋(一)(二),结(三) 下去趋(一)(二),状(二)
进趋 进去趋 进来趋 出趋,结
出来趋,结 出去趋 回趋 回来趋
回去趋 过趋(一) 过来趋(一)
过去趋(一) 起来状 开状 到趋
到……来趋 到……去趋

哗变 起来状

画(～画儿) 上结(一),状 上来趋(二)
上去结 下状(二) 下来结(一)(三)
下去状(二) 进趋 进去趋 出趋,结
出来结 过结(四) 过来趋(一)(三)
过去趋(一) 起结(三),状 起来趋
开结(二)(三),状 到趋 到……去趋

画(～符号) 上状 上去结
下结(一) 出结 出来结 起状
起来状 开状 到趋 到……来趋
到……去趋

划(一分) 上结(一) 下结(一)
下去状(二) 进趋 进来趋
进去趋 出结 出来结 出去结
过结(二)(四) 过来趋(一),结(三)

过去趋(一) 开结(一),状 到趋
到……来趋 到……去趋

划拨 过来趋(一) 过去趋(一)
到趋

划分 上状 下来结(三) 下去状(二)
出结 出来结 出去结 过结(四)
过来趋(一) 过去趋(一) 起来状
开结(一) 到趋 到……来趋
到……去趋

化(融～、熔～) 上状 下结(一)
下来结 下去状(二) 出结
出来结 起来状 开结(一),状
到趋

化(～斋) 来趋 去趋 上状
下来结(三) 下去状(二) 出结
出来结 过结(四) 起来状 开状
到趋,结

化(～妆) 上状 起来状 开状
到趋

化合 来结(一) 上状 出结 出来结
起来结(一)

化验 上状 下来结(三) 下去状(二)
出结 出来结 过结(四) 过来结(三)
起结(三) 起来状 开状 到趋

怀(～孕) 上结(一) 起状 到趋
开状

怀恋 起来状

怀念 上状 下去状(二) 起来状
开状 到趋

怀疑 上状 下去状(二) 出结

出来_结 起来_状 开_状 到_趋

坏(～肚子) 下去_状(二) 起来_状
　　到_趋

欢呼 上_状 起来_状 开_状

欢送 过_结(四) 过来_结(三) 起来_状
　　到……去_趋

欢腾 起来_状

欢喜 起来_状

欢笑 起来_状

欢迎 上_状 起来_状 开_状

欢跃 起来_状

还(归一) 来_趋 上_结(二),状
　　下来_结(三) 下去_状(二) 出_趋
　　出来_趋 出去_趋 回_趋 回来_趋
　　回去_趋 过_结(四) 过来_趋(一),结(三)
　　过去_趋(一) 起来_状 开_状 到_趋
　　到……来_趋 到……去_趋

还(回报) 上_状 下去_状(二) 回_趋
　　回来_趋 回去_趋 起来_结(三)
　　起来_状 开_状

还击 上_状 下去_状(二) 过_结(四)
　　过来_结(三) 过去_趋(一) 起来_状
　　开_状 到_趋

环抱 过来_结(三) 起来_结(一)

环顾 起来_状

环绕 上_结(一) 上去_结 过来_趋(二)
　　过去_趋(一) 起来_结(一) 到_趋

环视 起来_状

环行 起来_状

缓 下来_状 过来_结(三)

缓和 下来_状 下去_状(一)(二)
　　起来_状 到_趋

豢养 上_状 下去_状(二) 出_趋
　　出来_结 起来_状 开_状 到_趋

患 上_结(一) 起来_状

焕发 出_趋 出来_结 起来_状

换(交一) 来_趋 去_趋
　　上_趋(一),结(一)(二),状 上来_趋(一)
　　上去_趋 下_趋(一) 下来_趋(一),结(三)
　　下去_趋(一),状(二) 进_趋 进来_趋
　　进去_趋 出_趋,结 出来_趋,结
　　出去_趋 回_趋 回来_趋 回去_趋
　　过_结(四) 过来_趋(一),结(三)
　　过去_趋(一) 起_结(三),状 起来_状
　　开_状 到_趋,结 到……来_趋
　　到……去_趋

换(变一、替一) 来_趋 上_结(一),状
　　上来_结(一) 上去_结(一) 下_结(一)
　　下来_结(一)(三) 下去_结(一),状(二)
　　进_趋 进来_趋 进去_趋 出_趋
　　出来_趋 出去_趋 回_趋 回来_趋
　　回去_趋 过来_结(三) 过来_趋(一),结(三)
　　过去_趋(一) 起_结(三),状 起来_状
　　开_状 到_趋,结 到……来_趋
　　到……去_趋

换(兑一) 来_趋 去_趋 上_结(二),状
　　下_结(一) 下来_结(三) 下去_状(二)
　　进_趋 进来_趋 出_趋,结 出来_结
　　出去_趋 回_趋 回来_趋 回去_趋
　　过_结(四) 过来_趋(一),结(三)

过去趋(一) 起结(三),状 起来状
开结(一),状 到趋,结 到……来趋
到……去趋

换算 上状 上来结(二) 下来结(三)
下去状(二) 出结 出来结
过结(四) 过来结(三) 起来状
开状 到趋

唤 来趋 去趋 上趋(一)(二)
上来趋(一)(二) 上去趋(一)(二)
下趋(一) 下来趋(一) 下去趋(一)
进趋 进来趋 进去趋 出趋
出来趋 出去趋 回趋 回来趋
回去趋 过去趋(一),结(二)
过去趋(一) 起来状 开结(一)
到趋 到……来趋 到……去趋

幻 出结

幻化 出结

幻灭 起来状

幻想 上状 下去状(二) 出结
出来结 起来状 开状 到趋

荒 下来状 下去状(二) 起来状
到趋

荒疏 下去状(二) 起来状 到趋

黄 下去状(二) 起来状 到趋

晃(～眼睛) 来趋 去趋 上状
上去趋(一) 下去状(二) 出结
出来结 过结(一) 过来趋
过去趋(一) 起来状 开状
到趋 到……来趋 到……去趋

晃 上状 上来趋(一) 上去趋(一)

下来趋(一),结(三) 下去趋(一),状(二)
进趋 进来趋 进去趋 出趋,结
出来趋,结 出去趋 过结(四)
过来趋(一),结(三) 过去趋(一)
起来趋,状 开结(一)(二),状 到趋
到……来趋 到……去趋

晃荡 上状 上来趋(一) 上去趋(一)
下来趋(一),结(三) 下去趋(一),状(二)
出来趋,结 出去趋 过结(四)
起来趋,状 开结(一)(二),状 到趋
到……来趋 到……去趋
出来趋,结 出去趋 过结(四)
起来趋,状 开结(一)(二),状 到趋
到……来趋 到……去趋

晃动 上状 下去状(二) 过来趋(一)
过去趋(一) 起来状 开状 到趋

晃悠 上状 下去状(二) 过来趋(一)
过去趋(一) 起来状 开状 到趋

挥(~舞) 来趋 去趋 上状
上去趋(一) 下来趋(一)
下去状(二) 过来趋(一) 过去趋(一)
起趋 起来趋,状 开结(一),状 到趋

挥(抹) 下来趋(一) 出去趋
下去结(一)

挥动 上状 起来状

挥发 上状 下去状(二) 出结
出来结 过结(四) 起来状 到趋
到……来趋 到……去趋

挥洒 来趋 上结(一),状 上来结
下趋(一),结(一) 下来趋,结(一)
下去趋(一),结(一),状(二) 过结(四)
过来趋(一) 过去趋(一) 起状

起来_状　开_状　到_趋　到……来_趋
到……去_趋

挥舞　上_状　上来_趋(一)　上去_趋(一)
下来_趋(一)　下去_趋(一),_状(二)
过来_趋(一)　过去_趋(一)　起_,_状
起来_趋,_状　开_结(二),_状　到_趋
到……来_趋　到……去_趋

辉映　出_结　出来_结　起来_状
到_趋

恢复　下来_结(三)　下去_状(二)
过来_结(二)　起来_状　到_趋

回(～家)　来_趋　去_趋　上_状
起_结(三)　起来_状　开_状　到_趋
到……来_趋　到……去_趋

回(～信)　上_状　起_结(三)　起来_状
开_状　到_趋　到……来_趋
到……去_趋

回(～头)　上_状　过来_趋(一)
过去_趋(一)　起来_状　开

回拜　上_状　下去_趋(二)　过去_趋(一)
起来_状　开_状

回报　上_状　起来_状

回避　上_状　下去_趋(一),_状(二)
过_结(四)　过来_结(三)　起来_状
开_趋,_状　到_趋

回答　上_结(二),_状　上来_结(二)
下来_结(二)(三)　下去_状(二)　出_结
出来_结　过_结(四)　过来_结(三)
起来_状　开_状　到_趋

回荡　起来_状　到_趋

回访　上_状　过_结(四)　过来_趋(一),_(三)
过去_趋(一)　起来_状　开_状

回复　过_结(四)　过来_结(三)　起来_状

回顾　上_状　下来_结(三)　下去_趋(二)
过去_趋(一)　起来_状　开_状　到_趋

回归　起来_状　到_趋

回击　上_状　下去_状(一)(二)　回去_趋
过去_趋(一)　起来_状　开_状　到_趋
到……去_趋

回敬　过去_趋(一)

回绝　下去_结(一)

回请　上_状　下来_结(三)　下去_状(二)
过_结(四)　过来_结(三)　起_结(三)
起来_状　开_状　到_趋

回升　上_状　上来_趋(一)　上去_趋(一)
下去_状(二)　起来_趋,_状　开_状　到_趋

回收　上_状　上来_趋(一)　上去_趋(一)
下_结(一)　下来_结(一)(三)　下去_状(二)
进_趋　进来_趋　进去_趋　出_结
出来_结　回来_趋　回去_趋　过_结(四)
过来_趋(一),_结(三)　过去_趋(一)
起_结(三)　起来_状　开_状　到_趋
到……来_趋　到……去_趋

回溯　到_趋

回味　出_结　出来_结

回响　起来_状

回想　上_状　下去_趋(二)　过_结(四)
起来_结(一)　开_状　到_趋

回馈　到_趋

回修　起来_状

回旋　起来状
回忆　上状　上来结(二)　下来结(三)
　　　下去状(二)　出结　出来结
　　　过结(四)　过来结(三)　过去结(一)
　　　起状　起来状　开状　到趋(二)
回转　起来状　到趋(二)
悔改　起来状
悔恨　上状　起来状　开状　到趋
悔悟　过来结(二)　起来状　到趋
毁　下去状(一)(二)　起来状　开状
　　到趋
毁谤　上状　下去状(二)　出结
　　　出来结　起来状　开状　到趋
毁坏　上状　下来结(三)　下去状(二)
　　　起来状　开状　到趋
毁灭　下去状(一)
毁损　下去状(二)
汇(一合)　起结(一)　起来结(一)
　　　　　到趋
汇(～钱)　来趋　去趋　上趋(一),状
　　　　　上来趋(一)　上去趋(一)　下来趋(一),结
　　　　　下来趋(一),结(三)　下去状(二)　进趋
　　　　　进来趋　进去趋　出趋,结　出来结
　　　　　出去趋　回趋　回来趋
　　　　　过结(四)　过来趋(一),结(三)
　　　　　过去趋(一)　起结(三),结(四)状
　　　　　开状　到趋　到……来趋
　　　　　到……去趋
汇报　来趋　上状　上来结(一)
　　　上去趋(一)　下来结(三)　下去状(二)

出结　出来结　过结(四)　过来结(三)
起来状　开状　到趋　到……来趋
到……去趋
汇编　出结　出来结　起来结(一)
　　　到趋
汇兑　出结　出来结
汇合　上结(一)　上来结(一)　上去结
　　　下去状(二)　进趋　进来趋　进去趋
　　　出结　出来结　起来结(一)　到趋
　　　到……来趋　到……去趋,结
汇集　上结(二)　上来趋(一)
　　　上去趋(一)　下结(一)　下来结(三)
　　　下去状(二)　进趋　进来趋
　　　进去趋　出来结　起来结(一)
　　　到趋　到……来趋　到……去趋
汇聚　起来结(一)　到趋
汇演　上状　下来结(三)　下去状(二)
　　　过结(四)　过来结(三)　起结(三)
　　　起来状　开状　到趋
汇总　上结(一)　上来结(一)　出结
　　　出来结　过结(四)　过来结(三)
　　　起来结(一)　到趋　到……来趋
　　　到……去趋
惠顾　起来状　到趋
贿赂　去趋　上状　下来结(三)
　　　下去状(二)　出结　出来结　过结(四)
　　　过来结(三)　起结(三)　起来状
　　　开状　到趋　到……来趋
　　　到……去趋
会(～面)　过结(四)

会（～餐） 上状 过结(四) 起来状 开状 到趋

会（～账） 上状 起结(三),状 起来状 开状

会攻 起来状

会合 上结(一) 起来结(一) 到趋

会见 上状 起来状

会聚 起来结(一) 到趋

会商 出结 出来结 过结(四) 起来状 到趋

会审 出结 出来结 过结(四) 起来状 到趋

会谈 上状 下来结(三) 下去结(二) 出结 出来结 过结(四) 过来结(三) 起来状 开状 到趋

会晤 上状 起来状 到趋

会战 到趋

会诊 上结(一),状 下去状(二) 出结 出来结 过结(四) 过来结(三) 起结(三) 起来状 开状 到趋

烩 上状 上去结 下结(一) 下来结(三) 下去状(二) 进趋 进去趋 出结 出来结 过结(四) 过来结(三) 起来结(一),状 开结(三),状 到趋 到……去趋

荟萃 起来状 到趋

绘 出结

绘制 上状 下来结(三) 下去状(二) 出结 出来结 过结(四) 过来结(三) 起结(三) 起来状 开状 到趋

昏 过去结(二) 起来状 到趋

昏厥 下去结(二) 过去结(二)

昏迷 上状 下去状(二) 过去结(二) 起来状 开状 到趋

混（搀杂） 上结(一),状 上来结(一) 上去结 下去状(二) 进趋 进来趋 进去趋 出结 出来结 过结(四) 过去结(三) 起结(一) 起来结(一),状 开状 到趋 到……来趋 到……去趋

混（蒙一） 下去状(二) 进趋 进来趋 进去趋 出趋 出来趋 出去趋 过结(一) 过来结(一) 过去结(二) 到趋 到……来趋 到……去趋

混（～日子） 上趋 上去结(一) 下结(一) 下来结(三) 下去状(二) 出结 出来结 过结(一) 过来结(一) 过去结(一) 起来状 开状 到趋

混充 起来状

混纺 起来状

混合 上结(一),状 上来结(一) 上去结 下去状(二) 进趋 进去趋 出结 出来结 过结(四) 过来结(三) 起结(一) 起来结(一),状 开状 到趋 到……去趋

混入 到趋

混同 起来状

混淆 起来状 到趋

混杂 来_趋_ 下去_状(二)_ 进_趋_
进来_趋_ 进去_趋_ 起来_结(一),状_

混战 上_状_ 下来_结(三)_ 下去_状(二)_
过去_结(四)_ 起来_状_ 开_状_ 到_趋_

豁(裂) 开_结(一)_ 到_趋_

豁(～命) 上_状_ 出_结_ 出来_趋_
出去_趋_

秴 上_状_ 下来_结(三)_ 下去_状(二)_
出_结_ 出来_结_ 过_结(四)_ 过来_结(三)_
起_状_ 起来_状_ 开_状_ 到_趋_

活 下来_结(三)_ 下去_状(二)_
过来_结(二)_ 起来_状_ 到_趋_

活动(运动) 上_状_ 下来_结(三)_
下去_状(二)_ 出_结_ 出来_结_
过_结(四)_ 过来_结(二)(三)_ 起来_状_
开_结(二),状_ 到_趋_

活动(动摇) 上_状_ 下来_结(一)_
下去_状(二)_ 起来_状_ 开_状_ 到_趋_

活动(文娱～) 上_状_ 下来_结(二)_
出_结_ 出来_结_ 起来_结_ 开_结(三),状_
到_趋_

活动(钻营) 来_趋_ 上_状_ 上来_趋_
上去_趋(一)_ 下来_结(三)_ 下去_状(二)_
进来_趋_ 进去_趋_ 出来_趋_ 出去_趋_
回来_趋_ 回去_趋_ 起_结(三)_ 起来_趋_
开_状_ 到_趋_ 到……来_趋_
到……去_趋_

活埋 上_状_ 下去_状(二)_ 进_趋_

进去_趋_ 起来_状_ 开_状_ 到_趋_

活现 出_结_ 出来_结_

活跃 起来_状_ 到_趋_

活捉 上来_趋(一)_ 上去_趋(一)_
过来_趋(一)_ 过去_趋(一)_ 起来_结(一)_
到_趋_ 到……来_趋_ 到……去_趋_

和(huó,～面) 来_结(三)_ 上_结(一),状_
上来_结(二)_ 下来_结(三)_ 下去_状(二)_
进_趋_ 进去_趋_ 出_结_ 出来_结_
过_结(四)_ 过来_结(三)_ 起_状_
起来_结(一),状_ 开_结(二),状_
到_趋(一)(二)_ 到……去_趋_

火并 上_状_ 下来_结(三)_ 下去_状(二)_
起来_状_ 开_状_ 到_趋_

火攻 上_状_ 下来_结(三)_ 下去_状(二)_
过_结(四)_ 起来_状_ 开_状_ 到_趋_

火化 上_状_ 下去_状(二)_ 过_结(四)_
起_结(三)_ 起来_状_ 开_状_

豁免 下去_状(一)(二)_ 起来_状_ 到_趋_

祸害 上_状_ 下去_状(二)_ 起来_状_
开_状_ 到_趋_

获取 来_趋_ 到_结_

和弄 上_状_ 下来_结(三)_ 下去_状(二)_
出_结_ 出来_结_ 过_结(四)_
过来_趋(一),结(三)_ 过去_趋(一)_
起来_趋(一),状_ 开_结(二),状_ 到_趋_
到……来_趋_ 到……去_趋_

J

激(一将) 来_趋 去_趋 上_趋(一),状
　　上来_趋(一)(二) 上去_趋(一)(二)
　　下去_状(二) 出_趋 出来_趋
　　过_结(四) 过来_趋(一) 过去_趋(一)
　　起来_趋,状 开_状 到_趋
　　到……去_趋

激荡 起来_状 下去_状(二)

激动 上_状 下去_状(二) 出_结
　　出来_结 过_结(一) 过去_结(三)
　　起来_状 开_状 到_趋

激化 下去_状(二) 起来_状 到_趋

激励 起来_状

激怒 起来_状

激扬 起来_状

激增 起来_状 到_趋

激战 上_状 下去_状(二) 过_结(四)
　　起来_状 开_状 到_趋

积(~土) 上_结(一) 上去_结(一) 下_结(一)
　　下来_结(一) 下去_状(二) 出_结
　　出来_结 起来_结(一) 到_趋
　　到……来_趋 到……去_趋

积储 起来_状

积存 上_结(一) 下_结(一) 下来_结(一)
　　下去_状(二) 出_结 出来_结
　　起来_结(一) 到_趋 到……来_趋
　　到……去_趋

积聚 上_结(一) 下_结(一) 下来_结(一)
　　下去_状(二) 出_结 出来_结

起来_结(一) 到_趋 到……来_趋
到……去_趋

积累 上_状 下_结(一) 下来_结(一)
　　下去_状(二) 出_结 出来_结
　　起来_结(一),状 到_趋 到……来_趋
　　到……去_趋

积欠 下_结(一) 下来_结(一)

积蓄 上_结(二) 下_结(一) 下来_结(一)
　　下去_状(二) 出_结 出来_结
　　起来_结(一) 到_趋

积压 上_状 下_结(一) 下来_结(一)
　　下去_状(二) 出_结 出来_结
　　起来_结(一) 到_趋 到……来_趋
　　到……去_趋

积攒 上_结(一),状 下_结(一)
　　下来_结(一) 下去_状(二) 出_结
　　出来_结 起来_结(一) 到_趋
　　到……来_趋 到……去_趋

击 来_趋 去_趋 上去_结
　　下来_结(一) 出_结 出去_趋
　　出去 过来_趋(一) 过去_趋(一)
　　到

击败 下去_状(一)

激发 出_结 出来_结 起来_趋
　　到

击溃 下去_状(一)

击落 下来_趋(一)

畸变 下去_状(二)

唧咕　上状　下去状(二)　出结
　　出来结　起来状　开状　到趋
羁留　下来结(一)　下去状(二)
　　到趋
羁押　下来结(一)　下去状(二)
　　到趋
稽查　来趋　上状　下去状(二)
　　出结　出来结　过结(四)　过来结(三)
　　起来状　开状　到趋,结
　　到……来趋　到……去趋
羁延　下来结(一)　下去状(二)
　　到趋
讥嘲　起来状
讥讽　上状　下去状(二)　出结
　　出来结　起来状　开状　到趋
讥笑　上状　下去状(二)　出结
　　出来结　起来状　开状　到趋
汲取　到趋
缉捕　来趋　回趋　到结
缉拿　到趋
疾驶　起来状
嫉妒　上状　下去状(二)　起来状
　　开状　到趋
忌狠　上状　下去状(二)　起来状
　　开状　到趋
辑录　下结(一)　下来结(一)　出结
　　出来结　起来状　到趋
集合　上结(一),状　上来结(一)
　　过结(四)　起状　起来结(一)　开状
　　到趋　到……来趋　到……去趋

集结　上结(一)　上来结(一)　过结(四)
　　过来趋(一)　过去趋(二)　起来结(一)
　　到趋　到……来趋　到……去趋
集聚　来趋　上状　上来结(一)
　　下结(一)　下来结(一)　下去状(二)
　　出结　出来结　过来趋(一)
　　过去趋(二)　起来结(一)　到趋
　　到……来趋　到……去趋
集训　上状　下来结(三)　下去状(二)
　　出结　出来结　过结(四)
　　过来结(三)　起来状　开状　到趋
集运　起来状
集中　上状　上来趋(一),结(一)
　　上去趋(一),结　下来结(三)
　　下去状(二)　出结　出来结
　　过结(四)　起来结(一)　到趋
　　到……来趋　到……去趋
急　上状　下去状(二)　起来状
　　开状　到趋
急救　上状　下去状(二)　过来结(二)
　　起来状　开状
急需　起来状　到趋
挤(靠紧)　上结(一),状　下结(三)
　　下去状(二)　出结　出来结
　　起来状　开结(一)(三)　到趋
　　到……来趋　到……去趋
挤(用身体排开)　来趋
　　上趋(一),结(一)(二),状　上来趋(一)(二)
　　上去趋(一)(二)　下来趋(一)
　　下去趋(一)　进趋　进来趋

进去趋 出趋 出来趋 出去趋
回趋 回来趋 回去趋
过趋(一),结(三)(四) 过来趋(一)
过去趋(一) 起来状 开(一),状
到趋,结 到……来趋
到……去趋

挤(～牙膏) 上状 上去结
下去状(二) 出趋,结 出来趋,结
出去趋 过结(四) 过来结(三)
过去趋(一) 起来状 开状
到趋 到……来趋 到……去趋

挤对 上状 下去状(二) 出结
出来结 起来状 开状 到趋

计划 上状 上去结 下来结(一)
下去状(二) 进趋 进去趋 出结
出来结 过结(四) 过来结(三)
起来状 开状 到趋

计较 上状 下去状(二) 出结
出来结 起来状 开状 到趋

计量 出结 出来结 过结(四)
起来状

计算(～数量) 上状 上来结(二)
上去结 下来结(二)(三) 下去状(二)
进趋 进来趋 进去趋 出结
出来结 过结(四) 过来结(三)
起来状 开状 到趋

计算(筹划) 上状 起来状 开状

计议 起来状 到趋

寄 来趋 去趋 上结(二),状
下来结(三) 下去状(二) 出结

出来趋,结 出去趋 回趋 回来趋
回去趋 过结(四) 过来趋(一),结(三)
过去趋(一) 起结(三) 起来状
开状 到趋 到……来趋
到……去趋

寄存 上结(一)(二) 下去状(二)
起来结(一) 到趋 到……来趋
到……去趋

寄放 下去状(二) 起来结(一)
到趋 到……来趋 到……去趋

寄居 下去状(二) 起来结(一)
到趋 到……来趋 到……去趋

寄生 下来结(一) 下去状(二)
起来状 到趋 到……来趋
到……去趋

寄宿 下去状(二) 到趋

寄托 到趋 到……来趋
到……去趋

寄养 下去状(二) 起来状 到趋
到……来趋 到……去趋

冀望 起来状

觊觎 起来状

祭奠 过结(四) 起来状 到趋

祭祀 上结 下去状(二) 过结(四)
起来状 到趋

系 上结(一),状 上来结(二) 上去结
下结(一) 下去状(二) 出结
出来结 过结(四) 过来结(三)
起来结(一),状 开状 到趋
到……去趋

记（一忆） 上$_{结(一)}$,$_{状}$ 下$_{结(一)(三)}$ 下来$_{结(一)}$ 下去$_{状(二)}$ 进$_{趋}$ 进去$_{趋}$ 出$_{结}$ 出来$_{结}$ 过$_{结(四)}$ 过来$_{结(三)}$ 起来$_{状}$ 开$_{状}$ 到$_{趋}$

记（一录） 来$_{趋}$ 去$_{趋}$ 上$_{结(一)}$,$_{状}$ 上来$_{结(二)}$ 上去$_{结(一)}$ 下$_{结(一)}$ 下来$_{结(一)(三)}$ 下去$_{状(二)}$ 进$_{趋}$ 进去$_{趋}$ 出$_{结}$ 出来$_{结}$ 过$_{结(四)}$ 过来$_{结(三)}$ 起$_{状}$ 起来$_{状}$ 开$_{状,结(二)}$ 到$_{趋}$ 到……来$_{趋}$ 到……去$_{趋}$

记挂 起来$_{状}$

记录 上去$_{结}$ 下来$_{结(一)}$ 到$_{趋}$ 到……去$_{趋}$

纪念 上$_{状}$ 下去$_{状(二)}$ 出$_{结}$ 出来$_{结}$ 过$_{结(四)}$ 过来$_{结(三)}$ 起来$_{状}$ 到$_{趋}$

记取 下$_{结(一)}$ 下来$_{结(一)}$

记述 下来$_{结(一)}$

记叙 出来$_{结}$

记载 下来$_{结(一)}$ 过来$_{结(三)}$ 到$_{趋}$ 到……去$_{趋}$

嫉妒 上$_{状}$ 下去$_{状(二)}$ 出$_{结}$ 出来$_{结}$ 起来$_{状}$ 开$_{状}$ 到$_{趋}$

忌讳 上$_{状}$ 下去$_{状(二)}$ 起来$_{状}$ 开$_{状}$ 到$_{趋}$

继承 下来$_{结(一)}$ 下去$_{状(二)}$ 过来$_{趋(一)}$ 起$_{结}$ 起来$_{结(一)}$

继续 下来$_{结(一)}$ 下去$_{状(二)}$ 到$_{趋}$

家访 起来$_{状}$

夹（～在中间） 上$_{结}$ 进$_{趋}$ 进去$_{趋}$ 起来$_{结(一)}$ 到$_{趋}$ 到……去$_{趋}$

夹（～菜） 上$_{结(一)}$,$_{状}$ 上去$_{结(一)}$,$_{结}$ 下去$_{状(二)}$ 进$_{趋}$ 进来$_{趋}$ 进去$_{趋}$ 出$_{结}$,$_{结}$ 出来$_{结}$,$_{结}$ 回$_{趋}$ 回来$_{趋}$ 回去$_{趋}$ 过$_{结(四)}$ 过来$_{趋(一)}$,$_{结(三)}$ 过去$_{趋(一)}$ 起来$_{结(一)}$,$_{状}$ 开$_{趋}$,$_{状}$ 到$_{趋}$ 到……来$_{趋}$ 到……去$_{趋}$

夹（一杂） 进$_{趋}$ 进来$_{趋}$ 进去$_{趋}$ 到$_{趋}$

夹带 来$_{趋}$ 去$_{趋}$ 上$_{趋(一)}$,$_{状}$ 上来$_{趋(一)}$ 上去$_{趋(一)}$ 下$_{趋(一)}$ 下来$_{趋(一)}$ 下去$_{趋(一)}$,$_{状(二)}$ 进$_{趋}$ 进来$_{趋}$ 进去$_{趋}$ 出$_{趋,结}$ 出来$_{趋,结}$ 出去$_{趋}$ 回$_{趋}$ 回来$_{趋}$ 回去$_{趋}$ 过$_{趋(一)}$ 过来$_{趋(一)}$,$_{结(三)}$ 过去$_{趋(一)}$ 起来$_{状}$ 开$_{状}$ 到$_{趋}$ 到……来$_{趋}$ 到……去$_{趋}$

夹攻 上$_{状}$ 上来$_{状(二)}$ 下去$_{状(二)}$ 过来$_{趋(一)}$ 过去$_{趋(一)}$ 起来$_{状}$ 到$_{趋}$

夹击 上$_{状}$ 上来$_{状(二)}$ 下去$_{状(二)}$ 过来$_{趋(一)}$ 过去$_{趋(一)}$ 起来$_{状}$ 到$_{趋}$

夹杂 上$_{结(一)}$ 上去$_{结}$ 下来$_{结(一)}$ 下去$_{状(二)}$ 进$_{趋}$ 进来$_{趋}$ 进去$_{趋}$ 起来$_{结(一)}$ 到$_{趋}$

到……来趋　到……去趋

加（=合）　上结(一),状　上来结(一)
　上去结　下来结(三)　下去状(二)
　进趋　进来趋　进去趋　出结
　出来结　过结(四)　过来结(三)
　起状　起来结(一),状　开状　到趋
　到……来趋　到……去趋

加（增一）　上结(一),状　上来结(一)
　上去结　下去状(二)　进趋
　进来趋　进去趋　出结　出来结
　过结(二)(四)　过来结(三)　起来状
　开状　到趋　到……来趋
　到……去趋

加（安放）　上结(一)　上来结(一)
　上去结　下结(三)　下来结(三)
　下去状(二)　过结(四)　到趋
　到……来趋　到……去趋

加封　起来状　到趋

加紧　起来状

加剧　起来状

加强　上状　下去状(二)　过结(四)
　过来结(三)　起来状　到趋
　到……来趋　到……去趋

加入　进趋　进来趋　进去趋
　起来状　到趋

加深　下去状(二)　起来状

加速　起来状

嘉奖　上状　过结(四)　起来结(三)
　起来状　开状　到趋

加冕　过结(四)

嘉勉　起来状

嘉许　起来状

假扮　上状　下去状(二)　过结(四)
　过结(三)　起来结(一),状　开状
　到趋

假充　起来状　起状

假定　上状　出结　出来结
　过结(四)　开状

假借　过来结(一)　过去趋(一)

假寐　起来状

假设　上状　出结　出来结
　过结(四)　起来状　开状

假释　出趋　出来趋　出去趋　回趋
　回来趋　回去趋　到……去趋

假死　过去结(二)

假想　出结　出来结

假造　上状　下去状(二)　出结
　出来结　过结(四)　过来结(三)
　起来状　开状　到趋

假装　上状　下去状(二)　出结
　出来结　起来状　开状　到趋

嫁接　上结(一),状　上来结(一)
　上去结　下来结(三)　下去状(二)
　过结(四)　过来趋(一)　过去趋(一)
　起来结(一),状　开状　到趋
　到……来趋　到……去趋

架（~人）　来趋　去趋　上趋(一)(二)
　上来趋(一)(二)　上去趋(一)(二)
　下趋(一)(二)　下来趋(一)(二)
　下去趋(一)(二)　进趋　进来趋

进去_趋 回_趋 回来_趋 回去_趋
过_趋(一) 过来_趋(一) 过去_趋(一)
起_趋 起来_趋 开_趋 到_趋
到……来_趋 到……去_趋

架（一设） 上_结(一),状 上去_结
起_结(一)(三) 起来_结(一),状 开_状
到_趋 到……来_趋 到……去_趋

架（招一） 开_趋 到……去_趋

架空 上_状 下去_状(二) 起来_状
到_趋

架设 上_状 下来_结(三) 下去_状(二)
进_趋 进来_趋 进去_趋 出_结
出来_结 过_结(四) 过来_趋(一),结(三)
过去_趋(一) 起_结(一)(三)
起来_结(一),状 开_状 到_趋
到……来_趋 到……去_趋

驾驶 上_结(二),状 起_状 起来_状
开_状

驾驭 起来_状

煎（～鸡蛋）来_趋 上_结(一)(二),状
上来_趋(一)(二),结(三) 上去_结(一)(二)
上去_结 下来_结(一)(三)
下去_结(二),状(二) 进_趋 进去_趋
过_结(二)(四) 过来_结 起_趋,状
起来_趋,状 开_状 过来_结(三)
到

煎（～药）上_结(一),状 下_结(一)(三)
下去_状(二) 出_结 出来_结
过_结(二)(四) 过来_结(三) 起来_结
开_结(三),状 到_趋

兼 上_结(一),状 下去_状(二)
过来_结(一)(三) 过去_趋(一)
起_结(一),状 起来_结(一),状 开_状
到_趋

兼并 上_状 下去_状(二) 出_结
出来_结 过来_趋(一) 过去_趋(一)
起来_状 开_状 到_趋 来_趋
到……去_趋

兼顾 到_结

兼管 上_状 下去_状(二) 出_结
出来_结 过来_趋(一) 过去_趋(一)
起来_结(一),状 开_状 到_趋

兼任 上_状 下去_状(二) 起来_状
开_状 到_趋

肩 起_结(一)

肩负 起_结(一) 起来_结(一)

歼 下去_状(一)

歼灭 下去_状(一)

缄 起_结(一)

缄默 起来_状 到_趋

监察 起来_状

监督 上_状 下来_结(三) 下去_状(二)
出_结 出来_结 过_结(四)
过来_结(三) 起来_结(一),状 开_状
到_趋

监管 上_状 下来_结(三) 下去_状(二)
出_结 出来_结 过_结(四)
过来_趋(一),结(三) 过去_趋(一)
起来_结(一),状 开_状 到_趋

监护 上_状 下去_状(二) 起来_结(一)

到_趋

监禁 上_状 下来_结(三) 下去_状(二)
过_结(四) 过来_结(三) 起_结(一)
起来_结(一) 开_状 到_趋
到……来_趋 到……去_趋

监视 上_状 下来_结(三) 下去_状(二)
出_结 出来_结 过_结(四)
过来_结(三) 起来_结(一),状 开_状
到_趋

监守 起来_结(一),状 到_趋

坚持 下来_结(三) 下去_状(二)
过来_结(一) 起来_状 到_趋

坚定 起来_状 到_趋

坚强 起来_状 到_趋

坚信 起来_状

奸污 上_状 起来_状 开_状

简化 上_状 下去_状(二) 过_结(四)
过来_结(三) 起来_状 开_状 到_趋

简慢 起来_状 到_趋

简缩 上_状 下_结(一) 下来_结(一)
下去_结(一),状(二) 出_结 出来_结
过_结(四) 起来_状 开_状 到_趋

剪 来_趋 去_趋,结(一) 上_状(二),状
上来_趋(一),结(二) 上去_趋(一)
下来_趋(一),结(一),结(三) 下去_趋(一),结(一),状(二)
进_趋 进去_趋 过_结(二)(四)
过_结(一),(三) 过去_结(一)
起_结(三),状 起来_状 开_结(一),状
到_趋 到……来_趋
到……去_趋

剪裁 上_状 下来_结(三)
下去_结(一),状(二) 出_结 出来_结
过_结(四) 起来_状 开_状 到_趋

剪除 上_状 下来_结(一)
下去_结(一),状(二) 过_结(四)
过_结(三) 起来_状 开_状
到……去_趋

剪辑 上_状 下来_结(三) 出_结
出来_结 过_结(四) 过来_结(三)
起来_状 到_趋

剪接 上_状 下来_结(三) 下去_状(二)
出_结 出来_结 过_结(四)
过_结(三) 起来_状 开_状 到_趋

拣(挑一) 上_状 下来_结(三)
下去_状(二) 出_结 出来_结
过_结(四) 过_结(三) 起_结
起来_状 开_状 到_趋

拣选 起来_状

减(去掉) 去_结(一) 上_状 下_结(一)
下来_结(一)(三) 下去_结(一),状(二)
出_结 出来_结 出去_趋 回去_趋
过_结(四) 过来_结(三) 起来_状
开_状 到_趋 到……来_趋
到……去_趋

减(一少) 去_结(二) 上_状
下来_结(三) 起来_状 开_状 到_趋

减低 下来_状 下去_状(二)
起来_状 到_趋

减免 下去_状(一)(二) 起来_状
到_趋

减轻　下来状　下去补(一)(二)
　　起来状　到趋

减弱　下来状　下去补(一)(二)
　　起来状　到趋

减缩　上状　下来结(一)　下去结(一),状
　　出结　出来结　过结(四)
　　过来结(三)　起来状　开状　到趋
　　到……来趋　到……去趋

减退　下去状(一)　到趋

检查(～身体)　上结(二),状
　　下来结(一)(三)　下去状(二)　出结
　　出来结　起结(三)　起来状　开状
　　到趋　到……来趋　到……去趋

检查(检讨)　上状　下去状(二)
　　出结　出来结　过结(四)
　　过来结(三)　起来状　开状
　　到趋　到……来趋　到……去趋

检察　出结　出来结

检点　起来状　到趋

检举　来趋　上状　下去状(二)
　　出结　出来结　过结(四)
　　过来结(三)　起来状　开状　到趋

检录　过结(四)　到趋

检讨　上状　下来结(三)　下去状(二)
　　出结　出来结　过结(四)
　　过来结(三)　起来状　开状　到趋

检修　上状　下来结(三)　下去状(二)
　　出结　出来结　过结(四)
　　过来结(三)　起来结(三)　起来状
　　开状　到趋　到……来趋

到……去趋

检验　上结(二),状　下来结(一)(三)
　　下去状(二)　出结　出来结
　　过结(四)　过来结(三)　起结(三)
　　起来状　开状　到趋
　　到……来趋　到……去趋

检阅　上状　下来结(三)　下去状(二)
　　出结　出来结　过结(四)
　　过来结(三)　起来状　开状　到趋

俭省　下去状(二)　过结(二)
　　起来状　到趋

捡(拾取)　来趋　去趋　上状
　　上来趋(一)　下去状(二)　进趋
　　进来趋　进去趋　出趋　出去趋
　　回趋　回来趋　回去趋　过结(四)
　　过来结(一),结(三)　过去趋(一)
　　起趋　起来趋,状　开状　上去趋,结
　　到……来趋　到……去趋

间断　下来状　下去状(二)　起来状
　　到趋

间隔　上结(一)　出结　出来结
　　起结(一)　开结(一)

间歇　起来状

间杂　起来结(一)

间作　上状　下去状(二)　起来状
　　开

谏诤　起来状

践踏　上状　下去状(二)　出结
　　出来结　起来状　开状　到趋

溅　上结(一)　上来结(一)　上去结

下来_趋(一)　下去_趋(一),状(二)　　过来_结(三)　起来_状　开_状　到_趋
进_趋　进来_趋　进去_趋　出_结　　见笑　起来_状
出来_趋　出去_趋　过来_趋(一)　　见长　起来_状
过去_趋(一)　起_趋　起来_趋,状　　建(修一)　上_结(一),状　下来_结(三)
开_状　到_趋　到……来_趋　　　下去_状(二)　出_结　出来_结
到……去_趋　　　　　　　　　过_结(三)(四)　过来_结(三)　起_结

溅落　下来_趋(一)　　　　　　　起来_结(一),状　开_结(三)　到_趋
荐举　上_状　下去_状(二)　起来_状　到……来_趋　到……去_趋
开_状　到_趋　　　　　　　　建立　起_结(一)　起来_结(一)
荐引　来_趋　去_趋　到……来_趋　建设　上_状　出_结　起_结(三)
到……去_趋　　　　　　　　　起来_结(一),状　开_结(三)　到_趋
渐变　起来_状　到_趋　　　　　到……来_趋　到……去_趋
渐进　起来_状
鉴别　上_状　下去_状(二)　出_结　建议　上_状　下去_状(二)　过_结(四)
出来_结　过_结(四)　过来_结(三)　过来_结(三)　起来_状　开_状
起来_状　开_状　到_趋　　　　建造　上_结(一),状　下来_结(三)
鉴定　上_状　下来_结(三)　下去_状(二)　下去_状(二)　出_结　出来_结
出_结　出来_结　过_结(四)　过来_结(三)　过_结(四)　过来_结(三)　起_结(一)(三)
起来_状　开_状　到_结,趋　　　起来_结(一),状　开_状　到_趋
到……来_趋　到……去_趋
鉴戒　起来_状
鉴赏　上_状　下去_状(二)　出_结　健全　起来_结(一)　到_趋
出来_结　过_结(四)　过来_结(三)　将(下棋时)　上_状　起来_状
起来_状　开_状　到_趋　　　　开_状　到_趋
见(看一)　到_结　　　　　　　将息　起来_状
见(遇一)　到_结　　　　　　　将养　下去_状(二)　起来_状
见(会一)　上_结(二)　过_结(四)　浆洗　上_状　出_结　出来_结
过来_结(三)　起来_状　到_结　　过_结(四)　起来_状　开_状
见怪　起来_状　　　　　　　　僵　上_结(一),状　下来_结(一)
见习　上_状　下来_结(三)　下去_状(二)　下去_状(二)　起来_状　到_趋
出_结　出来_结　过_结(四)　　僵持　下去_状(二)　起来_状　到_趋
僵化　下去_状(二)　起来_状　到_趋

僵死 下去$_{状(一)}$
奖惩 起来$_{状}$
奖励 上$_{状}$ 下去$_{状(二)}$ 出$_{结}$
　　出来$_{结}$ 过$_{结(四)}$ 过来$_{结(三)}$
　　起$_{结(三)}$ 起来$_{状}$ 开$_{状}$ 到$_{趋}$
　　到……来$_{趋}$ 到……去$_{趋}$
奖赏 过$_{结(四)}$ 过来$_{结(三)}$ 起来$_{状}$
讲(说) 来$_{结(三)}$ 去$_{结(一)}$ 上$_{状}$
　　上来$_{结(二)}$ 下$_{结(一)}$ 下来$_{结(二)(三)}$
　　下去$_{状(二)}$ 出$_{结}$ 出来$_{结}$
　　出去$_{趋}$ 过$_{结(三)(四)}$ 过来$_{结(三)}$
　　过去$_{结(四)}$ 起$_{状}$ 起来$_{状}$
　　开$_{状}$ 到$_{趋}$ 到……去$_{趋}$
讲(一解) 来$_{结(三)}$ 上$_{状}$
　　上来$_{结(二)}$ 下来$_{结(二)(三)}$
　　下去$_{状(二)}$ 出$_{结}$ 出来$_{结}$
　　回来$_{趋}$ 回去$_{趋}$ 过$_{结(二)(三)(四)}$
　　过来$_{结(三)}$ 过去$_{结(四)}$ 起$_{状}$
　　起来$_{状}$ 开$_{状}$ 到$_{趋}$
　　到……来$_{趋}$ 到……去$_{趋}$
讲(一求) 上$_{状}$ 下去$_{状(二)}$
　　起$_{结(三),状}$ 起来$_{状}$ 开$_{状}$ 到$_{趋}$
讲解 上$_{状}$ 下来$_{结(二)}$ 下去$_{状(二)}$
　　出$_{结}$ 出来$_{结}$ 过$_{结(四)}$
　　过来$_{结(三)}$ 起来$_{状}$ 开$_{状}$ 到$_{趋}$
讲究 上$_{状}$ 下去$_{状(二)}$ 起$_{结(三)}$
　　起来$_{状}$ 开$_{状}$ 到$_{趋}$
讲评 上$_{状}$ 下去$_{状(二)}$ 出$_{结}$
　　出来$_{结}$ 起来$_{状}$ 开$_{状}$ 到$_{趋}$
讲求 起来$_{状}$ 到$_{趋}$

讲授 上$_{状}$ 下来$_{结(三)}$ 下去$_{状(二)}$
　　出$_{结}$ 出来$_{结}$ 过$_{结(四)}$ 过来$_{结(三)}$
　　起来$_{状}$ 开$_{状}$ 到$_{趋}$
讲述 下来$_{结(一)}$
讲演 起来$_{状}$
酱 上$_{结(一),状}$ 下去$_{结(二)}$ 出$_{结}$
　　出来$_{结}$ 过$_{结(四)}$ 过来$_{结(三)}$
　　起来$_{结(一),状}$ 开$_{结(三),状}$ 到$_{趋}$
　　到……去$_{趋}$
降(一落) 上$_{状}$ 下$_{趋(一)}$
　　下来$_{趋(一)}$ 下去$_{趋(一),状(二)}$
　　起$_{状}$ 起来$_{状}$ 开$_{状}$ 到$_{趋}$
　　到……去$_{趋}$
降(一低) 上$_{状}$ 下$_{趋(一)}$
　　下来$_{趋(一)}$ 下去$_{趋(一),状}$ 回去$_{趋}$
　　过$_{结(四)}$ 过来$_{结(三)}$ 起来$_{状}$
　　到$_{趋}$ 到……来$_{趋}$ 到……去$_{趋}$
降低 下来$_{趋(一)}$ 下去$_{状(二)}$
　　过$_{结(四)}$ 起来$_{状}$ 到$_{趋}$
降临 到$_{趋}$
降落 下$_{趋(一)}$ 下来$_{趋(一)}$
　　下去$_{趋(一)}$ 到$_{趋}$ 到……来$_{趋}$
　　到……去$_{趋}$
降生 下来$_{结(一)}$ 出$_{结}$ 出来$_{结}$
　　到$_{趋}$ 到……来$_{趋}$
强 上$_{状}$ 下去$_{状(二)}$ 过$_{结(三)}$
　　起来$_{状}$ 开$_{状}$ 到$_{趋}$
浇(～水) 来$_{趋}$ 去$_{趋}$ 上$_{结(一),状}$
　　上去$_{结}$ 上来$_{结(一)}$ 下$_{趋(一)}$
　　下来$_{趋(一)}$ 下去$_{趋(一)}$ 进$_{趋}$

进来趋　进去趋　出趋,结
出来趋,结　回趋　回来趋　回去趋
过(四)　过来趋(一),结(三)
过去趋(一)　起结(三)　起来状
开结(一)(二),状　到结,趋
到……来趋　到……去趋

浇（=灌）　上结　下来结(三)
下去状(二)　出结　出来结
过(四)　过来结(三)　起结(三)
起来状　开状　到结,趋
到……去趋

浇灌　上状　下来结(三)　下去状(二)
出结　出来结　过结(四)
过来结(三)　起结(三)　起来状
开状　到结,趋

浇铸　上状　下去状(二)　出结
出来结　过结(四)　过来结(三)
起来状

交（~学费）　来趋　去趋　上结(二),状
上去趋(一)　上来趋(一)　下结(一)
下来趋(一)(三)　下去趋(一),状
进趋　进来趋　进去趋　出趋,结
出来趋,结　出去趋　回趋
回来趋　回去趋　过(二)(四)
过来趋(一),结(三)　过去趋(一)
起结(三)　起来状　开状　到趋
到……来趋　到……去趋

交（~朋友）　上状　下结(一)
下来结(三)　下去状(二)　出结
出来结　过来结(三)　起结(三)

起来状　开状　到趋,结

交叉　上结(一)　上去趋　下去状(二)
过来趋(一)　过去趋(一)　过来结(一)
到趋　到……去趋

交代（~工作）　上状　下去状(二)
出去趋　过去结(一)　起状
起来状　开状　到趋

交代（嘱咐）　上状　下结(一)
下来趋(一)　下去趋(一),状　过结(四)
过来结(三)　起来状　开状　到趋,结

交代（~问题）　上状　下来结(三)
下去状(二)　出结　出来结
过结(四)　过来结(三)　起来状
开状　到趋

交付　出去趋　到趋　到……去趋

交割　过结(四)

交还　出去趋　回去趋　到趋
到……去趋

交换　来趋　去趋　上状　下去状(二)
出去趋　回来趋　过结(四)
过来趋(一),结(三)　过去趋(一)
起状　起来状　开状　到趋(二)

交集　起来状

交际　上状　起来状　开状

交接　上状　下来结(三)　下去状(二)
过结(四)　起来状　开状　到趋

交流　上状　下来结(三)　下去状(二)
出来结　过结(四)　过来结(三)
起来状　开状　到趋

交纳　上结(二),状　下去状(二)　出趋

出去趋 过结(四) 过来结(三)
起结(三) 起来状 开状 到趋
到……去趋

交配 上状 下来结(三) 下去状(二)
出结 出来结 过结(四) 过来结(三)
起来状 开状 到趋

交融 起来结(一),状 到趋

交涉 来趋 上状 下来结(三)
下去状(二) 出结 出来结
过结(四) 过来结(三) 起状,结(三)
起来状 开状 到趋 到……来趋
到……去趋

交谈 上状 下来结(三) 下去状(二)
出结 出来结 过结(四) 过来结(三)
起来状 开状 到趋

交替 下去状(二) 起来状

交往 来结(二) 上状 下来结(三)
下去状(二) 出结 出来结
过结(四) 过来结(三) 起结(三)
起来状 开状 到趋

交卸 下去结(一) 出去趋

交游 起来状

交战 上状 下来结(三) 下去状(二)
过结(四) 起来状

交织 出结 出来结 起来结(一)
到趋

胶(黏) 上结(一) 上去结
起来结(一) 到趋

胶结 起来结(一) 到趋

郊游 起来状

教 来结(三) 上结(二) 下来结(三)
下去状(二) 出结 出来结 过结(四)
过来结(三) 过去结(四) 起来状
开状 到趋 到……来趋
到……去趋

娇 上状 下去状(二) 出结
出来结 过结(二)(三) 过来结(三)
起来状 开状 到趋

娇生惯养 下去状(二) 起来状
到趋

娇纵 下去状(二) 起来状 到趋

嚼 上结(一),状 上去结 下去状(二)
出结 出来结 过结(四) 过来结(三)
起来状 开状 到趋

铰 来趋 去趋,结(一) 上状
上去结 下结(一) 下来结(一)
下去结(一),状 进趋 进来趋
进去趋 出结 出来趋,结 出去趋
过结(四) 过来趋,结(三)
过去结(一) 起来状 开结(一),状
到趋 到……来趋 到……去趋

狡辩 上状 下去状(二) 过结(三)
起来状 开状 到趋

狡赖 下去状(二) 过结(三) 起来状
到趋

绞(~铁丝) 上结(一) 上去结
下去状(二) 进趋 进去趋
过来趋 过去趋(一)
起来结(一),状 到趋

绞(~毛巾) 出结 出来结

绞杀　起来$_{状}$

绞痛　起来$_{状}$

搅　上$_{状}$　上来$_{趋(一)}$　下去$_{趋(一),状(二)}$
出$_{趋,结}$　出来$_{趋,结}$　过$_{结(四)}$
过来$_{结(三)}$　起来$_{趋,状}$　开$_{结(一),状}$
到$_{趋}$　到……来$_{趋}$　到……去$_{趋}$

搅拌　上$_{状}$　上去$_{结}$　下来$_{结(三)}$
下去$_{状(二)}$　进$_{趋}$　进来$_{趋}$
进去$_{趋}$　出$_{结}$　出来$_{结}$　过$_{结(四)}$
过来$_{结(三)}$　起来$_{结(一),状}$　开$_{结(一),状}$
到$_{趋}$　到……来$_{趋}$　到……去$_{趋}$

搅动　上$_{状}$　上来$_{趋(一)}$　下来$_{结(三)}$
下去$_{结(一),状(二)}$　起来$_{趋,状}$
开$_{结(一),状}$　到$_{趋}$

搅混　上$_{状}$　上去$_{结}$　下来$_{结(三)}$
下去$_{状(二)}$　进$_{趋}$　进来$_{趋}$
进去$_{趋}$　出$_{结}$　出来$_{结}$　过$_{结(四)}$
过来$_{结(三)}$　起来$_{结(一),状}$　开$_{状}$
到$_{趋}$　到……来$_{趋}$　到……去$_{趋}$

搅和　上$_{状}$　上来$_{趋(一)}$　下来$_{结(三)}$
下去$_{状(二)}$　出$_{结}$　出来$_{结}$
过$_{结(四)}$　过来$_{结(三)}$　起来$_{趋,状}$
开$_{结(一),状}$　到$_{趋}$

矫正　上$_{状}$　下来$_{结(三)}$　下去$_{结(二)}$
回来$_{趋}$　过来$_{结(二)}$　起来$_{状}$
开$_{状}$　到$_{趋}$

缴　来$_{趋}$　去$_{趋}$　上$_{结(二),状}$
上来$_{趋(一)}$　上去$_{趋(二)}$　下去$_{趋(二)}$
进$_{趋}$　出$_{趋,结}$　出来$_{趋,结}$　出去$_{趋}$
过$_{结(四)}$　过来$_{趋(一)}$　过去$_{趋(一)}$

起$_{结(三)}$　起来$_{状}$　开$_{状}$　到$_{趋}$
到……来$_{趋}$　到……去$_{趋}$

缴获　来$_{趋}$　去$_{趋}$　上$_{结(二)}$
上来$_{趋(一)}$　下来$_{结(三)}$　下去$_{状(二)}$
进来$_{趋}$　回来$_{趋}$　过来$_{趋(一),结(三)}$
过去$_{趋(一)}$　起来$_{状}$　开$_{状}$　到$_{结}$
到……来$_{趋}$

缴纳　来$_{趋}$　上$_{结(二),状}$　上来$_{趋(一)}$
上去$_{趋(一)}$　下来$_{结(三)}$　下去$_{状}$
出去$_{趋}$　过$_{结(四)}$　过来$_{结(一),状}$
起$_{结(三)}$　起来$_{状}$　开$_{状}$　到$_{趋}$
到……去$_{趋}$

剿　上$_{状}$　下去$_{状(一)(二)}$　起来$_{状}$
开$_{状}$　到$_{趋}$

剿灭　下去$_{状(一)}$　起来$_{状}$

窖　上$_{状}$　下去$_{状(二)}$　起来$_{结(一)}$
到$_{趋}$

校(订正)　上$_{状}$　下来$_{结(三)}$
下去$_{状(二)}$　出$_{结}$　出来$_{结}$
过$_{结(四)}$　过来$_{结(二)(三)}$　起来$_{状}$
开$_{状}$　到$_{趋}$

校点　起来$_{状}$　到$_{趋}$

校订　上$_{状}$　下去$_{状(二)}$　出$_{结}$
出来$_{结}$　过$_{结(四)}$　过来$_{结(二)(三)}$
起来$_{状}$　开$_{状}$　到$_{趋}$

校对　上$_{状}$　下来$_{结(三)}$　下去$_{状(二)}$
出$_{结}$　出来$_{结}$　过$_{结(四)}$
过来$_{结(二)(三)}$　起来$_{状}$　开$_{状}$
到$_{趋}$

校改　过$_{结(四)}$

校勘　起来$_状$
校阅　过$_{结(四)}$　起来$_状$
校正　上$_状$　过$_{结(四)}$　过来$_{结(二)}$
　　　起来$_状$　开$_状$　到$_趋$
较(～劲)　上$_状$　下去$_{状(二)}$
　　　过$_{结(三)}$　起来$_状$　开$_状$　到$_趋$
较量　上$_状$　下来$_{结(三)}$　下去$_{状(二)}$
　　　出$_结$　出来$_结$　过$_{结(三)(四)}$
　　　起来$_状$　开$_状$　到$_趋$
教导　出$_结$　出来$_结$
教唆　上$_状$　下去$_{状(二)}$　出$_结$
　　　出来$_结$　起来$_状$　开$_状$　到$_趋$
教训　上$_状$　下去$_{状(二)}$　出$_结$
　　　出来$_结$　过$_{结(四)}$　过来$_{结(二)}$
　　　起来$_状$　开$_状$　到$_趋$
教养　上$_状$　下来$_{结(三)}$　下去$_{状(二)}$
　　　出$_结$　出来$_结$　过$_{结(四)}$　过来$_{结(二)}$
　　　起来$_状$　开$_状$　到$_趋$
教育　上$_状$　下去$_{状(二)}$　出$_结$
　　　出来$_结$　过来$_{结(二)}$　起来$_状$
　　　开$_状$　到$_趋$
叫(鸟～)　上$_状$　下去$_{状(二)}$
　　　出$_结$　出来$_结$　起来$_状$　开$_状$
　　　到$_趋$　到……来$_趋$　到……去$_趋$
叫(～人)　来$_趋$　去$_趋$　上$_{趋(一)(二)}$,$_状$
　　　上去$_{趋(一)(二)}$
　　　下$_{趋(一)(二)}$　下来$_{趋(一)(二)}$
　　　下去$_{趋(一)(二)}$　进$_趋$　进来$_趋$
　　　进去$_趋$　出$_趋$　出来$_趋$　出去$_趋$
　　　回$_趋$　回来$_趋$　回去$_趋$　过$_{结(四)}$

过来$_{趋(一)}$,$_{结(三)}$　过去$_{趋(一)}$
起来$_趋$,$_状$　开$_趋$,$_状$　到$_趋$,$_结$
到……来$_趋$　到……去$_趋$
叫(～车)　来$_趋$　去$_趋$　上$_{结(二)}$,$_状$
上来$_{趋(二)}$　下$_{趋(一)}$　下去$_{趋(二)}$
进$_趋$　进来$_趋$　出$_结$　出来$_结$
过$_{结(四)}$　过来$_{趋(一)}$　过去$_{趋(一)}$
起$_{结(三)}$　起来$_状$　开$_状$　到$_趋$,$_结$
到……来$_趋$　到……去$_趋$
叫(称为)　上$_{结(三)}$,$_状$　下来$_{结(三)}$
下去$_{状(二)}$　出去$_趋$　过来$_{结(三)}$
起来$_状$　开$_{结(二)}$,$_状$　到$_趋$
叫喊　上$_状$　下去$_{状(二)}$　出
出来$_结$　过去$_{结(四)}$　起来$_状$
开$_状$　到$_趋$
叫唤　上$_状$　下去$_{状(二)}$　出$_结$
出来$_结$　过去$_{结(四)}$　起来$_状$
开$_状$　到$_趋$
叫骂　上$_状$　下去$_{状(二)}$　过去$_{结(四)}$
起来$_状$　开$_状$　到$_趋$
叫卖　上$_状$　下去$_{状(二)}$　起来$_状$
开$_状$　到$_趋$
叫嚷　上$_状$　下去$_{状(二)}$　起来$_状$
开$_状$　到$_趋$
叫嚣　下去$_{状(二)}$　起来$_状$　到$_趋$
结(～果)　上$_{结(一)}$,$_状$　下$_{结(一)}$
下来$_{结(三)}$　下去$_{状(二)}$　出$_结$
出来$_结$　过$_{结(四)}$　起来$_状$
开$_状$　到$_趋$
结巴　上$_状$　下去$_{状(二)}$　起来$_状$

开_状　到_趋

接（一触、连一）　来_趋　上_{结(一),状}
上来_{趋(一),结(一)(二)}　上去_{趋(一),结}
下_{趋(一)(二)}　下来_{趋(一)(二)}
下去_{趋(一)(二),状(二)}　进_趋　进来_趋
进去_趋　出_{趋,结}　出来_{趋,结}
出去_趋　回_趋　回来_趋　回去_趋
过_{结(四)}　过来_{趋(一),结(三)}
过去_{趋(一)}　起_{结(一),状}　起来_{结(一),状}
开_状　到_趋　到……来_趋
到……去_趋

接（～球）　来_趋　去_趋　上_状
下来_{趋(一),结(一)}　下去_{趋(一),状(二)}
过来_{趋(一)}　过去_趋　起来_{趋,状}
开_状　到_结

接（～人）　来_趋　去_趋　上_{结(二),状}
下来_{结(三)}　下去_{状(二)}　进_趋
进来_趋　进去_趋　出_趋　出来_趋
出去_趋　回_趋　回来_趋　回去_趋
过_{结(四)}　过来_{趋(一),结(三)}
过去_{趋(一)}　起来_状　开_状
到_{趋,结}　到……来_趋
到……去_趋

接（一受）　来_趋　上_状　下_{结(一)}
下来_{结(一)}　下去_{状(二)}
过来_{趋(一),结(三)}　起来_状　开_状

接（一替）　上_状　上来_{结(一)}
上去_结　下去_{结(一)}　过来_趋
过去_{趋(一)}　起来_状　开_状

接触　上_{结(一),状}　上来_{结(一)}

上去_结　下来_{结(三)}　下去_{状(二)}
出_结　出来_结　过_{结(四)}
过来_{趋(一)(三)}　过去_{趋(一)}
起_{结(一),状}　起来_{结(一),状}　开_状
到_{趋,结}

接待　上_状　下_{结(三)}　下来_{结(三)}
下去_{状(二)}　过_{结(四)}　过来_{结(三)}
起_{结(三)}　起来_状　开_状　到_趋

接管　上_状　下来_{结(三)}　下去_{状(二)}
过_{结(四)}　过来_{结(三)}　起_{结(三)}
起来_状　开_状　到_趋

接合　起来_{结(一),状}　到_趋

接济　上_状　下来_{结(三)}　下去_{状(二)}
出去_趋　过_{结(四)}　过来_{结(三)}
起来_状　开_状　到_趋

接见　上_状　下来_{结(三)}　下去_{状(二)}
过_{结(四)}　过来_{结(三)}　起来_状
开_状　到_趋

接纳　上_状　下来_{结(一)(三)}
下去_{状(二)}　进_趋　进来_趋
进去_趋　过_{结(四)}　过来_{趋(一),结}
过去_{趋(一)}　起来_状　开_状　到_趋
到……来_趋　到……去_趋

接近　上_状　下去_{状(二)}　起来_状
开_状　到_趋

接洽　来_趋　上_{结(一),状}　下来_{结(三)}
下去_{状(二)}　过_{结(四)}　过去_{结(三)}
起来_状　开_状　到_趋

接任　下来_{结(一)}

接收　来_趋　上_状　下来_{结(一)(三)}

下去₍状₎₍二₎　过₍结₎₍四₎　过来₍趋₎₍一₎,₍结₎₍三₎
　　过去₍趋₎₍一₎　起来₍状₎　开₍状₎　到₍趋₎
　　到……来₍趋₎　到……去₍趋₎
接受　上₍状₎　下来₍结₎₍一₎　下去₍状₎₍二₎
　　过来₍结₎₍三₎　起来₍状₎　开₍状₎
接替　上₍状₎　下₍结₎₍一₎　下来₍结₎₍一₎₍三₎
　　下去₍结₎₍二₎,₍状₎₍二₎　过来₍结₎₍三₎
　　起来₍状₎　开₍状₎　到₍趋₎
接(～吻)　上₍状₎　过₍结₎₍四₎　起来₍状₎
　　开₍状₎
接续　上₍结₎₍一₎　下来₍结₎₍一₎
　　下去₍状₎₍二₎　起来₍结₎
接应　上₍结₎₍一₎,₍状₎
接种　上₍结₎₍一₎
揭(～邮票)　来₍趋₎　去₍结₎₍一₎
　　上₍状₎　下₍结₎₍一₎　下来₍结₎₍一₎
　　下去₍结₎₍一₎,₍状₎₍二₎　出₍结₎　出来₍结₎
　　回₍趋₎　回来₍趋₎　回去₍趋₎　过₍结₎₍四₎
　　过来₍趋₎₍一₎,₍结₎₍三₎　过去₍趋₎₍一₎
　　起₍趋₎,₍状₎　起来₍趋₎,₍状₎　开₍结₎₍一₎,₍状₎
　　到₍趋₎　到……来₍趋₎　到……去₍趋₎
揭(～盖子)　上₍状₎　下₍结₎₍一₎
　　下来₍结₎₍一₎　下去₍结₎₍一₎,₍状₎₍二₎
　　过₍结₎₍四₎　过来₍结₎₍一₎,₍状₎₍三₎
　　过去₍趋₎₍一₎　起₍趋₎,₍状₎　起来₍趋₎,₍状₎
　　开₍结₎₍一₎,₍状₎　到₍趋₎　到……来₍趋₎
　　到……去₍趋₎
揭(一露)　上₍状₎　下来₍结₎₍三₎
　　下去₍状₎₍二₎　出₍结₎　出来₍结₎
　　出去₍趋₎　过₍结₎₍四₎　过来₍结₎₍三₎

起来₍状₎　开₍状₎　到₍趋₎,₍结₎
　　到……来₍趋₎　到……去₍趋₎
揭发　上₍状₎　下来₍结₎₍三₎　下去₍状₎₍二₎
　　出₍结₎　出来₍结₎₍四₎　出去₍结₎₍三₎
　　起来₍状₎　开₍状₎　到₍趋₎　到……来₍趋₎
　　到……去₍趋₎
揭露　下去₍结₎₍二₎　出₍结₎　出来₍结₎
　　出去₍趋₎　起来₍状₎　到₍趋₎
揭示　出₍结₎　出来₍结₎　到₍趋₎
诘问　起来₍状₎
结(～仇)　上₍结₎₍一₎,₍状₎　下₍结₎₍一₎
　　下来₍结₎₍一₎　下去₍结₎₍二₎　出₍结₎
　　出来₍结₎　起来₍趋₎　起来₍结₎₍一₎,₍状₎
　　开₍状₎　到₍趋₎
结拜　上₍状₎　出来₍结₎　起来₍状₎　开₍状₎
结合　来₍趋₎　去₍结₎　上₍结₎₍一₎,₍状₎
　　下去₍状₎₍二₎　进₍趋₎　进来₍趋₎
　　进去₍趋₎　出来₍结₎　过₍结₎₍四₎
　　过来₍趋₎₍一₎,₍结₎₍三₎　过去₍趋₎₍一₎
　　起来₍结₎₍一₎,₍状₎　开₍结₎₍一₎,₍状₎　到₍趋₎
　　到……来₍趋₎　到……去₍趋₎
结(～婚)　上₍状₎　起来₍状₎　开₍状₎
结集　起来₍结₎₍一₎　到₍趋₎
结交　上₍结₎₍一₎,₍状₎　出₍结₎　出来₍结₎
　　过来₍结₎₍三₎　起来₍状₎　开₍状₎　到₍结₎
结识　上₍结₎₍二₎　起来₍状₎　到₍结₎
结束　下去₍状₎₍一₎
结算　来₍趋₎　去₍趋₎　上₍状₎　上来₍结₎₍二₎
　　下来₍结₎₍三₎　出₍结₎　出来₍结₎　过₍结₎₍四₎
　　过来₍结₎₍三₎　起来₍状₎　开₍状₎

结余　下来$_结(一)$　出$_结$　出来$_结$

结扎　上$_{结(一),状}$　下去$_{状(二)}$　出$_结$　出来$_结$　过$_{结(四)}$　过来$_{结(三)}$　起来$_{结(一),状}$　开$_状$　到$_趋$

截（拦一）　来$_趋$　去$_{结(一)}$　上$_状$　下$_{结(一)}$　下来$_{结(一)}$　下去$_{结(一),状(二)}$　出$_结$　出来$_结$　回$_趋$　回来$_趋$　回去$_趋$　过$_{结(四)}$　过来$_{结(一)(三)}$　过去$_{趋(一)}$　起来$_状$　开$_状$　到$_{趋,结}$　到……来$_趋$　到……去$_趋$

截（一断）　上$_状$　下$_{结(一)}$　下来$_{结(一)}$　下去$_{结(一),状}$　进去$_趋$　出来$_结$　过$_{结(四)}$　过来$_{结(三)}$　起来$_状$　开$_{结(一),状}$　到$_趋$

截获　下来$_{结(一)}$　到$_结$

截击　下来$_{趋(一)}$

截取　下来$_{结(一)}$　到$_结$

截止　到$_趋$

劫　上$_{趋(一),状}$　上来$_{趋(一)}$　上去$_{趋(一)}$　下$_趋$　下来$_{趋(一),结(三)}$　下去$_{趋(一),状(二)}$　出$_结$　出来$_结$　过$_{结(四)}$　过来$_{结(一),结(三)}$　过去$_{趋(一)}$　起$_状$　起来$_状$　开$_状$　到$_{趋(一),结}$　到……来$_趋$　到……去$_{趋(一)}$

劫持　来$_趋$　去$_趋$　上$_{(一),状}$　上来$_{趋(一)}$　上去$_{趋(一)}$　下$_{趋(一)}$　下来$_{趋(一)}$　下去$_{趋(一),状(二)}$　进$_趋$　进来$_趋$　进去$_趋$　出$_结$　出来$_趋$　出去$_趋$　回$_趋$　回来$_趋$

回去$_趋$　过来$_{趋(一)(三)}$　过去$_{趋(一)}$　起来$_状$　开$_状$　到$_趋$　到……来$_趋$

劫夺　下来$_{结(一)}$　过去$_{趋(一)}$

劫掠　起来$_状$　到$_结$

节俭　上$_状$　下$_{结(一)}$　下来$_{结(一)}$　下去$_{状(二)}$　出$_结$　出来$_结$　起来$_状$　开$_状$　到$_趋$

节录　来$_趋$　上$_状$　下$_{结(一)}$　下来$_{结(一)}$　下去$_{状(二)}$　出$_结$　出来$_结$　过$_{结(四)}$　起来$_状$　开$_状$　到$_趋$

节省　上$_状$　下来$_{结(一)}$　下去$_{状(二)}$　出$_结$　出来$_结$　起来$_状$　开$_状$　到$_趋$

结余　下$_{结(一)}$　下来$_{结(一)}$　下去$_{状(二)}$　出$_结$　出来$_结$

节约　上$_状$　下来$_{结(一)}$　下去$_{状(二)}$　出$_结$　出来$_结$　起来$_状$　开$_状$　到$_{趋(二)}$

节制　上$_状$　下去$_{状(一)(二)}$　起来$_状$　开$_状$　到$_趋$

解（～绳子）　来$_趋$　去$_趋$　上$_状$　下$_{结(一)}$　下来$_{结(一)}$　下去$_{结(一),状(二)}$　回$_趋$　回来$_趋$　回去$_趋$　过$_{结(四)}$　过来$_{趋(一),结(三)}$　过去$_{趋(一)}$　起$_状$　起来$_状$　开$_{结(一),状}$　到$_趋$　到……来$_趋$　到……去$_趋$

解（～酒）　上$_状$　起来$_状$　开$_状$

解除　上来$_{结(一)}$　下去$_{结(一)}$

解答　上状　上来结(二)　下去状(二)
　　　出结　出来结　过结(四)　过来结(三)
　　　起来状　开状　到趋
解放　来趋　上　下去状(二)
　　　出趋　出来趋　出去趋
　　　过来趋(一)(三)　起来状
　　　到……去趋
解救　来趋　上　下来结(一)
　　　下去状(二)　出趋　出来趋
　　　出去趋　过结(四)　过来结(三)
　　　起来状　开状　到……来趋
　　　到……去趋
解决　上状　下去状(二)　过结(四)
　　　过来结(三)　起来状　开状　到
解剖　上状　下来结(三)　下去状(二)
　　　出结　出来结　过结(四)　过来结(三)
　　　起来状　开状　到
解劝　上状　下来结(三)　下去状(二)
　　　过结(四)　过来结(三)　起来状
　　　开结(四),状　到趋
解散　下去状(一)
解释　上状　上来结(二)　下去状(二)
　　　出结　出来结　过结(四)　过来结(三)
　　　起来状　开状　到
解说　上状　下来结(三)　下去状(二)
　　　过结(四)　过来结(三)
　　　开状　到趋
解脱　下去结(一)　出来趋　出去趋
戒备　上状　下去状(二)　起来状
　　　开状　到趋

介入　下去状(二)　起来状　到趋
介绍(～朋友)　上　下去状(二)
　　　出结　出来结　过结(四)　过来结(三)
　　　起来状　开状
介绍(引进)　来趋　去趋　进趋
　　　进来趋　进去趋　过结(四)
　　　过来趋(一),结(三)　过去结(一)
　　　到趋　到……来趋　到……去趋
介绍(～情况)　上状　下来结(一)
　　　下去状(二)　出趋,结　出来趋,结
　　　出去趋　过结(四)　过来趋(一),结(三)
　　　过去趋(一)　起来状　开状　到趋,结
借(一入)　来趋　去趋　上结(二),状
　　　上来趋(一)　上去趋(一)　下结(一)
　　　下来趋(一)　下去趋(一),状(二)　进
　　　进来趋　出趋,结　出来趋,结　回
　　　回来趋　回去趋　过结(四)
　　　过来趋(一),结(三)　起状　起结(三)
　　　起来状　开状　到趋,结
　　　到……来趋　到……去趋
借(一出)　上状　下来(一)　下去状(二)
　　　出趋,结　出去趋　过去趋(一)
　　　起来状　开状　到趋　到……去趋
借鉴　过来趋(一)　过去趋(一)
　　　起来状
借重　起来状
解　到趋
解送　到趋
禁受　起结(三)
矜持　起来状　到趋

紧　上状　下去状(二)　出结　出来结
　　过结(二)　起来状　开状　到趋

紧缩　上状　下来结(一)(三)
　　下去结(一),状(二)　出结　出来结
　　过结(四)　过来结(三)　起来状
　　开状　到趋

进　来趋　去趋　上状　过结(四)
　　过来结(三)　起来状　开状　到趋
　　到……来趋　到……去趋

进逼　过来结(一)　过去结(一)
　　到趋

进步　上状　下去状(二)　起来状
　　开状　到趋

进发　到趋

进犯　过来趋(一)　到趋　到……来趋
　　到……去趋

进攻　上状　上来趋(一)　上去结(一)
　　下去状(二)　出结　出来结　过结(四)
　　过来趋(一)　过去趋(一)　起来状
　　开状　到趋

进贡　来趋　去趋　上状　到趋
　　到……来趋　到……去趋

进化　来趋　下来结(三)　出结
　　出来结　到趋

进击　到趋

进口　来趋　上状　下去状(二)
　　出结　出来结　过结(四)
　　过来结(三)　起来状　开状
　　到趋　到……来趋

进取　起来状

进行　上状　下去状(二)　起来状
　　到趋

进修　来趋　上状　下去状(二)
　　出结　出来结　过结(四)
　　过来结(三)　起来状　开状　到趋

进展　下去状(二)　起来状　到趋

进占　到趋

进驻　到趋

晋升　上去趋(一)　起来状

禁锢　下去状(二)　起来结(一)　到趋

禁忌　起来状　到趋

禁绝　下去状(一)

近似　起来状　到趋

浸　到趋　到……去趋

浸泡　下去状(二)　起来结(一)
　　到趋　到……去趋

浸透　过来趋(一)

尽(～责任)　到趋,结

惊　起来状　到趋

惊动　起结　起来状

惊悸　起来状

惊叹　起来状

惊吓　出结　出来结　到趋

鲸吞　下去趋(一)　过来趋(一)
　　过去趋(一)

精简　上状　下结(一)　下来结(一)
　　下去结(一),状(二)　出结　出来结
　　过结(四)　过来结(三)　起状
　　起来状　开状　到趋　到……来趋
　　到……去趋

精练　起来状　到趋
精通　起来状　到趋
精制　出结　出来结
经管　上状　下来结(三)　下去状(二)
　　　出结　出来结　过结(四)　过来结(三)
　　　起来结(一),状　开状　到趋
经济　起来状　到趋
经受　起结(三)　到趋
经售　起来状
经销　上状　下来结(三)　下去状(二)
　　　出结　出来结　过结(四)　过来结(三)
　　　起结(三)　起来状　开状　到趋
经营　上状　下来结(三)　下去状(二)
　　　出结　出来结　过结(四)　过来结(三)
　　　起结(三)　起来状　开状　到趋
井喷　起来状
警告　上状　过结(四)　起来状
　　　开状
警戒　上状　下来结(三)　下去状(二)
　　　起来状　到趋
警觉　上状　起来状　到趋
警惕　上状　下去状(二)　起来状
　　　开状　到趋
警醒　过结(三)　起来状　到趋
儆戒　起来状
景慕　起来状
景仰　起来状　到趋
竞赛　上状　下来结(三)　下去状(二)
　　　过结(三),结(四)　起来状　开状
　　　到趋

竞选　上状　下来结(三)　下去状(二)
　　　出结　出来结　过结(四)　起趋
　　　起来状　开状　到趋
竞争　上状　下来结(三)　下去状(二)
　　　出结　出来结　过结(三)(四)
　　　过来结(三)　起结(三)　起来状
　　　开状　到趋
净化　起来状　到趋
静养　下去状(二)　起来状
静坐　上状　下去状(二)　出结
　　　出来结　起来状　到趋
敬(～茶)　上状　起来状　开状
　　　到趋,结
敬慕　起来状　到趋
敬佩　起来状　到趋
敬畏　起来状　到趋
敬仰　起来状　到趋
敬重　起来状　到趋
痉挛　上状　下去状(二)　起来状
　　　开状　到趋
窘　起来状　到趋
纠合　上结(一)　起结(一)　起来结(一)
　　　到趋
纠集　上结(一)　起结(一)　起来结(一)
　　　到趋
揪　来趋　去趋　上趋(一)(二),状
上去趋(一)(二)　上来趋(一)(二)
下趋(一)(二),结(一)　下来趋(一)(二),结(三)
下去趋(一)(二),结(一),状(二)　进趋
进来趋　进去趋　出趋,结

出来_(趋,结)　出去_(趋)　回_(趋)
回来_(趋)　回去_(趋)　过_(趋(一),结(四))
过来_(趋(一),结(三))　过去_(趋(一))
起_(趋,状)　起来_(趋,状)　开_(趋,结(一),状)
到_(趋,结)　到……来_(趋)　到……去_(趋)

纠缠　上_(状)　下来_(结(三))　下去_(状(二))
进_(趋)　进去_(趋)　出_(结)　出来_(结)
过_(结(四))　过来_(结(三))　起来_(结(一),状)
开_(状)　到_(趋)　到……来_(趋)
到……去_(趋)

纠结　上_(结(一))　起来_(结(一))　到_(趋)

纠正　上_(状)　下去_(状(二))　出_(结)
出来_(结)　过_(结(四))　过来_(结(二)(三))
起来_(状)　开_(状)　到_(趋)

灸　上_(状)　下去_(状(二))　出_(结)
出来_(结)　过_(结(四))　过来_(结(三))
起来_(状)　开_(状)

久留　下去_(状(二))

就　过来_(趋(一))　过去_(趋(一))

救　来_(趋)　去_(趋)　上_(趋(一)(二),状)
上去_(趋(一)(二))　上来_(趋(一)(二))
下_(趋(一)(二))　下来_(趋(一)(二))
下去_(趋(一)(二),状(二))　进_(趋)　进来_(趋)
进去_(趋)　出_(趋,结)　出来_(趋,结)
出去_(趋)　回_(趋)　回来_(趋)　回去_(趋)
过_(结(四))　过来_(趋(一),结(三))
过去_(趋(一))　起_(趋,状)　起来_(趋,状)
开_(状)　到_(趋,结)　到……来_(趋)
到……去_(趋)

救护　上_(状)　下去_(状(二))　出_(趋)

出来_(趋)　出去_(趋)　过来_(结(三))
起来_(状)　开_(状)　到_(趋)　到……来_(趋)
到……去_(趋)

救济　上_(趋)　下来_(结(三))　下去_(状(二))
出_(趋,结)　出来_(趋)　出去_(趋)
过_(结(四))　过来_(结(三))　起_(结(三))
起来_(状)　开_(状)　到_(趋)

救治　起来_(状)

狙击　上_(状)　下来_(结(一))　下去_(状(二))
过_(结(四))　起来_(状)　开_(状)　到_(趋)

拘　来_(趋)　去_(趋)　起来_(结(一))

拘捕　来_(趋)　去_(趋)　上_(状)　下去_(状(二))
进_(趋)　进来_(趋)　进去_(趋)　出_(结)
出来_(结)　回_(趋)　回来_(趋)　过_(结(四))
过来_(结(三))　起来_(状)　开_(状)　到_(趋)
到……来_(趋)　到……去_(趋)

拘管　下来_(结(三))　起来_(结(一))

拘禁　下来_(结(三))　起来_(结(一))
到_(趋)　到……来_(趋)　到……去_(趋)

拘留　上_(趋)　下去_(状(二))　出_(结)
出来_(结)　过_(结(四))　过来_(结(三))
起来_(结(一),状)　到_(趋)　到……来_(趋)
到……去_(趋)

拘泥　下去_(状(二))　起来_(状)　到_(趋)

拘束　上_(状)　下去_(状(二))　起来_(状)
开_(状)　到_(趋)

拘押　上_(结(一))　下去_(状(二))　出_(结)
出来_(结)　过_(结(四))　过来_(结(三))
起来_(结(一))　到_(趋)　到……来_(趋)
到……去_(趋)

居留　下来结(一)　下去趋(二)　到趋

居住　下来结(一)　下去状(二)
　　　起来状　到趋

锔　上结(一),状　上来结(二)　上去结
　　下来结(三)　下去状(二)　出结
　　出来结　过结(四)　过来趋(一),结(三)
　　过去趋(一)　起结(一),状　起来结(一),状
　　开状　到趋　到……去趋

局限　到趋

举(托)　来趋　上趋(一)(二),状
　　上来趋(一)(二),结(二)　上去趋(一)(二)
　　下趋(一)　下来趋(一)　下去趋(一),状(一)
　　进趋　进来趋　进去趋　出趋,结
　　出来趋,结　出去趋　回趋　回来趋
　　回去趋　过(一),结(四)
　　过来趋(一),结(三)　过去趋(一)
　　起趋,状　起来趋,状　开结(三),状
　　到趋　到……来趋　到……去趋

举(推选)　上来趋(一)　上去趋(一)
　　出结　出来结　过结(四)　起来状
　　开状　到……来趋　到……去趋

举(～例子)　上状　上来结(二)
　　上去结　下来结(三)　下去状(二)
　　出结　出来结　过结(四)　过去结(三)
　　起来状　开状　到趋

举办　上状　下来结(三)　下去状(二)
　　出结　出来结　过结(四)　过去结(三)
　　起结(三)　起来状　开状　到趋

举发　上状　下去状(二)　出结
　　出来结　过结(四)　过去结(三)

起来状　开状　到趋

举荐　上状　上来趋(一)　上去趋(一)
　　下去状(二)　出结　出来结　出去结
　　过结(四)　过来结(三)　起来状
　　开状　到趋　到……来趋
　　到……去趋

举行　上状　下去状(二)　过结(四)
　　起来状　到趋

咀嚼　上状　下去状(二)　出结
　　出来结　过结(三)　起来状
　　到趋

聚　来趋　去趋　上趋(一)(二),状
　　上来趋(一)(二)　上去趋(一)(二)
　　下去状(二)　过来趋(一)　过去趋(一)
　　起结(一),状　起来结(一),状　开状
　　到趋　到……来趋　到……去趋

聚合　起结(一)　起来结(一)　到趋
　　到……来趋　到……去趋

聚会　上状　过结(四)

聚积　上结(一)　下来结(一)　出结
　　出来结　起结(一)　起来结(一)
　　到趋　到……来趋　到……去趋

聚歼　下去状(一)

聚居　上状　下来结(一)　下去状(二)
　　起来状　到趋　到……来趋
　　到……去趋

聚敛　起来结(一)　到趋

聚拢　来趋　上趋(一)　上来趋(一)
　　上去趋(二)　下去状(二)　进去趋
　　过来趋(一)　过去趋(一)　起来结(一)

到趋　到……来趋　到……去趋

拒捕　下去状(二)

拒绝　上状　下去状(二)　出结
出来结　过结(四)　过来结(三)
起来状　开状　到趋

具备　起来结(一)　到趋

惧怕　下去状(二)　起来状　到趋

据守　上状　下来结(三)　下去状(二)
起来结(一),状　到趋

锯　来趋　去结(一)　上状　上来结(二)
上去结(二)　下结(一)　下来结(一)
下去结(一),状(二)　进趋　进去趋
出结　出来结　回趋　回来趋
回去趋　过结(二)(四)　过来结(一),结(三)
过去结(一)　起来状　开结(一),状
到趋　到……来趋　到……去趋

圈（～牲）　上结(一),状　下结(三)
下来结(三)　下去状(二)　进趋
进来趋　进去趋　出结　出来结
回去趋　过结(四)　过来结(三)
起来结(一),状　开结(三),状　到趋
到……来趋　到……去趋

捐（～钱）　来趋　去趋　下来结(三)
下去状(二)　出趋,结　出来趋,结
过结(四)　过来结(一),结(三)
过去结(一)　起结(三)　起来结
开状　到趋　到……来趋
到……去趋

捐献　来趋　上状　上来结(一)
上去结(一)　下结(一)　下来结(三)

下去状(二)　进趋　进来趋
进去趋　出趋,结　出来趋,结
出去趋　回去趋　过结(四)
过来结(一),结(三)　过去趋(一)
起结(三),状　起来状　开状　到趋
到……来趋　到……去趋

捐赠　上状　下结(一)　下来结(三)
下去状(二)　出趋,结　出来趋,结
出去趋　过结(四)　过来结(一),结(三)
过去趋(一)　起结(三),状　起来状
开状　到趋　到……来趋
到……去趋

卷（～饼）　上结(一),状　上来结(一)
上去结(一)　下结(一)(三)　下来结(一)
下去状(二)　进趋　进来趋
进去趋　出结　出来结　回去趋
过结(四)　过来结(一),结(三)
过去趋(一)　起结(三)　起来结(一),状
开状　到趋　到……来趋
到……去趋

卷（裹）　来趋　去趋,结(一)　上结(一)
上来结(一)　进趋　进来趋
进去趋　过来趋(一)　过去趋(一)
起来结　到趋　到……来趋
到……去趋

眷恋　下去状(二)　起来状　到趋

眷念　起来状

撅（～嘴）　上状　下去状(二)
出趋　出来趋　过来趋(一)
过去趋(一)　起结　起来结(一),状

开$_状$　到$_趋$　到……来$_趋$　
　到……去$_趋$
撅（～树枝）　来$_趋$　去$_{结(一)}$
　上$_{趋(一),状}$　上去$_{(一)}$
　上来$_{趋(一),结(二)}$　下$_{趋(一),结(二)}$
　下来$_{趋(一),结(一)}$　下去$_{趋(一),结(一),状(一)}$
　进$_趋$　进来$_趋$　进去$_趋$　出$_{趋,结}$
　出来$_{趋,结}$　出去$_趋$　回$_趋$　回来$_趋$
　回去$_趋$　过$_{(四)}$　过来$_{趋(一),结(三)}$
　过去$_{趋(一)}$　起$_状$　起来$_状$
　开$_{结(一),状}$　开来$_{状(一)}$　到$_{趋,结}$
　到……来$_趋$　到……去$_趋$
觉　出$_结$　出来$_结$
觉察　出$_结$　出来$_结$　到$_趋$
觉悟　下去$_{状(二)}$　出$_结$　出来$_结$
　过来$_{结(二)}$　起来$_{结(一),状}$　到$_趋$
觉醒　过来$_{结(二)}$　起来$_状$　到$_趋$
攫取　来$_趋$　去$_趋$　上$_状$　下$_{结(一)}$
　下去$_{状(二)}$　起来$_状$　开$_状$
　到$_{趋,结}$　到……去$_趋$
角逐　上$_状$　下去$_{状(二)}$　起来$_状$
　开$_状$　到$_趋$
决定　下来$_{结(一)}$　出$_结$　出来$_结$

起来$_状$
决斗　上$_状$　下来$_{结(三)}$　下去$_{状(二)}$
　出$_结$　出来$_结$　过$_{(四)}$　起来$_状$
　开$_状$　到$_趋$
决断　下来$_{结(一)}$　起来$_状$
决算　来$_趋$　上$_趋$　下来$_{结(三)}$
　出$_结$　出来$_结$　过$_{(四)}$　起来$_状$
　开$_状$　到$_趋$
决战　上$_状$　下去$_{状(二)}$　出$_结$
　出来$_结$　过$_{(四)}$　起来$_状$　到$_趋$
抉择　起来$_状$
掘　来$_趋$　上$_趋$　下$_{结(一)}$　下来$_{结(三)}$
　下去$_{趋(一),状(二)}$　进$_趋$　进去$_趋$
　出$_{趋,结}$　出去$_趋$　回$_趋$
　回来$_趋$　回去$_趋$　过$_{(四)}$,
　起来$_状$　开$_{结(一),状}$　到$_{趋,结}$
　到……来$_趋$　到……去$_趋$
军训　上$_状$　下来$_{结(三)}$　下去$_{状(二)}$
　出$_结$　出来$_结$　过$_{(四)}$　起来$_状$
　开$_状$　到$_趋$
皲裂　开$_{结(一)}$　起来$_状$　到$_趋$
龟裂　开$_{结(一)}$

K

卡　上$_状$　下来$_{结(一)}$　下去$_{状(二)}$
　到$_趋$
咯　出$_结$　出来$_结$
开（～门）　上$_状$　起来$_状$　开$_{结(一)}$

到$_趋$
开（～路）　上$_状$　出$_结$　出来$_结$
　过来$_{趋(一)}$　过去$_{趋(一)}$　起来$_状$
　到$_趋$

开(～花)　上状　下去状(二)
　出结　出来结　起来状　到趋
开(～机器)　来趋　去趋　上(一),状
　上来趋(一)　上去趋(一)　下来趋(一)
　下去趋(一),状(二)　进趋　进来趋
　进去趋　出趋　出来趋　出去趋
　回趋　回来趋　回去趋　过结(二)(四)
　过来趋(一),结(三)　过去趋(一)　起状
　起来状　到趋　到……来趋
　到……去趋
开(～工厂)　上状　下来结(三)
　下去状(二)　起结(三)　起来状
　到趋
开(～课)　上状　下来结(三)
　下去状(二)　出结　出来结
　过结(四)　过来结(三)　起来状
　到趋
开(一拔)　来趋　去趋　进趋
　进来趋　进去趋　出趋　出来趋
　出去趋　回趋　回来趋　回去趋
　过来趋(一)　过去趋(一)　到趋
　到……来趋　到……去趋
开(一办)　上状　下来结(三)
　下去状(二)　起结(三),状　起来结(一),状
　到趋　到……来趋　到……去趋
开(～饭)　出结　出来结　出去趋
开(～会)　上状　下来结(三)
　下去状(二)　出结　出来结
　过去结(四)　起结(三),状　起来结
　到趋

开(～名单)　来趋　去趋　上状
　上去结　下来结(一)　下去状(二)
　出结　出来结　回趋　回来趋
　回去趋　过结(四)　过来趋(一),结(三)
　过去趋(一)　起来状　到趋
开(～工资)　上结(二),状　下来结(三)
　出趋　出来结　过结(四)　出去趋
　回趋　回来趋　到结
开(水～)　起来状
开采　来趋　去趋　上状　上来趋(一)
　上去趋(一)　下来结(三)　下去状(二)
　出趋　出来结　回趋　回来趋
　过结(四)　过来趋(一),结(四)
　过去趋(一),结(三)　过去趋(一)
　起来状　开状　到趋,状
　到……来趋　到……去趋
开除　上状　下去结(一),状(二)　出趋
　出去趋　过来结(三)　起来状
　到趋　到……去趋
开创　出结　出来结
开打　起来状
开导　上状　下来结(三)　下去状(二)
　过来结(二)　起来状　开状　到趋
开动　起来状
开发　来趋　去趋　上状　下来结(三)
　下去状(二)　出结　出来结　过结(四)
　过来结(三)　起结(三)　起来状
　到趋
开放　上状　下来结(三)　下去状(二)
　出结　出来结　起来状　到趋

开掘　出结　出来结
开垦　上状　下来结(三)　下去状(二)
　　　出结　出来结　过结(四)　过来结
　　　起结(三)　起来状　到趋
开列　出结　出来结
开辟　出结　出来结　起来状
开设　出结　出来结　起来状
　　　到趋
开通　起来状　到趋
开脱　出来趋　出去趋
开拓　出结　出来结
开销　下去状(二)
开凿　上状　出结　出来结
　　　起来状
开展　上状　下去状(二)　起来结(一),状
　　　到趋
揩　去结(一)　上状　下(一)
　　　下来结(一)　下去(一),状(一)
　　　过结(四)　过来结(三)　起来状
　　　到趋
慨叹　上状　起来状　开状
刊　出结　出来结　到趋
刊登　上状　下去状(二)　出结
　　　出来结　过结(四)　过来结(三)
　　　起来状　开状　到趋　到……来趋
　　　到……去趋
刊行　起来状
刊印　起来状
刊载　上状　下去状(二)　出结
　　　出来结　过结(四)　过来结(三)

起来状　到趋　到……来趋
　　　到……去趋
勘测　来趋　去趋　上状　下来结(三)
　　　下去状(二)　出结　出来结　过结(四)
　　　过来结(三)　起结(三)　起来状
　　　开状　到趋,结
勘察　上状　下来结(三)　下去状(二)
　　　出结　出来结　过结(四)　过来结(三)
　　　起结(三)　起来状　开状　到趋,结
勘探　上状　下来结(三)　下去状(二)
　　　出结　出来结　过结(四)　过来结(三)
　　　起结(三)　起来状　开状　到趋,结
勘正　过来结(二)
看(～家)　上状　下来结(三)
　　　下去状(二)　出结　出来结
　　　过来结(三)　起来状　开状　到趋
看(～犯人)　上状　起来结(一),状
　　　到趋
看管　起来结(一)　到趋
看护　下去状(二)　过来结(三)
　　　起来结(一)　到趋
看守　上状　下来结(三)　下去状(二)
　　　过来结(三)　起来结(一)　开状
　　　到趋
看押　起来结(一)
侃(闲谈)　上状　下去状(二)　出结
　　　出来结　起来状　开状　到趋
砍(～树)　来趋,结(二)　去趋,结(一)
　　　上状　上来趋(一)　上去趋(一)
　　　下结(一)　下来结(一)

下去₍结（一），状（一）₎　进₍趋₎　进来₍趋₎
进去₍趋₎　出₍趋，结₎　出来₍趋，结（一）₎
出去₍趋₎　回₍趋₎　回来₍趋₎　回去₍趋₎
过₍结（四）₎　过来₍趋（一），结（二）（三）₎
过去₍结（一）₎　起₍结（三），状₎　起来₍状₎
开₍结（一），状₎　到₍趋₎　到……来₍趋₎
到……去₍趋₎

砍（～石头）　来₍趋₎　去₍趋₎　上₍状₎
上来₍结（一）₎　下来₍趋（一）₎　下去₍状（二）₎
进来₍趋₎　进去₍趋₎　出₍趋₎　出来₍趋₎
出去₍趋₎　回来₍趋₎　回去₍趋₎
过来₍趋（一）₎　过去₍趋（一）₎　起来₍状₎
开₍状₎　到₍趋₎　到……来₍趋₎
到……去₍趋₎

砍伐　上₍状₎　下去₍状（二）₎　进来₍趋₎
出去₍趋₎　过₍结（三）₎　过来₍结（三）₎
起来₍状₎　到₍趋₎

看（～书）　来₍结（三）₎　去₍趋₎
上₍结（一）（二），状₎　上去₍趋（一）₎
下来₍趋（一），结（三）₎　下去₍趋，状（一）₎
进₍结₎　进去₍结₎　出₍结₎　出来₍结₎
过₍结（四）₎　过来₍结（三）₎　过去₍结（四）₎
起₍结（三），状₎　起来₍状₎　开₍结（四），状₎
到₍趋，结₎

看（～问题）　出₍结₎　出来₍结₎

看（～朋友）　过₍结（四）₎　过来₍结（三）₎
起来₍状₎　到₍结₎

看（～病）　上₍状₎　下来₍结（三）₎
下去₍状（二）₎　出₍结₎　出来₍结₎　过₍结（四）₎
过来₍结（三）₎　起₍结（三）₎　起来₍状₎

开₍状₎　到₍趋₎

看望　起来₍状₎

看重　起来₍状₎

康复　起来₍结（一）₎　到₍趋₎

扛　来₍趋，结（二）₎　去₍趋₎　上₍趋（一），状₎
上来₍趋（一）₎　上去₍趋（一）₎　下₍趋（一）₎
下来₍趋（一），结（三）₎　下去₍趋（一），状₎
进₍趋₎　进来₍趋₎　进去₍趋₎　出₍趋，结₎
出来₍趋，结₎　出去₍趋₎　回₍趋₎　回来₍趋₎
回去₍趋₎　过₍结（四）₎　过来₍趋（一），结（三）₎
过去₍趋₎　起₍趋，状₎　起来₍趋，状₎
开₍趋，状₎　到₍趋₎　到……来₍趋₎
到……去₍趋₎

抗　上₍状₎　下去₍状（二）₎　过去₍结（四）₎
到₍趋₎

抗辩　上₍状₎　下去₍状（二）₎

抗衡　上₍状₎　下去₍状（二）₎　起来₍状₎
到₍趋₎

抗击　起来₍状₎　到₍趋₎

抗拒　上₍状₎　下去₍状（二）₎　出₍结₎
出来₍结₎　起来₍状₎　开₍状₎　到₍趋₎

抗议　上₍状₎　下去₍状（二）₎　出₍结₎
出来₍结₎　过₍结（四）₎　起₍结（三）₎
起来₍状₎　开₍状₎　到₍趋₎

抗御　下去₍状（二）₎　到₍趋₎

抗争　上₍状₎　下去₍状（二）₎　出₍结₎
出来₍结₎　过₍结（四）₎　起₍结（三）₎
起来₍状₎　开₍状₎　到₍趋₎

考　来₍趋₎　上₍结（二），状₎　下来₍结（三）₎
下去₍状（二）₎　进₍趋₎　进来₍趋₎

进去趋　出结　出来结　过结(三)(四)
过来结(一)(三)　过去结(四)　起结
起来状　开状　到趋　到……来趋
到……去趋

考查　来趋　上状　下来结(三)
下去状(二)　出结　出来结　回结
回来趋　过结(四)　过来结(三)
起来状　开状　到趋,结

考察　来趋　上状　下来结(三)
下去状(二)　出结　出来结　过结(四)
过来结(三)　到……来趋
到……去趋　起来状　开状
到趋,结

考订　出结　出来结

考核　上状　下来结(三)　下去状(二)
出结　出来结　过结(四)　过来结(三)
起来状　开状　到趋

考究　上状　下去状(二)　起来状
开状　到趋

考虑　上状　下来结(三)　下去状(二)
进去趋　出结　出来结　过结(四)
过来结(三)　起状　起来状　开状
到趋,结

考释　出结　出来结

考验　上状　下来结(三)　下去状(二)
出结　出来结　过结(四)　过来结(三)
起来状　开状　到趋

考证　来趋　上状　下来结(三)
下去状(二)　出结　出来结　过结(四)
过来结(三)　起来状　开状　到趋

烤　上结(一),状　上去结　下结(一)(二)
下来结(一)(三)　下去结(一),状(二)
出结　出来结　过结(二)(四)
过来结(三)　起趋,状　起来趋,状
开结(一)(三),状　到趋

拷贝　上状　下来结(一)(三)　下去结(二)
出结　出来结　过结(四)　过来结(三)
起来状　开状　到趋　到……来趋
到……去趋

拷打　上状　下来结(三)　下去状(二)
出结　出来结　过结(四)　起来状
开状　到趋

拷问　上状　下来结(三)　下去状(二)
出结　出来结　过结(四)　过来结(三)
起来状　开状　到趋

靠(挨)　来趋　去趋　上结(一),状
上来趋(二)　上去结(二)　下去结(二)
出结　出来结　过来趋(二)
过去结(一)　到趋　到……来趋
到……去趋

靠(依一)　上结(二),状　下去结(二)
起来状　到趋

靠近　过来趋(一)　过去趋(一)
起来状

铐　上结(一)　上去结　下来结(三)
下去结(一),状(二)　出结　出来结
起结(一)　起来结(一)　到趋
到……来趋　到……去趋

犒赏　上状　起来状　开状

磕　去结(一)　上状　上去结

下结(一) 下来结(一) 下去结(一),状(二)
进结 进去结 出趋,结 出来趋,结
过结(四) 过来结(三) 起来状
开结(一),状 到趋 到……去趋

磕打 上状 下去状(二) 起来状
开状 到趋

磕碰 起来状

苛待 起来状

苛扣 上状 下结(一) 下来结(一)
下去结(一),状(一) 出结 出来结
起来状 开状 到趋

苛责 起来状

咳嗽 上状 上来趋(一) 下去状(二)
出趋,结 出来趋,结 起来状
开状 到趋

渴 上状 下去状(二) 起来状
到趋

渴慕 起来状

渴念 起来状

渴求 起来状

渴望 起来状

可行 起来状

可疑 起来状

刻 来趋 上结(一),状 上来结(二)
上去结 下结(一)(三) 下来结(一)(三)
下去结(一),状(二) 出结 出来结
过结(四) 过来趋(一),结(三)
过去趋(一) 起状 起结(三)
起来状 开结(三),状 到趋
到……来趋 到……去趋

刻画 出结 出来结 起来状

克服 下去结(一) 起来状

克扣 上状 下结(一) 下来结(一)
下去结(一),状 出结 出来结
起来状 开状 到趋

克制 下来状 下去状(一)(二)
过结(四) 起来状 开状 到趋

客串 起来状

客气 上状 下去状(二) 出结
出来结 起来状 开状 到趋

恪守 起来状 到趋

肯定 上状 下去状(二) 过结(四)
过来结(三) 起来状 开状 到趋

啃 去趋 上状 下结(一)
下来结(一) 下去结(一),状(二)
进趋 进去趋 出趋,结 出来趋,结
过结(四) 过来结(三) 起来结(一),状
开结(一),状 到趋,结 到……来趋
到……去趋

恳求 上状 下去状(二) 起来状
开状 到趋

垦殖 下去状(二) 出结 出来结
过结(四) 过来结(三) 起来状

坑 去趋 上状 下去状(二)
起来状 开状 到趋

坑害 起来状 开状 到趋
到……来趋 到……去趋

吭 上状 下去状(二) 出结
出来结 起来状 开状 到趋

吭哧 上状 下去状(二) 出结

出来_结　开_状　到_趋

空降　来_趋　上_状　下_趋(一)
　　　下来_趋(一)　下去_趋(一),状(二)
　　　过_结(四)　过来_结(三)　起来_状
　　　开_状　到_趋　到……来_趋
　　　到……去_趋

空谈　上_状　下去_状(二)　起来_状
　　　开_状　到_趋

空投　来_趋　上_状　下_趋(一)
　　　下来_趋(一)　下去_趋(一),状(一)
　　　进_趋　进来_趋　进去_趋　过_结(四)
　　　过来_结(三)　起来_状　开_状　到_趋
　　　到……来_趋　到……去_趋

空袭　上_状　下去_状(二)　出_结
　　　出来_结　起来_状　过_结(四)　开_状
　　　到_趋

空想　上_状　下去_状(二)　出_结
　　　出来_结　起来_状　开_状　到_趋

空运　上_状　下去_状(二)　进_趋
　　　进来_趋　进去_趋　出_趋　出来_趋
　　　出去_趋　过_结(四)　过来_结(三)
　　　起_结(三)　起来_状　开_状　到_趋
　　　到……来_趋　到……去_趋

空战　上_状　下去_状(二)　起来_状
　　　开_状　到_趋

恐吓　上_状　下去_状(二)　出_结
　　　出来_结　过_结(四)　过来_结(三)
　　　起来_状　开_状　到_趋

空　下去_状(二)　出_结　出来_结
　　　起来_状　到_趋

控(～水)　去_结(一)　上_状　下_趋(一)
　　　下来_趋(一)　下去_趋(一),状(二)
　　　出_趋　出来_趋　出去_趋　过_结(四)
　　　过来_结(三)　起来_状　开_状　到_趋
　　　到……来_趋　到……去_趋

控告　上_状　下去_状(二)　过_结(四)
　　　过来_结(三)　起_结(三)　起来_状
　　　开_状　到_趋

控诉　上_状　下来_结(三)　下去_状(二)
　　　出_结　出来_结　过_结(四)　起来_状
　　　开_状　到_趋

控制　上_结(一),状　下来_结(三)
　　　下去_状(二)　过来_趋(一),结(三)
　　　过去_趋(一)　起来_结(三),状　开_状
　　　到_趋

抠　来_趋　去_趋,结(一)　上_状　下_结(一)
　　　下来_结(一)　下去_结(一),状(二)
　　　进_趋　进去_趋　出_趋,结(一)
　　　出来_趋,结(一)　出去_趋　回_趋
　　　回来_趋　回去_趋　过_结(四)
　　　过来_结(三)　起_趋,状　起来_趋,状
　　　开_结(一),状　到_趋　到……来_趋
　　　到……去_趋

抠(～字眼)　上_状　下去_状(二)
　　　出_结　出来_结　起来_状　开_状
　　　到_趋

眍　进_结　进去_结

口试　上_状　下来_结(三)　下去_状(二)
　　　过_结(四)　过来_结(三)　起来_状
　　　开_状　到_趋

口授　上状　下来结(一)　下去状(二)
　　　起来状
口述　出结　出来结　起来状
口算　上状　下来结(三)　下去状(二)
　　　出结　出来结　起来状　过来结(三)
　　　起来状　开状　到趋
口译　上状　下来结(三)　下去状(二)
　　　出结　出来结　起来状　开状
　　　到趋
扣(～扣子、门)　上结(一),状
　　　起来结(一),状　开状　到趋
扣(～老鼠)　上结(二),状　上去结
　　　下结(三)　过来趋(一)(二)(三)
　　　过去趋(一)(二)　起来结(一),状　开状
　　　到结　到……来趋　到……去趋
扣(一留)　上状　下结(一)
　　　下来结(一)　下去状(二)　出结
　　　出来结　起来结(一),状　开状
　　　到趋　到……来趋　到……去趋
扣(一除)　去结(一)　上状　下结(一)
　　　下来结(一)　下去结(一),状(二)
　　　出趋,结　出来趋,结　出去回
　　　回来趋　回去趋　过结(四)
　　　过来结(三)　起来状　开状　到趋
扣除　下去结(一)　出来趋　出去趋
　　　到……去趋
扣留　下结(一)　下来结(一)
　　　下去状(二)　起来结(一)　到趋
扣压　下结(一)　下来结(一)
　　　下去状(二)　起来结(一)　到趋

扣押　下结(一)　下来结(一)
　　　下去状(二)　起来结(一)　到趋
叩　起来状
叩拜　起来状
枯萎　下来状　下去状(一)(二)
　　　起来状　到趋
哭　来趋　上状　下去状(二)
　　　出趋,结　出来趋,结　回来趋
　　　过结(四)　过来结(三)　过去结(四)
　　　起来状　开状　到趋,结
　　　到……来趋　到……去趋
哭泣　起来状
哭诉　起来状
苦　下去状(二)　起来状　到趋
苦笑　起来状
苦战　上状　下去状(二)　出结
　　　出来结　过结(四)　起来状
　　　开状　到趋
库存　下结(一)　下来结(一)
酷爱　起来状　到趋
夸(一奖)　上状　下去状(二)　出结
　　　出来结　过结(四)　过来结(三)
　　　起来状　开状　到趋,结
夸(～口)　上状　下结(一)　起来状
　　　开状
夸奖　上状　下去状(二)　过结(四)
　　　过来结(三)　起来状　开状　到趋,结
夸耀　上状　下去状(二)　起来状
　　　开状　到趋
夸赞　起来状

垮　下来状　下去状(一)(二)　到趋
挎　来趋　去趋　上趋(一),结(一)(二),状
　　上来趋(一)　上去趋(一),结　下趋
　　下来趋　下去趋(一),状(二)　进趋
　　进来趋　进去趋　出趋,结
　　出来趋,结　出去趋　回趋　回来趋
　　回去趋　起趋,结(三),状　起来趋,状
　　开状　到趋　到……来趋
　　到……去趋
跨　上趋(一)(二)　上来趋(一)(二)
　　上去趋(一)(二)　进趋　进来趋
　　进去趋　出趋　出来趋　出去趋
　　过趋(一)　过来趋(一)　过去趋(一)
　　到趋　到……来趋　到……去趋
跨越　上状　过结(一)　过去结(一)
　　到趋　到……去趋
抠(用指甲抓)　上状　下去状(二)
　　进趋　进去趋　出结　出来结
　　过来结(一)　过去趋(一)　起趋,状
　　起来趋,状　开状　到趋
宽　出趋　出来结　到趋
宽让　起来状　到趋
宽容　上状　下去状(二)　起来状
　　到趋
宽恕　起来状
宽限　下去状(二)　到趋
款待　上状　下来结(三)　下去状(二)
　　过结(四)　过来结(三)　起来状
　　开状　到趋
款留　下来结(一)

匡算　起来状
匡正　过来结(二)
诓　来趋　去趋　上状　上来趋(一)
　　上去趋(一)　下来趋(一)
　　下去趋(一),状(二)　进去趋
　　进去趋　出来趋　出去趋
　　回来趋　回去趋　过来趋(一)
　　过去趋(一)　起来状　开状　到趋
　　到……来趋　到……去趋
诓骗　来趋　去趋　上状　起来状
　　开状
框　上结(一)　上去结　下结(三)
　　进趋　进去趋　起来结(一)
　　到……去趋
狂欢　上状　下去状(二)　起来状
　　到趋
狂笑　上状　下去状(二)　起来状
　　开状
旷　上状　下去状(二)　起来状
　　开状　到趋
旷废　下去状(二)　到趋
窥测　上状　下去状(二)　出结
　　出来结　起来状　开状　到趋,结
窥视　进去趋　过去趋(一)
窥伺　起来状
窥探　上状　下去状(二)　出结
　　出来结　起来状　开状　到趋
亏待　起来状　到趋
亏欠　下结(一)　下来结(一)
　　下去状(二)　到趋

亏损　上_状　下来_结(三)　下去_状(二)
　　　出_结　出来_结　起_结(三)　起来_状
　　　开_状　到_趋

愧恨　起来_状

愧疚　起来_状

溃败　下来_状　下去_状(一)(二)　到_趋

溃决　下来_状　下去_状(二)　到_趋

溃烂　下去_状(二)　到_趋

溃灭　下去_状(一)

溃散　下来_状

溃逃　起来_状

匮乏　起来_状　到_趋

馈赠　出去_趋

喟叹　起来_状

捆　来_趋　去_趋　上_趋(一),结(一),状
　　上来_趋(一),结(二)　上去_趋(一),结(一)
　　下_趋(一)　下来_趋(一)
　　下去_趋(一),状(一)　进_趋　进来_趋
　　进去_趋　出_趋,结　出来_趋,结
　　出去_趋　过_结(四)　过来_趋(一),结(三)
　　过去_趋(一)　起_结(一)　起来_结(一),状
　　开_状　到_趋　到……来_趋
　　到……去_趋

捆绑　起来_结(一),状

捆扎　起来_结(一),状

困(～在水里)　上_结(一),状
　　下去_状(二)　出_结　出来_结

起来_结(一),状　到_趋

困(想睡觉)　上_状　下去_状(二)
　　出_结　出来_结　起来_状　开_状
　　到_趋

困守　上_状　下去_状(二)　起来_状
　　到_趋

廓清　下去_状(一)

扩充　上_状　下来_结(三)　下去_状(二)
　　进_趋　进来_趋　进去_趋　出去_趋
　　过_结(四)　起_结(三)　起来_状　开_状
　　到_趋　到……来_趋　到……去_趋

扩大　上_状　下去_状(二)　进_趋
　　进来_趋　起来_状　开_状　到_趋
　　到……来_趋　到……去_趋

扩建　上_状　下来_结(三)　下去_状(二)
　　出_结　出来_结　过_结(四)　过去_结(三)
　　起_结(三)　起来_状　开_状　到_趋

扩散　上_状　下去_状(二)　出_趋
　　出来_趋　出去_趋　起来_状
　　开_结(二),状　开来_结(二)　到_趋
　　到……来_趋　到……去_趋

扩展　上_状　下去_状(二)　出_趋
　　出来_趋　出去_趋　起来_状　开_状
　　到_趋　到……来_趋　到……去_趋

扩张　上_状　下去_状(二)　出去_趋
　　起来_状　开_状　到_趋　到……来_趋
　　到……去_趋

L

拉(～车) 来趋 去趋 上趋(一)(二),状
　上来趋(一)(二) 上去趋(一)(二)
　下趋(一),结(一) 下来趋(一),结(一)
　下去趋(一),结(一),状(二) 进趋
　进来趋 进去趋 出趋,结
　出来趋,结 出去趋 回趋 回来趋
　回去趋 过趋(一),结(二)(四)
　过来趋(一),结(三) 过去趋(一)
　起趋,结(一) 起来趋,结(一),状
　开趋,状 到趋 到……来趋
　到……去趋

拉(运载) 来趋 去趋
　上趋(一),结(一),状 上来趋(一)
　上去趋(一) 下趋(一) 下来趋(一)
　下去趋(一),状(二) 进趋 进来趋
　进去趋 出趋 出来趋,结
　出去趋 回趋 回来趋 回去趋
　过趋(一),结(四) 过来趋(一),结(三)
　过去趋(一) 起结(一) 起来趋(一),状
　开状 到趋 到……来趋
　到……去趋

拉(～琴) 上状 上来结(二)
　下来结(二)(三) 下去结(二) 出结
　出来结 回去趋 过结(四)
　过来结(三) 起结(三) 起状
　起来状 开状 到趋

拉(一长) 上状 下趋(一)
　下来结(二) 下去状(二) 起来状

开状 到趋

拉(牵扯) 上结(一) 进趋 进来趋
　进去趋 起来状 到趋
　到……来趋 到……去趋

拉(一拢) 上状 下去状(二)
　进来趋 进去趋 出趋
　出来趋 过来趋(一) 过去趋(一)
　起来状 开状 到趋 到……来趋
　到……去趋

拉(～大便) 上状 下来趋(一)
　下去状(二) 出趋 出来趋
　出去趋 起来状 开状 到趋
　到……来趋 到……去趋

拉扯 上结(一),状 上来结(一)
　上去趋(一) 进去趋 到趋

拉练 上状 下来结(三) 下去状(二)
　到趋

拉拢 上状 下来结(三) 下去状(二)
　过结(四) 过来趋(一),结(三)
　过去趋(一) 起来状 开状 到趋
　到……来趋 到……去趋

拉(lá,～口子) 来趋 去趋
　下结(一) 下来结(一) 进去趋
　出结 出来趋 回来趋 回去趋
　过来趋(一) 过去趋(一) 起结(三)
　起来状 开结(一),状 到趋

落(遗漏) 下结(一) 下来结(一)
　到趋

落（跟不上） 下结(一) 下来结(一)
下去状(二) 出结 到趋
到……去趋

蜡疗 上状 下去状(二) 起来状
开状 到趋

蜡染 出结 出来结

辣 出结 出来结 起来状 到趋
来 到趋

来往 起来状 下去状(二) 到趋

赖 上状 下去状(二) 出结
出来结 过去结(一) 起来状
开状 到趋

拦 来趋 去趋 上趋(一),结(一),状
上来趋(一) 上去趋 下结(一)
下来趋(一),结(一) 下去趋(一),状(二)
进趋 进来趋 进去趋 出趋,结
出来趋,结 出去趋 回趋
回来趋 回去趋 过趋(一),(四)
过来趋(一),结(三) 过去趋(一)
起结(一) 起来结(一),状 开结(一),状
到趋 到……来趋 到……去趋

拦挡 回趋 回来趋 回去趋

拦截 回趋 回来趋 回去趋
起来状 到趋

拦蓄 起来结(一)

拦阻 回趋 回来趋 回去趋
过来趋(一) 过去趋(一) 起来状
到趋

揽（～在怀里） 过来趋(一)
过去趋(一) 到趋 到……来趋

到……去趋

揽（～责任、活儿） 来趋 去趋
上结(二),状 下来结(三) 下去状(二)
进来趋 进去趋 回来趋 回去趋
过来趋(一) 过去趋(一) 起来结(一),状
开状 到结 到……来趋
到……去趋

滥用 上状 下去状(二) 起来状
开状 到趋

烂 上状 下去状(二) 进趋
进去趋 出结 出来结 起来状
到趋 到……去趋

朗读 上状 上来结(二) 下来结(二)
下去状(二) 出结 出来结
过结(四) 过来结(三) 起来状
开状 到趋

朗诵 上状 上来结(二) 下来结(二)
下去状(二) 出结 出来结
过结(四) 过来结(三) 起来状
开状 到趋

浪荡 上状 下去状(二) 出结
出来结 起来状 开状 到趋
到……来趋 到……去趋

浪费 上状 下来结(三) 下去状(二)
进去趋 出结 出来结 出去趋
起结(三) 起来状 开状 到趋

捞（～鱼） 来趋 去趋
上趋(一),结(二),状 上来趋(一)
上去趋(一) 下来结(三) 下去状(二)
进趋 进来趋 进去趋 出结

出来_趋 出去_趋 回_趋 回来_趋
回去_趋 过_趋(一),结(四)
过来_趋(一),结(三) 过去_趋(一)
起_趋,状 起来_趋,状 开_状 到_趋,状
到……来_趋 到……去_趋

捞(～钱) 来_趋 去_趋 上_结(二),状
下去_状(二) 进_趋 进来_趋 进去_趋
出_结 出来_结 回_趋 回来_趋
回去_趋 起来_状 开_状 到_趋,状
开_状 到……来_趋 到……去_趋

牢骚 起来_状

劳动 上_状 下来_结(三) 下去_状(二)
出_结 出来_结 过_结(三)(四)
过来_结(三) 起来_状 开_状 到_趋
到……来_趋 到……去_趋

劳改 上_状 下来_结(三) 下去_状(二)
过_结(四) 过来_结(三) 起来_状
开_状 到_趋

劳作 起来_状

唠叨 上_状 下去_状(二) 出_结
出来_结 出去_结 过_结(四)
起来_结 开_状 到_趋

唠(聊天) 上_状 下去_状(二)
过_结(四) 过来_结(三) 起来_结
开_状 到_趋

唠扯 起来_状

烙 来_趋,结(二) 上_结(一),状
上去_结(一) 下_结(一) 下来_结(三)
下去_状(二) 出_结 出来_结 过_结(四)
过来_结(三) 起来_状 开_状 到_趋

到……去_趋

落(～价) 上_状 下来_趋(一),结(三)
下去_状(二) 起来_状 开_状 到_趋

落(～毛病) 下_趋(一) 下来_趋(一)

乐 上_状 下去_状(二) 出_结
出来_结 过来_结(三) 起来_状
开_状 到_趋

勒逼 出_结 出来_结

勒索 来_趋 去_趋 上_结
下去_状(二) 出_结 出来_结
过_结(二),结(四) 起来_结 开_状
到_趋,结 到……来_趋 到……去_趋

勒 上_结(一),状 上去_结 下去_状(二)
进_趋 进去_趋 出_结 出来_结
过_结(二)(四) 起来_结(一),状 开_状
到_趋 到……来_趋 到……去_趋

擂 上_状 下去_状(二) 出_结
出来_结 起来_状 开_状 到_趋

雷同 起来_结(一) 到_趋

累积 上_结(一) 上去_结 下_结
下来_结(一) 下去_状(二) 出_结
出来_结(一) 到_趋

累计 上_状 下来_结(三) 下去_状(二)
出_结 出来_结 起来_结(一) 开_状
到_趋

垒 上_结(一),状 上来_趋(一),结(一)
上去_趋(一),结(一) 下_结(一)
下来_趋(一) 下去_状(二) 进_趋
进来_趋 进去_趋 出_趋,结
出来_趋,结 出去_趋 过_结(四)

过来_趋(一)(三) 过去_趋(一)
起来_结(一),状 开_状 到_趋
到……来_趋 到……去_趋

类比 起来_状

类似 起来_状

类推 上_状 下来_结(三) 下去_状(二)
出_结 出来_结 过去_趋(一)
起来_状 开_状 到_趋

累 上_状 下去_状(二) 出_结 出来_结
过_结(二) 起来_状 开_状 到_趋

冷藏 上_状 上去_结 下来_结(三)
下去_状(二) 进_趋 进去_趋 出_结
出来_结 过_结(四) 过来_趋(三)
起_结(一) 起来_结(一),状 开_状
到_趋 到……来_趋 到……去_趋

冷淡 下来_状 下去_状(一)(二)
出_结 出来_结 起来_状 开_状
到_状

冷冻 上_状 下来_结(三) 下去_状(二)
进去_趋 出_结 出来_结 过_结(四)
过_结(三) 起来_结(一),状 开_状
到_趋

冷落 上_状 下来_状 下去_状(二)
起来_状 开_状 到_状

冷却 下来_状 下去_状(一) 起来_状
到_趋

冷烫 上_状 出_结 出来_结 过_结(四)
过来_结(三) 起来_状 开_状 到_趋

冷笑 上_状 起_结(三) 起来_状
开_状

冷战 上_状 下来_结(三) 下去_状(二)
起来_状 到_趋

愣 上_状 下去_状(二) 起来_状
到_趋

离(分离) 去_趋 开_趋

离(～婚) 上_状 起来_状 开_状

离间 上_状 下去_状(二) 过_结(四)
起来_状 开_状 到_趋

离弃 下去_结(一)

离散 起来_状 到_趋

离析 出_结 出来_结

厘定 下来_结(一) 出_结 出来_结

罹 下_结(一)

犁 上_状 下来_结(三) 下去_状(二)
进_趋 进去_趋 过_结(四)
过去_趋(一),结(三) 过去_趋(一)
起来_状 开_状 到_趋 到……来_趋
到……去_趋

礼让 起来_状 到_趋

理(～财) 上_状 起来_状 开_状

理(～书、东西) 上_状 下来_结(三)
下去_状(二) 出_结 出来_结 过_结(四)
过来_结(三) 起_结(三) 起来_状
开_状 到_趋 到……去_趋

理(～人) 上_状 起来_状 开_状

理解 起来_状 到_趋

理疗 上_状 下去_状(二) 出_结
出来_结 过_结(四) 过来_结(三)
起_结(三) 起来_状 开_状 到_趋

立(站一) 起来_状

立(～碑) 上结(一) 上去结
　　下结(一) 出结 出来结 过结(四)
　　过来结(三) 起来趋,状 开结(三),状
　　到趋 到……来趋 到……去趋

立(～规矩) 上状 下结(一)
　　下来结(三) 出结 出来结 过结(四)
　　过来结(三) 起来状 开状

立正 到趋

利用 上状 下来结(三) 下去状(二)
　　出结 出来结 过结(四) 过结(三)
　　起来状 开状 到趋

隶属 到趋

沥 下趋(一) 下来趋(一)
　　下去趋(一),状 出结 出来结
　　到趋 到……去趋

怜悯 上状 下去状(二) 起来状
　　开状 到趋

怜惜 上状 下去状(二) 起来状
　　开状 到趋

怜恤 上状 下去状(二) 起来状
　　开状 到趋

联 上结(一),状 上来结(二)
　　上去结 下来结(三) 下去状(二)
　　进趋 进来趋 进去趋 出结
　　出来结 过结(四) 过来结(三),结
　　过去趋 起结(一) 起来结(一),状
　　开状 到趋 到……来趋
　　到……去趋

联播 上状 下去状(二) 起来状
　　开状 到趋

联防 下去状(二) 起来状

联合 上结(一),状 上来结(二)
　　下来结(三) 下去状(二) 进来结(二)
　　出结 出来结 过结(四) 过来结(三)
　　起结(一) 起来结(一),状 开状 到趋

联欢 上结(一) 下去状(二) 出结
　　出来结 过结(四) 过来结(三)
　　起来状 开状 到趋

联结 上结(一) 上去结 上来结(二)
　　下去状(二) 起结(一) 起来结(一),状
　　开状 到趋

联络 来趋 上结(一),状 下去状(二)
　　出结 出来结 过结(四) 过来结(三)
　　起来状 开状 到趋,结
　　到……来趋 到……去趋

联赛 起来状

联系 上结(一),状 下去状(二) 出结
　　出来结 过结(四) 过来结(三)
　　起来结(一),状 开状 到趋,结
　　到……来趋 到……去趋

联想 上状 下去状(二) 出结
　　出来结 起来状 开状 到趋,结
　　到……去趋

联运 上状 下去状(二) 出结
　　出来结 起来状 开状 到趋

连 上结(一),状 上来结(二) 上去结(一)
　　下来结(一) 下去状(二) 出结
　　出来结 过结(四) 过来结(一),结(三)
　　过去趋(二) 起结(一),状 起来结(一),状
　　开状 到趋 到……来趋

到……去趋

连带 上结(一)

连贯 起来结(一),状

连接 上结(一),状　上来结(一)
　　　上去结　下去状(二)　进来趋
　　　出结　出来结　过结(四)
　　　过来趋(一),结(三)　过去趋(二)
　　　起结(一),状　起来结(一),状　开状
　　　到趋　到……来趋　到……去趋

连任 上状　下来结(三)　下去状(二)
　　　出结　出来结　过结(四)　起来状
　　　开状　到趋

连载 上状　下来结(三)　下去状(二)
　　　出结　出来结　过结(四)　过结(三)
　　　起状　起来状　开状　到趋

连缀 起来结(一)

敛 过来趋(一)　过去趋(一)
　　起来结(一),状　到趋　到……去趋

恋 上状　下去状(二)　起来状
　　开状　到趋

恋爱 上状　起来状

炼 来趋　上结(二),状　下结(一)
　　下来结(一)(三)　下去状(二)　进
　　进去趋　出结　出来结　过结(四)
　　过来结(三)　起结(三)　起来状
　　开状　到趋

练(一习) 上状　下来结(三)
　　下去状(二)　出结　出来结
　　过结(二)(四)　过来结(二)(三)
　　起结(三)　起来状　开结(三),状

到趋　到……来趋　到……去趋

练习 上状　下来状　下去状(二)
　　出结　出来结　过结(四)　过来结(三)
　　起来状　开状　到趋

凉 下来状　下去状(二)　起来状
　　到趋

凉拌 上状　出结　出来结
　　起来结(一),状　开状

量 来趋　去趋　上状　下结(一)
　　下来结(三)　下去状(二)　出结
　　出来结　回趋　回来趋　回去趋
　　过结(四)　过来结(三)　起来状
　　开状　到趋　到……来趋
　　到……去趋

谅解 起来状　到趋

晾 上结(一),状　上来结(一)
　　上去结　下结(三)　下来结(三)
　　下去状(二)　出结,结　出来趋,结
　　出去趋　过结(四)　过来趋(一),结(三)
　　过去趋(一)　起结(一),状　起来结(一),状
　　开结(二),状　到趋　到……来趋
　　到……去趋

亮(显示) 出结　出来结　出去趋

亮(明一) 下去状(二)　起来状
　　到趋

踉跄 起来状

撩(～衣服) 上结(一),状　上来趋(一)
　　上去趋(一)　下去状(二)　下来趋(一)
　　过去趋(一)　起状　起来趋,状
　　开结(一),状　到趋　到……来趋

到……去$_趋$

撩（~水）　上$_状$　起来$_状$　开$_状$
　到$_趋$　到……来$_趋$　到……去$_趋$

聊（~天）　上$_状$　下来$_{结(三)}$
　下去$_{状(二)}$　出$_结$　出来$_结$　过$_{结(四)}$
　过来$_{结(三)}$　起来$_状$　开$_状$　到$_趋$

撩拨　上$_状$　起来$_状$　开$_状$

缭绕　起来$_状$

疗养　上$_状$　下来$_{结(三)}$　下去$_{状(二)}$
　出$_结$　出来$_结$　回$_趋$　回来$_趋$
　回去$_趋$　过$_{结(四)}$　过来$_{结(二)(三)}$
　起$_{结(三)}$　起来$_状$　开$_状$　到$_状$

燎　去$_{结(一)}$　出$_结$　出来$_结$
　起$_趋$　起来$_状$

了结　下去$_{状(一)}$

了解　来$_趋$　去$_趋$　上$_状$　下来$_{结(三)}$
　下去$_{状(二)}$　出$_结$　出来$_结$　回$_趋$
　回来$_趋$　回去$_趋$　过$_{结(四)}$
　过来$_{结(三)}$　过去$_{结(四)}$　起来$_状$
　开$_状$　到$_{趋,结}$　到……来$_趋$
　到……去$_趋$

料（想）　到$_结$

料理　上$_状$　下来$_{结(三)}$　下去$_{状(二)}$
　出$_结$　出来$_结$　过$_{结(四)}$　过来$_{结(三)}$
　起来$_状$　开$_状$　到$_趋$

料想　到$_趋$

尥　上$_状$　起来$_状$　开$_状$

撂　下$_{趋(一),结(一)}$　下来$_{趋(一),结(一)}$
　下去$_{趋(一),状(二)}$　到$_趋$　到……来$_趋$
　到……去$_趋$

了望　上$_状$　下去$_{趋(一)}$　出去$_趋$
　过去$_{趋(一)}$　起来$_状$

咧　上$_状$　下来$_{趋(一)}$　下去$_{趋(二)}$
　起来$_状$　开$_{结(一),状}$　到……去$_趋$

列（排一）　上$_{结(一)}$

列（~表、日程）　上$_{结(一),状}$
　上来$_{结(一)}$　上去$_{结(一)}$　下$_{结(一)(三)}$
　下来$_{结(一)(三)}$　进来$_趋$　进去$_趋$
　下去$_{状(二)}$　出$_{趋,结}$　出来$_{趋,结}$
　出去$_{趋(一)}$　过$_{结(四)}$　过来$_{趋(一),结(三)}$
　过去$_{趋(一)}$　起$_{结(一),状}$　起来$_{结(一),状}$
　开$_{结(三),状}$　到$_趋$　到……来$_趋$
　到……去$_趋$

列举　上$_状$　上来$_{结(二)}$　上去$_状$
　下来$_{结(三)}$　下去$_{状(二)}$　出$_结$
　出来$_结$　过$_{结(四)}$　过去$_{趋(一),结(三)}$
　过去$_{趋(一)}$　起$_状$　起来$_状$　开$_状$
　到$_趋$

裂　上$_状$　下去$_{状(二)}$　出$_结$
　出来$_结$　过来$_{趋(一)}$　过去$_{趋(一)}$
　起来$_状$　开$_{结(一),状}$　到$_趋$
　到……来$_趋$　到……去$_趋$

裂变　下去$_{状(二)}$　出$_结$　出来$_结$
　起来$_状$　到$_趋$

猎取　来$_趋$　去$_趋$　上$_状$　下去$_{状(二)}$
　过去$_{趋(一)}$　到$_结$

拎（提）　来$_趋$　去$_趋$　上$_{趋(一),状}$
　上来$_{趋(一)}$　上去$_{趋(一)}$　下$_{趋(一)}$
　下来$_{趋(一),结(三)}$　下去$_{趋(一),状(二)}$
　进$_趋$　进来$_趋$　进去$_趋$

过趋(一),结(四)　过来趋(一),结(三)　　　起来状　开趋,状　到趋,结
过去趋(一)　回趋　回来趋　　　　　　到……来趋　到……去趋
回去趋　起趋　起来趋,状　开趋,状　　领唱　起来状
到趋　到……来趋　到……去趋　　　　领导　上状　下来结(三)　下去状(二)
遴选　出结　出来结　　　　　　　　　过结(四)　过来结(三)　出结　出来结
淋（～水）　上结(一),状　上去结　　　起来状　开趋　到趋　到……去趋
　下来趋(一)　下去趋(一),状(二)　　领会　起来状　到结　到……去趋
　出结　出来结　起来状　到趋　　　　领教　起来状
淋（滤）　上状　下来结(三)　　　　　领略　起来状　到结
　下去状(二)　出结　出来结　　　　　领取　来趋　去趋　上结(二),状
　出去趋　过结(四)　过去趋(一)　　　下来结(三)　下去状(二)　出趋
　起来状　开状　到趋　到……去趋　　出来回趋　回来趋　回去趋
临摹　上状　下结(一)　下来结(一)　　过结(四)　过来趋(一),结(三)　起来状
　下去状(二)　出结　出来结　　　　　开状　到趋
　过结(四)　过来结(三)　起来状　　　领受　到结
　开状　到趋　到……去趋　　　　　　领悟　到结
吝惜　起来状　到趋　　　　　　　　　领养　来趋　上状　下去状(二)
赁　来趋　出趋　出去趋　　　　　　　进来趋　出去趋　过结(四)
凌驾　到趋　　　　　　　　　　　　　过来趋(一),结(三)　过去趋(一)
凌辱　起来状　　　　　　　　　　　　回趋　回来趋　回去趋　起结(三)
零落　下来趋　下去状(二)　　　　　　起来状　开状　到结　到……来趋
零售　上状　出去趋　起来状　开状　　到……去趋
聆听　起来状　　　　　　　　　　　溜　来趋　去趋　上状　下趋(一)
领　来趋　去趋　上趋(一)(二),结(二)　下来趋(一)　下去趋(一),状(二)　进趋
　上来趋(一)(二)　上去趋(一)(二)　　进来趋　进去趋　出趋　出来趋
　下来趋(一)(二),结(三)　下去趋(一)(二),状(二)　出去趋　回趋　回来趋　回去趋
　进趋　进来趋　进去趋　出趋,结　　过趋(一)　过来趋(一)　过去趋(一)
　出来趋,结　出去趋　过趋(一),结(四)　起来状　开趋,状　到趋
　过来趋(一),结(三)　过去趋(一)　回趋　　到……来趋　到……去趋
　回来趋　回去趋　起状,结(三)　　　溜达　上状　下去状(二)　进趋

进来趋　进去趋　出趋　出来趋
出去趋　回趋　回来趋　回去趋
过趋(一),结(四)　过来趋(一)　起来状
开状　到趋　到……来趋
到……去趋

熘　上状　上来结(二)　下去状(二)
出结　出来结　过结(四)　过来结(三)
起来状　开状　到趋

浏览　上状　下来结(三)　下去状(二)
过结(四)　过来趋(一),结(三)
过去趋(一)　起来状　开状　到趋

流　来趋　去趋　上结(一),状
上来结(一)　上去趋　下趋(一)
下来趋(一),结(三)　下去趋(一),状(二)
进趋　进来趋　进去趋　出趋
出来趋　出去趋　过趋(一),结(四)
过来趋(一)　过去趋(一)　回趋
回来趋　回去趋　起来状　开状
到趋　到……来趋　到……去趋

流传　上状　下来结(三)　下去状(二)
出结　出来结　起来状
开结(二),状　到趋　到……来趋
到……去趋

流窜　上状　下去状(二)　出趋
回趋　回来趋　回去趋　过来趋(二)
过去趋(一)　起来状　开状　到趋
到……来趋　到……去趋

流动(水～)　起来状　开状

流动(～红旗)　上状　下来结(三)
下去状(二)　出去趋　回来趋

回去趋　过来趋(一)　过去趋(一)
起来状　开状　到趋　到……来趋
到……去趋

流放　来趋　下去状(二)　出去趋
过来结(三)　起来状　到趋
到……来趋　到……去趋

流浪　上状　下去状(二)　起来状
开状　到趋　到……来趋
到……去趋

流连　起来状

流露　出结　出来结　到趋

流落　下去状(二)　到趋

流散　下去状(二)　出趋　出来趋
出去趋　起来状　开结(二)
开来结(二)　到趋　到……来趋
到……去趋

流失　下去状(二)　到趋

流逝　过去结(一)

流淌　上状　下来趋(一)
下去趋(一),状(二)　进趋　进来趋
进去趋　出趋　出来趋　出去趋
回趋　回来趋　回去趋　过趋(一)
过来趋(一)　过去趋(一)　起来状
开状　到趋　到……来趋
到……去趋

流通　上状　下去状(二)　起来状
开状　到趋　到……来趋
到……去趋

流亡　上状　下去状(二)　起来状
开状　到趋　到……来趋

到……去趋

流徙 起来状

流泻 下来趋(一) 下去趋(一)
进来趋 进去趋 出来趋
出去趋 过来趋(一) 过去趋(一)
到趋 到……来趋 到……去趋

流行 上状 下来结(三) 下去状(二)
回来趋 回去趋 过结(四)
起来状 开结(二),状 到趋
到……来趋 到……去趋

留(~在家) 下结(一) 下来结(一)
下去状(二) 到趋

留(~人) 上状 下结(一)
下来结(一) 下去状(二) 出结
出来结 过结(四) 过来结(三)
起结(三) 起来状 开状 到趋
到……来趋 到……去趋

留(~胡子、饭) 上状 下结(一)
下来结(三) 下去状(二) 出结
出来结 出去趋 过结(四)
起来结(一),状 开状 到趋

留(~礼物) 下结(一) 下来结(一)

留(遗~) 下结(一) 下来结(一)

留传 上状 下来结(一) 下去状(二)
过结(四) 起来状 开结(二),状
到趋 到……来趋 到……去趋

留存 下来结(一) 下去状(二)
起来结(一) 到趋

留连 起来状

留恋 上状 下去状(二) 起来状

到趋

留神 上状 起来状 开状

留守 下来结(一) 下去状(二) 到趋

留心 上状 起来状 开状

溜(~缝) 上结(一),状 上去结
过结(四) 起来状 开状

遛(散步) 来趋 去趋 上状
上来趋(一) 上去趋(一) 下来趋(一)
下去趋(一),状(二) 回来趋 回去趋
过结(四) 过来趋(一) 过去趋(一)
起来状 开状 到趋 到……来趋
到……去趋

馏(~馒头) 上结(一),状 上去结
下来结(三) 下去状(二) 进趋
进去趋 出结 出来结 过结(四)
过去结(三) 起来状 开状 到趋

隆 出结 出来结 起结(一)
起来结(一)

垄断 上状 下来结(一)(三)
下去状(二) 出结 出来结
过来趋(一),结(三) 过去趋(一)
起来结(一),状 开状 到趋
到……去趋

拢(~住人) 回来趋 回去趋
过来趋(一) 过去趋(一) 起来状
到趋 到……来趋 到……去趋

拢(~头发) 上状 上来趋(一)
上去趋(一) 下去状(二)
过来趋(一),结(三) 过去趋(一)
起结(一),状 起来结(一),状 开状

笼络　来趋　去趋　上趋(一),结(一),状
　　上来趋(一)　上去趋(一)　下结(一)
　　下来结(一)　下去状(二)　进趋
　　进来趋　进去趋　回来趋　回去趋
　　过来趋(一),结(三)　过去趋(一)　起状
　　起来状　开状　到趋　到……来趋
　　到……去趋

笼罩　上结(一)　下去状(二)
　　起来结(一)　到趋

搂(～草)　来趋　去趋　上结(二),状
　　上来趋(一)　上去趋(一)　下趋(一)
　　下来趋(一)　下去趋(一),状(二)　进趋
　　进来趋　进去趋　出趋　出来趋
　　出去趋　回趋　回来趋　回去趋
　　过趋(一),结(四)　过来趋(一),结(三)
　　过去趋(一)　起结(一)　起来结(一),状
　　开状　到趋　到……来趋
　　到……去趋

搂(～钱)　来趋　去趋　上结(二),状
　　下结(一)　下来结(三)　下去状(二)
　　进趋　进去趋　回来趋　回去趋
　　过结(四)　过来趋(一),结(三)
　　过去趋(一)　起来状　开状　到趋
　　到……来趋　到……去趋

搂(～衣服)　上来趋(一)　上去趋(一)
　　起趋　起来趋　到趋　到……来趋
　　到……去趋

搂(抱)　上状　进趋　进来趋
　　进去趋　过来趋(一),结(三)　起结(一)

起来结(一),状　开状　到趋
到……来趋　到……去趋

搂抱　上状　起来状

漏(～水)　上结(一),状　上来结(一)
　　上去结　下趋(一)　下来趋(一),结(三)
　　下去趋(一),状(二)　进趋　进来趋
　　进去趋　出趋　出来趋　出去趋
　　回趋　回来趋　回去趋　过来趋(一)
　　起来状　开状　到趋　到……来趋
　　到……去趋

漏(～字)　下结(一)　起来状　开状

镂　出结　出来结

镂刻　出结　出来结

撸(～树叶、袖子)　来趋　去结(一)
　　上状　上来趋(一)　上去趋(一)
　　下趋(一),结(一)　下来趋(一)
　　下去趋(一),状(一)　进趋　进来趋
　　进去趋　回趋　回来趋　回去趋
　　过结(四)　过来趋(一),结(三)　过去趋(一)
　　起来状　开状　到趋　到……来趋
　　到……去趋

卤　上状　下结(三)　出结　出来结
　　起来状　开结(三),状　到趋

虏获　来趋　去趋　到结
　　到……去趋

掳掠　过去趋(一)　到趋　到……去趋

露　出结

露宿　下去状(二)　起来状　到趋

录　来趋　去趋　上结(一)(二),状
　　上去结　下结(一)　下来结(一)

下去状(二)　进趋　进来趋
进去趋　出结　出来结　回趋
回来趋　回去趋　过结(四)
过来趋(一),结(三)　过去趋(一)
起结(三)　起来状　开状　到趋,结
到……来趋　到……去趋

录取　来趋　去趋　上状　上来趋(一)
下去状(二)　进去趋　回来趋
回去趋　过结(四)　过来趋(一),结(三)
过去趋(一)　起来状　开状　到趋,结
到……来趋　到……去趋

录用　上状　下来结(三)　下去状(二)
进去趋　出结　出来结　过结(四)
过来结(三)　起来状　开状　到趋
到……来趋　到……去趋

陆运　来趋　去趋　出去趋
过来趋(一)　过去趋(一)　到趋

旅居　下去状(二)

旅行　上状　下来结(三)　下去状(二)
回来趋　回去趋　过结(四)
过来结(三)　出结　出来结
起结(三)　起来状　开状　到趋
到……来趋　到……去趋

旅游　上状　下来结(三)　下去状(二)
回来趋　回去趋　过结(四)
过来结(三)　起结(三)　起来状
开状　到趋　到……来趋
到……去趋

捋　来趋　去趋　上状　下来趋(一)
下去状(二),状(二)　起来状　开状

到趋

履行　上状　下来结(三)　下去状(二)
过结(四)　过来结(三)　起来状
开状　到趋

滤　来趋　去趋(一)　上状　下趋
下来趋(一)　下去趋(一),状(二)　出结
出来结　过结(四)　过来结(三)
起来状　开状　到趋　到……来趋
到……去趋

绿化　上状　下来结(三)　下去状(二)
出结　出来结　过结(四)　过来结(三)
起结(三)　起来状　开状　到趋
起结(三)　到……来趋　到……去趋

掠　来趋　去趋　上趋(一),状
上来趋(一)　上去趋(一)　下趋(一)
下来趋(一)　下去趋(一),状(二)
进趋　进来趋　进去趋　出来趋
出去趋　回趋　回来趋　回去趋
过趋(一)　过来趋(一),结(三)
过去趋(一)　起来状　开状
到……来趋　到……去趋

掠夺　来趋　去趋　上趋(一),状
上去趋(一)　下趋(一),结(一)
下来趋(一)　下去趋(一),状(二)
进去趋　出去趋　回趋　回来趋
回去趋　过结(四)　过来结(三)
过去趋(一)　起来状　开状　到趋
到……去趋

掠取　上状　起来状　开状　到趋
略　去结(一)　起来状　到趋

抡　来趋　去趋　上状　上来结(一)
　　上去趋(一),结(一)　下趋(一)
　　下来趋(一)　下去趋(一),状(二)
　　进来趋　进去趋　出来趋　出去趋
　　过趋(一),结(四)　过来趋(一),结(三)
　　过去趋(一)　起趋,状　起来趋,状
　　开结(二),状　到趋　到……来趋
　　到……去趋
沦落　下去状(二)　到趋
沦丧　下去状(一)
沦亡　下去状(一)
沦陷　下去状(一)
轮　上结(二)　下来结(三)　下去状(二)
　　进趋　进来趋　进去趋　出结
　　出来结　出去　回趋　回来趋
　　回去趋　过结(四)　过来趋(一),结(三)
　　过去趋(一)　起来状　开结(二),状
　　到趋　到……来趋　到……去趋
轮唱　上结　下来结(二)　下去状(二)
　　过结(四)　起来状　开状　到趋
轮换　上结　下来结(二)　下去状(二)
　　回趋　回来趋　回去趋　过结(四)
　　过来结(三)　起来状　开状　到趋
轮流　上结　下来结(二)　下去状(二)
　　回趋　回来趋　回去趋　过结(四)
　　过来结(三)　起来状　开状　到趋
轮休　上结　下来结(二)　下去状(二)
　　过结(四)　过来结(三)　起来状
　　开状　到趋
轮训　上结　下来结(二)　下去状(二)

过结(四)　过来结(三)　起来状
　　开状　到趋
轮值　起来状
轮种　上状　下来结(二)　下去状(二)
　　过结(四)　起来状　开状　到趋
轮作　上状　下来结(三)　下去状(二)
　　出结　出来结　起来状　到趋
论　起来状
论述　上状　下去状(二)　出结
　　出来结　过结(四)　起来状　开状
论说　起来状
论战　上状　下去状(二)　起来状
　　开状　到趋
论证　上状　下来结(三)　下去状(二)
　　出结　出来结　过结(四)　过来结(三)
　　过去结(四)　起来状　开状　到趋
啰唆　上状　下去状(二)　出结
　　出来结　过结(四)　过去结(四)
　　起来状　开状　到趋
罗列　上状　下来结(三)　下去状(二)
　　出结　出来结　过结(四)　过来结(三)
　　起来状　开状　到趋
罗织　出结　出来结
罗致　到趋
裸露　出结　出来结　到趋
㩗　上结(一),状　上来结(一)　上去结
　　下去状(二)　出结　出来结
　　起来结(一),状　开状　到趋
　　到……来趋　到……去趋
落(～树叶)　上结(一),状　上来结(一)

上去结　下趋(一)　下来趋(一)　　落(～病)　下结(一)　下来结(一)
下去趋(一),状(二)　进趋　进来趋　　落(～户口)　上结(二)　下来结(一)
进去趋　过结(四)　起状　起来状　　到趋　到……来趋　到……去趋
开状　到趋　到……来趋　　落生　下来趋(一)
到……去趋　　落实　上状　下来结(一)
落(价钱～)　下来趋(一)　下去趋(一)　　下去结(一),状(二)　过结(四)
到趋　　过来结(三)　起来状　开状　到趋
落(～灯)　下来趋(一)　　到……来趋　到……去趋

M

摩挲　上状　下去状(二)　出结　　麻木　下去状(二)　起来状　到趋
出来结　过来趋(一)　过去趋(一)　　麻醉　上状　到趋
起来状　开状　到趋　　骂　来趋　上状　上来趋(一),结(二)
抹(擦)　去结(一)　上状　下结(一)　　上去趋(一)　下来趋(一)
下来结(一)　下去结(一),状(二)　　下去趋(一),状(二)　进来趋　进去趋
进趋　进去趋　出结　出来结　　出结　出来趋,状　出去趋　回趋
回趋　回来趋　回去趋　过结(四)　　回来趋　回去趋　过结(四)
过来趋(一),结(三)　过去趋(一)　　过来趋(一),结(三)　过去趋(一)
起来状　开状　到趋　到……来趋　　起状　起来趋,状　开状　到趋
到……去趋　　到……来趋　到……去趋
抹(用手按着向下移动)　下趋(一)　　埋　上结(一),状　上去结　下结(一)(三)
下来趋(一)　下去趋(一)　到趋　　下去趋(一),状(二)　进趋　进去趋
麻　上状　下去状(二)　起来状　　出结　出来结　回趋　回来趋
开状　到趋　　回去趋　过结(四)　过来趋(一),结(三)
麻痹　上状　下去状(二)　出来结　　过去趋(一)　起结(一)　起来结(一),状
起来状　开状　到趋　　开状　到趋　到……来趋
麻烦　上状　下去状(二)　出来结　　到……去趋
起来状　开状　到趋　　埋藏　起结(一)　起来结(一)　到趋

埋伏　上状　下结(一)　下来结(一)　下去状(二)　进趋　进去趋　过结(四)　起来结(一),状　到趋　到……来趋　到……去趋

埋没　下去结(一),状(二)　到趋

埋葬　进去趋　起来结(一)　到趋　到……来趋　到……去趋

买　来趋　去趋　上结(一),结(二),状　上来趋(一)　上去趋(一)　下趋(一),结(一)　下来趋(一),结(一)　下去趋(一),状(二)　进趋　进来趋　进去趋　出结　出来趋,结　回趋　回来趋　回去趋　过结(四)　过来趋(一),结(三)　过去结(一)　起结(三),状　起来状　开状　到趋,结　到……来趋　到……去趋

卖　上结(二),状　上去趋(一)　下来结(三)　下去状(二)　出趋,结　出来趋,结　出去趋　过结(四)　过来趋(一),结(三)　过去趋(一)　起状　起来状　开状　到……来趋　到……去趋

卖(～力气)　上状　下去状(二)　起来状　开状　到趋　到……来趋　到……去趋

卖(～好)　上状　起来状　开状　到趋　到……来趋　到……去趋

卖弄　上状　下去状(二)　出结　出来结　起来状　开状　到……来趋　到……去趋

迈　上趋(一)(二)　上来趋(一)(二)　上去趋(一)(二)　下趋(一)　下来趋(一)　下去趋(一)　进趋　进来趋　进去趋　出趋　出来趋　出去趋　过结(一)　过来趋(一)　过去趋(一)　开结(一)　到趋　到……来趋　到……去趋

迈进　来趋　去趋

蛮干　上状　下去状(二)　起来状　开状　到趋

瞒　上状　下结(一)　下来结(一)　下去状(二)　出结　出来结　过结(一)　过来结(一)(三)　过去结(一)　起来结(一),状　开状　到趋

瞒哄　过去结(四)

埋怨　上状　下去状(二)　出结　出来结　过结(四)　过来结(三)　过去结(四)　起来状　开状　到趋　到……来趋　到……去趋

满　上结(一)　上去结　出　出去趋　起来状　到趋

满足　上状　下去状(二)　起来状　到趋

漫　上趋(一)　上来趋(一)　上去趋(一)　出趋　出来趋　出去趋　过来趋(一)　过去趋(一)　到趋　到……来趋　到……去趋

漫步　起来状

漫谈　上状　下去状(二)　出结　出来结　过结(四)　起来状　开状　到趋

漫溢　出来趋

漫游　上状　过来趋(一)　过去趋(一)
　　　起来状　开状　到趋　到……来趋
　　　到……去趋
谩骂　起来状
蔓延　上状　下来结(三)　下去状(二)
　　　过来趋(一)　过去趋(一)　起来状
　　　开结(二),状　到趋　到……来趋
　　　到……去趋
忙　　上状　下来结(三)　上来状
　　　下去状(二)　出　出来结　过结(四)
　　　过来结(三)　过去结(四)　起来状
　　　开状　到趋
忙乱　下去状(二)　起来状　到趋
盲从　下去状(二)　起来状　到趋
盲动　上状　下去状(二)　起来状
　　　开状
猫(～腰)　下趋(一)　下来趋(一)
猫(～藏)　上结(一),状　下结(三)
　　　下来结(一)　下去状(二)　进趋
　　　进来趋　进去趋　起来结(一),状
　　　到趋　到……来趋　到……去趋
毛(心慌)　上状　起来状　开状
铆　　上结(一),状　上去结　下去状(二)
　　　进去趋　出　出来结　过结(四)
　　　过结(三)　起来结(一),状　开状
　　　到趋　到……去趋
铆接　起来结(一)
冒(～水)　上状　上来趋(一)
　　　下去状(二)　出　出来趋
　　　起来状　开状

冒(～险)　上状　起来状
冒充　上状　下去状(二)　过结(四)
　　　起来状　开状　到趋
冒犯　上状　下去状(二)　出结
　　　出来结　起来状　开状　到趋
　　　到……来趋　到……去趋
冒进　上状　下去状(二)　起来状
　　　开状　到趋
霉烂　下去状(二)　起来状　到趋
美　　上状　下去状(二)　出结
　　　出来结　过结(二)　起结(三)
　　　起来状　开状　到趋
美化　上状　下去状(二)　过结(二)(四)
　　　过来结(二)　起结(三)　起来结(一),状
　　　开状　到趋　到……来趋
　　　到……去趋
昧(～良心)　起来状
闷(～饭)　上状　下去状(二)
　　　出结　出来结　过结(二)　起来状
　　　开状　到趋
闷(心里～)　上状　下去状(二)
　　　出结　出来结　起来状　开状
焖　　来趋　上结(一),状　下结(一)
　　　下来结(一)(三)　下去状(二)　进趋
　　　进去趋　出结　出来结　回来趋
　　　过结(二)(四)　过来结(三)　起结(三)
　　　起来结(一),状　开状　到趋
蒙(欺骗)　来趋　去趋　上结(一)(二),状
　　　下来结(三)　下去状(二)　出结
　　　出来结　回趋　回来趋　回去趋

过结(四)　起来状　开状　到趋,结　　开状　到趋
到……来趋　到……去趋　　迷(～路)　上状　起来状　开状
蒙骗　来趋　去趋　上结　下去状(二)　迷糊　上状　下去结(二)　过去结(二)
出结　出来结　起来状　开状　　起来状　开状　到趋
到趋,结　到……来趋　到……去趋　迷惑　上状　下去结(二)　过结(四)
蒙　来趋　去趋　上结(一)　上来结(一)　过来结(三)　起来状　开状
上去结　下来结(三)　下去状(二)　迷恋　上状　下去结(二)　出结
出结　出来结　出去趋　过结(四)　出来结　过结(四)　起来状　开状
过来趋(一),结(三)　过去结(一)　　到趋
起结(一)(三)　起来结(一)　开状　迷信　上状　下去结(二)　起来状
到趋　到……来趋　到……去趋　　开状　到趋
蒙蔽　下去状(二)　起来状　开状　弥补　上结(一)　上去结　过结(四)
到趋　　过来结(三)　起来状　开状
蒙混　过去结(四)　　弥漫　起来状
蒙受　到趋　　弥散　出去趋　过来趋(一)　到趋
萌　出结　　到……来趋　到……去趋
萌动　起来状　　蜜饯　出结　出来结
萌发　出结　出来结　起来状　密封　上结(一)　结(四)　起来结(一)
萌生　出结　出来结　　到趋
梦　到结　密谋　上状　下来结(三)　下去状(二)
梦游　起来状　　出结　出来结　过结(四)　起来状
眯　上结(一)　下去状(二)　起结(一)　开状　到趋
起来结(一)　到趋　密切　下去状(二)　起来状　到趋
眯缝　上结(一)　起结(一)　起来状　密植　上状　下来结(三)　下去状(二)
到趋　　出结　出来结　过结(四)　过来结(三)
靡费　下去状(二)　　起来状　开状　到趋
糜烂　下去状(二)　起来状　到趋　觅　出结　到结
迷(一恋)　上结(一),状　下去状(二)　绵亘　过来趋(一)　过去趋
进趋　进去结　出结　出来结　绵延　过来趋(一)　过去趋(一)　到趋
过结(四)　过去结(三)　起来状　缅怀　起来状

免　去结(一)　下去结(一)
免除　下去结(一)
勉励　上状　起来状　开状
勉强　上状　下去状(二)　起来状
　　　到趋
描(～图)　来趋　上状　上来结(二)
　　下结(一)　下来结(一)(三)　下去结(二)
　　出结　出来趋　回来趋　过结(四)
　　过来趋(一),结(三)　过去趋(一)
　　起来状　开状　到趋　到……来趋
　　到……去趋
描(～红模子)　上状　上来结(二)
　　下来结(三)　下去状(二)　出结
　　出来趋　过结(四)　过结(三)
　　起来状　开状　到趋　到……去趋
描画　上状　出结　出来结
　　起来状　开状
描绘　上状　下来结(一)　下去状(二)
　　出结　出来结　过结(四)　起来状
描摹　出结　出来结
描写　上状　下来结(一)　下去状(二)
　　进趋　进来趋　进去趋　出结
　　出来结　过结(四)　过来结(三)
　　过去结(四)　起来状　开状　到趋
瞄　上状　下去状(二)　过去趋(一)
　　起来状　开状　到趋
藐视　上状　下去状(二)　起来状
　　开状　到趋
乜斜　起来状
灭(～灯)　上状　起来状

灭(～苍蝇)　上状　下去状(二)
　　起来状　开状
灭(消一)　下去状(一)
灭绝　下去状(一)　到趋
灭亡　下去状(一)
蔑视　下去状(二)　起来状　到趋
泯灭　下去状(一)
泯没　下去状(一)
抿　进趋　到趋
冥想　出结　出来结　起来状
明白　过来结(二)　起来状　到趋
明确　下来结(一)　过结(四)
　　起来结(一)　到趋
铭记　下结(一)　下来结(一)　到趋
铭刻　下结(一)　下来结(一)　出结
　　出来结　到趋
命令　上状　下来趋(一)　下去趋(一)
　　出去趋　过结(四)　起来状　开状
摸(触一)　上状　下去状(二)
　　出结　出来结　过结(四)　起来状
　　开状　到趋,结　到……去趋
摸(探取)　来趋　去趋　上结(二),状
　　下去状(二)　出趋,结　出来趋,结
　　过结(四)　起来状　开状　到趋,状
摸(～规律)　来趋　上状　上来结(一)
　　下来结(三)　下去状(二)　出结
　　出来结　起来状　开状　到结
摸(在暗中走路)　上状　进趋
　　进来趋　进去趋　出趋　出来趋
　　出去趋　回趋　回来趋　回去趋

过来趋(一)　过去趋(一)　起来状
开状　到趋　到……来趋
到……去趋

摸索　上状　下去状(二)　出结
出来结　起来状　开状　到趋

磨（摩擦）　去结(一)　上状　下结(一)
下来结(一)(三)　下去结(一),状(二)
进结　进去结　出结　出来结
过结(四)　过来趋(一),结(三)
过去趋(一)　起状　起来状
开状　到趋

磨（～刀）　来趋　去结(一)　上状
下结(一)　下来结(一)(三)
下去结(一),状(二)　进结　进去结
出结　出来结　过结(四)
过来趋(一),结(三)　起结(三),状
起来状　开状　到趋,结
到……来趋　到……去趋

磨（一烦）　来趋　去趋　上状
下来结(三)　下去状(二)　出结
出来趋　起来状　开状　到趋

磨（一练）　下去状(一)　出结
出来结

磨（一蹭）　上状　下去状(二)
过结(三)　起结(三)　起来状　开状
到趋

磨蹭　上状　下来结(三)　下去状(二)
出结　出来结　起来状　开状
到趋

磨练　上状　下来结(三)　下去状(二)

出结　出来结　过结(四)　起来状
开状　到趋

磨灭　下去状(一)　到趋

磨损　下去结(一),状(一)　到趋

摩擦　同"磨擦"

模仿　来趋,结(三)　去趋　上状
上来结(二)　下来结(一)(三)
下去状(二)　出结　出来结　过结(四)
过来趋(一),结(三)　过去趋(一)
起来状　开状　到趋,结

模糊　上状　起来状　到趋

模拟　出结　出来结　过结(四)
起来状

摹写　出结　出来结　起来状

膜拜　起来状

抹（～药）　上结(一),状　上去结
下来结(三)　下去状(二)　进趋
进去趋　过结(四)　过去结(三)
起结(三)　起来状　开状　到趋
到……来趋　到……去趋

抹（擦去）　去结(一)　上状　下结(一)
下来结(一)　进趋　进去趋
起来状　开状

抹（勾掉）　去结(二)　下结(一)
下来结(一)　下去结(一)　起来状
开状

抹杀　下去结(一)

磨（～米）　来趋　去趋　上状
上来结(二)　下结(一)　下来结(一)
下去状(二)　出结　出来结　回

回来_趋　回去_趋　过_结(四)
过来_趋(一),结(三)　过去_趋(一)
起_结(三)　起来_状　开_状　到_趋
到……来_趋　到……去_趋

磨(掉转，～车)　上_状　过_趋(二)
过去_趋(二)　起来_状　开_结(三),状
到_趋　到……来_趋　到……去_趋

磨烦　上_状　下去_状(二)　起来_状
到_趋

抹(～房子)　上_结(一),状　上来_结(二)
上去_结　下来_结(三)　下去_状(二)
出_结　出来_结(四)
过来_趋(一),结(三)　过去_趋(一)
起_结(三)　起来_状　开_状　到_趋
到……来_趋　到……去_趋

漠视　起来_状　到_趋

默读　上_状　下去_状(二)　过_结(四)
起来_状　开_状　到_趋

默认　上_状　下来_结(一)　下去_状(二)
起来_状　到_趋

默写　上_状　上来_结(二)　下来_结(二)
下去_状(二)　出_结　出来_结
过_结(四)　过来_结(三)　起来_状
开_状　到_趋

默许　下来_结(一)

没　过_趋(一)　过来_趋(一)　过去_趋(一)
到_趋

没收　来_趋　去_趋　上_状　上来_趋(一)
下来_结(三)　下去_状(二)　进_趋
进来_趋　进去_趋　出_结　出来_结
过_结(四)　过来_趋(一),结(三)
过去_趋(一)　起来_状　开_状　到_趋
到……来_趋　到……去_趋

谋　到_结

谋害　上_状　下去_状(二)　起来_状
到_趋

谋划　上_状　出_结　出来_结
起来_状　到_趋

谋求　到_结

谋取

谋杀　上_状　下去_状(二)　起来_状
开_状　到_趋

牟取　到_结

募集　来_趋　去_趋　上_结(一),状
上来_结(一)　下_结(一)　下去_状(二)
出_结　出来_结　回_趋　回来_趋
回去_趋　起来_状　到_趋,结

目睹　到_趋

目送　出去_趋　到_趋

目眩　起来_状

N

拿(～东西)　来_趋　去_趋　　上_趋(一),结(二),状　上来_趋(一)

上去趋(一)　下趋(一),结(一)
下来趋(一),结(一)　下去趋(一),结(一),状(二)
进趋　进来趋　进去趋　出趋,结
出来趋,结　出去趋　回趋　回来趋
回去趋　过趋(一),结(四)
过来趋(一),结(三)　过去趋(一)
起趋,结(三),状　起来趋,状　开趋
到趋,结　到……来趋　到……去趋
拿(强力捉、取)　下结(一)　下来结(一)
回趋　回来趋　回去趋　过结(四)
过来趋(一)　过去趋(一)　起来状
到结
拿(～主意)　上状　出结　出来结
过结(四)　过来结(三)　起来状
开状
拿(～架子)　上状　下去状(二)
起来状　开状　到趋
拿获　到趋
拿捏　上状　起来状　开
捹　下状(一)
呐喊　上状　下去状(二)　出
出来结　起来状　到趋
纳　来趋　上结(一),状　下去状(二)
进趋　进去趋　过结(四)
过来结(三)　起来状　到趋
奶　上状　下去状(二)　出
出来结　过结(四)　过来结(三)
起来状　开状　到趋
耐　下状(一)
喃喃　起来状

难产　起来状　到趋
难　上状　下去状(二)　起来状
到趋
难为　上状　下去状(二)　过结(四)
起来状　开状　到趋
嚷嚷　起来状
囊括　下结(一)　下来结(一)　进去趋
起来结(一)
攮　上结(一),状　上来趋(二)　上去结
下去状(二)　进趋　进去趋　出结
出来结　出去结　过趋(一)
过去趋(一)　起来状　开状　到趋,结
到……来趋　到……去趋
挠　上状　下结(一)　下来结(一)(三)
下去状(一)　进趋　进去趋　出
出来结　过结(四)　过去结(三)
起来趋,状　开状　到趋
到……来趋　到……去趋
恼　上状　下去状(二)　起来状　到趋
恼恨　起来状
闹(吵—)　上状　下来结(三)
下去状(二)　出结　出来结
过结(二)(四)　过去结(四)　起来结(一),状
开状　到趋　到……来趋
到……去趋
闹(～脾气)　上状　下去状(二)
过结(二)(四)　过去结(四)　起来状
开状　到趋
闹(～病、矛盾)　上状　下去状(二)
出结　出来结　过结(四)　起来状

开状 到趋

闹(搞) 上状 下来结(三) 起来状 开状

闹哄 上状 下去状(二) 起来状 开状 到趋

闹腾 上状 下来结(三) 下去状(二) 出结 出来结 过(四) 起来状 开结(三),状 到趋

内定 下来结(一) 出结 出来结

内耗 上状 下去状(二) 起来状

内讧 上状 起来状

拟 来趋 上状 下结(一) 下来结(一) 出结 出来结 过结(四) 过来结(三) 起来状 开状 到趋

拟定 下来结(一) 出结 出来结

拟订 下来结(一) 出结 出来结

逆行 上状 下去状(二) 起来状 开状

逆转 起来状

腻 起来状 到趋

腻烦 上状 下去状(二) 起来状 开状 到趋

腻味 上状 起来状 开状 到趋

溺爱 上状 下去状(二) 出结 出来结 起来状 开状 到趋

泥(～窗户) 上结(一),状 上去结 下去状(二) 出结 出来结 过结(四) 过来趋(一),结(三) 过去趋(一) 起来结(一),状 开状 到趋

拈 来趋 去趋 上来趋(一) 出趋

出来趋 过来趋(一) 过去趋(一) 起趋 起来趋 到趋 到……来趋 到……去趋

黏 上结(一) 起来状 到趋

黏附 上结(一) 上去结 下去状(二) 到趋

黏结 起来结(一) 到趋

撵 来趋 上趋(一),状 上来趋(一)(二) 上去趋(一)(二) 下趋(一),(一) 下来趋(一),结(一) 下去趋(一),结(一),状(二) 进趋 进来趋 进去趋 出趋,结 出来趋,结 出去趋 回趋 回来趋 回去趋 过结(四) 过来趋(一),结(三) 过去结(一) 起来状 开趋,状 到趋 到……来趋 到……去趋

捻 来趋 上趋(一),状 上来趋(一)(二) 上去结 下结(一) 下来结(一)(三) 下去状(二) 进趋 进去趋 出结 出来结 过(四) 过来趋(一),结(三) 过去趋(一) 起结(一) 起来结(一),状 开状 到趋

碾 来趋 去趋 上状 下结(一) 下来结 下去状(二) 出结 出来结(一),结(三) 过去趋(一) 起来状 开状 到趋

念 来结(三) 上状 上来结(二) 下来状(二) 下去状(二) 出结 出来结 回去趋 过结(四) 过来结(三) 起来状 开状 到趋 到……去趋

念(上学) 上状 下来结(三)
下去状(二) 过结(四) 起结(三)
起来状 开状 到趋

念叨 上状 下去状(二) 出结
出来结 过结(四) 过来结(三)
起来状 开状 到趋

酿 上结(一),状 下结(一) 下来结(一)(三)
下去状(二) 出结 出来结
过结(四) 起来状 开状 到趋

酿造 上状 下来结(三) 下去状(二)
出结 出来结 过结(四) 起来状
开状 到趋

鸟瞰 下去趋(一)

尿 来趋 去趋 上结(一),状
上来结(一) 上去结 下趋(一),结
下来趋(一) 下去趋(一) 进趋
进来趋 进去趋 出趋 出来趋
出去趋 过结(四) 过来趋(一)
过去趋(一) 起状 起来状 开(状)
到趋 到……来趋 到……去趋

捏 来趋 去趋,结(一) 上结(一)(二),状
上来结(一) 上去结 下结(一)
下来结(一) 下去结(一),状(二)
进趋 进来趋 进去趋 出结
出来趋,结 出去趋 回趋 回来趋
回去趋 过结(四) 过来趋(一),结(三)
过去趋(一) 起来结,状 开状
到趋 到……来趋 到……去趋

捏合 上状 下去状(二) 起来结
开状 到趋

捏造 上状 下去状(二) 出结
出来结 起来状 开状

嗫嚅 起来状

啮合 起来结(一)

拧(níng,～毛巾) 上状 下结(一)
下来结(一) 下去结(一),状(二)
出趋,结 出来趋,结 出去趋
过结(四) 过来趋,结(一),结(三)
过去趋(一) 起来状 开状 到趋
到……来趋 到……去趋

拧(níng,～耳朵) 上状 下结(一)
下来结(一) 下去结(一),状(二)
出结 出来结 起来状 开状
到趋

拧笑 上状 起来状 开状

凝 上结(一) 上去结 出结 出来结
起来结(一) 到趋 到……来趋
到……去趋

凝固 起来结(一) 到趋

凝集 起来结(一) 到趋

凝结 起来结(一) 到趋

凝聚 起来结(一) 到趋

凝视 上状 下去状(二) 起来状
到趋

凝望 起来状

凝滞 起来结(一)

拧(～螺丝钉) 上结(一),状 上去结
下结(一) 下来结(一) 下去结(一),状(二)
进趋 进去趋 出趋 出来趋
回趋 回去趋 过结(二)(四)

过来趋(一),结(三)　过去趋(一),结三
起状　起来状　开结(一),状　到趋
到……来趋　到……去趋

忸怩　上状　下去状(二)　起来状
　　　开状　到趋

扭(～头)　过来趋(二)　过去趋(二)
　　　开趋　到趋　到……来趋
　　　到……去趋

扭(走路身体摇动)　来趋　上状
上来趋(一)　下来趋(一)　下去状(二)
进来趋　进去趋　出来趋　出去趋
回来趋　回去趋　过来趋(一)
过去趋(一)　起来状　开状　到趋
到……来趋　到……去趋

扭打　上状　下去状(二)　进来趋
进去趋　出来趋　出去趋　回来趋
回去趋　过来趋(一)　过去趋(一)
起来状　开状　到趋　到……来趋
到……去趋

扭结　起来结(一)　到趋

扭转　过来趋(二),结(二)　过去趋(二)
起来状　到趋

浓缩　起来结(一)　到趋

弄(摆一)　上状　下去状(二)
起来状　开状　到趋

弄(搞)　来趋　去趋　上趋(一),结(二),状
上来趋(一),结(二)　上去趋(一),结(二)
下趋(一),结(一)　下来趋(一),结(一)
下去趋(一),结(一),状(二)　进趋
进来趋　进去趋　出趋,结　出来趋,结

出去趋　回趋　回来趋　回去趋
过趋(一),结(四)　过来趋(一),结(三)
过去趋(一)　起结(三),状　起来趋,状
开趋,结(一),状　到趋,结　到……来趋
到……去趋

奴役　下去状(二)　起来状　到趋

努(～嘴)　上状　出结　出来结
起来状　到趋

怒号　起来状

怒吼　起来状

怒视　起来状

暖　起来状　到趋

暖和　上状　下去状(二)　起来状
开状　到趋

虐待　上状　下去状(二)　出结
出来结　起来状　开状　到趋

虐杀　起来状

挪　来趋　去趋　上趋(一)(二),状
上来趋(一)(二)　上去趋(一)(二)
下趋(一)　下来趋(一)　下去趋(一),状(二)
进趋　进来趋　进去趋　出趋,结
出来趋,结　出去趋　过趋(一),结(四)
过来趋(一),结(三)　过去趋(一)　回趋
回来趋　回去趋　起来趋　开趋,状
到结　到……来趋　到……去趋

挪动　上状　下去状(二)　过结(四)
过来结(三)　起来状　开状

挪借　上状　下去状(二)　出去趋
过来趋(一)　过去趋(一)　起来状
开状　到趋　到……来趋

到……去趋
挪用　上状　下去状(二)　出结
　　　出来结　过来趋(一)　过去趋(一)

起来状　开状　到趋　到……来趋
到……去趋

O

讴歌　起来状
殴打　起来状　到趋
呕(～气)　上状　下去状(二)　出趋
　　　出来趋　过来结(三)　起来状
　　　开状　到趋
呕吐　上状　下去状(二)　起来状

沤　上结(一),状　上去结　下结(一)
　下来结(一)　下去状(二)　出结
　出来结　起来状　开状　到趋
　到……去趋

P

趴　上状　上去结　下趋(一)
　下来趋(一)　下去趋(一),状(二)
　出来结　回去趋　起来状　开状
　到趋　到……来趋　到……去趋
扒　来趋　去趋　上状　上来趋(一)(二)
　上去趋(一)(二)　下来趋(一)
　下去趋(一),状(二)　进趋　进来趋
　进去趋　出趋　出来趋　出去趋
　过结(四)　过来趋(一),结(三)
　过去趋　起趋　起来状
　开趋,结(二),状　到趋　到……来趋
　到……去趋
扒拉　上状　上来趋(一)　上去趋(一)
　下趋(一)　下来趋(一)　下去趋(一)

进趋　进来趋　进去趋　出趋
出来趋　出去趋　回趋　回来趋
回去趋　过趋,结(四)　过来趋(一),结(四)
过去趋(一)　起来状　开趋,状
到趋　到……来趋　到……去趋
耙　上状　下去状(二)　出结
出来结　过结(四)　过来趋(一),结(三)
过去趋(一)　起来状　开状　到趋
爬(一行)　来趋　去趋　上趋(一)(二),状
上来趋(一)(二)　上去趋(一)(二)
下趋(一)　下来趋(一)　下去趋(一),状(二)
进趋　进来趋　进去趋　出结
出来趋,结　出去趋　回趋　回来趋
回去趋　过趋(一),结(四)

过来_(趋(一),结(三)) 过去_(趋(一))
起来_状 开_(趋,状) 到_趋
到……来_趋 到……去_趋

爬(～树) 上_状 上来_(趋(一))
上去_(趋(一)) 过_(结(四)) 起来_状
开_状 到_趋 到……来_趋
到……去_趋

爬行 上_(趋(一)) 上来_(趋(一))
上去_(趋(一)) 下_(趋(一)) 下来_(趋(一))
下去_(趋(一),状(二)) 起来_状 到_趋
到……来_趋 到……去_趋

怕 上_状 下去_(状(二)) 出_结
出来_结 起来_状 开_状 到_趋

拍(～手) 去_(结(二)) 上_(结(一),状)
上去_结 下_(结(一)) 下去_(结(一),状(二))
进去_趋 出_结 出来_结 过_(结(三)(四))
起_状 起来_(趋,状) 开_状 到_趋
到……来_趋 到……去_趋

拍(一摄) 来_趋 去_趋 上_(结(二),状)
下_(趋,结(一)) 下来_(结(一)(三)) 下去_(结(二))
进_趋 进来_趋 进去_趋 出_结
出来_结 回_趋 回来_趋 回去_趋
过_(结(四)) 过来_(趋(一),结(三))
过去_(趋(一)) 起_(结(三),状) 起来_状
开_状 到_(趋,结) 到……来_趋
到……去_趋

拍(～电报) 来_趋 去_趋 上_结
下去_(状(二)) 出_结 出去_结 回_趋
回来_趋 回去_趋 过_(结(四)) 起_(结(三))
起来_状 开_状 到_趋 到……来_趋

到……去_趋

拍(～马屁) 上_状 上来_(结(二))
下来_(结(三)) 下去_(状(二)) 出_结
出来_结 过_(结(三)(四)) 过来_(结(三))
起来_状 开_状 到_趋 到……来_趋
到……去_趋

拍打 上_状 上去_(趋(二)) 下_(结(一))
下来_(结(一)) 下去_(结(一),状(二))
出_(趋,结) 出来_(趋,结) 出去_(趋,结)
过_(结(四)) 起_趋 起来_(趋,状) 开_状
到_趋 到……去_趋

拍发 出去_趋

拍卖 上_状 下去_(状(二)) 出_结
出来_结 出去_结 过_(结(四))
过来_(结(三)) 起来_状 开_状 到_趋

拍摄 来_趋 去_趋 上_(结(二),状)
下_(结(一)) 下来_(结(一)) 下去_(状(二))
进_趋 进来_趋 进去_趋 出_结
出来_结 过_(结(四)) 过来_(趋(一),结(三))
过去_(趋(一)) 起_(结(三)) 起来_状
开_状 到_趋

排(～队) 来_趋 上_(结(二),状)
上来_(趋(一)(二)) 上去_(趋(一)(二))
下_(结(一)) 下来_(趋(一)(二),结(一)(三))
下去_(趋(一)(二),状(二)) 进_趋 进来_趋
进去_趋 出_趋 出来_(趋,结)
出去_趋 回来_趋 过_(趋(一),结(四))
过来_(趋(一),结(三)) 过去_(趋(一))
起_(结(三)) 起来_状 开_(趋(二),状)
到_(趋,结) 到……来_趋 到……去_趋

排(一演) 上$_状$ 下来$_{结(一)(三)}$
　　下去$_{状(二)}$ 出$_结$ 出来$_结$ 过$_{结(四)}$
　　过来$_{结(三)}$ 起$_{结(三)}$ 起来$_状$
　　开$_状$ 到$_趋$

排(一除) 去$_{结(一)}$ 上$_状$
　　下去$_{结(一)}$ 进$_趋$ 出$_趋$ 出来$_趋$
　　出去$_趋$ 过来$_{结(三)}$ 起来$_状$
　　开$_状$ 到$_趋$ 到……去$_趋$

排斥 上$_状$ 下来$_{结(一)}$
　　下去$_{结(一),状(二)}$ 出$_趋$ 出来$_趋$
　　出去$_趋$ 过来$_{结(三)}$ 起来$_状$
　　开$_状$ 到$_趋$ 到……来$_趋$
　　到……去$_趋$

排除 上$_状$ 下去$_{结(一)}$ 出去$_趋$
　　过$_{结(四)}$ 过来$_{结(三)}$ 起来$_状$
　　开$_趋$ 到$_趋$

排灌 上$_状$ 起来$_状$

排挤 上$_状$ 下来$_{结(一)}$
　　下去$_{结(一),状(二)}$ 出$_趋$ 出来$_趋$
　　出去$_趋$ 过$_{结(四)}$ 过来$_{结(三)}$
　　起来$_状$ 开$_状$ 到$_趋$ 到……来$_趋$
　　到……去$_趋$

排解 上$_状$ 下去$_{结(一),状(二)}$ 出去$_趋$
　　过来$_{结(三)}$ 起来$_状$ 开$_状$

排练 上$_状$ 上来$_{结(二)}$ 下来$_{结(一)(三)}$
　　下去$_{状(二)}$ 出$_结$ 出来$_结$ 过$_{结(四)}$
　　过来$_{结(三)}$ 起$_{结(三)}$ 起来$_状$
　　开$_状$ 到$_趋$

排列 上$_{结(一),状}$ 上来$_{结(二)}$
　　上去$_结$ 下去$_{结(一)}$ 下来$_{结(一)}$

下去$_{状(二)}$ 进$_趋$ 进来$_趋$
进去$_趋$ 出$_结$ 出来$_结$ 回来$_趋$
过$_{结(四)}$ 过来$_{趋(一),结(三)}$
过去$_{趋(一)}$ 起来$_{结(一),状}$
开$_{结(二)(三),状}$

排遣 下去$_{结(一)}$ 起来$_状$

排泄 出$_结$ 出来$_趋$ 出去$_趋$
过$_{结(四)}$ 起来$_状$ 开$_状$ 到$_趋$
到……去$_趋$

排演 上$_状$ 下来$_{结(二)}$ 下去$_{状(二)}$
出$_结$ 出来$_结$ 过$_{结(四)}$
过来$_{结(三)}$ 起来$_状$ 开$_状$ 到$_趋$

排印 出$_结$ 出来$_结$

徘徊 上$_状$ 下去$_{状(二)}$ 起来$_状$
开$_状$ 到$_趋$

派 来$_趋$ 去$_趋$ 上$_{趋(一),结(二),状}$
上来$_{趋(一)}$ 上去$_{趋(一)}$ 下$_{趋(一),结(二)}$
下来$_{趋(一),结(三)}$ 下去$_{趋(一),状(二)}$
进$_趋$ 进来$_趋$ 进去$_趋$ 出$_{趋,结}$
出来$_{趋,结}$ 出去$_趋$ 回$_趋$
回来$_趋$ 回去$_趋$ 过$_{趋(一),结(四)}$
过来$_{趋(一),结(三)}$ 过去$_{趋(一)}$
起$_{结(三),状}$ 起来$_状$ 开$_状$ 到$_趋$
到……来$_趋$ 到……去$_趋$

派遣 出去$_趋$ 过$_{结(四)}$ 起来$_状$
到$_趋$ 到……来$_趋$ 到……去$_趋$

派生 上$_状$ 下去$_{状(二)}$ 出$_结$
出来$_结$

攀(一登,一缘) 上$_{趋(一),结(二),状}$
上来$_{趋(一),结(一)}$ 上去$_{趋(一),结}$

下去$_{状(二)}$　起来$_{状}$　开$_{状}$　到$_{趋}$
　　到……来$_{趋}$　到……去$_{趋}$
攀(拉关系)　上$_{结(二),状}$　起$_{结(三)}$
　　起来$_{状}$　开$_{状}$　到……来$_{趋}$
攀扯　上$_{结(一)}$
攀登　上$_{趋(一)}$　上去$_{趋(一)}$
　　上来$_{趋(一)}$　下去$_{状(二)}$　过$_{结(四)}$
　　起来$_{状}$　开$_{状}$　到$_{趋}$　到……来$_{趋}$
　　到……去$_{趋}$
攀附　到$_{趋}$
攀谈　上$_{状}$　下去$_{状(二)}$　开$_{状}$
　　起来$_{状}$
攀缘　上去$_{趋(一),结(一)}$　到$_{趋}$
　　到……去$_{趋}$
蹒跚　起来$_{状}$
盘剥　来$_{趋}$　去$_{趋}$　到$_{趋}$
盘查　上$_{状}$　下去$_{状(二)}$　出$_{结}$
　　出来$_{结}$　过$_{结(四)}$　起来$_{状}$　开$_{状}$
　　到$_{趋}$
盘点　上$_{状}$　下来$_{结(三)}$　下去$_{状(二)}$
　　出$_{结}$　出来$_{结}$　过$_{结(四)}$　过来$_{结(三)}$
　　起来$_{状}$　开$_{状}$　到$_{趋}$
盘桓　下去$_{状(二)}$　到$_{趋}$
盘结　到$_{趋}$　起来$_{结(一)}$
盘踞　上$_{结(一)}$　下去$_{状(二)}$
　　起来$_{结(一),状}$　到$_{趋}$
盘弄　起来$_{状}$
盘绕　起来$_{结(一)}$　到$_{趋}$
盘算　上$_{状}$　下来$_{结(三)}$　下去$_{状(二)}$
　　出$_{结}$　出来$_{结}$　过$_{结(四)}$　过来$_{结(三)}$

　　起来$_{状}$　开$_{状}$　到$_{趋}$
盘问　来$_{趋}$　上$_{状}$　下来$_{结(三)}$
　　下去$_{状(二)}$　出$_{结}$　出来$_{结}$　过$_{结(四)}$
　　过来$_{结(三)}$　起$_{状}$　起来$_{状}$　开$_{状}$
　　到$_{趋}$
盘旋　上$_{状}$　下去$_{状(二)}$　过来$_{趋(一)}$
　　过去$_{趋(一)}$　起来$_{状}$　开$_{状}$　到$_{趋}$
判　上$_{状}$　下来$_{结(三)}$　下去$_{状(二)}$
　　出$_{结}$　出来$_{结}$　过$_{结(四)}$　过来$_{结(三)}$
　　起来$_{状}$　开$_{状}$
判别　出$_{结}$　出来$_{结}$
判定　出$_{结}$　出来$_{结}$
判断　上$_{状}$　下去$_{状(二)}$　出$_{结}$
　　出来$_{结}$　过$_{结(四)}$　起来$_{状}$　开$_{状}$
判决　下来$_{结(三)}$　起来$_{状}$
叛变　上$_{状}$　下去$_{状(二)}$　过来$_{趋(一)}$
　　过去$_{趋(一)}$　起来$_{状}$　开$_{状}$　到$_{趋}$
　　到……来$_{趋}$　到……去$_{趋}$
叛乱　上$_{状}$　下去$_{状(二)}$　起来$_{状}$
襻　上$_{结(一)}$　起来$_{结(一)}$　到$_{趋}$
盼　来$_{趋}$　去$_{趋}$　上$_{结(二),状}$
　　下去$_{状(二)}$　出$_{结}$　出来$_{结}$
　　回来$_{趋}$　起来$_{状}$　开$_{状}$　到$_{趋,状}$
盼望　来$_{趋}$　上$_{状}$　起来$_{状}$　开$_{状}$
　　到$_{趋}$
旁观　上$_{状}$　下去$_{状(二)}$　起来$_{状}$
　　到$_{趋}$
旁听　上$_{状}$　下来$_{结(三)}$　下去$_{状(二)}$
　　过$_{结(四)}$　过来$_{结(三)}$　起来$_{状}$
　　开$_{状}$　到$_{趋}$

彷徨　上状　下去状(二)　起来状
　　　开状　到趋

榜　上状　下来结(三)　下去状(二)
　　出结　出来结　回来趋　回去趋
　　过结(四)　过来趋(一),结(三)
　　过去趋(一)　起来状　开状　到趋,结

抛(扔)　来趋　去趋　上趋(一),状
　　上来趋(一)　上去趋(一)　下趋(一),结(一)
　　下来趋(一)　下去趋(一),状(二)　进
　　进来趋　进去趋　出　出来
　　出去趋　回趋　回来趋　回去趋
　　过趋(一),结(三)　过来趋　过去趋(一)
　　起来状　开状　到趋　到……来趋
　　到……去趋

抛(丢下)　下结(一)　开趋　到
　　到……来趋　到……去趋

抛(一售)　出趋　出去趋

抛弃　到趋

抛售　上状　下去状(二)　出趋
　　起来状　开状　到趋　到……来趋
　　到……去趋

抛掷　过来趋(一)　过去趋(一)

炮制　上状　下去状(二)　出结
　　出来结　过结(四)　过结(三)
　　起来状　开状

咆哮　上状　下去状(二)　起来状
　　开状　到趋

刨　来趋　去趋,结(一)　上结(一),状
　　上来趋(一),结(二)　上去趋(一),结
　　下结(一)　下来趋(一),结(一)

下去趋(一),状(二)　进趋　进来趋
进去趋　出趋　出来趋,结
出去趋　回趋　回来趋　回去趋
过趋(一),结(四)　过来趋(一),结(三)
过去趋(一)　起来状　开去,状
到趋,结　到……来趋　到……去趋

跑(~步)　来趋　去趋
上趋(一),(二),结(二),状　上来趋(一)(二)
上去趋(一)(二)　下趋(一)
下来趋(一),结(二)(三)　下去趋(一),状(二)
进趋　进来趋　进去趋　出趋,结
出来趋,结
过趋(一),结(二)(三)(四)　过来趋(一),结(三)
过去趋(一)　回趋　回来趋　回去趋
起状　起来状　开趋,结(三),状
到趋,结　到……来趋　到……去趋

跑(逃走)　进趋　进去趋　出趋
出来趋　出去趋　回趋　回来趋
回去趋　过结(四)　过来趋(一)
过去趋(一)　起来状　开状　到趋
到……来趋　到……去趋

跑(为某事奔走)　来趋　上趋
下去状(二)　出结　出来结　回趋
回来趋　回去趋　过结(四)
过来结(三)　起结(三)　起来状
开状　到趋　到……来趋
到……去趋

跑(~气、电)　上状　下来结(三)
下去状(二)　出趋　出来趋
出去趋　起来状　开状　到趋

到……来趋　到……去趋

跑（挥发）　出来趋　出去趋
　起来状

泡（浸一）　来趋　去趋,结(一)
　上状　上去结　下结(一)
　下来结(一)(三)　下去结(一),状(二)
　进趋　进来趋　进去趋　出结
　出来结　出去趋　过结(四)
　过来趋(一),结(三)　过去趋(一)
　起来结(一),状　开结(一)(二),状　到趋
　到……来趋　到……去趋

泡（～时间）　上状　下去状(二)
　过去结(一)　起结(三)　起来状
　开状　到趋

炮击　上状　下来结(三)　下去状(二)
　出结　出来结　过结(四)　过来结(三)
　起来状　开状　到趋　到……来趋
　到……去趋

培　上结(一),状　上来结(一)　上去结
　起来状　开状　到趋　到……来趋
　到……去趋

培训　上状　下来结(三)　下去状(二)
　出结　出来结　过结(四)　过来结(三)
　起结(三)　起来状　开状　到趋

培养（～细菌）　上状　下来结(三)
　下去状(二)　出结　出来结
　过结(四)　起来状　开状　到趋

培养（～人才）　来趋　上状
　下来结(三)　下去状(二)　出结
　出来结　过结(四)　过来结(三)

起结(三)　起来结(一),状　开状
到趋

培育　上状　下来结(三)　下去状(二)
　出结　出来结　过结(四)　过来结(三)
　起来状　开状　到趋

培植　上状　下来结(三)　下去状(二)
　出结　出来结　过结(四)　过来结(三)
　起来状　开状　到趋

赔　来趋　上结(一),状　上去结
　下来结(三)　下去状(二)　进趋
　进去趋　出趋　出去趋　回去趋
　过结(四)　过来结(三)　起结(三)
　起来状　开状　到趋

赔偿　上状　下去状(二)　出去趋
　起来状　开状　到趋

陪　上状　上来结(一)　上去结(一)
　下来趋(一),结　下去状(二)
　进来趋　进去趋　出来趋　出去趋
　回来趋　回去趋　过结(四)
　过来趋(一),结(三)　过去趋(一)
　起结(三)　起来状　开状　到趋
　到……来趋　到……去趋

陪伴　起来状　到趋
陪衬　起来结(一)　到趋
陪审　起来状
陪送　出去趋

配（交一）　上结(一)(二),状
　过来结(三)　起来状　开状

配（～颜色）　来趋　去趋
　上结(一)(二),状　上来结(二)　下结(一)

下来结(三)　下去状(二)　进
出结　出来结　回来趋　过结(四)
过来结(三)　起结(三)　起来结(一),状
开状　到趋,结　到……来趋
到……去趋

配(～零件)　来趋　上结(一)(二),趋
上去结　回来趋　过结(四)
过来结(三)　起结(三)　起来状
开状　到趋,结

配(相一)　上结(一)　起来状　到趋
到……来趋　到……去趋

配(够得上)　上结(一)

配备　来趋　去趋　上结(一)
上来结(一)　上去结　下结(一)
下来结(一)　出结　出来结
过结(四)　过来结(三)　过来结(一)
到趋　到……去趋

配搭　上状　出结　出来结
起来状　到趋

配合　上结(一),状　下来结(三)
下去状(二)　出结　出来结　过结(四)
过来结(三)　起来结(一),状　到趋

配给　上状　下去状(二)　起来状
开状　到趋

配制　来趋　去趋　上结(二),状
下来结(三)　下去状(二)　出结
出来结　起来状　开状　到趋

配置　上结(一)

佩　上结(一)

佩戴　上结(一),状　上去结

下来结(三)　下去状(二)　出趋
出来趋　起结(三)　起来状　到趋

佩服　上状　起来状　开状　到趋

喷　来趋　去趋　上结(一),结(一)(二),状
上来结(一)(二)　上去结(一)(二),结
下趋(一)　下来趋,结(三)
下去结(一),状(二)　进趋　进来趋
进去趋　出趋,结　出来趋
出去趋　过来结(一),结(四)
起状　起来状　开状　到趋,结
到……来趋　到……去趋

喷发　出趋　出来趋

喷溅　出去趋　到趋

喷洒　来趋　上结(一),状　上去结
下来结(一),结(三)　下去结(一),状(二)
进趋　进来趋　进去趋　出趋,结
出来趋,结　出去趋　过结(一),结(四)
过来趋(一),结(三)　过去趋(一)　起
起来状　开结(二),状　到趋,结
到……来趋　到……去趋

喷射　来趋　上结(一),结　上来结(一)
上去结　下来结(一),结(三)
下去趋(一),状(二)　进趋　进来趋
进去趋　出趋,结　出来趋,结
出去趋　回来趋　回去趋
过来趋(一)　过去趋(一)　起来趋
开状　到趋　到……来趋
到……去趋

喷吐　出去趋

烹　上状　出结　出来结　起来状
　　开状

烹调　出结　出来结

抨击　上状　下去状(二)　出结
　　出来结　起来状　开状

膨　起结(一)　起来结(一)

膨胀　上状　下去状(二)　起来结(一)
　　开状　到趋

蓬　起结(一)　起来结(一)

捧(双手一)　来趋　去趋
　　上趋(一)(二),状　上来趋(一)(二)
　　上去趋(一)(二)　下趋(一)(二)
　　下来趋(一)(二),结(三)　下去趋(一)(二),状(二)
　　进趋　进来趋　进去趋　出趋,结
　　出来趋,结　出去趋　回趋　回来趋
　　回去趋　过来趋(一),结(三)
　　过去趋(一)　起趋,状　起来趋,状
　　开状　到趋　到……来趋
　　到……去趋

捧(奉承)　上趋(一),结(二),状
　　上来趋(一)　上去趋(一)　下来结(三)
　　下去状(二)　出结　出来结　过结(四)
　　起来状　开状　到……来趋
　　到……去趋

碰(一撞)　上结(一),状　上去趋(二),结
　　下来趋(一)　下去趋(一)　进,结
　　进来趋　进去趋,结　出趋,结
　　出来趋,结　出去趋　回来趋
　　回去趋　过趋(三)　过来趋(一)
　　过去趋(一)　起趋,状　开趋,结(一),状

到趋　到……来趋　到……去趋

碰(遇见)　上结(一)　到趋

碰(～运气)　上状　起来状　到趋

批(～文件)　来趋　上结(一),状
　　下结(一)　下来结(一)　下去状(二)
　　出结　出来结　回来趋　过结(四)
　　过来结(三)　起来状　开状　到趋
　　到……来趋　到……去趋

批(一判)　上状　下来结(三)
　　下去结(一),状(二)　过结(四)
　　过来结(三)　起来状　开状　到趋

批驳　上状　下来结(三)
　　下去结(一),状(二)　回去趋　起来状
　　开状

批点　起来状　开状

批改　上状　下来结(三)　下去状(二)
　　出结　出来结　过结(四)　过来结(三)
　　回来趋　起来状　开状　到趋

批判　上状　下来结(三)　下去状(二)
　　过结(四)　过来结(三)　起来状
　　开状　到趋　到……来趋
　　到……去趋

批评　上状　下来结(三)　下去状(二)
　　过结(四)　过来结(三)　过去结(四)
　　起来状　开状　到趋　到……来趋
　　到……去趋

批示　下来结(一)　下去结(一)
　　出来结

批注　出结　出来结

披(～衣服)　来趋　去趋　上结(一),状

上来趋(一),结(一)　上去趋(一),结
下来趋(一)　下去趋(一),状(二)
进来趋　进去趋　出来趋　出去趋
回趋　回来趋　回去趋　过来趋(一)
过去趋(一)　起状　起来状　开状
到趋　到……来趋　到……去趋

披(裂)　开结(一)
披挂　上结(一)　起来结(一)
披露　出来趋　出去趋　到趋
披散　上状　下来趋(一)　起来状
　　开结(二)　到趋
劈(～柴)　来　上状　上来结(二)
　上去结　下趋(一)　下来趋(一),结(三)
　下去趋(一),状(二)　进趋　进去趋
　出结　出来结　回趋　回来趋
　回去趋　过结(四)　过来趋(一),结(三)
　过去趋(一)　起来状　开结(一),状
　到趋　到……来趋　到……去趋
劈(雷～)　下结(一)　下来结(一)
　下去趋(一)　开结(一)
疲惫　起来状　到趋
疲乏　起来状　到趋
劈(分开)　上状　下去趋结(二)
　过来结(三)　起来状　开结(一),状
　到趋
劈(使分离)　来趋　去结(一)
　上状　下结(一)　下来结(一)
　下去趋(一),状(二)　回趋　回来趋
　回去趋　过结(四)　过来结(三)
　起来状　开结(一),状　到趋

劈(～腿)　上状　出来结　起来状
　开结,状　到……去趋
偏爱　上状　下去趋(二)　起来状
　到趋
偏废　起来状　到趋
偏离　下去趋(二)　起来状　到趋
偏袒　上状　下去趋(二)　出结
　出来结　起来状　开状　到趋
偏疼　起来状
偏向　上状　下去趋(二)　出结
　出来结　起来状　开状　到趋
偏重　到趋
偏转　到趋
便宜　上状　下去趋(二)　起来状
　开状　到趋
骗　来趋　去趋　上趋(一)(二),状
　上来趋(一)(二)　上去趋(一)(二)
　下趋(一)　下来趋(一),结(三)
　下去趋(一),状(二)　进趋　进来趋
　进去趋　出趋,结　出来趋,结
　出去趋　回趋　回来趋　回去趋
　过趋(一),结(一)(四)　过来趋(一),结(三)
　过去趋(一)　起来状　开趋,结,状
　到……来趋　到……去趋
漂　来趋　去趋　上趋(一),状
　上来趋(一)　上去趋(一)　下趋(一)
　下来趋(一),结(三)　下去趋(一),状(二)
　进趋　进来趋　进去趋　出趋,结
　出来趋,结　出去趋　回来趋
　回去趋　过趋(一),结(四)

过来_{趋(一),结(三)} 过去_{趋(一)}
起来_状 开_{趋,状} 到_趋
到……来_趋 到……去_趋

漂浮 上来_{趋(一)} 下去_{状(二)}
过来_{趋(一)} 过去_{趋(一)} 起来_{趋,结}
到_趋 到……来_趋 到……去_趋

漂移 过来_{趋(一)} 过去_{趋(一)}
到……去_趋

飘 来_趋 去_趋 上_{趋(一),状}
上来_{趋(一)} 上去_{趋(一)} 下_{趋(一)}
下来_{趋(一),结(三)} 下去_{趋(一),状(二)}
进_趋 进来_趋 进去_趋 出_趋
出来_趋 出去_趋 回_趋 回来_趋
回去_趋 过_{趋(一)} 过来_{趋(一)}
过去_{趋(一)} 起_趋 起来_{趋,状}
开_{趋,状} 到_趋 到……来_趋
到……去_趋

飘泊 上_状 下来_{结(三)} 下去_{状(二)}
过来_{结(一)} 过去_{结(一)} 起来_状
开_状 到_趋 到……来_趋
到……去_趋

飘荡 上_状 过来_{趋(一)} 过去_{趋(一)}
起来_状 开_状

飘零 下来_{趋(一)} 起来_状 到_趋

飘流 来_趋 去_趋 上_状 下来_{趋(一)}
下去_{趋(一),状} 进_趋 进来_趋
进去_趋 出_趋 出来_趋 出去_趋
回来_趋 回去_趋 过_{趋(一)}
过来_{趋(一)} 过去_{趋(一)} 起来_状
开_状 到_趋 到……来_趋

到……去_趋

飘落 下来_{趋(一)} 过来_{趋(一)}
过去_{趋(一)} 起来_状 到_趋

飘洒 下来_{趋(一)} 过来_{趋(一)}
过去_{趋(一)} 起来_状 到_趋

飘舞 上_状 过来_{趋(一)} 过去_{趋(一)}
起来_状 到_趋

飘扬 下去_{状(二)} 起来_状 到_趋

飘摇 起来_状

飘悠 上_状 下去_{状(二)} 进来_趋
进去_趋 出来_趋 出去_趋
过来_{趋(一)} 过去_{趋(一)} 起来_状
开_状 到_趋 到……来_趋
到……去_趋

嫖 上_状 下来_{结(三)} 下去_{状(二)}
进去_趋 出_结 出来_结 起_{结(三)}
起来_状 开_状 到_趋

漂（一白） 来_趋 去_{结(一)}
上_{结(一),状} 下来_{结(一)(三)}
下去_{结(一),状(二)} 出_结 出来_结
起_状 起来_状 开_状 到_趋

漂白 上_状 出_结 出来_结

票选 出_结 出来_结

撇（一弃） 下_{结(一)} 下去_{结(一)}
开_趋 到_趋 到……去_趋

撇（～油） 来_趋 去_{结(一)} 上_状
下_{结(一)} 下来_{结(一)} 下去_{结(一)}
出_趋 出来_趋 出去_趋 回_趋
回来_趋 回去_趋 过_{结(四)}
过来_{结(三)} 起来_状 开_状 到_趋

瞥 来趋 去趋 到结

撇（～石头）来趋 去趋 上趋（一）,状
上来趋（一） 上去趋（一） 下趋（一）
下来趋（二）,结（三） 下去趋（一）,状（二）
进趋 进来趋 进去趋 出趋,结
出来趋,结 出去趋 回趋 回来趋
回去趋 过趋（一） 过来趋（一）,结（三）
过去趋（一） 起来状 开状 到结
到……来趋 到……去趋

撇（～嘴） 上状 下来趋（一）
开状 到……去趋

拼（一合） 上结（一）,状 上来结（二）
上去结 下来结（二） 下去状（二）
进趋 进去趋 出结 出来结
过结（四） 过来趋（一）,结（三）
过去趋（一） 起结（一）,状 起来结（一）,状
开状 到趋 到……去趋

拼（～命） 来趋 上状 上去结
下来结（三） 下去状（二） 进去趋
出结 出来结 回来趋 过结（三）
起来状 开状 到趋

拼刺 过结（三） 起来状

拼凑 来趋 上结（一）,状 上来结（二）
上去结 下来结（二） 下去状（二）
进趋 进去趋 出结 出来结
过结（四） 过来趋（一） 过去趋（一）
起结（一）,状 起来结（一）,状 开状
到趋 到……来趋 到……去趋

拼写 上状 上来结（二） 下来结（一）

出结 出来结 过结（四） 起来状
开状 到趋

姘居 上状 下来结（一）（三）
下去状（二） 起来状 到趋

品 上状 下去状（二） 出结 出来结
过结（四） 过来结（三） 起结（三）
起来状 开状 到趋

品尝 上状 下去状（二） 出结
出来结 过结（四） 过来结（三）
起结（三） 起来状 开状 到趋

品评 上状 出结 出来结
起来状 开状

聘 来趋 去趋 上结（二）,状 下结（一）
下来结（一） 下去结（二） 回来趋
回去趋 过结（四） 过来趋（一）,结（三）
过去趋（一） 起结（三） 起来状
开状 到趋,结 到……来趋
到……去趋

聘请 来趋 去趋 上状 下去状（二）
进趋 进来趋 进去趋 回来趋
回去趋 过结（四） 过来趋（一）,结（三）
过去趋（一） 起结（三） 起来状
开状 到趋,结 到……来趋
到……去趋

聘任 上状 下去状（二） 起来状
开状

平（～地） 上状 下来状
下去状（二） 出来结 开状 到趋

平定 下来状 下去状（一） 起来状
到趋

平复　下去_状(一)

平衡　上_状　过_结(四)　起来_状
　　　开_状　到_趋

平列　起来_结(一)　到_趋

平息　下来_状　下去_状(一)

平整　上_状　出来_结　过_结(四)
　　　起来_状　开_状　到_趋

评(一论)　来_结(三)　上_状
　　下来_结(三)　下去_结(二)　过_结(四)
　　过来_结(三)　起来_状　开_状　到_趋

评(一选、一判)　上_结(二),状
　　上来_趋(一)　上去_趋(一)　下_结(一)
　　下来_结(一)(三)　下去_结(一),状
　　出_结　出来_结　过_结(四)　过来_结(三)
　　起来_状　开_状　到_趋

评比　上_状　下来_结(三)　下去_状(二)
　　出_结　过_结(四)　过来_结(三)
　　起来_状　开_状

评定　出_结　出来_结

评价　上_状　过_结(四)　起来_状
　　开_状

评介　上_状　起来_状　开_状

评论　上_状　下来_结(三)　下去_状(二)
　　出_结　出来_结　过_结(四)　过来_结(三)
　　起来_状　开_状　到_趋

评判　上_状　下来_结(三)　下去_状(二)
　　出_结　出来_结　过_结(四)　过来_结(三)
　　起来_状　开_状　到_趋

评选　上_状　下来_结(三)　下去_状(二)
　　出_结　出来_结　过_结(四)　过来_结(三)

起来_状　开_状　到_趋

评议　上_状　下来_结(三)　下去_状(二)
　　出_结　出来_结　过_结(四)　过来_结(三)
　　起来_状　开_状　到_趋

评阅　上_状　下来_结(三)　下去_状(二)
　　出_结　出来_结　过_结(四)　过来_结(三)
　　起来_状　开_状　到_趋

评注　出来_结

凭(根据)　上_状　起来_状　开_状

凭吊　起来_状

泼　来_趋　去_趋　上_趋(一),结(一),状
　　上来_趋(一)　上去_趋(一),结(一)
　　下_趋(一)　下来_趋(一),结(三)
　　下去_趋(一),状(二)　进_趋　进来_趋
　　进去_趋　出_趋,结　出来_趋,结
　　出去_趋　回_趋　回来_趋　回去_趋
　　过_趋(一),结(三)(四)　过来_趋(一),结(三)
　　过去_趋(一)　起_状　起来_状
　　开_结(二),状　到_趋　到……来_趋
　　到……去_趋

破(～木板)　上_状　下_结(一)
　　下来_结(三)　下去_状(二)　出_结
　　出来_结　过_结(四)　过来_结(三)
　　起来_状　开_结(一),状　到_趋

破(～钱)　来_趋　上_状　起来_状
　　开_结(一),状

破(～纪录)　开_结

破(～案)　上_状　起来_状　开_状
　　到_趋

破除　上_状　下去_状(一)(二)　起来_状

到_趋

破费　上_状　下去_状(二)　开_状

破坏　上_状　下来_结(三)　下去_状(二)
　　　出_结　过_结(四)　过来_结(三)
　　　起来_状　开_状　到_趋　到……来_趋

破获　来_趋　到_状

破灭　下去_状(一)　起来_状

破裂　下去_状(二)

破碎　到_趋

破损　到_趋

迫害　上_状　下来_结(三)　下去_状(二)
　　　出_结　出来_结　过_结(四)　过来_结(三)
　　　起来_状　开_状　到_趋　到……来_趋
　　　到……去_趋

剖　开_结(一)

剖析　起来_状

铺　上_结(一),状　上来_结(一)　上去_结
　　_状
　　　进_趋　进来_趋　进去_趋　出_趋
　　　出来_趋　出去_趋　回_趋　回来_趋
　　　回去_趋　过_结(四)　过来_结(一),结(三)
　　　过去_趋(一)　起_结(三)　起来_结(一),状
　　　开_结(二),状　到_趋　到……来_趋
　　　到……去_趋

铺垫　上_状　下来_结(一)　出来_结
　　　起来_状

铺展　开_结(二)

铺张　上_状　下去_状(二)　起来_状
　　　开_状　到_趋

扑(用力向前冲)　来_趋　去_趋
　　　上_趋(一)(二),状　上来_趋(一)(二)

上去_趋(一)(二)　下来_趋(一)
下去_趋(一)　进_趋　进来_趋
进去_趋　出_趋　出来_趋　出去_趋
回来_趋　过_趋(一)　过来_趋(一)
过去_趋(一)　起来_状　开_状　到_趋
到……来_趋　到……去_趋

扑(拍打)　上_状　起来_状　开_状
　　　到_趋　到……来_趋　到……去_趋

扑打　上_状　下去_状(二)　过来_趋(一)
　　　过去_趋(一)　起来_状　开_状　到_趋

扑救　上_状　下去_状(一)　起来_状
　　　开_状

扑棱　上_状　下去_状(二)　起来_趋,状
　　　开_状　到_趋　到……来_趋
　　　到……去_趋

扑闪　上_状　起来_状　开_状

扑腾　上_状　下去_状(二)　起来_状
　　　开_状　到_趋

匍匐　上来_趋(一)(二)　上去_趋(一)(二)
　　　过来_趋(一)　过去_趋(一)　到……来_趋
　　　到……去_趋

普查　上_状　下来_结(三)　下去_状(二)
　　　出_结　出来_结　过_结(四)　过来_结(三)
　　　起来_状　开_状　到_趋　到……来_趋
　　　到……去_趋

普及　上_状　下去_状(二)　过_结(四)
　　　过来_结(三)　起来_状　开_结(二),状
　　　到_趋　到……来_趋　到……去_趋

普选　上_状　起来_状　开_状　到_趋

普照　到_趋

谱　来$_趋$　上$_{结(一)}$,$_状$　上去$_结$　　起来$_状$　开$_状$　到$_趋$
　　下$_{结(一)}$　下来$_{结(一)(三)}$　下去$_{状(二)}$　谱写　下$_{结(一)}$　下去$_{状(二)}$　出$_结$
　　出$_结$　出来$_结$　过$_{结(四)}$　过来$_{结(三)}$　　出来$_结$　起来$_状$　开$_状$　到$_趋$

Q

期待　上$_状$
欺负　上$_状$　下去$_{状(二)}$　起来$_状$
　　开$_状$　到$_趋$　到……来$_趋$
欺凌　下去$_{状(二)}$
欺骗　来$_趋$　上$_状$　下去$_{状(二)}$
　　起来$_状$　开$_状$　到$_趋$　到……来$_趋$
欺侮　起来$_状$　到$_趋$
欺压　起来$_状$　到$_趋$
欺诈　起来$_状$
漆　上$_{结(一)}$,$_状$　上来$_{趋(一)}$,$_{结(二)}$
　　上去$_{趋(一)}$,$_结$　下来$_{趋(一)}$,$_{结(三)}$
　　下去$_{趋(一)}$,$_{状(二)}$　进来$_趋$　进去$_趋$
　　出来$_{趋,结}$　过$_{结(四)}$
　　过来$_{趋(一)}$,$_{结(三)}$　过去$_{趋(一)}$
　　起来$_状$　开$_{状,结}$　到$_{趋,结}$
　　到……来$_趋$　到……去$_趋$
沏　来$_趋$　上$_{结(一)}$,$_状$　上来$_{趋(一)}$
　　下$_{结(一)}$　下来$_{结(一)}$　下去$_{状(二)}$
　　出$_结$　出来$_结$　过$_{结(四)}$　过来$_{结(三)}$
　　起来$_状$　开$_{状(二)(三)}$,$_状$
　　到……来$_趋$　到……去$_趋$
栖身　起来$_状$　到$_趋$
缉　上$_{结(一)}$　上去$_{结(一)}$　下去$_{状(二)}$
　　出$_结$　出来$_结$　过$_{结(四)}$

过来$_{趋(一)}$,$_{结(三)}$　过去$_{趋(一)}$
起来$_状$　开$_状$　到$_趋$　到……去$_趋$
齐唱　上$_状$
齐集　到$_趋$
齐奏　起来$_状$
歧视　上$_状$　下去$_{状(二)}$　出来$_结$
　　起来$_状$　开$_状$　到$_趋$
奇袭　过来$_{趋(一)}$　过去$_{趋(一)}$
骑　来$_趋$　去$_趋$　上$_{趋(一)}$,$_{结(一)(二)}$,$_状$
　　上去$_{趋(一)}$,$_结$　上来$_{趋(一)}$,$_{结(一)}$
　　下$_{趋(一)}$　下来$_{趋(一)}$,$_{结(三)}$
　　下去$_{趋(一)(二)}$,$_{状(二)}$　进$_趋$　进来$_趋$
　　进去$_趋$　出$_{趋,结}$　出来$_{趋,结}$
　　出去$_趋$　过$_{结(四)}$　过来$_{趋(一)}$,$_{结(三)}$
　　过去$_{趋(一)}$　回$_趋$　回来$_趋$
　　回去$_趋$　起$_{结(三)}$　起来$_状$
　　开$_{结(三)}$,$_状$　到$_趋$　到……来$_趋$
　　到……去$_趋$
祈祷　上$_状$　下去$_{状(二)}$　过$_{结(四)}$
　　起来$_状$　开$_状$　到$_趋$
祈求　上$_状$　起来$_状$　开$_状$
启　开$_{结(一)}$
启动　上$_状$
启发　上$_状$　下去$_{状(二)}$　过$_{结(四)}$

起来状 开状 到趋
启用 上状 起来状
乞求 上状 开状
乞讨 上状 下去状(二) 过结(四)
起来状 开状 到趋 到……来趋
到……去趋
起(立一) 来趋 开状
起(升一) 来趋 到趋
起(～疱) 上状 起来状 开状
到……来趋 到……去趋
起(～货) 来趋 去趋 上状
上来趋(一) 上去趋(一) 下结(一)
下来结(一) 下去结(一),状(二)
出趋 出来趋 出去趋 回趋
回来趋 回去趋 过结(四)
过来趋(一),结(三) 过去趋(一)
开状 到趋 到……来趋
到……去趋
起(发生) 上状 开状
起(一草) 上状 开状
起(买,～票) 来趋 去趋
上结(二),状 出结 出来结
回来趋 开状 到结
起吊 到趋
起诉 上状 开状
起用 上状
泣诉 起来状
弃绝 下去结(一)
弃置 下去结(二)
契合 起来结(一)

砌 上结(一),状 上来趋(一),结(一)
上去趋,结 下结(一)
下来结(一),结(三) 下去状(二)
进趋 进来趋 进去趋 出结,结
出来趋,结 出去趋 回来趋
回去趋 过结(四) 过来趋(一),结(三)
过去趋(一) 起结(一),结(三) 起来趋(一),状
开状 到趋 到……来趋
到……去趋
器重 起来状 到趋
气 上状 下去状(二) 出结 出来结
过熟 回来趋 回去趋 起来状
开状 到趋 到……来趋
到……去趋
掐(～花) 来趋 去趋(一)
上趋(一),结(一),状 上来趋(一)
上去趋(一),结 下结(一) 下来趋(一)
下去结(一),状(二) 进趋 进来趋
进去趋 出结 出来结 过结(四)
过来趋(一),结(三) 过去趋(一) 回趋
回来趋 回去趋 起来结(一),状
开状 到趋
掐(～腰) 上状 起来状 开状
掐算 上状 下去状(二) 出结
出来结 过结(四) 起来状 开状
到趋
卡 上结(一) 上去结 下去状(二)
到趋
洽商 上状 下去状(二) 出结
出来结 过结(四) 起来状 开状

到趋

谦让 上状 下去状(二) 出来结
起来状 开状 到趋

谦虚 上状 下去状(二) 出来结
起来状 开状 到趋

牵 来趋 去趋 上趋(一)(二),结(一),状
上来趋(一)(二) 上去趋(一)(二)
下趋(一) 下来趋(一) 下去趋(一),状(二)
进趋 进来趋 进去趋 出趋,结
出来趋,结 出去趋 回趋 回来趋
回去趋 过趋(一),结(四)
过来趋(一),(三) 过去趋(一)
起趋 起来趋,状 开趋,状
到趋 到……来趋 到……去趋

牵扯 上结(一) 上来结(一) 上去结
下去状(二) 进趋 进来趋
进去趋 到趋 到……来趋
到……去趋

牵动 起趋

牵挂 上状 下去状(二) 起来状
开状

牵累 上结(一) 上去结 到趋
到……来趋 到……去趋

牵连 上结(一) 上来结(一)
上去结 下去状(二) 进趋 进来趋
进趋 到趋 到……来趋
到……去趋

牵涉 到趋

牵引 来趋 上趋(一),状 上来趋(一)
上去趋(一) 下趋(一) 下来趋(一)

下去趋(一),状(二) 进趋 进来趋
进去趋 出趋 出来趋 出去趋
回趋 回来趋 回去趋
过趋(一),结(四) 过来趋(一),(三)
过去趋(一) 起来状 开趋,状
到趋 到……来趋 到……去趋

牵制 上状 下去状(二)

签(～字) 来趋 上结(一),状
上去结 下结(一) 下去状(二)
出结 出来结 过结(四) 过来结(三)
起来状 开状 到趋 到……来趋
到……去趋

签(～衣服里子) 上结(一),状
上去结 起来结(一),状 到趋
到……来趋 到……去趋

签订 下结(一) 下来结(一) 过结(四)
过来结(三) 起来状

签发 上状 下来趋(一) 下去趋(一)
出去趋 过结(四) 过来结(三)
起来状 开状 到趋

签署 上状 下来趋(一) 下去状(二)
出去趋 过结(四) 过来结(三)
起来状 开状 到趋

铅印 上状 下去状(二) 出结
出来结 过结(四) 过来结(三)
起来状 开状

迁 来趋 上趋(一) 上来趋(一)
上去趋(一) 下趋(一) 下来趋(一)
下去趋(一),状(二) 进趋 进来趋
进去趋 出趋 出来趋 出去趋

回趋　回来趋　回去趋　过结(四)
过来趋(一),结(四)　过去趋(一)　到……来趋　到……去趋

迁就　上状　下去状(二)　出结
出来结　起来状　开状　到趋

迁居　到趋

迁徙　到趋

迁移　出来趋　出去趋　回来趋
回去趋　过结(四)　过来趋(一),结(三)
过去趋(一)　起来状　到趋
到……来趋　到……去趋

潜伏　来趋　上结(一),状　下来趋
下去状(二)　进去趋　过去趋(一)
起来状　到趋　到……来趋
到……去趋

潜入　到趋　到……去趋

潜逃　出去趋　回去趋　到……去趋

潜泳　到趋

钳制　起来结(一)

遣返　回趋　回来趋　回去趋
到趋　到……去趋

遣散　出去趋　回去趋　到……去趋

遣送　来趋　上趋(一),状　上来趋
上去趋(一)　下趋　下来趋
下去趋(一),状(二)　进趋　进来趋
进去趋　出趋　出来趋　出去趋
回趋　回来趋　回去趋
过趋(一),结(四)　过来趋(一),结(四)
过去趋(一)　起来状,状　开趋,状
到趋　到……来趋　到……去趋

谴责　上状　下去状(二)　过结(四)
起来状　开状　到趋

欠　上状　下结(一)　下来结(一)
下去状(二)　起来状　开状　到趋
到……去趋

欠(～身)　上状　起趋　起来趋,状

嵌　上结(一)　上来结(一)　上去结
进趋　进去趋　起来结(一)　到趋
到……去趋

枪毙　上状　下去状(二)　起来状
开状　到趋

枪决　上状　下去状(二)　起来状
开状　到趋

呛　上状　下去状(二)　进趋
进去趋　出结　出来结　起来状
开状　到……来趋　到……去趋

戕害　起来状

强调　上状　下来结(三)　下去状(二)
进去趋　过结(四)　过来结(三)
起来状　开状　到趋

强攻　上状　下结(一)　下来结(一)
下去状(二)　进趋　进去趋
过去趋(一)　起来状　到……去趋

强化　下去状(二)　起来状　到趋

强加　到趋

强奸　上状　下去状(二)　出结
出来结　起来状　开状　到趋

强压　下去状(二)　到趋

强占　上状　下来结(一)　下去状(二)
进去趋　过去趋(一)　到趋

强制　上状　下去状(二)　起来状
　　　开状　到趋
抢(一夺)　来趋　去趋　上趋(一)(二),状
　　上来趋(一)(二)　上去趋(一)(二)
　　下趋(一)　下来趋(一)　下去趋(一),状(二)
　　进趋　进来趋　进去趋　出趋,结
　　出来趋,结　出去趋　回趋
　　回来趋　回去趋　过(一),结(三)(四)
　　过去趋(一),结(三)　过去趋(一)　起状
　　起来状　开状　到趋,结
　　到……来趋　到……去趋
抢(～菜刀)　去结(一)　上状　下
　　下来结(一)　下去结(一),状(二)
　　过结(四)　起来状　开状
抢渡　过来趋(一)　过去趋(一)　到趋
抢夺　去趋　过去趋(一)　到趋
抢购　上趋　下来结(三)　下去状(二)
　　进趋　进去趋　进来趋　出趋
　　出去趋　过结(四)　过来结(三)
　　起来状　开状　到趋,结
抢劫　上状　下去状(二)　过去趋(一)
　　起来状　开状　到趋　到……来趋
抢救　来趋　去趋　上趋(一),状
　　上来趋(一)　上去趋(一)　下
　　下来趋(一)　下去趋(一),状(二)
　　进趋　进来趋　进去趋　出趋
　　出来趋　出去趋　回趋　回来趋
　　回去趋　过(一),结(四)
　　过去趋(一),结(二)(四)　过去趋(一)
　　起趋　起来趋,状　开趋,状　到趋

到……来趋　到……去趋
抢掠　下去状(二)　起来状　到趋
抢收　上状　下去状(二)　起来状
　　开状　到趋,结
抢修　上状　下结(一)　下来结(三)
　　下去状(二)　出结　出来结　过结(四)
　　过来结(三)　起来状　开状　到趋
抢占　上状　上去结　下结(一)
　　下来结(一)　过来趋(一)　过去趋(一)
　　起来状　开状
强辩　下去状(二)　起来状
强迫　上状　下去状(二)　起来状
　　开状　到趋
强求　下去状(二)
呛　上趋(一),状　上来趋(一)　上去趋(一)
　　下来趋(一)　下去趋(一),状(二)
　　进趋　进来趋　进去趋　出趋
　　出来趋,结　出去趋　回去趋
　　过来趋(一)　过去趋(一)　起来趋,状
　　开状　到趋　到……来趋
　　到……去趋
炝(～锅)　上结(一),状　出结　出来结
　　起来状　开状
敲(一打)　上结(二),状　上来结(二)
　　上去结　下来结(一)(二)
　　下去结(一),状(二)　进趋,结
　　进去趋,结　出趋,结　出来趋,结
　　出去趋　回去趋　过结(一)(四)
　　过来趋(一)　过去趋(一)　起状
　　起来趋,状　开结(一),状　到趋

敲(～竹杠)　来趋　去趋　上状
　　下来结(三)　下去状(二)　出来结
　　过结(四)　起来状　开状　到趋,结
　　到……来趋　到……去趋
敲打　上状　下去状(二)　出结
　　出来结　过结(四)　过来结(一)
　　过去趋(一)　起来状　开状　到趋
　　到……来趋　到……去趋
敲诈　来趋　去趋　上状　下去状(二)
　　出结　出来结　起来结　开状
　　到趋　到……来趋　到……去趋
跷　起趋　起来趋　到趋
劁　上状　开状
瞧　来趋　去趋　上状　上去趋(一)
　　下来趋(一)　下去趋(一),状(二)
　　进去趋　出来结
　　过结(四)　过去趋(一)　起来状
　　开状　到趋,结
撬　来趋　去趋　上状　上来趋(一)
　　上去趋(一)　下结(一)　下来趋(一)
　　下去结(一),状(二)　出趋,结　出来趋,结
　　出去趋　回趋　回来趋　回去趋
　　过结(四)　过去趋(一),结(三)
　　过去趋(一)　起来趋,状　开结(一),状
　　到趋　到……来趋　到……去趋
翘　上趋(一),状　上来趋(一)
　　上去趋(一)　下去状(二)　进趋
　　进来趋　进去趋　出趋　出来趋
　　出去趋　过来趋(一)　过去趋(一)
　　起趋　起来趋,状　开状　到趋

到……来趋　到……去趋
切　去结(一)　上状　下结(一)
　　下来结(一)　下去状(二),状(二)
　　进来趋　进去趋　出结　出来结
　　过结(三)(四)　过来结(三)　起状
　　起来结　开结(一)(三),状　到趋
切除　下去结(一)
切磋　上状　下去状(二)　出结
　　出来结　过结(四)　起来状　开状
切割　下结(一)　下去结(一)
　　起来状
窃据　下结(一)　下来结(一)
　　下去状(二)　过去趋(一)　起来结(一)
　　到结
窃取　来趋　去趋　回趋　回来趋
　　回去趋　过来趋(一)　过去趋(一)
　　到结　到……去趋
亲　上结(一)(二),状　上去结　下去状(二)
　　出结　出来结　过结(四)
　　过来趋(一),结(三)　过去趋(一)
　　起来状　开趋　到趋　到……来趋
　　到……去趋
亲吻　起来状
钦佩　起来状　到趋
侵夺　过去趋(一)
侵犯　下去状(二)　起来状　到趋
侵害　到趋
侵略　上状　下去状(二)　起来状
　　开状
侵扰　上状　下去状(二)　起来状

开状 到……来趋
侵入 到趋
侵蚀 去结(一) 下去状(二) 起来状
到趋 到……去趋
侵吞 来趋 去趋 下去状(二)
进趋 起来状 到……去趋
侵袭 过来趋(一)
侵占 来趋 去趋 上状 下结(一)
下来结(一) 下去状(二) 过去趋(一)
起来状
擒拿 来趋 去趋 回来趋
过来趋(一)
沁 出结
青睐 起来状
清(=理) 上状 下来结(三)
下去状(二) 出趋 出来结 回来趋
过结(四) 过来趋(三) 起来状
开状 到趋
清(=除) 上状 下来结(三)
下去状(二) 出趋 出去趋
过结(四) 过来趋(三) 起来状
开状 到趋 到……来趋
到……去趋
清查 上状 下来结(三) 下去状(二)
出结 出来结 过结(四) 过来趋(三)
起来状 开状 到趋
清除 下来结(一) 出趋 出去趋
起来状 到趋 到……来趋
到……去趋
清楚 起来状 到趋

清点 上状 下来结(三) 下去状(二)
出结 出来结 起来状 开状
到趋
清炖 上状 出结 出来结 起来状
清剿 出趋 出来趋 过来趋(一)
起来状
清理 来趋 上状 下来结(三)
下去状(二) 出趋,结 出来趋,结
出去趋 起来状 开状 到趋
到……来趋 到……去趋
清扫 上状 下来结(三) 下去状(二)
出趋,结 出来趋,结 出去趋
过结(四) 过来趋(一),结(三)
过去趋(一) 起来状 开状 到趋
到……来趋 到……去趋
清算 来趋 去趋 上状 下来结(三)
下去状(二) 出结 出来结
过结(四) 过来趋(三) 起来状
开状 到趋
清洗 上状 下来结(三) 下去状(二)
出结 出来结 回来趋 过结(四)
过来趋(三) 起来状 开状
到……来趋 到……去趋
清醒 过来结(二) 起来状 到趋
清蒸 上状 出结 出来结 过结(四)
起来状
倾(=斜) 下来趋(一) 下去趋(一)
过来趋(一) 过去趋(一) 到趋
到……来趋 到……去趋
倾倒(dǎo) 下来趋(一) 下去趋(一)

过来_{趋(一)} 过去_{趋(一)}

倾倒(dào) 下来_{趋(一)} 下去_{状(二)}
出去_趋 过来_{趋(一)} 过去_{趋(一)}
起来_状 到_趋 到……来_趋
到……去_趋

倾覆 下来_状 下去_{状(一)}

倾慕 起来_状 到

倾诉 出_结 出来_结 起来_状

倾谈 起来_状 到

倾听 起来_状 到

倾吐 出_结 出来_结

倾销 上_状 下来_{结(三)} 下去_{状(二)}
出_趋 出来_趋 出去_趋 回来_{结(四)} 过来_{趋(一),状} 过去_{趋(一)}
起来_状 开_状 到_趋 到……来_趋
到……去_趋

倾泻 下来_{趋(一)} 下去_{趋(一)} 到_趋

倾轧 上_状 下去_{状(二)} 起来_状
到_趋

轻视 下去_{状(二)} 起来_状 到

轻信 下去_{状(二)} 起来_状 到

情愿 起来_状

晴 上_状 下去_{状(二)} 起来_状
开_状 到_趋

请(~客) 来_趋 去
上_{趋(一),结(二),状} 上来_{趋(一)}
上去_{趋(一)} 下_{趋(一),结}
下来_{趋(一),结(三)} 下去_{趋(一),状(二)}
进_趋 进来_趋 进去_趋 出_{趋,结}
出来_{趋,结} 出去_趋 过_{结(四)}

过来_{趋(一)} 过去_{趋(一)} 起_{结(三)}
起来_状 开_{趋,状} 到_趋
到……来_趋 到……去_趋

请(~假) 上_状 下来_{结(一)}
下去_{状(二)} 出_结 出来_结 过_{结(四)}
起_{结(三)} 起来_状 开_状 到_趋

请教 上_状 过_{结(四)} 起来_状
开_状

请求 上_状 过_{结(四)} 起来_状

请示 上_状 过_{结(四)} 过来_{趋(三)}
起来_状 开_状 到_趋 到……来_趋
到……去_趋

庆贺 上_状 起来_状

庆幸 起来_状

庆祝 上_状 下去_{状(二)} 出_结
出来_结 过_{结(四)} 过来_{趋(三)}
起来_状 开_状 到_趋

秋播 下去_{趋(一)} 过_{结(四)}

求 来_趋 去_趋 上_{结(二),状}
下来_{结(三)} 下去_{状(二)} 出_结
出来_结 过_{结(四)} 过来_{趋(三)}
起来_状 开_状 到_{趋,结}
到……去_趋

求教 起来_状

求借 起来_状

求乞 起来_状

囚禁 起来_{结(一)} 到_趋 到……去_趋

泅 过来_{趋(一)} 过去_{趋(一)} 到_趋
到……来_趋 到……去_趋

泅渡 过来_{趋(一)} 过去_{趋(一)}

起来_状　到……来_趋　到……去_趋

祛除　下去_结(一)

区别　上来_结(二)　出_结　出来_结
　　　起来_状　开_结(一)　开来_结(一)

区分　出_结　出来_结　起来_状
　　　开_结(一)　开来_结(一)

驱除　出_趋　出去_趋

驱逐　上_状　下去_状(二)　出_趋
　　　出来_趋　出去_趋　起来_状　开_状
　　　到_趋　到……来_趋　到……去_趋

曲解　起来_状　到_趋

趋奉　上去_结(二)

屈　起_趋　起来_趋　到_趋
　　到……去_趋

屈从　下去_状(二)　起来_状

屈服　下去_状(二)　起来_状

取　来_趋　去_趋　上_结(一),结(二),状
　　上来_趋(一)　下_趋(一)　下来_趋(一)
　　下去_趋(一),结(一),状(二)　出_趋
　　出来_趋　出去_趋　回_趋　回来_趋
　　回去_趋　过_结(四)　过来_趋(一),结(三)
　　过去_趋(一)　起_结(三)　起来_状
　　开_状　到_趋,结　到……来_趋
　　到……去_趋

取代　下去_结(一)

取缔　下去_结(一)

取舍　起来_状

取消　下去_结(一)

取笑　上_状　下去_状(二)　起来_状
　　　开_状　到_趋

娶　来_趋　去_趋　上_趋(一),结(二),状
　　上来_结(一)　上去_趋(一)
　　下来_趋(一),结(三)　下去_趋(一),状(二)
　　进_趋　进来_趋　进去_趋　出_趋,结
　　出来_趋,结　出去_趋　回_趋
　　回来_趋　回去_趋　过_结(四)
　　过来_趋(一),结(三)　过去_趋(一)
　　起_结(三)　起来_状　开_状　到_趋,结(一)
　　到……来_趋　到……去_趋

去(～中国)　上_结(二)　到_趋

去(扮演)　上_状　起来_状　开_状

圈(～地)　来_趋　去_趋　上_结(一),状
　　上去_结　下来_结(一)
　　下去_结(一),状(二)　进_趋　进来_趋
　　进去_趋　出_趋,结　出来_趋,结
　　出去_趋　过_结(四)　过来_趋(一),结(三)
　　过去_趋(一)　起来_结(一),状　开_状
　　到_趋　到……来_趋　到……去_趋

圈(画记号)　上_结(一),状　上去_结
　　下_结(一)　下来_结(一)　下去_结(一),状(二)
　　出_结　出来_结　过_结(四)　过来_结(三)
　　起_结(一)　起来_结(一),状　开_状
　　到……来_趋　到……去_趋

圈阅　上_状　下来_结(三)　出_结
　　　出来_结　起来_状

圈占　上_状　下_结(一)　下来_结(一)
　　　下去_状(二)　出_结　出来_结
　　　过来_趋(一)　过去_趋(一)　起来_结(一),状
　　　开_状　到_趋

蜷　上_结(一),状　上来_结(一)　上去_趋(一)

下去$_{状(二)}$　进$_趋$　进来$_趋$
进去$_趋$　回来$_趋$　回去$_趋$
过来$_趋(一)$　过去$_{(一)}$　起$_{结(一)}$
起来$_{结(一),状}$　开$_状$　到$_趋$
到……来$_趋$　到……去$_趋$

蜷伏　下来$_{趋(一)}$　到$_趋$
蜷曲　起来$_{结(一)}$
蜷缩　起来$_{结(一)}$　到$_趋$　到……去$_趋$
权衡　上$_状$　出$_结$　出来$_结$　过$_{结(四)}$
　　　起来$_状$
诠释　出$_结$　出来$_结$
劝　　来$_趋$　去$_趋$　上$_{趋(一),状}$
　　　上来$_{趋(一)}$　上去$_{趋(一)}$　下$_{趋(一)}$
　　　下来$_{趋(一),结(三)}$　下去$_{趋(一),状(二)}$
　　　进$_趋$　进来$_趋$　进去$_趋$　出$_{趋,结}$
　　　出来$_{趋,结}$　出去$_趋$　回$_趋$
　　　回来$_趋$　回去$_趋$　过$_{结(四)}$
　　　过来$_{趋(一),结(三)}$　过去$_{趋(一)}$
　　　起来$_{趋,状}$　开$_{结(一),状}$　到$_趋$
　　　到……来$_趋$　到……去$_趋$
劝导　起来$_状$

劝解　上$_状$　下去$_{状(二)}$　过$_{结(四)}$
　　　起来$_状$　开$_{结(一)}$
劝说　上$_状$　下去$_{状(二)}$　起来$_状$
　　　开$_状$　到$_趋$
劝止　下去$_{状(一)}$
劝阻　下来$_趋$　过$_{结(四)}$
缺(一少)　上$_状$　下去$_{状(二)}$
　　　起来$_状$　开$_状$　到$_趋$
缺(～课)　上$_状$　起来$_状$　开$_状$
缺乏　起来$_状$　到$_趋$
缺少　起来$_状$　到$_趋$
雀跃　起来$_状$
确保　起来$_结$
确定　下$_{结(一)}$　下来$_{结(一)}$　出$_结$
　　　出来$_结$　起来$_{结(一)}$　到$_趋$
确立　下$_{结(一)}$　下来$_{结(一)}$　起来$_{结(一)}$
确认　下来$_{结(一)}$
确守　下来$_{结(一)}$　到$_趋$
确诊　下来$_{结(一)}$　出$_结$　出来$_结$
麇集　起来$_结$
群居　下去$_{状(二)}$　起来$_状$　到$_趋$

R

燃　　上$_{结(一)}$　起$_{结(一)}$
燃放　上$_{结(一)}$　下来$_{结(三)}$　下去$_{状(二)}$
　　　出$_结$　出来$_结$　过$_{结(四)}$
　　　过来$_{趋,结(三)}$　过去$_{趋(一)}$
　　　起来$_状$　开$_状$　到$_趋$
燃烧　上$_状$　下去$_{状(二)}$　出$_结$

出来$_结$　过$_{结(四)}$　过来$_{趋(一),结(三)}$
过去$_{趋(一)}$　起$_状$　起来$_状$　开$_状$
到$_趋$　到……来$_趋$　到……去$_趋$
染　　来$_趋$　上$_{结(一),状}$　上去$_结$
　　　下来$_{结(三)}$　下去$_{状(二)}$　出$_结$
　　　出来$_结$　过$_{结(三)(四)}$

过来_趋(一),结(三)　过去_趋(一)
起_结(三)　起来_状　开_状　到_趋,结
到……来_趋　到……去_趋

染（～病）　上_结(一)

嚷嚷　上_状　下去_状(二)　出_趋,结
出来_趋　出去_趋　过_结(四)
过去_结(四)　起来_状　开_结(二),状
到_趋　到……来_趋　到……去_趋

攘除　下去_状(一)

嚷　上_状　下去_状(二)　出_趋　出来_趋
出去_趋　过_结(四)　过去_结(四)
起来_状　开_状　到_趋

让（～座位）　上_状　下去_状(二)
出_趋　出来_趋　出去_趋　过_结(四)
起来_状　开_状　到_趋

让（～酒）　上_状　下去_状(二)
过_结(四)　过来_结(三)　起来_状
开_状　到_趋　到……来_趋
到……去_趋

让（出一）　出_结　出来_结　出去_趋

饶　下_结(一)　过_结(一)　过去_结(一)

饶恕　过去_结(一)

扰乱　下去_状(二)

绕（缠一）　来_趋　去_趋
上_趋(一),结(二),状　上来_趋(一),结(一)
上去_趋(一),结　下_趋(一),结(一)
下来_趋(一),结(三)　下去_趋(一),状(一)
进_趋　进来_趋　进去_趋　出_趋
出来_趋,结　出去_趋　回_趋　回来_趋
回去_趋　过_结(四)　过来_趋(一),结(三)

过去_趋　起_结(一),状　起来_趋(一),状
开_状　到_趋　到……来_趋
到……去_趋

绕（～圈）　上_状　下去_状(二)　回_趋
回来_趋　回去_趋　起来_状
开_结(三),状　到_趋　到……来_趋
到……去_趋

绕（～路）　来_趋　上_状　下来_结(三)
下去_状(二)　进_趋　进来_趋
进去_趋　出来_趋　回来_趋
回去_趋　过_结(一)　过来_结(一)
过去_结(一)　起来_趋　开_趋,状
到……来_趋　到……去_趋

惹（引起,～麻烦）　来_趋　上_结(一)
上来_结(一)　下去_结(一)　下来_结(一)
出_结　出来_结　起来_状　开_状

惹（招一、～孩子）　来_趋　上_趋
上来_趋　下去_状(二)　出_结
出来_结　起_结(三)　起来_状　开_状
到……来_趋　到……去_趋

热　上_状　下去_状(二)　出_结
出来_结　过_结(四)　过去_结(三)
起来_状　开_状　到_趋　到……来_趋
到……去_趋

热爱　起来_状　到_趋

热敷　上_状　下来_结(三)　下去_状(二)
出_结　出来_结　过_结(四)　起来_状
开_状　到_趋　到……去_趋

热恋　下去_状(二)　起来_状

热闹　上_状　下去_状(二)　出_结

出来_结　起来_状　开_状　到_趋

热中　上_状　下去_状(二)　出_结
　　　起来_状　到_趋

忍　上_状　下_趋(一)　下来_结(一)
　　　下去_趋(一),状(二)　出_结　出来_结
　　　回去_趋　过_结(一)(四)　过来_结(一)
　　　过去_结(一)　到_趋

忍耐　上_状　下去_状(二)　过来_结(一)
　　　过去_结(一)　起来_状　开_状　到_趋

忍让　下去_状(二)　过去_结(一)
　　　起来_状　到_趋

忍受　上_状　下来_结(三)　下去_状(二)
　　　过来_结(一)　到_趋

认(～字)　来_结(三)　上_结(二),状
　　　上来_结(二)　下_结(一)　下来_结(二)
　　　下去_状(二)　出_结　出来_结　过_结(四)
　　　过来_结(三)　起来_状　开_状　到_趋

认(～徒弟)　上_状　下_结(一)
　　　下来_结(一)　起_结(三)　起来_状　开_状

认(承一)　去_趋　上_状　下_结(一)
　　　下来_结(一)　下去_状(二)　起来_状
　　　开_状　到_趋

认可　下来_结(一)

认领　来_趋　去_趋　上_状　下去_状(二)
　　　出去_趋　回来_趋　过_结(四)
　　　过来_结(三)　起来_状　开_状　到_趋
　　　到……去_趋

认识　到_趋

纫　来_趋　上_结(一),状　上去_结
　　　下去_状(二)　进去_趋　出来_结

过_结(四)　过来_结(三)　起来_状
开_状　到_趋　到……去_趋

任免　起来_状

任用　下去_状(二)　过_结(四)　起来_状

扔(～球)　来_趋　去_趋
　　　上_趋(一)(二),结(二),状　上来_趋(一)(二)
　　　上去_趋(一)(二)　下_趋(一),结(三)
　　　下来_趋(一),结(三)　下去_趋(一),状
　　　进_趋　进来_趋　进去_趋　出_趋,结
　　　出来_趋,结　出去_趋　回_结　回来_趋
　　　回去_趋　过_结(四)　过来_趋(一),结(三)
　　　过去_趋(一)　起_趋,结　起来_趋,状
　　　开_趋,结(三),状　到_趋　到……来_趋
　　　到……去_趋

扔(丢弃)　上_趋　下_结(一)　下来_趋(一)
　　　下去_状(二)　进_趋　进去_趋　出_趋
　　　出来_趋　出去_趋　起_结(三)
　　　起来_状　开_趋,结(三)　到_趋
　　　到……来_趋　到……去_趋

容　下_结(三)　开_结(三)

容纳　下_结(三)　进_趋　进来_趋
　　　进去_趋　过来_结(三)　起来_状
　　　开_结(三)　到_趋

容忍　下来_结(一)　下去_状(二)
　　　出_结　出来_结　过去_结(一)
　　　起来_状　到_趋

容许　到_趋

溶　上_结(一)　上去_结　进_趋
　　　进去_趋　出来_结　起来_结(一)
　　　到_趋　到……去_趋

溶化　进趋　进去趋　出结
　　出来结　起来结(一)　开结(二)
　　到趋　到……去趋
溶解　上状　下去状(二)　出结
　　出来结　过结(四)　过来结(三)
　　起来状　开结(二)　到趋
　　到……去趋
熔化　上状　下去状(二)　出结
　　出来结　起来状　开结(二)　到趋
熔炼　出结　出来结
融合　上状　下来结(三)　下去状(二)
　　进趋　进来趋　进去趋　出结
　　出来结　过结(四)　起来结(一),状
　　开状　到趋　到……来趋
　　到……去趋
融化　上状　下来结(三)　下去状(二)
　　出结　出来结　起来状　开结(二),状
　　到趋
融会　进趋　进去趋　起来结(一)
　　到趋
融解　起来状　开结(二)　到趋
　　到……去趋
揉(一搓)　来结(三)　去结(二)
　　上状　下来结(三)　下去结(一),状(一)
　　进趋　进去趋　出趋,结　出来趋,结
　　回去趋　过结(四)　过来结(一),结(三)
　　过去趋(一)　起状　起来状
　　开结(二),状　到趋　到……来趋

到……去趋
揉(团弄)　上状　进趋　进来趋
　　进去趋　出结　出来结　过结(四)
　　过来结(三)　起来结(一),状　开结(二),状
　　到趋　到……去趋
揉合　起来结(一),状　到趋
揉搓　上状　下来结(三)　下去状(二)
　　出结　出来结　过结(四)　起来状
　　开状　到趋
蹂躏　上状　下去状(二)　出结
　　出来结　起来状　开状　到趋
肉搏　上状　下去状(二)　起来状
　　开状　到趋
蠕动　上状　下去状(二)　起来状
　　开状　到趋
辱骂　上状　下去状(二)　起来状
　　开状
入侵　上状　下去状(二)　进趋
　　进来趋　进去趋　过来趋(一)
　　过去趋(一)　起来状　开状　到趋
　　到……来趋　到……去趋
软化　下来状　下去状(一)(二)
　　起来状　到趋
软磨　上状　下去状(二)　出结
　　出来结　起来状　开状
润饰　上状　下去状(二)　出结
　　出来结　过结(四)　起来状　开状
　　到趋

S

撒（～网） 上₍状₎ 下₍结（一）₎ 下来₍趋₎ 下去₍趋（一），状（二）₎ 进₍趋₎ 进来₍趋₎ 进去₍趋₎ 出₍趋₎ 出来₍趋₎ 出去₍趋₎ 过₍结（四）₎ 过来₍结（三）₎ 起来₍状₎ 开₍结（一），状₎ 到₍趋₎ 到……来₍趋₎ 到……去₍趋₎

撒（～谎、野） 上₍状₎ 起来₍状₎ 开₍状₎

洒 去₍结（二）₎ 上₍结（一），状₎ 上去₍结₎ 下₍趋（一），结（一）₎ 下来₍趋₎ 下去₍趋（一），状（二）₎ 进₍趋₎ 进来₍趋₎ 进去₍趋₎ 出₍趋₎ 出来₍趋₎ 出去₍趋₎ 过₍结（四）₎ 过来₍结（一）₎ 过去₍趋（一）₎ 起来₍状₎ 开₍结（三），状₎ 到₍结，状₎ 到……来₍趋₎ 到……去₍趋₎

洒落 下来₍趋（一）₎ 下去₍趋（一）₎ 到₍趋₎

洒扫 起来₍状₎

撒 去₍结（二）₎ 上₍结（一），状₎ 下₍结（一）₎ 下来₍趋（一）₎ 下去₍趋（一），状（二）₎ 进₍趋₎ 进来₍趋₎ 进去₍趋₎ 出₍趋₎ 出来₍趋₎ 出去₍趋₎ 过来₍趋（一）₎ 过去₍趋₎ 起₍结（三）₎ 起来₍状₎ 开₍结（三）₎ 到₍结，状₎ 到……来₍趋₎ 到……去₍趋₎

塞 来₍趋₎ 去₍趋₎ 上₍结（一），状₎ 上来₍趋（一），结₎ 上去₍趋（一），结₎ 下₍趋（一），状（二）₎ 进₍趋₎ 进来₍趋₎ 进去₍趋₎ 出去₍趋₎ 回去₍趋₎ 过₍趋（一），结（一）₎ 过来₍趋（一）（三）₎ 过去₍趋（一）₎ 起来₍结（一），状₎ 到₍趋₎ 到……来₍趋₎ 到……去₍趋₎

赛（比～） 上₍状₎ 下来₍结（三）₎ 下去₍状（二）₎ 出₍趋₎ 出来₍状₎ 过₍结（三）（四）₎ 过来₍结（三）₎ 过去₍结（三）₎ 起来₍状₎ 开₍状₎ 到₍趋₎

赛（胜） 过₍结（三）₎

散（分一） 起来₍状₎ 开₍结（二）₎

散（～场） 去₍趋₎ 起来₍状₎ 开₍结（二）₎ 到……去₍趋₎

散（～味儿） 去₍趋₎ 上₍状₎ 出₍趋₎ 出来₍趋₎ 出去₍趋₎ 起₍状₎ 起来₍状₎ 开₍结（二），状₎ 到……来₍趋₎ 到……去₍趋₎

散（排除） 上₍状₎ 出去₍趋₎ 开₍状₎ 到……去₍趋₎

散播 出去₍趋₎ 到₍趋₎

散布 上₍状₎ 下去₍状（二）₎ 出₍趋₎ 出去₍趋₎ 起₍状₎ 起来₍状₎ 开₍结（二），状₎ 到₍趋₎ 到……去₍趋₎

散（～步） 上₍状₎ 下去₍状（二）₎ 起来₍状₎ 开₍状₎ 到₍趋₎ 到……来₍趋₎ 到……去₍趋₎

散发 上₍状₎ 下来₍结（三）₎ 下去₍状（二）₎ 出₍趋，结₎ 出来₍趋，结₎ 出去₍趋₎ 过来₍趋（一）₎ 过去₍结（二）₎ 起来₍状₎ 开₍状₎ 到₍趋₎ 到……来₍趋₎ 到……去₍趋₎

散落　下来_趋(一)　到_趋
散失　下去_状(二)　到_趋
搡　　上_状　下来_趋(一)　下去_趋(一)
　　进来_趋　进去_趋　出来_趋　出去_趋
　　回来_趋　回去_趋　过来_趋(一)
　　过去_趋(一)　起来_状　开_状　到_趋
　　到……来_趋　到……去_趋
丧失　下去_状(一)
搔　　到_趋
骚动　上_状　下去_状(二)　起来_状
　　开_状
骚乱　起来_状　开_状
骚扰　上_状　下去_状(二)　起来_状
　　开_状　到_趋　到……来_趋
扫(～地)　来_趋　去_趋,结(一)
　　上_趋(一)(二),结(一),状　上来_趋(一)(二),结(一)
　　上去_趋(一)(二),结　下_趋(一),结(一)
　　下来_趋(一),结(一)　下去_趋(一),结(一),状(二)
　　进_趋　进来_趋　进去_趋　出_趋,结
　　出来_趋　出去_趋　回_趋　回来_趋
　　回去_趋　过_趋(一),结(四)
　　过来_趋(一),结(三)　过去_趋(一)
　　起_结(一),状　起来_趋,结(一),状
　　开_趋(一),结(二),状　到_趋　到……来_趋
　　到……去_趋
扫(～一眼)　上_状　起来_状　开_状
扫除　上_状　下去_状(一)　到……去_趋
扫荡　上_状　下来_结(三)　下去_状(二)
　　过_结(四)　过来_趋(一),结(三)
　　过去_趋(一)　起来_状　开_趋　到_趋

到……来_趋　到……去_趋
扫描　上_状　下来_结(三)　下去_状(二)
　　进去_趋　出_结　出来_结　过_结(四)
　　过来_趋(一)　过去_趋(一)　起来_状
　　开_状　到_趋
扫射　上_状　下来_结(三)　下去_状(二)
　　进来_趋　进去_趋　出来_趋　出去_趋
　　过_结(四)　过来_趋(一),结(三)
　　过去_趋(一)　起来_状　开_状　到_趋
　　到……来_趋　到……去_趋
扫视　起来_状
瑟缩　起来_状
杀(～人)　上_状　下去_状(二)
　　出_结　出来_结　过_结(四)　过来_结(三)
　　起_结(三),状　起来_状　开_状　到_趋
杀(战斗)　来_趋　去_趋　上_趋(一),状
　　上来_趋(一)(二)　上去_趋(一)(二)
　　下来_趋(一)　下去_趋(一),状(二)
　　进_趋　进来_趋　进去_趋　出_趋,结
　　出来_趋,结　出去_趋　回_趋
　　回来_趋　回去_趋　过_趋(一),结(四)
　　过来_趋(一),结(三)　过去_趋(一)
　　起来_状　开_结(一),状　到_趋
　　到……来_趋　到……去_趋
杀(药水～眼睛)　出来_结　起来_状
杀害　下去_状(二)　起来_状
杀戮　下去_状(二)　起来_状
煞　　下去_状(一)
傻笑　上_状　下去_状(二)　起来_状
　　开_状

沙(shà,～沙子) 去结(一)
　下去结(一)　出趋　出来趋
　出去趋　过结(四)　过来结(三)
　起来状　开状　到趋　到……去趋

筛　去结(一)　上状　下趋(一)
　下来趋(一),结(三)　下去趋(一),状(二)
　出结,趋　出来趋,结　出去趋
　过结(四)　过来结(三)　起来状
　开状　到趋　到……去趋

筛选　上状　下来结(三)
　下去结(一),状(二)　出结　出来结
　过结(四)　起来状　开状　到趋

晒　去结(一)　上结(一)(二),状
　上来结(一)　上去结(一)(三)　下结(一)(三)
　下来趋(一)(三)　下去趋(一),状(二)
　进趋　进来趋　进去趋　出趋,结
　出来趋,结　出去趋　过结(四)
　过来趋(一),结(三)　过去趋(一)
　起来结(一),状　开状　到趋
　到……来趋　到……去趋

扇　来趋　去结(一)　上趋(一),状
　上来结(一)　上去结(一)　下趋(一)
　下来趋(一),结(三)　下去趋(一),状(二)
　出结　出来趋,结　出去趋　回来趋
　回去趋　过结(四)　过来趋(一),结(三)
　过去趋(一)　起来趋,状　开趋(一),状
　到趋　到……来趋　到……去趋

扇动　上状　下去状(二)　起来状
　开状　到趋

煽(一动)　上状　下去状(二)

起来结(一),状　开状　到趋
煽动　上状　下去结(二)　起来状
　开状　到趋

删　去结(一)　上状　下结(一)
　下来结(一)　下去结(一),状(二)
　出结　出来结　出去趋　过结(四)
　过来结(三)　起来状　开状　到趋

删除　下去结(一)
删改　下来结(三)　下去结(一),状(二)
　出来结　出去趋　过结(四)
　过来结(三)　起来状

删节　下去结(一)

闪(一耀)　上状　下去状(二)　出结
　出来结　过结(四)　过来趋(一)
　起来状　开状　到趋

闪(躲)　来趋　去结　出趋
　出来趋　过去趋(一)　开趋(一)
　到趋　到……来趋　到……去趋

闪(猛然晃动)　下来趋(一)
　下去趋(一)　出来趋　出去趋

闪(一现)　上状　出结　出来结
　过去趋(一)

闪躲　起来状

闪烁　出结　出来结　起来状

闪现　出结　出来结

闪耀　上状　下去状(二)　出结
　出来结　起来状

嬗变　下来结(三)　出结　出来结

占(盖)　上结(一),状　上来结(一)
　上去结　下来结(三)　下去状(二)

过$_{结(四)}$ 过来$_{结(三)}$ 起$_{结(三)}$
起来$_{结(一),状}$ 开$_{状}$ 到$_{趋}$
到……去$_{趋}$

赡养 下去$_{状(二)}$ 起来$_{状}$ 到$_{趋}$

商量 上$_{状}$ 下来$_{结(三)}$ 下去$_{结(二)}$
出$_{结}$ 出来$_{结}$ 过$_{结(四)}$
过$_{结(三)}$ 起来$_{状}$ 开$_{状}$ 到$_{趋}$

商榷 上$_{状}$ 下去$_{状(二)}$ 起来$_{状}$
开$_{状}$ 到$_{趋}$

商谈 出$_{结}$ 出来$_{结}$ 过$_{结(四)}$

商讨 出$_{结}$ 出来$_{结}$ 过$_{结(四)}$

商议 上$_{状}$ 下来$_{结(三)}$ 下去$_{状(二)}$
出$_{结}$ 出来$_{结}$ 过$_{结(四)}$ 过来$_{结(三)}$
起来$_{状}$ 开$_{状}$ 到$_{趋}$

伤 到$_{趋}$

伤悼 起来$_{状}$

伤害 下去$_{状(二)}$ 起来$_{状}$ 到$_{趋}$

伤心 上$_{状}$ 起来$_{状}$ 开$_{状}$ 到$_{趋}$

赏(～钱) 来$_{趋}$ 上$_{状}$ 下来$_{结(三)}$
下去$_{状(二)}$ 出$_{结}$ 出来$_{结}$
出去$_{趋}$ 过$_{结(四)}$ 过来$_{结(三)}$
起来$_{状}$ 开$_{状}$ 到$_{趋}$

赏(欣一) 来$_{结(二)}$ 上$_{状}$ 下去$_{状(二)}$
过$_{结(四)}$ 过来$_{结(三)}$ 起来$_{状}$
到$_{趋,结}$

赏罚 起来$_{状}$

赏识 起来$_{状}$

赏玩 上$_{状}$ 下去$_{状(二)}$ 起来$_{状}$
开$_{状}$ 到$_{趋}$

上(～山) 来$_{趋}$ 去$_{趋}$ 过$_{结(四)}$

开$_{状}$ 到$_{趋}$ 到……来$_{趋}$
到……去$_{趋}$

上(～北京) 起来$_{状}$ 开$_{状}$

上(向前进) 去$_{趋}$

上(出场) 来$_{趋}$ 去$_{趋}$ 开$_{状}$

上(添补,～油) 来$_{趋}$ 上$_{状}$
过$_{结(四)}$ 过来$_{结(三)}$ 起来$_{状}$
开$_{状}$ 到$_{趋}$ 到……来$_{趋}$
到……去$_{趋}$

上(安装,～锁) 上$_{结(一),状}$
过$_{结(四)}$ 过来$_{结(三)}$ 起来$_{状}$
开$_{状}$ 到$_{趋}$

上(涂,～颜色) 上$_{结(一),状}$
上去$_{状}$ 过$_{结(四)}$ 过来$_{结(三)}$
起来$_{状}$ 开$_{状}$ 到$_{趋,结}$
到……来$_{趋}$ 到……去$_{趋}$

上(登载,～报) 起来$_{状}$ 开$_{状}$

上(拧紧,～弦) 上$_{状}$ 起来$_{状}$
开$_{状}$

上(～班) 上$_{状}$ 下来$_{结(三)}$
下去$_{状(二)}$ 起$_{结(三)}$ 起来$_{状}$
开$_{状}$ 到$_{趋}$

上报 来$_{趋}$ 去$_{趋}$ 过$_{结(四)}$
过来$_{结(三)}$ 到……去$_{趋}$

上访 上$_{状}$ 下去$_{状(二)}$ 出$_{结}$
出来$_{结}$ 过$_{结(四)}$ 起来$_{状}$ 开$_{状}$
到$_{趋}$ 到……去$_{趋}$

上告 上$_{状}$ 下去$_{状(二)}$ 出$_{结}$
出来$_{结}$ 过$_{结(四)}$ 过来$_{结(三)}$
起来$_{状}$ 开$_{状}$ 到$_{趋}$ 到……去$_{趋}$

上交 来趋 去趋 出去趋 过结(四)
　　过来结(三) 起来状 开状 到趋
　　到……去趋
上缴 来 出去趋 过结(四)
　　过来结(三) 起来状 开状 到趋
　　到……去趋
上升 起来 到趋
上溯 到趋
上诉 起来状 到趋
上演 下去状(二) 过结(四)
　　过来结(三) 起来状 开状 到趋
上映 起来状 到趋
上涨 起来状 到趋
烧(～火) 来趋 去结(一)
　　上趋(一),结(一),状 上来趋(一)
　　上去趋(一),结 下趋(一)
　　下来趋(一),结(一) 下去趋(一),状(二)
　　进来趋 进去趋 出结
　　出来趋,结 出去趋 回来趋
　　回去趋 过趋(一),结(四) 过来趋(一)
　　过去趋(一) 起趋,结(三) 起来趋,状
　　开结(一),状 到趋 到……来趋
　　到……去趋
烧(～菜) 上状 下结(三) 出结
　　出来结 起来状 开状 到趋
烧(发～) 上状 下去状(二) 出结
　　出来结 过结(四) 起来状 开状
　　到趋
捎 来趋 去趋 上趋(一),状
　　上来趋(一) 上去趋(一) 下趋(一)

下来趋(一),结(三) 下去趋(一),状(二)
进趋 进来趋 进去趋 出趋,结
出来趋,结 出去趋 回
回来趋 回去趋 过结(四)
过来趋(一),结(三) 过去趋(一)
起来状 开状 到趋 到……来趋
到……去趋
捎带 上结(一) 上去结
少 下来状 下去结(一),状(二)
　　起来状 到趋
稍 来趋 上趋(一),状 上去结(一)
　　下去状(二) 进趋 进来趋
　　进去趋 过来趋(一) 过去趋(一)
　　起来状 开状 到趋 到……来趋
奢望 起来状
奢侈 上状 下去状(二) 起来状
　　开状 到趋
奢靡 起来状 到趋
赊 来趋 去趋 上状 下结(一)
　　下来结(三) 下去状(二) 出趋
　　出来趋 出去趋 回 回来趋
　　回去 过结(四) 起结(三)
　　起来状 开状 到趋
舌战 上状 下去状(二) 过结(三)
　　起来状 开状 到趋
舍 上结(一) 上去结 下结(一)
　　下去结 出趋 出去趋
舍弃 下去结(一)
涉 过结(一)
涉及 到趋

涉猎 起来_状

设(一立) 上_结(一),状 下_结(一)
出_结 起来_状 到_趋 开_状
到……来_趋 到……去_趋

设计 来_趋 上_状 下来_结(三)
下去_状(二) 进去_趋 出_结
出来_结 过_结(三)(四) 过来_结(三)
起_结(三) 起来_状 开_结(三),状
到_趋

设立 起来_结(一) 到_趋

设想 下去_状(二) 出_结 出来_结
过_结(四) 起来_状

设置 下_结(一) 出_结

赦免 下去_结(一)

慑服 下去_状(二)

摄取(～食物) 进_趋 进去_趋
过来_结(三) 起来_状 到_趋

摄制 上_状 下去_状(二) 出_结
出来_结 过_结(四) 过来_结(三)
起_结(三) 起来_状 到_趋

射(～子弹) 来_趋 去_趋
上_趋(一),结(一)(二),状 上来_趋(一)(二)
上去_趋(一)(二),结(一) 下_趋(一)
下来_趋(一),结(一)(二)
下去_趋(一),结(一),状(二)
进_趋 进来_趋 进去_趋 出_趋
出来_结 出去_趋 回_趋 回来_趋
回去_趋 过_趋,结(三)(四)
过来_趋(一),结(三) 过去_趋(一)
起来_状 开_结(一),状 到_趋

到……来_趋 到……去_趋

射(喷一) 出_趋 出来_趋

射(放一) 来_趋 去_趋 上_结(一)
上去_趋 进_趋 进来_趋 进去_趋
出_趋 出来_趋 出去_趋 过来_趋
过去_趋(一) 开_状 到_趋
到……来_趋 到……去_趋

射击 上_状 下来_结(三) 下去_结(二)
过_结(四) 起来_状 开_状 到_趋

射猎 起来_状

深耕 起来_状 到_趋

深化 起来_状 到_趋

深究 下去_状(二) 起来_状

深入 下去_结(一) 进_趋 进去_趋
起来_状 到_趋

深思 起来_状

深省 起来_状

深造 起来_状

申报 来_趋 去_趋 上_状 上来_趋(一)
上去_趋(一) 下来_结(三) 下去_状(二)
进去_趋 出去_趋 过_结(四)
过来_结(三) 起来_状 开_状 到_趋
到……来_趋 到……去_趋

申辩 上_状 下去_状(二) 过_结(三)
起来_状 开_状 到_趋

申斥 上_状 下去_状(二) 起来_状
开_状 到_趋

申请 来_趋 去_趋 上_结(二),状
下_结(一) 下来_结(一)(三) 下去_状(二)
过_结(四) 过来_结(三) 起来_状

开$_{趋}$ 到$_{趋,结}$

申述 上$_{状}$ 下来$_{结(三)}$ 下去$_{状(二)}$
出来$_{结}$ 过$_{结(四)}$ 过来$_{结(三)}$
起来$_{状}$ 开$_{状}$

申诉 上$_{状}$ 下来$_{结(三)}$ 下去$_{状(二)}$
起来$_{状}$ 开$_{状}$

申讨 起来$_{状}$

呻吟 上$_{状}$ 下去$_{状(二)}$ 出$_{结}$
出来$_{结}$ 起来$_{状}$ 开$_{状}$ 到$_{趋}$

伸 来$_{趋}$ 去$_{趋}$ 上$_{趋(一)(二),状}$
上来$_{趋(一)(二)}$ 上去$_{趋(一)(二)}$
下来$_{趋(一)}$ 下去$_{趋(一),状(二)}$
进$_{趋}$ 进来$_{趋}$ 进去$_{趋}$ 出$_{趋}$
出来$_{趋}$ 出去$_{趋}$ 过$_{趋(一)}$
过来$_{趋(一)}$ 过去$_{趋(一)}$ 起来$_{状}$
开$_{结(一),状}$ 到$_{趋}$ 到……来$_{趋}$
到……去$_{趋}$

伸展 出去$_{趋}$ 过来$_{趋(一)}$
过去$_{趋(一)}$ 起来$_{状}$ 开$_{结(二)}$
到$_{趋}$ 到……来$_{趋}$ 到……去$_{趋}$

伸张 起来$_{状}$

神游 起来$_{状}$

审(一讯) 上$_{状}$ 下来$_{结(三)}$
下去$_{状(二)}$ 出$_{结}$ 出来$_{结}$ 过$_{结(四)}$
过来$_{结(三)}$ 起来$_{状}$ 开$_{状}$ 到$_{趋}$

审(一查) 上$_{状}$ 下来$_{结(三)}$
下去$_{状(二)}$ 出$_{结}$ 出来$_{结}$ 过$_{结(四)}$
过来$_{结(三)}$ 起来$_{状}$ 开$_{状}$ 到$_{趋}$

审查 上$_{状}$ 下来$_{结(三)}$ 下去$_{状(二)}$
出$_{结}$ 出来$_{结}$ 过$_{结(四)}$ 过来$_{结(三)}$

起来$_{状}$ 开$_{状}$ 到$_{趋}$ 到……来$_{趋}$

审订 出来$_{结}$ 过$_{结(四)}$

审定 下来$_{结(一)}$

审核 上$_{状}$ 下来$_{结(一)(三)}$
下去$_{状(二)}$ 进去$_{趋}$ 出$_{结}$ 出来$_{结}$
过$_{结(四)}$ 过来$_{结(三)}$ 起来$_{状}$
开$_{状}$ 到$_{趋}$

审理 上$_{状}$ 下来$_{结(一)}$ 下去$_{状(二)}$
出$_{结}$ 出来$_{结}$ 过$_{结(四)}$ 过来$_{结(三)}$
起$_{结(三)}$ 起来$_{状}$ 开$_{状}$ 到$_{趋}$

审判 上$_{状}$ 下来$_{结(三)}$ 下去$_{状(二)}$
出$_{结}$ 出来$_{结}$ 过$_{结(四)}$ 过来$_{结(三)}$
起来$_{状}$ 开$_{状}$ 到$_{趋}$

审批 来$_{趋}$ 上$_{状}$ 下来$_{结(一)}$
下去$_{状(二)}$ 出$_{结}$ 出来$_{结}$ 过$_{结(四)}$
过来$_{结(三)}$ 起来$_{状}$ 开$_{状}$ 到$_{趋}$

审视 起来$_{状}$

审问 上$_{状}$ 下来$_{结(三)}$ 下去$_{状(二)}$
出$_{结}$ 出来$_{结}$ 过$_{结(四)}$ 过来$_{结(三)}$
起来$_{状}$ 开$_{状}$ 到$_{趋}$ 到……来$_{趋}$

审讯 上$_{状}$ 下来$_{结(三)}$ 下去$_{状(二)}$
出$_{结}$ 出来$_{结}$ 过$_{结(四)}$ 过来$_{结(三)}$
起来$_{状}$ 开$_{状}$ 到$_{趋}$

审议 上$_{状}$ 下来$_{结(三)}$ 下去$_{状(二)}$
出$_{结}$ 出来$_{结}$ 过$_{结(四)}$ 过来$_{结(三)}$
起来$_{状}$ 开$_{状}$ 到$_{趋}$

渗 来$_{趋}$ 上$_{趋(一),状}$ 上来$_{趋(一)}$
上去$_{趋(一)}$ 下$_{趋(一)}$ 下来$_{趋(一)}$
下去$_{趋(一),状(二)}$ 进$_{趋}$ 进来$_{趋}$
进去$_{趋}$ 出$_{趋}$ 出来$_{趋}$ 出去$_{趋}$

过_(趋)(一) 过来_(趋)(一) 过去_(趋)(一)
起来_(状) 开_(状) 到_(趋) 到……来_(趋)
到……去_(趋)

渗入 到_(趋)

渗透 到_(趋)

声明 上_(状) 起来_(状)

声讨 上_(状) 下来_(结)(三) 下去_(状)(二)
出_(结) 出来_(结) 过_(结)(四) 过_(结)(三)
起来_(状) 开_(状) 到_(趋)

声援 上_(状) 下来_(结)(三) 下去_(状)(二)
出_(结) 出来_(结) 过_(结)(四)
过来_(趋)(一),(三) 过去_(趋)(一)
起来_(状) 开_(状) 到_(趋) 到……来_(趋)
到……去_(趋)

声张 出去_(趋)

生(～孩子) 上_(状) 下来_(结)(一)(三)
下去_(状)(二) 出_(趋) 出来_(趋)
过_(结)(三)(四) 过来_(结)(三) 起来_(状)
开_(状) 到_(趋) 到……来_(趋)
到……去_(趋)

生(～芽) 上_(状) 出_(结) 出来_(结)
起来_(状) 开_(状)

生(～病、是非) 上_(状) 出来_(结)
过_(结)(四) 起来_(状) 开_(状)

生(～火) 来_(结)(二) 上_(状) 上来_(状)
下_(结)(一) 下去_(状)(二) 过_(结)(四)
过来_(结)(三) 起_(结)(三) 起来_(结)(一),(四)
开_(状) 到_(趋)

生(～气) 上_(状) 过_(结)(四) 过来_(结)(三)
起来_(状) 开_(状)

生产 上_(状) 下去_(状)(二) 出_(结)
出来_(结) 起来_(状) 开_(状) 到_(趋)

生存 下来_(结)(一) 下去_(状)(二)
起来_(状) 到_(趋)

生活 下去_(状)(二)

生擒 来_(趋) 去_(趋) 上_(趋)(一)
上来_(趋)(一) 上去_(趋)(一) 下_(趋)(一)
下来_(趋)(一) 下去_(趋)(一) 进_(趋)
进来_(趋) 进去_(趋) 出_(趋) 出来_(趋)
出去_(趋) 回_(趋) 回来_(趋) 回_(趋)
过_(趋)(一) 过去_(趋)(一) 到_(趋)
到……来_(趋) 到……去_(趋)

生造 上_(状) 下去_(状)(二) 出_(结)
出来_(结) 起来_(状) 开_(状) 到_(趋)

生长 下去_(状)(二) 出_(结) 出来_(结)

生殖 下去_(状)(二)

升(～旗) 上_(趋)(一),状 上来_(趋)(一)
上去_(趋)(一) 过_(结)(四) 起_(趋)
起来_(趋),状 开_(状) 到_(趋)
到……来_(趋) 到……去_(趋)

升(～官) 上_(趋)(一),状 上来_(趋)(一)
上去_(趋)(一) 下去_(状)(二) 进_(趋)
进来_(趋) 进去_(趋) 过_(结)(四)
过来_(结)(三) 到_(趋) 到……来_(趋)
到……去_(趋)

升华 起来_(趋) 到_(趋)

升降 起来_(趋)

升迁 上去_(趋)(一) 到_(趋)

升腾 上去_(趋)(一) 起来_(趋) 到_(趋)

省(俭～) 上_(状) 下_(结)(一)

下来结(一)(三)　下去状(二)　出结
出来结　起来状　开状　到趋

省（减免）　去结(一)　下结(一)
下来结(一)　出结　出来结

省略　上状　下去结(一),状(二)　到趋

盛开　起来状

盛行　起来状　到趋

盛赞　起来状

剩　上状　下结(一)　下来结(一)
下去状(二)　出结　出来结
起来状　开状

剩余　下来结(一)　下去状(二)　出结
出来结

胜　上状　下去状(二)　过结(三)

胜（优越）　过结(三)

胜任　起来状　到趋

湿润　起来状

师承　下来结(一)　下去状(二)

失　去结(一)

失败　下去状(二)

失落　下去结(一)　到趋

失散　下去结(一)

失调　下去状(二)　起来状　到趋

失望　上状　下去状(二)　起来状
开状　到趋

失陷　下去结(一)　到趋

失修　到趋

施放　上状　出结　出来结
出去趋　过结(四)　起来状　开状
到趋　到……去趋

施加　上结(一)　起来状　开状

施舍　上状　下来结(三)　下去状(二)
出趋　出去趋　过结(四)　过来结(三)
起来状　开状　到趋　到……来趋
到……去趋

施行　下去状(二)　起来状　到趋

施用　起来状

施展　上结(二)　出结　出来结
起来状　开结(三),状

实践　上状　下来结(三)　下去状(二)
出结　出来结　过结(四)　过来结(三)
起来状　开状　到……去趋

实施　上状　下来结(三)　下去状(二)
出结　出来结　过结(四)　过来结(三)
起来状　到趋

实习　上状　下来结(三)　下去状(二)
出结　出来结　过结(四)　过来结(三)
起来状　开状　到趋

实现　起来状

实行　上状　下来结(三)　下去状(二)
出结　出来结　过结(四)　过来结(三)
起来状　开状　到趋

实验　上状　下来结(三)　下去状(二)
出结　出来结　过结(四)　过来结(三)
起结(三)　起来状　开状　到趋

识别　上状　下来结(三)　下去状(二)
出结　出来结　过结(四)　过来结(三)
起来状　开状　到趋

拾　来趋　去趋　上结(一),状
上来趋(一)　上去趋(一)　下结(一)

下来_结(一)(三)　下去_状(二)　进_趋
进来_趋　进去_趋　出_结　出来_结
回_趋　回来_趋　回去_趋　过_结(四)
过来_趋(一),结(三)　过去_趋(一)
起_趋　起来_趋,状　开_状　到_趋,结
到……来_趋　到……去_趋

拾掇(整理)　上_状　下来_结(三)
下去_趋(一),状(二)　出_结　出来_结
过_结(四)　过来_结(三)　起来_状
开_状　到_趋　到……来_趋
到……去_趋

拾掇(修理)　上_(二),状　出来_结
过_结(四)　过来_结(三)　起_结(三)
起来_结(一),状　开_状　到_趋

拾取　到_趋

时髦　上_状　下去_状(二)　过_结(四)
起来_状　到_趋

使(~刀子)　来_结(二)　上_结(一)(二),状
上去_结(一)　下来_结(三)　下去_状(二)
出_趋　出来_趋　出去_趋　过_结(四)
过来_结(三)　起_结(三)　起来_状
开_结(三),状　到_趋

使唤(~人)　上_状　下来_结(三)
下去_状(二)　出来_结(三)
起_结(三)　起来_状　开_结(三),状
到_趋

使唤(~牲口)　上_状　下来_结(三)
下去_状(二)　出来_结(三)
起_结(三)　起来_状　开_结(三),状
到_趋

使用　上_结(一),状　下去_状(二)
过_结(四)　过来_结(三)　起_结(三)
起来_状　开_状　到_趋

驶　来_趋　去_趋　上_趋(一)(二)
下_趋(一)　进_趋　出_趋　回_趋
过_趋(一)　过来_趋(一)　过去_趋(一)

视察　来_趋　上_趋　下来_结(三)
下去_状(二)　出_结　出来_结　过_结(四)
过_结(三)　起来_状　开_状　到_趋,结

试　上_状　下来_结(三)　下去_状(二)
进去_趋　出_结　出来_结　过_结(四)
过来_结(三)　过去_结(四)　起_结(三)
起来_状　开_状　到_趋

试探　上_状　下来_结(三)　下去_状(二)
出_结　出来_结　过_结(四)　起来_状
开_状　到_趋,结

试销　上_状　下来_结(三)　下去_状(二)
出_结　出来_结　过_结(四)
起来_状　开_状　到_趋

试行　上_状　下来_结(三)　下去_状(二)
出_结　出来_结　过_结(四)　过来_结(三)
起来_状　开_状　到_趋

试验　上_状　下来_结(三)　下去_状(二)
出_结　出来_结　过_结(四)　过来_结(三)
起_结(三)　起来_状　开_状　到_趋

试用　上_状　下来_结(三)　下去_状(二)
出_结　出来_结　过_结(四)　过来_结(三)
起_结(三)　起来_状　开_状　到_趋

试制　上_状　下来_结(三)　下去_状(二)
出_结　出来_结　过_结(四)　过来_结(三)

起$_{结(三)}$ 起来$_{状}$ 开$_{状}$ 到$_{趋}$

拭 去$_{结(一)}$

侍奉 上$_{状}$ 下来$_{结(三)}$ 下去$_{状(二)}$
出$_{结}$ 出来$_{结}$ 过$_{结(四)}$ 过来$_{结(三)}$
起来$_{状}$ 开$_{状}$ 到$_{趋}$

侍候 上$_{状}$ 下来$_{结(三)}$ 下去$_{状(二)}$
出$_{结}$ 出来$_{结}$ 过$_{结(四)}$ 过来$_{结(三)}$
起来$_{状}$ 开$_{状}$ 到$_{趋}$

侍弄 上$_{状}$ 下来$_{结(三)}$ 下去$_{状(二)}$
出$_{结}$ 出来$_{结}$ 过$_{结(四)}$ 过来$_{结(三)}$
起$_{结(三)}$ 起来$_{状}$ 开$_{状}$ 到$_{趋}$

世袭 上$_{状}$ 下去$_{状(二)}$ 出$_{结}$
出来$_{结}$ 起来$_{状}$ 开$_{状}$ 到$_{趋}$

逝 去$_{趋}$

释放 上$_{状}$ 下去$_{状(二)}$ 出$_{结}$
出来$_{结}$ 出去$_{趋}$ 回$_{结}$ 回来$_{结}$
回去$_{趋}$ 过$_{结(四)}$ 过来$_{结(三)}$
起来$_{状}$ 开$_{状}$ 到$_{趋}$

适合 到$_{趋}$

适应 起来$_{状}$ 到$_{趋}$

收(～衣服) 来$_{趋}$ 去$_{趋}$ 上$_{趋(一),状}$
上来$_{趋(一)(二)}$ 上去$_{趋(一)(二)}$
进$_{趋}$ 进来$_{趋}$ 进去$_{趋}$ 出$_{结}$
出来$_{结}$ 回$_{结}$ 回来$_{结}$ 回去$_{趋}$
过$_{结(四)}$ 过来$_{趋(一),结(三)}$
过去$_{趋}$ 起$_{结(一)}$ 起来$_{结(一),状}$
开$_{状}$ 到$_{趋}$ 到……来$_{趋}$
到……去$_{趋}$

收(～费、票) 来$_{趋}$ 去$_{趋}$ 上$_{状}$
上来$_{结(一)(二)}$ 下去$_{状(二)}$ 回$_{趋}$

回来$_{趋}$ 回去$_{趋}$ 过$_{结(四)}$
过来$_{结(三)}$ 起来$_{状}$ 开$_{状}$ 到$_{结}$
到……来$_{趋}$ 到……去$_{趋}$

收(一获) 上$_{状}$ 上来$_{结(一)}$
回来$_{趋}$ 回去$_{趋}$ 过$_{结(四)}$
过来$_{结(三)}$ 起来$_{状}$ 开$_{状}$ 到$_{趋}$
到……来$_{趋}$ 到……去$_{趋}$

收(接受,接一) 上$_{状}$ 下$_{结(一)}$
下来$_{结(一)(三)}$ 过$_{结(三)}$ 起来$_{状}$
开$_{状}$ 到$_{趋,结}$ 到……来$_{趋}$
到……去$_{趋}$

收(拘禁) 进$_{趋}$ 进来$_{趋}$ 进去$_{趋}$

收(～工) 上$_{状}$ 起来$_{状}$

收编 来$_{趋}$ 去$_{趋}$ 下来$_{结(一)}$
过来$_{结(一)(三)}$ 过去$_{趋(一)}$ 到$_{趋}$
到……来$_{趋}$ 到……去$_{趋}$

收藏 来$_{趋}$ 去$_{趋}$ 上$_{状}$ 下$_{结(一)}$
下来$_{结(一)(三)}$ 下去$_{状(二)}$ 进$_{趋}$
进来$_{趋}$ 进去$_{趋}$ 出$_{结}$ 出来$_{结}$
过来$_{趋(一)(三)}$ 过去$_{趋(一)}$
起$_{结(三)}$ 起来$_{结(一),状}$ 开$_{状}$
到$_{趋}$ 到……来$_{趋}$ 到……去$_{趋}$

收发 起来$_{状}$

收复 回来$_{趋}$ 过来$_{结(一)}$

收割 来$_{趋}$ 去$_{趋}$ 上$_{状}$ 下来$_{结(三)}$
下去$_{状(二)}$ 进来$_{趋}$ 进去$_{趋}$
出$_{结}$ 出来$_{结}$ 回来$_{趋}$ 回去$_{趋}$
过$_{结(四)}$ 过来$_{趋(一)结、(三)}$
过去$_{趋(一)}$ 起来$_{状}$ 开$_{状}$ 到$_{趋}$

收购 来$_{趋}$ 去$_{趋}$ 上$_{状}$ 上来$_{趋(一)}$

下_结(一)　下来_结(一)(三)　下去_状(二)
进_趋　进来_趋　进去_趋　出_结
出来_结　回_趋　回来_趋　回去_趋
过_结(四)　过来_趋(一)结、(三)
过去_趋(一)　起_结(三)　起来_状
开_状　到_趋,结　到……来_趋
到……去_趋

收获　到_结
收集　来_趋　去_趋　上_状　上来_趋(一)
上去_趋(一)　下_结(一)　下来_结(三)
下去_状(二)　出_结　出来_结
回来_趋　回去_趋　过_结(四)
过来_结(三)　起_结(一)　起来_结(一)、状
开_状　到_趋,结　到……来_趋
到……去_趋

收缴　来_趋　去_趋　上_状　上来_趋(一)
上去_趋(一)　下_结(一)　下来_结(一)(三)
下去_状(二)　进_趋　进来_趋
进去_趋　出_结　出来_结　回_趋
回来_趋　回去_趋　过_结(四)
过来_趋(一)结、(三)　过去_趋(一)
起来_状　开_状　到_趋,结
到……去_趋

收敛　下去_状(一)　起来_结(一),状
到_趋

收留　来_趋　去_趋　上_状　下_结(一)
下来_结(一)　下去_状(二)　进_趋
进来_趋　进去_趋　出_结　出来_结
过_结(四)　过来_结(三)　起来_状
开_状　到_趋　到……来_趋

到……去_趋
收拢　来_趋　上_结(一)　下去_状(二)
进去_趋　回来_趋　回去_趋
起来_结(一)　到_趋
收录　进来_趋　进去_趋　到……去_趋
收罗　来_趋　去_趋　上_状　上来_趋(一)
上去_趋(一)　下_结(一)　下来_结(一)
下去_状(二)　进_趋　进来_趋
进去_趋　出_结　出来_结　过_结(四)
过去_趋(一)　起来_结(一),状　开_状
到_趋,结　到……来_趋　到……去_趋

收买(收购)　上_状　下_结(一)
下来_结(一)　下去_状(二)　进_趋
过来_结(一),(三)　过去_趋(一)
起来_状　开_状　到_结

收买(～人心)　上_状　下去_状(二)
出_结　出来_结　过去_趋(一)
过来_趋(一)　起来_状　开_状　到_趋

收取　到_结
收容　来_趋　去_趋　上_状　上来_趋(一)
上去_趋(一)　下_结(一)(三)　下来_结(一)
下去_状(二)　进_趋　进来_趋
进去_趋　出_结　出来_结
过来_趋(一),结(三)　过去_趋(一)
起来_结(一),状　开_结(三),状
到……来_趋　到……去_趋

收拾(整理)　上_状　下来_结(三)
下去_状(二)　出_结　出来_结　过_结(四)
过来_结(三)　起来_状　开_状　到_趋
到……来_趋　到……去_趋

收拾（修理） 上$_状$ 出$_结$ 出来$_结$
　　过$_{结(四)}$ 过来$_{结(三)}$ 起$_{结(三)}$
　　起来$_状$ 开$_状$ 到$_趋$
收拾（～那个坏蛋） 起来$_状$
收缩 上$_状$ 下来$_状$ 下去$_{状(二)}$
　　进$_结$ 进去$_结$ 出$_结$ 出来$_结$
　　回来$_趋$ 回去$_趋$ 过$_{结(四)}$
　　起来$_{结(一),状}$ 开$_状$ 到$_趋$
　　到……来$_趋$ 到……去$_趋$
收听 来$_趋$ 上$_状$ 下来$_{结(一)(三)}$
　　下去$_{状(二)}$ 出$_结$ 出来$_结$ 过$_{结(四)}$
　　过来$_{结(三)}$ 起来$_状$ 开$_状$ 到$_{趋,结}$
收养 来$_趋$ 去$_趋$ 上$_状$ 下$_{结(一)}$
　　下来$_{结(一)}$ 下去$_{状(二)}$ 进$_趋$
　　进来$_趋$ 进去$_趋$ 出$_结$ 出来$_结$
　　过来$_{趋,结(三)}$ 过去$_{结(一)}$
　　起$_{结(三)}$ 起来$_{结(一),状}$ 开$_状$
　　到$_{趋,结}$ 到……来$_趋$ 到……去$_趋$
守（防一） 上$_状$ 下来$_{结(二)(三)}$
　　下去$_{状(二)}$ 出$_结$ 出来$_结$
　　过来$_{结(三)}$ 起$_状$ 起来$_{结(一),状}$
　　开$_状$ 到$_趋$
守（看一） 上$_状$ 下去$_{状(二)}$
　　起来$_状$ 开$_状$ 到$_趋$
守候 上$_状$ 下来$_{结(三)}$ 下去$_{状(二)}$
　　起来$_状$ 到$_趋$
守护 上$_状$ 下来$_{结(一)}$ 下去$_{状(二)}$
　　出$_结$ 出来$_结$ 过来$_{结(三)}$
　　起来$_{结(一),状}$ 开$_状$ 到$_趋$
守卫 上$_状$ 下来$_{结(三)}$ 下去$_{状(二)}$

进来$_趋$ 进去$_趋$ 出$_结$ 出来$_结$
　　过来$_{结(三)}$ 起来$_{结(一),状}$ 开$_状$
　　到$_趋$
首创 下$_{结(一)}$
瘦 上$_状$ 下来$_{结(一),状}$
　　下去$_{结(一),状(一)(二)}$ 进去$_结$
　　出$_结$ 出来$_结$ 起来$_状$ 开$_状$
　　到$_趋$
受（～气） 上$_状$ 起来$_状$ 开$_状$
　　到$_趋$
受（忍一） 下去$_{状(二)}$ 过来$_{结(一)}$
受理 上$_状$ 下来$_{结(三)}$ 下去$_{状(二)}$
　　进来$_趋$ 进去$_趋$ 出$_结$ 出来$_结$
　　过$_{结(四)}$ 过来$_{结(三)}$ 起来$_状$
　　开$_状$ 到$_趋$
受用 上$_状$ 下去$_{状(二)}$ 起来$_状$
　　开$_状$ 到$_趋$
售 出$_趋$ 出去$_趋$ 到$_趋$
梳 上$_{结(二),状}$ 上来$_{趋(一)}$ 上去$_{趋(一)}$
　　下$_{趋(一),结(一)}$ 下来$_{趋(一),结(一)}$
　　下去$_{趋(一),结(一),状(二)}$ 出$_结$
　　出来$_{结,状}$ 出去$_趋$ 回去$_趋$
　　过$_{结(四)}$ 过来$_{趋(一),结(三)}$
　　过去$_{趋(一)}$ 起$_{结(一)}$ 起来$_{趋,状}$
　　开$_{结(二),状}$ 到$_趋$ 到……去$_趋$
梳理 上$_状$ 下来$_{结(三)}$ 出$_结$
　　出来$_结$ 出去$_结$ 起来$_状$
　　开$_{结(二),状}$ 到$_趋$
梳洗 上$_状$ 下来$_{结(三)}$ 出来$_结$
　　过$_{结(四)}$ 起来$_状$ 开$_状$ 到$_趋$

疏导　上状　下来结(三)　下去状(二)　　下去趋(一),状(二)　进来趋　进去趋
　　出结　出来结　过结(四)　过来结(三)　　出结　出来趋,结　出去趋　回来趋
　　起来状　开结(一),状　到趋　　　　　回去趋　过结(四)　过来趋(一)(三)
　　到……去趋　　　　　　　　　　　过去趋(一)　起来状　开状　到趋
疏浚　起来状　　　　　　　　　　　到……来趋　到……去趋
疏散　来趋　上状　下来(一),结(三)　抒发　上状　下去状(二)　出结
　　下去趋(一),状(二)　出结　出来结　　　　出来结　过结(四)　起来状　开状
　　出去趋　回趋　回来趋　回去趋　　　　到趋
　　过结(四)　过来趋(一),结(三)　　　　舒　开结(二)
　　过去趋(一)　起来状　开结(二),状　舒展　起来状　开结(二)
　　到趋　到……来趋　到……去趋　舒张　开结(二)
疏松　下来状　下去状(二)　起来状　书写　下来结(三)　下去状(二)
　　到趋　　　　　　　　　　　　　进去趋　出来结　过结(四)
疏通(～关系)　上状　下来结(三)　　　过来结(三)　起来状　到趋
　　下去状(二)　过结(四)　起来状　　　到……来趋　到……去趋
　　开状　　　　　　　　　　　　熟识　起来状　到趋
疏远　下来状　下去状(二)　出结　熟悉　上状　下去状(二)　起来状
　　出来结　起来状　到趋　　　　　到趋
输(＝送、运＝)　来趋　上状　　熟习　起来状　到趋
　　下来结(三)　下去状(二)　进趋　熟知　起来状　到趋
　　进去趋　出趋,结　出来结　出去趋　赎　来趋　去趋　上结(一),状　出趋,结
　　回去趋　过结(四)　过来结(三)　　　出来趋,结　出去趋　回来趋
　　起结(三)　起来状　开状　到趋　　　回去趋　过结(四)　过来结(三)
　　到……来趋　到……去趋　　　　　起结(三)　起来状　开状
输(～钱)　去结(一)　上状　下去状(二)　　　到……来趋　到……去趋
　　出结　起结(三)　起来状　开状　赎买　上状　起来状
　　到趋　　　　　　　　　　　　数　来结(二)　上状　上来结(二)
输入　进来趋　进去趋　　　　　　　下来结(二)(三)　下去状(二)　进趋
输送　来趋　去趋　上状　　　　　　进来趋　进去趋　出趋　出来结
　　上来趋(一)　上去趋(一)　下来趋(一)　　回来趋　回去趋　过结(四)

过来趋(一),结(三)　过去趋(一)　起状
　　起来状　开状　到趋　到……去趋
数叨　上状　下去状(二)　过结(四)
　　起来状　开状　到趋
数落　上状　下去状(二)　过结(四)
　　起来状　开状　到趋
数说　上状　下去状(二)　过结(四)
　　起来状　开状　到趋
署　上结(一),状　上去结　下结(一)
　　下来结(三)　下去状(二)　进趋
　　进去趋　出结　出来结　过结(四)
　　过来结(三)　起来状　开状　到趋
　　到……来趋　到……去趋
树(一立)　上状　下去状(二)　出状
　　起来结(一),状　开状　到趋
树立　上结(一),状　起来结(一)　到趋
竖　下去状(二)　进来趋　进去趋
　　出来趋　出去趋　过来趋(一)
　　过去趋(一)　起趋　起来趋　到趋
　　到……来趋　到……去趋
竖立　起来趋
漱　去结(一)　上状　下来结(三)
　　下去结(一),状(二)　出状　出来状
　　出去趋　过结(四)　过来结(三)
　　起来状　开状　到趋　到……去趋
述评　下来结(三)　下去状(二)
　　起来状
述说　上状　下去状(二)　出状
　　出来结　起来状
束　上结(一)　起来结(一)　到趋

束缚　上状　下去状(二)　起来状
　　到趋
刷　来趋　去结(一)　上结(一),状
　　上来趋(一)　上去趋(一),结　下结(一)
　　下来趋(一),结(一)　去趋,结(一)
　　进来趋　进去趋　出结
　　出来趋,结　出去趋　回来趋
　　回去趋　过结(四)　过来趋(一),结(三)
　　过去趋(一)　起结(三),状　起来趋,状
　　开结(二),状　到趋　到……来趋
　　到……去趋
刷洗　上状　下来结(三)　下去状(二)
　　出来结　过结(四)　过来结(三)
　　起来状　开状　到趋
耍(一弄)　上状　上来结(二)
　　下来结(三)　下去状(二)　进来趋
　　进去趋　出结　出来趋,结　出去趋
　　回来趋　回去趋　过结(四)
　　过来趋(一),结(三)　过去趋(一)　起趋
　　起来趋,状　开结(二)(三),状　到趋
　　到……来趋　到……去趋
耍(~花招、脾气)　上状　下去状(二)
　　过结(三)　起来状　开状　到趋
耍弄　上状　下去状(二)　出结
　　出来结　过来趋(二)　过去趋(一)
　　起来状　开状　到趋
衰落　下来状　下去状(一)(二)
　　起来状　到趋
摔(一倒)　上状　下去状(二)　进趋
　　进来趋　进去趋　出趋,结

出来_(趋,结)　出去_(趋)　过_(结(三))
起_(结(三))　起来_(状)　开_(状)　到_(趋)
到……来_(趋)　到……去_(趋)

摔(一落)　下_(趋(一))　下来_(趋(一))
下去_(趋(一))　到_(趋)　到……去_(趋)

摔(～瓶子)　来_(趋)　去_(趋)　上_(状)
上去_(结)　下_(趋(一))　下来_(趋(一),结)
下去_(趋(一),结(一),状(二))　进_(趋)
进来_(趋)　进去_(趋)　出_(趋,结)
出来_(趋,结)　出去_(趋)　过_(趋(一),结(四))
过去_(趋(一),结(三))　过去_(趋(一))
起_(状)　起来_(趋,状)　开_(结(一),状)
到_(趋)　到……来_(趋)　到……去_(趋)

摔(一打)　上_(状)　下来_(结(一))
下去_(结(一))　出_(结)　出来_(结)
出去_(趋)　起来_(状)　开_(状)

摔打　上_(状)　下来_(结(三))　下去_(状(二))
出_(结)　出来_(结)　出去_(趋)　过_(结(四))
起来_(状)　开_(状)　到_(趋)

甩(一动)　上_(状)　上来_(趋(一))
上去_(趋(一))　下来_(趋(一),结(三))
下去_(趋(一),状(二))　进_(趋)　进去_(趋)
出来_(趋)　出去_(趋)　回来_(趋)
回去_(趋)　过来_(趋(一))　过去_(趋(一))
起来_(状)　开_(状(三))　到_(趋)

甩(～东西)　来_(趋)　去_(趋)
上_(趋(一),结)　上来_(趋(一))
上去_(趋(一))　下_(趋(一))
下来_(趋(一),结(一))　下去_(趋(一),结(一),状(二))
进_(趋)　进来_(趋)　进去_(趋)　出_(趋,结)

出来_(趋,结)　出去_(趋)　回_(趋)　回来_(趋)
回去_(趋)　过_(结(四))　过来_(趋(一),结(三))
过去_(趋(一))　起来_(状)
开_(结(一)(二),状)　到_(趋)
到……来_(趋)　到……去_(趋)

甩(撇开)　下_(结(一))　下去_(结(一))
开_(趋)　到_(趋)　到……去_(趋)

甩卖　上_(状)　下来_(结(三))　下去_(状(二))
出_(结)　出来_(趋,结)　出去_(趋)
过_(结(四))　过来_(结(三))　过去_(结(四))
起来_(状)　开_(状)　到_(趋)

率　来_(趋)　去_(趋)

率领　来_(趋)　去_(趋)　上_(趋(一),状)
上来_(趋(一))　上去_(趋(一))　下_(趋(一))
下来_(趋(一))　下去_(趋(一),状(二))　进_(趋)
进来_(趋)　进去_(趋)　出_(趋)　出来_(趋)
出去_(趋)　回_(趋)　回来_(趋)　回去_(趋)
过_(结(四))　过来_(趋(一),结(三))
过去_(趋(一))　起_(状)　起来_(状)　开_(状)
到_(趋)　到……来_(趋)　到……去_(趋)

栓　来_(趋)　上_(结(一),状)　上来_(结(一))
上去_(趋(一))　下_(结(三))　下去_(状(二))
进_(趋)　进来_(趋)　进去_(趋)　出_(趋,结)
出来_(趋,结)　出去_(趋)　回来_(趋)
过_(结(四))　过来_(趋(一),结(三))
过去_(趋(一))　起_(结(一)(三),状)
起来_(结(一),状)　开_(状)　到_(趋)
到……来_(趋)　到……去_(趋)

闩　上_(结(一))　起_(结(一))　起来_(结(一),状)

涮(洗一)　去_(结(一))　上_(状)

下来结(一)　下去结(一),状(二)
出结　出来趋,结　出去趋　过结(四)
过来结(三)　起状　起来状
开状,结(三)　到趋　到……去趋

涮(～羊肉)　上状　下去状(二)
出来趋　过结(四)　过来结(三)
起结(三)　起来状　开状,结(三)
到趋　到……来趋　到……去趋

水运　来趋　去趋　上状　上来趋(一)
上去趋(一),状(二)　下来趋(一),结(三)
下去趋(一),状(二)　进来趋　进去趋
出来趋　出去趋　回来趋　回去趋
过结(四)　过来趋(一),结(三)
过去趋(一)　起来状　开状
到……来趋　到……去趋

水战　上状　下来结(三)　下去状(二)
起来状　开状　到趋

睡　上状　下结(三)　下来结(三)
下去状(二)　进结　进来趋
进去趋　出结　出来趋,结　出去趋
过结(二)(四)　过来趋(一),结(二)
过去趋(一)　起来状　开状(三),状
到趋　到……来趋　到……去趋

吮吸　进趋　进去趋　起来状

顺(理～)　上状　下去状(二)
过来结(二)　过去趋(二)　起来状
开状　到趋　到……来趋
到……去趋

顺(～心)　起来状

顺从　上状　下来结(三)　下去状(二)

出结　出来结　起来状　开状
到趋

顺服　起来状　到趋

顺延　下去状(二)　起来状　到趋

顺应　下去状(二)

说(～话)　来结(二)　上状
上来结(二)　下结(二)　下来结(一)(二)
下去状(二)　进去趋　出趋,结
出来趋,结　出去趋　回来趋
回去趋　过结(二)(三)(四)　过来结(三)
过去结(四)　起来状
开结(四),状　到趋,结　到……去趋

说(责备)　上状　下去状(二)
过结(四)　过来结(三)　起结(三)
起来状　开状　到趋

说(～媒)　上状　起来状　开状
到……来趋　到……去趋

说合　上结(一),状　下来结(一)(三)
下去状(二)　过结(四)　起来状
开状　到趋

说明　上状　起来状　开状

说笑　起来状　到趋

撕　来趋　去趋,结(一)　上状
上来趋(一)　上去趋(一)　下结(一)
下来结(一)　下去结(一),状(二)
进来趋　进去趋　出趋,结
出来趋,结　出去趋　回来趋
回去趋　过结(四)　过来趋(一),结(一)
过去趋(一)　起结(三),状　起来状
开结(一),状　到趋　到……去趋

撕毁　下去状(二)　起来状
思忖　起来状
思考　上状　下来结(三)　下去状(二)
　　进去趋　出结　出来结　过结(四)
　　过来趋(一)　过去趋(一)　起来状
　　开状　到趋
思量　上状　下来结(三)　下去状(二)
　　起来状　开状
思谋　起来状　到趋
思慕　起来状
思念　上状　下去状(二)　出结
　　出来结　起来状　开状　到趋
思索　上状　下来结(三)　下去状(二)
　　出结　出来结　过结(四)　起来状
　　开状　到趋
私奔　来趋　上状　下去状(二)
　　出来趋　出去趋　起来状　开状
　　到趋　到……来趋　到……去趋
私访　上状　下来结(三)　下去状(二)
　　出结　出来结　过结(四)
　　过来趋(一),结(三)　过去趋(一)
　　起来状　开状　到趋　到……来趋
　　到……去趋
私通　上状　下来结(三)　下去状(二)
　　起来状　开状　到趋
死　去结(二)　过去结(一)　开状
　　到趋　到……去趋
死守　上状　下来结(三)　下去状(二)
　　起来状　开状　到趋
死亡　起来状

死战　起来状　下去状(二)　到趋
肆虐　过结(四)　起来状　到趋
肆扰　起来状
肆行　起来状
四散　出去趋　起来状　到趋
饲养　上状　下结(一)　下来结(一)(三)
　　下去状(二)　出结　出来结
　　过结(四)　过结(三)　起结(三)
　　起来状　开状　到趋
松(放开)　上状　下去状(二)　出结
　　出来结　开状(一)
松(一散)　下来状　下去状(二)
　　出结　出来结　起来状　开状
　　到趋
松弛　下来状　下去状(一)(二)
　　起来状　到趋
松散　下来状　下去状(一)(二)
　　起来状　到趋
怂恿　上状　下去状(二)　出结
　　出来结　过结(四)　起来状　开状
耸　上趋(一)　上来趋(一)　上去趋(一)
　　起趋　起来趋　到趋　到……去趋
耸动　起来状
耸立　
颂扬　上状　下去状(二)　起来状
　　开状　到趋
诵读　下来结(二)(三)　下去状(二)
　　出结　出来结　过结(四)　起来状
　　到趋
送(～信)　来趋　去趋　上状

上来_趋(一)　上去_趋(一)　下_趋(一)
下来_趋(一),结(三)　下去_趋(一),结(二)
进_趋　进来_趋　进去_趋　出_趋
出来_趋,结　出去_趋　回_趋　回来_趋
回去_趋　过_结(四)　过来_结(三)
过来_趋(一),结(三)　过去_趋(一)
起来_状　开_状　到_趋　到……来_趋
到……去_趋

送(赠一)　上_状　下去_状(二)　出_结
出来_结　过_结(四)　过来_结(三)
起_结(三)　起来_状　开_状　到_趋
到……来_趋　到……去_趋

送(~客人)　来_趋　去_趋　上_趋(一),状
上来_趋(一)　上去_趋(一)　下_趋(一)
下来_趋(一)　下去_趋(一),状(二)
进_趋　进来_趋　进去_趋　出_趋,结
出来_趋,结　出去_趋　回_趋
回来_趋　回去_趋　过_趋(一),结(四)
过来_趋(一),结(三)　过去_趋(一)
起来_状　开_状　到_趋　到……来_趋
到……去_趋

搜　来_趋　去_趋　上_状　上来_趋(一)
上去_趋(一)　下来_结(三)
下去_结(一),状(二)　进来_趋　进去_趋
出_趋,结　出来_趋,结　出去_趋
回_趋　回去_趋　过_结(四)
过来_趋(一),结(三)　过去_趋(一)
起来_状　开_状　到_趋
到……来_趋　到……去_趋

搜捕　上_状　下来_结(三)　下去_状(二)

过_结(四)　起来_状　开_状　到_趋,结
搜查　来_趋　去_趋　上_状　下来_结(三)
下去_状(二)　进来_趋　进去_趋
出_趋,结　出来_趋,结　出去_趋
回来_趋　过_结(四)　过来_趋(一),结(三)
过去_趋(一)　起来_状　开_状
到_趋,结　到……来_趋　到……去_趋

搜刮　来_趋　去_趋,结(一)　上_状
下_结(一)　下来_结(一)(三)　下去_状(二)
进_趋　进去_趋　出_结　出来_结
出去_趋　起来_状　开_状　到_趋
到……来_趋　到……去_趋

搜集　来_趋　去_趋　上_结(二),状
上来_趋(一)　上去_趋(一)　下_结(一)
下来_结(一)(三)　下去_状(二)　出来_结
回来_趋　回去_趋　过_结(四)
过来_结(三)　起来_结(一),状　开_状
到_趋,结　到……来_趋　到……去_趋

搜罗　来_趋　去_趋　上_结(二),状
上来_趋(一)　上去_趋(一)　下_结(一)
下来_结(一)(三)　下去_状(二)
进来_趋　进去_趋　出_结　出来_结
回来_趋　回去_趋　过来_趋(一),结(三)
过去_趋　起来_趋(一),状　开_状
到_趋,结　到……来_趋　到……去_趋

搜索　来_趋　去_趋　上_状　上来_趋(一)
上去_趋(一)　下来_结(三)　下去_状(二)
进来_趋　出_趋,结　出来_趋,结
过_结(四)　过来_趋(一),结(三)
过去_趋(一)　起来_状　开_状

到趋,结　到……来趋　到……去趋

搜寻　来趋　去趋　上状　下来结(三)
　　　下去状(二)　出趋,结　出来趋,结
　　　过结(四)　起来状　开状　到趋,结
　　　到……来趋　到……去趋

唆使　上状　下去状(二)　起来状
　　　开趋　到趋

苏醒　过来结(二)　起来状

宿（～营）下结(一)　起来状

塑造　出结　出来结　起来结

诉说　下去状(二)　出结　出来结
　　　起来状

速记　出结　出来结

肃立　下去状(二)　起来趋,状　到趋

肃清　下去结(一)　起来状　到趋

酸痛　下去状(二)　起来状　到趋

算（计一）上状　上来结(二)
　　　下来结(二)(三)　下去状(二)　出结
　　　出来结　过结(三)(四)　过来结(三)
　　　起来状　开结(三),状　到趋
　　　到……来趋　到……去趋

算（计算进去）上结(一)　上去结
　　　进来趋　进去趋　过来趋(一)
　　　过去趋(一)　到趋　到……来趋
　　　到……去趋

算（～命）上状　出结　出来结

算计（打算）上状　上来结(二)
　　　出来结　过来结(三)　起来状
　　　开状

算计（～人）来趋　去趋　上状
　　　下去状(二)　进去　出去
　　　过结(三)(四)　过来结(三)　起来状
　　　开状　到趋,结　到……去趋

随葬　进去趋

碎　下来结(一)　开结(一)　到趋

损害　下去状(二)　起来状　到趋

损耗　下去状(二)　到趋

损坏　下去状(二)　起来状　到趋

损伤　到趋

损失　下去结(一)

缩（收一）回趋　回来趋　回去趋
　　　起来结(一)

缩（收回）上状　进趋　进来趋
　　　进去趋　回趋　回来趋　回去趋
　　　起结(一)　起来结(一),状　到趋
　　　到……来趋　到……去趋

缩（后退）上状　回来趋　回去趋
　　　起来状　开趋　到趋　到……来趋
　　　到……去趋

缩短　起来状　到趋

T

塌（倒、陷） 下$_{趋(一)}$ 下来$_{趋(一)}$
下去$_{趋(一),状}$ 到$_{趋}$ 到……去$_{趋}$

塌（凹） 下来$_{趋(一)}$ 下去$_{趋(一)}$
进$_{结}$ 进去$_{结}$

塌（安定） 下$_{趋(一)}$ 下来$_{趋(一)}$

塌陷 下来$_{趋(一)}$ 下去$_{趋(一)}$
进去$_{结}$ 起来$_{状}$ 到$_{趋}$

趿拉 来$_{趋}$ 去$_{趋}$ 上$_{结(一),状}$
下去$_{状(二)}$ 起来$_{状}$ 开$_{状}$ 到$_{趋}$

挞伐 起来$_{状}$

拓（～字） 来$_{趋}$ 去$_{趋}$ 上$_{状}$
上来$_{结(二)}$ 上去$_{结}$ 下$_{结(一)}$
下来$_{结(一)}$ 下去$_{结(一)}$ 出$_{趋}$
出来$_{趋}$ 过$_{结(四)}$ 过来$_{结(三)}$
起来$_{状}$ 开$_{状}$ 到$_{趋}$ 到……来$_{趋}$
到……去$_{趋}$

踏 上$_{结(一),状}$ 上去$_{结}$ 下去$_{趋(一)}$
进$_{趋}$ 进来$_{趋}$ 进去$_{趋,结}$
出来$_{趋,结}$ 出去$_{趋}$ 过$_{趋(一)}$
过来$_{趋(一)}$ 过去$_{趋(一)}$ 起来$_{状}$
开$_{状}$ 到$_{趋}$

抬（～头、价） 上$_{状}$ 上来$_{趋(一)}$
上去$_{趋(一)}$ 起$_{趋}$ 起来$_{状}$ 开$_{状}$
到$_{趋}$

抬（～东西） 来$_{趋}$ 去$_{趋}$
上$_{趋(一),结(一),状}$ 上来$_{趋(一)}$
上去$_{趋(一),(二)}$ 下$_{趋(一)}$ 下来$_{趋(一)}$
下去$_{趋(一),(二)}$ 进$_{趋}$ 进来$_{趋}$

进去$_{趋}$ 出$_{趋,结}$ 出来$_{趋,结}$
出去$_{趋}$ 回$_{趋}$ 回来$_{趋}$ 回去$_{趋}$
过$_{结(三)(四)}$ 过来$_{趋(一),结(三)}$
过去$_{趋(一)}$ 起$_{趋}$ 起来$_{状}$
开$_{趋,状}$ 到$_{趋}$ 到……来$_{趋}$
到……去$_{趋}$

抬（一杠） 上$_{状}$ 下去$_{状(二)}$
起来$_{状}$ 开$_{状}$ 到$_{趋}$

抬举 上$_{状}$ 上去$_{趋(一)}$ 下去$_{状(二)}$
起来$_{状}$ 开$_{状}$ 到$_{趋}$

坍 下$_{趋(一)}$ 下来$_{趋(一)}$ 下去$_{趋(一),状}$

坍塌 下来$_{趋(一)}$ 下去$_{趋(一)}$

贪（～财） 上$_{状}$ 下去$_{状(二)}$
起来$_{状}$ 开$_{状}$ 到$_{趋}$

贪（～心） 上$_{状}$ 起来$_{状}$ 开$_{状}$

贪恋 起来$_{状}$

贪图 上$_{状}$ 起来$_{状}$ 开$_{状}$

贪污 来$_{趋}$ 上$_{状}$ 起来$_{状}$ 开$_{状}$

瘫 下$_{趋(一)}$ 下来$_{趋(一)}$
下去$_{趋(一),状(二)}$ 起来$_{状}$ 到$_{趋}$
到……去$_{趋}$

瘫痪 下去$_{状(二)}$ 起来$_{状}$ 到$_{趋}$

摊（铺平） 上$_{结(一)}$ 上去$_{结}$
下去$_{状(二)}$ 起$_{状}$ 起来$_{状}$
开$_{结(二)}$ 到$_{趋}$ 到……来$_{趋}$
到……去$_{趋}$

摊（～鸡蛋） 上$_{结(一),状}$ 上来$_{结(一)}$
上去$_{结}$ 下$_{结(一)}$ 下来$_{结(一)}$

下去_{状(二)}　出_结　出来_结　过_{结(四)}
过来_{结(三)}　起来_状　开_{结(二),状}
到_趋

摊(分担)　来_趋　上_{结(一),状}
下来_{结(一)}　下去_{结(二)}　出去_趋
起_{结(三)}　起来_状　开_状　到_趋

摊(遇)　上_{结(一)}　到_趋

摊派　来_趋　去_趋　上_状　下来_{结(三)}
下去_{状(二)}　出去_趋　过_{结(四)}
过来_{趋(三)}　过去_{趋(一)}　起来_状
开_状　到_趋　到……来_趋
到……去_趋

弹(一射、~球)　来_趋　去_趋
上来_{趋(一)}　上去_{趋(一)}　下来_{趋(一)}
下去_{趋(一)}　进来_趋　进去_趋
出_趋　出来_趋　出去_趋　回来_趋
回去_趋　过_{结(三)}　过来_{趋(一)}
过去_{趋(一)}　起来_状　开_状
到……来_趋　到……去_趋

弹(~棉花)　来_趋　上_状
下来_{结(三)}　下去_{状(二)}　出_结
出来_结　过_{结(四)}　过来_{结(三)}
起来_状　开_状　到_趋

弹(~土)　去_{结(一)}　上_状　下_{趋(一)}
下来_{趋(一)}　下去_{趋(一),状(二)}
进_趋　进来_趋　进去_{状,结}
出来_{趋,结}　出去_趋　过_{趋(一),结(四)}
过来_{趋(一),结(三)}　过去_{趋(一)}
起_趋　起来_{趋,状}　开_状　到_趋
到……来_趋　到……去_趋

弹(~琴)　来_{结(三)}　上_状
上来_{结(二)}　下来_{结(二)(三)}
下去_{状(二)}　进去_趋　出_结
出来_结　回去_趋　过_{结(三)(四)}
过来_{结(三)}　起来_状　开_状　到_趋

弹劾　起来_状

弹压　起来_状

谈　来_{结(二)}　上_{结(二),状}　下_{结(一)}
下来_{结(一)(三)}　下去_{状(二)}　出_结
出来_结　回来_趋　过_{结(三)(四)}
过来_{结(三)}　过去_{结(四)}　起_{结(一),状}
起来_状　开_{结(四),状}　到_趋
到……来_趋　到……去_趋

谈论　上_状　下去_{状(二)}　出_结
出来_结　过_{结(四)}　起来_{结,状}　开_状
到_趋

谈判　来_趋　上_状　下来_{结(三)}
下去_{状(二)}　出_结　出来_结　过_{结(四)}
过来_{结(三)}　过去_{结(四)}　开_状　到_趋
到……来_趋　到……去_趋

袒护　上_状　下去_{状(二)}　出_结
出来_结　起来_{结(一),状}　开_状
到_趋

袒露　出_趋　出来_趋　到_趋

坦白　上_状　下去_{状(二)}　出_结
出来_{结(四)}　过来_{结(三)}
起来_状　开_状　到_趋

探(一测)　来_趋　去_趋　上_状
下去_{状(二)}　出_结　出来_结
过_{结(四)}　起来_状　开_状　到_结

探（一望） 上状 起来状 开状
探（～头） 来趋 去趋 上状
　进趋 进去趋 出结 出来结
　过来趋(一) 过去趋(一) 起来状
　开状 到趋 到……来趋
　到……去趋
探访 上状 下去状(二) 出结
　出来结 起来状 开状 到结
　到……来趋 到……去趋
探究 下去状(二) 出结 出来结
　起来状
探勘 出结 出来结 到结
探求 下去状(二) 出结 出来结
　过结(四) 起来状 到趋,结
探索 上状 下来结(三) 下去状(二)
　进去趋 出结 出来结 过结(四)
　过结(三) 起来状 开状 到趋,结
探讨 上状 下来结(三) 下去状(二)
　出结 出来结 过结(四) 过结(三)
　起来状 开状 到趋,结
探听 上状 下来结(三) 出结
　出来结 过结(四) 过结(三)
　起来状 开状 到趋,结
　到……来趋 到……去趋
探望 上状 过结(四) 起来状
　开状 到趋
探问 起来状
探（～险） 起来状
探询 起来状
叹 上状 出趋 出去趋 起来状

开状
叹服 起来状
叹赏 起来状
叹羡 起来状
碳化 下去状(二) 起来状 到趋
耥 上状 下来结(三) 下去状(二)
　出结 出来结 过结(四)
　过来趋(一)(三) 过去趋(一)
　起来状 开状 到趋 到……来趋
　到……去趋
蹚（～水） 来趋 去趋 上状
　下去状(二) 回来趋 回去趋
　过趋(一),结(四) 过来趋(一)
　过去趋(一) 起状 起来趋,状
　开状 到趋 到……来趋
　到……去趋
搪（抵挡） 下来结(三) 过来趋(一)
　过去趋(一) 开趋
搪（～塞） 过去结(一)
搪塞 上状 下去状(二) 出结
　出来结 过去结(一) 起来状
　开状 到趋
躺 来趋 去趋 上结(一),状
　上来结(一) 上去结 下结(一),结(三)
　下来趋(一) 下去趋(一),状(二) 进趋
　进来趋 进去趋 出结 出来结
　回去趋 过结(四) 过来趋(一)
　过去趋(一) 起来状 开结(三),状
　到趋 到……来趋 到……去趋
淌 上状 下趋(一) 下来趋(一)

下去_状(二)　进_趋　进来_趋　进去_趋
出_趋　出来_趋　出去_趋　回来_趋
回去_趋　过_结(四)　过来_趋(一)
过去_趋(一)　起来_状　开_状　到_趋
到……来_趋　到……去_趋

烫（～手）　下_结(一)　下来_结(一)
下去_结(一)　出_结　出来_结　起_趋
起来_趋,状　开_结(一)　到_趋

烫（～酒、衣服）　来_趋　上_结(一),状
上去_结(三)　下_结(三)　下去_状(二)
进_趋　进去_趋　出_结　出来_结
过_结(四)　过来_趋(一),结(三)
过去_趋(一)　起_结(三)　起来_状
开_状　到_趋

掏　来_趋　去_趋　上_状　上来_趋(一)
上去_趋(一)　下来_趋(一)
下去_趋(一),状(二)　进来_趋　进去_趋
出_趋　出来_趋　出去_趋　回_趋
回来_趋　回去_趋　过_结(四)
过来_趋(一),结(三)　过去_趋(一)
起_状　起来_状　开_状　到_趋,结

掏（挖）　上_状　下_趋(一),状(二)
出_趋　出来_趋　出去_趋　起来_状
开_状　到_趋

逃（～跑）　来_趋　去_趋　上_趋(一),状
上来_趋(一)　上去_趋(一)　下_趋(一)
下来_趋(一)　下去_趋(一),状(二)
进_趋　进来_趋　进去_趋
出来_趋,结　出去_趋　回_趋　回来_趋
回去_趋　过_结(四)　过来_趋(一),结(三)

过去_趋(一)　起来_状　开_趋,状
到_趋　到……来_趋　到……去_趋

逃（～避）　上_状　过_结(一)
过去_结(一)　起来_状　开_状　到_趋
到……来_趋　到……去_趋

逃奔　到……来_趋　到……去_趋

逃避　上_状　下去_状(二)　过_结(一)
过去_结(一)　起来_状　开_状　到_趋
到……来_趋　到……去_趋

逃窜　出来_趋　出去_趋　起来_状

逃跑　起来_状

逃脱　出来_趋　出去_趋

逃亡　上_状　下去_状(二)　出来_趋
出去_趋　起来_状　开_状　到_趋
到……来_趋　到……去_趋

逃逸　出来_趋　出去_趋

淘　去_结(一)　上_状　下_结(一)
下去_状(二)　出_趋　出来_趋,结
出去_趋　过_结(四)　过来_结(三)
起来_状　开_状　到_趋,结

淘（～粪）　上_状　上来_趋(一)
下去_状(二)　出_趋　出来_趋　出去_趋
过_结(四)　过来_结(三)　起来_状
开_状　到_趋

淘换　来_趋　去_趋　上_结(二),状
起来_状　开_状　到_结

淘汰　上_状　下_结(一)　下来_结(一)
下去_结(一),状(二)　出_趋　出去_趋
过_结(四)　过来_结(三)　起来_状
开_状

陶醉 上状 下去状(二) 起来状 开状 到趋

讨(～债) 来趋 上结(二),状 下来结(一) 下去状(二) 回趋 回来趋 回去趋 过结(四) 过来结(三) 起来状 开状 到结

讨(～老婆) 来趋 上结(二) 下结(一) 过结(四) 起结(三),状 起来状 开状 到结

讨(～骂) 来趋

讨伐 上状 下来结(三) 下去状(二) 进趋 进去趋 过结(四) 过去结(一) 起来状 到趋

讨论 上状 下来结(三) 下去状(二) 出结 出来结 过结(四) 过去结(三) 过去结(四) 起来状 开状 到结

讨厌 上状 下去状(二) 起来状 开状 到趋

套(罩) 上结(一),状 上来结(一) 上去结 下结(三) 下来结(一) 进趋 进来趋 进去趋 起来结(一),状 开状 到趋 到……来趋 到……去趋

套(～兔子) 来趋 上结(二),状 上去结 下结(一) 下来结(三) 下去状(二) 进去趋 出结 出来结 回结 回来趋 回去趋 过结(四) 过来结(一),结(三) 过去趋 起来结(一),状 开状 到趋,结 到……来趋 到……去趋

套(模仿) 上结(一),状 下来结(三) 过来趋(一) 起来状 开状

套(～实话) 来趋 去趋 上结 出结 出来结 过结(四) 起来状 开状 到结

套(～交情) 上状 起来状 开状

套裁 上状 下来结(三) 下去状(二) 出结 出来结 过结(四) 起来状 开状

套耕 起来状

套购 上状 下去状(二) 进趋 进去趋 出趋,结 出来结 过去趋(一) 起来结 开状 到结 到……来趋 到……去趋

套问 出结 出来结 到结

套印 出结 出来结

套用 上状 下去状(二) 起来状 开状

套种 上状 下来结(三) 下去状(二) 进趋 进去趋 出结 出来结 过结(四) 起来结(一),状 开状

誊 来趋 上结(一),状 下来结(一) 下去状(二) 出来结 过结(四) 过来结(一),结(三) 过去结(一) 起来状 开状 到……来趋 到……去趋

誊录 下来结(一) 下去结(一) 到趋

誊写 上状 下来结(一) 下去状(二) 出结 出来结 过结(四) 过来结(三) 起来状 开状 到趋

腾(挪) 来趋 去趋 上状 下结(一)
下来结(一) 下去状(二) 出结
出来结 过结(四) 过来结(三)
起来状 开状 到趋 到……来趋
到……去趋

腾越 起来状

疼(一痛) 上状 下去状(二) 出结
出来结 过结(四) 过去结(四)
起来状 开状 到趋

疼(一爱) 上状 下去状(二)
过来结(三) 起来状 开状 到趋

疼爱 起来状 到趋

剔(～骨头) 来结(三) 去结(一)
上状 上来结(二) 下结(一)
下来结(一) 下去结(一),状(二)
出趋,结 出来趋,结 出去趋
过结(四) 过来结(一),结(三)
过去趋(一) 起趋 起来趋 开状
到趋 到……去趋

剔(～牙) 上状 下去状(二) 出趋
出来趋 过结(四) 起来状 开状

剔(一除) 去结(二) 下来结(一)
下去结(一) 出趋 出来趋 出去趋
过结(四) 过来结(三) 起来状
到趋 到……来趋 到……去趋

剔除 下去结(一)

踢 来趋 去趋 上趋(一)(二),结(一)(二),状
上来趋(一)(二) 上去趋(一)(二),结
下趋(一)(二),结(一) 下来趋(一),结(一)
下去趋(一)(二),结(一),状(二) 进

进来趋 进去趋 出趋,结
出来趋,结 出去趋 回趋 回来趋
回去趋 过结(一),结(三)(四)
过来结(一),结(三) 过去趋(一)
起趋 起来趋,状 开趋,结(一),状
到趋 到……来趋 到……去趋

踢蹬 上状 下去状(二) 起来状
开状 到趋

啼哭 上状 下去状(二) 出结
出来结 起来状 开状 到趋

啼叫 下去状(二) 起来状

题 来趋 上结(一),状 上去结
下结(一) 下来结(一) 下去状(二)
进去趋 出结 出来结 过结(四)
过来结(三) 起来状 开状 到趋
到……来趋 到……去趋

题写 下来结(三) 下去状(二)
出来结 起来状

提(～东西) 来趋 去趋
上趋(一)(二),状 上来趋(一)(二)
上去趋(一)(二) 下趋(一)
下来趋(一)(二) 下去趋(一),状(二)
进趋 进来趋 进去趋 出趋,结
出来趋 出去趋 回趋
回来趋 回去趋 过趋(一),结(四)
过来趋(一),结(三) 过去趋(一)
起趋,状 起来趋,状 开趋,状
到趋 到……来趋 到……去趋

提(一拔) 上状 上来趋
上去趋(一) 过来结(三) 到趋

到……来趋　到……去趋

提（一前）　到趋　到……来趋

提（～意见）　来趋　上状
　　上来趋(一)　上去趋(一)　下结(一)
　　下来结(三)　下去状(二)　出结
　　出来结　过结(四)　过来结(三)
　　起来状　开状　到趋　到……来趋
　　到……去趋

提（～款、货）　来趋　去趋
　　上结(二),状　出趋　出来趋　出去趋
　　起状　起来状　开状　到结
　　到……来趋　到……去趋

提（～犯人）　来趋　去趋　上状
　　上来趋(一)　出来趋　出去趋
　　起来状　开状　到趋　到……来趋
　　到……去趋

提（谈）　上结(二),状　出结　出来结
　　起结(一)　起来状　开状　到趋,结

提（推举）　来趋　上状　上来趋(一)
　　下去状(二)　出结　出来结　过结(四)
　　过来结(三)　起来状　开状　到趋,结
　　到……来趋　到……去趋

提拔　上状　上来趋(一)　上去趋(一)
　　下去状(二)　进趋　进来趋　进去趋
　　出趋　出来趋,结　出去趋　过结(四)
　　过来结(三)　起来状　开状　到趋
　　到……来趋　到……去趋

提倡　上状　下来结(三)　下去状(二)
　　过结(四)　过来结(三)　起状
　　起来状　开状

提纯　出结　出来结

提高　上状　上来趋(一)　上去趋(一)
　　下去状(二)　出结　出来结
　　起来状　到趋

提供　出结　出来结

提交　来趋　去趋　上状　上来趋(一)
　　上去趋(一)　下去状(二)　出结
　　出来结　过结(四)　过来结(三)
　　起来状　到趋　到……来趋
　　到……去趋

提炼　来趋　去结(二)　上状
　　上来结(三)　下去状(二)　出结
　　出来结　过结(四)　过来结(三)
　　起来状　开状　到趋　到……去趋

提取　来趋　去趋　上状　下来结(三)
　　下去状(二)　出结　出来结　过结(四)
　　过来结(三)　起来状　开状　到趋,结

提审　上状　下来结(三)　下去状(二)
　　过结(四)　过来结(三)　起来状
　　开状　到趋

提升　上状　上来趋(一)　上去趋(一)
　　下来结(三)　下去状(二)　出结
　　出来结　起来状　开状　到趋
　　到……来趋　到……去趋

提示　上状　下来结(三)　下去状(二)
　　出结　出来结　过结(四)　过来结(三)
　　起来状　开状　到趋

提问　上状　下来结(三)　下去状(二)
　　出结　出来结　过结(四)　过来结(三)
　　起来状　开状　到趋

提携　上状　起来状　开状
提醒　上状　下去状(二)　过结(四)
　　　过来结(三)　开状
提讯　上状
提制　出结　出来结
体察　出结　出来结　到趋
体会　出结　出来结　起来状
　　　到趋
体检　上状　下去状(二)　出结
　　　出来结　过结(四)　起来状　开状
　　　到趋
体谅　起状
体贴　上状　下去状(二)　出结
　　　出来结　起来状　开状　到趋
体验　上状　下来结(三)　下去状(二)
　　　出结　出来结　过结(四)　起来状
　　　开状　到趋,结
剃　　来结(三)　去结(一)　上结(二),状
　　　上来趋(一)　上去趋(一)　下结(一)
　　　下来趋(一),结(一)　下去趋(一),状(一)
　　　进来趋　进去趋　出来结　过结(四)
　　　过来趋(一),结(三)　过去趋(一)
　　　起来状　开状　到趋
替　　上状　上去结　下结(一)
　　　下来结(一)　下去结(一),状(二)
　　　过结(四)　过来结　起来状　开状
　　　到趋
替代　下去结(一),状(二)　起来状
替换　上状　上来结(一)　上去结
　　　下结(一)　下来结(一)　下去结(一),状(二)

进来趋　进去趋　出来趋　出去趋
过结(四)　过来趋,结(三)　过去趋(一)
起来状　开状　到……来趋
到……去趋

添　　来趋　上结(一),状　上来结(一)
　　　上去结　下来结(三)　下去状(二)
　　　进趋　进来趋　进去趋　过结(四)
　　　过来趋(一),结(三)　过去趋(一)
　　　起来状　开状　到趋　到……来趋
　　　到……去趋

添补　上结(一),状　上来结(一)
　　　上去结　下去状(二)　进趋
　　　进来趋　进去趋　出趋　出去趋
　　　起来状　开状　到趋　到……来趋
　　　到……去趋

添置　上结(二),状　下结(一)
　　　下来结(一)(三)　下去状(二)　过结(四)
　　　过来结(三)　起结(三)　起来状
　　　开状

填(写)　来趋　去趋　上结(一),状
　　　上来结(一)　上去结　下结(三)
　　　下来结(三)　下去状(二)　进趋
　　　进来趋　进去趋　出结　出来结
　　　过结(四)　过来结(三)　起来状
　　　开状　到趋　到……来趋
　　　到……去趋

填(一塞)　上结(一),状　上来结(一)
　　　上去结　下结(三)　下来结(三)
　　　下去状(二)　进趋　进来趋
　　　进去趋　过结(四)　过来结(三)

起来_(结(一)),状　开_状　到_趋
到……来_趋　到……去_趋

填报　出_结　出来_结

填补　上_(结(一))　上来_(结(一))　上去_结
下来_(结(三))　下去_(状(二))　进来_趋
进去_趋　过来_(结(三))　起来_(结(一))

填充　上_(结(一),状)　上去_结　进_趋
进去_趋　出来_结　过_(结(四))
过来_(趋,结(三))　过去_趋
起来_状　开_状　到_趋　到……去_趋

填写　来_趋　上_状　上来_(结(二))
上去_结　进来_趋　进去_趋　出来_结
过_(结(四))　过来_(结(三))　起来_状
开_状　到_趋

舔　去_(结(二))　上_状　下_(结(一))
下来_趋　下去_(结(一),状(二))
起来_状　开_状　到_(趋,结)
到……来_趋　到……去_趋

挑（一选）　来_趋　去_趋　上_(结(一),状)
上来_(趋(一))　下_(结(三))　下去_(状(二))
出_结　出来_结　出去_趋　过_(结(四))
过来_(结(三))　起来_状　开_状　到_(趋,结)
到……来_趋　到……去_趋

挑（～毛病）　上_状　下去_(状(二))
出_结　出来_结　起来_状　开_状
到_(趋,结)

挑（～担子）　来_趋　去_趋
上_(结(一),状)　上来_(趋(一))　上去_(趋(一))
下来_(趋,结(三))　下去_(结(一),状(二))
进_趋　进来_趋　进去_趋　出_(趋,结)

出来_趋,结　出去_趋　回_趋
回来_趋　回去_趋　过_(结(三)(四))
过来_(趋(一),结(三))　过去_(趋(一))
起_趋　起来_(趋,状)　开_(趋,状)　到_趋
到……来_趋　到……去_趋

挑拣　下去_(状(二))　出_结　出来_结
起来_状

挑选　来_趋　上_状　上来_(趋(一))
下来_(结(三))　下去_(状(二))　出_趋
出来_趋　出去_趋　过_(结(四))
起来_状　开_状　到_(趋,结)
到……来_趋　到……去_趋

调　来_(结(三))　上_(结(一),状)　下_(结(三))
出_结　出来_结　过_(结(四))
过来_(结(二)(三))　起来_(结(一),状)
开_(结(二)(三),状)　到_趋　到……来_趋
到……去_趋

调和　上_状　下来_(结(三))　下去_(状(二))
出_结　出来_结　过_(结(四))　起来_状
开_状　到_趋

调剂　来_趋　上_状　出去_趋　过_(结(四))
过来_(趋(一),结(三))　起来_状　开_状

调教　上_状　下去_(状(二))　出_结
出来_结　过_(结(四))　过来_(结(二))
起来_状　开_状

调节　过来_(结(二))

调解　上_状　下来_(结(三))　下去_(状(二))
出_结　出来_结　过_(结(四))　过来_(结(三))
起来_状　开_(结(一),状)　到_趋

调理　上_状　下来_(结(三))　下去_(状(二))

出结　出来结　过(四)　过来结(二)
起来状　到趋

调配　上状　下来(一)　出结
　　出来结　起来状　开结(二),状

调皮　上状　下去状(二)　起来状
　　开状　到趋

调停　上状　下来结(三)　下去状(二)
　　出结　出来结　过(四)　过来结(三)
　　起来状　开状　到趋

调戏　上状　下去状(二)　出结
　　出来结　起来状　开状　到趋

调谐　起来状　到趋

调养　上状　下来结(三)　下去状(二)
　　过结(四)　过来结(二)　起来状
　　开状　到趋

调整　去结(一)　上状　上去趋(一)
　　下来趋(一),结(三)　下去结(一),状(二)
　　出结　出来结　回来趋　过(四)
　　过来结(二)　起来状　开状　到趋
　　到……来趋　到……去趋

调制　出结　出来结

挑(～门帘)　来趋　去趋　上状
　　上来趋(一)　上去趋(一)　下趋(一)
　　下来趋(一)　下去趋(一),状(二)
　　进趋　进来趋　进去趋　出趋
　　出来趋　出去趋　回趋　回来趋
　　回去趋　过来(一)　过去(一)
　　起趋　起来趋,状　开趋,状　到趋
　　到……来趋　到……去趋

挑(～刺)　上状　出趋　出来趋

出去趋　起来状　开结(一),状
到趋

挑(～花)　来结(三)　上结(一),状
　　上来结(二)　上去结　下结(一)
　　下来结(三)　下去状(二)　出结
　　出来结　过(四)　过来结(三)
　　起来状　开状　到趋　到……来趋
　　到……去趋

挑(一拨)　上状　下去状(二)　出结
　　出来结　过(四)　起来结(一),状
　　开状　到趋

挑拨　上状　下来结(三)　下去状(二)
　　出结　出来结　过(四)　起来状
　　开状　到趋

挑动　上状　出结　出来结　起来状
　　开状

挑逗　上状　下去状(二)　出结
　　出来结　过(四)　起来状　开状

挑唆　上状　下去状(二)　出结
　　出来结　过(四)　起来状　开状
　　到趋

挑衅　上状　下去状(二)　出结
　　出来结　过来趋(一)　起来状
　　开状　到趋

眺望　上状　下去状(二)　出去趋
　　过去趋(一)　起来状　开状　到趋,结

跳(一跃)　来趋　去趋
　　上趋(一)(二),结(二),状　上来趋(一)(二)
　　上去趋(一)(二)　下趋(一)(二)
　　下来趋(一)　下去趋(一),状(二)

进趋　进来趋　进去趋　出(一)结
出来趋,结　出去趋　回趋　回来趋
回去趋　过结(二)(三)(四)
过来趋(一),结(三)　过去趋(一)
起趋　起来趋,状　开趋,结(三),状
到趋　到……来趋　到……去趋

跳(一动)　上状　下去(二)
出来趋　起来状　开状　到趋

跳(一级)　上状　上来趋(一)
上去趋(一)　起来状　开状　到趋
到……来趋　到……去趋

跳动　起来状　到趋

跳跃　起来状

贴(～邮票)　来趋　去趋　上结(一),状
上来结(一)　上去结　下结(三)
下来结(三)　下去状(二)　进来趋
进去趋　出结　出来趋,结　出去趋
过趋(一),结(四)　过来趋(一),结(三)
过去趋(一)　起结(一)　起来结(一),状
开结(三),状　到趋　到……来趋
到……去趋

贴(～脸)　上结(一),状　上来结(一)
上去结　过结(四)　起来状　开状
到趋　到……来趋　到……去趋

贴(一补)　来趋　上结(一),状
下去状(二)　进趋　进来趋
进去趋　出结　出来趋　出去趋
起结(三)　起来状　开状　到趋
到……来趋　到……去趋

贴补　上状　上来结(一)　上去结

下来结(三)　下去状(二)　进趋
进来趋　进去趋　出趋　出去趋
过结(四)　过来趋(一),结(三)
过去趋(一)　起来状　开状　到趋
到……来趋　到……去趋

听(～声音)　来趋　去趋
上结(二),状　上去熟　下来结(三)
下去状(二)　进趋　进去趋　出结
出来结　过结(四)　过去结(三)
过去(四)　起趋　起来状
开状　到趋

听(一从)　进去趋　过来结(三)
起来状　开状

听从　起来状　到趋

听取　下来结(三)　到结

听写　上状　下来结(二)(三)
下去状(二)　过结(三)(四)　过来结(三)
起来状　开状　到趋

听信　上状　起来状　开状
到趋

停(一止)　上状　下状(一)　下来状
下去状(二)　过结(四)　起来状
开状　到趋

停(一留)　上状　下结(一)　下来结(一)
下去状(二)

停(～车)　上结(一),状　下结(三)
下去状(二)　进趋　进来趋
进去趋　出趋　出来趋　出去趋
过来趋(一)　过去趋(一)　起来状
开结(三),状　到趋　到……来趋

到……去趋

停泊 下来状 下去状(二) 到趋
　　到……来趋 到……去趋

停顿(中止、暂停) 上状 下来状
　　下去状(二) 起来状 到趋

停顿(说话~) 上状 下来结(一)
　　开状

停放 到趋

停靠 到趋

停留 上状 下来结(一) 下去状(二)
　　到趋

停歇 下来状

停止 下来状 到趋

停滞 下来状 下去状(二) 起来状

挺(~胸) 上状 出来趋 起趋
　　起来趋 到趋

挺(勉强支撑) 上状 下来结(三)
　　过结(一) 过来结(一) 下去状(二)
　　开状 到趋

挺进 到趋

挺立 下去状(二) 起来趋 到趋

通(~电、气) 来趋 去趋
　　上结(一),状 上来结(二) 上去结(二),状
　　下来趋(一) 下去结(二) 进来趋
　　进去趋 出来趋 出去趋
　　过去结(一),结(四) 过来结(一)
　　过去结(一) 起来状 开状 到趋
　　到……来趋 到……去趋

通(使疏通) 上状 出趋 出来结
　　出去趋 起来状 开状

通(~电话) 上状 起来状 开状

通报 上状 下来结(三) 下去状(二)
　　进趋 进来趋 进去趋 出来趋
　　出去趋 过结(四) 过来结(三)
　　起来状 开状 到趋
　　到……来趋 到……去趋

通达 起来状

通读 下来结(二)

通告 出去趋 过结(四) 到趋

通观 起来状

通航 起来状

通缉 上状 下去状(二) 过结(四)
　　过来结(三) 起来状 开状 到趋

通连 到趋

通融 上状 下来结(三) 下去状(二)
　　起来状 开状

通行 上状 下去状(二) 起来状
　　开状 到趋

通用 起来状 到趋

通知 上状 下来结(一),结(三)
　　下去趋(一),状(二) 进去趋 出去趋
　　过结(四) 过来结(三) 过去结(一)
　　起来状 开状 到趋,结
　　到……来趋 到……去趋

同化 下去状(二) 过来结(一)
　　过去趋(一) 起来状 到趋,结
　　到……来趋 到……去趋

同居 上状 下来结(三) 下去状(二)
　　出结 出来结 过结(四) 起来状
　　开状 到趋

同情 上状 下去状(二) 出结
　　出来结 过来结(三) 起来状
　　开状 到趋
同意 上状 起来状 开趋 到趋
统筹 起来状
统购 上状 下去状(二) 起来状
　　到趋
统计 来趋 去趋 上状 下来结(三)
　　下去状(二) 进趋 进来趋
　　进去趋 出结 出来结 过结(四)
　　过来结(三) 起来状 开状 到趋
统率 起来结(一)
统辖 起来结(一)
统销 起来状
统一 来趋 去趋 上状 下来结(三)
　　下去状(二) 进来趋 进去趋
　　过结(四) 过来趋(一)(四) 过去趋(一)
　　起来结(一),状 开状 到趋
　　到……来趋
统治 上状 下来结(三) 下去状(二)
　　出结 出来结 过结(四) 过来结(三)
　　起来状 开状 到趋
捅（戳） 来趋 去趋 上结(一),状
　　上来趋(一)(二) 上去趋(一)(二),结
　　下趋(一),结(一) 下来趋(一),结(一)
　　下去趋(一),结(一),状 进趋
　　进来趋 进去趋 出结 出来结,结
　　出去趋 回来趋 回去趋 过来结(四)
　　过来趋(一),结(三) 过去趋(一)
　　起来趋(一),状 开结(一),状 到趋

到……来趋 到……去趋
捅（揭露） 上状 上去趋(一)
　　出结 出来趋,结 出去状
　　过去趋(一) 起来状 开结(四),状
　　到趋 到……来趋 到……去趋
捅咕 上状 下来结(三) 下来状(二)
　　出结 出来过结(四) 起来状
　　开状 到趋
痛斥 起来状
痛恨 上状 起来状 到趋
痛哭 起来状
痛恶 起来状 到趋
痛惜 起来状
偷（～东西） 来趋 去趋
　　上趋(一),结(二),状 上来趋(一)
　　上去趋(一) 下(一),结(一)
　　下来趋(一),结(三) 下去趋(一),结,状(二)
　　出趋,结 出来趋,结 出去趋
　　回趋 回来趋 回去趋 过来结(四)
　　过来趋(一),结(三) 过去趋(一)
　　起状 起来状 开状 到趋,结
　　到……来趋 到……去趋
偷（一懒） 上状 起来状 开状
偷盗 出来趋 出去趋 起来状
偷窃 起来状
偷生 下去状(二)
偷袭 来趋 上状 下去状(二)
　　进趋 进来趋 进去趋 出结
　　出来结 过结(四) 过来趋(一)
　　过去趋(一) 起来状 开状

到趋 到……来趋 到……去趋

投（～石头） 来趋 去趋
　上趋(一),结(二),状　上来趋(一)
　上去趋(一)　下趋(一)　下来趋(一)
　下去趋(一),状(二)　进趋　进来趋
　进去趋　出趋,结　出来趋,结
　出去趋　回趋　回来趋　回去趋
　过趋(一),结(二)(三)(四)　过来趋(一),结(三)
　过去趋(一)　起趋,状　起来趋,状
　开状　到趋　到……来趋
　到……去趋

投（～票）　上状　下来结(一)
　下去状(二)　进趋　进来趋
　进去趋　过来结(三)　起结(三)
　起来状　开状　到趋　到……来趋
　到……去趋

投（～河）　去趋　上状　进趋
　进去趋　到趋　到……去趋

投（一射）　来趋　上结(一)　上去结
　到趋　到……去趋

投（～稿）　来趋　去趋　上状
　出趋　出去趋　过结(四)　起来状
　开状　到趋　到……来趋
　到……去趋

投（一奔）　到趋　到……来趋
　到……去趋

投（～脾气）　上结(一)

投奔　来趋　去趋　上状　上来趋(一)
　上去趋(一)　过来趋(一)　过去趋(一)
　起来状　开状　到趋　到……来趋

到……去趋

投递　上趋(一)　上去趋(一)
　下去状(二)　过结(三)　过来结(三)
　过去趋(一)　起来状　开状　到趋
　到……来趋　到……去趋

投放　上状　下去趋(一),状(二)　进趋
　进去趋　出趋　出去趋　过结(四)
　起来状　开状　到趋　到……来趋
　到……去趋

投合　起来状

投考　到趋

投靠　上状　上去趋(一)　下去趋(二)
　过结(四)　过来趋(一)　过去趋(一)
　起来状　开状　到趋　到……来趋
　到……去趋

投入　到趋

投射　来趋　上结(一)　上来结(一)
　上去结　下趋(一)　下来趋(一)
　进趋　进来趋　进去趋　出趋
　出来结　到趋　到……来趋
　到……去趋

投宿　到趋

投降　上状　过来趋(一)　过去趋(一)
　起来状　开状　到趋　到……来趋
　到……去趋

投掷　来趋　去趋　上状　下来结(三)
　下去状(二)　出趋　出来趋
　出去趋　过结(四)　过来趋(一)
　过去趋(一)　起来状　开状
　到趋　到……来趋　到……去趋

透（～光）　来趋　上来趋(一)
　　下来趋(一)　下去趋(一),状(二)
　　进趋　进来趋　进去趋　出趋
　　出来趋　过趋(一)　过来趋(一)
　　过去趋(一)　起来状　开状　到趋
　　到……来趋　到……去趋
透（一露）　上状　出趋　出来趋
　　出去趋　过结(四)　起来状　开状
透（显露）　出结　出来结
透漏　出趋　出来趋　出去趋
透露　上状　出趋　出来趋　出去趋
　　起来状　开状　到……来趋
　　到……去趋
透视　上状　下来结(三)　下去状(二)
　　出结　出来结　过结(四)　过来结(三)
　　起来状　开状　到趋,结
透支　上状　下去状(二)　起来状
　　开状
突（一围）　上状　出趋　出来趋
　　出去趋　起来状　开状
　　到……来趋　到……去趋
突（一起）　出结　出来结　起结(一)
　　起来结(一)　到趋
突变　起来状
突击　上状　上来趋(一)　上去趋(一)
　　下来结(三)　下去状(二)　出趋
　　出来结　过结(四)　过来结(三)
　　起来状　开状　到趋
突进　起来状
突破　起来状

突袭　进去趋　出去趋　过来趋(一)
　　过去趋(一)　到趋
突现　出结　出来结
凸现　出结　出来结
屠杀　上状　下来结(三)　下去状(二)
　　过结(四)　过来趋(一),结(三)
　　过去趋(一)　起来状　开状　到趋
屠宰　上状　下去状(二)　出结
　　出来结　起来状　开状
涂（～药、颜色）　来趋　去趋
　　上结(一),状　上来结(一)　上去结
　　下结(一)　下来结(三)　下去结(二)
　　进趋　进去趋　出结　出来结
　　过结(四)　过来趋(一),结(三)
　　过去趋(一)　起状　起来状　开状
　　到趋　到……来趋　到……去趋
涂（一掉）　去结(一)　上状
　　下来结(一)　下去结(一),状(二)
　　出结　出来结　起来状　开状
涂改　上状　下来结(三)
　　下去结(一),状(二)　过结(四)
　　过来结(三)　起来状　开状　到趋
涂抹　上状　上去结　下去状(二)
　　起来状　开状　到……来趋
　　到……去趋
吐（～吐沫）　来趋　去趋
　　上结(一),状　上去结　下趋(一)
　　下来趋(一)　下去结(一),状(二)
　　进趋　进来趋　进去趋　出趋
　　出来趋　出去趋　过结(四)

过来_(趋(一),结(三))　过去_(趋(一))
起来_状　开_状　到_趋　到……来_趋
到……去_趋

吐(～芽)　上_状　出_结　出来_结
起来_状　开_状　到_趋

吐(一露)　出_结　出来_结

吐(呕一)　上_结(一),状　上去_结
下去_状(二)　出_趋　出来_趋
出去_趋　过_结(四)　起来_状　开_状
到_趋　到……来_趋　到……去_趋

吐(退还,～赃物)　出_趋　出来_结

吐露　出_结　出来_结

团　上_结(一)　下去_状(二)　起来_结(一)
到_趋

团拜　上_状　下来_结(三)　下去_状(二)
过_结(四)　起来_状　到_趋

团结　上_状　下去_状(二)　进_趋
进来_趋　进去_趋　过来_趋(一)
过去_趋(一)　起_结(一)　起来_结(一)
到_趋　到……来_趋　到……去_趋

团聚　上_状　起来_状

团弄　上_结(一)　起来_结(一)　到_趋

团圆　下去_状(二)　起来_结(一)

推(～车)　来_趋　去_趋
上_趋(一)(二),结(一)(二),状　上来_趋(一)
上去_趋(一)(二)　下_状　下来_趋(一)
下去_趋(一),状(二)　进_趋　进来_趋
进去_趋　出_结　出来_趋,结
出去_趋　回_趋　回来_趋　回去_趋
过_趋(一),结(二)(三)(四)　过来_趋(一),结(三)

过去_趋(一)　起_状　起来_状　开_趋,状
到_趋　到……来_趋　到……去_趋

推(～磨)　上_状　下来_结(三)
下去_状(二)　出_结　出来_结
回来_趋　过_结(四)　过来_结(三)
起来_状　开_状　到_趋

推(～草、头)　上_状　上来_趋(一)
上去_趋(一)　下_结(一)
下来_趋(一),结(一)(三)
下去_趋(一),结(一),状(二)　出来_结
过_结(四)　过来_趋(一),结(三)
过去_趋(一)　起_结(三)　起来_状
开_状　到_趋　到……来_趋
到……去_趋

推(一行)　开_结(二)

推(一算)　上_状　下去_状(二)　出_结
出来_结　过来_结　开_状　到_趋

推(一让、一托)　来_趋　上_状
下去_状(二)　出去_趋　回去_趋
过_结(四)　起来_状　开_状　到_趋
到……来_趋　到……去_趋

推(一迟)　下去_状(二)　到_趋
到……去_趋

推(一选)　上_状　上来_趋(一)
上去_趋(一)　出_结　出来_结
起来_状　开_状

推测　上_状　下去_状(二)　出_结
出来_结　过_结(四)　起来_状
开_状　到_趋

推迟　上_状　下去_状(二)　出_结

出来结 过(四)结 起来状 到趋
到……去趋

推崇 上状 起来状 开状 到趋

推辞 上状 下去状(二) 出去趋
过结(四) 起来状 开状 到趋

推戴 起来状

推导 上状 下去状(二) 出结
出来结 过结(四) 起来状 开状

推动 上状 起来状

推断 出结 出来结 起来状

推广 上状 下来结(三) 下去状(二)
出结 出来结 出去趋 过结(四)
过来趋(一),结(三) 过去趋(一)
起来状 开(二),状 到趋
到……来趋 到……去趋

推荐 来趋 去趋 上状 上来趋(一)
上去趋(一) 下来结(三) 下去状(二)
出趋,结 出来趋,结 出去趋
过结(四) 过来趋(一),结(三)
过去趋(一) 起来状 开状 到趋
到……来趋 到……去趋

推进 起来状 到趋

推举 来趋 去趋 上状 上来趋(一)
上去趋(一) 下来结(三) 下去状(二)
出结 出来结 出去趋 过结(四)
过来趋(一),结(三) 过去趋(一)
起来状 开状 到趋

推拿 起来状

推敲 上状 下来结(三) 下去状(二)
出结 出来结 过结(四) 过来结(三)

起来状 开状 到趋

推却 下去状(二) 起来状

推让 下去状(二) 过结(四) 起来状

推算 上状 下来结(三) 下去状(二)
出结 出来结 过结(四) 过来趋(一)
过去趋(一) 起来状 开状 到趋

推托 上状 下去状(二) 起来状
开状

推脱 下去结(一)

推诿 上状 下去状(二) 出结
出来结 起来状 开状

推想 出结 出来结 起来状

推销 来趋 去趋 上状 下来结(三)
下去状(二) 出结 出来结 出去趋
过结(四) 过来趋(一)(三) 过去趋(一)
起来状 开状 到趋 到……来趋
到……去趋

推卸 下去结(一) 到趋

推谢 下去结(一)

推行 上状 下来结(三) 下去状(二)
过结(四) 过来趋(一),结(三)
过去趋(一) 起来状 开(二),状
到趋 到……来趋 到……去趋

推选 上状 出结 出来结 过结(四)
起来状

推延 下去状(二) 起来状 到趋

推演 出结 出来结

推移 下去状(二) 过结(四)
到趋 到……去趋

蜕 出趋 出来趋 出去趋 起来状

到趋

蜕变 来趋 上状 出结 出来结
起来状 到趋

蜕化 上状 下去状(二) 起来状
开状 到趋

退(后一) 来趋 去趋 上状
下趋(一)(二) 下来趋(一)(二)
下去趋(一)(二),状(二) 进趋 进来趋
进去趋 出趋,结 出来趋,结
出去趋 回趋 回来趋 回去趋
过趋(一),结(四) 过来趋(一)
过去趋(一) 起来状 开趋,结(三),状
到趋 到……来趋 到……去趋

退(～党) 上状 出趋 出来趋
出去趋 起来状 开状

退(～烧、潮) 去趋 下趋(一)
下来趋(一) 下去趋(一),状(二)
回去趋 到趋

退(一还) 来趋 上状 下来结(三)
下去状(二) 出趋,结 出来趋,结
出去趋 回趋 回来趋 回去趋
过结(四) 过来结(三) 起来状
开状 到趋,结 到……来趋
到……去趋

退(～合同) 上状 回趋 回去趋
起来状 开状 到趋 到……来趋
到……去趋

退避 上状 下来趋(一) 下去趋(一)
进趋 进来趋 进去趋 出趋
出去趋 回来趋 回去趋 到趋

到……来趋 到……去趋

退化 上状 下去状(二) 起来状
开状 到趋

退还 来趋 回趋 回来趋
回去趋 过结(四) 过来趋(一)
起来状 开状 到趋(一)
到……来趋 到……去趋

退换 来趋 上状 回来趋
回去趋 过结(四) 过来趋(三)
起来状 开状 到趋,结

退赔 上状 下来结(三) 下去状(二)
出趋 出来趋 出去趋 过结(四)
过来结(三) 起来状 开状 到趋

退却 上状 下来趋(二)
下去趋(二),状(二) 起来状 开状
到趋 到……来趋 到……去趋

退让 上状 下去状(二) 出去趋
起来状 到趋

退守 回趋 到趋

退缩 上状 下去状(二) 进趋
进去趋 回趋 回来趋 回去趋
起来状 开状 到趋 到……来趋
到……去趋

退隐 下去状(一) 到趋

褪 去结(一) 下结(一) 下来结(一)
下去结(一),状(二) 起来状 开状
到趋

吞(一咽) 上状 下趋(一) 下来结(三)
下去趋(一),状(二) 进趋 进去趋
出结 出来结 回趋 回去趋

过结(四)　起来状　开状　到趋
到……去趋

吞(一并)　下去趋(一)

吞并　来趋　去趋　上趋　下去状(二)
进趋　进来趋　进去趋　出结
出来结　过结(四)　过来趋(一)
过去趋(一)　起来状　开状　到趋
到……来趋　到……去趋

吞灭　下去状(一)

吞没　下去状(一)

吞食　下去趋(一)　进去趋
到……去趋

吞噬　下去趋(一)　进去趋　起来状

吞吐　起来状

屯聚　起来结(一)

屯垦　上状　下去状(二)　出结
出来结　起来状

囤积　来趋　去趋　上结(一),状
下结(一)　下来结(一)　下去趋(二)
进去趋　出结　出来结　过结(四)
过来结(三)　起结(三)　起来趋
开状　到趋　到……来趋
到……去趋

褪(tùn,～手、～袖子)　下趋(一)
下来趋(一)　下去趋(一)　进趋
进去趋　出趋　出来趋　出去趋
到趋　到……来趋　到……去趋

脱(～毛)　去结(一)　上状　下趋
下来趋(一)　下去趋(一),状(二)
过结(四)　起来状　开状　到趋

到……来趋　到……去趋

脱(～衣服)　来趋　去结(一)
上状　下结(一)　下来结(一)
下去结(一),状(二)　出结　出来结
过结(四)　过来结(三)　起来状
开状　到趋　到……来趋
到……去趋

脱(一离)　开趋

脱离　下来结(一)　下去结(一)
出来趋　起来状　开趋,结
到趋

脱落　上状　下来结(一)
下去结(一),状(二)　起来状　开状
到趋　到……来趋　到……去趋

脱颖　出来结

拖(～车)　来趋　去趋　上趋(一)(二),状
上来趋(一)(二)　上去趋(一)(二)
下趋(一)(二)　下来趋(一)(二)
下去趋(一)(二),状(二)　进趋　进来趋
进去趋　出趋,结　出来趋,结
出去趋　回趋　回来趋　回去趋
过趋(一),结(二)(四)　过来趋(一),结(三)
过去趋(一)　起趋　起来趋,状
开趋,状　到趋　到……来趋
到……去趋

拖(～尾巴)　到趋　到……去趋

拖(一延)　去结(一)　上状
下来结(一)　下去状(二)　出结
出来结　过结(一)　过去结(四)
起来状　开状　到趋

拖带　进来趋　进去趋　出来趋
　　出去趋
拖累　上(一)　下去状(二)　到趋
拖欠　上状　下去状(二)　起来状
　　开状　到趋
拖延　上状　下来结(三)　下去状(二)
　　出结　出来结　过去趋(四)
　　起来状　开状　到趋
拖曳　起来状
托(～盘子)　来趋　去趋　上结(一),状
　　上来趋(一)　上去趋(一)
　　下来趋(一),结(三)　下去趋(一),状(二)
　　进趋　进来趋　进去趋　出
　　出来趋　出去趋　回趋　回来
　　回去　过来趋(一)　过去趋(一)
　　起趋,状　起来趋,状　开状　到
　　到……来趋　到……去趋
托(～人)　上状　下来结(三)
　　下去状(二)　进去趋　出结
　　出来结　过(四)　过来结(三)
　　起来状　开状　到趋,结
托付　上状　下结(一)　下来结(一),(三)
　　下去状(二)　进去趋　出去趋

过结(四)　过来结(三)　起来状
　　开状　到趋
托运　来趋　去趋　上结(二),状
　　下来结(三)　下去结(二)　进去趋
　　出来结　出去趋　回趋　回来
　　回去趋　过结(四)　过来趋,结(三)
　　过去趋(一)　起结(三)　起来状
　　开状　到趋　到……来趋
　　到……去趋
驮　来趋　去趋　上(一),结(一),状
　　上来趋(一)　上去趋(一)　下趋(一)
　　下来趋(一)　下去趋(一),状(二)
　　进趋　进来趋　进去趋　出
　　出来趋　出去趋　回趋　回来
　　回去趋　过结(四)　过来趋(一),结(三)
　　过去趋(一)　起来状　开状　到趋
　　到……来趋　到……去趋
妥协　上状　下去状(二)　过结(四)
　　起来状　开状　到趋
唾　去趋　过去趋(一)　起来状
　　到……去趋
唾骂　起来状
唾弃　下去结(一)

W

挖　来趋　去趋,结(一)　上状
　　上来趋(一)　上去趋(一)　下趋(一),结(一)
　　下来结(一)　下去趋(一),状(二)　进趋
　　进来趋　进去趋　出结　出来趋,结

出去趋　回趋　回来趋　回趋
　　过结(四)　过来趋(一),结(三)
　　过去趋(一)　起状　起来状
　　开结(一),状　到趋,结　到……来趋

到……去趋

挖掘　来趋　去趋　上状　上来趋(一)
　　　下来结(三)　下去状　出趋　出来趋
　　　过结(四)　起来状　开状　到趋,结

挖苦　上状　下去状(二)　起来状
　　　开状　到趋

瓦解　下来状　下去状(一)(二)

歪　过来趋(一)　过去趋(一)
　　起来状　到趋　到……去趋

歪曲　上状　下去状(二)　起来状
　　　到趋

外调　上状　下来结(三)　下去状(二)
　　　出结　出来结　过结(四)　过来结(三)
　　　起来状　开状　到趋

外加　上结(一)

外流　上状　下来结(三)　下去状(二)
　　　出去趋　起来状　开状　到趋
　　　到……去趋

外销　上状　下去状(二)　出趋
　　　出去趋　过结(四)　过来结(三)
　　　起来状　开状　到趋　到……去趋

剜　去结(一)　上状　下结(一)
　　下来结(二)　下去状(二)　进去趋
　　出趋,结　出来趋,结　出去趋
　　起来趋,状　开(一),状　到趋
　　到……来趋　到……去趋

蜿蜒　上来趋(一)　上去趋(一)
　　　下来趋(一)　下去趋(一)　过来趋(一)
　　　过去趋(一)　到……来趋
　　　到……去趋

弯　来趋　去趋　上状　上来趋(一)
　　上去趋(一)　下趋(一)　下来趋(一)
　　下去趋(一),状　进来趋　进去趋
　　出来趋　出去趋　回来趋
　　过来趋(一)　过去趋(一)　起(一)
　　起来结(一),状　开状　到趋
　　到……去趋

完善　起来结(一)　到趋

玩(一耍)　上状　下来结(三)
　　　　下去状(二)　出结　出来结
　　　　过结(三)(四)　过来结(三)　起来状
　　　　开结(三),状　到趋　到……去趋

玩(～球)　上状　下来结(三)
　　　　下去状(二)　过结(三)　起来结(三),状
　　　　起来状　开结(三),状　到趋

玩(～把戏)　上状　出结　过结(三)
　　　　起来状　开状

玩弄　上状　下去状(二)　出结
　　　出来结　起来状　开状　到趋

玩赏　起来状　到趋

玩耍　上状　下去状(二)　起来状
　　　开状

玩味　出结　出来结　起来状

顽抗　上状　下去状(二)　起来状
　　　开状　到趋

挽(～手)　上结(一),状　上来结(一)
　　　下去状(二)　过来趋(一)　过去趋(一)
　　　起结(一)　起来结(一),状　到趋

挽(向上卷)　上结(一),状　下来趋(一)
　　　上去趋(一)　下去状(二)　进去趋

回去趋　过结(四)　过来趋(一),结(三)
过去趋(一)　起结(一)　起来结(一),状
开状　到……去趋

挽回　来趋　去趋

挽救　上状　下来结(三)　下去状(二)
出结　出来结　过结(四)　过来结(二)
起来状　开状

挽留　上状　下结(一)　下来结(一)(三)
下去状(二)　回去趋　起来状
开状　到趋

汪　上结(一)　出结　出来结
起来结(一)

往返　起来状

网　来趋　去趋　上结(一)　上来结(一)
上去趋(一)　下结(一)　下来结(一)
到结

网罗　上结(一),状　下去状(二)
进去趋　回去趋　过去趋(一)
起来结(一),状　开状　到趋,结

忘　下结(一)　起来状　到趋
到……去趋

妄想　起来状

望　来趋　去趋　上去趋(一)
下去趋(一)　进去趋　出去趋
过去趋(一)　起来状　开状　到趋

威逼　上状　下去状(二)　出结
出来结　过来趋(一)　过去趋(一)
起来状

威吓　起来状

威迫　起来状

威胁　上状　下去状(二)　过结(四)
起来状　开状　到趋

煨　上结(一),状　下去状(二)　出结
出来结　起来状　开状　到趋

偎　过来趋(一)　过去趋(一)　到趋

偎依　过来趋(一)　过去趋(一)　到趋

微笑　上状　起来状

危害　下去状(二)　到趋

危机　起来状

为难　起来状　到趋

违拗　下去状(二)　起来状

违背　下去状(二)　起来状

违反　下去状(二)　起来状　到趋

违犯　上状　下去状(二)　开状

违抗　上状　下去状(二)　过结(四)
起来状　开状　到趋

围　来趋　去趋　上结(一),状
上来趋(一)(二)　上去趋(一)(二)
下结(一)　下去状(二)　进去趋
出结　出来结　过结(四)
过来趋(一)　过去趋(一),结(三)
起结(一)　起来结(一),状　开状
到趋　到……来趋　到……去趋

围攻　上状　下去状(二)　过来趋(一)
过去趋(一)　起来状　开状　到趋

围击　起来状

围歼　起来状　开状　下去状(一)

围剿　上状　下来结(三)　下去状(二)
过结(四)　过去趋(一)　起来状
开状　到趋　到……来趋

到……去趋

围垦　上状　下来结(三)　下去状(二)
　　　出结　出来结　过结(四)　过去趋(一)
　　　起来状　开状　到趋

围困　上状　下来结(三)　下去状(二)
　　　过结(四)　起来状　到趋

围拢　来趋　上来状(二)　上去状(二)
　　　过来趋(一)　过去趋(一)　起来结
　　　到趋　到……来趋　到……去趋

围绕　上结(一)　上来结(一)　上去结
　　　下去状(二)　起来结(一)　到趋
　　　到……去趋

维持　上状　下来结(三)　下去状(二)
　　　过来结(一)(三)　起来状　开状
　　　到趋

维护　上状　下来结(三)　下去状(二)
　　　过来结(三)　起来状　到趋

维系　下去状(二)　到趋

维修　上状　下来结(三)　下去状(二)
　　　出结　出来结　过结(四)　过来结(三)
　　　起来状　开状　到趋

伪造　上状　下去状(二)　出结
　　　出来结　起来状　开状

伪装　上状　下来结(三)　下去状(二)
　　　出结　出来结　过结(四)　过来结(三)
　　　起来状　开状　到趋

委派　来趋　去趋　上趋(一),状
　　　上来趋(一)　上去趋(一)　下结(二)
　　　下来趋(一),结(一)　下去趋(一),状(二)
　　　进来趋　进去趋　出结　出来结

出去趋　过来趋(一),结(三)
过去趋(一)　起来状　开状　到趋
到……来趋　到……去趋

委屈　上状　下去状(二)　出结
　　　出来结　起来状　开状　到趋

委任　上状　出结　出来结(四)
　　　过来结(三)　起来状　开状　到趋
　　　到……去趋

委托　上状　下结(一)　过结(四)
　　　过来结(三)　起来状　开状　到趋

萎缩　上状　上去状(二)　下去状(二)
　　　进去结　起来结(二)　开状　到趋

萎谢　下去状(一)

尾随　进来趋　进去趋　出结
　　　出去趋　起来状　到趋
　　　到……来趋　到……去趋

尾追　下去状(二)

畏忌　起来状

畏惧　上状　下去状(二)　起来状
　　　开状　到趋

畏缩　下去状(二)　起来状　到趋

喂(～狗)　上结(二),状　下来结(三)
　　　下去状(二)　进趋　进去趋　出结
　　　出来结　过结(四)　过来结(三)
　　　起结(一),状　起来状　开状　到趋

喂(～孩子)　来趋　上状
　　　下来趋(一),状(二)　进趋　进去趋
　　　出结　出来结　过结(四)
　　　过来趋(一),结(三)　过去趋(一)
　　　起来状　开状　到趋　到……来趋

到……去$_趋$

喂养 上$_状$ 下来$_{结(三)}$ 下去$_{状(二)}$
出$_结$ 出来$_结$ 过$_{结(四)}$ 过来$_{结(三)}$
起来$_{结(一)}$ 开$_状$ 到$_趋$

位移 起来$_状$ 到……去$_趋$

慰勉 起来$_状$

慰问 上$_状$ 下来$_{结(三)}$ 下去$_{状(二)}$
出$_结$ 出来$_结$ 过$_{结(四)}$ 过来$_{结(三)}$
起来$_状$ 开$_状$ 到$_趋$

温 来$_趋$ 上$_{结(一),状}$ 上去$_结$
下$_{结(一)}$ 起来$_状$ 到$_趋$

温存 起来$_状$

温暖 起来$_状$

温习 上$_状$ 下来$_{结(三)}$ 下去$_{状(二)}$
出$_结$ 出来$_结$ 过$_{结(四)}$ 过来$_{结(三)}$
起来$_状$ 开$_状$ 到$_{趋,结}$

文饰 起来$_状$

闻 上$_状$ 上去$_熟$ 下去$_{状(二)}$
出$_结$ 出来$_结$ 过$_{结(四)}$ 过来$_{结(三)}$
起来$_状$ 开$_状$ 到$_{趋,结}$

稳固 下来$_{结(一)}$ 下去$_{状(二)}$
起来$_{结(一)}$ 到$_趋$

稳定 下来$_{结(一)}$ 下去$_{状(二)}$
起来$_状$ 到$_趋$

吻 来$_趋$ 去$_趋$ 上$_{结(一)(二),状}$
上去$_结$ 下来$_{结(三)}$ 下去$_{状(二)}$
出$_结$ 出来$_结$ 过$_{结(四)}$
过来$_{趋(一),结(三)}$ 过去$_{结(一)}$
起来$_状$ 开$_状$ 到$_趋$ 到……来$_趋$
到……去$_趋$

吻合 起来$_{结(一)}$ 到$_趋$

问（～问题） 来$_趋$ 上$_{结(二),状}$
下来$_{结(二)(三)}$ 下去$_{状(二)}$ 出$_结$
出来$_结$ 回来$_结$ 过$_{结(三)(四)}$
过来$_{结(三)}$ 过去$_{结(四)}$ 起来$_状$
开$_状$ 到$_{趋,结}$ 到……来$_趋$
到……去$_趋$

问（一候） 上$_状$ 起$_状$ 起来$_状$
到$_结$

问候 起来$_状$ 到$_结$

窝藏 上$_状$ 下来$_{结(三)}$ 下去$_{状(二)}$
进$_趋$ 进去$_趋$ 出$_结$ 出来$_结$
过$_{结(四)}$ 过来$_{结(三)}$ 起来$_{结(一),状}$
开$_状$ 到$_趋$ 到……来$_趋$
到……去$_趋$

斡旋 上$_状$ 下来$_{结(三)}$ 下去$_{状(二)}$
出$_结$ 出来$_结$ 过$_{结(四)}$ 起来$_状$
开$_状$

卧 下$_{趋(一)}$ 下去$_{趋(一)}$ 到$_趋$

握 上$_{结(一),状}$ 上来$_{结(一)}$ 上去$_结$
下去$_{状(二)}$ 进$_趋$ 进去$_趋$ 出$_结$
出来$_结$ 过$_{结(四)}$ 过来$_{结(三)}$
起$_{结(一)}$ 起来$_{结(一),状}$ 开$_状$
到$_{趋,结}$ 到……去$_趋$

诬告 上$_状$ 下去$_{状(二)}$ 起来$_状$
开$_状$ 到$_趋$

诬害 下去$_{状(二)}$ 起来$_状$

诬赖 上$_状$ 下去$_{状(二)}$ 出$_结$
出来$_结$ 起来$_状$ 到$_趋$
到……来$_趋$ 到……去$_趋$

诬蔑 上状 下去状(二) 出结
　出来结 起来状 开状 到趋
　到……来趋
诬陷 上状 下去状(二) 进去趋
　出结 出来结 起来状 开状
　到趋
呜咽 起来状
污蔑 上状 下去状(二) 出结
　出来结 起来状 开状 到趋
　到……来趋
污染 上状 下去状(二) 起来状
　到趋
污辱 上状 下去状(二) 起来状
　开状 到趋
武装 上结(一) 下来结(三)
　下去状(二) 出结 出来结
　起来结(一) 到趋
舞 上趋(一),状 上来趋(一) 上去趋(一)
　下来趋(一),结(二) 下去趋(一),状(二)
　进来趋 进去趋 出来趋 出去趋
　回来趋 回去趋 过来趋(一)
　过去趋(一) 起来状 开结(三),状
　到趋 到……来趋 到……去趋
舞动 起来状
舞弄 起来状
捂 来趋 去趋 上结(一),状
　上来结(一) 上去结 下趋(一)

下来趋(一) 下去趋(一),状(二)
　出结 出来结 回去趋
　过来趋(一),结(三) 过去趋(一)
　起结(一) 起来结(一),状 开状
　到趋 到……来趋 到……去趋
午睡 上状 下去状(二) 起来状
　开状 到趋
侮慢 起来状 到趋
侮蔑 起来状
侮辱 上状 下去状(二) 出结
　出来结 起来状 开状 到趋
误 下结(一) 下去状(二)
误会 下去状(二) 到趋
误解 起来状 到趋
误杀 到趋
误伤 到趋
悟 出结 出来结 到趋
晤 过结(四)
晤谈 起来状
兀立 起来趋
物化 出结 出来结
物色 来趋 去趋 上结(一),状
　下结(一) 下去状(二) 出结
　出来结 回趋 回来趋 回去趋
　过结(四) 过来趋(一) 过去趋(一)
　起来状 开状 到趋,状

X

牺牲 下去_状(二)

析 出_结 出来_结

吸(～烟) 去_结(一) 上_状
　下来_结(三) 下去_趋(一),状(二)
　进_趋 进来_趋 进去_趋 出_结
　出来_结 过_结(四) 起_结(三)
　起来_状 开_状 到_趋 到……来_趋
　到……去_趋

吸(一收) 去_结(一) 上_趋(一),状
　上来_趋(一) 下去_趋(一),状(二) 进_趋
　进来_趋 进去_趋 过来_结(三)
　起来_趋,状 开_状 到_趋
　到……来_趋 到……去_趋

吸(一引) 来_趋 上_结(一),状
　上来_趋(一) 上去_趋(一) 下来_趋(一)
　下去_状(二) 出_趋 出来_趋 出去_趋
　回来_趋 回去_趋 过_结(四)
　过来_趋(一) 过去_趋(一) 起来_趋,状
　开_状 到_趋,结 到……来_趋
　到……去_趋

吸附 上去_结 到_趋 到……去_趋

吸取 过来_结(三)

吸食 进去_趋

吸收(～养分) 上_状 上来_趋(一)
　下去_状(二) 进_趋 进来_趋
　进去_趋 过来_结(三) 起来_状
　到_趋,结 到……来_趋 到……去_趋

吸收(～会员) 来_趋 去_趋 上_趋

进来_趋 进去_趋 过来_结(三)
起_结(三) 起来_状 开_状 到_趋,结
到……来_趋 到……去_趋

吸吮 进去_趋 起来_状 到_趋

吸引 来_趋 去_趋 上_结(一),状
　上来_趋(一) 上去_趋(一) 下来_趋(一)
　下去_趋(一),状(二) 进_趋 进来_趋
　进去_趋 出_趋 出来_趋 回_趋
　回来_趋 回去_趋 过_结(四)
　过来_趋(一),结(三) 过去_趋(一)
　起来_状 开_趋,状 到……来_趋
　到……去_趋

奚落 上_状 下去_状(二) 出_结
　出来_结 起来_状 开_状

稀罕 上_状 起来_状 到_趋

唏嘘 起来_状

稀释 出_结 出来_结 过_结(四)
　过来_结(三) 起来_状 开_结(二)
　到_趋

熄 下去_状(一)

熄灭 下来_状 下去_状(一)

席卷 过来_趋(一) 过去_趋(一)

袭 来_趋 过来_趋(一) 过去_趋(一)

袭击 上_状 上来_趋(一) 上去_趋(一)
　下来_趋(一) 下去_趋(一) 进去_趋
　出_结 出来_趋(一) 过去_趋(一)
　起来_状 开_状

习惯 起来_状 到_趋

喜爱　上状　下去状(二)　起来状　开状　到趋

瞎闹　上状　下去状(二)　出结　出来结　起来状　开状　到趋

喜好　上状　开状　到趋

瞎说　上状　下去状(二)　起来状　开状　到趋

喜欢　上结(一),状　下去状(二)　出来结　过来结(三)　过去结(四)　起来状　开状　到趋

辖制　上结(一),状　下去状(二)　出来结　过来结(三)　起来结(一),状　开状　到趋

洗(～衣服)　来趋　去结(一)　上结(一),状　上去结　下结(一)　下来结(一)(三)　下去结(一),状(二)　出结　出来结　回来趋　过结(四)　过来结(三)　起来趋,状　开结(一)(三),状　到趋　到……来趋　到……去趋

遐想　起来状

下(～楼)　来趋　去趋　到趋

下(～雪)　上状　下去状(二)　过结(四)　起来状　开状　到趋　到……来趋　到……去趋

洗(～相片)　来趋　上状　下来结(三)　下去状(二)　出结　出来结　过结(四)　过来结(三)　起结(三)　起来结　开状　到趋　到……去趋

下(颁发、投递,～命令)　上状　过结(四)　起来状　开状　到趋　到……去趋

洗(～牌)　上状　出来结　过结(四)　起来状　出来结(三)　开结(二),状　到趋　到……去趋

下(去,～馆子、～乡)　上状　出结　出来结　过来结(二)　起结(三)　起来状　开状　到……来趋　到……去趋

洗刷　上状　下去状(二)　出结　出来结　过结(四)　过来结(三)　起来状　开状　到趋

下(退场,～场)　来趋　去趋

洗雪　下去结(一)

下(放入,～饺子、～本钱)　上状　进趋　进去趋　过结(四)　过来结(三)　起结(三)　起来状　开状　到趋　到……去趋

洗印　出来结

铣　出结　出来结

下(取、除,～枪、～装)　上状　下来结(一)　下去结(一)　起来状　开状

戏弄　上状　下去状(二)　出结　出来结　过来状　开状

戏耍　上状　起来状　开状

下(做出,～结论)　上状　起来状　开状

瞎　到趋

瞎扯　上状　下去状(二)　起来状

下(使用,～笔、～药) 去_熟 上_状
　过_结(四)　起来_状　开_状
下(生,～小猪)　上_状　出_趋
　出来_趋　过_结(四)　起来_状　开_状
　到_趋　到……来_趋　到……去_趋
下达　过_结(四)　起来_状　到_趋
　到……来_趋　到……去_趋
下放　上_状　下去_状(二)　过_结(四)
　过来_结(三)　起来_状　开_状　到_趋
　到……来_趋　到……去_趋
下降　起来_状　开_状　到_趋
下生　到_趋
下坠　上_状　下去_状(二)　起来_状
　开_状　到_趋
吓　进去_趋　出_结　出来_结　回来_趋
　回去_趋　过去_结(二)　到_趋
　到……来_趋　到……去_趋
吓唬　上_状　下去_状(二)　进去_趋
　出_结　出来_趋,结　出去_结
　过_结(四)　起来_状　开_状
夏收　上_状　起来_状　到_趋
夏种　起来_状　到_趋
掀　去_结(一)　上_状　上来_趋(一)
　上去_趋(一)　下_结(一)　下来_趋(一)
　下去_趋(一),状(二)　进_趋　进来_趋
　进去_结　出来_结　过_结(四)
　过来_趋(二),结(三)　过去_趋(二)　起_趋
　起来_趋,状　开_结(一),状　到_趋
　到……来_趋　到……去_趋
掀动　起来_状

闲扯　上_状　下去_状(二)　出来_结
　起来_状　开_状　到_趋
闲荡　上_状　下去_状(二)　出来_结
　起来_状　开_状　到_趋
闲逛　上_状　下去_状(二)　出来_结
　起来_状　开_状　到_趋
闲居　起来_状
闲聊　上_状　下去_状(二)　出来_结
　起来_状　开_状　到_趋
闲谈　上_状　下去_状(二)　出来_结
　起来_状　开_状　到_趋
闲置　下来_结(一)　下去_状(二)
　起来_结(一)　到_趋
嫌　上_状　下去_状(二)　起来_状
　开_状　到_趋
嫌弃　上_状　下去_状(二)　起来_状
　开_状
衔　来_趋　去_趋　上来_趋(一)
　上去_趋(一)　下来_趋(一)　下去_趋(一)
　进来_趋　进去_趋　出来_趋　出去_趋
　回来_趋　回去_趋　过来_趋(一)
　过去_趋(一)　到……来_趋
　到……去_趋
衔接　上_结(一)　上来_趋(一)　上去_结
　起来_结(一)　到_趋
显露　出_结　出来_结
显示　出_结　出来_结
显现　出_结　出来_结　起来_状
羡慕　上_状　下去_状(二)　出_结
　出来_结　起来_状　开_状　到_趋

献　来趋　去趋　上趋(一),状
　　上来趋(一)　上去趋(一)　下来结(三)
　　下去状(二)　进趋　进来趋　进去趋
　　出趋　出来趋,结　出去趋　过结(四)
　　起结(三)　起来状　开状　到趋
　　到……来趋　到……去趋
现　出结　出来结
陷　下趋(一)　下去趋(一)　进趋,结
　　进去趋,结　到趋　到……去趋
陷害　上状　下去状(二)　出来结
　　过来结(三)　起来状　开状　到趋
陷落　下去趋(一)　到……去趋
限　上状　起来状　开状　到趋
限定　起来状
限制　上状　下去状(二)　出结
　　出来结　过结(四)　过来结(三)
　　起来状　开状　到趋
镶　来趋　上结(一),状　上来结(一)
　　上去结　下来结(三)　下去状(二)
　　进趋　进来趋　进去趋　出趋
　　出来结　回来趋　过结(四)
　　过来结(三)　起结(三)　起来趋(一),状
　　开状　到趋　到……来趋
　　到……去趋
镶嵌　起来结(一)
相持　下去状(二)　起来状　到趋
相处　下来结(三)　下去状(二)　出结
　　出来结　过结(四)　起来状　到趋
相似　起来状　到趋
相思　上状　下去状(二)　起来状

开状　到趋
相通　起来状　到趋
相同　起来状　到趋
相投　起来状　到趋
相像　起来状　到趋
相信　上状　下去状(二)　出结
　　出来结　过来结(三)　起来状
　　开状　到趋
降(一伏)　上状　下去状(一)
降伏　上状　下去状(一)
享　上状　下去状(二)　出结
　　出来结　过结(四)　过来结(三)
　　起结(三)　起来状　开状　到趋
享受　上状　下去状(二)　出结
　　出来结　过结(四)　过来结(三)
　　起来状　开状　到趋
享用　起来状
想(～办法)　来趋　上状
　　下去状(二)　出结　出来结
　　过结(四)　起来状　开状　到趋,结
　　到……去趋
想(一念)　上状　下去状(二)
　　出结　出来结　起来状　到趋
想(回一)　上状　下来结(三)
　　下去状(二)　起结(一)　起来结(一)
　　开状　到趋　到……来趋
　　到……去趋
想念　上状　起来状　开状
想象　上状　下去状(二)　出结
　　出来结　起来状　开状

响　上状　下去(二)　过结(四)
　　起状　起来状　开状　到趋
响应　上状　过来结(三)　起来状
　　开状
向往　上状　下去状(二)　起来状
　　开状　到趋
象　起来状　到趋
消　下来　下去状(一)　到趋
消除　下去结(一)　起来状　到趋
消费　上状　下来结(三)　下去(二)
　　进去趋　过结(二)　起(三)
　　起来状　开状　到趋
消耗　去结(二)　上状　下去结(一),状(二)
　　出结　出来结　起来状　到趋
　　到……去趋
消化　下去结(一)
消解　下去结(一)
消弭　下去状(一)
消灭　上状　下去结(一)　起来状
　　开状　到趋
消泯　下去状(一)
消磨　上状　下去结(一),状(二)
　　过去结(一)　起结(三)　到趋
　　到……去趋
消遣　上状　下去状(二)　过结(四)
　　起来状　开状
消融　下去结(一)　起来状　到趋
　　到……去趋
消散　下去结(一)　到趋　到……去趋
消失　下去结(一)　到趋　到……去趋

消逝　下去结(一)
消释　下去结(一)
消瘦　下去状(一)(二)　起来状　到趋
消受　下来结(三)　起结(三)
消损　下去结(一)
消停　下来状　起来状
消退　下去结(一)　起来状
消亡　下去状(一)
削　来趋,结(三)　去结,(一)　上状
　　上来结(一)　下结(一)　下来(一)(三)
　　下去结(一),状(二)　进趋　进去趋
　　出结　出来结　过结(四)
　　过来趋(一),结(三)　过去结(一)
　　起来状　开状　到趋　到……来趋
　　到……去趋
销毁　下去状(二)
销蚀　下去结(一)
销售　上状　下来结(三)　下去状(二)
　　进去趋　出结　出去趋　过结(四)
　　过来结(三)　起来状　开状　到趋
　　到……来趋　到……去趋
销行　起来状　到趋
小便　上状　出来　出去趋
　　过结(四)　起来状　开状　到趋
　　到……来趋　到……去趋
小看　上状　下去状(二)　起来状
　　开状　到趋
小瞧　起来状
小心　上状　下去状(二)　出结
　　出来结　起来状　开状　到趋

晓谕　出去趋
效仿　起来状
孝敬　上状　下去趋(二)　过结(四)
　　过来结(三)　起结(三)　起来状
　　开状　到趋
孝顺　上状　下去状(二)　出结
　　出来结　起来状　开状　到趋
笑　上状　上来结(二)　下去状(二)
　　出结　出来结　起来状　开状
　　到趋
笑(讥一)　上状　过来结(三)
　　起来状　开状
笑骂　起来状
歇(休息)　上状　下来结(三)
　　下去状(二)　出结　出来结
　　过结(四)　过来结(二)　起结(三)
　　起来状　开状　到趋
歇宿　下来结(一)
歇息　下来结(一)　下去状(二)
　　起来状　到趋
挟持　上来趋(一)　下来趋(一)
　　下去趋(一)　过来趋(一)　过去趋(一)
　　到趋　到……来趋　到……去趋
挟制　起来结(一)
携(～手)　起结(一)　起来结(一)
携带　来结(一)　去结(一)　上结(一)
　　进来趋　进去趋　出来结　出去结
　　回来趋　回去趋　过来结(一)
　　过去趋(一)　起来状　到……来趋
　　到……去趋

斜　上状　下来趋(一)　下去趋(一),状(二)
　　进趋　进去趋　出趋　出来趋
　　过来趋(一)　过去趋(一)　起来状
　　到趋　到……来趋　到……去趋
斜楞　过来趋(一)　过去趋(一)
　　起来趋
斜射　进来趋　过来趋(一)
　　过去趋(一)　到趋
斜视　起来状　到趋
协商　上状　下来结(三)　下去状(二)
　　出结　出来结　过结(四)
　　过来结(三)　起来结　开状　到趋
协调　起来结(一)　到趋
协助　上状　下来结(三)　起来状
　　开状　到趋
协作　上状　下来结(三)　下去状(二)
　　出结　出来结　过结(四)　过来结(三)
　　起来状　开状　到趋
胁持　下去状(二)　过来趋(一)
　　过去趋(一)　起结(一),状　到趋
　　到……来趋　到……去趋
胁迫　起来状
写(～字)　上结(一),状　上来结(一)(二)
　　上去结　下结(一)(三)
　　下来结(一)(二)(三)　下去状(二)
　　进趋　进来趋　进去趋　出趋,结
　　出来趋,结　出去趋　回趋　回来趋
　　回去趋　过去结(三)(四)　过来趋(一),结(三)
　　过去趋(一),结(一)　起来状　开结(三),状
　　到趋　到……来趋　到……去趋

写（一作） 来$_趋$ 去$_趋$ 上$_状$
　　上去$_结$ 下$_结(一)$ 下来$_结(三)$
　　下去$_状(二)$ 进$_趋$ 进来$_趋$ 进去$_趋$
　　出$_结$ 出来$_结$ 过$_结(三)(四)$
　　过来$_结(三)$ 起$_状$ 起来$_状$
　　开$_状$ 到$_趋,结$ 到……来$_趋$
　　到……去$_趋$
写作　上$_状$ 下去$_状(二)$ 起来$_状$
　　开$_状$ 到$_趋$
亵渎　上$_状$ 下去$_状(二)$ 起来$_状$
　　开$_状$ 到$_趋$
泻（腹—） 上$_状$ 下$_趋(一)$
　　下来$_趋(一),结(三)$ 下去$_趋(一),状(二)$
　　出$_趋$ 出来$_趋$ 出去$_趋$ 过$_结(四)$
　　起来$_状$ 开$_状$ 到$_趋$
械斗　起来$_状$ 到$_趋$
泄（排—） 上$_状$ 下去$_状(二)$
　　出来$_趋$ 出去$_趋$ 起来$_状$ 开$_状$
　　到$_趋$ 到……去$_趋$
泄（～密） 上$_状$ 下去$_状(二)$
　　出去$_趋$ 起来$_状$ 开$_状$
泄露　上$_状$ 下去$_状(二)$ 出$_结$
　　出来$_趋$ 出去$_趋$ 起来$_状$ 开$_状$
　　到$_趋$ ……来$_趋$ 到……去$_趋$
谢（感—） 上$_状$ 下去$_状(二)$ 出$_结$
　　出来$_结$ 过$_结(四)$ 过来$_结(三)$
　　起来$_状$ 开$_状$ 到$_趋$
谢（脱落） 下去$_状(二)$
谢绝　下去$_状(一)$ 回去$_趋$
心寒　起来$_状$

心慌　上$_状$ 起来$_状$ 开$_状$
心急　上$_状$ 起来$_状$ 开$_状$ 到$_趋$
心悸　起来$_状$
心焦　起来$_状$
心算　来$_趋$ 上$_状$ 上来$_结(二)$
　　下来$_结(二)$ 下去$_状(二)$ 出$_结$
　　出来$_结$ 过$_结(四)$ 过来$_结(三)$
　　起来$_状$ 开$_状$ 到$_趋$
心疼　上$_状$ 下去$_状(二)$ 起来$_状$
　　开$_状$ 到$_趋$
心虚　上$_状$ 起来$_状$ 开$_状$ 到$_趋$
欣赏　上$_状$ 下来$_结(一)$ 下去$_状(二)$
　　出$_结$ 出来$_结$ 过$_结(四)$ 过来$_结(三)$
　　起$_结(三)$ 起来$_状$ 开$_状$ 到$_趋$
寻思　上$_状$ 下来$_结(三)$ 下去$_状(二)$
　　出$_结$ 出来$_结$ 过$_结(四)$ 起来$_状$
　　开$_状$ 到$_趋$
信（相—） 上$_状$ 下去$_状(二)$ 过$_熟$
　　过来$_结(三)$ 起来$_状$ 开$_状$ 到$_趋$
信（～奉，～教） 上$_状$ 下去$_状(二)$
　　起来$_状$ 开$_状$ 到$_趋$
信奉　上$_状$ 下去$_状(二)$ 起来$_状$
　　到$_趋$
信服　起来$_状$ 到$_趋$
信赖　下去$_状(二)$ 起来$_状$ 到$_趋$
信任　起来$_状$ 到$_趋$
信守　下去$_状(二)$ 起来$_状$ 到$_趋$
信仰　下去$_状(二)$ 起来$_状$ 到$_趋$
兴（流行） 上$_状$ 下来$_结(三)$
　　下去$_状(二)$ 出$_结$ 出来$_结$ 过$_结(四)$

起来状 开状 到趋 到……来趋 到……去趋

兴办 上状 下来结(三) 下去状(二)
出结 出来结 过结(四) 过来结(三)
起来结(一),状 开状 到趋

兴建 上状 下来结(三) 下去状(二)
出结 出来结 过结(四) 过来结(三)
起结(三) 起来结(一),状 开状 到趋

兴叹 起来状

兴修 上状 下来结(三) 出结
出来结 起来结(一),状

形成 起来结(一)

形容 上状 下来结(三) 下去状(二)
出结 出来结 过结(四) 过来结(三)
起来状 开状 到趋

行刺 上状 下去状(二) 出结
出来结 过来结(三) 起来状
开状 到趋 到……来趋
到……去趋

行动 上状 下来结(三) 下去状(二)
起来结(一),状 开状

行进 起来状 到趋

行驶 上状 下来结(三)
下去趋(二),状 过来趋(一)
过去趋(二) 起来状 开状 到趋

行使 上状 下来结(三) 下去状(二)
出结 出来结 过结(四) 过来结(三)
起来状 开状 到趋

行销 上状 下来结(三) 下去状(二)
出去趋 起来状 开状 到趋

到……来趋 到……去趋

行走 下来结(三) 下去状(二)
起来状 到趋

醒(睡一) 来结(一) 过来结(二)

醒(一悟) 过来结(二)

醒悟 过来结(二) 起来状

擤 上结(一),状 上去结 下来结(一)
下去状(二) 出趋,结 出来趋,结
出去趋 过结(四) 过来结(三)
起来状 开状 到趋 到……来趋
到……去趋

省悟 过来结(二) 起来状

姓 上状 下去状(二) 出结
出来结 起来状 开状 到趋

羞(害一) 出去趋 起来状

羞(使难为情) 起来状 开

羞涩 起来状

修(一饰) 上状 下来结(三)
起来状 开

修(一理) 来趋 上结(一)(二),状
下来结(三) 下去状(二) 出结
出来结 过结(四) 过来结(三)
起来结(一),状 开结(二),状 到趋

修(一建) 上结(一),状 下来结(三)
下去状(二) 出结 出来结 起结(三)
起来结(一),状 开结(二),状 到趋
到……来趋 到……去趋

修(～树木、～指甲) 上状 出来结
起结(三) 起来状 开

修补 来趋 上结(一)(二),状 下来结(三)

第三部分 动词和趋向补语搭配总表

下去 状(二)　出 结　出来 结　过 结(四)
过来 结(三)　起来 结(一),状　开 状
到 趋

修订　上 结(一),状　下来 结(三)
下去 状(二)　出 结　出来 结　过 结(四)
过来 结(三)　起来 结(一),状　开 状
到 趋

修复　上 结(一),状　下来 结(三)
下去 状(二)　出 结　出来 结　过 结(四)
过来 结(三)　起来 结(一),状　开 状
到 趋

修改　来 趋　去 结(一)　上 状
下来 结(三)　下去 状(二)　出
出来 结　过 结(四)　过来 结(三)
起来 状　开 状　到 趋

修盖　上 结(一),状　下来 结(三)
下去 状(二)　出 结　出来 结　过 结(四)
过来 结(三)　起 结(三)　起来 结(一),状
开 状　到 趋　到……来 趋
到……去 趋

修剪　去 结(二)　上 状　下来 结(三)
下 结(一)　下去 结(一),状(二)　出 结
出来 结　过 结(四)　过来 结(三)
起 结(三)　起来 状　开 状　到 趋

修建　上 结(一),状　下来 结
下去 状(二)　出 结　过 结(四)
过来 结(三)　起 结(三)　起来 结(一),状
开 状　到 趋　到……来 趋
到……去 趋

修理（～机器）　上 结(一)(二),状

下来 结(三)　下去 状(二)　出 结
出来 结　过 结(四)　过 结(三)
起 结(三)　起来 状　开 结(三),状　到 趋

修理（修剪）　上 状　下来 结(三)
下去 状(二)　出 结　出来 结
过来 结(三)　起 结(三)　起来 结
开 状　到 趋

修炼　来 趋　上 结(二),状　下来 结(三)
下去 状(二)　出 结　出来 结　过 结(四)
起来 状　开 状　到 趋

修配　起来 结(一)

修饰　上 状　下去 状(二)　出来 结
过 结(四)　起 结(三)　起来 状　开 状
到 趋

修行　来 趋　上 状　下来 结(三)
下去 状(二)　出 结　出来 结　起来 状
开 状　到 趋

修造　来 趋　上 结(一),状　下来 结(三)
下去 状(二)　出 结　出来 结　过 结(四)
过来 结(三)　起 结(一)　起来 结(一),状
开 状　到 趋

修整　上 结(二),状　下来 结(三)
下去 状(二)　出 结　出来 结
过来 结(四)　过来 结(二)　起 结(一)
起来 状　开 状　到 趋

修正　上 趋　下来 结(三)　下去 状(二)
出 结　出来 结　过 结(四)
过来 结(二)(三)　起来 状　开 状
到 趋　到……去 趋

修筑　上 结(一),状　下来 结(三)

下去状(二)　出结　出来结
　　过结(四)　过来结(三)　起结(三)
　　起来结(一),状　开状　到趋
　　到……来趋　到……去趋

休克　过去结(二)

休息　上状　下来结(三)　下去状(二)
　　出结　出来结　过结(四)　过来结(二)
　　起结(三)　起来状　开状　到趋

休养　上状　下来结(三)　下去状(二)
　　出结　出来结　过结(四)　过来结(二)
　　起结(三)　起来状　开状　到趋

休整　上状　下来结(三)　下去状(二)
　　出结　出来结　过结(四)　过来结(二)
　　起来状　开状　到趋

锈　上结(一),状　上去结　下来结(三)
　　下去状(二)　出结　出来结
　　起来状　开状　到趋

秀（～穗）　出结　出来结　起来状

绣　来结(三)　上结(一),状　上来结(二)
　　上去结　下来结(三)　下去状(二)
　　进趋　进来趋　进去趋　出趋
　　出来结　过结(四)　过趋(一),结(三)
　　过去趋(二)　起来结(一),状　开状
　　到趋　到……来趋　到……去趋

嗅　出结　出来结　到趋

需要　起来状　到趋

虚报　上状　下来结(三)　下去状(二)
　　出结　出来结　起来结　开状
　　到趋

虚构　来趋　上状　下来结(三)
　　下去状(二)　出结　出来结　起来状
　　开状　到趋

虚夸　上状　下去状(二)　起来状
　　开状　到趋

虚拟　出结　出来结

虚设　出结　出来结

虚脱　上状　下去状(二)　起来状
　　开状

嘘（～气）　出趋　出去趋

嘘唏　起来状

许（～愿）　上状　下结(一)　下来结(一)
　　出结　出来结　起来状　开状

许可　下来结(一)

许诺　上状　下结(一)　下来结(一)
　　起来状　开状

许配　出趋　出去趋　到趋
　　到……来趋　到……去趋

蓄（储存）　上结(一)　下结(三)
　　下来结(一)　起来结(一)　开状
　　到趋

蓄（～胡子）　起结(一)　起来结(一)

蓄积　上结(一),状　下来结(三)
　　下去状(二)　出结　出来结
　　起来结(一)　到趋　到……去趋

叙述　上状　上来结(二)
　　下来结(二)(三)　出结　出来结
　　过结(四)　过来结(三)　起来状
　　开状　到趋

叙说　上状　上来结(二)
　　下来结(二)(三)　下去状(二)　出结

出来_结　过_{结(四)}　过来_{结(三)}
起来_状　开_状　到_趋

叙谈　上_状　下来_(三)　下去_{状(二)}
起来_状　开_状　到_趋

絮　来_{结(三)}　上_{结(一),状}　下来_(一)
上去_结　下来_{结(三)}　下去_{状(二)}
出_结　出来_结　过_{结(四)}　过来_{结(三)}
起来_{结(一),状}　开_状　到_趋
到……来_趋　到……去_趋

絮叨　上_状　下去_{状(二)}　起来_状
开_状　到_趋

续(接)　上_{结(一)}　上来_{结(一)}
上去_结　下去_{状(二)}　出来_结
起来_{结(一)}　到……去_趋

续(添加)　来_趋　上_{结(一),状}
上去_结　下来_{结(三)}　下去_{状(二)}
进_趋　进去_趋　过_{结(四)}　起来_状
开_状　到_趋　到……来_趋
到……去_趋

宣布　上_状　下来_(三)　出_结
出来_{趋,结}　出去_趋　过_{结(四)}
过来_{结(三)}　起来_状　开_状　到_趋

宣传　上_状　下来_(三)　下去_{状(二)}
出_结　出来_结　出去_结　过_{结(四)}
过来_{结(三)}　起来_状　开_状　到_趋

宣读　上_状　下来_(三)　下去_{状(二)}
出来_结　过_{结(四)}　过来_{结(三)}
起来_状　开_状　到_趋

宣告　出去_趋

宣讲　上_状　下来_(三)　下去_{状(二)}

过_{结(四)}　起来_状　开_状　到_趋

宣判　上_状　下来_{结(三)}　下去_{状(二)}
出_结　出来_{趋,结}　出去_趋　过_{结(四)}
过来_{结(三)}　起来_状　开_状　到_趋

宣誓　上_状

宣示　出去_趋

宣泄　出去_趋　到_趋　到……去_趋

宣扬　上_状　下去_{状(二)}　出_结
出来_{趋,结}　出去_趋　起来_状
开_状

喧哗　上_状　下去_{状(二)}　起来_状
开_状　到_趋

喧闹　起来_状

喧嚷　起来_状

喧扰　起来_状

旋绕　起来_状　开_状

旋转　上_{趋(一),状}　上来_(一)
上去_{趋(一)}　下来_(一)
下去_{趋(一),状(二)}　过来_{趋(二)}
过去_{趋(二)}　起来_状　开_{结(三),状}
到_趋　到……来_趋　到……去_趋

悬(~腕)　起来_状

悬(无结果)　起来_{结(一)}

悬浮　起来_趋　到_趋

悬挂　上_{结(一)}　上去_结　下来_(三)
下去_{状(二)}　出去_趋　出来_趋
出去_趋　起来_{结(一),状}　开_状
到_趋　到……来_趋　到……去_趋

悬赏　上_状

选(挑一)　来_趋　去_趋　上_{结(二),状}

上来$_{趋(一),结(一)}$　上去$_{趋(一),结}$
下$_{结(一)}$　下来$_{结(一)}$　下去$_{结(一),状(二)}$
进$_趋$　进来$_趋$　进去$_趋$　出$_结$
出来$_{趋,结}$　出去$_趋$　回$_趋$　回来$_趋$
回去$_趋$　过$_{结(四)}$　过来$_{趋(一),结(三)}$
过去$_{趋(一)}$　起来$_状$　开$_状$　到$_{结(一)}$
到……来$_趋$　到……去$_趋$

选（一举）　上$_状$　上来$_{结(一)}$　上去$_{结}$
下来$_{结(三)}$　下去$_{趋(一),状(二)}$
进$_趋$　进来$_趋$　进去$_趋$　出$_结$
出来$_结$　过$_{结(四)}$　过来$_{结(三)}$
过去$_{结(四)}$　起来$_状$　开$_状$　到$_趋$
到……来$_趋$　到……去$_趋$

选拔　来$_趋$　去$_趋$　上$_状$　上来$_{趋(一)}$
上去$_{趋(一)}$　下来$_{结(三)}$　下去$_{结(二)}$
进$_趋$　进来$_趋$　进去$_趋$　出$_结$
出来$_结$　过$_{结(四)}$　过来$_{结(三)}$
起来$_状$　开$_状$　到$_趋$
到……来$_趋$　到……去$_趋$

选调　上$_状$　起来$_状$　到……去$_趋$

选举　来$_趋$　上$_状$　下来$_{结(三)}$
下去$_{状(二)}$　出$_结$　出来$_{结(四)}$
过$_{结(三)}$　起来$_状$　开$_状$　到$_趋$
到……来$_趋$　到……去$_趋$

选录　下来$_{结(一)}$　出$_结$　出来$_结$

选派　上$_状$　下去$_{状(二)}$　出来$_结$
过$_{结(四)}$　起来$_状$　开$_状$　到$_趋$
到……去$_趋$

选取　出$_结$　出来$_结$

选送　来$_趋$　去$_趋$　上来$_{趋(一)}$

上去$_{趋(一)}$　过来$_{趋(一),结(三)}$
过去$_{趋(一)}$　到……来$_趋$
到……去$_趋$

选修　下来$_{结(三)}$
选用　起来$_状$
选育　出$_结$　出来$_结$
选择　来$_趋$　上$_状$　下来$_{结(三)}$
下去$_{状(二)}$　出$_结$　出来$_{结(四)}$
过来$_{结(三)}$　起来$_状$　开$_状$　到$_趋$

渲染　上$_状$　下去$_{状(二)}$　出$_结$
出来$_结$　起来$_状$　开$_状$　到$_趋$

楦　进去$_趋$
炫耀　上$_状$　起来$_状$　开$_状$
眩晕　起来$_状$　到$_趋$

削　来$_{趋,结(三)}$　去$_{趋,结(二)}$　上$_状$
上来$_{趋(一)}$　上去$_{趋(一)}$　下$_{结(一)}$
下来$_{趋(一),结(一)}$　下去$_{趋(一),状(二)}$
进$_趋$　进来$_趋$　进去$_趋$　出$_{趋,结}$
出来$_{趋,结}$　出去$_趋$　回来$_趋$
回去$_趋$　过$_{结(二)(三)(四)}$
过来$_{趋(一),结(三)}$　过去$_{趋(一)}$
起来$_{趋,状}$　开$_{结(一),状}$　到$_{趋,结}$
到……来$_趋$　到……去$_趋$

削减　去$_{结(二)}$　上$_状$　下$_{结(一)}$
下来$_{结(一)}$　下去$_{结(二),状(二)}$
过$_{结(四)}$　起来$_状$　开$_状$　到$_趋$
到……去$_趋$

削弱　下去$_{状(二)}$　到$_趋$

学（一习）　来$_{趋,结(三)}$　去$_趋$
上$_状$　上来$_{趋(一),(二)}$　下$_{结(一)}$

下来_结(二)(三)　下去_状(二)　进
进去_趋　出_结　出来_结　回_趋
回来_趋　回去_趋　过_结(三)(四)
过来_趋(一),结(三)　过去_趋(一)
起来_状　开_状　到_趋,结
到……来_趋　到……去_趋

学(模仿)　来_结(三)　上_状
上来_结(二)　下来_结(二)　下去_状(二)
出来_结　起来_状　开_状　到_趋,结

学习　上_状　下来_结(三)　下去_状(二)
出去_结　过_结(四)　起来_状　开_状
到_趋

血战　起来_状　到_趋

熏　来_结(三),趋　去_趋,结(一)
上_趋(一),结(一),状　上来_趋(一),结(一)
上去_趋(一),结(一)　下_趋(一)(三)
下来_趋(一),结(三)　下去_趋(一),结(一),状(二)
进_趋　进来_趋　进去_趋　出_趋,结
出来_趋,结　出去_趋　回_趋　回来_趋
回去_趋　过_结(四)　过来_趋(一),结(三)
过去_趋(一)　起_结(三)　起来_趋,状
开_结(三),状　到_趋,结　到……来_趋
到……去_趋

熏陶　出_结　出来_结
熏染　上_结(一)　出来_结
熏蒸　起来_状
熏制　出_结　出来_结
驯　出_结　出来_结
驯服　下来_状　下去_状(二)　到_趋
驯化　出_结　出来_结

驯养　出_结　出来_结
循环　上_状　下去_状(二)　起来_状
开_状　到_趋　到……来_趋
到……去_趋

询问　上_状　下来_结(三)　下去_状(二)
出_结　出来_结　过_结(四)　起来_状
开_状　到_趋

巡查　上_状　下来_结(三)　下去_状(二)
出_结　出来_结　过_结(四)
过来_趋(一),结(三)　过去_趋(一)
起来_状　开_状　到_趋　到……来_趋
到……去_趋

巡航　过来_趋(一)　起来_状
到……来_趋　到……去_趋

巡回　起来_状

巡逻　上_状　下来_结(三)　下去_状(二)
出_结　出来_结　过_结(四)
过来_趋(一),结(三)　过去_趋(一)
起来_状　开_状　到_趋　到……来_趋
到……去_趋

巡视　上_状　下来_结(三)　下去_状(二)
出_结　出来_结　过_结(四)
过来_趋(一),结(三)　过去_趋(一)
起来_状　开_状　到_趋　到……来_趋
到……去_趋

巡行　起来_状　到_趋
巡游　起来_状　到_趋
巡访　上_状　下来_结(三)　下去_状(二)
出_结　出来_结　过_结(四)
过来_趋(一),结(三)　过去_趋(一)

起来_状 开_状 到_{趋,结}　　起来_趋 过_{结(四)} 起来_状 开_状
到……来_趋 到……去_趋　　　　起来_状 开_状 到_趋

寻 出_结 起来_趋 到_结　　**训** 上_状 下来_{趋(一)} 下去_{趋(一)}

寻访 上_状 下来_{结(三)} 下去_{状(二)}　**训斥** 上_状 下来_{结(三)} 下去_{状(二)}
出_结 出来_结 过_{结(四)}　　过_{结(四)} 起来_状 开_状 到_趋
过_{趋(一),结(三)} 过去_{趋(一)} 起来_状　**训导** 出_结 出来_结
开_状 到_趋 到……来_趋　　**训练** 上_状 下来_{趋(二)} 下去_{趋(二)}
到……去_趋　　　　　　　　出_结 出来_结 过_{结(四)} 过来_{结(三)}

寻觅 出_结 起来_状　　　　过去_{结(四)} 起_{结(三)} 起来_状

寻摸 上_状 下来_{结(三)} 下去_{状(二)}　　开_状 到_趋
出_结 出来_结 过_{结(四)} 过来_{趋(一)}　**训育** 出_结 出来_结
过去_{趋(一)} 起来_状 开_状 到_趋　**询问** 上_状 下来_{趋(二)} 下去_{趋(二)}

寻求 下去_{状(二)} 起来_状 到_结　　出_结 出来_结 起来_状 开_状

寻找 下来_{结(三)} 下去_{状(二)} 出_结

Y

压(一碎) 上_{结(一),状} 上来_{结(一)}　**压**(搁着不动) 上_状 下_{结(一)}
上去_结 下_{结(一)} 下来_{趋(一)}　　下来_{结(一)} 下去_{状(二)} 起来_状
下去_{趋(一),状(二)} 进去_趋 出_结　　开_状 到_趋
出来_{趋,结} 出去_趋 回去_趋　　**压**(～赌注) 上_{结(二),状} 上来_{趋(二)}
过_{结(四)} 过来_{结(三)} 起来_{结(一),状}　上去_{趋(二)} 下去_{趋(二)} 进去_趋
开_{结(一),状} 到_趋 到……来_趋　　出来_趋 起_{结(三)} 起来_状 开_状
到……去_趋　　　　　　　　到_趋 到……来_趋 到……去_趋

压(使稳定、平静) 下去_{状(一)}　**压迫** 上_状 下去_{状(二)} 出_结

压(一制) 上_状 下来_{结(一)}　　出来_结 起来_状 开_状 到_趋
下去_{状(二)} 过_{结(三)} 起来_状　**压缩** 上_状 下来_{结(一)(三)}
开_状 到_趋　　　　　　　下去_{结(一),状(二)} 进去_趋 出_结

压(逼近) 来_趋 上_状 上来_{结(二)}　出来_结 回去_趋 过_{结(四)}
过来_{趋(一)} 过去_趋　　　　过来_{结(三)} 起来_状 开_状 到_趋

到……去趋

压抑 下去状(二) 起来状 到趋

压榨 去结(一) 上状 下来结(三)
　　 下去状(二) 出趋,结 出来趋,结
　　 出去趋 起来状 开状 到趋

压制 上状 下去状(一)(二) 出结
　　 出来结 起来状 开状 到趋

押 来趋 上结(一) 上来趋(一)(二)
　　 下去趋(一)(二),状(二) 进来趋
　　 回来趋 回去趋 过去趋(一)
　　 过去趋(一) 起来结(一),状 到趋
　　 到……来趋 到……去趋

押解 来趋 去趋 上趋(一)
　　 上来趋(一)(二) 下来趋(一)
　　 过来趋(一) 过去趋(一) 到……来趋
　　 到……去趋

押送 来趋 上趋(一),状 上来趋(一)
　　 下来结(三) 下去趋(一),状(二)
　　 回来趋 回去趋 过趋(一)
　　 过来趋(一),结(三) 过去趋(一)
　　 起来状 开状 到趋 到……来趋
　　 到……去趋

押运 上状 下来结(三) 起来状
　　 开状 到趋 到……来趋
　　 到……去趋

哑 下去状(二) 起来状 到趋

轧 来趋 去趋 上结(二),状 下结(一)
　　 下来结(三) 下去趋(一),状(二)
　　 进趋 进去趋 出结 出来结
　　 回来趋 回去趋 过结(四)

过来趋(一),结(三) 过去趋(一)
　　 起来状,开结(一)(二)(三) 到趋
　　 到……来趋 到……去趋

淹（～没） 上来趋(一)(二) 下去状(二)
　　 进趋 进来趋 进去趋 过来趋(一)
　　 过去趋(一) 到趋

淹没 下去结(一) 到趋

阉 上状 下去结(一) 过结(四)
　　 起来状 开状

阉割 下去结(一)

腌 上结(一),状 上去结 下结(一)
　　 下来结(一) 下去状(二) 进趋
　　 进去趋 出结 出来结 过结(四)
　　 过去结(三) 起来结(一),状 开状
　　 到趋 到……来趋 到……去趋

湮灭 下去状(一)

湮没 下去结(一)

研究（～数学） 上结(二),状
　　 下来结(三) 下去状(二) 进去趋
　　 出结 出来结 过结(四) 过来结(三)
　　 起来状 开状 到趋

研究（商讨） 上状 下来结(三)
　　 下去状(二) 出结 出来结 过结(四)
　　 过来结(三) 起来状 开状 到趋
　　 到……去趋

研磨 上状 下去状(二) 出结
　　 出来结 过结(四) 过来结(三)
　　 起来状 到趋

研讨 上状 下去状(二) 起来状
　　 到趋

研制 上状　出结　出来结
　　过结(四)　过来结(二)　起来状
　　开状　到趋
严办 上状　下去状(二)　起来状
严惩 上状　下去状(二)　起来状
　　开状
严防 起来结(一)
延(一期) 上状　下来结(三)
　　下去状(二)　出结　出来结
　　过结(四)　起来状　开状　到趋
　　到……去趋
延长 上状　下来结(三)　下去状(二)
　　出趋,结　出来趋,结　出去趋
　　过结(四)　过来趋(一)　过去趋(一)
　　起状　起来状　开状　到趋
　　到……去趋
延迟 下来状(一)　下去状(二)
　　到趋　到……去趋
延缓 下来状(一)　下去状(二)
　　到趋　到……去趋
延聘 来趋　去趋　下来结(三)
　　下去状(二)　过来趋(一)　过去趋(一)
　　起结(三)　起来状　到结
　　到……来趋　到……去趋
延伸 上状　上去趋(一)　下来结(三)
　　下去趋(一),状　出来结　出去结
　　过来趋(一)　过去趋(一)　起来状
　　开状　到趋　到……来趋
　　到……去趋
延误 下去状(一)(二)

延续 下来结(一)　下去状(二)　到趋
沿袭 下来结(一)　下去状(二)
沿用 下来结(一)　下去状(二)
　　起来状
演 来结(三)　上状　上来结(二)
　　下结(一)　下来结(二)(三)　下去状(二)
　　出结　出来结　过结(四)　过来结(三)
　　过去结(四)　起结(三)　起来状
　　开结(二)(三),状　到趋　到……来趋
　　到……去趋
演变 来趋　上状　下来结(三)
　　下去状(二)　出结　出来结
　　过来结(二)　过去结(二)　起来状
　　开状　到趋　到……去趋
演唱 上状　下来结(三)　下去状(二)
　　出结　出来结　过来结(四)　过去结(三)
　　起来状　开状　到趋
演化 来趋　出结　出来结
演讲 上状　下来结(三)　下去状(二)
　　过结(四)　起来状　到趋
演进 起来状
演示 上状　下来结(三)　下去状(二)
　　出结　出来结　过来结(四)　过去结(三)
　　起来状　开结(三),状　到趋
演说 上状　起来状　开状
演算 上状　下来结(三)　下去状(二)
　　出结　出来结　过来结(四)　起来状
　　开状　到趋
演习 上状　下来结(三)　下去状(二)
　　出结　出来结　过来结(四)　过去结(三)

起来$_{状}$　开$_{结(三),状}$　到$_{趋}$
到……来$_{趋}$　到……去$_{趋}$

演奏　上$_{状}$　下来$_{结(二)(三)}$
下去$_{状(二)}$　出$_{结}$　出来$_{结}$　过$_{结(四)}$
过来$_{结(三)}$　起来$_{状}$　开$_{结(三),状}$
到$_{趋}$

掩（一盖）　去$_{结(一)}$　进去$_{趋}$

掩（关、合）　上$_{结(一)}$　上去$_{结}$
起来$_{结(一)}$

掩蔽　上$_{结(一),状}$　下$_{结(一)}$
下来$_{结(一)(三)}$　下去$_{结(二)}$　进$_{趋}$
进来$_{趋}$　进去$_{趋}$　过$_{结(四)}$
过来$_{结(三)}$　起来$_{结(一),状}$　开$_{状}$
到$_{趋}$　到……来$_{趋}$　到……去$_{趋}$

掩藏　上$_{结(一),状}$　下$_{结(一)}$　下来$_{结}$
下去$_{状(二)}$　进$_{趋}$　进来$_{趋}$
进去$_{趋}$　过$_{结(四)}$　过来$_{结(三)}$
起来$_{结(一),状}$　开$_{状}$　到$_{趋}$
到……来$_{趋}$　到……去$_{趋}$

掩盖　上$_{结(一),状}$　上来$_{结(一)}$
上去$_{结}$　下来$_{结(一)}$　下去$_{状(二)}$
过来$_{结(三)}$　过去$_{结(一)}$　起来$_{结(一),状}$
开$_{状}$　到$_{趋}$　到……去$_{趋}$

掩护　上$_{状}$　下$_{结(一)}$　下来$_{结(一)(三)}$
下去$_{状(二)}$　进$_{趋}$　进来$_{趋}$
进去$_{趋}$　出$_{结}$　出来$_{结}$　过$_{结(四)}$
过来$_{趋(一),结(三)}$　过去$_{趋(一)}$
起来$_{结(一),状}$　开$_{状}$　到$_{趋}$
到……来$_{趋}$　到……去$_{趋}$

掩埋　上$_{结(一),状}$　下$_{结(一)}$　下来$_{结(一)}$

下去$_{状(二)}$　进$_{趋}$　进去$_{趋}$　过$_{结(四)}$
过来$_{结(三)}$　起来$_{结(一),状}$　开$_{状}$
到$_{趋}$　到……来$_{趋}$　到……去$_{趋}$

掩饰　上$_{状}$　下去$_{状(二)}$　过$_{结(四)}$
过去$_{结(一)}$　起来$_{状}$　开$_{结}$　到$_{趋}$

掩映　出$_{结}$　出来$_{结}$

眼馋　上$_{状}$　下去$_{状(二)}$　起来$_{状}$
开$_{状}$　到$_{趋}$

眼红　上$_{状}$　下去$_{状(二)}$　起来$_{状}$
开$_{状}$　到$_{趋}$

衍变　下去$_{状(二)}$　出$_{结}$　出来$_{结}$
起来$_{状}$　到$_{趋}$

衍射　过来$_{趋(一)}$　过去$_{趋(一)}$

衍生　下去$_{状(二)}$　出$_{结}$　出来$_{结}$
起来$_{状}$

艳羡　起来$_{状}$

厌烦　上$_{状}$　下去$_{状(二)}$　起来$_{状}$
开$_{状}$　到$_{趋}$

厌倦　上$_{状}$　下去$_{状(二)}$　起来$_{状}$
开$_{状}$　到$_{趋}$

厌弃　起来$_{状}$

厌恶　上$_{状}$　下去$_{状(二)}$　起来$_{状}$
开$_{状}$　到$_{趋}$

餍足　起来$_{状}$

宴请　上$_{状}$　下来$_{结(三)}$　下去$_{状(二)}$
过$_{结(四)}$　过来$_{结(三)}$　起$_{结(三)}$
起来$_{状}$　开$_{状}$　到$_{趋}$

验　上$_{状}$　下来$_{结(三)}$　下去$_{状(二)}$
出$_{结}$　出来$_{结}$　过$_{结(四)}$
过来$_{趋(一),结(三)}$　过去$_{趋(一)}$

起来_状　开_状　到_趋　到……来_趋
到……去_趋

验收　下来_结(一)　过_结(四)
过来_结(三)

验算　上_状　下来_结(三)　下去_状(二)
出_结　出来_结　过_结(四)　过来_结(三)
起来_状　开_状　到_趋

验证　出_结　出来_结　过_结(四)
过来_结(三)

咽　上_状　下_趋(一)　下去_趋(一)　进_趋
进去_趋　回去_趋　起来_状　开_状
到_趋　到……去_趋

央告　上_状　下去_状(二)　起来_状
开_状　到_趋

央求　上_状　下去_状(二)　起来_状
开_状　到_趋

佯攻　过去_趋(一)　起来_状

扬(~头)　上去_趋(一)　起来_状
到……去_趋

扬(撒)　上_结(一),状　上去_结
下来_趋(一),结(三)　下去_趋(一),状(二)
进_趋　进来_趋　进去_趋　出_趋
出来_趋,结　出去_结　回来_结
回去_趋　过_结(四)　过来_结(四)
起_趋　起来_趋,状　开_结(二),状
到_趋　到……来_趋　到……去_趋

扬(~名)　上_状

扬弃　下去_结(一)

痒　上_状　下去_状(二)　出_结
出来_结　过_结(四)　起来_状　开_状

到_趋　到……去_趋

养(抚一)　上_状　下去_状(二)
过来_结(三)　起_结　起来_结(一),状
开_状　到_趋

养(~花)　上_结(一)(二),状
下_结(一),结(三)　下来_结(一)
下去_状(二)　进_趋　进来_趋
进去_趋　出_结　出来_结　过_结(四)
过来_结(三)　起_结　起来_结(一),状
开_结(三),状　到_趋　到……来_趋
到……去_趋

养(生育)　上_状　下_结(一)　下来_结(一)
出来_趋　起来_状　开_状　到_趋

养(休一)　上_状　下来_结(三)
下去_状(二)　出_结　出来_结
过_结(四)　过来_结(二)　起_结(三)
起来_状　开_状　到_趋

养护　起来_状　到_趋

养活　下去_状(二)　出来_结　起_结
起来_结(一),状　到_趋

养活(~动物)　上_状　下_结(三)
下去_状(二)　过来_结(三)　起_结(三)
起来_状　开_结(三),状　到_趋

养育　下去_状(二)　出_结　出来_结
起来_状　到_趋

养殖　下去_状(二)　出_结　出来_结
过_结(四)　过来_结(三)　起来_结(一),状
到_趋

氧化　上_状　下去_状(二)　出_结
出来_结　过_结(四)　起来_状　开_状

到 趋

仰　上去 趋(一)　过来 趋(一)
　　过去 趋(一)　起 趋　起来 趋　到 趋
　　到……来 趋　到……去 趋

仰赖　起来 状

仰慕　起来 状　到 趋

仰仗　起来 状　到 趋

漾(往外流)　上 状　上来 趋(一)
　　下去 状(二)　出 趋　出来 趋
　　出去 趋　起来 趋　开 状　到 趋
　　到……来 趋　到……去 趋

要求　来 趋　上 状　下来 结(一)(三)
　　下去 状(二)　过 结(四)　起来 趋
　　开 状　到 趋,结

要挟　上 状　下去 状(二)　出 结
　　出来 结　过 结(四)　起来 状　开 状
　　到 趋

夭折　下去 状(一)

邀　来 趋　上 趋(一),状　上来 趋(一)
　　上去 趋(一)　下 结(一)　下来 趋(一)
　　下去 状(二)　进来 趋　进去 趋
　　出来 趋　出去 结　回 趋　回来 趋
　　回去 趋　起来 状　开 状　到 趋,结
　　到……来 趋　到……去 趋

邀集　来 趋　上 结(一)　下 结(一)
　　起来 结(一)　到 趋,结

邀请　来 趋　去 趋(一)　上 结(二),状
　　上来 趋(一)　下 趋(一)　下来 趋(一)
　　下去 状(二)　出 结　出来 结　回来 趋
　　过 结(四)　过来 趋(一),结(三)

过去 趋(一)　起 结(三)　起来 状
开 状　到 趋,结　到……来 趋
到……去 趋

约(称)　上 状　下来 结(三)　下去 状(二)
　　出 结　出来 结　过 结(四)　过来 结(三)
　　起来 趋　开 状　到 趋

吆喝　上 状　下来 结(三)　下去 状(二)
　　出 结　出来 结　出去 趋　过 结(四)
　　过来 趋(一),结(三)　过去 趋(一),结(四)
　　起来 趋,状　开 状　到 趋

谣传　上 状　下去 状(二)　过 结(四)
　　起来 状　开 状

遥测　上 状　出 结　出来 结　过 结(四)
　　起来 状　开 状　到 结

遥控　上 状　下去 状(二)　出 结
　　出来 结　起来 状　开 状　到 趋

摇　来 趋　去 趋,结(一)　上 结(一),结(二),状
　　上来 趋(一),结(一)　上去 趋(一),结(一)
　　下 趋(一),结(一)　下来 趋(一),结(一)
　　下去 趋(一),结(一),状(二)　进 趋
　　进来 趋　进去 趋　出 趋,结
　　出来 趋,结　出去 趋　回 趋　回来 趋
　　回去 趋　过 趋(一),结(四)
　　过来 趋(一),结(三)　过去 趋(一)
　　起 趋,状　起来 趋,状　开 结(三),状
　　到 趋　到……来 趋　到……去 趋

摇摆　上 状　下去 状(二)　出 结
　　出来 结　过来 趋(一)　过去 趋(一)
　　起来 状　开 状　到 趋　到……来 趋
　　到……去 趋

摇荡　上_状　过来_趋(一)　过去_趋(一)
　　　起来_状　到_趋
摇动　起来_状
摇撼　下去_状(二)　出_结　出来_结
　　　起来_状
摇晃　上_状　下来_结(一)
　　　下去_结(一),状(二)　进来_趋　进去_趋
　　　出来_趋,结　出去_趋　回来_趋
　　　回去_趋　过_结(四)　过来_趋(一),结
　　　过去_趋　起来_趋,状　开_结(一),状
　　　到_趋　到……来_趋　到……去_趋
摇曳　起来_状
咬(～苹果)　来_趋　去_结(二)
　　　上_结(二),状　上来_趋(一)(二)
　　　上去_趋(一)(二)　下_结(一)　下来_结(一)
　　　下去_结(一),状(二)　进_趋　进去_趋
　　　出_结　出来_结　过_结(四)　过来_趋
　　　过去_趋　起来_状　开_状　到_趋
　　　到……来_趋　到……去_趋
咬(卡)　上_结(二)　起来_结(二)
咬(叫)　上_状　下去_状(二)　起来_结
　　　开_状　到_趋
咬(～字)　上_状　起来_结　开_状
咬(受审时牵扯)　上_状　下去_状(二)
　　　出_结　出来_结　起来_结　开
耀　出_结
要　来_趋　去_趋　上_结(二),状
　　　上来_趋(一),结(一)　下_结(一)
　　　下来_结(一)(三)　下去_结(一),状(二)
　　　出_趋,结　出来_趋,结　出去_趋　回

回来_趋　回去_趋　过_结(四)
　　　过来_趋(一),结(三)　过去_趋(一)
　　　起_结(三)　起来_状　开_状　到_趋,结
　　　到……来_趋　到……去_趋
药(毒死)　上_状　下去_状(二)
　　　起来_状　开_状
掖　上_结(一),状　上来_趋(一)
　　　上去_趋(一)　下去_状(二)　进
　　　进来_趋　进去_趋　回去_趋　过_结(四)
　　　过来_趋(一),结(三)　过去_趋
　　　起来_结(一),状　开_状　到_趋
　　　到……来_趋　到……去_趋
噎　到_趋
揶揄　上_状　起来_状
野餐　上_状　过_结(四)　起来_状
　　　开_状　到_趋
野营　上_状　过_结(四)　起来_状
　　　开_状　到_趋
谒见　过_结(四)
依傍　起来_状
依从　下去_状(二)　起来_状　到_趋
依存　下去_状(二)
依附　上_结(一),状　上来_趋(一)
　　　上去_结　下来_结(三)　下去_结(二)
　　　过来_趋(一)　过去_趋(一)　起来_状
　　　开_状　到_趋　到……来_趋
　　　到……去_趋
依靠　上_状　下去_状(二)　起来_状
　　　开_状　到_趋
依赖　上_状　下去_状(二)　出_结

出来结　起来状　开状　到趋
遗传　上状　下来结(一)　下去状(二)
　　　起来状　开状　到趋
遗憾　上状　下去状(二)　起来状
　　　开状　到趋
遗留　下结(一)　下来结(一)　到趋
遗失　下去结(一)
遗忘　到……去趋
移　来趋　上来趋(一)　下去趋(一)
　　进来趋　进去趋　出来趋　出去趋
　　回来趋　回去趋　过(四)
　　过来趋(一),结(三)　过去趋(一)
　　起来状　开趋,状　到趋
　　到……来趋　到……去趋
移动　上状　下来结(三)　过来趋(一)
　　　过去趋(一)　起来状　开趋,状
　　　到趋　到……来趋　到……去趋
移民　到趋　到……来趋
　　　到……去趋
移植　来趋　上状　过来趋(一)
　　　过去趋(一)　起来状　开状　到趋
　　　到……来趋　到……去趋
疑惑　上状　起来状　开状
疑惧　起来状
疑心　上状　下去状(二)　起来状
　　　开状　到趋
倚重　起来状　到趋
意会　到结
意料　到结
意识　到结

意想　到结
意译　出结　出来结
臆测　出结　出来结
臆断　出结　出来结
臆造　出结　出来结
溢　出趋　出来趋　出去趋　到趋
　　到……去趋
抑止　下去状(一)
抑制　下来状　下去结(一),状(二)
　　　起来状
义卖　上状　下去状(二)　出结
　　　出来结　过结(四)　起来状　开状
　　　到趋,结
义演　上状　下去结(三)　下去状(二)
　　　出结　出来结　起来状　开状
　　　到趋
议决　下来结(一)
议论　上状　下来结(三)　下去状(二)
　　　出结　出来结　过结(四)
　　　过来结(三)　起来状　开状　到趋
刈　下结(一)　下来结(一)　下去结(一)
剜　下结(一)
忆　起结(一)
译　上状　上来结(二)　上去趋(一)
　　下结(一)　下来结(一)(二)(三)
　　下去状(二)　进趋　进去趋　出结
　　出来结　过结(四)　过来结(三)
　　起来状　开状　到趋
异化　下去状(二)　起来状　到趋
音译　出结　出来结

因袭　上状　下去状(二)　出结
　　出来结　起来状　到趋
因循　下来结(一)　下去状(二)
　　起来状　到趋
荫蔽　起来状　到趋　到……去趋
吟咏　起来状
饮　上状　进趋　起来状
引(～路)　上结(一)　下去状(二)
　　进趋　进来趋　进去趋　出趋
　　出来趋　出去趋　回趋　回来趋
　　回去趋　过去趋(一)　过去趋(一)
　　开趋　到趋　到……来趋
　　到……去趋
引(惹)　来趋　去趋　出结
　　出来结　起结(一)　起来结(一)
　　到趋　到……来趋　到……去趋
引导　上结(二),状　下去状(二)
　　起来状　到趋　到……来趋
　　到……去趋
引逗　上状　起来状　开状
引见　上状　下来结(三)　过结(四)
　　过来结(三)　起来状　开状
引荐　上状　过结(四)　起来状　开状
　　到趋　到……来趋　到……去趋
引申　上状　下去状(二)　出结
　　出来结　过来趋(一)　过去结(一)
　　起来状　开状(二)　到趋　到……去趋
引用　上状　下来结(三)　下去状(二)
　　出结　出来结　过结(四)　过去结(三)
　　起来状　到趋　到……来趋

到……去趋
引诱　来趋　去趋　上状　下去状(二)
　　出结　出来结　过结(四)　起来状
　　开状　到趋　到……来趋
　　到……去趋
引证　上状　下来结(三)　下去状(二)
　　出结　出来结　过结(四)　起来状
　　开状
引种　来趋　过来趋(一)　过去趋(一)
　　到趋　到……来趋　到……去趋
隐　去结(一)　到……去趋
隐蔽　下来结(一)　下去状(二)
　　起来状　到趋　到……来趋
　　到……去趋
隐藏　下来结(一)　下去状(二)
　　起来状　到趋　到……来趋
　　到……去趋
隐伏　下来结(一)　到趋
隐居　上状　下来结(一)(三)
　　下去状(二)　出结　出来结
　　起来状　开状　到趋　到……来趋
　　到……去趋
隐瞒　上状　下来结(一)　下去状(二)
　　过去结(一)　过来结(三)　起来状
　　开状　到趋
荫庇　起来结(一)
印　来趋　上结(一),结(二),状
　　上来结(一)　上去结　下结(一)(三)
　　下来结(一)(三)　下去状(二)　进趋
　　进来趋　进去趋　出结　出来结

出去趋　回趋　回来趋　回去趋　　　下去状(二)　出结　出来结　过结(四)
过结(四)　过来趋(一),(三)　　　　　过来趋(三)　起结(三)　起来状　到趋
过去趋(一),结(四)　起结(三)　　　　到……来趋　到……去趋
起来状　开状　到趋,结　　　　营救　来趋　去趋　上趋　下来结(三)
到……来趋　到……去趋　　　　　　下去状(二)　出趋　出来趋　出去趋

印发　上状　下来趋(一),结(三)　　回趋　回来趋　回去趋　过结(四)
下去趋(一),状(二)　出趋　出去趋　　过来趋(一),结(三)　过去趋(一)
过结(四)　过来结(三)　起来状　　起来状　开状　到趋　到……来趋
开状　到趋　到……去趋　　　　到……去趋

印染　出结　出来结　　　　**营造**　上状　下去状(二)　出结
印刷　上状　下去状(二)　出结　　出来结　过结(四)　过来结(三)
出来结　过结(四)　过来结(三)　　起结(三)　起来结(一),状　开状
起来状　开状　到趋　　　　　　到趋

印证　上状　出结　出来结　　**萦怀**　起来状
过结(三)　起来状　　　　　　**萦回**　起来状

饮　上状　下去状(二)　进趋　　**萦绕**　起来状
进去趋　出结　出来结　过结(四)　**迎(对着)**　上来趋(二)　上去趋(二)
过来结(三)　起来状　开状　到趋　**迎(一接)**　来趋　上趋(一)

应　下结(一)　下来结(一)　下去状(二)　　上来趋(一)　上去趋(一)　下趋(一)
过来结(三)　起来状　开状　　　　下来趋　下去趋(一)　进趋

应许　下结(一)　下来结(一)　　进来趋　进去趋　出趋　出来趋
应允　下结(一)　下来结(一)　　出去趋　回趋　回来趋　回去趋
膺选　出结　出来结　　　　　　过趋(一)　过来趋(二)　过去趋(一)
赢　来趋　去趋　上趋　下结(一)　到趋　到……来趋　到……去趋
下来结(一)　下去状(二)　进趋　**迎合**　上状　下去状(二)　过结(四)
进来趋　进去趋　出趋　出来结　　过来结(三)　起来状　开状　到趋
回趋　回来趋　回去趋　过结(四)　**迎候**　下去状(二)
过来趋(一)　过去趋(一)　起来状　**迎击**　上去趋(二)
开状　到趋　　　　　　　　　**迎接**　来趋　去趋　上趋　进来趋
营建　上状　下结(一)　下来结(一),(三)　进去趋　回来趋　起来状　开状

到趋　到……来趋　到……去趋

迎娶　过来趋(一)　过去趋(一)

影射　上状　下去状(二)　出结
　　出来结　起来状　开状　到趋
　　到……来趋　到……去趋

影响　上状　下去状(二)　起来状
　　开状　到趋　到……来趋
　　到……去趋

影印　来趋　去趋　上状　下结(一)
　　下来结(一)　下去状(二)　出
　　出来结　出去趋　过结(四)
　　过来结(三)　起结(三)　起来状
　　开状　到趋

应变　过来结(二)

应承　下结(一)　下来结(一)

应酬　上状　下来结(三)　下去状(二)
　　出结　出来结　过结(四)　过来结(三)
　　起结(三)　起来状　开状　到趋

应答　起来状

应对　起来状

应付　上状　下来结(二)(三)
　　下去状(二)　过结(四)　过来结(三)
　　过去结(四)　起来状　开状　到趋

应和　起来状

应诺　下来结(一)

应验　上结(二)　起来结　到趋

应用　上状　下来结(三)　下去状(二)
　　过结(四)　过来结(三)　起来状
　　开状　到趋,结　到……来趋
　　到……去趋

硬化　起来状　到趋

硬结　起来结(一),状　到趋

硬挺　起来趋

映衬　出结　出来结　起来状

映射　出结　出来结　到趋
　　到……来趋　到……去趋

映照　出结　出来结　到趋
　　到……来趋　到……去趋

壅塞　起来结(一)　到趋
　　到……来趋　到……去趋

拥(围着)　来趋　去趋　上趋(二)
　　上来趋(二)　上去趋(二)　过来趋(一)
　　过去趋(一)　到……来趋
　　到……去趋

拥(挤着走)　来趋　上来趋(一)
　　上去趋(一)　下趋(一)　下来趋(一)
　　下去趋(一)　进趋　进来趋
　　进去趋　出来趋　出去趋　过趋(一)
　　过来趋(一)　过去趋(一)　到趋
　　到……来趋　到……去趋

拥抱　上状　下去状(二)　出结
　　出来结(一),状　开状
　　到趋

拥戴　起来状　到趋

拥护　上状　下去状(二)　出结
　　出来结　起来状　开状　到趋

拥挤　上状　下去状(二)　起来状
　　开状　到趋

拥塞　起来结(一)　到趋　到……去趋

拥有　起来状

涌　来趋　去趋　上趋(一)(二)

上来$_{趋(一)(二)}$　进来$_{趋}$　进去$_{趋}$
出$_{趋}$　出来$_{趋}$　出去$_{趋}$　回来$_{趋}$
回去$_{趋}$　过$_{趋(一)}$　过来$_{趋(一)}$
过去$_{趋(一)}$　到$_{趋}$　到……来$_{趋}$
到……去$_{趋}$

涌流　下来$_{趋(一)}$　下去$_{趋(一),状(二)}$
进$_{趋}$　进去$_{趋}$　出来$_{趋}$　出去$_{趋}$
过来$_{趋(一)}$　过去$_{趋(一)}$　起来$_{状}$
到$_{趋}$　到……来$_{趋}$　到……去$_{趋}$

涌现　出$_{结}$　出来$_{结}$

踊跃　起来$_{状}$　到$_{趋}$

用　来$_{结(三)}$　去$_{结(二)}$　上$_{结(二),状}$
上去$_{结}$　下来$_{结(三)}$　下去$_{状(二)}$
进$_{趋}$　进去$_{趋}$　出来$_{趋,结}$　出去$_{结}$
过$_{结(四)}$　过来$_{结(三)}$　起$_{结(三)}$
起来$_{状}$　开$_{状,结(三)}$　到$_{趋,结}$

优待　上$_{状}$　下去$_{状(二)}$　过$_{结(四)}$
起$_{状}$　起来$_{状}$　开$_{状}$　到$_{趋}$

优惠　上$_{状}$　下去$_{状(二)}$　过$_{结(四)}$
起来$_{状}$　开$_{状}$　到$_{趋}$

幽会　上$_{状}$　下去$_{状(二)}$　出$_{结}$
出来$_{结}$　过$_{结(四)}$　起来$_{状}$　开$_{状}$
到$_{趋}$

幽禁　下去$_{状(二)}$　出$_{结}$　出来$_{结}$
起来$_{状}$　到$_{趋}$　到……来$_{趋}$
到……去$_{趋}$

幽默　上$_{状}$　下去$_{状(二)}$　出$_{结}$
出来$_{结}$　起来$_{状}$　开$_{状}$　到$_{趋}$

悠　来$_{趋}$　去$_{趋}$　上$_{趋(一),状}$
上来$_{趋(一)}$　上去$_{趋(一)}$　下$_{趋}$

下来$_{趋(一)}$　下去$_{趋(一),状(二)}$
进来$_{趋}$　进去$_{趋}$　出来$_{趋}$　出去$_{趋}$
过$_{趋(一)}$　过来$_{趋(一)}$　过去$_{趋(一)}$
起$_{趋}$　起来$_{状}$　开$_{状}$　到$_{趋}$
到……来$_{趋}$　到……去$_{趋}$

悠荡　起来$_{状}$

游(～泳)　来$_{趋}$　去$_{趋}$　上$_{结(二),状}$
上来$_{趋(一)}$　上去$_{趋(一)}$
下来$_{趋(一),结(三)}$　下去$_{趋(一),状(二)}$
进$_{趋}$　进来$_{趋}$　进去$_{趋}$　出$_{趋,结}$
出来$_{趋,结}$　出去$_{趋}$　回$_{趋}$　回来$_{趋}$
回去$_{趋}$　过$_{趋(一),结(三)(四)}$
过来$_{趋(一)}$　过去$_{趋(一)}$　起$_{结(三)}$
起来$_{状}$　开$_{状,结(三),状}$　到$_{趋}$
到……来$_{趋}$　到……去$_{趋}$

游荡　上$_{状}$　下来$_{结(三)}$　下去$_{状(二)}$
出$_{结}$　出来$_{结}$　起来$_{状}$　开$_{状}$
到$_{趋}$　到……来$_{趋}$　到……去$_{趋}$

游逛　上$_{状}$　下来$_{结(三)}$　下去$_{状(二)}$
起来$_{状}$　开$_{状}$

游览　上$_{结(二),状}$　下来$_{结(三)}$
下去$_{状(二)}$　出$_{结}$　出来$_{结}$　过$_{结(四)}$
过来$_{趋(一),结(三)}$　过去$_{趋(一),结(四)}$
起$_{结(三)}$　起来$_{状}$　开$_{状}$　到$_{趋}$
到……来$_{趋}$　到……去$_{趋}$

游离　下去$_{状(二)}$　出$_{趋}$　出来$_{趋}$
出去$_{趋}$　到$_{趋}$　到……去$_{趋}$

游历　上$_{状}$　下去$_{状(二)}$　起来$_{状}$
开$_{状}$　到……去$_{趋}$

游说　上$_{状}$　下来$_{结(三)}$　下去$_{状(二)}$

出结 出来结 过结(四) 过来结(三)
起来状 开状 到趋

游玩 下去状(二) 起来状 到趋

游行 上状 下来结(三) 下去状(二)
过结(四) 过来趋(一) 过去趋(一)
起来状 开状 到趋 到……来趋
到……去趋

游弋 起来状 到趋

油印 上状 下来结(三) 下去状(二)
出结 出来结 过结(四) 过来结(三)
起来状 开状 到趋

邮 来趋 去趋 上状 下来结(三)
下去状(二) 出,结 出来趋,结
出去趋 回趋 回来趋 回去趋
过结(四) 过来趋(一),结(三)
过去趋(一) 起结(三)
开状 到趋 到……来趋
到……去趋

邮递 出趋 出去趋 过结(四)
过来结(三) 起来状 到趋

邮购 上状 下来结(三) 下去状(二)
进趋 进来趋 回趋 回来趋
回去趋 过结(四) 过来结(三)
起结(三) 起来状 开状
到趋,结

邮寄 来趋 去趋 上状 下来结(三)
下去状(二) 出趋 回来趋
回去趋 过来趋(一),结(三)
过去趋(一) 起来状 开状 到趋
到……来趋 到……去趋

有 起来状

诱 来趋 去趋 上趋(一) 上来趋(一)
上去趋(一) 下趋(一) 下来趋(一)
下去趋(一),状(二) 进趋 进来趋
进去趋 出来结 出去趋 回来趋
回去趋 到……来趋 到……去趋

诱导 上状 下去状(二) 出结
出来结 过结(四) 起来状 开状
到趋

诱发 出结 出来结 起来状

诱拐 来趋 去趋 上趋(一),状
上来趋(一) 上去趋(一) 下趋(一)
下来趋(一) 下去趋(一),状(二)
进趋 进来趋 进去趋 出趋,结
出来结 出去趋 回来趋
回去趋 起来状 开状 到趋
到……来趋 到……去趋

诱惑 来趋 去趋 上状 下去状(二)
出结 出来结 过结(四) 过来趋(一)
过去趋(一) 起来状 开状 到趋
到……来趋 到……去趋

诱骗 来趋 去趋 上趋(一),状
上来趋(一) 上去趋(一) 下趋(一)
下来趋(一) 下去趋(一),状(二)
进趋 进来趋 进去趋 出趋,结
出来结 出去趋 回趋 回来趋
回去趋 过趋(一) 过来趋(一)
到……来趋 到……去趋

诱杀 起来状

诱降　上状　下去状(二)

淤　上结(一),状　上来趋(一),结(一)
　　上去结　下结(一)　下来趋(一),结(三)
　　下去状(二)　出结　出来结　起结(一)
　　起来结(一),状　到趋　到……来趋
　　到……去趋

淤积　上结(一),状　上来结(一)
　　上去结(一)　下结(一)　下来结(一)
　　下去状(二)　出结　出来结
　　过来趋(一)　过去趋(一)　起结(一)
　　起来结(一),状　到趋　到……来趋

到……去趋

淤塞　下去状(二)　起来状　到趋
迂回　下去状(二)　进去趋　出去趋
　　过来趋(一)　过去趋(一)　到趋
　　到……来趋　到……去趋

娱乐　上状　下去状(二)　出结
　　出来结　过结(四)　起结(三)
　　起来状　开状　到趋

愚弄　上状　下去状(二)　出结
　　出来结　过结(四)　起来状
　　开状　到趋

Z

咂　上状　起来状　开状
扎　上结(一),状　上来趋(一),结(一)
　　上去趋(一),结　进趋　进去趋
　　出结　出来结　过结(四)　过来结(三)
　　起来结(一),状　开状　到趋
　　到……来趋　到……去趋

咂摸　上状　出结　出来结
　　起来状　开状

砸　来趋　去趋　上结(一),状
　　上来趋(二)　上去趋(二)　下结(一)
　　下来趋(一),结(三)　下去趋(一),状(二)
　　进趋　进来趋　进去趋　出结
　　出来结　出去趋　过结(四)
　　过来趋(一),结(三)　过去趋(一),状(二)
　　起结(二)(三),状　起来结(一),状(二)
　　开结(一),状　到趋　到……来趋

到……去趋

杂　起来状　到趋
杂凑　起来结(一)　到趋
杂交　上状　下来结(三)　下去状(二)
　　出结　出来结　过结(四)　起来状
　　开状　到趋

杂揉　起来结(一),状　到结
栽(～花)　上结(一),状　上来结(一)
　　上去结　下结(一)(三)　下来结(三)
　　下去趋(一),状(二)　进趋　进来趋
　　进去趋　出结,结　出来趋,结
　　出去趋　回趋　回去趋
　　过来趋(一),结(四)　过来趋(一),结(三)
　　过去趋(一)　起来结(一),状　开状(三)
　　到趋　到……来趋　到……去趋

栽(～赃)　上状　起来状　开状

到趋　到……来趋　到……去趋

栽培　上状　下结(一)　下来结(三)
　　　下去状(二)　出结　出来结　过结(四)
　　　过来结(三)　起来状　开状　到趋

栽植　起来状

栽种　起来状

宰　　上状　下来结(三)　下去状(二)
　　　出结　出来结　起来状　开状
　　　到趋

宰割　下去状(二)　起来状

宰杀　上状　下去状(二)　起来状
　　　开状

载　　来趋　去趋　上趋(一),结(一),状
　　　上来趋(一)　上去趋(一)　下结(一)(三)
　　　下来趋(一),结(三)　下去趋(一),状(二)
　　　进趋　进来　进去趋　出趋,结
　　　出来趋,结　出去趋　回趋　回来趋
　　　回去趋　过结(四)　过来趋(一),结(三)
　　　过去趋(一)　起来状　开状　到趋
　　　到……来趋　到……去趋

攒　　上结(一)(二),状　下结(一)
　　　下来结(三)　下去结(二)　出结
　　　出来结　过结(四)　起来结(一)
　　　起来结(一),状　开状　到趋

赞成　起来状

赞美　上状　出结　出来结　过结(四)
　　　过来结(三)　起来状　开状　到趋

赞佩　起来状

赞赏　起来状　到趋

赞颂　起来状

赞叹　起来状

赞同　起来状

赞许　起来状

赞扬　起来状

赞誉　起来状

赞助　上状　下来结(三)　下去结(二)
　　　出结　出来结　过结(四)　过来结(三)
　　　起来状　开状　到趋

葬埋　起来结(一)

葬送　下去状(二)　出去趋　到趋
　　　到……去趋

糟害　上状　下去状(二)　起来状
　　　开状　到趋

糟践　上状　下来结(三)　下去状(二)
　　　起来状　开状　到趋

糟蹋(〜东西)　上状　下来结(三)
　　　下去状(二)　出去趋　起来状
　　　开状　到趋

糟蹋(蹂躏)　上状　下去状(二)
　　　出结　出来结　起来状　开状
　　　到趋

遭　　到趋

遭受　到趋

遭遇　到趋

凿　　去结(二)　上(一),状　上来趋(一)
　　　上去结　下(一)　下来趋(一),结(三)
　　　下去趋(一),状(二)　进趋　进来趋
　　　进去趋　出结　出来结　出去趋
　　　过结(四)　过来趋(一),结(三)
　　　过去趋(一)　起结(三)　起来状

开结(一),状　到趋　到……来趋
　到……去趋
躁动　起来状
造（制作）　来趋　上结(二),状
　上来结(二)　下结(一)　下来结(三)
　下去状(二)　进趋　进去趋　出结
　出来结　过结(四)　过来结(三)
　起结(三)　起来结(一),状　开状
　到趋　到……来趋　到……去趋
造（～谣）　上状　上来结(二)
　下结(一)　下来结(一)　出结　出来结
　出去趋　起来趋　开状　到趋
　到……来趋　到……去趋
造访　起来状
造就　出结　出来结
造作　起来状　到趋
责备　上状　下来趋(一)　下去状(二)
　起来状　开状　到……来趋
　到……去趋
责罚　起来状
责怪　上状　下来趋(一)　下去状(二)
　起来状　开状
责骂　起来状　开状
责难　起来状
责问　起来状
择　出结
憎恨　下去状(二)　起来状　到趋
憎恶　起来状
增补　上状　上去结　下来结(二)
　下去状(二)　出结　出来结　过结(四)

过来结(三)　起来状　开状　到趋
　到……来趋　到……去趋
增产　上状　下去状(二)　开状　到趋
增订　出来结　过结(四)　起来状
　到趋
增加　上状　下来结(三)　下去状(二)
　出结　出来结　过结(四)　过来结
　起结(三)　起来状　到趋
　到……来趋　到……去趋
增强　起来状　到趋
增添　下来结(三)　下去状(二)　出结
　出来结　起结(三)　起来状　到趋
　到……来趋　到……去趋
增援　来趋　去趋　上状　上来结(二)
　上去趋(二)　下去状(二)　出结
　出去趋　过结(四)　过来结(三)
　起来状　开状　到……来趋
　到……去趋
增长　上状　下来结(三)　下去状(二)
　出结　出来结　过结(四)　起来状
　开状　到趋
增殖　下去状(二)　出结　出来结
　起来状
赠　来趋　上状　下来结(三)
　下去状(二)　出趋,结　出来结
　出去趋　过结(四)　过来结(三)
　起结(三)　起来状　开状　到趋
赠送　来趋　上状　下来结(三)
　下去状(二)　出趋,结　出来结
　出去趋　过结(四)　过来结(三)

起结(三)　起来状　开状　到趋
到……来趋　到……去趋

赠阅　上状　下去状(二)　出趋
出去趋　过来结(三)　起结(三)
起来状　开状　到趋

扎(刺)　来趋　去趋　上结(一),状
上来结(一)　上去结　下结(一)
下来结(一),结(一)(三)　下去结(一),状(二)
进趋　进去趋　出结　出来结
过结(四)　过来趋(一),结(三)
过去趋(一)　起结(一),(三)
起来结(一),状　开结(一),状
到趋　到……来趋　到……去趋

扎煞　起来趋　开结(二)　到趋
到……去趋

扎呼　上状　下来结(三)　下去状(二)
出去趋　起来状　开状　到趋

铡　来趋　去结(二)　上状　下结(一)
下来结(一)(三)　下去结(一),状(二)
出结　出来趋,结　过结(四)
过来结(三)　起来状　开状　到趋
到……来趋　到……去趋

炸(~鸡)　上状　下结(三)
下来结(一),结(三)　下去结,状(二)　进趋
进去趋　出结　出来趋,结　出去趋
过结(四)　过来结　起结(三)
起来趋,状　开结(一),(三),状　到趋
到……去趋

炸(轰~)　去结(二)　上状　上来结(二)
下结(一)　下来趋(一),结(三)

下去结(一),(二)　出结　出来结
起趋　起来状,开结(一),状
到趋　到……来趋　到……去趋

炸(爆~)　出来结　开结(一)
诈　来趋　去趋　上状　下来结(三)
下去状(二)　出结　出来结　过结(四)
过来结(三)　起结(三)　起来状　开状
到趋,结　到……来趋

诈呼　上状　下去状(二)　出去趋
起来状　开状

诈骗　来趋　去趋　上状　下来结(三)
下去状(二)　出结　出来结　过结(四)
起来状　开状　到趋,结
到……来趋

榨　来趋　去结(二)　上状　下来结(三)
下去状(二)　出结　出去趋,结
出结　过结(四)　过来结(三)
起来状　开结(三)　到结

榨取　出结　出来结　到结
摘(~花)　来趋　去趋　上结(二),状
上来结(一)　上去趋(一)　下结(一)
下来结(一),(三)　下去结(一),状(二)
进趋　进去趋　出结　出来结
回趋　回来趋　回去趋　过结(四)
过来结(一),结(三)　过去趋(一)
起来状　开状　到趋,结
到……来趋　到……去趋

摘(选取)　来趋　进趋　上状
下结(一)　下来结(一)　出结
出来结　过结(三)　起来状

开$_状$ 到$_{趋,结}$
摘（借） 来$_趋$ 出来$_趋$ 出去$_趋$
回来$_趋$ 到$_结$
摘编 下来$_{结(三)}$ 出$_结$ 出来$_结$
起来$_{结(一)}$ 到$_趋$
摘记 下来$_{结(一)}$ 下去$_{状(二)}$
出$_结$ 出来$_结$
摘录 来$_趋$ 上$_状$ 下来$_{结(一)}$
下去$_{状(二)}$ 出$_结$ 出来$_结$ 过$_{结(四)}$
过来$_{结(三)}$ 起来$_状$ 开$_状$ 到$_{趋,结}$
摘引 起来$_状$
侧棱（zhāileng） 上$_状$ 过来$_{趋(二)}$
过去$_{趋(二)}$ 到$_趋$ 到……来$_趋$
到……去$_趋$
侧歪（zhāiwai） 下去$_{状(二)}$
过来$_{趋(二)}$ 过去$_{趋(二)}$ 起来$_状$
到$_趋$ 到……来$_趋$ 到……去$_趋$
择 下去$_{结(一)}$ 出$_趋$ 出来$_趋$
出去$_趋$ 过$_{结(四)}$ 过来$_{结(三)}$
起来$_状$ 到$_趋$ 到……来$_趋$
到……去$_趋$
占卜 起来$_状$
沾 上$_{结(一)}$ 到$_趋$ 到……来$_趋$
到……去$_趋$
沾染 上$_{结(一)}$
粘连 上$_状$ 下去$_{状(二)}$ 起来$_{结(一)}$
到$_趋$ 到……去$_趋$
粘贴 上$_{结(一),状}$ 上来$_{结(一)}$
上去$_结$ 下$_{结(一)(三)}$ 下来$_{结(三)}$
下去$_{状(二)}$ 出$_{趋,结}$ 出来$_{趋,结}$

出去$_趋$ 过$_{结(四)}$ 过来$_{结(三)}$
起来$_{结(一),状}$ 开$_{结(三),状}$ 到$_趋$
到……来$_趋$ 到……去$_趋$
瞻念 起来$_状$
瞻望 过去$_{趋(一)}$ 起来$_状$
瞻仰 上$_状$ 下来$_{结(三)}$ 下去$_{状(二)}$
过$_{结(四)}$ 过来$_{结(三)}$ 起来$_状$
到$_结$
斩 去$_{结(二)}$ 下$_{结(一)}$ 下来$_{结(一)}$
下去$_{结(一),状(二)}$ 起来$_状$
斩除 下去$_{结(一)}$
展（一开） 开$_{结(一)}$
展（一览） 出$_趋$ 出来$_趋$ 出去$_趋$
到$_趋$
展出 来$_趋$ 去$_趋$
展览 上$_状$ 下来$_{结(三)}$ 下去$_{状(二)}$
出来$_趋$ 出去$_趋$ 过$_{结(四)}$
过来$_{结(三)}$ 起来$_状$ 开$_状$ 到$_趋$
展示 出$_趋$ 出来$_趋$ 出去$_趋$
起来$_状$
展望 上$_状$ 下来$_{结(三)}$ 下去$_{状(二)}$
过$_{结(四)}$ 起来$_状$ 开$_状$ 到$_{趋,结}$
展现 出$_结$ 出来$_结$
战栗 上$_状$ 起来$_状$
蘸 来$_趋$ 去$_趋$ 上$_{结(一),状}$
上来$_{结(一)}$ 上去$_{结(一)}$ 下去$_{状(二)}$
进$_趋$ 进去$_趋$ 回$_趋$ 回去$_趋$
过$_{结(四)}$ 过来$_{趋(一)}$ 过去$_{趋(一)}$
起来$_{趋,状}$ 开$_状$ 到$_{趋,结}$
到……去$_趋$

占（一据） 来趋 去趋 上结(一),状
　　上去结 下结(一) 下来结(三)
　　下去状(二) 过来趋(一),结(三)
　　过去趋(一) 起来趋(一),状 开状
　　到趋
占（～时间） 去结(二)
占据 去趋 上结(一),状 上去结
　　下结(一) 下来结(三) 下去状(二)
　　开状 到趋,结 到……去趋
占领 上结(一) 下来结(三)
　　下去状(二) 过来趋(一),结(三)
　　过去趋(一) 起来趋(一),状 开状
　　到趋
占有 过去趋(一) 起来结(一) 到趋
站 上状 上来趋(一)(二)
　　上去趋(一)(二) 下结(二)(三)
　　下来趋(一),结(三) 下去趋(一),状(二)
　　进趋 进来趋 进去趋 出结
　　出来趋,结 出去趋 回结 回去趋
　　过结(四) 过来趋(一),结(三)
　　过去趋(一) 起趋 起来趋,状
　　开趋,结(三) 到趋 到……来趋
　　到……去趋
战抖 起来状
战斗 上状 下来结(三) 下去状(二)
　　出结 出来结 过结(四) 起来状
　　开状 到趋
战栗 起来状
绽 出结 出来结 开结(一)
张 上状 下去趋(二) 起来状

开结(一) 到趋 到……去趋
张挂 上结(一),状 上去结 下结(一)
　　下来结(三) 下去状(二) 出趋,结
　　出来趋,结 出去趋 过结(四)
　　过来结(三) 起来结(一),状 开状
　　到趋 到……来趋 到……去趋
张罗 来趋 上结(一),状 下来结(三)
　　下去状(二) 出来结 过结(四)
　　过来结(三) 起结(三) 起来状
　　开状 到趋
张望 上结 下来结(三) 下去结(二)
　　进去趋 出去趋 过去趋(一)
　　起来状 开状 到趋,结
张扬 上状 下来结(二) 出来趋
　　出去趋 起来状 开结(二) 到趋
　　到……去趋
掌 上结(一)(二),状 下来结(三)
　　下去状(二) 出结 出来结 起结(三)
　　起来状 开状 到趋
掌管 来结(二) 上结(二),状 下来结(三)
　　下去状(二) 出结 出来结 过结(四)
　　过来结(三) 起结(三) 起来结(一),状
　　开状 到趋
掌握 上结(二),状 下来结(三)
　　下去状(二) 过结(三) 起来结(一),状
　　开状 到趋
长（生一） 上结(一),状 上去结
　　下来结(三) 下去状(二) 进趋
　　进来趋 进去趋 出结 出来趋,结
　　出去趋 过结(四) 起结(二)

起来_(结(一)),_状 开_结(二),_ 到_趋
到……来_趋 到……去_趋

涨(～价) 上_状 上去_趋(一)
下来_结(三) 下去_状(二) 过_结(四)
起来_状 开_状 到_趋

丈量 上_状 下来_结(三) 下去_状(二)
出_结 出来_结 起来_状 开_状
到_趋

涨(头～) 上_状 起来_趋 开_状
到_趋

胀 上_状 下去_状(二) 出_结 出来_结
过_结(四) 去_结(二) 起来_结(二),_状
开_状 到_趋

招(～手) 上_状 起来_状 开_状

招(一收) 来_趋 去_趋 上_状
上来_趋(一) 下来_结(三) 下去_状(二)
进_趋 进来_趋 回_趋 回来_趋
过_结(四) 过来_结(三) 起来_状
开_状 到_趋,_ 到……来_趋
到……去_趋

招(引来,～苍蝇) 来_趋 上_结(一)
进_趋 进去_趋 出_结 出来_结
回_趋 回来_趋 起来_状 开_状

招(引起,～喜欢) 上_状 下来_结(三)
起来_状 开_状 到……来_趋
到……去_趋

招(承认) 上_状 出_结 出来_结
起来_状 开_状

招待 上_状 下来_结(三) 下去_状(二)
过_结(四) 过来_结(三) 起_结(三)

起来_状 开_结(三)_状 到_趋

招呼(呼唤) 来_趋 去_趋 上_状
上来_趋(一) 上去_趋(一) 下来_趋(一)
下去_趋(一) 进来_趋 进去_趋
出来_趋 出去_趋 回来_趋 回去_趋
过来_趋(一),结(三) 过去_趋(一)
起来_状 开_状 到_趋 到……来_趋
到……去_趋

招呼(照料) 上_状 过来_结(三)
起来_状 开_状 到_趋

招徕 上_状 起来_状 开_状 到_趋
到……来_趋 到……去_趋

招揽 上_状 过来_趋(一) 过去_趋(一)
起来_状 开_状 起_结 到……来_趋
到……去_趋

招募 上_状 下去_状(二) 进来_趋
回来_趋 过_结(四) 起来_状 开_状
到_结 到……来_趋 到……去_趋

招聘 上_状 下来_结(三) 下去_状(二)
进来_趋 回来_趋 过_结(四)
过来_结(三) 起来_状 开_状 到_趋,_结
到……来_趋 到……去_趋

招惹 上_状 下去_状(二) 出_结
出来_结 起来_状 开_状

招收 来_趋 去_趋 上_状 下来_结(三)
下去_状(二) 进_趋 进来_趋 进去_趋
回_趋 回来_趋 过_结(四) 过来_结(三)
起来_状 开_状 到_结 到……来_趋
到……去_趋

招摇 上_状 下去_状(二) 起来_状

开状

招引　来趋　去趋　上状　出来趋
　　　过来趋(一)　过去趋(一)　到……来趋
　　　到……去趋
招展　上状　起来状
昭示　出来结
昭雪　下去状(一)
着(～凉、～地)　上结(一)
着(～火)　上状　上来趋(一)　过结(二)
　　　起来状　开状　到趋
着急　上状　过结(四)　过来结(三)
　　　起来状　开状　到趋
找(寻找)　来趋　去趋
　　　上趋(一),结(一)(二),状　上来趋(一)(二)
　　　上去趋(一)(二)　下趋(一),结(一)
　　　下来趋(一),结(三)　下去趋(一),结(二)
　　　进趋　进来趋　进去趋　出趋
　　　出来趋　出去趋　回趋　回来趋
　　　回去趋　过结(四)　过来趋(一),结(三)
　　　过去趋(一)　起结(三)　起来状
　　　开状　到趋,结　到……来趋
　　　到……去趋
找(～钱)　来趋　去趋　上状
　　　下去状(二)　出趋　出去趋　回趋
　　　回来趋　回去趋　过结(四)
　　　过来结(二)　起来状　开(一),状
找补　上结(二),状
找寻　下去状(二)　出结　出来结
　　　下来结(三)　起来状
召　来趋　去趋　进趋　进去趋

回趋　回来趋　回去趋　到趋
到……去趋
召唤　来趋　去趋　回来趋　回去趋
到……来趋　到……去趋
召集　来趋　上来趋(一)　过结(四)
过来趋(一),结(三)　过去趋(一)
起来结(一),状　开状　到趋
到……来趋　到……去趋
召见　上状　进趋　进去趋　出结
出来结　过结(四)　过来结(三)
起来状　开状　到趋　到……来趋
到……去趋
召开　上状　过结(四)　起来状
照(一射)　来趋　去趋
上趋(一),结(一),状　上来趋(一),结(一)
上去趋(一)(二)　下来趋(一),结(一)
下去趋(一),状(二)　进趋　进来趋
进去趋　出趋,结　出来趋,结
出去趋　过结(四)　过来趋(一)
到趋,结　到……去趋
照(～镜子)　上状　下去状(二)
过结(四)　过来趋(一),结(三)
过去结(四)　起来状　开状　到趋
照(拍摄)　上状　上去结　下结(一)(三)
下来结(一)(三)　下去状(二)　进趋
进来趋　进去趋　出来结　过结(四)
过来趋(一),结(三)　过去趋(一)
起结(三)　起来状　开状　到趋,结
照顾(注意)　过来结(三)　到结

照顾(优待)　上状　下来结(三)
　　下去状(二)　出结　出来结　过结(四)
　　过来结(三)　起结(三)　起来状
　　开状　到趋,结

照管　上状　下来结(三)　下去状(二)
　　出结　出来结　过结(四)　过来结(三)
　　起来结(一),状　开状　到趋

照护　上状　下去状(二)　出结
　　出来结　过结(四)　过来结(三)
　　起来状　开状　到趋,结

照看　上状　下来结(三)　下去状(二)
　　出结　出来结　过结(四)　过来结(三)
　　起来状　开状　到趋,结

照料　上状　下来结(三)　下去状(二)
　　出结　出来结　过结(四)　过来结(三)
　　起来结(一),状　开状　到趋,结

照射　上状　上来趋(一)　上去趋(一)
　　下趋(一)　下来趋(一),结(三)
　　下去趋(一),状(二)　进来趋　进去趋
　　出结　出来趋,结　出去趋
　　过来趋(一)　过去趋(一)　起来状
　　开状　到趋　到……来趋
　　到……去趋

照耀　到趋　到……来趋
　　到……去趋

照应(照顾)　过来结(三)　起来状
　　到趋,结

照应(呼应)　上结(二)　起来结(一)

遮　来趋　去趋　上结(一),状
　　上来结(一)　上去结(一)　下去状(二)

进去趋　出去趋　回去趋　过结(四)
　　过来趋(一),结(三)　过去趋(一)
　　起结(一)　起来结(一),状　开
　　到趋　到……来趋　到……去趋

遮蔽　起来状　到趋

遮挡　上结(一),状　上来结(一)
　　上去结(二)　下去状(二)　过结(四)
　　过来结(三)　起来结(一),状　开状
　　到趋

遮盖　上来结(一)　上去结
　　下去状(二)　过结(四)　过来结(三)
　　起来结(一),状

遮盖(隐瞒)　上状　下去状(二)
　　过去结(一)　起来状　开状　到趋

遮拦　起来结(一),状

遮掩　上状　下去状(二)　过去结(一)
　　起来状　开状　到趋

折(～跟头)　来结(三)　上状
　　上来趋(一),结(二)　上去趋(一)
　　下趋(一)　下来趋(一),结(三)
　　下去趋(一),状(二)　进趋　进来趋
　　进去趋　出趋,结　出来趋,结
　　出去趋　回来趋　回去趋
　　过结(二)(四)　过来趋(一)　过去趋(一)
　　起来状　开结(三),状　到趋
　　到……来趋　到……去趋

折腾(反复做)　上状　下来结(三)
　　下去状(二)　进趋　进去趋　出结
　　出来结　出去趋　过结(四)
　　过去结(四)　起结(三)　起来状

开结(三),状　到趋　到……来趋
到……去趋

折腾(折磨)　上状　下来结(三)
下去状(二)　出结　出来结
起来状　开状

折(一断)　上状　下结(一)　下来结(一)
下去结(一),状(二)　进趋　进去趋
出结　出来结　过结(四)
过来趋(一),结(三)　过去趋(一)
起来状　开(一),状　到趋,状
到……来趋　到……去趋

折(回转)　回来趋　回去趋

折(叠)　上结(一)　上来结
上去结　过结(四)　过来趋(一),结(三)
过去趋(一)　起结(一)　起来结(一)
开状　到趋　到趋
到……去趋

折叠　上结(一)　上来结(一)　上去结
下去状(二)　进来趋　进去趋
出来结　回来趋　过结(四)
过来趋(一)　过去趋(一)　开结(四)
开状　到趋　到……来趋
到……去趋

折服　起来状　到趋

折合　下来结(三)　出结　出来结
起来状

折磨　上状　下来结(三)　下去状(二)
出结　出来结　过结(四)　起来状
开状　到趋

折射　来趋　上结(一)　上来趋(一),结(一)

上去趋(一),结(一)　下来趋(一)　进趋
进来趋　进去趋　出趋　出来趋
出去趋　回趋　回来趋　回去趋
过来趋(一)　过去趋(一)　起来状
开状　到趋　到……来趋
到……去趋

折算　上状　下来结(三)　出结
出来结　过结(四)　过来结(二)
过去结(二)　起来状　开状

蛰服　起来结(一)　到趋

蛰居　起来结(一)　到趋

斟　来趋　去趋　上结(一),状
上来结(一)　上去结　下结(一)
下来结(一)(三)　下去状(二)　进趋
进去趋　出趋　出来结　过结(四)
过来趋(一),结(三)　过去结(一)
起来状　开状　到趋　到……来趋
到……去趋

斟酌　上状　下来结(三)　下去状(二)
出结　出来结　过结(四)　过来结(三)
起来状　开状　到趋

甄别　上状　下来结(三)　下去状(二)
出结　出来结　过结(四)　过来结(三)
起来状　开状　到趋

侦察　来趋　去趋　上状　上来趋(一)
上去趋(一)　下来结(三)　下去状(二)
出结　出来结　过结(四)
过来趋(一),结(三)　过去趋(一)
起来状　开状　到趋,结
到……来趋　到……去趋

侦缉 到_结
侦探 来_趋 去_趋 上_状 下去_状(二)
 出_结 出来_结 过_结(四) 起来_状
 开_状 到_趋,状
针砭 起来_状
针灸 上_状 下来_结(三) 下去_状(二)
 出_结 出来_结 过_结(四) 过来_结(三)
 起来_状 开_状 到_趋
珍爱 起来_状 到_趋
珍藏 起_结(一) 起来_结(一) 到_趋
 到……来_趋 到……去_趋
珍视 起来_状 到_趋
珍惜 起来_状 到_趋
枕 上_结(一) 上来_结(一) 上去_结
 下来_结(一) 下去_趋(一),状(二) 进_趋
 进去_趋 出_结 出来_结 过_结(四)
 过来_趋(一),结(三) 过去_趋(一)
 起来_状 开_结(三),状 到_趋
 到……来_趋 到……去_趋
诊查 出_结 出来_结 起来_状
诊断 上_状 出_结 出来_结 起来_状
 开_状 到_趋
诊治 起来_状
震 来_趋 去_趋,结(一) 上_趋(一),结(一),状
 上来_趋(一) 上去_趋(一) 下_趋(一),结(一)
 下来_趋(一),结(三)
 下去_趋(一),结(一),状(二) 进_趋,结
 进来_趋 进去_趋,结 出_趋,结
 出来_趋,结 出去_趋 回_趋 回来_趋
 回去_趋 过_结(四) 过来_趋(一)

过去_趋(一) 起_趋 起来_趋,状
开_结(一),状 到_趋 到……来_趋
到……去_趋
震荡 下去_状(二) 起来_状
震动 下去_状(二) 出_结 出来_结
 起来_状 到_趋
震撼 起来_状
震惊 起来_状 到_趋
震慑 下去_状(一)
振荡 上_状 下去_状(二) 出_结
 出来_结 起来_状
振动 上_状 下来_结(三) 下去_状(二)
 出_结 出来_结 过_结(四) 过来_趋(一)
 过去_趋(一) 起来_状 开_状 到_趋
振奋 下去_状(二) 起来_状 到_趋
振兴 下去_状(二) 起来_结(一) 到_趋
振作 下去_状(二) 起_结(一) 起来_结(一)
赈济 上_状 下来_结(三) 下去_状(二)
 出_趋 出去_趋 过_结(四) 过来_结(三)
 起来_状 开_状 到_趋 到……去_趋
镇守 上_结(一) 下来_结(三) 下去_状(二)
 过_结(四) 起来_结(一) 到_趋
镇压 上_状 下来_结(三) 下去_状(二)
 出_结 出来_结 过_结(四) 过来_结(三)
 起来_状 开_状 到_趋
征(～兵) 来_趋 去_趋 上_状
 上来_趋(一) 下_趋(一) 下来_结(三)
 下去_状(二) 进来_趋 出_结
 出来_结 过_结(四) 过来_结(三)
 起来_状 开_状 到_趋,结

到……来趋　到……去趋

征（～文）　上状　下来结(三)
　　下去状(二)　过结(四)　起来状
　　开状　到趋,结

征调　上状　下来结(三)　下去状(二)
　　出趋　出去趋　过结(四)　起来状
　　到趋　到……来趋　到……去趋

征伐　上状　下来结(三)　下去状(二)
　　出结　出来结　过结(四)
　　过来趋(一)　过去趋(一)　起来状
　　开状　到趋　到……来趋
　　到……去趋

征服　下去状(一)　起来状

征购　来趋　去趋　上状
　　上来趋(一)　上去趋(一)　下结(一)
　　下来结(一)(三)　下去状(二)　进趋
　　进来趋　进去趋　出趋,结
　　出来趋,结　出去趋　过结(四)
　　过来结(三)　起来状　开状　到趋,结
　　到……来趋　到……去趋

征集　上状　上来趋(一)　上去趋(一)
　　下来结(三)　下去状(二)　出结
　　出来结　过结(四)　起来状　开状
　　到趋,结

征募　上状　下来结(三)　下去状(二)
　　过结(四)　起来状　开状　到趋,结

征聘　上状　下来结(三)　下去状(二)
　　过结(四)　起来状　开状　到趋,结

征求　上状　下来结(三)　下去状(二)
　　出来趋　回来趋　过结(四)

过来结(三)　起来状　开状　到趋,结
到……来趋　到……去趋

征收　上状　下来结(三)　下去状(二)
　　出结　出来结　回来趋　过结(四)
　　起来状　开状　到趋,结
　　到……来趋　到……去趋

征讨　上状　下来结(三)　下去状(二)
　　出结　出来结　过结(四)　起来状
　　开状　到趋　到……去趋

征询　上状　下来结(三)　下去状(二)
　　出结　出来结　过结(四)　起来状
　　开状

征用　上状　下去状(二)　出结
　　出来结　过结(四)　过来趋(一)
　　过去趋(一)　起来状　到趋

征召　起来状　到结

争（一夺）　来趋　去趋　上结(二),状
　　下来结(三)　下去状(二)　出结
　　出来结　回趋　回来趋　过结(三)(四)
　　过来趋(一),结(三)　过去趋(一)
　　起结(三)　起来状　开状　到趋,结

争（一执）　上状　下来结(三)
　　下去状(二)　出结　出来结
　　过结(三)　起来状　开状　到趋

争辩　上状　下来结(三)　下去状(二)
　　出结　出来结　过结(三)(四)
　　起来状　开状　到趋

争吵　上状　下来结(三)　下去状(二)
　　出结　出来结　过结(四)　起来状
　　开状　到趋

争持 下_结(一)

争斗 上_状 下来_结(三) 下去_状(二)
出_结 出来_结 起来_状 开_状
到_趋

争夺 来_趋 去_趋 上_状 下来_结(三)
下去_状(二) 出_结 出来_结
过_结(三) 过来_结(一) 过去_趋(一)
起来_状 开_状 到_趋,结
到……来_趋 到……去_趋

争竞 过_结(三) 起来_状

争论 上_状 下来_结(三) 下去_状(二)
出_结 出来_结 过_结(三)(四)
起来_状 开_状 到_趋

争鸣 上_状

争取 来_趋 去_趋 上_结(二),状
下来_结(一)(三) 下去_状(二) 出_结
出来_结 过_结(四) 过来_趋(一)
过去_趋(一) 起来_状 开_状
到_趋,结

睁 开_结(一) 到_趋

蒸 来_趋 上_结(一),状 上来_结(一)(二)
上去_结 下_结(一)(三) 下来_结(三)
下去_状(二) 进_结 进去_趋 出_结
出来_结 过_结(二)(四) 过来_结(三)
起_状 起来_状 开_结(三),状 到_趋
到……去_趋

蒸发 上_状 下来_结(三) 下去_状(二)
出_趋 出来_结 出去_结(四)
起来_状 开_状 到_趋 到……来_趋
到……去_趋

蒸馏 出_结 出来_结

挣扎 上_状 下去_状(二) 过来_结(一)
起来_状 开_状 到_趋

整(~人) 上_状 下来_结(一),(三)
下去_结(一),状(二) 出_结 出来_结
出去_趋 回来_趋 回去_趋
过_结(三)(四) 过来_结(三) 过去_状
开_状 到_趋,结 到……来_趋
到……去_趋

整编 上_状 下来_结(三) 下去_状(二)
出_结 出来_结 过_结(四) 过来_结(三)
起来_状 开_状 到_趋

整顿 上_状 下来_结(三) 下去_状(二)
出_结 出来_结 过_结(四)
过_结(二)(三) 起来_状 开_状
到_趋

整理 上_状 下来_结(三) 下去_状(二)
出_结 出来_结 过_结(四) 过来_结(三)
起来_状 开_状 到_趋

整修 上_状 下来_结(三) 下去_状(二)
出_结 出来_结 过_结(四) 过来_结(三)
起_结(三) 起来_状 开_状 到_趋,结

整训 上_状 下来_结(三) 下去_状(二)
出_结 出来_结 过_结(四) 起来_状
开_状 到_趋

整治 上_状 下来_结(三) 下去_状(二)
出_结 出来_结 过_结(四)
过来_结(二)(三) 起来_状 开_状
到_趋

拯救 出_趋 出来_趋 出去_趋

起来_状　到_趋

正　过来_结(二)

正视　起来_状

证（～题）　上_状　下来_结(二)(三)
　　下去_状(二)　出_结　出来_结
　　过_结(四)　起来_状　开_状　到_趋

证明　起来_状

挣（一脱）　出_趋　出来_趋

挣（～钱）　来_趋　去_趋　上_(二),状
　　下_结(一)　下来_结(一)(三)　下去_状(二)
　　进_趋　进来_趋　进去_趋　出_结
　　出来_结　回_趋　回来_趋　回去_趋
　　过_结(三)(四)　过来_趋(一),结(二)
　　过去_趋(一)　起来_状　开_状　到_趋,结
　　到……来_趋
　　到……去_趋

支（一撑）　上_结(一)　上来_结(一)
　　上去_结　下_结(一)(三)　下去_状(二)
　　过来_结(一)　过去_趋(一)　起_结(一)
　　起来_结(一),状　开_结(二)(三),状　到_趋
　　到……来_趋　到……去_趋

支（伸出）　出_趋　出来_趋　出去_趋
　　起来_趋　到_趋　到……去_趋

支（～钱）　来_趋　去_趋　上_状
　　下来_结(三)　下去_状(二)　出_结
　　出来_结　出去_趋　回_结　回来_结
　　回去_趋　过_结(四)　过来_趋(一)
　　过去_趋(一)　起来_状　开_状　到_趋

支撑　下来_结(一)(三)　下去_状(二)
　　起_结(一)　起来_结(一)　到_趋

支持　上_状　下来_结(三)　下去_状(二)
　　出来_结　过_结(四)　过来_结(三)
　　起来_状　开_状　到_趋

支付　下来_结(三)　下去_状(二)
　　出去_趋　过_结(四)　过来_结(三)
　　起_结(三)　起来_状　到_趋

支派　来_趋　去_趋　上_状　上来_结(二)
　　下来_结(三)　下去_状(二)　出_趋,结
　　出来_趋,结　出去_趋　过来_趋(一),结(三)
　　过去_趋(一)　起来_状　开_结(三),状
　　到_趋　到……来_趋　到……去_趋

支配　上_状　下去_状(二)　出_结
　　出来_结　过来_结(三)　起_结
　　起来_状　开_结(二),状　到_趋

支取　来_趋　去_趋　上_状　下去_状(二)
　　出来_趋　出去_趋　回来_趋　回去_趋
　　过_结(四)　过来_趋(一)　过去_趋(一)
　　起来_状　开_状

支使　来_趋　去_趋　上_状　下去_状(二)
　　进来_趋　进去_趋　出来_趋　出去_趋
　　回来_趋　回去_趋　过_结(四)
　　过来_趋(一),结(三)　过去_趋(一)
　　起来_状　开_状　到_趋　到……来_趋
　　到……去_趋

支吾　上_状　下去_状(二)　起来_状
　　开_状　到_趋

支应　上_状　下来_结(三)　下去_状(二)
　　过来_结(三)　起来_状　开_状　到_趋

支援　来_趋　去_趋　上_状　下来_结(三)
　　下去_状(二)　进_趋　进去_趋

出趋,结　出来趋,结　出去趋
过结(四)　过来趋(一),(三)
过去趋(一)　起来状　开状　到趋
到……来趋　到……去趋

肢解　上状　起来状　开状
织　来趋　上结(一),状　上来结(二)
　　上去结　下结(一)　下来趋(一),结(二)(三)
　　下去趋(一),状(二)　出结　出来结
　　回来趋　回去趋　过结(四)
　　过来趋(一),(三)　过去趋(一)
　　起结(一)(三),状　起来结(一),状
　　开状　到趋　到……来趋
　　到……去趋

织补　上结(一),状　下去状(二)　出结
　　出来结　过结(四)　过来结(三)
　　起来结(一)　开状　到趋,结

直　上状　过结(四)　过来结(二)
　　起来趋,状　开状　到趋

直播　上状　起来状　开状
直属　到趋
直译　出结　出来结　起来状
植　上结(一),状　上去结　下结(一)
　　下来结(三)　下去状(二)　进趋
　　进去趋　出结　出来结　过结(四)
　　过来趋(一),结(三)　过去趋(一)
　　起结(三)　起来状　开状　到趋
　　到……来趋　到……去趋

值　上状　下来结(三)　下去状(二)
　　过结(四)　过来结(三)　起来状
　　开状　到趋

执行　上状　下来结(三)　下去状(二)
　　出结　出来结　过结(四)　过来结(三)
　　起来状　开状　到趋

执掌　上结(一)　下来结(三)
　　下去状(二)　起来结(一)　到趋

蹀躞　起来状
止息　下来状
指　来趋　去趋　上状　下去结(二)
　　过来趋(一)　过去趋(一)　起来状
　　开状　到趋,结　到……来趋
　　到……去趋

指（～缺点）　出结　出来结　开状
　　到结

指（靠）　上结(二),状　起来状　开状
指斥　起来状
指导　上状　下来结(三)　下去状(二)
　　出结　出来结　过结(四)　过来结(三)
　　起来状　开状　到趋,结

指点　上状　下来结(三)　下去状(二)
　　出来结　过结(四)　过来结(三)
　　起来状　开状　到趋,结

指定　上状　下来结(一)　下去状(二)
　　出结　出来结　过结(四)　过来结(三)
　　起来状　开状　到趋

指挥　上状　下来结(三)　下去状(二)
　　出结　出来结　过结(四)　过来结(三)
　　起来状　开状　到趋,结

指教　下去状(二)　过结(四)　起来状
指控　上状　下来结(三)　下去状(二)
　　起来状　开状

指派 来趋 去趋 上趋,结(二),状
上来趋(一) 上去趋(一) 下趋(一),结(二)
下来趋(一),结(三) 下去趋(一),状(二)
进来趋 进去趋 出来趋,结
出去趋 回来趋 回去趋 过结(四)
过来趋(一),结(三) 过去趋(一)
起来状 开状 到趋,结
到……来趋 到……去趋

指使 上状 下来结(三) 下去状(二)
出结 出来结 过结(四) 起来状
开状 到趋 到……来趋
到……去趋

指示 上状 起来状 开状 到结

指望 上结(二),状 下去状(二)
过结(四) 起来状 开状 到趋

指引 出结 出来结

指责 上状 下去状(二) 出结
出来结 过结(四) 起来状 开状
到趋 到……来趋

滞留 上状 下来结 下去状(二)
出结 出来结 起来状 到趋

治（~病） 上状 下来结(三)
下去状(二) 出结 出来结 过结(四)
过来结(三) 起来结(三) 起来状 开状
到趋,结

治（~虫子） 上状 下来结(三)
下去状(二) 出结 出来结 过结(四)
过来结(三) 起来结(三) 起来状
开状 到趋

治理 上状 下来结(三) 下去状(二)

出结 **出来**结 **过**结(四) **过来**结(三)
起结(三) **起来**状 **开**状 **到**趋,结

治疗 上状 下来结(三) 下去状(二)
起来状 开状 到趋

窒息 上状 下去状(二) 起来趋
到趋

致（~词） 上状 起来状 开状

掷 来趋 去趋 上趋(一),结(二),状
上来趋(一) 上去趋(一) 下趋(一)
下来趋(一),结(三) 下去趋(一),状(二)
进趋 进来趋 进去趋 出趋,结
出来趋 出去趋 回趋 回来趋
回去趋 过趋(一),结(四)
过来趋(一),结(三) 过去趋(一)
起趋 起来趋,状 开趋,结(三),状
到趋 到……来趋 到……去趋

置（购一） 来趋 去趋 上结(二),状
下结(一) 下来结(一)(三) 下去状(二)
进趋 进来趋 进去趋 出结
出来结 回趋 回来趋 回去趋
过结(四) 过来趋(一) 过去趋(一)
起结(三) 起来状 开状 到趋,结

置办 来趋 去趋 上状 下结(一)
下来结(一)(三) 下去状(二) 进趋
进来趋 进去趋 出结 出来结
回趋 回来趋 回去趋 过结(四)
过来趋(一),结(三) 过去趋(一)
起结(三) 起来状 开状 到趋,结

置备 下结(一) 下来结(一)

制（一造） 上状 下来结(三)

下去₍状₎₍二₎　出₍结₎　出来₍结₎
过₍结₎₍四₎　过来₍结₎₍三₎　起₍结₎₍三₎
起来₍状₎　开₍状₎　到₍趋₎

制裁　上₍状₎　下来₍结₎₍三₎　下去₍状₎₍二₎
出₍结₎　出来₍结₎　过₍结₎₍四₎　过来₍结₎₍三₎
起来₍状₎　开₍状₎　到₍趋₎

制定　上₍状₎　下来₍结₎₍三₎　下去₍状₎₍二₎
出₍结₎　出来₍结₎　过₍结₎₍四₎　过来₍结₎₍三₎
起来₍状₎　开₍状₎　到₍趋₎

制订　上₍状₎　下来₍结₎₍三₎　下去₍状₎₍二₎
进₍趋₎　进去₍趋₎　出₍结₎　出来₍结₎
过₍结₎₍四₎　过来₍结₎₍三₎　起来₍状₎
开₍状₎　到₍趋₎　到……去₍趋₎

制约　上₍状₎　下去₍状₎₍二₎　出₍结₎
出来₍结₎　过₍结₎₍四₎　起来₍状₎　开₍状₎
到₍趋₎

制造　上₍状₎　下来₍结₎₍三₎　下去₍状₎₍二₎
出₍结₎　出来₍结₎　过₍结₎₍四₎　过来₍结₎₍三₎
起₍结₎₍三₎　起来₍状₎　开₍状₎　到₍趋₎

制止　上₍状₎　下来₍结₎₍三₎,₍状₎
下去₍状₎₍一₎₍二₎　过₍结₎₍四₎　过来₍结₎₍三₎
起来₍状₎　开₍状₎　到₍趋₎

质问　上₍状₎　下来₍结₎₍三₎　下去₍状₎₍二₎
出₍结₎　出来₍结₎　过₍结₎₍四₎　过来₍结₎₍三₎
起来₍状₎　开₍状₎　到₍趋₎

中断　下去₍状₎₍二₎　起来₍状₎
中和　起来₍结₎₍一₎　到₍趋₎
中兴　起来₍状₎
钟爱　起来₍状₎　到₍趋₎
肿　上₍状₎　下去₍状₎₍二₎　出₍趋₎　出来₍趋₎

过₍结₎₍四₎　起₍趋₎　起来₍趋₎　到₍趋₎
肿胀　起来₍状₎　到₍趋₎
中　上₍结₎₍二₎　到₍趋₎
中伤　上₍状₎　下去₍状₎₍二₎　起来₍状₎
开₍状₎　到₍趋₎

种　来₍结₎₍三₎　上₍趋₎₍一₎,₍结₎₍一₎₍二₎,₍状₎
上去₍结₎　下来₍结₎₍一₎₍三₎　下来₍结₎₍三₎
下去₍状₎₍二₎　进₍趋₎　进来₍趋₎　进去₍趋₎
出₍结₎　出来₍结₎　过₍结₎₍四₎
过来₍结₎₍一₎,₍结₎₍三₎　过去₍结₎₍一₎
起₍结₎₍一₎,₍状₎　开₍结₎₍三₎,₍状₎　到₍趋₎,₍状₎
到……来₍趋₎　到……去₍趋₎

种植　上₍状₎　下来₍结₎₍三₎　下去₍状₎₍二₎
出₍结₎　出来₍结₎　过₍结₎₍四₎　过来₍结₎₍三₎
起来₍状₎　开₍状₎　到₍趋₎

重办　下去₍状₎₍二₎　起来₍状₎
重读　上₍状₎
重视　上₍状₎　下去₍状₎₍二₎　起来₍状₎
开₍状₎　到₍趋₎

重用　上₍状₎　下来₍结₎₍三₎　下去₍状₎₍二₎
出₍结₎　出来₍结₎　起来₍状₎　开₍状₎
到₍趋₎

周济　上₍状₎　下来₍结₎₍三₎　下去₍状₎₍二₎
出₍结₎　出来₍结₎　过₍结₎₍四₎　过来₍结₎₍三₎
起来₍状₎　开₍状₎　到₍趋₎

周全　起来₍状₎　到₍趋₎
周旋　上₍状₎　下来₍结₎₍三₎　下去₍状₎₍二₎
起来₍状₎　开₍状₎　到₍趋₎

周游　上₍状₎　下来₍结₎₍三₎　下去₍状₎₍二₎
出₍结₎　出来₍结₎　过₍结₎₍四₎　起₍结₎₍三₎

起来_状　开_状　到_趋　到……来_趋
到……去_趋

周转　上_状　下来_结(三)　下去_状(二)
出_结　出来_结　过_结(四)　过来_结(三)
起来_状　开_结(三),状　到_趋
到……来_趋　到……去_趋

咒骂　上_状　起来_状　开_状　到_趋,结

皱　上_结(一),状　下去_状(二)　起_结(一)
起来_结(一),状　开_状　到_趋

株连　上_结(一),状　上去_结　下来_结(三)
下去_状(二)　进_趋　进去_趋
起来_状　开_状　到_趋

逐　出_趋　到_趋

主办　上_状　下来_结(三)　下去_状(二)
出_结　出来_结　过_结(四)　过来_结(三)
起来_状　开_状　到_趋

主编　上_状　下来_结(三)　下去_状(二)
出_结　出来_结　过_结(四)　过来_结(三)
起来_状　开_状　到_趋

主持　上_状　下来_结(三)　下去_状(二)
过_结(四)　过来_结(三)　起来_状
开_状　到_趋

主管　上_状　下来_结(三)　下去_状(二)
出_结　出来_结　过_结(四)　过来_结(三)
起来_状　开_状　到_趋

主宰　起来_状　到_趋

主张　起来_状

挂　上_状　下去_状(二)　起来_状
开_状　到_趋,结

煮　来_趋　上_结(一),状　下_结(一)(三)

下来_结(一)(三)　下去_结(一),状(二)
出_结　出来_结　出去_趋　过_结(四)
过来_结(三)　起来_状　开_结(一)(三),状
到_趋,结

嘱咐　上_状　下去_状(二)　过_结(四)
过来_结(三)　起来_状　开_状　到_趋,结

贮　起_结(一)

贮藏　下去_状(二)　过来_结(三)
起来_结(一)　到_趋　到……来_趋
到……去_趋

贮存　下去_状(二)　起来_结(一)　到_趋
到……来_趋　到……去_趋

伫立　起来_状　到_趋

注(一释)　上_结(一)　出_结　出来_结
过_结(四)　过来_结(三)　到_趋

注解　下去_状(二)　出_结　出来_结
起来_状　到_趋,结

注射　上_结(一),状　上去_结(一)
下来_结(三)　下去_状(二)　进_趋
进去_趋　出_结　出来_结　过_结(四)
过来_结(三)　起来_状　开_状　到_趋
到……去_趋

注视　下去_状(二)　起来_状　到_趋

注释　上_状　上来_结(二)　下来_结(三)
下去_状(二)　出_结　出来_结　过_结(四)
过来_结(三)　起来_状　开_状　到_趋

注销　下去_状(一)

注意　上_结(一),状　下去_状(二)　过_结(四)
过来_结(三)　起来_状　开_状　到_趋,结

注重　上_状　起来_状　开_状　到_趋

蛀　下去状(二)　出结　出来结
　　起来状　到趋

住　来结(三)　上(一),结(一)(二),状
　　上来趋(一)　上去趋(一),熟
　　下结(一)(三)　下来结(一)(三)
　　下去状(二)　进趋　进来趋
　　进去趋　出结　出来结　出去趋
　　过结(四)　过来趋(一),结(三)
　　过去趋(一)　起结(三)　起来状
　　开结(三),状　到趋　到……来趋
　　到……去趋

驻　上趋(一),结(一),状　上来趋(一)
　　上去趋(一)　下结(一)　下来趋(一)(三)
　　下去状(二)　进趋　进来趋
　　进去趋　起来状　开状　到趋
　　到……来趋　到……去趋

驻扎　上结(一),状　下来结(一)(三)
　　下去状(二)　进趋　进来趋
　　进去趋　起来结(一),状　到趋
　　到……来趋　到……去趋

祝贺　上状　过结(四)　过来结(三)
　　起来状　开状

筑　上结(一)　出结　出来结　起(二)
　　起来结(一),状　到趋　到……来趋
　　到……去趋

铸　上状　下结(一)　下来结(三)
　　下去状(二)　出结　出来结　过结(四)
　　过来结(三)　起结(三)　起来状
　　开状　到趋

铸造　上状　下来结(三)　下去结(二)

出结　出来结　过结(四)　过来趋(三)
起来状　开状　到趋

抓(～土、糖)　来趋　去趋
　　上结(二),状　上来趋(一)　下结(一)
　　下来结(一)　下去结(一),状(二)
　　进来趋　进去趋　出结　出来结
　　出去趋　回来趋　回去趋　过结(四)
　　过来趋(一),结(三)　过去趋(一)　起趋
　　起来趋,状　开状　到趋,结
　　到……来趋　到……去趋

抓(～痒)　上状　下结(一)　下来结(一)
　　下去结(一),状(二)　出结　出来结
　　起来状　开结,状

抓(捉拿)　来趋　去趋　上(一),状
　　上来趋(一)　上去趋(一)　下结(一)
　　下来结(一)　下去结(一),状(二)
　　进趋　进来趋　进去趋　出
　　出来结　回趋　回来趋　回去趋
　　过结(四)　过来趋(一),结(三)
　　过去趋(一)　起结(一)(三)　起来结(一),状
　　开状　到趋,结　到……来趋
　　到……去趋

抓(～工作)　上状　上来趋(一)
　　上去趋(一)　下去结(二)　出结
　　出来结　过结(四)　过来结(三)
　　起结(一),状　开状

拽　来趋　去趋　上(一),状
　　上来趋(一)　上去趋(一)　下趋(一),结(一)
　　下来趋(一),结(一)(三)
　　下去趋(一),结(一),状(二)　进趋

进来趋　进去趋　出结　出来趋,结
出去趋　回趋　回来趋　回去趋
过趋(一)　过来趋(一),结(三)
过去趋(一)　起趋　起来趋,状
开趋,结(一),状　到趋　到……来趋
到……去趋

转(zhuǎi)　上状　下去状(二)
起来状　开状　到趋

专攻　上状　起来状

专注　下去状(二)

转(～身)　过趋(二)　过来趋(二)
过去趋(二)　开趋　到……来趋
到……去趋

转(～学)　上状　下去状(二)
进来趋　进去趋　出来趋　出去趋
回趋　回来趋　回去趋　过结(四)
过来趋(一),结(三)　过去趋(一)
起来状　开状　到……来趋
到……去趋

转(～信)　来趋　去趋　上状
下去状(二)　出去趋　回去趋
过结(四)　过来趋(一),结(三)
过去趋(一)　起来状　开状　到趋
到……来趋　到……去趋

转(一变)　过来结(二)

转变　下去状(二)　过来趋(二)
过去结(二)　起来状　到……来趋
到……去趋

转播　上状　下去状(二)　过结(四)
过来结(三)　起来状　开状　到趋

到……来趋　到……去趋

转达　过去趋(一)　起来状　到趋

转动　上状　下去状(二)　起来状

转化　来趋　下去状(二)　过来结(二)
过去结(二)　起来状　到趋
到……来趋　到……去趋

转换　上状　下来结(三)　下去状(二)
过来结(二)　起来状　开状　到趋

转嫁　出去趋　到趋　到……来趋
到……去趋

转交　出去趋　起来状　到趋

转卖　出去趋　到趋　到……来趋

转让　上状　下去状(二)　出去趋
过来趋(一)　过去趋(一)　起来状
开状　到趋　到……来趋
到……去趋

转述　下来结(二)(三)　下去状(二)
出来结　起来状

转送　来趋　去趋　过来趋(一)
过去趋(一)　起来状　到……来趋
到……去趋

转业　到趋　到……来趋
到……去趋

转移　上状　下去状(二)　出来趋
出去趋　回来趋　回去趋　过结(四)
过来趋(一)　过去趋(一)　起来状
开趋,状　到趋　到……来趋
到……去趋

转运 来_趋 上_状 上来_趋(一)
　上去_趋(一) 下来_趋(一)
　下去_趋(一),状(二) 进来_趋 进去_趋
　出来_趋 出去_趋 过_结(四)
　过来_趋(一),结(三) 过去_趋(一)
　起来_状 开_状 到_趋 到……来_趋
　到……去_趋

转载 上_状 下_结(三) 下来_结(一)(三)
　下去_状(二) 出_结 出来_结 过_结(四)
　过来_趋(一),结(三) 过去_趋(一)
　起来_状 开_状 到_趋 到……来_趋
　到……去_趋

转赠 出去_趋 过去_趋(一)
转租 出去_趋 过去_趋(一)
　到……去_趋

转(旋~) 上_状 上来_结(三)
　下来_结(三) 下去_结(三),状(二)
　进去_趋 出来_趋 出去_趋 回来_趋
　回去_趋 过_结(二)(三) 过来_趋(一)
　过去_趋(一) 起来_状 开_状,结(三)
　到_趋 到……来_趋 到……去_趋

转(~圈) 上_状 上来_趋(一)
　下_结(三) 下来_趋(一) 下去_状(二)
　出_结 出来_结 回来_趋 回去_趋
　过_结(四) 过来_趋(一),结(三)
　过去_趋(一) 起来_状 开_结(三),状
　到_趋,结 到……来_趋 到……去_趋

转动 下去_状(二) 起来_状
转悠 上_状 上来_趋(一)
　下来_趋(一),结(三) 下去_状(二)

进来_趋 进去_趋 出_结 出来_趋,结
出去_趋 回来_趋 回去_趋 过_结(四)
过来_趋(一),结(三) 过去_趋(一)
起来_状 开_结(三),状 到_趋,结
到……来_趋 到……去_趋

赚 来_趋 去_趋 上_结(二),状 下_趋(一)
下来_结(三) 下去_状(二) 进
进来_趋 进去_趋 出_结 出来_结
回_趋 回来_趋 回去_趋 过_结(四)
过来_趋(一),结(三) 过去_趋(一)
起来_状 开_状 到_趋,结
到……来_趋 到……去_趋

篆刻 出来_结 过_结(四) 起来_状
　到_趋 到……去_趋
撰 出_结
撰述 出来_结 起来_状
装(一扮) 上_状 起来_状 开_状
装(假一) 上_状 下去_状(二) 出_结
　出来_结 过_结(四) 过来_结(三)
　起来_状 开_状 到_趋

装(~东西) 来_趋 去_趋 上_结(一),状
　上来_结(一) 上去_结 下_结(一)(三)
　下来_结(三) 下去_状(二) 进
　进来_趋 进去_趋 出_结 回去_趋
　过_结(四) 过来_趋(一),结(三)
　过去_趋(一) 起来_状 开_结(三),状
　到_趋 到……来_趋 到……去_趋

装(安一、一配) 上_状 上去_结
　下来_结(三) 下去_状(二) 出_结
　出来_结 过_结(四) 过来_结(三)

起结(三)　起来结(一),状　开状
　　到趋　到……去趋

装扮　上结(一)　出来结　起来状
装备　上结(一)　出来结　起来结(一)
装裱　上结(一),状　下来结(三)
　　出来结　过结(四)　过来结(三)
　　起结(三)　起来结(一),状　开状
装点　上结(一)　上去结　出来结
　　过结(四)　过来结(三)　起结(三)
　　起来结(一)　开状　到……去趋
装订　上结(一),状　上去结　进去结
　　出结　出来结　过结(四)　过来结(三)
　　起结(三)　起来结(一),状　开状
　　到趋　到……去趋
装裹　起来结(一)
装潢　出来结　过结(四)　过来结(三)
　　起结(三)　起来结(一)
装敛　起来结(一)
装配　上结(一)　上去结　下来结(三)
　　出结　出来结　过结(四)　过来结(三)
　　起结(三)　起来结(一)　开状　到趋
　　到……去趋
装饰　上结(一),状　上去结　下来结(三)
　　下去状(二)　进去趋　出结　出来结
　　过结(四)　过来结(三)　起结(三)
　　起来结(一)　开状　到趋
装卸　上状　下来结(三)　下去结(二)
　　出来结　过来结(三)　开状　到趋
装修　上状　下来结(三)　下去结(二)
　　出结　出来结　过来结(四)　过结(三)

起结(三)　起来结(一),状　开状　到趋
装运　上状　下来结(三)　下去状(二)
　　回来趋　回去趋　过结(四)
　　过来结(三)　起来状　开状　到趋
撞（碰一）　来趋　去趋,结(一)
　　上趋(一),结(一),状　上来趋(二)
　　上去趋(二)　下结(一)　下来趋(一),(三)
　　下去结(一),状(二)　进趋,结　进来趋
　　进去趋,结　出结　出来趋,结
　　出去趋　回趋　回来趋　回去趋
　　过趋(一),结(四)　过来趋(一),结(三)
　　过去趋(一)　起趋,结(一)
　　起来趋,结(一),状　开趋(一),结(一),状
　　到趋　到……来趋　到……去趋
撞（遇）　上结(一)　到结
撞（～运气）　上结(一)　起来状
撞击　下来结(三)　下去状(二)　出结
　　出来结　起来状
壮　起来状　到趋
壮大　下去状(二)　起来状　到趋
追（一赶）　来趋　去趋
　　上趋(一),结(一),状　上来趋(一)(二)
　　上去趋(一)(二)　下趋(一)
　　下来趋(一),结(三)　下去趋(一),状(二)
　　进趋　进来趋　进去趋　出趋,结
　　出来结　出去趋　回来趋
　　回去趋　过趋(一),结(四)
　　过来趋(一),结(三)　过去趋(一),结(三)
　　起来状　开状　到趋,结
　　到……来趋　到……去趋

追(一究) 上状 下去状(二) 出结
　　出来结 回趋 回来趋 过结(四)
　　过来结(三) 起来状 开状 到趋
　　到……来趋 到……去趋
追(一求) 上状 下去状(二) 出结
　　出来结 过结(四) 过来结(三)
　　起来状 到趋,结
追(一加) 上结(一),状 上去结
　　起来状
追逼 起来状
追查 上状 下来结(三) 下去状(二)
　　出结 出来结 过结(四) 过来结(三)
　　起来状 开状 到趋,结
　　到……来趋 到……去趋
追赶 上来结(二) 上去结(二)
　　下来结(三) 下去状(二) 出来结
　　过结(四) 过来趋(一) 过去趋(一)
　　起来状 开状 到趋 到……来趋
　　到……去趋
追击 上状 下来结(三) 下去状(二)
　　起来状 开状 到趋 到……来趋
　　到……去趋
追加 来趋 上结(一),状 上去结
　　起来状 到趋
追究 上状 下来趋(一) 下去状(二)
　　出结 出来结 过结(四) 过来结(三)
　　起来趋 开状 到趋 到……来趋
　　到……去趋
追求 上结(二),状 下来结(三)
　　下去状(二) 出结 出来结 过结(四)

过来结(三) 起来状 开状 到趋,结
追认 起来状
追述 起来状
追溯 到趋 到……去趋
追随 下去状(二)
追问 上状 下来结(三) 下去状(二)
　　出结 出来结 起来状 开状
追叙 出来结
追寻 起来状
追忆 起来状
追逐 下去状(二) 过来趋(一)
　　过去趋(一) 起来状 到趋
缀 上结(一) 上去结
坠 下趋 下来趋(一)
　　下去趋(一),状(二) 到趋 到……去趋
坠毁 下去趋(一)
坠落 下来趋(一) 下去趋(一) 到趋
　　到……去趋
准 下结(一) 下来结(一)
准备 上状 下结(一) 下来结(一)(三)
　　下去状(二) 出结 出来结
　　过结(四) 过来结(三) 起结(三)
　　起来状 开状 到趋
准许 下来结(一) 下去状(二)
捉 来趋 去趋 上趋(一),状
　　上来趋 上去趋(一) 下趋(一)
　　下来趋(一),结(三) 下去趋(一),状(二)
　　进趋 进来趋 进去趋 出趋,结
　　出来趋,结 出去趋 回趋 回来趋
　　回去趋 过结(四) 过来趋(一),结(三)

过去_趋(一)　起来_结(一),状　开_状
到_趋,结　到……来_趋　到……去_趋

捉摸　出_结　出来_结

捉拿　来_趋　去_趋　上_趋(一),状
上来_趋(一)　上去_趋(一)　下来_结(三)
下去_状(二)　进来_趋　进去_趋
出去_趋　回来_趋　回去_趋　过_结(四)
过来_趋(一),结(三)　过去_趋(一)
起来_状　开_状　到_趋,结
到……来_趋　到……去_趋

捉弄　上_状　下去_状(二)　出_结
出来_结　过_结(四)　起来_状　开_状
到_趋

琢　出_结　出来_结　起来_状　到_趋

琢磨　上_状　下去_状(二)　出_结
出来_结　过_结(四)　过来_趋(三)
起来_状　开_状　到_趋

啄　来_趋　去_趋,结(一)　上_结(一),状
上去_结　下_结(一)　下来_结(一)
下去_结(一),状(二)　进_趋　进去_趋
出_结　出来_趋,结　出去_趋　回来_趋
回去_趋　过_结(四)　过来_趋(一)
过去_趋(一)　起来_状　开_状　到_趋,结
到……来_趋　到……去_趋

灼　出_结

酌量　上_状　起来_状　开_状

斫　下_结(一)　下来_结(一)

擢升　上去_趋(一)

咨询　上_状　下去_状(二)　出_结
出来_结　过_结(四)　过来_结(三)

起来_状　开_状　到_趋
资助　上_状　下来_结(三)　下去_状(二)
出_结　出来_结　过_结(四)　过来_结(三)
起来_状　开_状　到_趋　到……来_趋
到……去_趋

滋（～生）　出_结

滋（～水）　来_趋　去_趋　上_结(一),状
上来_趋(一),结(一)　上去_趋(一),结(一)
下来_趋(一),结(一)　下去_趋(一),状(二)
进来_趋　进去_趋　出_结
出来_趋(一),结　出去_趋　回来_趋
回去_趋　过_结(四)　过来_趋(一)
过去_趋(一)　起来_趋,状　开_结(一),状
到_趋　到……来_趋　到……去_趋

滋补　上_状　下来_结(三)　下去_状(二)
出_结　出来_结　过_结(四)　起_结(三)
起来_状　开_状　到_趋

滋蔓　下去_状(二)　出去_趋　过来_趋(一)
过去_趋(一)　起来_状　到_趋
到……来_趋　到……去_趋

滋润　起来_状　到_趋

滋生　下去_状(二)　出_结　出来_结
起来_状

滋养　起来_状

滋长　出_结　出来_结　起来_状　到_趋

龇　出_结　出来_结　出去_趋　到_趋
到……去_趋

自爱　起来_状　到_趋

自白　起来_状

自持　起来_状

自焚　上状　起来状　开趋
自负　上状　下去状(二)　起来状
　　开状　到趋
自给　起来状
自救　起来状
自觉　下去状(二)　起来状　到趋
自夸　上状　下去状(二)　起来状
自立　起来结(一)
自流　下去状(二)　起来状　到趋
自燃　下去状(二)　起来状　到趋
自杀　上状　起来状　开状
自首　上状　起来状
自述　出来趋
自卫　上状　下去状(二)　起来状
　　开状　到趋
自习　上状　过结(四)　起来状
　　开状　到趋
自新　起来状
自修　上状　下来结(三)　下去状(二)
　　起来状　开状　到趋
自诩　起来状
自学　上状　下来状(二)　下去状(二)
　　出结　出来结　起来状　开状
　　到趋,结
自治　上状　下来结(三)　下去状(二)
　　出结　出来结　起来状　到趋
自重　起来状
自主　起来状
渍　上结(一)　上去结
综观　起来状

综合　上状　下来结(三)　进来趋
　　进去趋　出结　出来结　过结(四)
　　起来结(一),状　开状　到趋
　　到……来趋　到……去趋
综述　上状　起来状
总　起来结(一)
总和　起来结(一)
总汇　起来结(一)
总计　起来结(一)
总结　上状　下来结(三)　下去状(二)
　　进趋　进来趋　进去趋　出结
　　出来结　过结(四)　过来结(三)
　　起来结(一),状　开状　到趋
　　到……来趋
总括　起来结(一)　到趋
总揽　起来结(一)　到趋
总算　出来结　起来状
纵　起来趋
纵容　上状　下去状(二)　出结
　　出来结　起来状　开状　到趋
走(~路)　来趋　去趋
　　上趋(一)(二),结(一),状　上来趋(一)(二)
　　上去趋(一)(二)　下趋(一)
　　下来趋(一),结(三)　下去趋(一),状,(二)
　　进趋　进来趋　进去趋　出趋,结
　　出来趋,结　出去趋　回趋　回来趋
　　回去趋　过结(一)　过来趋(一)
　　过去趋(一)　起来趋　开趋,结(三),状
　　到趋　到……来趋　到……去趋
走(移动,马～日字)　上状

下来结(三)　下去状(二)　出趋
出来趋　出去趋　回趋　回来趋
回去趋　过趋(一),结(四)　过来趋(一)
过去趋(一)　起来状　开状　到趋
到……来趋　到……去趋

走(离开)　开趋

走(来往，～亲戚)　上状　过来结
起来状　开状　到趋

走(失去原样，～调)　上状　起来状
开状　到……去趋

走动　上状　下去状(二)　起来状
开状

走访　起来状

走漏　出趋　出来趋　出去趋　到趋
到……去趋

奏　上状　上来结(二)　下结(一)
下来结(二)(三)　下去状(二)　出趋
出来趋　过结(四)　过来结(三)
起来状　开状　到趋

揍　来趋　去趋　上结(一),状
上来趋(二)　上去趋(二)
下来趋(一),结(三)　下去趋(一),状(二)
出趋,结　出来趋,结　过结(四)
过来趋(一),结(三)　过去趋(一)
起来状　开状　到趋,结
到……来趋　到……去趋

租　来趋　去趋　上结(二),状　下结(一)
下来结(一)(三)　下去状(二)　进趋
进来趋　进去趋　出趋,结
出来趋,结　出去趋　回趋　回来趋

回去趋　过结(四)　过来趋(一),结(三)
过去趋(一)　起结(三)　起来状
开状　到趋,结

租赁　上状　下结(一)　下来趋(一)(三)
下去状(二)　出去趋　回来趋
过结(四)　过来趋(一)　过去趋(一)
起结(三)　起来状　开状　到趋,结

租用　上状　下来结(三)　下去状(二)
过来趋(一)　起来状　开状　到趋

诅咒　上状　下去状(二)　出结
出来结　过结(四)　起来状　开状
到趋

祖传　下来结(一)

阻碍　下去状(二)　起来状

阻挡　上状　下结(一)　下来趋(一)(三)
下去状(二)　出结　出来结
回来趋　回去趋　过结(四)
过来趋(一),结(三)　过去趋(一)
起来结(一),状　开状　到趋
到……来趋　到……去趋

阻隔　起来结(一)

阻梗　起来结(一)　到趋

阻击　上状　下来趋(一)(三)
下去趋(一),状(二)　回去趋　过结(四)
过来结(三)　起来状　开状　到趋
到……去趋

阻截　下来结(一)　下去状(二)　回去趋

阻拦　上状　下来结(一)(三)　下去状(二)
出结　出来结　回趋　回来趋
回去趋　过结(四)　过来趋(一),结(三)

过去_趋(一)　起来_结(一),状　开_状　　　　下去_状(二)　出_结　出来_结　过_结(四)
到_趋　到……来_趋　到……去_趋　　　　过来_结(三)　起来_状　开_状　到_趋,结

阻挠　上_状　下来_结(一)　下去_状(二)　　　到……来_趋　到……去_趋
起来_状　开_状　到_趋

钻研　上_状　下来_结(三)　下去_状(二)
阻塞　起来_结(一)　到_趋　　　　　　　　　　进去_趋　出_结　出来_结　起来_状
阻止　上_状　下来_结(一)　下去_状(二)　　　开_状　到_趋
过_结(四)　过来_结(三)　起来_状　　　　　钻营　上_状　下去_状(二)　出_结
开_状　到_趋　　　　　　　　　　　　　　　出来_结　起来_状　开_状　到_趋,结

组合　下来_结(三)　下去_状(二)　出_结　　攥　来_趋　上_结(一),状　下去_状(二)
出来_结　过_结(四)　起来_结(一)　　　　　　进_趋　进去_趋　出_结　出来_结

组织　上_状　下来_结(三)　下去_状(二)　　回来_趋　回去_趋　起_结(一)
过_结(四)　过来_结(三)　起来_结(一),状　　起来_结(一),状　开_状　到_趋
开_状　到_趋　到……来_趋　　　　　　　　到……来_趋　到……去_趋

钻(~孔)　上_结(一),状　下_结(一)　　　　尊崇　起来_状　到_趋
下去_状(二)　进去_趋　出_结　出来_结　　尊敬　起来_状　到_趋
过_结(四)　过来_结(三)　起来_状　　　　　尊重　起来_状　到_趋
开_结(一),状　到_趋,结　到……来_趋　　　遵从　起来_状
到……去_趋　　　　　　　　　　　　　　　遵守　下去_状(二)　起来_状　到_趋

钻(~洞)　上_状　下去_状(二)　进_趋　　　遵行　起来_状
进来_趋　进去_趋　出_趋,结　　　　　　　遵循　起来_状
出来_趋,结　出去_趋　回_趋　回来_趋　　嘬　上_状　下去_状(二)　进去_趋
回去_趋　过_趋,结(四)　　　　　　　　　　出_趋　出来_趋　出去_趋
过来_趋(一),结(三)　过去_趋(一)　　　　　起来_结(一),状　开_状　到_趋,结
起来_状　开_状　到_趋,结　　　　　　　　到……来_趋　到……去_趋
到……来_趋　到……去_趋

钻(一研)　上_状　下去_状(二)　　　　　　作(~死)　上_状　下去_状(二)　出_结
进_趋　进去_趋　出_结　出来_结　　　　　出来_结　起来_状　开_状　到_趋
起来_状　开_状　到_趋,结　　　　　　　　到……来_趋　到……去_趋
到……来_趋　到……去_趋　　　　　　　　作(~战)　起来_状

钻探　来_趋　上_状　下来_结(三)　　　　作弄　上_状　下去_状(二)　出_结
　　　　　　　　　　　　　　　　　　　　出来_结　起来_状　开_状　到_趋

琢磨　上状　下去状(二)　出结
　　出来结　过结(四)　过来结(二)
　　起来状　开状　到趋,

作(～文)　上状　上来结(二)
　　下去状(二)　出来结　起来结
　　开状　到趋

左右　上状　下去状(二)　起来状
　　到趋

坐(～椅子)　上状　上来结(一)
　　上去结　下趋(一),结(三)　下来趋(一)
　　下去趋(一),状(二)　进趋　进来趋
　　进去趋　出结　出来结　回来趋
　　回去趋　过结(四)　过来趋(一),结(三)
　　过去趋(一)　起来趋,状　开结(三),状
　　到趋,结　到……来趋　到……去趋

坐(～车)　上结(二),状　下结(三)
　　过结(二)(四)　过来趋(一)　过去结(二)
　　起结(三)　起来状　开结(三),状　到趋
　　到……来趋　到……去趋

坐(～锅)　上结(一),状　上来结(二)
　　上去结　起来状　开结(三),状
　　到趋　到……来趋　到……去趋

坐(～果)　上结(一)　下结(一)　起来状

坐等　上状　下去状(二)　起来状

开状　到趋

座谈　上状　下来结(三)　下去状(二)
　　出结　出来结　过结(四)　过来结(三)
　　起来状　到趋

做(制造)　上状　下来结(三)
　　下去状(二)　出结　出来结
　　过结(四)　过来结(三)　起结(三),状
　　起来结(一),状　开状　到趋,结

做(～事)　来结(二)　上状
　　下来结(三)　下去状(二)　出结
　　出来结　过结(三)(四)　过来结(三)
　　过去结(四)　起结(三)　起来状
　　开状　到趋,结

做(～生日)　上状　过结(四)
　　起结(三)　起来状　开

做(～官)　上结(二),状　下来结(三)
　　下去状(二)　出结　出来结
　　过结(二)(三)(四)　过来结(三)
　　起来状　到趋

做(结,～朋友,～仇)　上状　下结(一)
　　下来结(一)　起来状　开

做作　上状　下去状(二)　起来状
　　开状

参 考 文 献

范继淹(1963)动词和趋向性后置成分的结构分析,《中国语文》第2期。

孟 琮等(1987)《动词用法词典》,上海:上海辞书出版社。

刘月华(1980)关于趋向补语"来""去"的几个问题,《语言教学与研究》第3期。

刘月华(1987)表示状态意义的"起来"与"下来"比较,《世界汉语教学》第1期。

刘月华(1988a)几组意义相关的趋向补语语义分析,《语言研究》第1期。

刘月华(1988b)趋向补语的语法意义,《语法研究和探索》(四),北京:北京大学出版社。

刘月华等(1983)《实用现代汉语语法》(修订本),北京:商务印书馆。

吕叔湘(1980)《现代汉语八百词》,北京:商务印书馆。

[日]杉村博文(1983)试论趋向补语".下"".下来"".下去"的引申用法,《语言教学与研究》第4期。

徐静茜(1981)".起来"和".上",《汉语学习》第6期。

附 录

趋向补语前动词之研究*

趋向补语是汉语中十分重要的一个语法现象。过去我们对趋向补语、动趋结构,对包含动趋结构的句子,进行了很多研究。本文换一个角度,研究趋向补语前面的动词,说明趋向补语前可以出现什么样的动词,并由此探讨趋向补语的表达功能。

虽然从最概括的语法意义来说,趋向补语像其他一些补语一样,都表示动作的结果①,但具体分析时,发现仅仅由 11 个趋向动词构成趋向补语所表示的意义是非常复杂的。要说明趋向补语前可以出现哪些动词,首先必须说明趋向补语在意义上可以分哪些类,因为意义类别不同的趋向补语,前面可以出现的动词几乎完全不同。实际上对趋向补语做任何研究,可能都不能不分类进行。笔者曾写过一篇文章,题目是《趋向补语的语法意义》,该文详细说明了我们对趋向补语语义分类的原则。我们把所有趋向补语的意义分成三大类:趋向意义、结果意义、状态意义。② 本文将按照这种

---

* 笔者主编的《趋向补语通释》分为三部分。第一部分是总论,论述趋向补语的语义分类及包含趋向补语的句子的结构特点。第二部分是分述,分章描写每个趋向补语的意义及每个意义前可以出现的动词(分类)。每一分述后,有一个词表,表中注明在所采用的 400 万字的语料中每个动词出现的频率。第三部分是动词与趋向补语搭配词表,收录了《现代汉语词典》中全部可以带趋向补语的动词,每个动词下按照义项列出可以结合的趋向补语。本文是在《趋向补语通释》的基础上写成的。

① 我们认为汉语的补语有以下几种:结果补语、趋向补语、可能补语、情态补语(带"得"的补语)。表示时量、动量等的成分,我们认为无论在意义上,还是在句法结构上,都与上述补语不同,所以我们同意朱德熙先生的意见,把它们从补语中分出去。

② 刘月华(1988)趋向补语的语法意义,中国语文杂志社编《语法研究和探索》(四),北京:北京大学出版社。

分类来说明趋向补语前可以出现的动词。

用一句最概括的话来说,趋向补语前可以出现的动词,是可以直接产生该结果的动作行为动词,而且,这个动词和该补语所组成的动趋结构意思应该是清楚的。结果补语也如此。比如可以说"跑进教室",因为"跑"可以直接产生"进教室"这样一个结果。同样道理我们也可以说"端上楼一盘水果""哭红了眼睛""打破了一个杯子"等等。同样还可以说"孟姜女哭倒了长城",因为"孟姜女哭"了以后,直接产生"长城倒了"这样一个结果,而且"哭倒了长城"的意思是清楚的。但有一个外国学生想说一个人哭得很厉害,结果倒在了地上,而用"＊她哭倒了"这个句子来表达却是不行的,因为"哭"一般不直接产生"倒"这种结果,而且"她哭倒了"这个句子意思也不清楚。如果说"她哭倒在地上",也许有人可以接受,这是因为"在地上"补充了一些信息,使意思更清楚了。又如一个人跟一个朋友吵翻了,他很后悔,想找那个朋友和解,于是去敲那个朋友的门,可是那个朋友不想见他,发现是他在敲门,干脆把本来没有关上的门关上了。要表达这个意思,你不能说:"＊他去敲门,反而把门敲上了。"(比较:"把门敲开了"),这是因为,"敲"可以直接产生"(门)开(分离)了"的结果,而不直接产生"上(接触)"的结果。

"趋向补语前可以出现的动词,是可以直接产生该结果的动作行为动词,而且,这个动词和该补语所组成的动趋结构意思应该是清楚的。"这个概括很重要,它给了我们一个原则。在分析趋向补语前的动词时,它也给了我们一个范围。

1　表示趋向意义的趋向补语前可以出现的动词

趋向动词的本义是表示方向,所谓趋向补语表示趋向意义,意思是趋向补语可以表示通过动作,使人或物体移动的方向。方向意义也是一种结果意义——在方向方面的结果。比如"他走上楼来",动作是"走",结果是"(他)上(楼)来"。"我把一个球扔出门去了",动作是"扔",结果是"(球)出(门)去了"。趋向补语表示趋向意义时,也可以说动词表示方式,比如在上述例子中,"走、扔"表示"上(楼)来""(球)出(门)去"的方式。

可以出现在表示趋向意义的趋向补语前的动词可以分为三类。

A类动词:是趋向动词"上、下、进、出、回、过、起、到"。如:"你快上来!""他刚下楼去。""请他们进来。""出去!""我马上回去。""你过来!""快起来!""这一天终于到来了。"

B类动词:是表示物体、躯体运动的动词,也可以叫作移动动词。比如"走、跑、扑、飞、飘、坐、躺"等。如:"一只鸟飞上了树枝。""你应该躺下休息。""妹妹跑下楼来。""老师匆匆忙忙走出教室。""白云在空中飘来飘去。"

C类动词:是表示可以使人或物体改变位置的动作行为动词。比如"拿、搬、端、送、请"等。如:"你搬一把椅子来。""他请你们把车开过桥来。""你把这些书给他送过去吧。""我去把他借去的书要回来。""请同学们把画好的画儿举起来。""我把礼物给他们送到家里去。"

表示趋向意义时,趋向补语"来、去"和"到、到……来、到……去"(以下称"到"组,"上、上来、上去"称"上"组,依此类推)与其他趋向补语情况不同。

1.1 "来、去"和"到"组前可以出现的动词

在"来、去"前,A、B、C三类动词都可以出现,其中出现频率最高的是A类动词。在《趋向补语通释》一书所用的语料中(见本文附表二),"来"作补语共出现3193次,出现在A类动词前的有2130次,占66.7%。"去"作补语共出现2323次,出现在A类动词前的有1619次,占69.7%。"来、去"作补语时,前面的动词为B类的分别为27个和25个,分别出现了296次和422次,分别占9.3%和18.2%。C类动词分别出现了121个和67个,分别为767次和282次,占24%和12.1%。"到"组前可出现的动词以B类为多。

1.2 "上""下""进"等组前可以出现的动词

"上""下""进""出""回""过""起""开"等组前只能出现 B 类和 C 类动词。而且,除了"上来、上去"及"回"组以外,B 类动词出现的频率均占优势。其中出现频率最高的为"走",其次为"跑"。这两个动词出现的频率与其他动词相差悬殊。由于各个趋向补语的意义不同,前面出现的高频动词也不同。比如"上"组前"跳、爬"一类的动词出现的多些;"下"组前"坐、低、跪、躺、落"出现的多些;"进"组前"钻(zuān)"多些;"出"组前"伸(手)"多些;"过"组表示改变方向意义时,前面出现"回(头)、转、扭"等动词多些;"起"组前"站、立、坐、抬(头)"多些。

2 表示结果意义的趋向补语前可以出现的动词

趋向补语可以表示非方向性的结果,我们称为结果意义。趋向补语的结果意义最为复杂。

大部分的趋向补语有结果意义(见本文附表一)。有的趋向补语只有一个结果意义,有的有几个结果意义。按照我们的分析,一个趋向补语最多的有四个结果意义。为了说明表示结果意义的趋向补语前面可以出现的动词,我们又把趋向补语的主要结果意义分为三大类:基本结果意义,表示"完结、完成"意义,表示"能力"的结果意义。

2.1 表示基本结果意义的趋向补语前可以出现的动词

每个具有结果意义的趋向补语都有基本结果意义,也就是说,如果某个趋向补语只有一个结果意义,那么这个意义就是基本结果意义。基本结果意义都与该趋向补语的趋向意义有密切联系。[①]比如"上"有一个趋向意义是"趋近前面的一个目标",如"走上前""抢上一步",其基本结果意义是"接触、附着",比如"把这张画儿贴

---

① 参见刘月华(1988)几组意义相关的趋向补语语义分析,《语言研究》第 1 期。

上(往墙上贴)""关上门""在路上遇上了一个老朋友"等,显然与上述趋向意义有联系。再如"下来"有一个趋向意义是"退离面前的目标",如"退下来一步",其基本结果意义是"分离",如"把邮票揭下来""从本子上撕下来一张纸"等,显然"下来"的这个结果意义与"退离面前的目标"这一趋向意义有联系。

如果两个趋向补语的趋向意义之间有关系,那么其基本结果意义也有相应的语义关系。如:"走上一步""退下一步"与"贴上""揭下";"迎上去""退下来"与"加上去""减下来";"端进去""端出来"与"凹进去""凸出来";"走来""走去"与"醒来""睡去";"走过来""走过去"与"活过来""死过去"。

趋向补语的基本结果意义表示动作之后人或事物所处的状态。比如"信封贴上了邮票",意思是"贴"的动作发生了以后,"邮票"在"信封上"处于"附着"的状态;"揭下邮票",意思是"揭"动作发生以后,"邮票"与"信封"处于分离的状态。

趋向补语的基本结果意义,有时不是一个点,而是一个"域"。比如,"上"的基本结果意义不是只表示"接触"或"附着"。比如:"两根电线的顶端刚刚能碰上,可是接不起来",这里的"(碰)上"表示"接触";"信封已经贴上邮票了",这里的"(贴)上"表示的是由"接触"进而"附着",比"接触"更紧密;"树上拴上了一根绳子"中的"(拴)上","油凝上了"中的"(凝)上",显然表示由"接触"进而"固定"了。因此我们说"上"表示的基本结果在语义上不是一个点,而是一个"义域"——"接触—附着—固定"。义域的一端最具体,距离趋向意义最近;义域的另一端最抽象,距离趋向意义最远,有时接近状态意义。"上、上来、上去""下、下来、下去""起、起来""开"等的基本结果意义都如此。因此,一个动趋结构中的趋向补语究竟是属于结果意义还是状态意义,有时很难决定。比如:"决定下来了"中的"下来",究竟是表示"分离、固定"这一结果意义,还是属于"由动态进入静态"?《趋向补语通释》根据它可以用可能式,归入结果意义。正是由于有些趋向补语的基本结果意义是一个义域,所以其结合动词的范围很广。

趋向补语表示基本结果意义时,由于每个补语的结果意义不同,前面可以出现的动词也不同。此类趋向补语前可以出现的动词有两类,第一类是动作发生后,自然会产生该结果的动作动词。比如"上"组的意义是"接触、附着以至固定","关"属于第一类动词,因为"关"这一动作发生后,就会自然产生"接触"这个结果。此外,对"上"来说,"闭、合、接、贴"也属于第一类动词。第二类动词是动作发生后,可以产生该结果的动作行为动词,比如"黑板写上了一些字""墙上钉上了一个钉子""你快把衣服换上""鞋蹭上了一些灰""房子盖上了""牛奶冻上了一层冰""战士们踏上了征途"中的"写""钉""换""蹭""盖""冻""踏"等。

"下"组表示"分离以至固定","解(下绳子)""撕(下一张纸)""生(下孩子)"等属于第一类动词;"端下锅""敲下一块砖""撕下一张纸""攻下一个城市"中的"端""敲""撕""攻"都属于第二类动词。

"进"组的结果意义是"凹陷",可以结合的动词很少,只有"瘪""陷""凹"等。

"出"组的结果意义是"由无到有,由隐蔽到显露","露出笑容""表现出不高兴的样子""这显示出来你很有实力"中的"露""表现""显示"属于第一类动词,而"造出一些谣言""写出来的文章很漂亮""这是你编出来的故事""你想出办法来了吗"中的"造""写""编""想"则属于第二类动词。

"过"组的基本结果意义是"度过","度过了一个难关"中的"度"属于第一类动词,"总算熬过来了""多少难关都闯过去了"中的"熬""闯"属于第二类动词。

"起"组的基本结果意义是"接合以至固定","接起来""连起来"中的"接""连"属于第一类动词,"把院子围起来""把坑填起来""制度建立起来了"中的"围""填""建立"属于第二类动词。

"开"的结果意义是"分离、分裂","裂开一条缝子""张开嘴""睁开眼睛"中"裂""张""睁"属于第一类动词,"拉开了灯""风把门吹开了""敲开了门"中的"拉""吹""敲"属于第二类动词。

"到"的结果意义是"动作达到目的或有结果","那本书买到了""丢了的东西找到了""我听到了一个消息"中的"买""找""听"都属于第二类动词。

趋向补语表示基本结果意义时，前面可以出现的动词在语义上是一个封闭的类。比如"上"前可以出现的动词受其结果意义"接触、附着以至固定"的制约，在意义上不外表示"闭合、封闭、捆绑、填充、蒙盖、连接、粘贴、添加、穿戴、逢遇、行走、点燃、写刻、制作、比够、看选"等类的意义。《趋向补语通释》按照意义关系的密切程度，并参照结构上的异同，把表示上述意义的动词分为十二大类（这种分类不是绝对的），这十二大类勾勒出"上"的基本结果意义可以结合的动词的范围。在这部书里，所有具有基本结果意义的趋向补语，我们都分类列出可以结合的动词范围。

区分哪个是第一类动词，哪个是第二类动词并不重要。重要的是知道哪些动词可以跟哪个趋向补语的哪一个结果意义一起用。由于趋向补语的结果意义很抽象，对于教中文的人来说，要给学生解释清楚每一个趋向补语的结果意义并让学生掌握其用法，实在不是一件容易的事情。也就是说，教中文的老师不能期望学生学过某一个趋向补语的结果意义以后，就能自动掌握可以与该结果意义结合的全部动词。学生几乎需要一个一个地学，一个一个地记。当然学生还可以查找有关的辞书。这正是我们编写《趋向补语通释》的目的。在这本书里，我们在教学建议中提出，要把包含结果意义的动趋结构当作一个词来学来记。也就是说，在初级教材的生词表里，动趋结构与动结结构都应作为一个生词条目来处理。

一般来说，同一组趋向补语，表示同样的结果意义时，前面可以出现相同的动词，虽然有的补语前可以出现的动词多些（比如"上"比"上来、上去"可结合的动词多）；表示不同结果意义的趋向补语前面可以出现的动词一般表示不同的意义；结果意义相近的趋向补语，有时可以出现意义相近的或相同的动词，比如表示基本结果意义的"上"组和"起"组，前面都可以出现"关、捆、蒙、堵"等动词；表示基本结果意义的"下"组和"开"组（表示"分离、分裂"）前面都能出现"掰、撕、揭"等动词。但其间还是有细微的差别，或用法不尽相同(如"把行李再捆上一根绳子"与"把行李捆起来","把面包掰下来一块"与"把面包掰开"等)。

2.2 表示"完结、完成"的结果意义的趋向补语前可以出现的动词

有几个趋向补语具有"完结、完成"一类的结果意义,这是一种比基本结果意义虚化得多的意义。具有此类结果意义的有"上""下来""过"。

"上"有一个结果意义是"达到了预期的或希望达到的目的",即属于此类意义。如:"我们家今年好容易才住上了新房子。""妹妹考上大学了。""虽然这个电影票很难买,我还是买上了。"

"下来"有一个结果意义是"完成了一件费时、费力、较难完成的事"。如"这件事情总算应付下来了。""一天的活干下来,我累得腰酸腿疼。""这种药几年观察下来,效果相当不错。"

通常所谓表示"完结"的"过"也属于此类结果意义。① 如"这本书我看过了,不想看了。""他说吃过饭就来。"

"过去"也有"完结"的意思,如"这件事说过去就算了,谁也不放在心上"。但在实际语言中用得很少。

动态助词"了"也表示实现、完成的意思,"上、下来、过"等表示"完结、完成"意思时都有一些附加意义,这一点与"了"很不同。

表示"完成、完结"类结果意义的趋向补语前可以出现的动词非常广,在语义上是一个开放的类。表示此类意义的"上、下来、过"等可以结合的动词非常多。《趋向补语通释》总共收了6200多个可以与趋向补语结合的动词(准确地说是6200个词条,因为一个动词表示几个不同的意思,可以结合的趋向补语也不同,就分成几个词条),其中可以与表示"完结、完成"意义的"上"结合的有214个,与"下来"结合的有1307个,与"过"结合的有1962个。但这几个补语在我们所用的语料中出现的频率并不高。"上"出现在66个动词前,出现了464次;"下来"只出现在17个词(15个动词,1个

---

① 参见刘月华(1988)动态助词"过$_2$、过$_1$、了$_1$"用法比较,《语文研究》第1期。

"几天",1个"一年")前,出现了 342 次;"过"只出现在 44 个动词前,出现了 107 次。为什么会出现这种情况呢?我们想这是因为这三个表示"完结、完成"结果意义的趋向补语都有附加意义,从而对动词、上下文有特殊的要求。比如"上"表示"实现了预期的或希望达到的目的",因此前面的动词不能是贬义的。"下来"表示一种费时费力,因而需要克服一定困难、做出一定努力的工作或事情,对动词、句型及上下文都有一定的要求。"过"要求所涉及的动作行为应该是已知的[①],对上下文也有一定的要求。由于对动词、上下文等等这些要求,这些表示结果意义的趋向补语出现的频率自然就低些。

此外,表示"完成、完结"意义的趋向补语前出现的动词常常不是表示一个单纯动作的动词,很多是表示由不止一个动作构成的行为动词。比如"考、住、干、赶(车)"等。

2.3 表示"能力"一类结果意义的趋向补语前可以出现的动词

有一些趋向补语的结果意义通常用可能式,所以可以说常常表示一种能力。这类补语主要有"来、上、上来、下、过、起、开"。

"来"可以表示"会不会或习惯不习惯做某事",例如:"电脑我用不来。""骗人的事我干不来。"

"上、上来"有一种结果意义是"能否成功地完成",实际上表示的也是一种能力。如:"这道题我答不上来。""那条街的名字很长,我叫不上来。""他究竟什么时候来,我说不上。"

"下"和"开"有一个结果意义是"容纳",是说一个处所或容器是否有足够的空间容纳某(些)物体,虽然与能力不同,但类似,我们也归入这一类。如:"这个房间太小,摆不开一张双人床。""你的书包连三本教科书都放不下,有什么用。"

"过"有一个结果意义是"胜过",也表示一种能力。如:"他力气很大,我打不过他。""他的数学好极了,你比不过他。""赛跑?我可跑不过他。"

"过来"有一个结果意义是"能否尽数地完成",也可以看作一

[①] 参见刘月华(1988)动态助词"过₂、过₁、了₁"用法比较,《语文研究》第 1 期。

种能力。如:"他连班上有多少学生都数不过来。""他累得喘不过气来了。"

"起"有一个结果意义是"主观上能否承受",也表示一种能力。如:"那种车太贵,我买不起。""你让我教你外语?我时间陪不起。""这么珍贵的东西,弄坏了,我可担待不起。"

此类补语前可出现的动词因补语的意义而异,但总的来说,可用的动词不太多。"装(不下)""放(不下)""盛(不开)""摆(不开)"等意义与"空间、容量"有关,动词一般是"装、盛、摆、放、躺、坐"等,是一个封闭的类。"答(不上)""答(不上来)"中的动词一般限于"答、说、写、喘(气)"等;"数(不过来)""应付(不过来)"表示"能否尽数地完成",所涉及的受事都有一定的数量,动词自然也受限制,常用的如"数、应付、安排、管、干、做"等,也是一个封闭的类。

3 表示状态意义的趋向补语前可以出现的动词和形容词

状态意义可以分为两类:一类是表示进入一种新的状态;一类是表示继续。

3.1 表示进入一种新的状态的趋向补语前可以出现的动词和形容词

表示进入新的状态的趋向补语又可以分为两类:表示由静态进入动态;表示由动态进入静态。

3.1.1 表示由静态进入动态的趋向补语前可以出现的动词形容词

此类趋向补语主要有"上、开、起、起来"。

这些趋向补语都可以表示由静态进入动态。前面可以出现表示动作行为、思维活动以及感情的动词,如"走、跑、吃、喝、哭、笑、讨论、研究、想、爱、恨"等,也可以出现形容词,如"忙、急、热闹、乱"等。如:"他们高兴得唱上了。""我们最近忙上了,连聊天的工夫都没有了。""打起鼓,敲起锣。""他高兴得跳起来了。""六月了,天热起来了。""开学了,校园里的人多起来了。""你们怎么一见面就打开了?""他听了这句话语,心里嘀咕开了。"

这几个补语相比较,"起来"比"起"更常用。"起来"与"上、开"不同的是:(1)"上"用于口语,"起来"既可以用于口语,也可以用于书面语;(2)"上"多与动词组合,"起来"既常常与动词组合,也常常与形容词组合,"上"与形容词组合频率远远低于"起来";(3)虽然"起来"通常表示由静态进入动态或正向的变化(如"天气热起来了""人多起来了"),但当说话人觉得情况反常时,"起来"也可以表示由动态进入静态或负向的变化。如:"他抽了马一鞭子,马不但没有加快速度,反而慢起来了。"①因此,在实际语言中"起来"比"上、起、开"出现的频率高得多,出现在"起来"前的动词和形容词数量也多得多。《趋向补语通释》所用的语料中,表示状态意义的"上"前只出现了 26 个动词,30 次,没有出现形容词;"开"前出现了 31 个动词,45 次,也没有出现形容词,而且这两个补语前面的动词多是行为动词,如"做、干、交(上朋友)、说、议论、猜"等。"起"前共出现了 50 个动词,157 次,没有出现形容词;而"起来"前,不仅出现了动词,还出现了形容词,共 551 个词,1675 次。

3.1.2 表示由动态变为静态的趋向补语前可出现的动词和形容词

表示由动态转为静态的趋向补语主要有"下、下来、下去",前面可用的动词不多,如"站、停、歇、安(心)、放(心)"等。如:"他站下来看看周围,连个人影也没有。""车慢慢地停下了。""你就安下心好好读书吧。""车刚开不远就停下来了。""下来、下去"前面也可以用形容词,如"静、暗、松弛"等。如:"会场忽然静下来了。""天暗下来了。"

可以与"下来"结合的形容词,限于描写声音,光线,速度,人的情绪、态度、语气以及温度的"静、安静、低、沉寂、黑、暗、黯淡、慢、

---

① 参见刘月华(1987)表示状态意义的"起来"与"下来"比较,《世界汉语教学》第 1 期。

缓慢、平静、镇静、安定，软、缓和，冷、凉"等少数负向形容词[①]；而"起来"可以结合的形容词非常广，既可以与"大、高、热、高昂、硬"等正向形容词结合，也可以和各种负向形容词结合，在意义上几乎不受什么限制。《趋向补语通释》语料中，"下来"前出现了49个形容词，198次；"起来"前出现了155个形容词，367次。

"下来"和"下去"可以结合的动词不同，而且与形容词连用时，"下来"表示一种近距离的变化，"下去"则表示一种远距离的变化。如："教室里静下来以后，老师才开始上课。""只听隔壁的声音渐渐低下去了，后来完全听不见了。"

动态助词"了"位于句末时也表示一种变化，但那是一种单纯的变化，而趋向补语表示的状态变化有方向性：由静到动、由动到静等。

3.2 表示动作、状态继续的趋向补语前可出现的动词

表示动作状态继续的趋向补语主要是"下去"。前面可以出现的动作行为动词很多，如"说、看、哭、讨论、做、进行、开展、坚持、保持、生活、忍、沉默"等，动词所表示的动作行为必须是可以持续的。如："说下去！""真是话不投机半句多。他们才谈了几句就谈不下去了。"前面也可以出现形容词，如"孤独、苦、坏、客气、软弱、热闹、安静"等。与形容词一起用时，常常出现在假设句中。如："你再这么累下去，身体就垮了。"

4 从趋向补语前可出现的动词看趋向补语的表达功能

4.1 趋向补语的表达功能是叙述性的

从表达功能来看，趋向补语是叙述性的，特别是表示趋向意义的趋向补语。《趋向补语通释》一书所选用的语料都是小说，原因就在于此。为了证明上述结论，我们选取了一本小说和一本语法

[①] 参见刘月华(1987)表示状态意义的"起来"与"下来"比较，《世界汉语教学》第1期。

论文集进行比较。选取的小说是陆文夫的《美食家》①,抽选了该书的第一、第二及第四节,共 25 页。在这 25 页中,趋向补语出现了 132 次,除了没有"来、去"以外,其他所有的趋向补语几乎都出现了,而且既有趋向意义、结果意义,也有状态意义,也就是说,趋向补语的类型十分齐全。我们又选取了朱德熙的《语法丛稿》②做比较,先抽取前 31 页。在这 31 页中,趋向补语出现了 10 个,33 次:"去(略、除、抽)"3 次,"上(配搭、加)"2 次,"下来(遗留)"2 次,"下去(延续)"1 次,"出(看、给、指、推导、超)"8 次,"出来(看、派生、发展)"7 次,"过(讨论)"1 次,"过来(倒)"1 次,"起来(概括)"1 次,"开(区别、拆、区分、离)"7 次。这个数字不仅大大低于《美食家》,而且,出现的趋向补语基本上都表示结果意义(其中的"离开、倒过来"并不真正表示方向)。我们对《语法丛稿》又继续统计了 53 页,趋向补语又出现 9 个,50 次:"去"2 次、"上"6 次、"出"9 次、"出来"9 次、"起"2 次、"起来"6 次、"开"7 次、"到"8 次、"到……来"1 次。也就是说,在这 53 页中,趋向补语比前 31 页出现的频率更低,而且大部分补语甚至动词都与前 31 页相同,如"略去、看出来、指出"之类。在 32—43 页这 12 页中,只出现"省去、变来"两例。由此我们可以得出结论:在论说性的文字中,趋向补语不仅出现的频率低,一般仅限于结果意义,而且前面可以出现的动词也有限。这与叙述文字中趋向补语出现的频率之高,语义类型之多彩多姿相比,有天壤之别。

4.2 从可以结合的动词来看趋向补语的口语性

4.2.1 趋向补语更易于和单音节动词结合

一般来说,如果单音节动词与双音节动词意义用法相同,用趋向补语时口语中多选用单音节动词。趋向补语更易于与单音节动词结合,可以证明其口语性。比如,"考"与"考试"同义,"考"后很多趋向补语可以用,而"考试"后不能用趋向补语。更常见的情况是,单音节动词后可用的趋向补语比相应的双音节动词后要多。

---

① 陆文夫(1986)美食家,《陆文夫集》,福州:海峡文艺出版社。
② 朱德熙(1990)《语法丛稿》,上海:上海教育出版社。

比如"住"与"居住","学"与"学习","讲"与"讲解"等。《趋向补语通释》中,"出来"前出现了 297 个单音节动词,双音节动词只出现 94 个,而且,单音节动词出现的频率一般比双音节动词高得多。比如,"走"出现了 213 次,"拿"出现了 119 次,"说"出现了 207 次,"看"出现了 129 次。而双音节动词如"转移、释放、脱落、调动"等往往只出现 1 次。此外在双音节动词中,有些还是口语词,比如"扒拉、鼓捣"等。

4.2.2 趋向补语前不能用书面语色彩浓的词语

"叱咤、彳亍、黜免、穿窬、稽考、寄寓、弃置"等书面语色彩很浓的词不能用在趋向补语前面。

附表一

趋向补语意义总表

趋向补语	趋向意义及前面的动词		结果意义及前面的动词		状态意义及前面的动词	
来	向立足点移动	跑来	1. 实现醒的状态 2. 是否融洽 3. 会不会、习惯不习惯	醒来、合得来、做不来		
去	离开立足点,向另一处所	跑去	1. 除去 2. 实现某一状态	削去、死去		
上	1. 由低处向高处移动 2. 趋近面前的目标	走上楼、走上前	1. 接触、附着以至固定 2. 实现了预期的、希望实现的目的 3. 能否成功地完成	关上门、买上了、说不上	由静态进入动态	唱上了

(续表)

趋向补语	趋向意义及前面的动词		结果意义及前面的动词		状态意义及前面的动词	
上来	1. 由低处向高处移动 2. 趋近面前的目标	跑上山来、走上前来	1. 接触、附着以至固定 2. 能否成功地完成	补上来、说不上来	进入新的状态	天黑上来了
上去	1. 由低处向高处移动 2. 趋近面前的目标	跑上山去、走上前去	接触、附着以至固定	贴上去		
下	1. 由高处向低处移动 2. 退离面前的目标	走下楼、退下一步	1. 脱离、分离 2. 凹陷 3. 容纳	撕下一张纸、瘪下一块、摆不下床	1. 由动态进入静态 2. 状态继续	停下了、看不下书
下来	1. 由高处向低处移动 2. 退离面前的目标	跑下山来、退下来一步	1. 脱离、分离 2. 凹陷 3. 完成某一动作	撕下来一张纸、瘪下来了、应付下来	由动态进入静态	停下来、静下来、暗下来
下去	1. 由高处向低处移动 2. 退离面前的目标	跑下山去、退下去	1. 脱离、分离 2. 凹陷	撕下去一张纸、瘪下去一块	1. 由动态进入静态 2. 动作、状态继续	低下去了、暗下去了、说下去、再浪费下去
进	由外向内移动	走进门	凹陷	瘪进一块		
进来	由外向内移动	走进门来				
进去	由外向内移动	走进门去	凹陷	瘪进去一块		

(续表)

趋向补语	趋向意义及前面的动词		结果意义及前面的动词		状态意义及前面的动词	
出	由内向外移动	走出门	由无到有、由隐蔽到显露	露出、鼓出、写出、看出		
出来	由内向外移动	走出门来	由无到有、由隐蔽到显露	露出来、鼓出来、写出来、看出来		
出去	由内向外移动	走出门去				
回	向原处所移动	走回家				
回来	向原处所移动	走回家来				
回去	向原处所移动	走回家去				
过	1.经过 2.改变方向	飞过头顶、转过身	1.度过 2.超过 3.胜过 4.完结	熬过冬天、睡过了头、打不过他、看过了		
过来	1.经过 2.改变方向	飞过头顶来、转过身来	1.度过 2.恢复、转变到正常积极的状态 3.能否尽数地完成	熬过来了、醒过来了、明白过来了、数不过来		
过去	1.经过 2.改变方向	飞过头顶去、转过身去	1.度过 2.失去正常状态、进入不正常状态 3.动作状态完结 4.胜过	熬过去了、晕过去了、死过去了、说过去就算了、超过去了		

(续表)

趋向补语	趋向意义及前面的动词		结果意义及前面的动词		状态意义及前面的动词	
起	由低向高移动	飞起、举起手	1. 接合、固定 2. 突出、隆起 3. 主观上能否承受	捆起行李、鼓起一块、买不起	进入新的状态	唱起歌
起来	由低向高移动	飞起来、举起手来	1. 接合、固定 2. 突出、隆起	把行李捆起来、鼓起来一块	进入新的状态	唱起来了、热闹起来
开	离开某处所	他从我身边走开了	1. 分离、分裂 2. 舒展、分散 3. 能否容纳 4. 清楚、彻悟	裂开了、散开了、摆不开床、说开了、想不开	由静态进入动态	哭开了、骂开了
开来			1. 分离、分裂 2. 舒展、分散	睁开眼来、摊开来		
开去	离开某处所	走开去	分散	传开去		
到	移动到某处所	走到学校	达到目的、有结果	买到了、看到了		
到……来	移动到某处所	走到学校来				
到……去	移动到某处所	走到学校去				

附表二

表示趋向意义补语前动词频率表

趋向补语	A类动词 动词数	A类动词 频率	A类动词 百分比	B类动词 动词数	B类动词 频率	B类动词 百分比	C类动词 动词数	C类动词 频率	C类动词 百分比	总频率
来	9	2130	66.7%	27	296	9.3%	121	767	24%	3193
去	8	1619	69.7%	25	422	18.2%	67	282	12.1%	2323
上				26	262	83.4%	28	52	16.6%	314
上来				15	44	44%	20	56	56%	100
上去				16	41	33.9%	25	80	66.1%	121
下				47	780	67%	41	384	33%	1164
下来				71	469	85.3%	44	81	14.7%	550
下去				35	213	62.3%	26	129	37.7%	342
进				46	453	63.7%	81	258	36.3%	711
进来				35	280	80.5%	29	68	19.5%	348
进去				27	140	59.6%	47	95	40.4%	235
出				60	762	52.9%	108	678	47.1%	1440
出来				69	667	54.5%	121	557	45.5%	1224
出去				38	308	61.7%	66	191	38.3%	499
回				23	62	40%	43	93	60%	155
回来				21	188	46.8%	68	214	53.2%	402
回去				22	105	38%	55	171	62%	276
过1				42	332	70%	18	142	30%	474
过2				11	96	88.1%	3	13	11.9%	109
过来1				44	300	56.3%	65	233	43.7%	533
过来2				7	283	93.7%	7	19	6.3%	302
过去1				42	299	71.2%	45	121	28.8%	420
过去2				11	99	100%				99

(续表)

趋向补语	A类动词			B类动词			C类动词			总频率
	动词数	频率	百分比	动词数	频率	百分比	动词数	频率	百分比	
起				54	1332	68%	63	624	32%	1959
起来				31	910	79.4%	45	236	20.6%	1146
开				18	541	78.7%	26	146	21.3%	687
开去				4	5	100%				5
到①	5	406	17%		1424	59.5%	125	561	23.5%	2391
到……来	1	3	4.5%		42	63.6%	16	21	31.9%	66
到……去	3	22	14.6%		63	41.7%	55	66	43.7%	151

(原载《第五届国际汉语教学讨论会论文选》,北京大学出版社,1997年,有改动)

---

① "到""到……来""到……去"B类动词的动词数一栏暂缺。

后 记

那还是在 1983 年,当时我所在的北京语言学院一系让我提出几个课题,作为系里的科研项目,"趋向补语"就是那时我提的几个项目中的一个。这个项目由我负责,参加的同志有程相文(不久因出国退出)、张兰欣、王颖。1985 年陈贤纯同志加入进来。

第一步工作是选了 200 万字的小说,把其中包含趋向补语的句子都抄成卡片。卡片抄完之后,我提出一个编写词条的提纲(该提纲与目前本书"分述"的基本内容完全一样),然后在分析卡片的基础上,试写几个词条。我记得在写"上"时,发现语料不足,所以又利用 1985 年的暑假补充做了 200 万字的卡片。之后,我和陈、张、王三位同志开始分头撰写"分述"的初稿。初稿大约在 1986 年暑假完成。

从 1986 年秋天起,我开始修改"分述"初稿。虽然写初稿前我已经说明了趋向补语语义分类的标准、分析的方法及写作格式等,而且前四个条目写完之后还分头传阅,集体讨论过,但当我动手修改时发现,尽管参加编写的同志都很努力,但修改工作很难在初稿的基础上进行。这是因为趋向补语是一个在语义与结构上自成系统的整体。比如写"上"时,不仅要跟"上来、上去"这两个同一组的趋向补语联系起来写,而且还要与"下、下来、下去""起、起来"等有关系的几组对比着写。也就是说,这是一件整体性的研究工作。于是我抛开初稿,另起炉灶,从"来、去"开始,一个一个地分析、描写。每写一个词条时,首先把卡片按意义分类(陈、张、王三位同志已将卡片初步分过类,减轻了我的一些工作量),然后又把同一个动词的卡片放在一起,统计出现频率。描写某一个趋向补语的意义时,尽量注意与同一组和相对组以及其他有关组的趋向补语意义的联系和区别。例句也重新选过,尽量选取典型的、简单易懂的。这样花了整整两年的时间,才完成了"分述"第二个初稿。之后,我又花了近一年的时间进行修改、定稿。

在撰写"分述"条目的同时,我写了两篇论文:《趋向补语的语法意义》《几组意义相关的趋向补语的语义分析》。这两篇论文是本书"总论"的基础。1989年上半年,我开始撰写"总论",到4月底,接近完成。这时突然接到出国讲学、访问两个邀请,我只好把全部书稿随身带到国外。那重重的书稿,放在一个手提箱里,我提着它从首都机场到旧金山,到芝加哥,到我在美国走过的许多地方,因为我只有这一份稿子。在国外的第一年,我在讲学、编写教材之余,完成了"总论"和"分述"部分每个词条下的趋向补语与动词搭配词表,并将全书修改了一遍,复印下来,托人带回国。那是1990年8月。

1992年春,我开始编写本书第三部分,用电子计算机做"动词和趋向补语搭配总表"。虽然我没有编什么程序,只是一个词一个词地去写,但是我还是能体会到这项工作不用机器的难度。五六千个动词,二十八个趋向补语的九十多个义项,一个一个过一遍要花多少时间,何况还要斟酌,要分析!这样,词表做了一遍,又从头至尾改了一遍,又一年过去了。这本书迎来了它的第十个年头!

这本书的工作量如此之大,它的出版过程如此坎坷,这是我始料未及的。不过,回顾走过来的路,看看眼前的书稿,我感到付出的辛劳还是值得的。

汉语的趋向补语只有二十几个,但是其意义虚化、引申以及相互间联系之奇妙,实在耐人玩味。在此书的编写过程中,我常常叹服汉族人民的语言创造力。语言确实是使用该语言的人民的智慧的结晶。

经过近三十年的积累和反思,我发现了书中尚有不少可改进的地方,于是又萌生了修订的想法。我对原有内容进行了全面检查,不仅修正了原有的问题,还对部分解释进行了更新,希望这本书能够更加实用、更好理解。现在修订本又要和读者见面了,我怀着喜悦与不安的心情等待着……

刘月华